马克思主义法学理论在当代中国的新发展

蒋传光

—— 著 ——

译林出版社

图书在版编目（CIP）数据

马克思主义法学理论在当代中国的新发展 / 蒋传光著.
—南京：译林出版社，2017.10

ISBN 978-7-5447-7013-2

I.①马… II.①蒋… III.①马克思主义 - 法学 - 研究
- 中国 IV.①D920.0

中国版本图书馆CIP数据核字（2017）第178734号

马克思主义法学理论在当代中国的新发展　蒋传光 / 著

责任编辑　冯　静
装帧设计　今亮后声 HOPESOUND pankouyugu@163.com
校　　对　张　萍
责任印制　单　莉

出版发行　译林出版社
地　　址　南京市湖南路 1 号 A 楼
邮　　箱　yilin@yilin.com
网　　址　www.yilin.com
市场热线　025-86633278
排　　版　南京展望文化发展有限公司
印　　刷　江苏凤凰新华印务有限公司
开　　本　718 毫米 × 1000 毫米　1/16
印　　张　34.25
版　　次　2017 年 10 月第 1 版　2017 年 10 月第 1 次印刷
书　　号　ISBN 978-7-5447-7013-2
定　　价　98.00 元

目　录 Contents

导　论

上编

马克思主义法学理论中国化的发展阶段

第一章　毛泽东法律思想

第二章　邓小平法制思想

第六章 马克思主义法学理论中国化的路径

第七章 中国特色社会主义法学理论与中国法治建设的里程碑

下编

中国特色社会主义法学理论的内容体系

第八章 依法治国，建设社会主义法治国家

第九章 坚持走中国特色社会主义法治之路

第十章 确立社会主义法治理念

第十一章 建立完善的社会主义法律体系，促进法律实现

第十二章 中国特色社会主义宪法理论与实践的探索

第十三章 发挥法律手段在维护社会秩序中的功能

第十四章 依法行政，完善权力约束机制

第十五章　建立完善的司法体制，促进社会公正实现

第十六章　维护公民权利，依法保障人权

第十七章　提高公民法律意识，夯实依法治国的基础

第十八章　“一国两制”与国家结构理论的创新

第十九章　繁荣法学研究，为法治建设提供理论指导

导论

马克思主义中国化就是马克思主义基本原理不断与中国实际相结合的过程。随着马克思主义中国化的研究越来越受到重视，马克思主义法学理论中国化也渐成法学界研究的热点问题之一，学者们从不同的角度进行了研究。马克思主义法学理论的中国化及其在当代中国的新发展，是和马克思主义中国化紧密结合在一起的。在马克思主义中国化的过程中，也实现了马克思主义法学理论的中国化及其在当代中国的新发展，并形成了中国化的马克思主义法学理论。这一理论来源于对中国特色社会主义法治道路探索的实践，并成为当代中国依法治国，建设社会主义法治国家必须坚持的指导思想。

一、马克思主义法学理论中国化命题的共识问题

目前，在对马克思主义法学理论中国化的研究中，诸如对马克思主义法学理论中国化的命题、相关概念的使用、如何“中国化”以及“中国化”的成果、研究的意义等问题，存在一些不同的认识、分歧，或研究不够充分。

学界常常有人认为“马克思主义法学理论中国化”的命题是意识形态的产物，质疑其学理性基础。有学者认为马克思主义已被泛化，被后人添加了非马克思的东西，应当学习和坚持原典的马克思主义，因而对马克思主义法学理论中国化的命题有不同的看法。马克思主义法学理论中国化的命题是否成立，对此能否形成共识，是进一步开展马克思主义法学理论中国化研究的前提和基础，没有这个共识，就无法继续开展马克思主义法学理论中国化的进一步研究。而马克思主义法学理论中国化的命题成立与否，取决于对

马克思主义中国化的命题是否成立。马克思主义法学理论中国化的命题是和马克思主义中国化的命题密切相关的。没有马克思主义的中国化，也就谈不上马克思主义法学理论的中国化。

（一）马克思主义中国化命题的提出及共识的形成

关于马克思主义中国化，学界已有大量的研究成果。作为一个特定概念，“马克思主义中国化”的命题，是在如何把马克思主义基本原理应用于中国革命实践的过程中而提出的。这个命题提出后，已成为中国共产党全党的共识。这个共识的形成，有其理论逻辑的必然和实践基础。

马克思主义“吸收和改造了两千多年来人类思想和文化发展中一切有价值的东西”，[1] 揭示了人类社会发展的一般规律，因而具有超越民族和地域的世界性意义，但作为根源于欧洲自由资本主义社会的思想理论成果，它没有也不可能指出每一个民族的具体特点和发展道路。因此，马克思主义强大的生命力和影响力，就在于它是同各国的具体实际紧密结合的，是在各国革命和建设的具体实践中运用和发展着的。它在不同的时代、不同的国家的实践中必然具有不同的形式。把马克思主义普遍原理同各国的具体实践相结合，这是马克思主义中国化的内在依据。

中国共产党一成立，在选择把马克思主义作为自己指导思想的同时，在如何对待马克思主义的问题上，党内历来有两种根本对立的态度和方法：一种是教条主义的马克思主义者，他们对马克思主义生搬硬套；另一种是从客观实际出发，注重联系实际，具体情况具体分析。

在新民主主义革命时期，中国共产党内曾出现两种错误思潮，即陈独秀的“右”倾思想和王明等人“左”的错误，他们的共同特点是脱离中国的国情，把马克思主义、共产国际的决议和苏联的经验教条化和神圣化，给中国革命带来了重大损失。以毛泽东为代表的一代中国共产党人，始终坚决反对教条主义，强调要从中国的具体实际出发，运用马克思列宁主义的立场、观点和方法，实事求是地分析中国革命问题。1930 年 5 月，毛泽东在《反对本本主义》一文中指出：“马克思主义的‘本本’是要学习的，但是必

---

1 《列宁选集》第 4 卷，人民出版社 1995 年版，第 299 页。

须同我国的实际情况相结合。”[1]第一次初步提出马克思主义同中国革命实际相结合的重要原则。

随着革命事业的发展，实践经验教训的不断总结，中国共产党和毛泽东对马克思主义同中国革命实践关系的认识也在不断提高。“马克思主义中国化”命题是毛泽东最先提出的。[2]1938 年 10 月，毛泽东在为中共六届六中全会所作的政治报告《论新阶段》中，第一次明确提出并系统阐明了马克思主义中国化的问题。他指出：“马克思主义必须和我国的具体特点相结合并通过一定的民族形式才能实现。马克思列宁主义的伟大力量，就在于它是和各个国家具体的革命实践相联系的。对于中国共产党来说，就是要学会把马克思列宁主义的理论应用于中国的具体的环境。”他进一步指出，“离开中国特点来谈马克思主义，只是抽象的空洞的马克思主义。因此，马克思主义的中国化，使之在其每一表现中带着必须有的中国的特性，即是说，按照中国的特点去应用它，成为全党亟待了解并亟须解决的问题”。[3]

“马克思主义中国化”的提出，不只是增加了一个新的语言表达形式，而且表明中国共产党对马克思主义的认识达到了一个新的高度，表明中国共产党独立探索中国革命道路的理论觉醒。[4]1938 年 10 月 15 日，张闻天在所作的《关于抗日民族统一战线与党的组织问题》报告中，提出了“组织工作中国化”和宣传工作“要认真地使马列主义中国化，使它为中国最广大的人民所接受”。[5]1945 年 4 月，在中共第七次全国

---

1 《毛泽东选集》第 1 卷，人民出版社 1991 年版，第 111—112 页。

2 有学者认为，“马克思主义中国化”这一命题是张闻天从 1936 年起逐步提出的，到 1938 年得到全党的共识而最后确定为全党的行动原则；毛泽东是在 1938 年 10 月党的六届六中全会上才正式使用这一命题并对之作科学的和更深刻的解说。参见黄少群、匡胜：《“马克思主义中国化”是张闻天最早提出来的》，《北京日报》2008 年 10 月 27 日。这一观点也遭到了一些学者的反对，认为“马克思主义中国化”这个命题的最早提出者是毛泽东而不是张闻天。转引自汪青松：《马克思主义中国化与中国化的马克思主义》，中国社会科学出版社 2004 年版，第 336—337 页。

3 毛泽东在提出“马克思主义中国化”命题后，苏共领导人则直接反对这一提法，认为这是搞民族主义。迫于苏联的压力，也由于当时中国革命胜利在即，中国共产党面临着依靠苏联的支持和帮助的问题。“为了避免被斯大林和苏共误认为带有所谓民族主义的嫌疑，毛泽东和我们党主动改变了‘马克思主义中国化’和‘毛泽东思想’的提法。”（参见冯惠：《六届六中全会与马克思主义中国化》，《毛泽东邓小平理论研究》1999 年第 2 期。）新中国成立初期编辑《毛泽东选集》的时候，毛泽东把“马克思主义中国化”的提法，改成“使马克思主义在中国具体化”。（参见《毛泽东选集》第 2 卷，人民出版社 1991 年版，第 534 页。）这种改动实质上是当时一种策略上的需要，并没有改变其思想实质。尽管毛泽东以后基本不提及马克思主义中国化，但马克思主义中国化的思维在其头脑中已经形成，马克思主义中国化在中国也已经开花结果，形成了具有马克思主义性质又具有中国民族性质的毛泽东思想。

4 刘伟：《解读“马克思主义中国化”》，《渭南师范学院学报》2007 年第 3 期。

5 鲁振祥：《论党对马克思主义中国化的重要贡献——兼述历史上“马克思主义中国化”概念的使用》，《党的文献》2005 年第 3 期。

代表大会上，刘少奇代表中共中央所作的《关于修改党章的报告》，从理论上对“马克思主义中国化”做了进一步的阐述。自此以后，全党在思想上廓清了教条主义与经验主义的危害，确立起了实事求是的思想路线，马克思主义中国化的思想成为全党共识。

马克思主义中国化的含义是什么？学者们从不同的视角对其内涵进行了阐述。但综观各种解读，马克思主义中国化的核心内容应包括以下两个方面：

一方面，马克思主义中国化首先要坚持马克思主义。马克思主义中国化的一个前提和基础就是要坚持马克思主义基本原理，用马克思主义基本原理作指导。否则就不能称之为马克思主义，更谈不上“中国化”。但是，中国革命、改革和建设的实践一再告诫我们：我们要坚持的是原典马克思主义的基本原理、完整体系和科学方法论，而不是只言片语或者具体的结论。我们“不应当只是学习马克思列宁主义的词句，而应当把它当成革命的科学来学习。不但应当了解马克思、恩格斯、列宁、斯大林他们研究广泛的真实生活和革命经验所得出的关于一般规律的结论，而且应当学习他们观察问题和解决问题的立场和方法”。[1]

另一方面，马克思主义中国化是立足于中国国情的马克思主义，是马克思主义在中国的具体化、时代化和民族化。马克思主义在中国的具体化，就是只有将马克思主义基本原理与中国具体实践相结合，找到中国具体实际的特点和规律，形成新的理论，才能直接指导中国革命、建设和改革的具体实践。马克思主义中国化不是关起门来搞纯粹的理论研究，而是运用马克思主义的立场、观点和方法来解决中国的实际问题。

马克思主义在中国的民族化，即应赋予马克思主义民族特点，在中国获得民族的表现形式，具有中国作风和中国气派。从内容上看，马克思主义中国化就是运用马克思主义立场、观点和方法，解决中国革命、改革和建设的问题，总结和概括中国人民的实践经验，揭示中国革命、改革与建设发展的客观规律，丰富和发展马克思主义理论体系；在形式上，马克思主义中国化就是把马克思主义从欧洲的语言变成中国的民族语言，运用中国人民所喜闻乐见的民族语言，深入浅出地阐述马克思主义的基本原理，阐明中国

1 《毛泽东选集》第2卷，人民出版社1991年版，第533页。

革命、改革和建设的理论。[1] 正如毛泽东所指出的，“马克思主义必须通过民族形式才能实现……洋八股必须废止，空洞抽象的调头必须少唱，教条主义必须休息，而代之以新鲜活泼的，为中国老百姓所喜闻乐见的中国作风和中国气派”。[2]

马克思主义在中国的时代化，即马克思主义要与时俱进。不同的时代背景，必然会提出不同的时代课题和历史任务。马克思主义诞生的时代与我们今天所处的时代之间存在着时间距离，这就意味着马克思主义必须随着时代的变迁而不断发展进步。因此，马克思主义中国化必定是一个与时俱进、不断创新和发展的动态历史过程。

在马克思主义中国化的演进历程中，围绕着中国革命、建设与发展的基本问题，我们党实现了两次历史性飞跃，形成两大理论成果，即毛泽东思想和包括邓小平理论、“三个代表”重要思想、科学发展观和习近平治国理政新理念新思想新战略等一系列科学理论在内的中国特色社会主义理论体系。

通过前述简要的分析，“马克思主义中国化”的命题，从发生学的意义上看是成立的，因为马克思主义中国化的提出，既是马克思主义理论自身的逻辑结果，也是中国共产党对经验教训的总结，是中国革命和实践的迫切需要。另外，在事实上也存在马克思主义与中国实际相结合这样一个实践与理论的历史发展进程。总之，尽管人们对马克思主义如何中国化，怎样才算马克思主义中国化，有多种多样的理解，但有一点是已形成共识的，即马克思主义中国化要运用马克思主义解决中国的问题。对此命题的论证，马克思主义理论研究领域和哲学界有大量的研究成果，在此不再赘述。

（二）马克思主义法学理论中国化是马克思主义系统地中国化的组成部分

马克思主义中国化命题的成立并形成共识，也就意味着马克思主义法学理论中国化的命题是成立的，是可以论证的。马克思主义法学理论的中国化与马克思主义中国化的关系，是整体与部分的关系，是马克思主义系统地中国化的组成部分和逻辑必然，两者在发展的历程和路径上是一致的。

马克思主义法学理论中国化，就是通过将马克思主义法学的基本原理同中国革命与

1　参见汪青松：《马克思主义中国化与中国化的马克思主义》，中国社会科学出版社 2004 年版，第 3 页。
2　毛泽东：《论新阶段》，《中共中央文件选集》第 11 册，中共中央党校出版社 1991 年版，第 658—659 页。

建设，特别是同中国的社会主义法治国家建设实践紧密结合，通过将马克思主义法学理论与中国传统法律文化中的优秀成分相结合，辩证地吸收西方先进的法律文化而完成的。

1. 马克思主义的系统中国化

马克思主义中国化不是空洞的，而是一个内涵十分丰富的命题。马克思主义中国化包含马克思主义不断中国化和系统地中国化两个方面。所谓马克思主义不断地中国化是从时间维度上讲的。[1] 所谓马克思主义系统地中国化是从空间维度上讲的。“马克思主义系统地中国化”的概念是刘少奇首先提出的，其含义是指“要用马克思主义的立场与方法来解决现代中国革命中的各种问题”。[2]

马克思主义是百科全书式的学说，是一个体系化的理论。虽然马克思主义的主要部分是由马克思主义哲学、政治经济学和科学社会主义所构成，但马克思主义并不仅仅局限于这三个组成部分，马克思主义还包括政治学、法学、军事学、社会学、伦理学、历史学、文化学、教育学、人类学等。所以，“马克思主义不只是三个组成部分，而应是十几个组成部分”。[3] 不仅如此，就马克思主义各个组成部分之间的关系而言，有学者认为它们之间的关系应该是“一个核心（社会主义学）、两个基础（哲学、政治经济学）、十几个周围部分（政治学、法学、军事学等）”。[4] 不管这种关系圈的划分，人们是否同意，但毫无疑义，马克思主义的内容体系非常丰富，而且诸学科之间有着非常紧密的联系。

中国共产党在领导中国人民进行新民主主义革命、社会主义革命和建设以及在改革开放的过程中，不仅要用马克思主义指导中国革命的具体实践，而且还要用系统化的马克思主义指导社会主义革命和建设时期的经济、政治、文化、社会发展、生态文明、政党建设等治国理政方面的很多具体问题。在用系统化的马克思主义指导中国革命、社会主义革命和建设的过程中，实现了马克思主义系统地中国化。马克思主义系统地中国化特别强调一个国家的具体实践的多方面性，提倡在用马克思主义基本原理指导一个国家

---

1 马克思主义不断地中国化所强调的是，中国共产党用马克思主义来指导中国的革命和建设是一个不能停止的过程，即马克思主义中国化是一个历史的过程，马克思主义在中国必须要与时俱进，必须要不断地发展。

2 《刘少奇文选》上卷，人民出版社 1981 年版，第 335 页。

3 高放：《马克思主义与社会主义》，黑龙江教育出版社 1994 年版，第 275—286 页。

4 高放：《马克思主义确有三个组成部分》，《中共银川市委党校学报》2005 年第 1 期。

具体实践的过程中，要将马克思主义与中国各个领域的具体实践相结合，即与政治实践、经济实践、文化实践、法律实践、军事实践等相结合。

因此，所谓的马克思主义中国化，它涉及的内容应是极为丰富和多层面的。在马克思主义中国化研究过程中，已经出现多种学科从不同的视角进行研究的现象，如马克思主义哲学中国化的研究，马克思主义经济学中国化的研究，科学社会主义中国化的研究，[1]等等。不仅如此，“文学、语言学、历史学、法学、社会学、新闻学、教育学等学科的学者也纷纷投身于马克思主义中国化研究，并取得了一批有特色的成果，从而使马克思主义中国化研究呈现出多学科联合攻关的局面”。[2]使马克思主义中国化研究开始从一般领域走向具体领域，从主义一体化走向学科专业化。法学界提出的马克思主义法学理论中国化的研究就是遵循这种理路而提出的。

2. 马克思主义法学理论中国化是马克思主义系统地中国化的逻辑必然

马克思主义法学理论中国化是马克思主义系统地中国化的逻辑必然。在马克思主义的经典著作中，有大量的法学著作，总数在千篇以上。毫无疑问，在马克思主义理论体系中，也必然包含着大量的法学理论，法学理论是马克思主义的重要组成部分。

有学者经过分析认为：“《马克思恩格斯全集》中，有将近一半的著作涉及法律问题，有数十篇关于法学的专论和主要论述法律的著作。尤其是第一卷，在收集马克思的十六篇论文中，便有七篇是法学专论。”[3]的确，在马克思那里有很多著名的法学作品，如《评普鲁士最近的书报检查令》《关于林木盗窃法的辩论》《黑格尔法哲学批判》《1844年的经济学哲学手稿》，马克思与恩格斯合写的第一部作品《神圣家族》，马克思的《关于费尔巴哈提纲》，马克思、恩格斯合写的《德意志意识形

---

1 “马克思主义哲学中国化”的命题的提出早于“马克思主义中国化”，从现在所见的文字材料看，艾思奇是“马克思主义哲学中国化”的首创者。参见许全兴：《毛泽东与孔夫子——马克思主义中国化个案研究》，人民出版社2003年版，第231页；关于马克思主义经济学中国化、科学社会主义中国化的研究，近几年来也是热点，《学术月刊》2008年第3期即发表了系列的马克思主义经济学中国化研究成果，内容涉及马克思主义经济学中国化的发展轨迹、基本特征、集中表现和意义；其他刊物也开始发表这方面的研究成果。科学社会主义中国化也是如此，如董四代著有《科学社会主义中国化的文化解读》，天津人民出版社2007年版，另外，期刊网搜索显示：1998—2016年，共有49篇以“马克思主义经济学中国化”为题目的研究成果；1987—2017年，以“科学社会主义中国化”为题目的研究成果有25篇。

2 汪信砚：《新世纪马克思主义中国化研究述评》，《马克思主义研究》2008年第3期。

3 李龙：《坚持马克思主义法学　发展马克思主义法学——评“马克思主义法学否定论”》，《法学评论》1989年第6期。

态》，马克思的《资本论》，等等。马克思、恩格斯的法律思想就包含在马克思、恩格斯的这些著作当中。[1] 同样，列宁在领导俄国革命的过程中，也形成了列宁的法律思想，[2] 而这些法律思想本身是马克思列宁主义的重要内容，我们称其为马克思主义经典作家的法律思想。马克思主义法学理论中国化与马克思主义中国化之间的关系，表现在以下三个方面。

第一，部分和整体的关系。在马克思主义系统地中国化的过程中，法学领域也发生了马克思主义中国化现象，中国共产党人开始用马克思主义法学理论来指导中国革命、社会主义革命和建设以及改革开放时期的具体法治建设实践，由此发生了马克思主义法学理论中国化的现象。这种发生在法学领域的马克思主义中国化现象，是马克思主义系统地中国化的必然，是马克思主义中国化的重要内容。[3] 马克思主义法学理论中国化与马克思主义哲学、经济学等其他学科的中国化一样，都是马克思主义中国化的重要组成部分。通过以上分析，可以发现，马克思主义法学理论中国化与马克思主义中国化之间，是部分与整体的关系。

第二，相同的发展历程。马克思主义法学理论中国化与马克思主义中国化之间，两者具有相同的历史进程。马克思主义法学理论中国化发生在马克思主义中国化的过程之中，从发展历程来看，把马克思列宁主义基本原理同中国具体实际紧密结合，形成了中国化的马克思主义两大理论成果，即毛泽东思想和中国特色社会主义理论体系。在这两大理论成果中，都包含着内容丰富的法学理论成果。

第三，路径的一致性。从逻辑关系的角度讲，马克思主义法学理论中国化与马克思主义中国化作为部分和整体的关系，两者实现的路径是一致的。马克思主义法学理论中国化的路径本身就是马克思主义中国化路径的重要内容。马克思主义法学理论中国化作

1　关于马克思、恩格斯的法律思想，参见公丕祥：《马克思的法哲学革命》，浙江人民出版社 1987 年版；公丕祥：《马克思法哲学思想述论》，河南人民出版社 1992 年版；李光灿、吕世伦主编：《马克思恩格斯法律思想史》，法律出版社 2001 年版。

2　关于列宁的法律思想，笔者不再具体阐述，参见吕世伦：《列宁法律思想史》，法律出版社 2000 年版；龚廷泰：《列宁法律思想研究》，南京师范大学出版社 2000 年版。

3　很多学者都持有这种看法。付子堂教授、田克勤教授和李婧副教授等一些学者都持有这样的观点。参见付子堂：《马克思主义法律思想中国化的三条经验》，《人民日报》2008 年 7 月 23 日。李婧、田克勤：《马克思主义法律思想中国化的历史进程及其经验启示——基于中国特色法律体系构建的视角》，《马克思主义研究》2009 年第 9 期。蒋传光、张波：《马克思主义法律思想中国化的哲学路径探析》，《毛泽东邓小平理论研究》2009 年第 6 期。

为马克思主义系统地中国化现象，是法学领域的马克思主义中国化，但在路径的内容上，比马克思主义中国化路径的内容更具体，更具有针对性。

二、马克思主义法学理论中国化命题的名称、概念辨析

目前，我国法学界在进行马克思主义法学理论中国化的研究中，在概念的使用和表述上并不统一。通过对已有的研究成果（包括学术会议、研究项目、专著和论文）的学术梳理，法学界在研究这个问题的过程中，使用频率较高的概念主要有“法律思想中国化”[1]、“法学理论中国化”[2]和“法学中国化”[3]，还有些学者使用“法学原理中国化”[4]、“法理学中国化”[5]和“法哲学中国化”[6]等概念。

这些概念之间有无差别，内涵有何不同，涉及马克思主义法学理论中国化的对象和

---

1 以“马克思主义法律思想中国化”为主题召开的学术研讨会有两次，第一次会议于2008年4月12日至13日在西南政法大学召开，主题为“马克思主义法律思想中国化学术研讨会暨第四届全国法理学博士生论坛”。第二次会议于2009年11月20日到22日在上海师范大学召开，主题为“马克思主义法律思想中国化问题研究”学术研讨会。相关的社科研究项目主要有：2006年西南政法大学付子堂教授主持的“马克思主义法律思想的中国化及其在当代中国的新发展”项目，获准为教育部人文社会科学重点研究基地重大项目。主要论文有：付子堂：《马克思主义法律思想中国化研究论纲——写在〈现代法学〉首任主编黎国智教授80寿辰之际》，《现代法学》2007年第5期；付子堂：《马克思主义法律思想中国化的三条经验》，《人民日报》2008年7月23日；李婧、田克勤：《马克思主义法律思想中国化的历史进程及其经验启示——基于中国特色法律体系构建的视角》，《马克思主义研究》2009年第9期；蒋传光：《马克思主义法律思想的中国化及其在当代中国的新发展》，《上海师范大学学报》2007年第4期。

2 关于“马克思主义法学理论中国化”的研究的社科项目主要有：2007年上海师范大学蒋传光教授主持的“马克思主义法学理论在当代中国的新发展”项目，被批准为2007年国家社会科学基金规划项目；2010年由西南政法大学校长付子堂教授主持的“马克思主义法学理论中国化、时代化和大众化研究”项目，被批准为国家社会科学基金重点项目。

3 关于“马克思主义法学中国化”的研究项目有：2009年由徐州师范大学法政学院张波副教授主持的“马克思主义法学中国化基本问题研究”项目，被批准为中国法学会部级研究项目。主要论文有：李龙：《“马克思主义法学中国化”与法学的创新》，《武汉大学学报》（人文科学版）2005年第4期；李龙、魏腊云：《人本法律观：马克思主义法学中国化的重要成果》，《湘潭大学学报》（哲学社会科学版）2007年第2期；李龙：《马克思主义法学中国化的光辉历程——兼论社会主义法治理念的历史地位》，《政治与法律》2008年第1期；张文显主编：《法理学》，高等教育出版社、北京大学出版社2007年版，第48—60页；公丕祥：《马克思主义法学中国化进程概览》，《法制现代化研究》2007年第11卷；徐亚文：《“马克思主义法学中国化”与当代中国的社会主义法治精神》，《武汉大学学报》（人文科学版）2005年第7期；冉井富：《关于马克思主义法学中国化的几点看法》，《学海》2007年第4期；马治国：《马克思主义法学的中国化——马克思主义法学对中国特色社会主义法制建设的指导地位》，《中国特色社会主义研究》2008年第5期；林国强：《邓小平与马克思主义法学中国化》，《中共银川市委党校学报》2007年第1期；权小虎：《马克思主义法学中国化的法制实践——略论中共三代领导核心的刑法思想》，《新西部》2008年第8期。

4 孙国华、龚刚强：《“科学、民主、人权、法治”的中国之路探索与理论精髓——马克思主义法学原理中国化六十年》，《法学杂志》2009年第10期。

5 周世中：《马克思主义法理学的中国化及其进程》，《山东社会科学》2006年第10期。

6 文正邦：《马克思主义法哲学中国化研究论纲》，《法治研究》2008年第9期。

主体问题。概念是对认识对象特有属性的反映。概念使用上的不统一，反映出对该问题研究的模糊性，直接影响着对马克思主义法学中国化的对象和主体的理解和认识。因此，有必要对这些问题进行辨析和厘清。

（一）关于马克思主义法学理论中国化的对象

在上述概念的使用中，从目前关于马克思主义法学理论中国化研究的成果来看，学者们并没有进行严格的区分和界定。由此可见，上述不同的概念的使用可能仅仅只是研究者视域上和表述上的差异，在内容上并无实质性的区别。但本书认为，对马克思主义法学理论中国化的研究，应进一步提炼，归纳出共识性的概念，以更好地指导法学领域的马克思主义中国化问题研究。

为了准确理解马克思主义法学理论中国化的命题，科学界定马克思主义法学理论中国化的对象，我们不妨对目前在马克思主义法学理论中国化研究中所使用概念的内涵，作以简单的比较和分析。

1. 马克思主义法律思想。思想也称“观念”，是相对于感觉、印象的一种认识成果，属于理性认识。它既包括正确的思想，也包括不正确的思想。法律思想一般指人们对法律现象的认识、观念、理论和学说。它既包括正确的法律思想，也包括不正确的法律思想。马克思主义法律思想则是指，马克思、恩格斯、列宁等马克思主义经典作家们对法律现象的认识、观念、理论和学说。在马克思主义经典作家的法律思想中，既包括成熟时期的马克思、恩格斯、列宁等人的法律思想，也包括马克思早期的非马克思主义法律思想；[1] 既有具有普遍指导意义的根本原理，也有针对特殊问题所作出的、具体时代局限性的结论；既有正确的、科学的内容，也有不正确、不够科学和全面的内容。从创立的主体看，马克思主义法律思想体系创立的主体，主要是马克思、恩格斯、列宁等马克思主义的经典作家们。对马克思主义法律思想进行研究，应当是对全部法律思想进行研究，以展示全貌。

2. 马克思主义法理学或马克思主义法哲学。法理学是将各种形式的法抽象为一般的法，然后研究它的共同原理、普遍原则、基本范畴、功能作用、发展规律、本质和精神、

1　参见付子堂:《马克思主义法律思想研究》，高等教育出版社 2005 年版，第 7—22 页。另可参见公丕祥:《马克思的法哲学革命》，浙江人民出版社 1987 年版。

内外部关系及其价值取向等。因此，法理学是研究法的一般理论、基础理论和方法论等基本原理及其最一般规律的法学分支学科。在西方国家，法理学经常与法哲学通用。法理学通常被认为是与法哲学大体相当又略有区别的一门学科。两者的区别在于，有些时候两者的研究对象有不同的侧重，法哲学着重研究法的哲理意义上的问题，法理学则着重研究实在法的各种现象及其本质以及法的发展规律。在我国，有的学者认为，法理学与法哲学应当分开，"在'法理学'之外，还应当有一个'法哲学'"，两者应当是并列关系。[1] 也有学者在层次划分的意义上，把法理学理解为初级的比较具体的法理学，而把法哲学理解为高级的（较深层次的）更为抽象的法学理论。但一般都把法哲学与法理学作为两个交互使用并可以互相代替的概念。其内容是一元的，不是二元的。[2]

在概念上，我们这里也不再对马克思主义法理学与马克思主义法哲学作严格意义上的区分，而是将两者统称为"马克思主义法理学"。根据上述概念分析，马克思主义法理学就是研究法的一般理论、基础理论和方法论等基本原理及其最一般规律的一门学科。

但我们通过研读马克思主义经典著作可以发现，马克思主义法律思想（关于法的各种论述和认识）不仅包括法学基础理论（法理学）的内容，也包括部门法学的一些重要原理，具体而言，正如有的学者所概括的，包括三个层次："第一个层次是与形形色色的唯心主义法律观相对立的历史唯物主义法律观，其核心是经济决定法律，法律又反作用于经济，法律与上层建筑其他部分交互作用的根本原理，这是马克思主义法学的理论基础；第二个层次是与一切剥削阶级法学根本不同的、代表工人阶级和劳动群众利益的马克思主义的法理学，即建立在历史唯物主义的基础上的法律起源论、法律本质论、法律职能论、法律价值论、法的运动规律论、法制工程论等，这是马克思主义法学的主干；第三个层次是马克思主义的部门法思想。"[3] 由此可见，马克思主义法理学的概念显得狭窄了一些，不能涵盖马克思主义法律思想（关于法的各种论述和认识）的全部内容。

3. 马克思主义法学理论和马克思主义法学原理。这里使用的法学理论概念，是基

1　参见李步云为《法理学与部门法哲学理论研究》一书所写的序。孙育玮等主编：《法理学与部门法哲学理论研究》，上海人民出版社 2008 年版。

2　参见张文显：《二十世纪西方法哲学思潮研究》，法律出版社 1996 年版，第 2—6 页。

3　参见付子堂：《马克思主义法律思想研究》，高等教育出版社 2005 年版，第 249 页。

于原典的马克思主义理论中关于法律的相关论述而概括的，其外延大于法理学小于法学，介于法理学和法学之间。据此，马克思主义法学理论的内容既包括前述马克思主义法律思想中法理学的内容，也包括其中的部门法学的一些重要原理，即部门法理学。与前述马克思主义法律思想创立的主体相比较，马克思主义法学理论的创立主体，除了马克思、恩格斯、列宁等马克思主义经典作家之外，还包括专门的法学家和其他法学研究人员，他们中的一些人也用马克思主义的立场、观点和方法来研究和解读马克思主义法律思想，使之成为系统化的理论，构建了马克思主义法学理论体系。这种解读必须忠实于马克思主义法律思想的原意，不能任意解读甚至曲解，更不能添加任何非马克思主义的东西。此外，马克思主义法学理论体系构建的依据，主要是马克思主义经典作家成熟时期的马克思、恩格斯、列宁等人的法律思想，不包括马克思早期的非马克思主义法律思想。

关于马克思主义法学原理。原理通常指科学的某一领域或部门中具有普遍意义的基本理论。从原理出发可以推演出各种具体的定理、命题等，从而对进一步实践起指导作用。马克思主义法学原理可以被包含在马克思主义法学理论之中。

4. 马克思主义法学。这里的“马克思主义法学”概念，不是一般意义上在马克思主义指导下建构的马克思主义法学，而是指原典的马克思主义法学。按照现在的解释，法学是以一切法律现象及其发展规律为研究对象的一门社会科学。而“马克思主义法学”的概念与现代意义上的“法学”概念显然不能完全等同。它是用法学的视角和研究方法解读马克思主义关于法律的相关论述。在研究的对象和创立的主体上，上述关于马克思主义法学理论的解析，完全适用于马克思主义法学。

通过上述对目前法学界所使用的各种概念的分析比较，本书认为使用“马克思主义法学理论中国化”的概念更为准确，为了与其他学科，诸如马克思主义哲学中国化、马克思主义经济学中国化等学科相对应，使用“马克思主义法学中国化”的概念似乎更为恰当。但这里的“马克思主义法学”主要指马克思主义的法学理论，既包括马克思主义法理学，也包括马克思主义部门法理论。由此可见，“马克思主义法学中国化”与“马克思主义法学理论中国化”这两个概念和表述方式，是可以交互使用或者说是可以互相替代和通用的。在使用“马克思主义法学中国化”这一概念或表述方式时，在研究对象上，一般可理解为就是指“马克思主义法学理论中国化”。

（二）关于马克思主义法学理论中国化的主体

根据前文分析，马克思主义在法学领域的中国化，其对象就是马克思主义法学或马克思主义法学理论。在明晰了马克思主义法学理论中国化的对象之后，还必须进一步搞清马克思主义法学理论中国化的主体范围问题。从马克思主义法学理论中国化研究的现状来看，研究马克思主义法学理论中国化问题的学者，往往局限于仅仅研究党和国家领导人著作和党的各种文献中涉及的法学理论问题。事实上，法学界的很多学者在马克思主义法学理论中国化过程中也作出了重要贡献，从学术的领域推动了马克思主义法学理论中国化，丰富和发展了马克思主义法学理论体系。学术界的马克思主义法学理论中国化不是书斋中的活动，而是发生在中国的具体革命和建设的实践过程中，发生在用马克思主义法学理论指导中国民主法制和社会主义法治国家建设的过程中，在这个过程中获得新认识，然后再回到实践，在实践中进而不断发展创新的。对此，已有的一些研究成果未作严格区分。

有学者提出，在分析马克思主义中国化现象过程中，应将马克思主义中国化区分为政治层面的中国化和学术层面的中国化。政治层面的马克思主义中国化，主要是指用马克思主义的立场、观点和方法来解决中国革命和建设过程中遇到的实际问题和理论问题，形成指导中国革命和建设的新的理论、路线、方针和政策，这个工作主要由党中央领导集体完成。学术层面的中国化，是指哲学、政治经济学等学科的中国化，形成具有中国特点的马克思主义哲学、政治经济学等，是由学者和理论家来做。[1] 这种观点实际上界定了马克思主义中国化的主体范围包括两个群体，一是中国共产党领导集体，二是从事马克思主义研究的专家学者。

这种关于马克思主义中国化主体的分类，对马克思主义法学理论中国化也同样适用。就马克思主义法学理论中国化的主体而言，马克思主义法学理论中国化主要是指中国共产党、中国的马克思主义革命家、法学家和学者，在马克思主义世界观和方法论的指导下，在实践马克思主义法学理论的过程中，丰富和发展马克思主义法学理论，并对这种理论不断概括总结，形成中国化的马克思主义法学理论体系。在马克思主义法学理论中国化的过程中，第一个群体的理论贡献，主要体现在中国共产党领导人的各类讲话，党

1　参见许全兴：《毛泽东与孔夫子——马克思主义中国化个案研究》，人民出版社2003年版，第278—280页。

的各类文献中针对民主法制建设、社会主义法治国家建设和法学理论研究的理论观点与学说。这些理论观点和学说，一方面指导中国不同时期的民主法制建设、社会主义法治国家建设，另一方面在实践中丰富了马克思主义的法学理论体系。第二个群体的理论贡献，主要体现在从事马克思主义法学理论研究的专家学者，以马克思主义理论为基础，构建了中国化的马克思主义法学理论体系，促进了中国化的马克思主义法学理论的体系化、科学化和学科化。

三、马克思主义法学理论中国化的理论成果

马克思主义法学理论中国化命题的一个关键词就是“化”，“化”中隐含着马克思主义法学理论中国化的路径和结果问题。从现有关于马克思主义法学理论中国化路径的研究情况来看，法学界对这个问题的研究虽然有一些成果，[1]但总的来说，学界对马克思主义法学理论中国化路径问题的研究尚不系统、不完整。另外，对马克思主义法学理论中国化成果的研究仅限于对不同时期党和国家领导人法律思想的总结，对中国化的马克思主义法学理论体系的概括总结还不够。

前文已探讨了马克思主义法学理论中国化的对象和主体问题，那么，马克思主义法学理论是如何“中国化”的，以及“中国化”的结果是什么，即马克思主义法学理论是通过何种途径或方法形成中国化的马克思主义法学理论成果的，这个成果的理论体系是什么，也是马克思主义法学理论中国化研究必须搞清的问题。对马克思主义法学理论中国化的路径，即如何“中国化”的问题，将有专章论述，在此对马克思主义法学理论中国化成果的理论体系作一简要概述。

在马克思主义中国化的过程中，也实现了马克思主义法学理论的中国化，并形成了中国化的马克思主义法学理论体系。对此，在目前法学界从事马克思主义法学理论中国

1　如，有的学者提出，马克思主义法学中国化应走“实践主导模式”之路（付子堂：《马克思主义法律思想中国化研究论纲——写在〈现代法学〉首任主编黎国智教授80寿辰之际》，《现代法学》2007年第5期）。有的学者以中国马克思主义法制思想为对象，分析其形成过程，认为中国马克思主义法制思想“是中国共产党人把马克思主义基本原理与中国实际相结合，在长期的革命斗争和社会主义民主法制建设实践中，运用马克思列宁主义法学原理指导中国法理论和法实践，并不断总结正反两方面的经验教训所逐步形成的”。（沈志先：《中国马克思主义法制思想研究》，上海社会科学院出版社2001年版，第1页。）此外，还有一些学者认为马克思主义法学理论的中国化是伴随着马克思主义中国化的进程而实现的，却缺少对马克思主义法学理论中国化实现路径的具体分析。

化研究的学者中已无大的分歧，并认为中国化的马克思主义法学理论成果，包括毛泽东法律思想和中国特色社会主义法学理论两个部分。中国特色社会主义法学理论的形成又包括四个阶段，即：邓小平法制思想；十三届四中全会以来以江泽民为核心的第三代中央领导集体提出的依法治国、建设社会主义法治国家的战略思想；中共十六大以来以胡锦涛为总书记的党中央在科学发展观指导下，对依法治国理论的丰富和完善；中共十八大以来，尤其是十八届三中全会、四中全会分别通过的《关于全面深化改革若干重大问题的决定》《关于全面推进依法治国若干重大问题的决定》和习近平关于全面推进依法治国的论述，对依法治国理论的创新和发展。

围绕上述内容，目前法学界对中国化的马克思主义法学理论的研究，已形成了较为丰硕的一系列成果。但综观已有的研究成果，尤其是对中国特色社会主义法学理论的研究，也存在一些不足，主要表现为：没有从理论体系上去把握当代中国马克思主义法学理论；在已有的研究中，存在以人为线的单一研究模式，较多的是以孤立的、语录式的堆砌去研究当代中国马克思主义法学理论，缺乏从理论体系上对中国化马克思主义法学理论成果的概括和提炼。

对中国化的马克思主义法学理论成果进行研究，不能仅仅停留在对领导人讲话的梳理层面，应对中华人民共和国成立后，尤其是对中共十一届三中全会以来，当代中国马克思主义法学理论发展历程的基础上，结合领导人和党的文献中关于社会主义法治国家建设问题的论述，以及从事马克思主义法学理论研究学者的成果，对中国法治国家建设的实践经验进行认真的总结，对中国化的马克思主义法学理论产生的过程、发展阶段及其理论成果，从不同方面进行概括和归纳；从理论体系上，从战略指导思想上，从精神实质的把握上，从理论与实践的结合上，对中国化的马克思主义法学理论体系的内涵和精髓，进行全面和系统地概括和总结。

中华人民共和国成立后，尤其是中共十一届三中全会以来，在探索建设社会主义法治国家的过程中，形成了较为系统的中国化的马克思主义法学理论体系，即中国特色社会主义法学理论体系。本书在吸收已有研究成果的基础上，认为对中国特色社会主义法学理论体系的内容，应从以下方面进行概括和总结。

第一，依法治国，建设社会主义法治国家；第二，坚持走中国特色社会主义法治之路；第三，确立社会主义法治理念；第四，建立完善的社会主义法律体系，促进法律实现；第五，中国特色社会主义宪法理论与实践的探索；第六，确立法治思维，发挥法律手段在维护社会秩序中的功能；第七，依法行政，完善权力约束机制；第八，建立完善的司法体制，促进社会公平正义的实现；第九，维护公民权利，依法保障人权；第十，提高公民法律意识，夯实依法治国的基础；十一，“一国两制”与国家结构理论的创新；十二，繁荣法学研究，为法治建设提供理论指导。

中国特色社会主义法学理论体系，是和马克思主义中国化第二次历史性飞跃的理论成果、中国特色社会主义理论体系的形成密切结合在一起的。胡锦涛在中共十七大报告中指出：“改革开放以来我们取得的一切成绩和进步的根本原因，归结起来就是：开辟了中国特色社会主义道路，形成了中国特色社会主义理论体系。”“中国特色社会主义理论体系，就是包括邓小平理论、‘三个代表’重要思想以及科学发展观等重大战略思想在内的科学理论体系。这个理论体系，坚持和发展了马克思列宁主义、毛泽东思想，凝结了几代中国共产党人带领人民不懈探索实践的智慧和心血，是马克思主义中国化最新成果，是党最可宝贵的政治和精神财富，是全国各族人民团结奋斗的共同思想基础。……在当代中国，坚持中国特色社会主义理论体系，就是真正坚持马克思主义。”[1] 中国特色社会主义理论体系，“写出了科学社会主义的‘新版本’，是深深扎根于中国大地、符合中国实际的当代中国马克思主义”。[2]

中国特色社会主义理论，不仅包括邓小平理论、“三个代表”重要思想、科学发展观、习近平总书记治国理政的新理念新思想新战略等；同时也包括当代中国化的马克思主义法学理论，如发扬社会主义民主，健全社会主义法制；依法治国，建设社会主义法治国家；建设社会主义政治文明；坚持科学发展观指导下的以人为本法治观、和谐法治观、坚持依法执政和确立社会主义法治理念；坚持依法治国、依法执政、依法行政共同推进，坚持法治国家、法治政府、法治社会一体建设等法律思想和理论思想等内容。

中国特色社会主义法学理论体系是在马克思主义法学理论的指导下，立足于中国的实践和文化传统，对中国特色社会主义法治道路探索的经验总结，为依法治国，建设社会主义法治国家提供了理论指导。

---

1 胡锦涛：《高举中国特色社会主义伟大旗帜，为夺取全面建设小康社会新胜利而奋斗》，《十七大报告辅导读本》，人民出版社 2007 年版，第 10—12 页。

2 参见《习近平总书记系列重要讲话读本》，学习出版社、人民出版社 2016 年版，第 26 页。

四、研究马克思主义法学理论中国化及其理论成果的意义

中国化的马克思主义法学理论是马克思主义法学理论中国化的理论成果，是马克思主义法学理论发展的一个新阶段。这个理论成果包括毛泽东法律思想和中国特色社会主义法学理论两部分。中华人民共和国成立后，真正开始社会主义法治道路的探索，是从中共十一届三中全会开始的。因而，研究马克思主义法学理论中国化及其理论成果，除继续深化毛泽东法律思想的研究外，重点是研究中共十一届三中全会以来中国化的马克思主义法学理论成果，即中国特色社会主义法学理论。

中国特色社会主义法学理论，是中国化的马克思主义理论——中国特色社会主义理论的重要组成部分。在坚持以马克思主义理论为指导的前提下，建设社会主义法治国家，以基于中国实践产生的中国特色社会主义理论为指导思想，具体地说，就是以中国化的马克思主义法学理论——中国特色社会主义法学理论为指导思想。因而，研究马克思主义法学理论中国化及其理论成果，具有理论和实践的双重意义。

（一）研究马克思主义法学中国化及其理论成果的理论意义

研究马克思主义法学理论中国化及其理论成果，主要有以下几个方面的理论意义。

第一，中国特色社会主义法学理论体系不是凭空形成的，而是以丰富、深厚的思想理论为基础的。其中，马克思恩格斯的法学理论、列宁的社会主义法学理论等，为其奠定了思想基础和理论起点。把马克思主义法学理论中国化，首先要了解马克思主义法学理论体系的内容，如果不学习和了解马克思主义法学理论，就谈不上马克思主义法学理论的中国化；如果教条式地照搬马克思主义法学理论，也无法实现马克思主义法学理论的中国化。通过对马克思主义法学理论的梳理与分析，全面正确地领会马克思主义法学理论体系及其真谛，划清马克思主义法学与非马克思主义法学的界限，摒弃打着“马克思主义”旗号强加给马克思主义法学的错误东西，有助于揭示出中国特色社会主义法学理论体系的知识谱系和历史脉络；有助于在马克思主义法学理论中国化的过程中，正确认识和对待马克思主义法学理论；有助于深入把握中国特色社会主义法学理论体系的思想内涵。

第二，改革开放以来，中国共产党人在探索中国特色社会主义道路的过程中，坚持

把马克思主义法学原理与社会主义法治国家建设实践结合起来，在不断推进中国特色社会主义国家法治建设的基础上，提出一系列具有鲜明中国特色的社会主义法治思想、法学理论，为中国特色社会主义法学理论体系的形成奠定了丰富的思想理论基础。对中国特色社会主义法学理论发展过程的分析，有助于深入把握中国特色社会主义法学理论体系的形成规律。

第三，有助于全面、系统地把握中国特色社会主义法学理论体系的框架体系和基本观点。在对中国特色社会主义法学理论体系产生的历史背景进行分析的基础上，从不同的角度，对中国特色社会主义法学理论体系的基本内容进行全面的阐述，总结中国特色社会主义法学理论体系的基本特征，可以为人们对中国特色社会主义法学理论体系进行全面系统的了解提供帮助。

第四，有助于了解中国特色社会主义法学理论体系在对马克思主义法学理论继承的同时，在哪些方面作出了新的理论贡献。中华人民共和国成立后，特别是中共十一届三中全会以来，中国共产党人立足于中国所面临的国际和国内形势，总结国际共产主义运动的经验教训，从建设中国特色社会主义的实践出发，对社会主义法治国家建设作出了一系列的论述和阐释，从理论与实践的结合上回答了人们普遍关心但又容易出现偏差的法治建设上的许多重大认识问题，丰富和发展了马克思主义法学理论的内容，在许多方面对马克思主义法学理论作出了新的理论贡献。

第五，有助于了解中国特色社会主义法学理论体系的历史地位。中国特色社会主义法学理论体系是中国化的马克思主义——中国特色社会主义理论的重要组成部分。中国特色社会主义理论不仅包括中国特色社会主义发展道路理论，社会主义经济理论，社会主义文化理论，社会主义社会建设理论，社会主义生态文明理论，构建社会主义和谐社会理论，加强党的执政能力建设和先进性建设理论，建设创新型国家理论，树立社会主义荣辱观理论，走和平发展道路理论等；同时也包括发扬社会主义民主，健全社会主义法制，依法治国，建设社会主义法治国家，建设社会主义政治文明等法治思想和理论。

中国特色社会主义法学理论体系是马克思主义法学理论发展的一个新阶段。马克思主义的伟大力量，就在于它是同各个国家的具体实践相联系的；对于中国共产党人来说，在中国建设社会主义，就是要学会把马克思主义理论应用于中国的具体环境，必须立足中国国情，按照中国的特点去运用马克思主义。在当代中国，建设社会主义法治国家也必须走自己的路，从中国的实际出发，建设有中国特色的社会主义法治国家。在坚持以马克思主义理论为指导的前提下，中国特色社会主义法学理论体系结合中国的国情和社会主义法治国家建设的实践，不仅为中国法治国家构建的框架、轮廓勾画了清晰的蓝图，而且也指明了我国法治国家建设的未来走向，从而把马克思主义的法学理论发展到一个新阶段。

第六，有助于了解和深化马克思主义法学理论中国化路径理论研究。在马克思主义法学理论中国化命题中，马克思主义法学理论中国化路径问题是一个极为重要的方面。马克思、恩格斯创建了内容丰富的马克思主义法学理论体系，列宁又加以丰富和发展，将其发展到列宁主义阶段。同时，从中国共产党接受马克思列宁主义到今天，也先后形成了毛泽东思想法学理论、中国特色社会主义法学理论等。那么，从马克思主义经典作家的法学理论到中国化的马克思主义法学理论成果，两者之间是如何演变的？用中国化思维来分析，两者之间最核心的问题就是如何“化”或者“化”的方法问题，这就必然涉及马克思主义法学理论中国化的路径问题，即马克思主义法学理论是通过何种路径或方法不断演变并形成中国化的马克思主义法学理论成果的？这是学界研究马克思主义法学理论中国化问题所不能回避的。因此，学界需要关注马克思主义法学理论中国化路径问题的研究，这既有助于开展中国化的马克思主义法学理论成果研究，也有助于开展中国特色社会主义法学理论体系研究；既有利于推动马克思主义法学理论中国化的理论进程，也有利于推动马克思主义法学理论中国化的实践进程；既有利于扩大马克思主义中国化专业的学术研究视域，也有利于深化理论法学界的学术研究视域。

（二）研究马克思主义法学中国化及其理论成果的实践意义

依法治国，建设社会主义法治国家，已成为我国的治国基本方略，是建设中国特色社会主义的基本要求，也是全面建成小康社会的奋斗目标。因而，全面落实和推进依法治国，加快建设社会主义法治国家，在中共十七大报告和十八大报告中，都是被突出强调的一个重要内容。

如何加快建设社会主义法治国家，中国的法治之路如何走，“我们需要什么样的法治”以及“怎样建设法治”，无论在理论和实践上都有许多值得探讨的问题，但最根本的一条就是以中国特色社会主义法学理论体系为指导，走有中国特色的法治建设道路。

具体而言，“要全面推进依法治国，加快建设社会主义法治国家，要在规则治理上下功夫，在中国特色上费心力，在加快建设上用力气，在全面推进上做文章，在有效治理上见成效”。[1]

中国特色社会主义法学理论体系的精髓是解放思想、实事求是。解放思想、实事求是，其实质是敢于打破一切僵化思想的束缚，不把书本当教条，不照搬外国模式；其着眼点是立足于中国国情，从中国的现实和当代世界发展的特点出发，敢于和善于走自己的路，强调有中国特色。依法治国，建设社会主义法治国家，以中国特色社会主义法学理论体系为指导，也应坚持解放思想、实事求是，从中国的国情出发，在学习、借鉴先进法治国家和地区经验的同时，在法治模式上，立足于中国实际，进行创造性的建构，建设具有中国特色的法治国家。

此外，在中国特色社会主义法律体系已经形成的历史条件下，建构中国特色社会主义法学理论体系作为一项重大的理论课题已摆在中国法学界和法律界的面前。开展中国特色社会主义法学理论体系研究，对于坚持走中国特色社会主义法治道路，深化中国特色社会主义理论体系研究，具有重要意义。

1 江必新：《全面推进依法治国的若干思考——以学习党的十八大报告为背景》，《人民论坛》2012年第33期。

上编

马克思主义法学理论中国化的发展阶段

第一章 毛泽东法律思想

毛泽东是伟大的马克思主义者，是中国共产党、中国人民解放军、中华人民共和国的主要缔造者和领导人。他为中国共产党和中国人民解放军的创立和发展，为中国各族人民解放事业的胜利，为中华人民共和国的缔造和我国社会主义事业的发展，建立了永远不可磨灭的功勋。以毛泽东为主要代表的中国共产党人，根据马克思列宁主义的基本原理，把中国长期革命实践中的一系列独创性经验作了理论概括，形成了适合中国实际的科学的指导思想，这就是马克思列宁主义普遍原理和中国革命具体实践相结合的理论——毛泽东思想。毛泽东思想对马克思主义法学的贡献表现为毛泽东思想中的法律思想。这主要包括毛泽东本人法律思想中的正确部分，以及中国共产党其他老一辈革命家对马克思主义法学的丰富和发展。

一、毛泽东法律思想的形成和发展

毛泽东一生中专门论及法律的文章远不及他论述哲学、历史与政治的多，但他对法律的论述，尤其是他早期思想中涉及法律的内容也非常丰富。纵观毛泽东的一生，其法律思想的产生和发展历程大致经历了早年的改良主义和民主主义法律思想的产生，马克思主义法律观的确立、深化到成熟和发展等不同的阶段。对此，研究毛泽东法律思想的学者有不同的划分方法，如有的学者提出，毛泽东的法律思想经历了六个发展阶段：从初步产生法律意识到 1920 年博采各种法律学说，为旧法思想阶段；1920 年 10 月的急促变化是他的法律思想向马克思主义转变；1920 年冬至 1927 年是他把马克思主义法律观中国化——毛泽东思想法学产生的萌芽阶段；土地革命初期和中期是他的法律思想成长的阶段；土地革命后期和抗日战争时期，是他的法律思想多方面展开并达到成熟的阶段；解放战争和中华人民共和国成立后，是他的法律思想在新条件下向前发展的阶段。后五个阶段始于他法律观向马克思主义的转变，此后他的法律思想与作为全党法律思想集体智慧结晶的毛泽东法律思想达到了有机的统一。[1]还有其他的划分方法，在此不作一一介绍。

笔者认为，毛泽东的法律思想，如同毛泽东思想的产生一样，是伴随着他的革命生涯，为适应中国革命历程中各个时期解决法律问题的需要而产生的，其产生和发展历程可以划分为以下三个阶段。

（一）毛泽东法律思想的早期萌芽阶段

这一阶段指毛泽东在韶山冲师从“一个失业的法科生”——毛岱钟学习王法的时期。[2]在这一时期，毛泽东接受了系统的法启蒙教育。毛岱钟是一个封建法政学堂培养出来的法科生，他的法律思想基本处于崇拜“王法”阶段。在他看来，法是“平之如水”的东西，意味着公平、正直，“王子犯法，与庶民同罪”。他系统地向毛泽东讲授了“王法”理论和中国法制史。毛岱钟的法制教育使毛泽东曾有过“学习王法，踏上仕途，将来秉公执法”，[3]以挽救国家危亡的抱负。但这时，湖南发生了“长沙饥民抢米风潮”和“韶山冲彭铁匠造反”两个老百姓反对官府的事件。官府对老百姓的严厉镇压使毛泽东对“王法”产生了很深的怀疑，终于认清王法“是阶级统治的工具，它由朝廷制定，为帝王服务，因而绝对公平正直的法律是没有的”。[4]当他认识到“王法”总是向着达官贵人而不管老百姓的死活时，从此他“再也不愿学这不公正的法律了”。[5]

虽然这段法律启蒙只持续了半年，但这是毛泽东第一次正规接受法制教育。毛泽东由此开始认识到依靠法律武器建设国家、巩固政权的重要性，同时，在他心灵深处也产生了蔑视反动法制、要求法律为劳动人民服务的萌芽。这一阶段对毛泽东法律思想的形

1　参见徐显明：《人民立宪思想探源》，山东大学出版社 1999 年版，第 91 页。

2　［美］斯诺：《西行漫记》，河南人民出版社 1992 年版，第 112 页。

3　尹高潮编著：《毛泽东的老师们》，内蒙古人民出版社 1996 年版，第 125 页。

4　同上。

5　同上。

成起到了奠基作用。

（二）毛泽东的马克思主义法律观由确立到成熟阶段

从毛泽东走出故乡接受新思想参加革命到新中国成立，是其法律思想由确立到成熟的阶段，其时间跨度经历了旧民主主义革命、两次国内革命战争、抗日战争和解放战争。在这一阶段，毛泽东对法律有了较为深刻的认识。其基本走向是：反对反动的半殖民地半封建法制，要求建立符合人民利益的革命法制。“推翻旧政权，建立新政权”，保障人民的民主、自由，成为对这一时期毛泽东法律思想的基本评价。

从1912年辛亥革命到1949年中华人民共和国成立的三十七年中，中国一直处于北洋军阀政府和国民党政府统治之下。其间制定了许多镇压工农群众，维护大资产阶级、地主阶级和帝国主义利益的法律。毛泽东对反动法制深恶痛绝，要求打破。他青年时期接受了“主权在民”的观念，认为“政治法律不装在穿长衣的先生们的脑子里，而装在工人们、农民们的脑子里……他们对法律要怎样定就怎样定”。[1]他极力反对半殖民地半封建的法律，在批判国民党宪政时曾尖锐指出：“宪法，中国已有过了，曹锟不是颁布过宪法吗？但是民主自由在何处呢？”[2]他认为国民党所谓的宪政“不过是‘挂羊头，卖狗肉’，不给人民以丝毫的自由”。[3]

国民党政府在统治中国的二十二年中，借鉴西方国家，主要是大陆法系的立法经验，逐步形成了以《六法全书》为主体的较为完善的法律体系。这种法律对内维护国民党一党专政和蒋介石个人独裁的政治统治秩序及其经济关系，对外保护帝国主义侵华特权。在这种法制下，“中国广大人民，尤其是农民，日益贫困化，以致大批地破产，他们过着饥寒交迫和毫无政治权利的生活，中国人民的贫困和不自由的程度，是世界所少见的”。[4]

面对这种情况，毛泽东要求蒋介石立即废止一党专政，召开各党派会议，成立民主的联合的政府，罢免贪官污吏和一切反动分子，惩办汉奸，承认各党派的合法地位，取

1 《毛泽东早期文稿》，湖南出版社1990年版，第519页。

2 《毛泽东选集》第2卷，人民出版社1991年第2版，第736页。

3 同上。

4 同上书，第631页。

消一切镇压人民自由的反动法令。[1]“废除伪法统”[2]，“实行新民主主义宪政”[3]。

在批判反动法律、要求打破半殖民地半封建法律秩序的同时，毛泽东致力于建立为人民服务的革命法制。这一过程，既有革命性的独创，也有对资产阶级法律先进一面的借鉴。毛泽东主张对资产阶级法律不能一笔抹杀，他在评价《中华民国临时约法》时曾指出，它“在那个时期，是一个比较好的东西……带有革命性、民主性”。[4]革命法制要借鉴其他类型和其他国家的法律知识和经验，而借鉴的最终目的是用以指导革命立法。在这一阶段，毛泽东亲自制定或领导制定了大批革命性法律文件，初步建立了革命法律体系。这种法制保障了人民的民主和自由，促进了经济的发展和革命根据地的巩固与发展。

毛泽东这一时期的一些著作，如《论联合政府》、《新民主主义论》和《新民主主义的宪政》等，也对法律形成了符合中国革命规律的认识。毛泽东比较注重运用法律巩固革命成果，进行对敌斗争，形成了毛泽东法律思想，为新中国成立后毛泽东法律思想的进一步发展奠定了理论和实践基础。

（三）毛泽东法律思想的正式形成阶段

伴随着新民主主义革命的胜利和中华人民共和国的成立，毛泽东法律思想进入了正式形成的阶段。

毛泽东指出：“中国人民在几十年中积累起来的一切经验，都叫我们实行人民民主专政。”[5]而不论是人民民主的实现还是对敌人实行专政，都需要以国家强制力为后盾的法律来保障。在新中国成立初期，毛泽东急切要求建立人民共和国的法制，借以巩固来之不易的革命成果。他在1957年前的这段时期里，领导或亲自主持了一系列国家重大立法，其中最为著名的是1954年宪法的制定和颁布。同时，他还领导了在全国范围内开展的、以批判蔑视人民民主权利的旧法观点为主要内容的司法改造运动，为建立革命法制创造了法律文化条件。就是在其生命最后阶段的1975年，他还不忘修改宪法，以巩固无产

1 《毛泽东选集》第4卷，人民出版社1991年第2版，第1145页。
2 同上书，第1389页。
3 《毛泽东选集》第2卷，人民出版社1991年第2版，第732页。
4 《毛泽东文集》第6卷，人民出版社1999年版，第325—326页。
5 《毛泽东选集》第4卷，人民出版社1991年版，第1475页。

阶级“文化大革命”的“胜利成果”。毛泽东之所以重视立法，是因为“为了建设一个强大的社会主义国家，必须有中央的强有力的统一领导，必须有全国的统一计划和统一纪律”[1]。

毛泽东在重视立法的同时，其轻视法律的倾向随着时代变迁也越来越明显。毛泽东在新中国成立初期曾说过，我们办事主要不是靠法律，而是靠会议，靠政策。在批判旧法的时候，否定旧法中合理的因素。这就种下了法律虚无主义的种子，以致后来发展到“有事办政法，无事搞生产”的状况。在“文化大革命”时期，他甚至提出“人治”，要求批判“资产阶级法权”，鼓励人民群众通过大民主的方式打倒所谓的“走资派”和“修正主义分子”，最后导致了肆意践踏民主、严重破坏法制的“无法无天”的混乱局面。

总的来说，这一阶段是毛泽东法律思想的正式形成阶段。在一些著作中，毛泽东对法律问题开始有了比较集中的阐述，形成了比较正确的法律观点和理论，提出了一些对今天的法制建设仍有指导意义的法制原则。

二、毛泽东法律思想的基本内容和特点

毛泽东在中国革命发展的每一个历史阶段，都从国际国内形势出发，阐述其对法律的看法，形成了一系列具有重要理论和实践意义的理论、观点和原则。其主要内容可概括为三个方面：即法学理论、宪法思想和具体部门法思想。

（一）毛泽东法律思想中关于法学理论的观点

毛泽东法学理论在毛泽东法律思想中占据着重要的地位，其基本内容主要有以下方面：

1. 对法律本质、功能，法律与其他社会现象的关系，法律的价值及其作用等的认识

对于“法律是什么”这个首要问题，毛泽东认为：“法律是上层建筑，我们的法律，是劳动人民制定的。它是维护革命秩序，保护劳动人民利益，保护社会主义经济基础，

1 《毛泽东文集》第7卷，人民出版社1999年版，第32页。

保护生产力的。”[1]毛泽东认为，法律的价值在于维护社会秩序和广大人民的利益。他在谈到社会主义社会向共产主义社会过渡时曾经指出，一切阶级斗争的工具都将随着共产主义的到来而走向消亡，法律亦不例外。也就是说，法律作为“上层建筑”，作为阶级斗争的工具，将因其历史使命的完成而不可避免地走向衰亡。毛泽东认为，法律作为一种上层建筑，归根结蒂，它是为经济基础服务的。它“对于我国社会主义改造的胜利和社会主义劳动组织的建立起了积极的推动作用，它是和社会主义的经济基础即社会主义生产关系相适应的”。[2]

关于法律的功能，毛泽东把法律视为介于民主和专政之间的工具，是介于武力和教育之间的一种政治手段，并且更多地把法律的矛头指向专政对象，要求对违法乱纪者，“其违法行为严重者必须给以法律的制裁”，对“群众所痛恨的违法乱纪分子加以惩处和清除出党组织，最严重者应处极刑，以平民愤，并借以教育干部和人民群众”。[3]关于法律与自由的关系，毛泽东认为法律既是对自由的限制，又是对自由的保障，主张用法律规定和保障人民的广泛的自由权利，认为“法治要遵守。按照法律办事，不等于束手束脚”，要“按照法律放手放脚”。[4]在《关于正确处理人民内部矛盾的问题》一文中，毛泽东曾说：“凡属于思想性质的问题，凡属于人民内部的争论问题，只能用民主的方法解决，只能用讨论的方法、批评的方法、说服教育的方法去解决，而不能用强制的、压服的方法去解决。人民为了有效地进行生产、进行学习和有秩序地过生活，要求自己的政府、生产的领导者、文化教育机关的领导者发布各种适当的带有强制性的行政命令。没有这种行政命令，社会秩序就无法维持。”[5]毛泽东也看到了法律作用的局限性，主张法律与法外因素要相协调、相配合，1953年10月在关于农业互助合作的谈话中，谈到法律保护私有财产问题时，就曾提出，对法律不禁止的，我们要做工作。[6]

---

1 同上书，第197页。
2 《毛泽东文集》第7卷，人民出版社1999年版，第215页。
3 《毛泽东文集》第6卷，人民出版社1999年版，第255页。
4 《毛泽东文集》第7卷，人民出版社1999年版，第198页。
5 同上书，第209页。
6 参见《毛泽东文集》第6卷，人民出版社1999年版，第299页。

2. 确立了立法工作应遵循的方法和原则

毛泽东对立法工作有许多阐述，提出了立法工作应遵循的一系列原则和方法。他把劳动人民作为最广泛意义上的立法主体，认为社会主义法律应当由劳动人民制定，体现人民群众的根本利益，为人民群众服务。毛泽东认为立法权“要统一，也要特殊”，“我们的宪法规定，立法权集中在中央。但是在不违背中央方针的条件下，按照情况和工作需要，地方可以搞章程、条例、办法”。[1] 他认为，制定的法律要得到群众的拥护，在立法过程中要实现两个结合，这就是领导和群众相结合，领导和广大积极分子相结合；立法好坏的评价标准，要坚持两条：一条是总结了经验，另一条是结合了原则性与灵活性。[2] 他提出我国立法工作应遵循两个原则：一是民主原则，一是社会主义原则。这是原则性。[3] 但立法在坚持原则性的同时，也要体现灵活性。他强调立法要实事求是，切实可行，“现在能实行的我们就写，不能实行的就不写”，如宪法中规定公民权利的物质保证时，要采取“逐步扩大”的提法；再如，少数民族问题，它有共同性，也有特殊性，共同的就适用共同的条文，特殊的就适用特殊的条文。少数民族在政治、经济、文化上都有自己的特点，可以按照当地民族的政治、经济和文化的特点，制定自治条例和单行条例。所有这些，都是原则性和灵活性的结合。[4] 同时，他还注重立法的程序性，立法要及时，要适时变化，才能跟上时代的发展，因为许多现在非法的东西将来会变成合法的，许多现在合法的将来可能不合法。[5]

毛泽东强调，立法工作在立足中国国情的同时，还要注意借鉴别国的经验。在制定1954年宪法时，他曾说：“我们这个宪法草案，主要是总结了我国的革命经验和建设经验，同时它也是本国经验和国际经验的结合。我们的宪法是属于社会主义宪法类型的。我们是以自己的经验为主，也参考了苏联和各人民民主国家宪法中好的东西。……我们对资产阶级民主不能一笔抹杀，说他们的宪法在历史上没有地位。”[6]

---

1 《毛泽东文集》第7卷，人民出版社1999年版，第32页。

2 参见《毛泽东文集》第6卷，人民出版社1999年版，第325页。

3 同上书，第326页。

4 同上书，第327页。

5 同上书，第304—305页。

6 同上书，第326页。

3. 关于法律的实施和遵守

法律制定以后，必须得到严格的遵守，毛泽东对此非常重视。在谈到1954年宪法的实行问题时，他指出，宪法“通过以后，全国人民每一个人都要实行，特别是国家机关工作人员要带头实行”，“不实行就是违反宪法”。[1]他强调，在法律面前要人人平等。1957年1月，他在谈到法制问题时强调：“一定要守法，不要破坏革命的法制。……我们要求所有的人都遵守革命法制，并不是只要你民主人士守法”，[2]“人民犯了法，也要受处罚，也要坐班房，也有死刑”。[3]要做到违法必究，对“凡典型的官僚主义、命令主义和违法乱纪的事例，应在报纸上广为揭发。其违法情形严重者必须给以法律的制裁”。[4]毛泽东还强调要依法司法，公、检、法三机关要各司其职，“公安机关逮捕人犯，检察机关起诉，人民法院审判”，“逮捕人犯要依法，要废除法西斯审判方式，严禁逼供信”。[5]为了保证法律的实施，毛泽东还非常重视法律的宣传教育工作。他说：要打破关门主义和神秘主义，相信群众，号召群众，通过召开各种代表大会、干部会、座谈会、群众会，在会上举行苦主控诉，展览罪证，利用电影、幻灯、戏曲、报纸、小册子和传单等多种方式，广泛开展法制宣传教育，让国家的法令政策家喻户晓，人人明白。[6]

（二）毛泽东的宪法思想

毛泽东在长期革命斗争中，十分重视宪法在争取人民民主权利中的作用，并亲自领导了《中华苏维埃宪法大纲》《陕甘宁边区宪法原则》等宪法性文件的制定，以保障劳动人民的民主、自由的权利。在中华人民共和国成立后，他又亲自主持制定了新中国第一部宪法——1954年宪法，规定了社会主义的国体、政体、基本经济制度等一系列重要制度，从法律上保证了广大人民的民主、自由权利。

在有关宪法的理论方面，毛泽东也有一系列精辟独到的论述。关于宪法的起源，毛泽东说：“讲到宪法，资产阶级是先行的。英国也好，法国也好，美国也好，资产阶级

---

1 《毛泽东文集》第6卷，人民出版社1999年版，第328页。
2 《毛泽东文集》第7卷，人民出版社1999年版，第197—198页。
3 《毛泽东选集》第4卷，人民出版社1991年第2版，第1476页。
4 《毛泽东文集》第6卷，人民出版社1999年版，第255页。
5 《伟人毛泽东》下卷，红旗出版社1996年版，第14页。
6 《毛泽东文集》第6卷，人民出版社1999年版，第162页。

都有过革命时期，宪法就是他们在那个时候开始搞起来的。”[1] 毛泽东的这段论述揭示了作为国家根本法律的近代宪法，是社会发展到资本主义阶段的必然产物，它伴随着资产阶级革命的胜利并取得政权而出现于人类社会。

毛泽东还揭示了宪法在一国法律体系中的地位和本质。关于什么是宪法，他说：“一个团体要有一个章程，一个国家也要有一个章程，宪法就是一个总章程，是根本大法。”[2] 从宪法的本质来看，宪法是对民主制度的法律化，是对民主事实的确认。毛泽东指出：“世界上历来的宪法，不论是英国、法国、美国，或者是苏联，都是在革命成功有了民主事实以后，颁布一个根本大法，去承认它，这就是宪法。”[3] 他在领导制定我国第一部宪法时也曾说过：“用宪法这样一个根本大法的形式，把人民民主和社会主义原则固定下来，使全国人民有一条清楚的轨道，使全国人民感到有一条清楚的明确的和正确的道路可走，就可以提高全国人民的积极性。”[4]

国体与政体相结合，采取适当的政体来充分体现国体，这是毛泽东宪法思想的又一重要内容。在我国，毛泽东第一个赋予国体以科学的内容。他在《新民主主义论》中把国家性质称之为国体。所谓国体，“它只是指的一个问题，就是社会各阶级在国家中的地位”。[5] 统治阶级为了行使国家权力，必须建立适当的政权组织形式，这样才能实现国家的对内对外职能。毛泽东在强调国体重要性的同时，还论述了政体问题。他指出：“所谓‘政体’问题，那是指的政权构成的形式问题，指的一定的社会阶级取何种形式去组织那反对敌人保护自己的政权机关。没有适当形式的政权机关，就不能代表国家。”[6] 任何国家都是国体和政体的统一。国体和政体两者是内容和形式的关系，是内容和形式的统一。毛泽东指出：“国体——各革命阶级联合专政。政体——民主集中制。”[7] 他总结国际无产阶级革命斗争和根据地、解放区政权建设的经验，肯定了坚持民主集中制的人民代表大会制度是我国最好的政权组织形式。

此外，毛泽东还强调在制定宪法的过程中要采取科学的态度，他说：“搞宪法是搞科

---

1 《毛泽东文集》第 6 卷，人民出版社 1999 年版，第 326 页。
2 同上书，第 328 页。
3 《毛泽东选集》第 2 卷，人民出版社 1991 年第 2 版，第 735 页。
4 《毛泽东文集》第 6 卷，人民出版社 1999 年版，第 328 页。
5 《毛泽东选集》第 2 卷，人民出版社 1991 年第 2 版，第 676 页。
6 同上书，第 677 页。
7 同上。

学”，对宪法要采取科学态度，不要迷信。[1] 宪法作为国家的根本大法，任何人都必须认真遵守。这些论述仍然是我们今天应当遵循的原则。

毛泽东的宪法理论，在革命战争年代，为中国共产党领导各根据地人民进行政权建设和法制建设，保障人民民主，巩固革命成果，迎来中华人民共和国的诞生，提供了强大的思想武器。中华人民共和国成立后，这一理论又为社会主义制度的建立和巩固，为人民当家作主民主权利的实现，为新中国第一部社会主义宪法的颁布和实施提供了科学的理论依据。

（三）毛泽东的部门法思想

加强部门法建设，也是毛泽东法律思想的重要内容。就是在法律虚无主义开始盛行，法律失去了应有的权威的20世纪50年代后期，毛泽东仍提出要加强国家基本法律的建设。针对当时的情况，他作出了“现在是无法无天，没有法律不行，刑法、民法都要搞”的指示。根据这个指示，全国人民代表大会常委会于1962至1963年相继起草了刑法、民法、刑事诉讼法，准备征求意见后正式通过。但是，由于后来政治形势发生了变化，这些草案就被束之高阁了。

在毛泽东的部门法思想中，他的刑法思想比较突出。毛泽东的刑法思想，是他在长期革命和建设的对敌斗争实践中产生和形成的，特别是在新中国成立后的“三反”、“五反”和“肃反”运动中，毛泽东的刑法思想得到了充分的发展，提出了一些对当代刑法建设具有指导意义的思想。

他强调要维护刑法的权威性，“触犯刑律，那就要办罪”。[2] 关于刑法的原则，他主张罪刑要相适应，即罚当其罪，罪刑相当，“轻罪重判不对，重罪轻判也不对”。[3] 他强调刑事处罚要实行镇压与宽大相结合，区别对待的政策。他说：“必须坚决地肃清一切危害人民的土匪、特务、恶霸及其他反革命分子，在这个问题上，必须实行镇压与宽大相结合的政策，即首恶者必办，胁从者不问，立功者受奖的政策。”[4]

在打击敌人、惩罚犯罪的斗争中，毛泽东主张实行“少捕、少杀”的政策。他认识

---

1 《毛泽东文集》第6卷，人民出版社1999年版，第330页。

2 《毛泽东选集》第5卷，人民出版社1977年版，第438页。

3 同上书，第459页。

4 《伟人毛泽东》下卷，红旗出版社1996年版，第313页。

到捕人杀人关系重大，必须审慎。因为我们不是靠捉人杀人来惩罚罪犯，而主要靠教育。因此，他强调要少捕少杀，“凡介在可捕可不捕之间的人一定不要捕，如果捕了就是犯错误；凡介在可杀可不杀之间的人一定不要杀，如果杀了就是犯错误”。[1] 因此，我们在司法工作中必须坚持少杀，严禁乱杀。

在刑事诉讼中，毛泽东强调重证据，反对逼供信，禁止使用肉刑。毛泽东十分重视审讯工作的政策策略，强调证据的客观真实性和合法性。他在1943年起草的一个决定中明确表示反对逼供信，他指出：“这个错误方针，简单地说来，就是逼供信三个字。审讯人员对特务分子及可疑分子采用肉刑、变相肉刑及其他威逼办法……这是完全主观主义的方针和办法。”[2]“对任何犯人，应该坚决废止肉刑，重证据而不轻信口供。”[3]“在人民法庭和民主政府进行对犯罪分子的审讯工作时，必须禁止使用肉刑。为了不致弄错，使自己陷于被动，对尚无证据的特务及会道门头子，应当进行侦查，取得确证，不可随便捕人杀人。”[4]

毛泽东在实践中确立了“以思想改造为主，以劳动生产为辅”的劳改政策。他认为，只要政策和方法正确，人是可以改造好的。我们惩罚罪犯，并不是将反革命分子和其他刑事犯罪分子统统消灭掉，而是要改造他们，给他们以出路。在改造过程中，应对犯人进行强迫劳动，注重思想教育，禁止打骂体罚虐待，实行革命人道主义。毛泽东指出：“劳改工厂、劳改农场不能以生产为第一，要以政治改造为第一。要做人的工作，要在政治上启发人的觉悟，发挥他的积极性。”要求劳改机关“不要在经济上做文章，不要想从劳改犯人身上搞多少钱，要抓改造”。[5]

毛泽东十分重视司法工作的群众路线，实行专门机关同人民群众相结合。在司法工作中只有深入群众，做细致的调查研究，使每一案件都能做到符合实际情况，才能正确合法地惩罚罪犯，同时在人民群众中张扬法制，教育人民群众遵纪守法，积极行动起来同一切犯罪行为做斗争。他说：“镇压必须实行群众路线”，“没有把群众发动起来，就

---

1 《毛泽东文集》第6卷，人民出版社1999年版，第158页。

2 《伟人毛泽东》下卷，红旗出版社1996年版，第314页。

3 同上。

4 同上。

5 同上。

不可能对反动分子和破坏分子实行有效的改造”。[1]他还说，对犯人的改造，“光靠监狱解决不了问题，要靠人民群众来监督极少数坏人，主要不是靠法院判决和监狱关人，要靠人民群众中多数监视、教育、训练、改造少数犯人”[2]。

毛泽东思想作为指导中国人民进行社会主义现代化建设的思想武器，涉及社会主义革命和建设的所有领域。但由于历史原因，毛泽东对法律问题只是初步涉及，没有形成系统的理论体系。从毛泽东对有关法律问题的论述，我们可以看出，毛泽东法律思想的基本特点是，紧紧围绕时代任务，结合现实，以达到具体革命目标为己任。毛泽东法律思想的核心是把法律作为一种统治工具，在无产阶级手里，法律应为人民服务。纵观毛泽东法律思想的形成过程，有两个法律思维倾向贯穿其中：他一方面蔑视法律的作用，要求打破旧的法制；另一方面又重视法律的作用，要求建立符合人民利益的法制。这两个倾向在毛泽东法律思想形成、发展的各个阶段都得到了充分体现。

三、毛泽东法律思想评析

通过前述可以看出，作为毛泽东思想重要组成部分的毛泽东法律思想，涉及的范围较为广泛，对新民主主义革命的各个阶段根据地、解放区的法制建设和中华人民共和国成立初期的社会主义法制建设，起到了巨大的历史促进作用。毛泽东对法律的一些重要论述，提出的一些法制理论和原则，对我们现在探索依法治国、建设社会主义法治国家之路仍然有着重要的理论指导和实践意义。

较之于毛泽东的政治、经济、军事、哲学和党建理论，他对法律的阐述是粗线条的、零散的。他不是从法学家的视角来论述法律问题，不是从法律现象内部去探讨法律问题，而是从政治家的角度涉及一些法律问题，是从法律的外部去描述法律，而且其有关法律的一些论述也表现出明显的局限性。例如，他一直把法律视为一种服从和服务于政治的工具。他着重强调的是运用法律工具对敌专政，对运用法律手段保护人民的各项权益重视不够。毛泽东赋予法律以“工具”而非“国王”的角色，当他认为这个“工具”束缚了自己的手脚时，便发动群众抛弃了他自己创立的法律制度。

---

1 《伟人毛泽东》下卷，红旗出版社 1996 年版，第 314 页。

2 同上。

毛泽东既是理论家又是实践家。他有条件对中国法制理论和法制建设作出辉煌的贡献。以毛泽东的地位和威望，他的法律思想也能够起到很大的指导和影响作用，促进法制的建设和完善，使法律在国家政治、经济和生活中发挥着更大的作用。但因其自身对法律看法的局限性，毛泽东晚年抛弃了法制。这不仅是他个人的失误，也是国家的悲剧。即使他法律思想中有重要价值的部分，对中国法制建设也未曾起到应有的作用。

就“像很多站在正面指导时代潮流的伟大历史人物大都有他们的缺点一样”，[1] 毛泽东也有他的缺点。对法制建设的轻视就是其中重要一点。对毛泽东的这一缺点，我们也要历史地去看，就像他曾说过的那样，“这是要从历史条件加以说明，使人理解，不可以苛求于前人的”。[2]

毛泽东一生的大部分时间，生活在中国两千余年封建社会刚刚结束的时代。这种生活背景对他的法律思想无疑会产生一定的影响。历经两千余年而未衰的我国封建社会，留给中国人民的只是法制为人治服务的法律惯性。人们的思维没有从几千年人治中苏醒过来，更谈不上对法治的亲善。此外，中国历代法制，尤其是近代半殖民地半封建法制给中国人民带来的只是无穷的痛苦，使老百姓形成了“恨法”的心理。中国共产党领导人民推翻半殖民地半封建社会的旧法制统治适应了人民的这一心理要求，从而使他们对中国共产党存在着更多的政策期盼。

中国共产党取得政权以后，其几十年的斗争经历，使得共产党人靠政策和领导人指示来推动革命发展的习惯性思维很难改变。即使在中华人民共和国成立初期，中共领导人虽然重视立法固国，但由于这种思维惯性的存在，使立法热情在立法有了一定成就之后就难以为继。

就中国共产党自身的法律意识来说，也是很薄弱的。第一代中共领导集体成长于一个法制教育十分落后的时代。不仅毛泽东个人不看重法律，党和国家的其他领导人当时对法律与法治的认识也不是十分清楚的。

从法制存在的环境来看，任何法律理论的提出和完善、法制的健全并在实践中发挥主导作用，都离不开稳定的政治局面和繁荣的经济生活。这不仅是制定良好法律、建立

1 《毛泽东文集》第 7 卷，人民出版社 1999 年版，第 157 页。

2 同上。

完善法制的必备条件，更是实施良好法制的前提。遗憾的是，毛泽东不论是在革命胜利前还是胜利后，都处于政治风云变幻、经济较为落后的时代，其时代主题多为政治斗争。因此，毛泽东根本不可能对法律有更为深刻的论述。值得提出的是，毛泽东生活在计划经济为主导的经济环境中，在以行政命令为行为依据的条件下，也没有对法律问题进一步阐述的时代要求。

尽管如此，毛泽东对法律的一系列论述，他提出的一些法律理论和原则，无论在过去、现在和将来仍然是很有价值的，毛泽东法律思想作为中国法制理论的主要根基之一，对于当代中国的法制建设、实行法治的理论与实践探索，有着十分重要的意义。

第二章 邓小平法制思想

邓小平是中国各族人民公认的卓越领导人，伟大的马克思主义者，伟大的无产阶级革命家、政治家、军事家、外交家。他是中国共产党第一代领导集体的成员，第二代领导集体的核心。他是中华人民共和国的缔造者之一，中国社会主义改革开放和现代化建设的总设计师，邓小平理论的创立者。

邓小平留给我们最可宝贵的财富，就是他创立的邓小平理论和在这个理论指导下制定的党在社会主义初级阶段的基本路线。马克思列宁主义同中国实际相结合有两次历史性飞跃，产生了两大理论成果。第一次飞跃发生在新民主主义革命时期，其理论成果是被实践证明了的关于中国革命和建设的正确理论原则和经验总结的毛泽东思想。第二次飞跃发生在社会主义建设时期，其理论成果是建设有中国特色的社会主义理论。它的主要创立者是邓小平，中共十五大将其称为“邓小平理论”。

邓小平理论是在和平与发展成为当代主题的历史条件下，在我国改革开放和社会主义现代化建设的实践过程中，在总结我国社会主义胜利和挫折的历史经验，并借鉴其他社会主义国家兴衰成败的历史经验的基础上，逐步形成和发展起来的。它是马克思列宁主义基本原理与当代中国实际和时代特征相结合的产物，同时又借鉴和融合了现代世界文明的丰富营养，是对马克思主义、毛泽东思想的坚持、继承和发展，是当代中国的马克思主义，是全党全国人民集体智慧的结晶。

在邓小平理论中，社会主义民主法制方面的内容占有很大比重，[1]内容丰富翔实，涉

1 在《邓小平文选》中，论及民主法制内容的文章有一百多篇，涉及当代中国民主法制建设的各个领域。

及社会主义民主法制建设的各个领域，并且有着严密的内在联系和逻辑结构，形成了一个完整的邓小平法制思想[1]体系，不仅包含系统的法学基本理论，也包含内容丰富的部门法思想。邓小平法制思想是与邓小平理论相伴而生的。中华人民共和国成立后，邓小平在总结社会主义民主法制建设和国际共产主义运动经验教训的基础上，认识到发扬社会主义民主，健全社会主义法制，对我国实现四个现代化宏伟目标和保证国家长治久安的重要性。

在“文化大革命”中，他曾两次被打倒，历经磨难。党和国家生死存亡的命运，社会主义建设事业所经受的挫折，需要加以全面总结；如何从制度上保证“文化大革命”这样的悲剧不再重演，不能不引起他的深深关注和思考。自中共十一届三中全会以来，邓小平一系列法制思想的提出，就是他对其他社会主义国家兴衰成败的经验教训进行总结、对我国社会主义法治建设曲折历程予以反思的结果。他提出了一系列关于社会主义民主法制的理论、方法、政策。不仅为中国法治国家建设勾画了清晰的蓝图，而且也指明了我国法治国家建设的未来走向，从而把马克思主义的法学理论发展到了一个新阶段，从而也为新时期我国社会主义法治国家建设提供了理论指导。

一、邓小平法制思想产生的国际背景

从国际上说，邓小平法制思想产生于他对其他社会主义国家兴衰成败的经验教训的总结。邓小平在《党和国家领导制度的改革》这篇讲话中曾这样说过：“斯大林严重破坏社会主义法制，毛泽东同志就说过，这样的事件在英、法、美这样的西方国家不可能发生。”[2]苏联社会主义国家建立之初，就建立了比较完备的法律体系。在社会主义民主的形式方面，苏联采取了苏维埃——人民代表机关的国家制度。这反映出苏联的政治制度包含着民主和法制的一面；但另一方面，苏联实行的又是共产党中央高度集权的领

1 目前，在已有的对邓小平法制思想的研究中，一般把“邓小平法制思想”称为“邓小平民主与法制思想”，也有的学者称之为“邓小平法治思想”或者“邓小平依法治国思想”。应当说，这些表述都有一定的道理。但笔者认为还是用“邓小平法制思想”这一表述更恰当一些。因为，一方面，在邓小平著作中，使用最多的是“法制”一词，“法治”一词很少使用。另一方面，在邓小平法制思想中，既有静态意义上的法律制度建设，也包含有执法、司法、守法等动态意义上的法制；在强调加强社会主义法制建设时，往往又是同民主结合起来进行阐述的，强调民主的法制化和法制的民主化，也包含有现代意义上的“法治”精神。因而，使用“邓小平法制思想”的表述，既符合邓小平著作中的表述习惯，也能较为忠实地反映邓小平法制思想的原貌。

2 《邓小平文选》第2卷，人民出版社1994年第2版，第333页。

导体制。当时列宁要求："党的代表大会所通过的决议，对于整个共和国都是必须遵守的。"[1] 他认为："任何国家机关未经党中央指示，都不得解决任何重大政治问题或组织问题。"[2] 这一高度集权的领导体制，一直延续下来，阻碍了苏联民主和法制的进一步发展。它主要表现为：第一，人民代表机关——苏维埃的权力不实。第二，国家权力过度集中在共产党决策机构及其主要负责人手中。第三，共产党的决策机构在很大程度上代行了人民代表大会的国家权力机关的职能。第四，党和国家的组织原则是民主集中制，但实际上，集中往往多于民主。特别是国家的最高权力过度集中在共产党的决策机构手中，其中党的领导人的权力之大尤其突出，对于党的决策机构和党的领袖在民主制度上缺乏必要的制约。这种制度使得苏联出现了斯大林后期个人专权、个人崇拜，并造成了肃反扩大化等一系列错误。[3]

在斯大林领导苏联的二十九年中，苏联的社会主义法制建设取得了一定的成就，同时又犯了人所共知的破坏社会主义法制的严重错误。据统计，在 1937 年前后肃反运动时期，1934 年参加党的十七大的 1 996 名代表中，1 108 名被捕，其中不少人被杀。在军队中被捕被杀的高级将领人数之多更加惊人：5 名元帅有 3 名被杀，10 名二级集团军军长（元帅）全部被杀，57 名军长中 50 名被杀，186 名师长中 154 名被杀，456 名团长中 401 名被杀。其他如军、师、团等各级政委中也有许多人被杀。在军队中约 4 万名红军高中级指挥人员被杀。在肃反运动中，党、政、军、文化、科学等方面被逮捕的总计有 400 万到 500 万人，其中约 50 万被杀。著名人物如原政治局委员、老布尔什维克季诺维也夫、加米涅夫、布哈林、李可夫，中央委员皮达可夫、拉狄克，还有主持制造火箭武器的专家，被西方称为"红色拿破仑"的图哈切夫斯基元帅等都被杀。[4] 斯大林肃反扩大化，给苏联党和人民带来了巨大灾难，也给国际共产主义运动造成了损失。

斯大林的错误给苏联人民心里留下了长期抹不去的阴影，苏联高度集权的经济体制和政治体制也越来越不能适应社会生产力发展的需要，因而，到 20 世纪 80 年代中期，

---

1 《列宁全集》第 32 卷，人民出版社 1985 年版，第 207 页。

2 《列宁全集》第 4 卷，人民出版社 1985 年版，第 157 页。

3 俞声敏主编：《中国法制化的历史进程》，安徽人民出版社 1997 年版，第 17 页。

4 胡谨：《国际共产运动史新编》（下册），山东大学出版社 1990 年版，第 396、398 页。

社会各界普遍要求进行改革。但苏联的经济体制改革进展很慢，政治体制改革却进展极快。在短短的几年里，苏共就从实行“公开化”、放开舆论开始，直到实行政治多元化和多党制。这种改革的结果，搞乱了人民的思想，使苏共的组织瓦解，最后导致苏联共产党在1991年下台、国家解体的悲惨结局。

由于斯大林在一个相当长时期内是国际共产主义运动的公认领袖，再加上中华人民共和国成立初期，由于当时特定的历史背景，我国也实行了“全盘苏化”的政策，因而斯大林在法学领域中的一些错误观点及苏联高度集权的政治体制和管理模式，不仅传入我国，而且还被全盘接受。苏联模式给我国民主法制建设造成的不容忽视的消极影响，斯大林严重破坏法制的错误及其产生的根源，以苏联模式建立的东欧社会主义国家的剧变，以及世界上第一个社会主义国家苏联的解体，这一切，对作为中国改革开放总设计师的邓小平来说，不能不引起深深思考。这也可以说是邓小平法制思想产生的国际背景。

二、邓小平法制思想产生的国内背景

从国内背景来看，邓小平法制思想的产生，是他对我国社会主义法治建设曲折历程反思的结果。邓小平曾经说过：“旧中国留给我们的，封建专制传统比较多，民主法制传统很少。新中国成立以后，我们也没有自觉地、系统地建立保障人民民主权利的各项制度，法制很不完备，也很不受重视。”[1]中国是一个历经两千多年封建专制统治的国家。自秦始皇统一中国后，其间虽然经过了历代王朝的更替，但都未影响这个制度在不断吸收经验中发展和延续。在封建集权专制的体制下，人们迷信权威、畏惧权力、重义务轻权利、缺乏民主和法治的传统。崇尚人治，是封建专制统治的最大特点。汉武帝以后，儒家学说跃居社会的统治地位，成了历代封建王朝的指导思想。儒家主张人治。孔子说过：“其人存则其政举，其人亡则其政息……故为政在人。”[2]我国民主革命的先行者孙中山先生曾对儒家的人治思想进行了批判，他说：“吾国昔为君主专制国家，因人而治，所谓一正君而天下定。数千年来，只求正君之道，不思长治之方”，

1 《邓小平文选》第2卷，人民出版社1994年第2版，第332页。
2 《礼记·中庸》。

国家只能长期处于混乱。[1] 中国社会历史发展的这种特点，决定了我国民主和法治建设的基础很不坚实。

中华人民共和国成立后，我们建立了人民民主制度，制定和实施了1954年宪法及其他法律制度，对当时的革命和建设曾经起过重要的保障作用。但是，由于经济与政治体制上权力的过分集中，以及后来“以阶级斗争为纲”的政治运动的冲击，我们没有认识到依法治国的重要意义，法治思想削弱，人治思想上升。当时我国的主要领导人毛泽东就曾说过这样的话：不能靠法律治多数人。民法、刑法那么多条谁记得了？宪法是我参加制定的，我也记不得……我们的各种规章制度，大多数、百分之九十是司局搞的，我们基本上不靠那些，主要靠决议，开会，一年搞四次，不靠民法、刑法来维护秩序。刘少奇也提出，到底是法治还是人治？看来实际靠人，法律只能作为办事的参考。[2] 特别是从20世纪50年代后期开始，由于“左”倾思潮泛滥，法律虚无主义开始盛行，广大干部和群众法治观念淡薄，习惯于只按政策办事，按领导人的意志办事，正如邓小平所说的，“往往把领导人说的话当做‘法’，不赞成领导人说的话就叫做‘违法’，领导人的话改变了，‘法’也就跟着改变”。[3] 主张“法律至上”的观点，被冠以“依法抗党”的罪名，使我国的法治国家建设遭受挫折，并导致了十年“文化大革命”的灾难。

十年“文化大革命”是一个完全置法制于不顾的“无法无天”的时代。在这场政治运动中，宪法和法律不宣而废，公、检、法机关被彻底砸烂，公民的权利遭到肆意践踏，大批干部其中包括许多党和国家领导人任意被批斗，受到各种残酷迫害。人民代表大会制度及立法工作遭到彻底破坏。从1966年5月“文化大革命”爆发到1975年第四届全国人民代表大会第一次会议召开的长达八年时间里，第三届全国人大及其常委会没有举行过一次会议，地方各级人大也几乎被“彻底砸烂”，人民代表大会制度名存实亡。从立法工作来看，除了林彪、“四人帮”搞的非法立法的白色恐怖如“公安六法”以及1975年宪法以外，是一片空白。当时维护社会秩序和进行社会管理，全部依靠中央文件

1　孙中山：《元旦布告》，见《孙中山全集》第4卷，中华书局1985年版，第285页。

2　转引自全国人大常委会办公厅研究室编著：《人民代表大会制度建设四十年》，中国民主法制出版社1991年版，第102页。

3　《邓小平文选》第2卷，人民出版社1994年版，第146页。

乃至领导人的讲话和“两报一刊”社论等非法治手段，社会主义法制遭到严重破坏，党和国家遭受空前的浩劫。

邓小平曾说：“没有‘文化大革命’的教训，就不可能制定十一届三中全会以来的思想、政治、组织路线和一系列政策。”[1]20世纪70年代后期，“文化大革命”结束后不久，亲身经历了社会主义法制遭到破坏、人身及各种权利缺乏保障并被任意侵犯的广大民众，深感加强社会主义民主和法制建设的重要性，因而建立法治社会成为人们的渴盼和所追求的社会发展目标。正是在这样的历史背景下，1978年邓小平总结历史教训，尤其是“文化大革命”的教训，在中共十一届三中全会前的中央工作会议上，作了题为《解放思想，实事求是，团结一致向前看》的重要讲话。在这个讲话中，他提出了一系列加强社会主义民主和法制建设的主张和思想。一直到去世以前，邓小平在改革开放和建设有中国特色社会主义的整个过程中，在不同的场合，从不同的角度，以不同的方式，对社会主义民主和法制建设的各个方面作了阐述，形成了他完整的法制思想体系，并成为构建当代中国法治社会的指导思想。

三、邓小平法制思想产生的历史起点和对理论禁区的突破

中共十一届三中全会强调发展社会主义民主、健全社会主义法制，是我国由人治社会走向法治社会的伟大历史转折，同时，也是邓小平法制思想产生的逻辑起点。1992年初，邓小平视察南方并发表重要谈话，不仅为进一步改革开放解放了思想，而且对中国法治建设突破一些理论禁区起到了推动作用。

（一）邓小平法制思想产生的历史起点

1978年5月11日，《光明日报》以特约评论员的名义发表了《实践是检验真理的唯一标准》一文，并由此引发了全国范围的关于真理标准问题的大讨论。这篇文章被认为是当代中国第一次思想解放的宣言书。这场大讨论，是当代中国一次伟大的思想解放运动，它为中共十一届三中全会的召开做了思想上的准备。江泽民在《纪念党的十一届三中全会召开20周年大会上的讲话》中，对十一届三中全会进行了高度评价。他说：

1 《邓小平文选》第3卷，人民出版社1994年版，第272页。

“十一届三中全会，是新中国成立以来我党历史上具有深远意义的伟大转折。党在思想、政治、组织等领域的全面拨乱反正，是从这次全会开始的。伟大的社会主义改革开放，是由这次全会揭开序幕的。建设有中国特色社会主义的新道路，是以这次全会为起点开辟的。当代中国的马克思主义—邓小平理论，是在这次全会前后开始逐步形成和发展起来的。十一届三中全会是一个光辉的标志，它表明中国从此进入了社会主义事业发展的新时期。”[1]

中共十一届三中全会已成为当代中国历史的一个重要转折点，被称为社会主义时期的“遵义会议”。它是中国共产党重新探索建设中国特色社会主义的新起点，也是中国共产党领导的第二次革命的伟大开端。它不仅是新中国成立以来党和国家的历史上具有深远意义的伟大转折，也是我国社会主义民主和法制建设历程中的历史性转折。这次会议重新确定的解放思想、实事求是的思想路线，不仅推动并实现了全党工作重点的历史性转变，开辟了我国改革开放和社会主义现代化建设的历史新时期，也为我国实施依法治国、建设社会主义法治国家指明了方向。依法治国的方针与实践，是从中共十一届三中全会实现了在指导思想上的拨乱反正之后，才逐步开始的。因而，从一定意义上说，没有十一届三中全会，就没有中共十五大依法治国方略的提出，更不可能有建设社会主义法治国家宏伟目标的确立。

1978 年，邓小平在中共十一届三中全会前召开的中央工作会议上，作了题为《解放思想，实事求是，团结一致向前看》的重要讲话。这个讲话，江泽民在十五大报告中给予了很高的评价：“一九七八年邓小平《解放思想，实事求是，团结一致向前看》这篇讲话，是在‘文化大革命’结束以后，中国面临向何处去的重大历史关头，冲破‘两个凡是’的禁锢，开辟新时期新道路、开创建设有中国特色社会主义新理论的宣言书。”[2] 这篇讲话，实际上成为几天后召开的中共十一届三中全会的主题报告，为十一届三中全会确定具有划时代意义的新认识和新决策奠定了重要基础。

邓小平在这篇讲话中，既总结了“文化大革命”践踏法制、广大干部群众惨遭非法迫害的历史教训，又顺应历史潮流，从新时期经济建设发展的需要着眼，对社会主义法

1 江泽民：《在纪念党的十一届三中全会召开 20 周年大会上的讲话》，《光明日报》1998 年 12 月 19 日。

2 《江泽民文选》第 2 卷，人民出版社 2006 年版，第 9—10 页。

治建设的一系列重大问题提出了鲜明的主张，明确提出坚持发展民主和法制是党和国家坚定不移的方针。他强调，国要有国法，党要有党规、党法。为了保障人民民主，必须加强法制。“必须使民主制度化、法律化，使这种制度和法律不因领导人的改变而改变，不因领导人的看法和注意力的改变而改变。”[1]为完善立法，他指出应集中力量制定刑法、民法、诉讼法和其他各种必要的法律，真正做到有法可依、有法必依、执法必严、违法必究。[2]

在中央工作会议结束后召开的中共十一届三中全会上，根据邓小平的讲话精神，对民主和法制问题进行了认真的讨论，提出在全党工作重点转移的同时，必须加强社会主义法制，使民主制度化、法律化，使这种制度和法律具有稳定性、连续性和极大的权威性。全会还指出，要保障人民在自己的法律面前人人平等，不允许任何人有超越法律之上的特权。[3]党中央根据邓小平法制思想作出的这些决策，是总结“文化大革命”教训取得的最重要的成果之一，为中国的发展指明了一条依法治国的正确道路，得到了全国人民的拥护。自此以后，在邓小平法制思想指导下，我们国家逐步走上了依法治国、建设社会主义法治国家的道路。因而，中共十一届三中全会，既是我国建立法治社会的历史转折点，也是邓小平法制思想的起点。

（二）邓小平南方谈话突破了中国法治建设的一些理论禁区

如果说1978年的关于真理标准问题的大讨论，掀起了当代中国第一次思想解放的浪潮，那么1992年初邓小平视察南方的重要谈话，即成为当代中国思想解放的又一个里程碑。

邓小平从领导岗位退下来以后，仍然以高度的历史责任感，关注着改革开放和现代化事业。1992年初，针对当时阻碍改革开放的“左”的思潮重新抬头，邓小平视察了南方并发表了重要谈话，科学地总结了中共十一届三中全会以来党的基本实践和基本经验，从理论上深刻回答了长期困扰和束缚人们思想的许多重大的认识问题，提出了对整个社会主义现代化建设具有现实和长远指导意义的重要思想，其核心是冲破姓

---

1 《邓小平文选》第2卷，人民出版社1994年第2版，第146页。

2 同上书，第147页。

3 参见《中国共产党第十一届中央委员会第三次全体会议公报》，《三中全会以来重要文献选编》（上），人民出版社1982年版，第11页。

“资”姓“社”的“左”的束缚，为推动我国改革开放和社会主义现代化建设进入新阶段作出了重大贡献。邓小平南方谈话，是“把改革开放和现代化建设推进到新阶段的又一个解放思想、实事求是的宣言书”，[1]也为法学界分辨与澄清一些模糊认识提供了思想理论武器，使法学界进一步解放了思想，促进了我国法学的繁荣和法治建设的发展。

以邓小平南方谈话为指导，法学界在以下方面形成了共识。在法学研究中，要打破姓“资”姓“社”的束缚，以“三个有利于”作为评价法学研究成败得失的标准。法律现象是千差万别的，不能只用姓“社”还是姓“资”来概括一切，要摆脱“非此即彼”的形而上学思想方法。在法学理论方面，也不都是非“社”即“资”，还有真理与谬论、唯物与唯心以及不同学术观点之分，不可一概而论，要大胆地吸收与借鉴人类社会创造的一切文明成果。要认识有些即使是姓“资”，但对我们有用的东西，也可以“拿来”，或改造过来为我所用。要正确看待“左”与右的问题，在法学领域，右的东西的影响还有，但“左”的东西的影响更深更广。同时，不要把法学领域里的一切问题都同“左”与右挂钩，都看成是“左”右之争，要划清学术行为与政治行为、学术争鸣与政治上大是大非的界限。要正确看待本本与实践问题，法学工作者要改变由本本到本本、从概念到概念的研究方法，走理论与实践相结合的道路，探讨实践中提出的大量亟待解决的理论与实践问题。[2]

这些认识，使法学界打破了一切人为设置的思想藩篱，思想更加解放，研究中敢于大胆探索、大胆吸收、大胆创新。这一时期的法学研究和中国的民主法制建设都出现了前所未有的繁荣局面。一些过去不敢涉足的研究禁区被突破；一大批翻译、介绍和研究西方法学经典的颇有分量的著述纷纷问世，法学著译出版空前繁荣；与社会主义市场经济体制相适应的以宪法为核心的法律框架体系初步形成，社会主义法治建设取得了前所未有的成就；依法治国、建设法治国家，由法学家的学术讨论到被写入中共十五大报告并载入宪法，成为治国的方略被付诸实施，这一历史性跨越使中国的法治之路步入了一个新的发展阶段。

---

1 《江泽民文选》第2卷，人民出版社2006年版，第10页。

2 参见《法学界必须进一步解放思想》，《中国法学》1992年第3期。

四、邓小平法制思想的发展历程及基本观点

（一）邓小平法制思想的发展历程

作为邓小平理论重要组成部分的邓小平法制思想，既是对中国近代以来走向法治的历史进程进行总结和反思的结果，也是对中共十一届三中全会以来社会主义法治建设的新经验、新创造的总结和升华。以1978年召开的中共十一届三中全会为标志，邓小平法制思想的发展历程可以划分四个阶段。

1. 邓小平法制思想的酝酿、萌芽阶段（从抗日战争、解放战争到新中国成立后十七年，1975年）

这一阶段包括抗日战争、解放战争、新中国成立后十七年，以及1975年邓小平主持中共中央、国务院和军队的日常工作期间。

在抗日战争和解放战争时期，邓小平担任党和军队的重要领导职务。新中国成立后到“文化大革命”爆发前的十七年，他是中国共产党第一代中央领导集体的重要成员。他在这几个历史时期的重要文章和讲话，集中在《邓小平文选》第1卷之中，反映了他在这几个时期对军事、政治、经济、党的建设等方面的重要贡献。他的这些思想、理论，是毛泽东思想的组成部分，也是邓小平理论的思想渊源。

在这几个历史时期，邓小平对民主法制建设也有一些论述，主要涉及在抗日民主政权建设和开展根据地、敌占区的各项工作中，要养成遵守抗日民主政权法令的习惯；在统一战线中，要按政府法令办事，在政府法令的实施过程中，要做好法令的解释和宣传工作；要注重运用法律手段保护人民利益。中国共产党取得执政地位后，在统一战线中坚持党的领导，就是要遵守和实行宪法，按宪法和法律办事。共产党员要严格地遵守党章和国家的法律。

1975年，邓小平在主持中共中央、国务院和军队的日常工作期间，对“文化大革命”所造成的严重混乱局面大刀阔斧地进行了整顿。这次整顿实质上是后来改革的实验，在短时间内取得了显著成效。在这次整顿过程中，邓小平强调要完善各种管理制度，加强组织纪律性。其中所蕴含的思想，充分表达了邓小平面对“文化大革命”期间无法无天、社会一片混乱的局面，对恢复正常社会秩序的渴望，并可视之为他法制思想

的萌芽和他第三次复出后重视民主法制建设的思想基础。

邓小平在这个时期涉及法制思想的代表作有：《党与抗日民主政权》《敌占区的组织工作与政策运用》《根据地建设与群众运动》《贯彻执行中共中央关于土改与整党工作的指示》《克服目前西南党内的不良倾向》《关于修改党的章程的报告》《全党讲大局，把国民经济搞上去》《当前钢铁工业必须解决的几个问题》《军队整顿的任务》等。

总的来看，在上述几个历史阶段中，邓小平关于民主和法制的思想属于酝酿和萌芽阶段，尚未形成完整的思想体系。

2. 邓小平法制思想基本观点的形成阶段（从1978年中共十一届三中全会到1982年中共十二大）

在这个时期，邓小平在总结历史经验教训的基础上，首先确立了社会主义法治建设的地位和作用，并且着重从保障人民民主、维护国家长治久安的角度，提出发展民主必须健全法制，必须使民主制度化、法律化的基本观点。中共十二大以邓小平所阐述的一系列重要法制思想为指导，明确提出了党必须在宪法和法律的范围内活动的基本原则。邓小平在这个时期法制思想的代表作有：《解放思想，实事求是，团结一致向前看》《坚持四项基本原则》《民主和法制两手都不能削弱》《目前的形势和任务》《党和国家领导制度的改革》《贯彻调整方针，保证安定团结》《坚决打击经济犯罪活动》等。

3. 邓小平法制思想逐步展开、形成轮廓阶段（从1982年中共十二大到1987年中共十三大）

这一阶段，邓小平围绕在理论上阐述“什么是社会主义，怎样建设社会主义”，指明了中国特色的社会主义发展道路，提出了社会主义初级阶段理论，规划了社会主义现代化建设的总体布局。在这个基础上，逐步深化了邓小平法制思想的基本观点，扩展了邓小平法制思想的基本内容。随着经济体制改革的日益深化和政治体制改革逐步被提到重要议事日程，邓小平对社会主义法制的认识也达到了一个新水平。诸如社会主义法制建设和民主政治建设的关系，政治体制改革与法制的关系，经济体制改革与法制的关系，法制建设与精神文明的关系，加强社会主义法制的基本原则和要求，加强法制与坚持党的领导的关系，一个国家两种法律制度的观点等，邓小平都有系统全面的阐述，其核心是要树立法治观念，重视法律在经济、政治和社会生活中的作用，通过改革处理好法治和人治的关系。这些观点的形成和发展构成了邓小平法制思想的基本轮廓。邓小平在这一时期法制思想的代表作有：《严厉打击刑事犯罪活动》《一个国家，两种制度》《政治上发展民主，经济上实行改革》《在中央政治局常委会上的讲话》《在全体人民中树立法制观念》《关于政治体制改革问题》《会见香港特别行政区基本法起草委员会委员时的讲话》《没有安定的政治环境什么事都干不成》等。

4. 邓小平法制思想形成较为完整的科学体系阶段（从中共十三大到1992年发表南方谈话）

这一阶段的鲜明标志是邓小平的南方谈话。邓小平南方谈话的突出贡献，就是从理论上明确回答了长期困扰和束缚人们思想的许多重大认识问题，其核心是冲破了姓“社”姓“资”的“左”的束缚，也为法学界分辨与澄清一些模糊认识提供了思想理论武器。中共十四大以邓小平南方谈话为指导，确立了我国经济体制改革的目标是建立社会主义市场经济体制，并从市场经济体制的客观要求出发，阐述加强社会主义市场经济法制建设的极端重要性。如果说中共十一届三中全会是邓小平法制思想产生的逻辑起点，那么到邓小平南方谈话和中共十四大提出建立社会主义市场经济体制，并深刻阐述社会主义市场经济对法制的要求，则标志着经过改革开放十四年的实践检验，伴随着社会政治经济的发展对法制的认识不断深化，邓小平法制思想已成为一个比较完整的科学理论体系。

综观邓小平法制思想的产生和发展，如果从思想史的角度看，邓小平法制思想可以追溯到新中国成立前、新中国成立后十七年和1975年这几个历史时期。然而，作为具有特定含义的邓小平理论的重要组成部分，邓小平法制思想形成的起点是中共十一届三中全会，基本理论轮廓的形成和理论体系的成熟、完善，是1978年中共十一届三中全会至1992年视察南方谈话，也就是邓小平领导全党全国人民全面开创改革开放和社会主义现代化建设新局面的十四年。

（二）邓小平法制思想的基本观点

在邓小平理论中，有大量关于社会主义法制的论述，涉及社会主义法制建设的各个方面。他从中国的现实和当代世界发展的特点出发，总结我国社会主义法制建设正反两个方面的经验，对法制在现代化建设中的重要地位，对我国社会主义法制建设过程中出现的新情况、新问题都作了精辟的分析和回答，对社会主义法制的理论和实践作出了重大贡献。邓小平的法制思想，涉及立法、执法、司法、守法、法律监督、法制教育、法律人才培养、社会主义法制建设应遵循的一系列基本原则等诸多方面，概括起来有以下基本观点和内容：

没有民主就没有社会主义，就没有社会主义的现代化；中国今天所需要的民主只能是社会主义民主；为了保障人民民主，必须使民主制度化、法律化；把加强民主法制建设作为党和国家一项坚定不移的方针；民主法制建设不能照搬西方模式；民主法制建设不能超越历史发展阶段；民主集中制是党和国家的根本制度；要做到有法可依、有法必依、执法必严、违法必究；发扬民主必须同专政相结合；严厉打击经济犯罪和各种刑事犯罪活动；树立法律的极大权威，公民在法律和制度面前人人平等；党要在宪法和法律的范围内活动；对权力要进行限制和监督；加强法制的根本问题是教育人，增强全民的法律观念；实行民主和法制一定要有步骤、有领导；政治体制改革要讲社会主义民主，也要讲社会主义法制；反对腐败还要靠法制；稳定压倒一切，维护安定团结的政治局面；强调“两手抓，两手都要硬”，即一手抓建设，一手抓法制；“一国两制”与一国中的法律多元化，等等。

邓小平的这些新思想、新论断，与我国法治建设的实践紧密相连，与我们国家和民族的命运紧密相连，也使我们党和人民对社会主义民主法制的认识产生了历史性的飞跃。

五、邓小平法制思想是邓小平理论的重要组成部分

中共十四大报告对邓小平理论的主要内容，从九个方面进行了概括。在这九个方面的内容中，邓小平的民主法制思想没有单独作为一个方面涵盖其中。但这并不表明邓小平理论仅仅限于已概括的九个方面，更不表明邓小平理论缺少法治方面的内容或法治内容不重要。我们在学习邓小平理论的过程中，可以清楚地看到，邓小平在对建设中国特色社会主义的各个方面的论述中，有关社会主义法治方面的内容占有很大比重，内容丰富翔实，涉及社会主义法治建设的各个领域，并且有着严密的内在联系和逻辑结构，形成了一个完整的科学理论体系。胡锦涛在《邓小平100周年诞辰纪念大会上的讲话》中，在阐释邓小平理论的基本内容时，就把邓小平法制思想的内容作为一个方面进行了表述，他提出：“……没有民主就没有社会主义，就没有社会主义现代化，必须使民主

制度化、法律化”，[1] 从而使关于邓小平理论基本内容及基本观点的阐述更加全面。

邓小平法制思想是伴随着邓小平理论的产生而产生的。1978 年中共十一届三中全会和全会后形成的以邓小平为核心的中央领导集体，领导中国人民实现了伟大的历史性转折，开创了我国社会主义事业发展的历史新时期，也开创了我国社会主义法治建设的历史新时期。邓小平在探索中国特色的社会主义道路，对什么是社会主义、怎样建设社会主义的反思过程中，总结历史的教训，尤其是十年“文革”的教训，总结国际共产主义运动的经验，对如何从制度上保证社会主义建设事业顺利进行、不走弯路进行了系统思考。新中国成立以来，社会主义民主法制建设和国际共产主义运动正反两方面的经验教训使他充分认识到，发扬社会主义民主，健全社会主义法制，使民主制度化、法律化，使这种制度和法律不因领导人的改变而改变，不因领导人的看法和注意力的改变而改变，依法治国，是实现四个现代化宏伟目标和保证国家长治久安的基本条件。他对如何加强我国社会主义法治建设进行了全面论述，提出了一系列关于社会主义法治的理论、方法、政策。新时期我国社会主义法治建设所取得的重大成就，是邓小平法制思想指导的结果，而这些成就又充分证明了这些思想的科学性和正确性。

邓小平所作出的关系党和国家前途命运的两大历史性贡献，其中之一就是明确提出了“走自己的路，建设有中国特色的社会主义”的科学论断。根据马克思主义所揭示的社会发展规律，一切民族都将走向社会主义。但如何走则各有各的特点，这就需要各国根据本民族的条件去探索和创造。邓小平以非凡的理论勇气，深刻地阐明了这个极端重要的问题。他认为，在中国建设社会主义，在坚持马克思主义普遍原理的同时，必须从中国的特点出发，认识中国社会主义建设的特殊规律，采取适应这些规律要求的特殊形式和方法。只有这样，才能走出一条中国式的社会主义现代化道路。

在中国建设社会主义法治国家也必须走自己的路，从中国的实际出发，建设中国特色的社会主义法治社会。在坚持以马克思主义理论为指导的前提下，邓小平结合中国的国情和社会主义法治建设的实践，不仅为中国法治社会建构的框架、轮廓勾画了清晰的蓝图，而且也指明了我国法治社会的未来走向，从而把马克思主义的法学理论发展到了一个新阶段。

---

1 胡锦涛:《在邓小平同志 100 周年诞辰纪念大会上的讲话》,《人民日报》2004 年 8 月 23 日。

马克思和恩格斯在创立马克思主义理论三个组成部分的同时，又共同创建了一个与过去一切法学根本不同的崭新而完整的法学体系，即马克思主义法学。这个新法学体系包括三个层次：一是与形形色色的唯心主义法律观相对立的历史唯物主义法律观，其核心是经济决定法律，法律又反作用于经济。二是马克思主义的法理学，即建立在历史唯物主义基础上的法律起源论、法律本质论、法律职能论、法律价值论、法律运动规律论、法制工程论等，这是马克思主义法学的主干。三是马克思主义的部门法思想，包括马克思主义的宪法学、行政法学、刑法学、民法学、婚姻法学、诉讼法学、国际法学等。[1]在马克思主义的法学理论中，有些是具有普遍意义的真理，对我们今天建立社会主义法治国家仍具有指导作用；有些是针对特殊问题所作出的具体结论，带有时代的局限性；有些观点在当时就不够全面、不够科学，后来做了修正、补充。

列宁作为无产阶级革命导师，他对马克思主义法学的最主要的贡献，就是在俄国这样一个经济和文化落后的封建军事帝国主义国家，创立起前所未有的社会主义法制，建构了社会主义法律体系和社会主义法学体系的基本框架，创造性地提出了关于社会主义立法、执法、司法、守法和法律监督等一系列崭新的理论，极大地丰富了马克思主义法学的理论宝库。

由于列宁创造社会主义法制一切都是从头开始，既不能从马克思、恩格斯的著作中找到现成的结论和答案，又没有前人或别国的成功先例可供借鉴，因而，他的法制理论表现出以下特点：一是创造性，二是某些结论的时代局限性。就列宁研究法律现象的立场、方法和他所阐明的法学基本原理而言，无疑具有普遍的指导意义；但有些论述则是在特殊的年代针对具体的问题所作出的具体结论，现在已经过时了；有些问题他在世时已经发现，但他没有来得及解决。其后的斯大林时代，曾发生了严重破坏社会主义法制的现象，这也是值得我们今天认真吸取的教训。

中华人民共和国成立后，以毛泽东为首的第一代领导集体，在新中国成立之初的七八年间，彻底废除了国民党政权以《六法全书》为基础的旧法统，在创建社会主义法制方面提出了一系列新理论和新观点，对坚持和发展马克思主义法学作出了独特的理论贡献。但我们也应看到，1957 年以后，由于“左”的思潮影响，法律虚无主义盛行，立

1　参见黎国智主编：《马克思主义法学论著导读》，中国政法大学出版社 1993 年版，第 41 页。

法工作被迫停顿，已制定的法律也被束之高阁，特别是十年“文化大革命”，林彪、“四人帮”肆意践踏民主与法制，给全国人民带来了一场深重的灾难。

1976年粉碎“四人帮”以后，特别是1978年中共十一届三中全会以后，以邓小平为核心的第二代领导集体，从十年“文革”遭受迫害的切身体验中更深刻地认识到没有法制的危害性和健全法制的必要性，第一次把法治建设作为一项重要战略任务提了出来，提出并科学地论证了“一手抓改革与建设，一手抓法制”的方针，以及社会主义法治的基本要求，尤其是在理论上解决了社会主义国家长期未能解决的坚持党的领导与法治建设之间的关系问题，即党组织和党员特别是党的领导人必须在宪法和法律的范围内活动。以此为指导，改革开放以来，我国的社会主义法治建设取得了前所未有的成就。这说明，在新的历史时期产生的邓小平法制思想，不仅把毛泽东思想的法学理论推向了一个新阶段，也丰富和发展了马克思主义的国家与法的学说，为马克思主义法学理论的发展作出了巨大贡献。

六、邓小平法制思想与毛泽东法律思想的比较

（一）邓小平对毛泽东法律思想的继承

邓小平理论是对毛泽东思想在新的历史条件下的继承和发展。作为邓小平理论重要组成部分的邓小平法制思想，与毛泽东思想重要组成部分的毛泽东法律思想也是继承与发展的关系，而且是一脉相承的。

毛泽东在中国革命和建设的实践中，密切联系中国社会主义法制建设的实际，坚持和发展了马克思主义的国家与法的理论。可以说，我们今天要实现社会主义现代化建设的目标，逐步建立与社会主义市场经济体制相适应的法律体系，依法治国，是离不开毛泽东法律思想的。因为，毛泽东法律思想中的一个最核心的观点，就是结合中国革命和建设的实际，建立有利于保障现代化建设和广大人民利益的社会主义法律体系。邓小平的法制思想与毛泽东的这个核心观点是完全一致的。实事求是，立足于中国国情，构筑了毛泽东法律思想和邓小平法制思想的共同灵魂。

毛泽东从理论或实践的角度所提出的一系列法律理论原则或观点，也为邓小平法制思想的形成奠定了思想基础。邓小平对毛泽东法律思想的继承具体表现为下述方面：在

宪法思想方面主要有：关于国体与政体的阐述，人民主权的思想，民主立国的思想，坚持人民民主专政，正确处理民主与专政的关系等。在法律制度的建立方面主要有：法律的内容应体现人民群众的根本利益；立法应遵循民主原则和社会主义原则，原则性和灵活性相结合原则，从实际出发、实事求是原则等；法律要为经济基础服务，要保护和促进生产力的发展；在法律的实施中要遵循法律面前人人平等原则，要依法司法，违法必究，全民应自觉遵守法律；建立和完善法律监督制度；加强法律的宣传教育；关于法律在维护社会秩序中的作用；关于部门法的一些思想，尤其是刑事法律思想等。

在毛泽东的上述法律思想中，有些被邓小平直接吸收，成为邓小平法制思想的重要组成部分；有些被邓小平进一步补充和完善，成为邓小平法制思想的重要理论基础；有些为邓小平法制思想的产生提供了方法论指导。可以说，邓小平法制思想是毛泽东法律思想在新的历史条件下的延续。没有毛泽东法律思想，就不可能有邓小平系统法制思想的产生和形成。

（二）邓小平对毛泽东法律思想的发展

从邓小平法制思想产生的背景来看，毛泽东后的当代中国，随着时代的变迁，社会主义建设已取得相当大的进步。社会主义法治有了较为坚实的物质基础和时代需要。法律在社会生活中的作用也越来越大。邓小平鉴于中国法治建设的沉痛历史教训和现实的需要，对法律在社会生活中的重要性的认识，与毛泽东时代相比有了质的飞跃。因而，在邓小平法制思想中，有对毛泽东法律思想的继承，但更多的是结合新的社会历史条件所作的创新和发展。即使是他对毛泽东法律思想的继承部分，也不是机械地照搬，而是建立在独立思考基础上的继承。

毛泽东虽然比较重视法制，强调社会主义社会仍需要法律，但在中华人民共和国成立后的相当长时期，特别是自20世纪50年代后期始，他轻视法律的倾向越来越明显，致使法律虚无主义盛行。在十年“文化大革命”期间，法制建设不仅得不到加强，反而遭到严重的破坏和践踏。邓小平在总结中国及其他社会主义国家的法制建设的经验教训时曾指出：“斯大林严重破坏社会主义法制，毛泽东同志就说过，这样的事件在英、法、美这样的西方国家不可能发生。他虽然认识到这一点，但是由于没有在实际上解决领导制度问题以及其他一些原因，仍然导致了‘文化大革命’的十年浩劫。这个教训是极其深刻的。”[1] 为了牢记历史的教训，邓小平在1978年12月就强调指出：“为了保障人民民主，必须加强法制。必须使民主制度化、法律化，使这种制度和法律不因领导人的改变而改变，不因领导人的看法和注意力的改变而改变。”[2] 这实质上提出了反对“人治”、建设社会主义法治国家的思想。为了依法治国，建设社会主义法治国家，邓小平非常重视法制建设。他指出：“我们坚持发展民主和法制，这是我们党的坚定不移的方针。”[3] 为此，他提出了一些社会主义法治建设的原则，对社会主义法治建设的规律性进行了全面、系统、深刻的阐述，借以推动依法治国的进程。

邓小平对毛泽东法律思想的创新和发展，其主要内容可以概括为以下方面：没有民主就没有社会主义；民主和法制不可分；民主和集中、民主和党的领导不可分；民主和法制不能超越历史阶段；应一手抓建设，一手抓法制；要法治不要人治，使这种制度和法律不因领导人的改变而改变，不因领导人看法和注意力的改变而改变；在推进经济体制改革的同时应积极推进政治体制改革；要遵循法制原则，不搞政治运动；解决消极现象的重要手段是教育和法制；要在全体人民中树立法制观念；要坚决打击各种犯罪活动；一个国家、两种制度；在政治体制改革中，不能搬用资产阶级的民主，不能搞三权鼎立那一套；等等。

从上述邓小平法制思想的基本内容可以看到，邓小平在继承毛泽东法律思想的基础上又有了自己开创性的发展，赋予了毛泽东法律思想以新的时代内容。邓小平对毛泽东法律思想的创新和发展，对马克思主义法学理论作出了巨大的历史贡献，把马克思主义法学理论发展到了一个新阶段。

---

1 《邓小平文选》第2卷，人民出版社1994年版，第333页。

2 同上书，第146页。

3 同上书，第256—257页。

第三章 依法治国基本方略的提出

江泽民指出："充分发扬社会主义民主，加强社会主义法制建设，实行和坚持依法治国，是邓小平同志建设有中国特色社会主义理论的重要组成部分，是我国社会主义现代化建设的一个根本任务和原则。"[1] 虽然在邓小平的著作中没有用过"依法治国"和"法制（治）国家"这样的提法，但是他对如何才能保证国家的长治久安，作了全面、深刻的阐述，包含和孕育着"依法治国，建设社会主义法治国家"的思想，从而为实行依法治国的方针奠定了坚实的思想基础。在邓小平法制思想的指导下，"依法治国，建设社会主义法治国家"的治国基本方略和目标，在十一届三中全会以后，已经是呼之欲出。而这一治国基本方略和目标的正式提出及其被载入宪法，则是自中共十三届四中全会以来，中国共产党带领全国人民在探索中国特色社会主义道路的过程中完成的。

1997年召开的中共十五大，从建设中国特色社会主义政治、继续推进政治体制改革的高度，在党的历史上第一次把依法治国、建设社会主义法治国家，作为中国共产党领导人民治理国家的基本方略郑重地提了出来。中华人民共和国第九届全国人民代表大会第二次会议通过的宪法修正案，又把依法治国、建设社会主义法治国家写入宪法，使其上升为国家意志。依法治国方略的提出，是对邓小平法制思想在新时期的继承和重大发展，也是中国共产党领导方式、执政方式、治国方略的重大进步，标志着当代中国的社会主义民主法治建设进入了一个新的历史时期。中共十六大、十七大、十八大以来，在

1　江泽民为《社会主义法制建设基本知识》一书所写的序言：《各级领导干部要努力学习法律知识》。参见任建新主编：《社会主义法制建设基本知识》，法律出版社1996年版，第1页。

全面落实依法治国方略的实践中，依法治国，建设社会主义法治国家的理论体系，已进一步丰富和完善。

一、依法治国基本方略的提出及在实践中的确立

重视和加强法治建设是从中共十一届三中全会开始的。20 世纪 70 年代后期，当“文化大革命”刚刚结束不久，亲身经历了“文化大革命”期间法制遭到破坏、权利遭受侵犯的广大人民群众和干部，深切体会到社会主义法制的重要性，全国上下对健全社会主义法制产生了一种强烈的企盼。在这样的历史条件下，中共十一届三中全会召开了。1978 年召开的中共十一届三中全会，已被看作是对中国法治建设作出重大战略决策的一次会议。在中共十一届三中全会前夕召开的中央工作会议上，邓小平总结历史教训，尤其是“文化大革命”期间法制遭到破坏的教训，顺应历史发展的潮流，提出了发展社会主义民主、健全社会主义法制的方针。他明确指出：“为了保障人民民主，必须加强法制，必须使民主制度化、法律化，使这种制度和法律不因领导人的改变而改变，不因领导人的看法和注意力的改变而改变。”[1] 并同时提出了“有法可依，有法必依，执法必严，违法必究”的十六字方针。根据邓小平的讲话精神，中共十一届三中全会公报也明确指出，为了保障人民民主，必须加强社会主义法制，使民主制度化、法律化，使这种制度和法律具有稳定性、连续性和极大的权威。[2] 并提出了社会主义法制建设所应遵循的原则和指导方针。1980 年 12 月，邓小平对“民主制度化、法律化”思想作了进一步阐述，提出：“我们的民主制度还有不完善的地方，要制定一系列的法律、法令和条例，使民主制度化、法律化。社会主义民主和社会主义法制是不可分的。不要社会主义法制的民主，不要党的领导的民主，不要纪律和秩序的民主，不是社会主义民主。相反，这只能使我们的国家再一次进入无政府状态，使国家更难民主化，使国民经济更难发展，使人民生活更难改善。”[3]

邓小平的上述思想和中国共产党提出的加强法制建设的基本方针，得到了全国人民的坚决拥护。自此以后，我们国家逐步走上了探索建设中国特色社会主义法治国家的发

---

1 《邓小平文选》第 2 卷，人民出版社 1994 年版，第 146 页。

2 《三中全会以来重要文献选编》(上)，人民出版社 1982 年版，第 11 页。

3 《邓小平文选》第 2 卷，人民出版社 1994 年版，第 359—360 页。

展道路。当前，“依法治国”的口号已深入人心，这其中，邓小平起了非常关键的推动作用。

中国社会历史发展的特点决定了中国的法治之路是不平坦的。尽管中共十一届三中全会以后，已经提出了要加强社会主义民主法制建设，但依法治国、建设社会主义法治国家并未真正受到人们的重视。这一观念真正被人们普遍接受，是在邓小平视察南方谈话发表和中共十四大提出建立社会主义市场经济体制的目标以后。在这样的背景下，中国共产党第三代领导集体，从中国共产党的事业和民族利益出发，明确提出了在中国共产党的领导下，“进一步扩大社会主义民主，健全社会主义法制，依法治国，建设社会主义法治国家”，[1]在理论与实践上，确立了中国共产党从主要依靠政策执政和领导改革开放转变到主要依靠法律执政和领导改革开放及现代化建设的指导思想。

我们知道，在学术研究中，法学家们经常使用“法治”这个概念。但如果我们仔细研究一下十一届三中全会以来党和国家的文献，包括《邓小平文选》，就可以发现这样一个现象，使用的都是“加强社会主义法制建设”“建设社会主义法制国家”这样的表述，很少使用“法治”这个概念。“加强社会主义法治”“依法治国，建设社会主义法治国家”这种表述，作为国家文献语言的使用，有一个转化过程。中共十三届四中全会后的 1989 年 9 月 26 日，江泽民在中外记者招待会上回答《纽约时报》记者时郑重宣布：“我们绝不能以党代政，也绝不能以党代法。这也是新闻界讲的究竟是人治还是法治的问题，我想我们一定要遵循法治的方针。”[2]这是我党领导人第一次在正式场合宣布中国要实行“法治”。

为了提高全民族的民主观念、法制观念和法律素质，努力实践邓小平法制思想，扎扎实实地推进依法治国、建设社会主义法治国家的进程，自 1994 年 12 月以来，党中央领导集体根据社会主义法治建设实践的需要，不定期地聘请法学专家就建立法治国家的理论与实践问题举办讲座。在这一举措的促进下，各级领导干部纷纷以各种形式学习法律，全国城乡掀起了新一轮学习法律的热潮，为依法治国、建立法治国家奠定了广泛而坚实的群众思想基础。

---

1 《江泽民文选》第 2 卷，人民出版社 2006 年版，第 28 页。

2 《人民日报》1989 年 9 月 27 日。

1996年2月8日，在中共中央举办的法制讲座上，江泽民发表了《坚持依法治国》的讲话。在这个讲话中，江泽民在表述上对“加强社会主义法治”“依法治国”进行了肯定。他指出：“加强社会主义法制建设，依法治国，是邓小平建设有中国特色社会主义理论的重要组成部分，是我们党和政府管理国家和社会事务的重要方针。……实行和坚持依法治国，对于推动经济持续、快速、健康发展和社会全面进步，保障国家长治久安，具有十分重要的意义”；[1]他还指出：“依法治国是社会进步、社会文明的一个重要标志，是我们建设社会主义现代化国家的必然要求。”[2]江泽民的这次讲话在国内外都引起了强烈的反响，有外电评论：“这是中国第三代党中央的核心人物关于未来治国方略和政治走向的一次公开宣言。”[3]

1996年3月17日，第八届全国人大第四次会议批准的《国民经济和社会发展“九五”计划和2010年远景目标纲要》，明确地将“依法治国，建设社会主义法制国家”作为战略目标加以规定，成为当代中国现代化建设的重要指导方针。

1997年2月27日，在参加八届全国人大五次会议、全国政协八届五次会议的党员负责同志的会议上，江泽民发表了题为《加强社会主义民主法制建设》的讲话。从时间上说，距离《坚持依法治国》的讲话刚刚一年；从内容上说，江泽民反复强调了：“发展社会主义民主，健全社会主义法制，对于发挥人民群众的积极性和创造性，保护广大人民群众的权益，保证国家长治久安，具有重大意义。加强社会主义民主法制建设，是我们建设有中国特色社会主义理论和实践的重要组成部分”；[4]并且在此次讲话中郑重地指出：“依法治国是新的历史条件下党领导人民建设和治理国家的基本方略。”[5]这一切都为中共十五大提出依法治国方略提供了理论上的准备，并使之成为合乎事物发展规律的历史必然。

在中共十五大报告中，“依法治国”是在政治方面突出强调的一个重要内容，并以很大的篇幅对依法治国、建设社会主义法治国家进行了全面阐释。报告从中国国情出发，说明了依法治国的含义，指出：“依法治国，就是广大人民群众在党的领导下，依照宪法

---

1 《江泽民文选》第1卷，人民出版社2006年版，第511页。

2 同上书，第513页。

3 任建新：《社会主义法制建设基本知识》，法律出版社1996年版，第231页。

4 《江泽民文选》第1卷，人民出版社2006年版，第641页。

5 同上书，第644页。

和法律规定，通过各种途径和形式管理国家事务，管理经济文化事业，管理社会事务，保证国家各项工作都依法进行，逐步实现社会主义民主的制度化、法律化，使这种制度和法律不因领导人的改变而改变，不因领导人看法和注意力的改变而改变。”[1] 同时明确指出，发展社会主义民主政治，不照搬西方政治制度的模式。十五大报告的这一表述，既表明了当代中国的依法治国同过去的那种只重视人治、不重视法治的状况是有区别的，同时也和西方的法治模式划清了界限。至此，中国特色社会主义法治在理论上和制度上进入了一个崭新的阶段。

1999 年九届全国人大二次会议通过《中华人民共和国宪法修正案》，正式把“中华人民共和国实行依法治国，建设社会主义法治国家”载入我国宪法的第五条第一款，为中国坚定不移地走法治之路，构建中国特色社会主义法治理念提供了强有力的宪法保障。

中共十六大进一步提出发展社会主义民主政治，建设社会主义政治文明，是全面建设小康社会的重要目标。全面建设小康社会的目标之一就是：“社会主义民主更加完善，社会主义法制更加完备，依法治国基本方略得到全面落实，人民的政治、经济和文化权益得到切实尊重和保障。基层民主更加健全，社会秩序良好，人民安居乐业。”[2]

为实施依法治国战略，江泽民还对依法治国和以德治国关系进行了阐释，提出要把依法治国和以德治国结合起来。在党的领导和依法治国的关系上，提出了在坚持党的领导的同时，要做到依法执政。对建设社会主义法治国家的路径，江泽民进行了论述，他指出：“法制建设包括立法工作、执法工作、司法工作和法制教育工作，这几个方面的工作是相辅相成的，都很重要，缺一不可。只有把它们都搞好了，法制建设才算搞好了。”[3]

以江泽民为核心的党的第三代领导集体完成了从“法制”到“法治”的转变。这一转变是马克思主义法律思想中国化的又一新的里程碑。从“法制国家”到“法治国家”，虽只是一字之别，但它反映了治国方略的质的飞跃，是一次伟大的观念转变，标志着中国不仅要加强法制建设，而且要从治国方式上彻底摒弃传统的“人治”，毫不动摇地沿着法治之路前进。

---

1 《江泽民文选》第 1 卷，人民出版社 2006 年版，第 513 页。
2 《江泽民文选》第 3 卷，人民出版社 2006 年版，第 543 页。
3 《江泽民文选》第 1 卷，人民出版社 2006 年版，第 643 页。

确立依法治国的基本方略，是邓小平法制思想合乎逻辑的发展，也是根据形势的发展实践邓小平法制思想的战略决策。它表明人民当家作主、管理国家和社会，已被进一步纳入了法制轨道；充分说明了我们党对执政的规律和特点有了更为深刻的认识，对提高执政水平有了更高的要求。它标志着我们党在总结实践经验的过程中，对政治体制改革和治国的基本方略作出了最佳的选择，也是我国社会主义法治之路的一个重要里程碑。

二、中共十三届四中全会以来法治理论的主要内容

中共十三届四中全会以来，以江泽民为核心的第三代中央领导集体，继承邓小平法制思想，形成了以“依法治国，建设社会主义法治国家”基本治国方略为核心的法治理论。在这个理论的形成过程中，以当下中国的法治实践为基础，通过吸收和借鉴西方法治文明的先进之处和发扬中国传统法治文明中可资利用的本土资源，从多方面论证了法治在现代社会的重要地位，构建了完整的建设法治国家理念，体现在民主法制、一国两制、经济建设、社会发展等多个方面。

（一）“依法治国，建设社会主义法治国家”理论的内涵

以江泽民为核心的第三代中共领导集体对依法治国的内涵理解，有一个不断认识、深化和系统的过程。

1989 年 6 月 24 日在中共十三届四中全会上，刚刚当选中共中央总书记的江泽民在讲话中提出：“民主法制建设要抓紧进行……我们的各项民主制度和法律制度，都需要继续完善和发展，以保证党和国家的政策和工作能够充分体现人民的利益，保证各级干部置于人民群众的有效监督之下。”[1] 即便面对彼时尚未完全稳定的局势，江泽民依然毫不动摇地坚持了邓小平民主法制思想，为我国不断发展的民主法治建设事业奠定了良好的思想开端。1991 年 7 月 1 日，在庆祝中国共产党成立七十周年的大会上，江泽民发表了《当代中国共产党人的庄严使命》的讲话，他从党领导政治体制改革的高度指出：“进一步健全社会主义法制，加强对群众，特别是各级干部的法制教育，做到有法可依、有法必依、执法必严、违法必究，切实保障人民群众依法管理国家事务、经济和文化事业、

1 《江泽民文选》第 1 卷，人民出版社 2006 年版，第 63 页。

社会事务的权利和其他民主权利，保证各项事业在社会主义法制的轨道上健康发展。”[1]在这次讲话中，江泽民对于依法治国的理解已基本接近法治的核心要旨。

1996年2月8日，在中共中央举办的法制讲座上，江泽民作了《坚持依法治国》的讲话，第一次比较明确地阐述了依法治国的基本内涵，他说：“实行和坚持依法治国，就是使国家各项工作逐步走上法制化的轨道，实现国家政治生活、经济生活、社会生活的法制化、规范化；就是广大人民群众在党的领导下，依照宪法和法律的规定，通过各种途径和形式，管理国家事务，管理经济和文化事业，管理社会事务；就是逐步实现社会主义民主的制度化、法律化。”[2]在这次讲话中，江泽民还从市场经济建设和社会发展两个基本层面论述了依法治国的重要性。在中共十五大上，江泽民对依法治国的基本内涵作了科学的总结：“依法治国，就是广大人民群众在党的领导下，依照宪法和法律规定，通过各种途径和形式管理国家事务，管理经济文化事业，管理社会事务，保证国家各项工作都依法进行，逐步实现社会主义民主的制度化、法律化，使这种制度和法律不因领导人的改变而改变，不因领导人看法和注意力的改变而改变。”[3]中共十五大后，江泽民在多种场合不断加强对“依法治国，建设社会主义法治国家”思想进行阐释，重申其在治理国家中的重要性。

这一切标志着中国共产党领导方式、执政方式和治国方式的重大转变和进步，标志着中国共产党在治国理念上的一次飞跃，是中国法制史上的又一个里程碑。

（二）民主的法制化

在中共十四大报告中，江泽民在谈到推进政治体制改革时，要求“必须按照民主化和法制化紧密结合的要求，积极推进政治体制改革”。[4]因为，在江泽民看来，民主和法制是社会主义的题中应有之义。1996年2月8日，在中共中央举办的法制讲座上，江泽民发表讲话时指出：“实行和坚持依法治国……就是逐步实现社会主义民主的制度化、法律化。”[5]在这里，江泽民已经把民主的法制化内化至依法治国的实现中。在中共十五

1 《江泽民文选》第1卷，人民出版社2006年版，第158页。
2 同上书，第511页。
3 《江泽民文选》第2卷，人民出版社2006年版，第28—29页。
4 同上书，第235页。
5 《江泽民文选》第1卷，人民出版社2006年版，第511页。

大报告中，江泽民再次强调："发展民主必须同健全法制紧密结合，实行依法治国。……逐步实现社会主义民主的制度化、法律化，使这种制度和法律不因领导人的改变而改变，不因领导人看法和注意力的改变而改变"；[1] "健全民主制度。……保证人民依法享有广泛的权利和自由，尊重和保障人权。……要把改革和发展的重大决策同立法结合起来。"[2] 江泽民不但强调了民主的法制化，并且指出了民主法制化的一些具体做法，比如决策的法律化等。1998 年 12 月 18 日，在纪念中共十一届三中全会召开二十周年大会上，江泽民发表了题为《二十年来我们党的主要历史经验》的重要讲话，他深刻地总结了："民主总是同法制结合在一起的，什么样的民主就由什么样的法制来体现和保障。社会主义民主是同社会主义法制相结合的。……要努力实现社会主义民主的制度化、法律化，使这种制度和法律不因领导人的改变而改变，不因领导人看法和注意力的改变而改变。"[3]2000 年 1 月 20 日，在中共中央政治局会议上江泽民作的《通报中央政治局常委"三讲"情况的讲话》中，他重申了上述观点。[4] 至此，可以说在民主与法制的关系上，江泽民坚持了民主的制度化、法律化的思想，揭示了社会主义民主与法制的关系，进一步发展了邓小平关于民主与法制关系的理论认识，极大地促进了人们对正确认识社会主义民主和法制是辩证统一的关系。

（三）党的领导与依法治国

中国共产党是领导中国人民进行社会主义现代化建设的核心力量。因此，党在我国国家政治生活中处于领导的地位，但这种领导地位"主要是政治、思想和组织领导，通过制定大政方针，提出立法建议，推荐重要干部，进行思想宣传，发挥党组织和党员的作用，坚持依法执政，实施党对国家和社会的领导"。[5] 所以，"党的领导是人民当家作主和依法治国的根本保证，人民当家作主是社会主义民主政治的本质要求，依法治国是党领导人民治理国家的基本方略"。[6] 江泽民清醒地认识到，党的领导不但不能取代依法治国，并且依法治国本身就是党的领导方式之一。依法治国是中国共产党执政方式文明进

1 《江泽民文选》第 2 卷，人民出版社 2006 年版，第 28—29 页。
2 同上书，第 29 页。
3 同上书，第 258 页。
4 同上书，第 575 页。
5 《江泽民文选》第 3 卷，人民出版社 2006 年版，第 555 页。
6 同上书，第 553 页。

步的表现，绝不是说实行依法治国是要取代中国共产党的领导。相反，依法治国必须由中国共产党领导广大人民进行。这一点是江泽民依法治国思想的重要方面，同时也构成了中国特色社会主义法治事业的组成部分。

1990 年 3 月 18 日，江泽民发表了题为《坚持和完善人民代表大会制度》的讲话中指出："党与政权机关性质不同，职能不同，组织形式和工作方式也不同，党不能代替人大行使国家权力。"[1] 不但如此，"各级党组织，包括人大党组，都要遵守党章关于'党必须在宪法和法律的范围内活动'的原则，遵守宪法关于'任何组织或者个人都不得有超越宪法和法律的特权'的规定。我们党领导人民制定了宪法和法律，也要领导人民遵守宪法和法律。宪法和法律体现了党的主张和人民意志的统一。党员遵守宪法和法律就是遵从人民的意志、服从党的领导。所有党组织、党员尤其是领导干部的言行，都不得同宪法和法律相抵触。加强党的领导同充分发扬民主和严格依法办事是一致的"。[2] 在这次讲话中，江泽民已经基本厘清了党的领导与法治建设的辩证关系，为正确认识党的领导与依法治国做好了理论铺垫。

在中共十五大报告中，江泽民指出："建设有中国特色社会主义的政治，就是在中国共产党领导下，在人民当家作主的基础上，依法治国，发展社会主义民主政治。"[3] 这表明，依法治国，建设社会主义法治国家的目标与党的领导是一致的。在坚持党的领导与依法治国的关系上，江泽民强调了党的领导和执政方式是依法之治，从而在它们的关系上达到了统一。

（四）加强立法、执法与司法工作，重视法律意识培养和法制教育

为推进依法治国基本方略的实现，必须完善立法，加强法律监督，改革执法、司法工作，重视法律意识培养和法制教育等。

针对我国法律还不够完备，立法任务很繁重的情况，江泽民指出："要抓紧制定和完善保障公民权利、维护社会安定和人民生活的法律，以及有关发展农业、交通、能源、教育、科技方面的法律，还要抓紧制定和修改有关惩治犯罪和促进廉政建设方面的法律。

1 《江泽民文选》第 1 卷，人民出版社 2006 年版，第 112 页。

2 同上书，第 113 页。

3 《江泽民文选》第 2 卷，人民出版社 2006 年版，第 17 页。

为了进一步完善人民代表大会制度，要对选举法、地方组织法进行必要的修改。”[1] 在1992年中共十四大报告中，江泽民指出：“高度重视法制建设，加强立法工作，特别是抓紧制定与完善保障改革开放、加强宏观经济管理、规范微观经济行为的法律法规，这是建立社会主义市场经济体制的迫切要求。”[2] 在1997年的中共十五大报告和2002年的十六大报告中，江泽民都提出要加强立法工作，提高立法质量，到2010年形成有中国特色社会主义法律体系。[3] 一国法律体系的完备显示其法治水平的高低，江泽民提出到2010年形成有中国特色社会主义法律体系，是对中国立法工作的目标定位。

针对执法、司法等领域存在的问题，江泽民提出要加强对执法、司法的法律监督，推进司法改革，促进法律的实现。他指出：“对于法律的实施，要加强监督。目前，在实际生活中有法不依、执法不严的现象比较突出，人民群众对此反映强烈，而且会危害国家和社会的稳定。人大及其常委会要理直气壮地把法律监督抓起来，行政、司法、审判、检察机关都要采取有效措施切实纠正有法不依、执法不严甚至以言代法、以权压法的现象。”[4] 在中共十四大报告中，江泽民指出：“高度重视法制建设，加强立法工作，特别是抓紧制定与完善保障改革开放、加强宏观经济管理、规范微观经济行为的法律法规，这是建立社会主义市场经济体制的迫切要求。要严格执行宪法和法律，加强执法监督，坚决纠正以言代法、以罚代刑等现象，保障人民法院和检察院依法独立进行审判和检察。加强政法部门自身建设，提高人员素质和执法水平。”[5]

1996年，针对一段时间以来，执法、司法中频频出现的地方保护主义、部门保护主义等不依法办事的现象以及由此带来的危害，江泽民严肃指出：“要始终注意维护国家法制的统一性和严肃性。这个问题，无论在立法工作还是执法工作、司法工作中都要加以注意。……全党同志都应该明确，维护宪法尊严和保证宪法实施，维护国家政令和法制统一，是一个重大政治原则问题。”[6] 在中共领导人的讲话中，很少见地把维护国家法制统一提到重大政治原则问题上，显示出对维护执法、司法尊严的高度重视。在中共十六大

---

1 《江泽民文选》第1卷，人民出版社2006年版，第114页。

2 同上书，第236页。

3 《江泽民文选》第2卷，人民出版社2006年版，第30页。《江泽民文选》第3卷，人民出版社2006年版，第555页。

4 《江泽民文选》第1卷，人民出版社2006年版，第114页。

5 同上书，第236页。

6 同上书，第644页。

报告中，江泽民再次重申了上述思想。他指出：“加强对执法活动的监督，推进依法行政，维护司法公正，提高执法水平，确保法律的严格实施。维护法制的统一和尊严，防止和克服地方和部门的保护主义。”[1] 江泽民不仅再次强调了过去的观点，而且还提到了“依法行政”“司法公正”等法治建设向深层发展所必须面对的重大问题，也为今后的法治建设指明了努力方向。

在中共十五大报告中，还首次提到了司法改革问题，江泽民提出：“推进司法改革，从制度上保证司法机关依法独立公正地行使审判权和检察权，建立冤案、错案责任追究制度。加强执法和司法队伍建设。”[2] 针对司法体制中存在的问题推进司法改革，是符合法治国家建设的必然要求。

在中共十六大报告中，江泽民专门论及司法体制改革。他说：“社会主义司法制度必须保障在全社会实现公平和正义。按照公正司法和严格执法的要求，完善司法机关的机构设置、职权划分和管理制度，进一步健全权责明确、相互配合、相互制约、高效运行的司法体制。从制度上保证审判机关和检察机关依法独立公正地行使审判权和检察权。完善诉讼程序，保障公民和法人的合法权益。切实解决执行难问题。改革司法机关的工作机制和人财物管理体制，逐步实现司法审判和检察同司法行政事务相分离。加强对司法工作的监督，惩治司法领域中的腐败。建设一支政治坚定、业务精通、作风优良、执法公正的司法队伍。”[3] 从江泽民对司法体制改革的讲话看，面对法治建设的不断深入，旧的司法体制在很多方面都成为推动法治发展的障碍。江泽民关于司法体制改革的论述，为我们今后司法改革指明了方向。

江泽民在阐述依法治国的实践方法时，不仅仅关注立法、执法和司法，他还反复强调法制观念和法律意识的培养。通过法制观念的教育，增强人民的法律意识，使人民群众真正地自觉遵守和服从国家的宪法和法律，这是建设法治国家的一条重要途径。

关于提高干部群众的法制观念和法律意识的问题，江泽民指出：“加强社会主义法制建设，坚持依法治国，一项重要任务是不断提高广大干部群众的法律意识和法制观念。”[4]

---

1 《江泽民文选》第3卷，人民出版社2006年版，第555页。
2 《江泽民文选》第2卷，人民出版社2006年版，第30—31页。
3 《江泽民文选》第3卷，人民出版社2006年版，第556—557页。
4 《江泽民文选》第1卷，人民出版社2006年版，第512页。

从法治国家建设过程看，江泽民认为："思想是行动的先导。干部依法决策、依法行政是依法治国的重要环节。公民自觉守法、依法维护国家利益和自身权益是依法治国的重要基础。广大干部群众法律水平的高低，直接影响着依法治国的进程。"[1] 立法的落后与法律的不健全往往使得法治目标难以实现。但是即便法律完备，如果人们的法制观念、法律意识不强，也会使得法律的宗旨落空，同样阻碍了法治目标的实现。所以既要加强立法工作，又需提高人民的法制观念、法律意识。唯有如此，"依法治国，建设社会主义法治国家"的目标才能实现。

（五）经济建设的法治思想

江泽民关于经济法治的思想体现在经济建设的方方面面，在不同建设时期、针对不同的问题，他的讲话都从贯彻"法治"的角度而切入。客观地考察他的经济法治思想，如同其民主法治思想的发展脉络，也是一以贯之地坚持了缘法而治的理念。

1992 年邓小平南巡讲话发表后，发展市场经济的要求已越来越迫切。1992 年 6 月 9 日，江泽民在中共中央党校省部级干部进修班上所作的重要讲话中，对于未来在我国建立社会主义市场经济体制进行了简要的论述，其中已经提到："加强经济法规和经济运行所必须的其他基础设施建设。……以保证社会经济活动能够有秩序地进行。"[2] 这表明他已注意到市场经济体制与法治的密切关系。在中共十四大的报告中，江泽民更加明确了市场经济建设与法制的关系，强调要加强立法工作，特别是抓紧制定与完善保障改革开放、加强宏观经济管理、规范微观经济行为的法律法规。实际上，他已经认识到市场经济的整个运行过程都必须在法治的轨道上展开，市场经济意味着法治不仅仅是一种具体制度的工具理性，重要的是体现了一种平等的价值依归。但是，后者的实现不能纯粹地实现于理性认识中，它必须经过建制性的经验过程才能实现它的追求。而这就是市场经济法治化的深刻含义，在市场经济体制刚得以明确之初，江泽民关于上述方面的正确认识显示了他对法治建设重要性的极大关注。

随着市场经济的确立，中国在 1993 年的经济发展快速升温，不可避免地出现了伴随而至的风险和不规范行为，尤其体现在事关国家经济安全的金融领域。江泽民在《全面

1 《江泽民文选》第 1 卷，人民出版社 2006 年版，第 512 页。
2 同上书，第 204 页。

把握形势，保持国民经济发展的好势头》的讲话中，再次关注到法制建设对于市场经济建设的重要作用，他说："要建立健全各项金融法规，使各类金融机构依法行事、各司其职，在法制化、规范化的轨道上活动。"[1] 而到了1994年针对经济过热进行的宏观调控的讲话《把握好改革、发展、稳定的关系》中，江泽民严肃指出："我再三讲，宏观调控要规范化、法律化、制度化，而不要靠批条子。再靠批条子，我们的经济改革就无法成功。"[2] 已经凸显了江泽民把宏观调控的法律制度化手段与经济改革能否成功连为一体来看待了，有力地推进了重视法制建设的思想观念向前迈进。他还密切关注科教兴国战略中技术转让和知识产权保护的问题，进一步为我国市场经济融入国际经济潮流提出了法制化的要求，使得今天事关经济建设的知识产权制度在中国越来越受到重视。

在社会主义市场经济建设的过程中，我们遇到了各种关系的关联交往，其中对一些重大关系的认识具有全局性意义。比如在经济发展中，中央和地方的关系就是极其重要的，既要保护中央在经济发展中的全局性指导作用，也要维护地方的积极性与创造性。这就涉及如何规范两者的经济管理权限，江泽民清醒地意识到："应该抓紧合理划分中央和地方经济管理权限，明确各自的事权、财权和决策权，做到权力和责任相统一，并力求规范化、法制化。"[3] 应该说，中央和地方关系在法制化轨道上的解决方案，江泽民发挥了较为突出的作用。

1996年2月8日，在中共中央举办的法制讲座上，江泽民从比较的视角出发肯定了法治建设对市场经济的作用，他论证道："世界经济的实践证明，一个比较成熟的市场经济，必然要求并具有比较完备的法制。市场经济活动的运行、市场秩序的维系、国家对经济活动的宏观调控和管理，以及生产、交换、分配、消费等各个环节，都需要法律的引导和规范；在国际经济交往中，也需要按照国际惯例和国与国之间约定的规则办事。这些都是市场经济的内在要求。我们要实现经济体制和经济增长方式的根本性转变，也必须按照市场的一般规则和我们的国情，健全和完善法制，全面建立社会主义市场经济和集约型经济所必须的法律。"[4] 这次谈话不仅为"依法治国，建设社会主义法治国家"基

---

1 《江泽民文选》第1卷，人民出版社2006年版，第299页。

2 同上书，第367页。

3 同上书，第472页。

4 同上书，第511—512页。

本方略的提出奠定了基础，并且也是江泽民关于经济建设法治化最为集中、详细和重要的论证。

中共十五大正式确立了“依法治国，建设社会主义法治国家”的基本方略，江泽民不但在宏观上提出了“法治”思想，而且在经济建设的问题上不厌其烦地重申了法治主张。他指出：“要健全财产法律制度，依法保护各类企业的合法权益和公平竞争，并对它们进行监督管理”；“宏观调控主要运用经济手段和法律手段。……依法加强对金融机构和金融市场包括证券市场的监管，规范和维护金融秩序，有效防范和化解金融风险”。[1]上述提法以党的重要会议报告形式公之于众，意在说明法治在经济发展中的关键作用。同时也说明江泽民对法治的高度重视，法治不仅仅是一种意识形态的宣传，它是国家各种社会生活的制度调节器。

面对当时的东南亚金融风暴，江泽民在中共十五大闭幕不久后的全国金融工作会议上的讲话中郑重指出：“切实加强金融法制建设，依法规范和维护社会主义市场经济的金融秩序。”[2]事实上，在对金融工作的指导思想上，江泽民对依法治理金融的态度是一以贯之的，这在前文论述中已再三涉及。但是这次讲话中还是透露了他对建设法治国家更加深入的思考，强化了或者说坚定了他的法治思想。江泽民指出：“依法治国，是发展社会主义市场经济的客观需要，也是实现国家长治久安的重要保障。依法治理金融，是贯彻依法治国基本方略的重要方面”。为此他提醒：“当前，金融秩序混乱、金融隐患和风险因素加大的重要原因，是金融法制不健全，有法不依、执法不严、违法不究的现象相当普遍的存在”。有鉴于此，他明确警示：“不强化金融法治，就难以建立符合社会主义市场经济要求的金融秩序。……必须强化金融法治和金融监管，依法整顿和维护金融秩序，把一切金融活动纳入规范化、法治化的轨道。”[3]事关经济建设和国家经济安全的金融活动，一直以来受到党和国家的关注，然而把依法治理金融活动上升到法治国家建设标准的高度，有力证明了江泽民法治思想的深刻与全面。在2002年全国金融工作会议上的谈话中，他再次就金融工作的法治化作出指示：“健全金融监管的法律法规。有些金融、经济法律法规需要修订，有些需要根据法律制定相关法规和规章制度，完善监管细

1 《江泽民文选》第2卷，人民出版社2006年版，第20—23页。

2 同上书，第75页。

3 同上。

则，提高监管法律法规的可操作性和有效性，使金融监管做到有法可依、违法必究。”[1]今天看来，江泽民对经济建设尤其是金融工作法治化不遗余力的指导，的确为我们抵御时时存在的经济风险和金融安全问题作出了极大的贡献。2008 年发端于美国的金融危机没有对我国造成难以修复的损失，就为江泽民金融法治思想的前瞻性作了最好的注脚。

江泽民的经济建设法治思想，还表现在对合法经济发展问题的态度上。针对直接影响国家经济发展的猖狂的走私活动，他抱有严厉打击的坚决态度。但即使对走私犯罪活动要严厉打击，他并没有忘记法治的力量，在 1998 年 7 月 13 日会见全国打击走私工作会议代表的讲话中指出：“打击犯罪活动，打击歪风邪气，要讲法制、讲原则，绝不能讲情面、讲关系。”[2]一针见血地指出了在打击走私犯罪活动中往往存在的不依法办事的情况，要求以法治的力量打击走私犯罪等违法犯罪活动。2002 年 2 月 25 日，江泽民在中共中央举办的省部级主要领导干部国际形势与世界贸易组织专题研究班上的讲话中要求：“要善于依据公开的统一的法律法规而不是内部文件来行使管理经济的职能。”[3]这显示了在国际经济交往过程中运用法治协调的态度。

总之，在江泽民的法治思想中，关于经济建设法治思想占据了比较重要的位置，突出了以经济建设为中心的中国现代化建设依赖于法治发展的理念，为“依法治国，建设社会主义法治国家”基本方略的实现奠定了坚实的基础。

（六）关于社会发展的法治思想

在江泽民的法治思想中，法治对社会发展的促进作用也占据了极其重要的部分。社会发展体现在方方面面，比如人权、民族宗教、社会治安的治理、腐败的治理以及军队的建设等。社会发展是个系统工程，法治并不是唯一的手段，但不可否认的是法治是重要的工具。因此，江泽民的法治思想中必然对社会发展存在关切和回应。

1. 依法防止和治理腐败

依法预防和惩治腐败是江泽民法治思想的重要组成部分。在江泽民的讲话与文章中，贯穿的一条主线就是如何通过法治的力量打击腐败，为经济社会的健康发展提供合

---

1 《江泽民文选》第 3 卷，人民出版社 2006 年版，第 432 页。
2 《江泽民文选》第 2 卷，人民出版社 2006 年版，第 168 页。
3 《江泽民文选》第 3 卷，人民出版社 2006 年版，第 454 页。

适的环境。

2. 民族宗教问题的法治思想

民族宗教问题是我国社会主义建设事业中必须认真对待的问题，依法解决民族宗教问题是江泽民法治思想的又一鲜明特色。

3. 关于军队治理、环境保护、网络发展等问题的法治思想

社会生活是个内涵极其丰富、外延极其广泛的概念，江泽民法治思想不仅仅体现在上述两方面，而且还体现在军队治理、环境保护、网络发展等方面。

作为党和国家的军委主席，江泽民始终高度关注部队的发展和建设。从法治思想角度观察，江泽民依法治军思想富有鲜明的时代特点。20 世纪 80 年代，邓小平提出了加强军队法制建设的构想，“使军队建设的各个方面有法可依、有章可循”。[1] 江泽民在担任军委主席后，一方面继承了我军治军方式的优良传统，另一方面按照邓小平的构想，提出了“我们必须学会运用法律手段从严治军”[2] 的要求。新形势下，依法治军从理论到实践都在中国军队的建设中发挥了有力的作用。

1996 年在第四次全国环境保护会议上，江泽民在《保护环境，实施可持续发展战略》的讲话中对环境法治问题作了简要论述。他要求，“要为环保部门严格执法创造良好条件……各级领导干部要带头遵守有关环境保护的法律法规，并为环保部门严格执法撑腰”。[3] 这表明在事关可持续发展战略上，江泽民主张通过法治手段加强环境保护工作。

计算机网络技术的飞速发展和大规模运用，为信息高速传输提供了极大便捷，但也带来了相当负面的影响。在如何管理网络问题上，使其得以健康发展，江泽民强调了法治手段。2001 年在中共中央举办的法制讲座上，江泽民发表了《推动我国信息网络快速健康发展》的讲话，他要求：“要注意充分运用法律手段，搞好对信息网络的管理工作，以推动信息网络快速健康发展。”[4] 在谈话中，他从依法管理网络的重要性、立法、执法与司法以及参与制定国际规则方面全面阐述了法治在网络健康发展中的作用，为网络在社

---

1 参见《江泽民文选》第 2 卷，人民出版社 2006 年版，第 464 页。

2 同上。

3 参见《江泽民文选》第 1 卷，人民出版社 2006 年版，第 535 页。

4 《江泽民文选》第 3 卷，人民出版社 2006 年版，第 301 页。

会生活的发展提供了切实的制度保障。

此外，在人权保障和社会治安治理等问题上，江泽民也都坚持了法治思想，强调要在宪法和法律范围内，坚决保障人权，打击违法犯罪现象。

（七）法治和德治

在江泽民看来，法治和德治，两者都是治理国家的重要手段，都属于上层建筑的组成部分。“法治属于政治建设、属于政治文明，德治属于思想建设、属于精神文明。两者范畴不同，但其地位和功能都是非常重要的”，[1] 所以他主张：“我们在建设有中国特色社会主义、发展社会主义市场经济的过程中，要坚持不懈地加强社会主义法制建设，依法治国；同时也要坚持不懈地加强社会主义道德建设，以德治国。”[2] 在法治和德治关系问题上，江泽民的观点是极其明确的，两者必须紧密结合，共同作用，如此国家治理才会富有成效。

三、邓小平法制思想在新时代的继承和发展

中共十三届四中全会以来，依法治国，建设社会主义法治国家的战略思想的提出，指明了当代中国法治建设的历史任务，推动了当代中国马克思主义法学理论的新发展。上述思想也是对中共十一届三中全会以来我国社会主义法治建设实践的总结，它顺应了社会发展的趋势、时代的要求和人民的意愿，在理论上从多方面对邓小平法制思想作出了新的发展。

第一，它发展了马克思主义经典作家关于国家职能的理论。过去马克思主义经典作家们都认为国家的主要职能是镇压敌对阶级的反抗，而对人民利用国家组织社会生产、调整社会关系、解决人民内部矛盾、保障人民权利、推动社会文明发展论述不够。

第二，它正确地解决了人民民主专政实现的形式。在改革开放的新的历史条件下，人民民主专政仍然必须加强，不能有任何削弱。但如何落实人民民主专政，依法治国、建设社会主义法治国家科学地解决了这个问题。

第三，把加强和完善法治建设上升为依法治国的基本方略，它标志着中国共产党执

1 参见《江泽民文选》第3卷，人民出版社2006年版，第200页。
2 同上。

政方式的重大转变。依法治国把坚持党的领导、人民当家作主和依法治国统一起来，从制度和法律上保证党的基本路线和基本方针的贯彻实施，党在宪法和法律的范围内从事各种活动。

第四，明确提出建设社会主义法治国家的奋斗目标，使法治从管理国家和社会事务的一个手段和方法，上升为全党全国人民为之努力的方向和社会主义国家的必然属性，这是对法治的性质和作用的认识的重大发展。

第五，把加强法制建设、建设法治国家不仅看作是发展社会主义民主的保障，而且看作是社会主义民主政治的基本组成部分。

此外，围绕依法治国、建设社会主义法治国家这一目标，中国共产党自十五大以来，对正确处理坚持党的领导、人民当家作主和依法治国之间的关系，社会主义市场经济与法治建设的关系，尊重和保障人权，依法治国的根本是依宪治国，和谐社会与法治的关系，完善立法与提高立法质量等问题，进行了全面阐释，继承并创造性地发展了邓小平法制思想，同时也进一步丰富了马克思主义的法学理论宝库。

第四章 科学发展观理念下的新时代法治观

中共十六大以来，以胡锦涛为总书记的党中央，高举邓小平理论和“三个代表”重要思想伟大旗帜，在全面推进中国特色社会主义建设过程中，把马克思主义基本原理同中国当代实际相结合，提出了科学发展观，推进了马克思主义中国化的历史新进程，丰富了中国特色社会主义理论体系。中共十七大报告从六个方面揭示了科学发展观的内涵，即第一要义是发展，核心是以人为本，基本要求是全面、协调、可持续，根本方法是统筹兼顾，出发点和落脚点是实现好、维护好、发展好最广大人民的根本利益，价值取向是发展为了人民、发展依靠人民、发展成果人民共享。作为中国特色社会主义理论的科学发展观，是统领中国社会主义建设的根本指针，法治发展必然沿着其所指示的方向不断前进。

“科学发展观既是中国特色社会主义理论体系的最新成果，也是马克思主义中国化的最新成果，是我国经济社会发展的重要指导方针，是发展中国特色社会主义必须坚持和贯彻的重大战略思想。因而，科学发展观也必然是我国社会主义法治的指导思想。只有以科学发展观为指导，我国社会主义法治才有明确的理论导航，才能坚持正确的政治方向，才能健康发展。”[1] 科学发展观不但为我们指明了法治发展的目的地，重要的是，也告诉了我们目的地的性质。所以，科学发展观的提出与实践为我国的法治发展描绘了一幅面向未来的“理想图景”。

---

1 张文显：《法治宣言法学文献——十七大报告的法学解读》，《法制与社会发展》2007 年第 6 期。

一、科学发展观揭示了法治发展的时代背景

“徒法不足以自行”，法、法治乃至法治发展都与特定社会背景相联系。法治发展无疑具有相对独立的运行规律，如果把这种规律夸大为本体论的反映，那么必定产生脱离特定社会经济生活条件，去空谈法治发展，认识上违反了历史唯物主义，实践上陷入唯心主义的窠臼。纵观当代中国法治建设的历程，法治发展的每一个阶段无不发端于一定的社会经济生活条件的变革，社会变革的每一个阶段都会相应地产生法治的需求。中国特色社会主义理论的逐步发展与完善，展示了理论对时代变化的回应。作为这一理论发展产物的科学发展观也必然彰显一定的社会阶段及其特征，因而，法治发展必须应社会变迁才能适合时代之需。如前文所述，发展的目的及其性质必然成为我们考察的逻辑起点。因此正确理解和把握科学发展观，不仅要立足于社会主义初级阶段的基本国情，而且还应看到，在社会主义初级阶段至少要经历的上百年的时间里，其具体的不同发展时期也会呈现不同的特征，会出现一些新问题并对发展提出新要求。只有准确把握我国发展的阶段性特征，实事求是地正视存在的问题和发展的新要求，才能更好地从国情出发，制定正确的方针政策，促进经济社会走向科学发展。

科学发展观首先是适应于进入新世纪新阶段以后，我国的发展呈现出一系列新的阶段性特征以及新的发展要求而提出来的。改革开放以来，我国取得了举世瞩目的发展成就，从生产力到生产关系、从经济基础到上层建筑都发生了意义深远的重大变化。我国已经进入全面建设小康社会、快速发展、在中下等收入国家行列中推进发展的新阶段。经济保持平稳快速发展，经济实力和综合国力不断增强；经济体制不断完善，形成了以公有制为主体、多种所有制经济共同发展的基本经济制度，社会主义市场经济体制初步建立，各个领域的改革在不断推进、人民生活水平不断提高；社会主义民主政治不断发展，依法治国基本方略扎实贯彻，中国特色社会主义法律体系已经形成，人民政治参与的积极性和主动性不断提高；社会主义文化更加繁荣，人民群众的文化生活更加丰富多彩；对外开放日益扩大，社会活力显著增强等。但问题的另一个方面是我国仍处于并将长期处于社会主义初级阶段的基本国情没有变，人民日益增长的物质文化需要同落后的社会生产之间的矛盾这一社会主要矛盾没有变，长期形成的结构性矛盾和粗放型增长方式尚未根本改变，影响发展的体制机制障碍依然存在，收入分配差距拉大的趋势还未根

本扭转，缩小城乡、区域发展差距和促进经济社会协调发展任务艰巨，经济增长的资源环境代价过大，这些矛盾的凸显又使我国的经济社会发展面临一系列严峻挑战。“在这样一个关键时期，要是举措得当，就能促进经济快速发展和社会平稳进步，而要是应对失误，则可能导致经济徘徊不前和社会长期动荡。”[1]科学发展观正是在深刻分析和把握我国发展的这个阶段性特征的基础上，为适应新的发展要求而提出来的，它旨在奋力开拓中国特色社会主义更为广阔的发展前景。

时代提出的问题也就构成我们考虑法治发展问题的前提，马克思在《集权问题》中曾经精辟地阐述了时代问题的理论地位：“一个时代所提出的问题，和任何在内容上是正当的因而也是合理的问题，有着共同的命运：主要的困难不是答案，而是问题。因此，真正的批判要分析的不是答案，而是问题。……问题就是时代的口号，是它表现自己精神状态的最实际的呼声。”[2]发展依然是我们这个时代面临的根本问题。公丕祥先生认为：“法律是现代社会生活关系的基本调整器。社会的存在和发展都离不开一定的秩序性和组织性，这种组织性和秩序性是社会自身的内在属性，也不可避免地表现为一定的行为规则体系。特别是在高度分化与整合的现代社会的发展过程中，法律以其特有的方式影响着现代社会的生存和发展。法律调整是现代社会自身获得存在和发展的必然要求，是整个社会摆脱单纯偶然性和任意性羁绊的基本手段。法律调整的基本目标，就是要合理地调整个人与社会、个人与国家之间的相互关系，并以此为根据建立富有效率的法律调整机制，进而把整个社会纳入一定的轨道和秩序之中。”[3]据此，可以认为科学发展观的形成背景，构成了中国法治发展的时代问题。面对发展中的问题，法治应该与时俱进，以期正确回应时代要求。

二、法治发展坚持“以人为本”理念

“以人为本”即捍卫人的主体地位、调动人的积极性、保护人的正当利益、促进人的全面发展，是科学发展观的核心理念，也是历史唯物主义的一项基本原则，集中体现了我们党的根本宗旨和执政理念。全面准确地认识以人为本的科学内涵和精神实质，对于

1　徐崇温：《科学发展观：提出的背景和根据》，《广东社会科学》2008 年第 5 期。

2　《马克思恩格斯全集》第 40 卷，人民出版社 1995 年版，第 289 页。

3　公丕祥：《法制现代化的理论逻辑》，中国政法大学出版社 1999 年版。

全面把握科学发展观的科学内涵和精神实质，对于增强贯彻落实科学发展观的自觉性和坚定性，具有重大的理论意义与实践价值。在法治发展过程中“贯彻以人为本，就是要树立人本法律观、人本法治观和人本权利观，就是要用以人为本这一核心理念审视、反思立法、执法、司法，切实把体现人民意志、保障人民权利、促进人的自由平等发展作为社会主义法治的灵魂，作为一条红线贯穿于法治工作的全部过程及其各个环节”。[1]社会主义法治建设作为科学发展观指导下的我国社会主义事业建设的一个重要组成部分，牢固树立“以人为本”的价值理念是其题中应有之义。以人为核心开展各项工作，尊重和保障人权，切实把“以人为本”的理念贯穿于社会主义法治建设和发展的全过程。

法治发展贯彻“以人为本”理念，首先要正确认识“以人为本”的科学内涵。在马克思主义看来，人总是具体、现实的人，而不是抽象、虚幻的人。具体、现实的人总是存在于一定的时空之中，存在于每个时代个人的实际生活过程和活动中。马克思明确指出：“人的本质不是单个人所固有的抽象物，在其现实性上，它是一切社会关系的总和。”[2]在社会形态的不同历史阶段，不同时空中的“人”有着不同的、具体的内涵。“在我们所处的社会主义初级阶段，我们党立足于肩负的特殊历史使命所提出的‘以人为本’思想，实质上就是以最广大的人民群众及其根本利益为本。”[3]这个认识是我们从事社会主义建设事业的基本前提。

法治发展过程中坚持以人为本的理念，就是在法治发展的各个领域和各个环节都要坚持权利本位的价值理念，把维护人的尊严、权利和自由作为法治发展的终极目标。以人为本是法律的精髓，它贯穿于我国法律体系的各个组成部分。在法律体系的各个部门法中，都必须以人的全面发展和人民的根本利益为出发点与落脚点，为每个社会成员获得全面发展创造公平的机会。法律只有体现了以人为本的思想，才能体现人们的平等自主的权利意识和自由民主精神，充分调动人的自觉能动性，并深入发掘人的潜能，为人的全面发展和社会的和谐提供强有力的法律保障。没有以人为本的法治理念，人的全面发展就不可能实现。所以，具有中国特色社会主义法律体系的构建必须在以人为本的科

---

1 张文显：《法治宣言法学文献——十七大报告的法学解读》，《法制与社会发展》2007年第6期。

2 《马克思恩格斯选集》第1卷，人民出版社1995年版，第56页。

3 李慎明：《“以人为本”的科学内涵和精神实质——学习胡锦涛同志所作党的十七大报告的体会》，《毛泽东邓小平理论研究》2007年第11期。

学发展观的指导下在法治发展中贯彻以人为本的思想，促进人的全面发展，才能实现法律的以人为本的基本价值。人是法律之本，法治发展的主要价值是实现人的权利。此外，人的权利的实现程度是衡量我国法治发展程度的尺度。法律和人是分不开的，法律因人的需要而产生发展，人的物质生活决定法律发展的内容和方面；人是法律的主体，法律的目的和主要价值是实现人的权利。所以黑格尔说："成为一个人，并尊重他人为人，这是法律的最高命令。"[1]

权利本位观念就是以人为本的发展理念在法律价值领域的化身。所谓权利本位，是指所有人的权利本位。除了多数人的权利以外，还有少数人的权利，权利的法律保护不问权利主体人数的多少，而只问权利正当与否，法律对所有人的正当权利都要予以平等保护。"以人为本的发展理念，要求法律的宗旨和出发点是为了保障人的尊严、权利、自由，而不是纯粹为了设定义务、约束和制裁。只有为了维护人的尊严、权利、自由来设定义务、约束和制裁才是正当的、必要的。"[2]以人为本还指以所有人为本，任何人都有作为人所应有的尊严、自由和权利。权利不仅包括法律现已规定的各种权利，还应与时俱进，把国际社会普遍承认的、具有正当性和可行性的权利纳入法律保障体系。

（一）尊重和保障人权是坚持以人为本法治理念的基本要求。从法治的层面来说，以人为本就是以人的权利为本，充分尊重和保障人权。尊重和保障人权是法治社会的基本特征。"法律要以人为本，就必须保障人权，保障人权是其最低要求。人权是人之为人必不可少的权利，保障人权是社会发展的前提条件。只有保障人权，才能使人成为人，并发挥每个人的主动性、积极性和创造性，这样的社会才具有巨大的发展动力。"[3]

以人为本也是社会发展的根本目标，法治发展是社会发展的重要方面，人权则是法治发展的重要标志。一般的人权理论认为，社会上每一个人的人权都包括应然人权、法定人权和实然人权三个层次。每个人都应具有与生俱来的、平等的、不可剥夺或转让的道德意义上的人权即应然人权，但由于社会经济、文化等发展的制约以及经济、政治等

---

1 ［德］黑格尔著：《法哲学原理》，范扬、张企泰译，商务印书馆 1961 年版，第 46 页。

2 黄文艺：《科学发展观与当代中国法律发展》，参见陈甦主编：《科学发展观与法制建设》，社会科学文献出版社 2006 年版，第 14 页。

3 邱本：《论科学发展观与法制建设》，参见陈甦主编：《科学发展观与法制建设》，社会科学文献出版社 2006 年版，第 54 页。

不平等制度的存在，每个人所享有的这三个层次的人权在实际生活中往往分别依序递减。马克思深刻指出：“在这个直接处于人类社会实行自觉改造以前的历史时期，实际上只是用最大限度地浪费个人发展的办法，来保证和实现人类本身的发展。”[1]但历史演进的趋势，社会发展的总体方向，则必然是社会每个成员所享有的应然、法定和实然人权的高度一致。“我国宪法中新增加了尊重和保障人权的条款，这既体现了马克思主义的人道主义的价值观，同时也表明了我们党和国家对社会全体成员负责、最终促进每个人自由全面发展的庄严承诺。”[2]人权入宪使宪法更具有政治文明的意蕴，也极大地促进了社会主义法治建设。法律不仅要保护所有守法公民的尊严、权利，也要维护所有违法公民的尊严、权利。从人权的角度看，以人为本中的“人”，指的应是受我国法律保护的一切社会成员，是这一切社会成员中的“每一个”个人，包括各种罪犯尚未被剥夺的、依法享有的那部分人权。

（二）以人为本的理念应贯穿于法制建设的各个领域。坚持以人为本，就要切实把体现人民意志、保障人民权利、促进人的自由平等发展作为一条红线贯穿于社会主义法治建设全过程。法治发展的根本目的是为了人民。立法、执法、司法都要以维护、实现最广大人民群众的根本利益为根本的出发点。法治发展坚持以人为本的理念，就能保证立法的人民性、科学性、正义性的统一。只有坚持执法为民，才能真正树立法律的权威。不能离开以人为本的法治发展理念，单纯追求形式上的严格依法办事。“人类政治文明从人治走向法治，并不仅仅表现为法律数量上的增加和法律功能的扩展，不仅仅体现在对法律权威的崇尚，最根本的变化首先是法律价值的转换和创新，是法律对人的主体性，对人权的尊重和保障，是法治为满足人的全面需求和促进人的全面发展提供制度基础和法律保障。”[3]如果仅仅以形式上的法律完备和法律权威为法制建设的追求目标，而背离了以人为本的法治理念，这样的法律治理就可能成为一种“恶法之治”。

有学者认为：“在立法工作中，我们应当改变长期以来重国家权力的配置与行使、轻公民权利的尊重与保障，重公民义务的设定与分配、轻国家权力的制约与规范等错误倾

1 《马克思恩格斯全集》第25卷，人民出版社1974年版，第105页。

2 李慎明：《“以人为本”的科学内涵和精神实质——学习胡锦涛同志所作党的十七大报告的体会》，《毛泽东邓小平理论研究》2007年第11期。

3 石泰峰：《落实科学发展观 树立法治理念》，《文汇报》2006年12月4日。

向，实现立法工作从强化公民义务和政府权力向强化公民权利和政府责任转变。”[1]2003年国务院废除收容遣送制度。2013年，十八届三中全会通过的《关于全面深化改革若干重大问题的决定》，废除了劳动教养制度。这说明以人为本的立法理念正在得到社会各界的广泛认同，这无疑为科学立法提供了契机和条件。贯彻以人为本，坚持以广大人民利益为出发点和落脚点，正成为我国目前立法遵循的基本理念。例如，2004年宪法修正案增加了人权保障和对合法私有财产的保护、建立健全社会保障制度、完善土地征用制度等规定，体现了“修宪为民”、以国家根本大法的形式保障公民合法财产权和人权的理念。《行政许可法》贯穿了合法与合理、效能与便民、监督与责任的原则，强化了对公民、法人或者其他组织合法权益的保护等。这一系列立法活动充分体现了党和政府对人民群众的人文关怀和立法者对以人为本的基本立场和目的的贯彻和把握。

但是我们也应该注意，以人为本的法治理念并非“人类中心主义”。人与自然、环境保持协调一致的科学发展观，就是要求加强自然环境保护、自然资源保护方面的立法，在实现当代人的自我发展的同时，不损害子孙后代的生存与发展的资源与环境。因为在以人为本的内涵中，人不仅仅指的是当代人，也包含未来的人，这就是我们所说的代际正义。这就要求在立法中坚持“人的发展以自然生态运动和谐发展，并最终服务于人的原则”。[2]

三、全面协调可持续和统筹兼顾的法治发展

作为成文法国家，我国在进行社会主义法治建设的过程中十分注重法律体系的完善。经过多年的努力，中国特色社会主义法律体系基本形成。我国的立法工作取得了举世瞩目的成效。但是，立法数量的急剧扩张并不代表立法质量之高以及法律规制社会关系的全面性、协调性。从社会发展的阶段性考察，这样的发展模式有其存在的合理性。然而，当社会发展有了一定的积淀之后，尤其是在认识到过去发展的不完善甚至失误之后，科学发展观的提出与实践便对法治发展重要因素的立法提出了更高的要求。

---

1 谭世贵：《重视科学立法　推进依法治国》，《法学论坛》2005年第2期。

2 范燕宁著：《新时期中国发展——兼与当代国外发展观的比较研究》，首都师范大学出版社1999年版，第432页。

由于历史的局限，我国法治发展不尽协调。改革开放初期，为了经济建设快速展开，我们制定了大批与经济建设相关的法律法规，法治的工具理性彼时得到极大释放。虽然自20世纪90年代逐步重视社会立法和环境立法，但是对后者的重要性依然认识不清，即使在今天，有些错误的认识仍然存在。科学发展观的提出与实践对法治发展提出了新要求，要求我们在科学发展观的指导下逐步推进我国法治建设，保证法律在各个方面的协调发展，中国的法治发展才能呈现良性、健康的态势，才能全面、协调、可持续发展。

科学发展观的基本要求是全面协调可持续，这就要求必须以科学合理的体制、机制和制度促进生产关系与生产力、上层建筑与经济基础相适应，促进现代化建设各个环节、各个方面相协调，促进速度与结构质量效益相统一。科学发展观的根本方法是统筹兼顾，这就要求必须通过经济布局、发展规划、职能转变、财政支持、权责配置、干部任免、奖惩机制等一整套法律法规和制度安排，来保证城乡、区域、经济社会、人与自然、国内国外的和谐协调发展，保证中央与地方关系、个人利益与集体利益、局部利益与整体利益、当前利益与长远利益的统筹兼顾。在笔者看来，科学发展观中的全面协调可持续的基本要求和统筹兼顾的根本方法是内容和形式的关系。它们的落脚点都在于以人为本，一旦忽视以人为本，就会忽视统筹兼顾这一根本方法以及全面协调可持续这一基本要求，因而也就无法保证一代接一代地永续发展这个第一要义的落实和最终实现。为此，应该做到：

首先，科学发展观促进法律全面发展。科学发展观是全面的发展观，这种全面的发展观在法治领域必然要求法律全面发展。改革开放后，我国在一段时间内立法主要倾向于经济建设方面，其他诸如社会、环境、政治等方面则相对薄弱。虽然从20世纪90年代开始，这种状况有所改观，适当加快了社会、环境和政治等立法的步伐，但是，仍然不能很好地适应全面发展的需要。与快速发展的经济相比，社会、环境和政治立法发展如果不能跟上，必然会制约经济的进一步发展。今天的生态危机、劳资纠纷以及社会保障缺失导致的事件层出不穷，极大地影响了社会全面发展。一定程度上，使得人们对改革开放的结果产生怀疑。因此，在目前和今后的立法中，必须在科学发展观的指导下加快法治全面发展的步伐：首先要加快社会立法，特别是社会保障方面的立法，以保障社会的公平，保护“弱势群体”的利益，维护社会的安定团结，为改革和发展创造良好的环境；其次要不断完善科技、教育、文化、卫生、体育等立法，保障公民平等地、充分地享受文化发展的成果，促进社会主义精神文明建设；最后要重视公民政治权利的立法，扩大公民的参与权，逐步将宪法赋予广大人民群众的监督权进一步具体化和程序化，充分实现公民的政治权利，以促进政治文明的发展。

其次，科学发展观促进法律协调发展。科学发展观中的协调发展，是指要统筹城乡发展、统筹区域发展、统筹经济与社会发展、统筹人与自然和谐发展、统筹国内发展和对外开放等“五个统筹”，推进生产力和生产关系、经济基础和上层建筑相协调，推进经济、政治、文化、社会建设的各个环节、各个方面相协调。科学发展观的协调发展应用到法治发展的范畴内，是指既包括法律系统内部各部分之间的协调发展，如实体法与程序法、经济立法与政治立法的协调发展；也包括法律与非法律方式之间的协调发展，如法律与道德、宗教习惯的协调发展。事实上，科学发展观中的协调发展意味着社会控制模式的多元选择路径。构建和谐社会，必须要有完备的法律制度加以规范和保障，高度重视法治的作用；同时，也要充分发挥道德在社会控制中的作用，即重视德治。法治与德治并重，同时依法保护正常的宗教信仰活动，发挥宗教在社会控制中的积极作用，应当是当代中国社会控制模式的最佳选择。[1] 只有在科学发展观的指导与促进下，法律体系特别是立法体系才会逐渐走向协调、和谐、统一。

最后，科学发展观促进法律可持续发展。可持续发展是指既满足当代人的需要，又不对后代人满足其需要的能力构成危害的发展。在法律发展中坚持可持续发展，不能仅仅从一代人的需要和利益出发思考法律问题，不能仅仅考虑同一代人之间的利益与价值冲突，还要考虑不同代人之间的利益与价值冲突，法律要妥善处理当代人与后代人之间的关系。而且法律要转变人类中心主义的思维方式，这种思维方式仅把人类自己当作自然界的主人，而其他万事万物都被视作为人类服务而存在的客体。随着全球物种的锐减、资源的枯竭和环境的恶化，人类应该反思人类中心主义的弊端和危害，并逐步调整人与自然的关系，形成一种生态主义的法律思维方式，强调人类并不是自然界万事万物的主宰，而只是自然界中的一员，人类必须像尊重自己一样尊重自然。

---

1 参见蒋传光著：《当代中国法治路径的理论探索》，黑龙江人民出版社 2008 年版，第 198 页。

四、中共十六大以来社会主义法治理论的丰富和完善

中共十六大以来，以胡锦涛为总书记的新一届中央领导集体坚持以马克思主义法学理论为指导，以科学发展观为统领，以构建社会主义和谐社会为目标，在认真总结中国法治建设实践经验和教训、借鉴世界法治文明优秀成果的基础上，形成了“以人为本的法律观”、“依法执政观”、“和谐法治观”、“法治理念观”和“民生法治观”等。

第一，以人为本的法律观。2003 年 10 月 14 日，在中共十六届三中全会上通过的《中共中央关于完善社会主义市场经济体制若干问题的决定》，首次提出了科学发展观，即：坚持以人为本，树立全面、协调、可持续的发展观，促进经济社会和人的全面发展。科学发展观的核心是以人为本，第一要义是发展，基本要求是全面协调可持续，根本方法是统筹兼顾。科学发展观体现在法律和法治思想上，就形成了以人为本的法律观。以人为本的法律观的立论依据包括：“第一，人是法律之源；第二，人是法律的主体；第三，人是法律的目的；第四，人是法律的关键；第五，人的社会物质生活条件决定法律的内容与发展；第六，人的社会实践是检验法律的唯一标准。”[1]

第二，依法执政观。中共十六大报告在论述政治建设和政治体制改革问题时指出，发展社会主义民主，建设社会主义政治文明，其中一个重要方面，就是必须增强法制观念，善于把坚持党的领导、人民当家作主和依法治国结合起来，不断提高依法执政能力，要“改革和完善党的领导方式和执政方式。……坚持依法执政，实施党对国家和社会的领导”。十六届四中全会《中共中央关于加强党的执政能力建设的决定》进一步指出，加强党的执政能力建设的总体目标之一就是使中国共产党“成为科学执政、民主执政、依法执政的执政党”，“依法执政是新的历史条件下党执政的一个基本方式”。[2]

第三，和谐法治观。中共十六大和十六届三中全会提出了构建和谐社会的任务，十六届四中全会又进一步把“构建社会主义和谐社会”作为我国社会发展的重要目标。社会主义和谐社会特征是：民主法治、公平正义、诚信友爱、充满活力、安定有序、人

1 付子堂：《中国共产党几代领导集体对马克思主义法律和法治思想中国化的丰富和发展》，新华网，http://news.xinhuanet.com/legal/2008-06/17/content_8386887.htm。

2 《中共中央关于加强党的执政能力建设的决定》，《人民日报》2004 年 9 月 27 日。

与自然和谐相处。[1] 从这六个特征来分析，和谐社会与法治社会，虽然不能完全等同，但和谐社会首先是一个民主法治的社会。同时，公平正义、诚信友爱、安定有序既是和谐社会的目标，也是法治社会所追求的价值理念。人与自然的和谐相处更离不开法制手段的保障。由此可见，和谐社会首先是一个法治社会，法治在构建和谐社会的过程中起着基础性的作用。

2005 年 9 月 5 日，胡锦涛总书记在会见世界法律大会代表时指出："法治是人类文明进步的重要标志。法治是以和平理性的方式解决社会矛盾的最佳途径。人与人的和谐相处，人与自然的和谐相处，国家与国家的和平相处，都需要法治加以规范和维护。"[2]

第四，社会主义法治理念观。2005 年 11 月，为了从根本上澄清政法机关权从何来、为谁掌权、为谁执法、如何执法等问题的认识，胡锦涛同志做出了"开展社会主义法治理念教育是加强政法队伍思想政治建设的一项重大举措"的重要批示。2008 年 3 月 18 日，胡锦涛同志在十一届全国人大一次会议上再次强调，"坚持民主法治，弘扬法治精神，促进社会公平正义，确保社会和谐稳定"。[3]

坚持以"依法治国""执法为民""公平正义""服务大局""党的领导"等为主要内容的社会主义法治理念，是新世纪、新阶段马克思主义法治理论中国化的最新成果，它系统地反映了符合中国现实国情和人类法治文明发展方向的基本信念、核心观念和价值取向。社会主义法治理念是构建社会主义法治国家内在要求的一系列观念、理想、信念和价值的集合体，是指导和调整社会主义立法、司法、执法、守法和法律监督的指导方针和总原则。

社会主义法治理念，是在中国化马克思主义法治理论的指导下，总结我国社会主义法治建设实践经验的同时，在借鉴中外法治文明优秀成果的基础上，又一次对马克思主义法治学说的重大理论创新。

第五，以人为本的法律观。这种法律观，使我们更好地理解文明社会法律发展的基本尺度，更好地理解建设社会主义法治国家的价值准则，深切地体会到在一个法治的社

---

1 参见胡锦涛：《在省部级主要领导干部提高构建社会主义和谐社会能力专题研讨班上的讲话》（2005 年 2 月 19 日），《光明日报》2005 年 6 月 27 日。

2 《胡锦涛会见出席第 22 届世界法律大会代表》，《人民日报》2005 年 9 月 5 日。

3 胡锦涛：《在十一届全国人大一次会议上的讲话》，《人民日报》2008 年 3 月 18 日。

会里，法律不仅应该保障和促进公民的权利，而且要创造一个正常的社会生活条件，使个人的合法愿望和尊严能够在这些条件下实现。[1]

第六，把依法执政确立为党执政的基本方式，这既反映了我党在领导与推进法治建设过程中的不断探索和深入思考，又反映了我党在新的历史条件下执政方式的制度创新。它突出表现了执政党在国家法治建设中的关键性、积极性、主动性和创造性。无论是依法治国或依法行政，其核心、前提和关键都要求党的依法执政、依法治理。故此，党的依法执政理论的提出，对推进建设社会主义法治国家意义深远。依法执政反映了中国共产党执政、治国方略的历史演变，是党执政、治国成熟与明确的标志，是党执政现代化的标志。

1 参见张文显主编:《法理学》，高等教育出版社、北京大学出版社2007年第3版，第55—56页。

第五章 十八大以来依法治国理论的创新和发展

中共十八大以来，尤其是中共十八届三中全会、四中全会分别通过的《关于全面深化改革若干重大问题的决定》《关于全面推进依法治国若干重大问题的决定》和习近平关于全面推进依法治国的论述，面对改革进入攻坚期和深水区的新形势、新任务，强调了法治在国家治理中的重要性，提出了关于依法治国的一系列新概念和新观点，明确了全面推进依法治国的一系列理论问题，构建了中国特色社会主义法治理论的框架基础，使依法治国理论有了进一步的创新和发展。

尤其是中共十八届四中全会，是一次专门研究全面推进依法治国重大问题的重要会议，是我们党首次召开的以依法治国为主题的中央全会。全会审议通过的《中共中央关于全面推进依法治国若干重大问题的决定》(以下简称《决定》)，对如何全面推进依法治国，加快社会主义法治国家建设进行了顶层设计和全面部署，为社会主义法治国家建设进程制定了“路线图”。党的十八届四中全会可以说是我国加快法治国家建设征程上的一个重要里程碑。

一、十八届四中全会《决定》出台的背景

1978 年中共十一届三中全会提出了加强社会主义民主，健全社会主义法制，确立了法制建设的“十六字”方针，自此以后开始了中国特色社会主义法治道路探索的历程。1997 年中共十五大又进一步提出了依法治国，建设社会主义法治国家的治国方略，实现了治国方略的转变，并被写入宪法，成为宪法原则。此后历届党的全国代表大会都对全

面推进依法治国进行了部署，为什么十八届四中全会还如此重视法治建设，专门讨论依法治国问题，通过一个全面推进依法治国若干重大问题的决定呢？

针对上述问题，从宏观上来说，“党的十八大提出了全面建成小康社会的奋斗目标，党的十八届三中全会对全面深化改革作出了顶层设计，实现这个奋斗目标，落实这个顶层设计，需要从法治上提供可靠保障”。[1] 因而理解十八届四中全会精神要和理解十八届三中全会精神结合起来，十八届四中全会实质上是把十八届三中全会关于法治中国建设部分内容进一步具体化。

从微观上来说，《决定》在第一部分对全面推进依法治国的必要性及《决定》出台的背景进行了具体的阐释和明确的回答。十八届四中全会作出这样一个《决定》，是“为贯彻落实党的十八大做出的战略部署，加快建设社会主义法治国家”。具体而言，主要是基于以下背景。

一是依法治国是中国特色社会主义的本质要求，事关党和国家长治久安。《决定》指出，“依法治国，是坚持和发展中国特色社会主义的本质要求和重要保障，是实现国家治理体系和治理能力现代化的必然要求，事关我们党执政兴国，事关人民幸福安康，事关党和国家长治久安”。

二是全面建成小康社会、全面深化改革的需要。《决定》指出，“全面建成小康社会、实现中华民族伟大复兴的中国梦，全面深化改革、完善和发展中国特色社会主义制度，提高党的执政能力和执政水平，必须全面推进依法治国”。

三是在改革进入攻坚期和深水区，我们党面对的形势是两个“前所未有”，“面对的改革发展稳定任务之重前所未有、矛盾风险挑战之多前所未有，依法治国在党和国家工作全局中的地位更加突出、作用更加重大”。面对新形势、新任务，《决定》强调了法治在国家治理中的重要性，我们党要更好统筹国内国际两个大局，更好维护和运用我国发展的重要战略机遇期，更好统筹社会力量、平衡社会利益、调节社会关系、规范社会行为，使我国社会在深刻变革中既生机勃勃又井然有序，实现经济发展、政治清明、文化昌盛、社会公正、生态良好，实现我国和平发展的战略目标，必须更好发挥法治的引领和规范作用。

四是法治建设的现状并未达到预期的效果。党的十一届三中全会以来，经过近四十

1 习近平：《关于〈中共中央关于全面推进依法治国若干重大问题的决定〉的说明》，《求是》2014年第21期。

年来的实践探索，特别是党的十五大确立依法治国的方略之后，我国法治建设取得了历史性成就，但同党和国家事业发展要求相比，同人民群众期待相比，同推进国家治理体系和治理能力现代化目标相比，法治建设还存在许多不适应、不符合的问题。对此，《决定》进行了概括和列举。

基于上述分析，怎样才能做到规避风险、化解矛盾，保持国家的长治久安，目标就是必须实现国家治理体系和治理能力的现代化。怎样才能实现国家治理体系和治理能力的现代化，路径就是依法治国，实行法治；如何解决目前社会发展中存在的上述问题，处理好改革发展和稳定的关系，最可靠的手段是建立法治秩序，确立法治思维。

（一）法治是国家治理体系和治理能力现代化的基础

1. 法治是现代国家社会治理模式的必然选择

良好的社会治理模式，是现代民主政治建设的重要内容。构建良好的社会治理模式，加快行政管理体制改革，建设服务型政府是一个重要环节。

社会治理不是用强化政府权力的方式来面对日益复杂化的社会生活，更不是社会问题管理和社会危机管理，而是要转变重管理轻服务的状况，尊重和保障人权，寓管理于服务中，有效保障公民的合法权益。

从社会管理创新的视角看，建设服务型政府，除了建立、健全各种社会管理机构和社会组织之外，在各种方法和手段的运用中，必须转变思维模式，重视和充分发挥法律手段在维持社会秩序、协调各种利益关系、化解各种社会矛盾和解决各种社会纠纷的功能和作用，确立法治思维模式，即确立公民和各级政府机关的规则意识和契约意识，引导公民对待各种涉及自身利益的纠纷，寻求理性的解决手段，构建社会治理的法治化模式。

在现代社会中，相比较道德、政治、经济、行政和宗教等其他手段而言，法律手段之所以逐渐成为一种主要的社会治理手段，除了法律具有权威性、可操作性、可预测性和确定性等优点之外，也是由法治思维的特征决定的。从社会治理的角度来看，法治思维具有如下思维特征：第一，法治思维是一种理性思维。第二，法治思维强调以权利保护为中心。第三，法治思维要求公民要确立规则意识。[1]

1 参见蒋传光：《法治思维：社会管理创新的基本思维模式》，《上海师范大学学报》2012 年第 6 期。

2. 法治是国家长治久安的根本保证

法治是国家长治久安的根本保证，这已被现代法治文明的实践所证明。法治是一种贯彻法律至上，严格依法办事的治国原则和方式。古希腊思想家亚里士多德有一句被人们广泛引用的名言，即“法治应该包括两重意义：已成立的法律获得普遍的服从，而大家所服从的法律又应该是本身是制定得良好的法律”。[1] 它包含两个方面的内容，一方面是要有良好的法律，另一方面是这种良好的法律要有至高无上的权威，要得到普遍的服从和遵守，核心是依法办事。这就是说，法治是一种社会政治现象，是经济生活、政治生活和社会生活必须普遍遵守和执行的基本原则，它同民主、自由、人权、平等相联系，是与人治相对应的治理国家的原则和方式。

法治与人治相比较，法治的优越性十分明显。实行法治，则是把一个国家的长治久安和兴旺发达，主要通过建立一个完善的法律制度来实现，而不是依靠国家领导人的贤明。

中华人民共和国成立后，我们党曾犯过几次包括“大跃进”“文化大革命”这样给党和国家带来严重危害的错误。产生这些错误的根源固然有许多方面，但最关键的还在于没有从认识上和实践中解决好人治还是法治的问题。[2] 我们要建立防范人治产生的机制，建立社会主义法治国家，必须切实研究解决对领导人的监督机制和民主的制度化与法律化问题。领导人个人的权威是重要的，应该受到尊重和维护，但尊重和维护这些权威，应该建立在尊重和维护宪法、法律和党规党法的权威基础上。

1978 年党的十一届三中全会以后，鉴于国际和国内正反两方面的经验教训，就如何通过改革党和国家的领导制度，通过加强法制建设，以保证国家的长治久安和兴旺发达，我们党开始了社会主义法治道路的探索。怎样避免党和国家的工作因领导人观点的变化或领导人的交替而出现某些失误甚至发生某种曲折的问题，依据马克思主义的基本原理，并积累多年正反两方面的历史经验，解决这个问题，没有别的办法，只有坚持实行法治，加强社会主义法制建设，使社会主义民主制度化、法律化这一法[3]。

历史经验表明，法令行则国治国兴，法令弛则国乱国衰。保持稳定，最根本、最靠

---

1 ［古希腊］亚里士多德：《政治学》，吴寿彭译，商务印书馆 1965 年版，第 129 页。

2 参见薄一波：《若干重大决策与事件的回顾》下卷，中共中央党校出版社 1993 年版，第 1293 页。

3 同上书，第 1296 页。

得住的措施是实行法治。因为同法治相比，人治最大的弱点是把国家的安危寄托在个人或少数人身上，决策没有基本的法律依据和程序规则，一两个人或少数人就可以决定国家和民族的命运。而法治则最具稳定性、连续性，不会因为领导人的变动而变动，不会因领导人注意力的变化而变化；它最具权威性，集中体现了人民的愿望、党的主张、国家的意志；它最具有科学性，反映客观规律；它的规范明确，具有普遍约束力。法治的这些特点是其他方式不可替代的，是国家稳定、长治久安的关键所在。

（二）法治建设是中国特色社会主义和全面深化改革的重要内容

1. 法治建设是中国特色社会主义道路和制度的重要内容

党的十八大报告指出，“中国特色社会主义道路，就是在中国共产党领导下，立足基本国情，以经济建设为中心，坚持四项基本原则，坚持改革开放，解放和发展社会生产力，建设社会主义市场经济、社会主义民主政治、社会主义先进文化、社会主义和谐社会、社会主义生态文明，促进人的全面发展，逐步实现全体人民共同富裕，建设富强民主文明和谐的社会主义现代化国家”。[1] 从上述表述中可以看出，中国特色社会主义道路，建设社会主义民主政治是其中的一个重要方面。民主政治建设的重要内容之一就是“加快建设社会主义法治国家，发展社会主义政治文明”；“注重发挥法治在国家治理和社会管理中的重要作用”。民主文明是建设社会主义现代化国家的目标之一，这里的文明的一个主要内容就是以法治文明为核心的政治文明。

中国特色社会主义法治国家建设的制度构建，是和中国特色社会主义制度密切结合在一起的，成为中国特色社会主义制度的主体内容。“中国特色社会主义制度，就是人民代表大会制度的根本政治制度，中国共产党领导的多党合作和政治协商制度、民族区域自治制度以及基层群众自治制度等基本政治制度，中国特色社会主义法律体系，公有制为主体、多种所有制经济共同发展的基本经济制度，以及建立在这些制度基础上的经济体制、政治体制、文化体制、社会体制等各项具体制度。”[2] 十八届三中全会提出，全面深化改革的总目标是完善和发展中国特色社会主义制度，推进国家治理体系和治理能力现

1 胡锦涛：《坚定不移沿着中国特色社会主义道路前进　为全面建成小康社会而奋斗——在中国共产党第十八次全国代表大会上的报告》（2012 年 11 月 8 日），《人民日报》2012 年 11 月 18 日。

2 同上。

代化。国家治理体系和治理能力现代化的核心就是重视法治的功能和作用。上述制度和体制以及运行机制的构建和完善，都是以宪法为核心的社会主义法律制度体系为保障的。

2. 法治理念、法治保障是建设中国特色社会主义的基本要求和共同信念

十八大报告对全面推进依法治国作了全面部署，社会主义法治理念和精神贯穿报告的始终。报告用一个独立篇幅、即第五部分“坚持走中国特色社会主义政治发展道路和推进政治体制改革”为题，集中阐述了社会主义民主法制建设，对“全面推进依法治国”，“加快建设社会主义法治国家”作了全面部署。但关于法治的论述不限于这一部分。法治的理念和精神体现在报告的每一部分，很多经济、政治、文化、社会、生态、外交问题纳入法律范畴。通过对报告每一部分的阅读，可以看出，社会主义法治建设既是建设中国特色社会主义的保障，又是建设中国特色社会主义的目标。

十八大报告提出，“在新的历史条件下夺取中国特色社会主义新胜利，必须牢牢把握以下基本要求，并使之成为全党全国各族人民的共同信念”。[1] 这些基本要求共八个方面，具体内容是，必须坚持人民主体地位，必须坚持解放和发展社会生产力，必须坚持推进改革开放，必须坚持维护社会公平正义，必须坚持走共同富裕道路，必须坚持促进社会和谐，必须坚持和平发展，必须坚持党的领导。上述八个方面的内容，既包含了丰富的法治理念，又需要法治的保障。

比如在“坚持人民主体地位”的要求中，提出要“坚持依法治国这个党领导人民治理国家的基本方略，最广泛地动员和组织人民依法管理国家事务和社会事务、管理经济和文化事业”，这就是社会主义法治社会建设的基本要求。“更好保障人民权益，更好保证人民当家作主”，如何保障？只能通过法治保障，首先是依据宪法保障。在“坚持解放和发展社会生产力”的要求中，提出“要坚持以经济建设为中心，以科学发展为主题，全面推进经济建设、政治建设、文化建设、社会建设、生态文明建设，实现以人为本、全面协调可持续的科学发展”。在这里，以法治建设为核心内容的“政治建设”，以实现人的权利为核心的以人为本理念，都是其中的重要内容。

在“坚持推进改革开放”的要求中，提出“不断推进理论创新、制度创新”，包括

---

1 胡锦涛：《坚定不移沿着中国特色社会主义道路前进 为全面建成小康社会而奋斗——在中国共产党第十八次全国代表大会上的报告》（2012 年 11 月 8 日），《人民日报》2012 年 11 月 18 日。

法治理论、法律制度和法律体系的创新和完善。

在“坚持维护社会公平正义”的要求中，提出“公平正义是中国特色社会主义的内在要求。要在全体人民共同奋斗、经济社会发展的基础上，加紧建设对保障社会公平正义具有重大作用的制度，逐步建立以权利公平、机会公平、规则公平为主要内容的社会公平保障体系，努力营造公平的社会环境，保证人民平等参与、平等发展权利”。在法律价值的构成要素中，公平正义是核心要素之一。

在“坚持走共同富裕道路”的要求中，提出“要坚持社会主义基本经济制度和分配制度”，“加大再分配调节力度，着力解决收入分配差距较大问题”，这些既是宪法的主要原则和内容，也需要法律的保障。

在“坚持促进社会和谐”的要求中，提出“加强和创新社会管理”，“确保人民安居乐业、社会安定有序、国家长治久安”，实现这些目标的手段，主要靠法治，法治手段是实现社会安定有序、国家长治久安的基本手段。

在“坚持和平发展”的要求中，“推动建设持久和平、共同繁荣的和谐世界”，遵循国际法的各项原则是重要手段之一。

在“坚持党的领导”的要求中，提出“提高党科学执政、民主执政、依法执政水平”。首先要求党要依法执政，如何依法执政，其要求就是：党领导人民制定宪法和法律，党必须在宪法和法律范围内活动。任何组织或者个人都不得有超越宪法和法律的特权，绝不允许以言代法、以权压法、徇私枉法。

3. 法治建设是全面建成小康社会和全面深化改革开放的目标

首先，法治建设是全面建成小康社会和全面深化改革开放的目标要求。十八大报告提出实现建成小康社会的目标之一，就是“人民民主不断扩大。民主制度更加完善，民主形式更加丰富，人民积极性、主动性、创造性进一步发挥。依法治国基本方略全面落实，法治政府基本建成，司法公信力不断提高，人权得到切实尊重和保障”。[1]

十八届三中全会通过的《关于全面深化改革若干重大问题的决定》对全面深化改革作出了系统部署，其中的建设社会主义法治国家，推进法治中国建设，是全面深化改革

1 胡锦涛：《坚定不移沿着中国特色社会主义道路前进 为全面建成小康社会而奋斗——在中国共产党第十八次全国代表大会上的报告》（2012 年 11 月 8 日），《人民日报》2012 年 11 月 18 日。

的有机组成部分。全会提出了推进法治中国建设的目标及具体的制度性要求。在“坚持依法治国、依法执政、依法行政共同推进，坚持法治国家、法治政府、法治社会一体建设”的总的指导原则之下，从维护宪法法律权威、深化行政执法体制改革、确保依法独立公正行使审判权检察权、健全司法权力运行机制、完善人权司法保障制度等方面，对如何推进法治中国建设进行了具体部署，“深化司法体制改革”是其中的重点。法治中国建设目标的提出，具有划时代的意义。

（三）全面深化改革需要法治的保障

习近平指出：“党的十八大提出了全面建设小康社会的奋斗目标，党的十八届三中全会对全面深化改革作出了顶层设计，实现这个奋斗目标，落实这个顶层设计，需要从法治上提供可靠保障。”[1]

首先，实行法治，是建立社会主义市场经济体制的必然要求。经济运行主体的自主性、市场经济活动的契约性、市场经济往来的信用性、市场经济的竞争性、市场经济的统一性、市场经济的国际性、对市场经济宏观调控的必要性，以及市场经济裁判和仲裁活动等都要求法治。市场经济比较成功的国家和地区的实践经验已证明了这一点。

如果说历史上没有发达的资本主义市场经济法律制度，就不可能有今天发达的资本主义市场经济，那么我们同样可以说，如果没有社会主义市场经济法律制度的建立，没有与市场经济相适应的法治环境，也就不可能有繁荣、健康的社会主义市场经济。

其次，法治建设是全面建成小康社会和全面深化改革开放的重要保障。十八大报告提出“全面建成小康社会，必须以更大的政治勇气和智慧，不失时机深化重要领域改革，坚决破除一切妨碍科学发展的思想观念和体制机制弊端，构建系统完备、科学规范、运行有效的制度体系，使各方面制度更加成熟更加定型。要加快完善社会主义市场经济体制，完善基本经济制度，分配制度，完善宏观调控体系。加快推进社会主义民主政治制度化、规范化、程序化，从各层次各领域扩大公民有序政治参与，实现国家各项工作法治化。加快完善文化管理体制和文化生产经营机制，健全国有文化资产管理体制。加快形成科学有效的社会管理体制，完善社会保障体系，建立确保社会既充满活力又和谐有序的体制机制。

1　习近平：《关于〈中共中央关于全面推进依法治国若干重大问题的决定〉的说明》（2014年10月20日），《中国共产党第十八届中央委员会第四次全体会议文件汇编》，人民出版社2014年版，第67—68页。

加快建立生态文明制度，健全国土空间开发、资源节约、生态环境保护的体制机制”[1]等。

十八届三中全会在进一步落实十八大关于全面深化改革的战略部署时，强调“坚持和完善基本经济制度，加快完善现代市场体系，加快转变政府职能，深化财税体制改革，健全城乡发展一体化体制机制，构建开放型经济新体制，加强社会主义民主政治制度建设，推进法治中国建设，强化权力运行制约和监督体系，推进文化体制机制创新，推进社会事业改革创新，创新社会治理体制，加快生态文明制度建设，深化国防和军队改革，加强和改善党对全面深化改革的领导”。[2]

上述体制机制的建立和目标的实现，最终都要落实到法律制度的层面，离不开法治的保障。上述任何一个方面，缺乏法治的保障，目标都难以实现。正如习近平所说：“全面推进依法治国，是全面建成小康社会和全面深化改革开放的重要保障。”面对繁重的改革发展稳定任务和众多的矛盾风险挑战，“人民群众对法治的要求也越来越高，依法治国在党和国家工作全局中的地位更加突出、作用更加重大”。[3]

二、依法治国理论在新形势下的创新和发展

依法治国理论在新形势下的创新和发展主要表现为，自中共十八大以来一系列新概念、新表述被引入依法治国理论体系。

1. 确立社会治理中的法治思维方式

中共十八大报告提出“提高领导干部运用法治思维和法治方式深化改革、推动发展、化解矛盾、维护稳定能力”。我国法学界主要是法理学界，对属于法律方法范围的法律思维有较多的探讨，[4]但对“法治思维”这个概念很少涉及。“法治思维”与法学方法论意义上的“法律思维”，这两个概念的内涵有一定的关联性，但也有明显的不同，两者有宏观和微观的差异。关于法律思维，笔者赞同这样的理解，即法律思维强调法律职业的

1 胡锦涛：《坚定不移沿着中国特色社会主义道路前进 为全面建成小康社会而奋斗——在中国共产党第十八次全国代表大会上的报告》（2012年11月8日），《人民日报》2012年11月18日。

2 《中国共产党第十八届中央委员会第三次全体会议文件汇编》，人民出版社2013年版，第8页。

3 习近平：《在中共十八届四中全会第二次全体会议上的讲话》（2014年10月23日），《习近平关于全面依法治国论述摘编》，中央文献出版社2015年版，第9—10页。

4 考察目前学界关于法律思维的研究成果，可以发现，对法律思维内涵的理解存在很大差异，因为此项内容不是本文关注的重点，故不在此详述。

具体法律方法，侧重的是法律方法论对职业思维的影响。[1]

法治思维则是一种整体性的思维，是一种社会思维，是一种国家治理的理念、视角和思路。从社会治理的角度看，法治思维的概念主要是从治国方略的层面上使用的。它不仅是社会治理中的价值追求，更主要的是一种治国方法、手段的选择，在社会治理的各种手段中，更侧重于法律规则和法律手段的运用，强调依法办事。法治思维是在坚持法治理念的前提下，与道德思维、政治思维、经济思维、行政思维等其他思维不同的一种思维模式。法治的实现，不仅仅是建立一套完备的法律体系，更重要的是把法治成为一种普遍的行为模式。

具体而言，化解各种社会矛盾，把法治思维模式作为创新社会治理的思维模式，就是要注重法律方法和手段的运用，全面落实依法治国方略，完善各种具体法律制度，确立公民和各级政府机关的规则意识和契约意识，引导公民对待各种涉及自身利益的纠纷，寻求理性的解决手段，构建社会治理的法治化模式。

2. 把法律价值的要素纳入社会主义核心价值观

中共十八大报告提出："倡导富强、民主、文明、和谐，倡导自由、平等、公正、法治，倡导爱国、敬业、诚信、友善，积极培育和践行社会主义核心价值观。"[2]

"民主""自由""平等""法治""公正""诚信""和谐"等理念，都可以被视为法律价值的基本构成要素。现代社会的法，从一般意义上说，都应与上述理念有着密切的联系，或者说上述理念都应是现代法治国家建设的题中应有之义。把法律价值的构成要素纳入社会主义核心价值观，有利于全社会法治观念和法治意识的确立，有利于社会主义法治精神的弘扬，有利于社会主义法治文化的建设。

3. 法治中国统领下的法治国家、法治政府、法治社会一体建设

习近平在十八届中央政治局第四次集体学习时的讲话中曾提出："面向未来，全面建成小康社会对依法治国提出了更高要求。我们要全面贯彻落实党的十八大精神，以邓小平理论、'三个代表'重要思想、科学发展观为指导，全面推进科学立法、严格执法、公

1　参见陈金钊：《法律思维及其对法治的意义》，《法商研究》2003 年第 6 期。

2　胡锦涛：《坚定不移沿着中国特色社会主义道路前进　为全面建成小康社会而奋斗——在中国共产党第十八次全国代表大会上的报告》(2012 年 11 月 8 日)，《人民日报》2012 年 11 月 18 日。

正司法、全民守法，坚持依法治国、依法执政、依法行政共同推进，坚持法治国家、法治政府、法治社会一体建设，不断开创依法治国新局面。”[1] 这是第一次把“依法治国、依法执政、依法行政”“法治国家、法治政府、法治社会”等概念连接起来，使其构成一个有机统一的整体。

中共十八届三中全会通过的《中共中央关于全面深化改革若干重大问题的决定》，对中国未来十年的改革开放和发展作出了纲领性的规划。全会提出了推进法治中国建设的目标及具体的制度性要求。具体而言，就是“坚持依法治国、依法执政、依法行政共同推进，坚持法治国家、法治政府、法治社会一体建设”，“深化司法体制改革”，完成法治中国建设的具体制度构建。

如何推进法治中国建设？法治中国概念统领下的“依法治国、依法执政、依法行政”“法治国家、法治政府、法治社会”等一系列概念，其相互之间存在何种内在逻辑关系，对这些问题的理论探讨，有助于进一步深化理解法治中国建设目标的内涵，并为法治中国建设提供成熟的法学理论引领。

三、明确了全面推进依法治国的一系列理论问题

习近平关于全面依法治国的论述和十八届四中全会通过的《关于全面推进依法治国若干重大问题的决定》（下文简称《决定》，凡下文已注明引自《决定》的内容，不再另行注明出处。），立足我国社会主义法治建设实际，直面我国法治建设领域的突出问题，明确提出了全面推进依法治国的指导思想、总体目标、基本原则，回答了党的领导和依法治国关系等一系列重大理论和实践问题，有针对性地回应了人民的呼声和社会的关切。

1. 深刻阐明了党的领导和依法治国的关系

党和法治的关系问题是法治建设的核心问题。《决定》提出，“坚持党的领导，是社会主义法治的根本要求，是党和国家的根本所在、命脉所在，是全国各族人民的利益所系、幸福所系，是全面推进依法治国的题中应有之义”。习近平在阐述党法关系时也指出：“党和法的关系是一个根本问题，处理得好，则法治兴、党兴、国家兴；处理得不

1　习近平：《在十八届中央政治局第四次集体学习时的讲话》（2013 年 2 月 23 日），《习近平关于全面依法治国论述摘编》，中央文献出版社 2015 年版，第 3 页。

好，则法治衰、党衰、国家衰。”“我们必须牢记，党的领导是中国特色社会主义法治之魂，是我们的法治同西方资本主义国家的法治最大的区别。离开了中国共产党的领导，中国特色社会主义法治体系、社会主义法治国家就建不起来。”[1]《决定》的这一内容和习近平的论述，对建设中国特色社会主义法治国家的核心问题给予了明确的回答。

中国共产党的领导地位是共产党领导人民在长期的革命斗争中和社会主义建设中形成的。中国共产党的领导是我国政治生活的核心。因此，坚持党对社会主义建设事业的全面领导不能有丝毫削弱和动摇。中国共产党不仅是我国社会主义事业的领导核心，也是依法治国、建设社会主义法治国家的领导核心。

党的领导和社会主义法治是一致的，社会主义法治必须坚持党的领导，党的领导必须依靠社会主义法治。实行依法治国和坚持党的领导，两者并不矛盾，而是相互促进的。共产党执政，就是领导和支持人民当家作主。中国共产党是社会主义民主与法治的倡导者，党同人民一起制定法律，又自觉地在宪法和法律规定的范围内活动，带头遵守和实施法律。

如何实现党的领导，这是中国共产党一直在探索的理论和实践问题。中共十六大和十六届四中全会，在如何加强中国共产党执政能力建设方面，提出了依法执政的问题。依法执政，既要求党依据宪法法律治国理政，也要求党依据党内法规管党治党。在立法、执法、司法和法律的实施过程中，党都发挥着极大的作用。因而推进社会主义法治国家建设，必须处理好党的领导、人民当家作主、依法治国的关系。习近平指出：“我们强调坚持党的领导、人民当家作主、依法治国有机统一，最根本的是坚持党的领导。”[2]党的领导是关键，人民当家作主是基础，依法治国是保证，绝不能把三者割裂开来、对立起来。以为发扬民主，强调法治就不需要党的领导，这是错误的。只有正确、充分发挥中国共产党的领导作用，法治才有前途。

在坚持中国共产党领导的前提下，坚持党必须在宪法和法律的范围内活动，是正确处理坚持党的领导与国家宪法和法律的关系，依法治国、建设社会主义法治国家应遵循

1　习近平：《在省部级主要领导干部学习贯彻党的十八届四中全会精神全面推进依法治国专题研讨班上的讲话》（2015 年 2 月 2 日），《习近平关于全面依法治国论述摘编》，中央文献出版社 2015 年版，第 33、35 页。

2　习近平：《在中央政法工作会议上的讲话》（2014 年 1 月 7 日），《习近平关于全面依法治国论述摘编》，中央文献出版社 2015 年版，第 19 页。

的重要原则，也是中国共产党作为执政党必须遵循的准则。

2. 确立了全面推进依法治国的总目标

《决定》提出，全面推进依法治国，总目标是建设中国特色社会主义法治体系，建设社会主义法治国家，促进国家治理体系和治理能力现代化，并对这个总目标进行了阐释。这是《决定》在理论创新上的一个新亮点和理论贡献。

这个总目标的提出，既明确了全面推进依法治国的性质和方向，又突出了全面推进依法治国的工作重点。一是向国内外鲜明宣示我们将坚定不移走中国特色社会主义法治道路。二是明确全面推进依法治国的工作重点。全面推进依法治国涉及很多方面，在实际工作中必须有一个总揽全局、牵引各方的工作重点，这个工作重点就是建设中国特色社会主义法治体系。三是建设中国特色社会主义法治体系、建设社会主义法治国家是实现国家治理体系和治理能力现代化的必然要求，也是全面深化改革的必然要求，“有利于在法治轨道上推进国家治理体系和治理能力现代化，有利于在全面深化改革总体框架内全面推进依法治国各项工作，有利于在法治轨道上不断深化改革”。[1]

3. 阐释了社会主义法治体系的内涵

《决定》提出了建设中国特色社会主义法治体系，“形成完备的法律规范体系、高效的法治实施体系、严密的法治监督体系、有力的法治保障体系，形成完善的党内法规体系”。社会主义法治体系是一个新的法学概念，它涉及立法、执法、司法、守法、法律监督、法治保障，以及党内法规体系建设等内涵丰富的综合性内容。这个概念的提出，是建立在改革开放以来法治建设实践基础之上的，是对目前法治建设各个环节的概括和综合。具体到法治实践层面，建设中国特色社会主义法治体系，就是要做到科学立法、严格执法、公正司法、全民守法，坚持依法治国、依法执政、依法行政共同推进，坚持法治国家、法治政府、法治社会一体化建设，实现国家治理体系和治理能力现代化。

4. 强调在国家和社会治理中法治与德治并重

依法治国和以德治国相结合的内涵，法学界曾有不同的理解。根据十八届四中全会

1　习近平：《关于〈中共中央关于全面推进依法治国若干重大问题的决定〉的说明》（2014 年 10 月 20 日），《中国共产党第十八届中央委员会第四次全体会议文件汇编》，人民出版社 2014 年版，第 81 页。

《决定》的阐述，对依法治国和以德治国相结合的内涵，应当理解为法律和道德是国家和社会治理中，共同发挥作用的两个重要手段，维护国家和社会秩序，既需要法治，也需要德治，两者不可或缺。这里使用的“法治”与“德治”概念，主要是从国家和社会治理的方式，即社会秩序维护的意义上使用的。所谓“法治”，主要是指在社会治理和社会秩序的维护中，重视法律的功能。所谓“德治”，主要是指要重视发挥道德在社会治理中的功能。在社会治理中法治和德治的作用同等重要。

目前，我国改革进入攻坚期和深水区。在当前社会正处于转型变动的新的历史发展时期，出现了社会结构、组织和个人的观念与心理空前变化带来的社会无组织化或无序、失范状态。这主要表现为：各种违法犯罪现象大量增加；权钱交易，谋取个人和小团体非法利益的各种消极腐败现象较为严重；在经济领域里，一些人为了牟取暴利，不择手段，不讲诚信等现象普遍存在，社会信用成焦点话题之一。针对上述影响稳定和破坏社会秩序的各种因素，究竟应当采取何种社会治理模式，对此有不同的认识和看法。

一种较为普遍的看法是，建立完备的市场经济法律体系，强化法律手段，应是我国社会治理模式的选择。另一种观点则认为，目前社会上存在的各种问题，是一个时期以来不重视道德建设，致使社会“道德滑坡”的结果，认为法律不是万能的，依据一些国家的经验，强调要充分重视道德在社会治理中的作用。

凡事不能从一个极端走向另一个极端，对任何事物的评判不能非此即彼。目前各种无序、失范现象的存在，究其根源，一方面是由于适应新的社会形态的社会规范还未健全和完善。另一方面，也与市场经济大潮下社会道德观念的多元和分化，一些优良的道德传统被认为过时有关。我国的实践已充分证明，市场经济体制的建立，要有完备的法律制度加以规范和保障，高度重视法治的作用；同时，也需要完善的道德机制，充分发挥道德在社会治理中的作用。“法治”与“德治”并重，应是中国社会治理模式的最佳选择。

法律与道德两者并不矛盾，而是并行不悖的。习近平在论述法律与道德的关系时指出：“法律是成文的道德，道德是内心的法律，法律和道德都具有规范社会行为、维护社会秩序的作用。治理国家、治理社会必须一手抓法治、一手抓德治，既重视发挥法律的规范作用，又重视发挥道德的教化作用，实现法律和道德相辅相成、法治和德治相得益彰。”[1] 治理国家既依靠法律又依靠道德，任何类型的国家莫不如此。

从以上分析可以看出，法律与道德在维护社会秩序方面应该说两者互为补充，不存在谁主谁次的问题。尽管法律规范与道德规范有时也会相悖或有相互冲突的部分，[2] 但从总体上看，两者的根本目的则是一致的，都是国家和社会治理不可缺少的举措。“存在着一个具有实质性的法律规范制度，其目的是保证和加强对道德规则的遵守，而这些道德规则乃是一个社会的健全所必不可少的。”[3]

5. 突出和强调宪法在依法治国中的地位

宪法是国家的根本大法，是一国法律体系的核心，在整个法律体系中具有至上的权威性和最高的法律地位，是国家法治建设的基础。习近平指出：“法治权威能不能树立起来，首先要看宪法有没有权威。必须把宣传和树立宪法权威作为全面推进依法治国的重大事项抓紧抓好，切实在宪法实施和监督上下功夫。”[4] 因而，《决定》进一步突出和强调了宪法在全面推进依法治国中的地位，提出“坚持依法治国首先要坚持依宪治国，坚持依法执政首先要坚持依宪执政”。

为确立宪法权威，《决定》提出了一系列新的举措，如完善全国人大及其常委会宪法监督制度，健全宪法解释程序机制；加强备案审查制度和能力建设，依法撤销和纠正违宪违法的规范性文件；将每年 12 月 4 日定为国家宪法日；在全社会普遍开展宪法教育，弘扬宪法精神；借鉴世界上大多数有成文宪法的国家的做法，建立宪法宣誓制度，凡经人大及其常委会选举或者决定任命的国家工作人员正式就职时公开向宪法宣誓。上述举措，对提升人们的宪法观念将会起到重要的促进作用。

6. 确立良法之治，明确地方立法权限

习近平在论及立法时曾指出：“人民群众对立法的期盼，已经不是有没有，而是好不好、管用不管用、能不能解决实际问题；不是什么法都能治国，不是什么法都能

---

1 习近平：《加快建设社会主义法治国家》（2014 年 10 月 23 日），《求是》2015 年第 1 期。

2 在社会转型时期，这种冲突表现为两个方面：一是法律规范对不适应社会发展的传统旧道德的突破；一是法律违背了社会共同价值观，这样的法律将失去其存在基础，不可能得到实现。

3 ［美］博登海默：《法理学——法哲学及其方法》，邓正来、姬敬武译，华夏出版社 1987 年版，第 368 页。

4 《关于〈中共中央关于全面推进依法治国若干重大问题的决定〉的说明》（2014 年 10 月 20 日），《中国共产党第十八届中央委员会第四次全体会议文件汇编》，人民出版社 2014 年版，第 81—82 页。

治好国；越是强调法治，越是要提高立法质量。”[1]这段话实质上就包含了良法之治的理念。《决定》进一步提出，“法律是治国之重器，良法是善治之前提”。重视良法在法治建设中的地位，是《决定》在理论创新上的一个亮点。法治社会应是良法之治，是现代法治的基本理念。西方是现代法治主义的发源地。在西方法治主义理念中，法律是与公平正义紧密联系在一起的。法律的功能就是实施和维护社会正义，谋求公共幸福，增进人类道德。古罗马法学家西塞罗认为，真正的法律必须是能够区分正义与非正义，对善良的事能够予以捍卫，制定法的目标是为了“保障公民的福祉、国家的繁昌和人们的安宁而幸福的生活”。[2]古罗马另一位著名法学家塞尔苏斯对法律所下的定义是“法律是善良公正之术”。[3]优士丁尼的《学说汇纂》对这个定义进行了阐述：“所谓善良，即是道德；所谓公平，即是正义。”[4]古典自然法学派的代表人物卢梭认为，立法的最终目标是实现全体人民的最大幸福，具体说来，“可以归结为两大主要目标：即自由与平等”。[5]在黑格尔的法律思想中，把市民社会的繁荣和发展，寄希望于依法治国，他说：“在市民社会中，正义是一件大事。好的法律可以使国家昌盛。”[6]第二次世界大战以后，随着对发动战争的德国纳粹战犯的审判，强调道德准则并在当代产生重大影响的新自然法学或与此相类似的价值论法学迅速复兴或兴起，其核心观点就是认为法律应服从某种道德准则，法治应是良法之治。

所谓良法，即所制定的法律要遵循正义、道德、公平、正当程序、个人权利和尊严的理念，并且在现实的政治和法律制度中加以贯彻。换言之，符合良法标准的法律，必须建立在尊重和保障人权的基础之上。法律必须尊重和保护公民的人身自由、人格尊严、各种民主权利、政治自由和经济社会与文化权利。

中国在推进法治建设的过程中，进一步完善中国特色社会主义法律体系，就是要以良法为目标，使制定的法律不仅要满足人们的利益需求也要满足人们的正义需求，不仅

1　习近平：《在十八届中央政治局第四次集体学习时的讲话》（2013 年 2 月 23 日），《习近平关于全面依法治国论述摘编》，中央文献出版社 2015 年版，第 43 页。

2　［古罗马］西塞罗：《论共和国论法律》，王焕生译，中国政法大学出版社 1997 年版，第 219 页。

3　陈允、应时：《罗马法》，商务印书馆 1931 年版。转引自张宏生：《西方法律思想史》，北京大学出版社 1983 年版，第 71 页。

4　同上。

5　［法］卢梭：《社会契约论》，何兆武译，商务印书馆 1980 年版，第 57 页。

6　［德］黑格尔：《法哲学原理》，范扬、张企泰译，商务印书馆 1961 年版，第 295 页。

要满足人们的效率需求也要满足人们的公平需求，不仅要满足人们的秩序需求也要满足人们的自由需求，改变我们现有的一些法律、法规存在的偏重秩序追求，偏重国家利益追求，无形剥夺人们对自由的追求，出现公平沦落的现象。

在完善立法体制方面，《决定》提出“明确地方立法权限和范围，依法赋予设区的市地方立法权”，这是首次在党的文件中加以规定，是全面推进依法治国的新举措。

7. 做到重大改革于法有据

《决定》提出，“实现立法和改革决策相衔接，做到重大改革于法有据、立法主动适应改革和经济社会发展需要”。习近平总书记曾要求：“凡属重大改革要于法有据，需要修改法律的可以先修改法律，先立后破，有序进行。有的重要改革举措，需要得到法律授权的，要按法律程序进行。”[1]“在整个改革过程中，都要高度重视运用法治思维和法治方式，发挥法治的引领和推动作用，加强对相关立法工作的协调，确保在法治轨道上推进改革。”[2]在实践中做到“凡属重大改革都要于法有据”，就是要把改革纳入法治的轨道，在改革创新中运用法治思维和法治方式思考问题、破解难题，提高改革决策的科学性，增强改革的可控性，降低改革可能带来的社会风险，使改革规范有序进行，做到社会不会因改革而引起动荡。这实际上也是正确处理改革、发展、稳定的关系的落脚点和坚实的基础。

法治与改革两者在理论逻辑上是对立统一的关系，不能仅仅简单化地把改革理解为对现有体制、机制和制度的变革和破除。如果从宏观和战略的高度，从顶层设计的层面来看，一方面，法治建设是全面深化改革内容的一部分，是全面深化改革追求的目标；另一方面，法治的理念在今天能够得以确立并成为社会共识，依法治国，建设社会主义法治国家被确立为治国方略，法治国家建设从法律体系的基本建成，到司法体制改革的启动等一系列成就的取得，都是得益于改革开放，是改革开放以来一系列的重要成果之一。换言之，没有改革开放，就没有今天法治建设各方面的成就。

1　习近平：《在中共十八届三中全会第二次全体会议上的讲话》（2013年11月12日），《习近平关于全面依法治国论述摘编》，中央文献出版社2015年版，第45—46页。

2　《习近平主持召开中央全面深化改革领导小组第二次会议强调，把抓落实作为推进改革工作的重点，真抓实干蹄疾步稳务求实效》，《人民日报》2014年3月1日。

8. 深入推进依法行政，加快建设法治政府

《决定》提出了法治政府建设目标要求，即“加快建设职能科学、权责法定、执法严明、公开公正、廉洁高效、守法诚信的法治政府”。如何达到建设法治政府这一目标，《决定》提出了一系列新的观点和新的措施。习近平关于全面依法治国的论述中也有较为丰富的相关内容。

首先，建立政府责任清单。建设法治政府，就像习近平所说的那样，要求“各级政府一定要严格依法行政，切实履行职责，该管的事一定要管好、管到位，该放的权一定要放足、放到位，坚决克服政府职能错位、越位、缺位现象”。[1]依法行政，要坚持“法定职责必须为”。行政机关要勇于负责、勇于担当，加大对不作为、慢作为、乱作为的问责力度，坚决克服懒政、怠政，坚决惩处失职、渎职。

其次，推行政府权力清单制度，坚决消除权力设租寻租空间。这就要求各级政府要全面推行政务公开。所谓权力清单，就是“各级政府要根据各自的事权和职能，按照突出重点、依法有序、准确便民的原则，推动执法部门公开职责权限、执法依据、裁量基准、执法流程、执法结果、救济途径等，规范行政裁量，促进执法公平公正”。[2]即“法无授权不可为”。《决定》指出，行政机关不得法外设定权力，没有法律法规依据不得作出减损公民、法人和其他组织合法权益或者增加其义务的决定。

第三，健全依法决策机制。为规范行政决策行为特别是重大决策行为，防止乱决策、违法决策、专断决策、拍脑袋决策等现象，减少决策失误，实现决策权和决策责任相统一，《决定》要求，建立重大决策终身责任追究制度及责任倒查机制，对决策严重失误或者依法应该及时作出决策但久拖不决造成重大损失、恶劣影响的，严格追究行政首长、负有责任的其他领导人员和相关责任人员的法律责任。

第四，全面推进政务公开。公开透明是法治政府的基本特征。全面推进政务公开，让权力在阳光下运行，对于发展社会主义民主政治，提升国家治理能力，增强政府公信力执行力，保障人民群众知情权、参与权、表达权、监督权具有重要意义。[3]政务公开应坚持以公开为常态、不公开为例外原则，“推进行政决策公开、执行公开、管理公开、服

---

1 习近平：《在十八届中央政治局第十五次集体学习时的讲话》（2014年5月26日），《人民日报》2014年5月28日。
2 《中共中央办公厅、国务院办公厅印发〈关于全面推进政务公开工作的意见〉》，《人民日报》2016年2月18日。
3 同上。

务公开和结果公开，推动简政放权、放管结合、优化服务改革，激发市场活力和社会创造力，打造法治政府、创新政府、廉洁政府和服务型政府”。[1] 凡“涉及群众切身利益、需要社会广泛知晓的重要改革方案、重大政策措施、重点工程项目，除依法应当保密的外，在决策前应向社会公布决策草案、决策依据”。对涉及公民、法人或其他组织权利和义务的规范性文件应予以公布。

9. 保证公正司法，提高司法公信力

以司法公正为核心的司法体制改革，一直是改革开放以来我国社会主义法治国家建设的重点内容之一。自中共十八大以来，在已有的理论和实践的基础上，又有了进一步的推进和发展，无论是在理论层面还是在体制机制改革方面，都作出了新的贡献。这主要表现在对司法公正在促进社会公正中作用的认识进一步深化。

2012 年 12 月 4 日，在首都各界纪念现行宪法公布施行三十周年大会上的讲话中，习近平曾提出：“努力让人民群众在每一个司法案件中都能感受到公平正义。”[2] 自此以后，他又将此理念反复进行重申。这一理念被写入中共十八届三中、四中全会通过的关于深化改革和全面推进依法治国的文件。以此精神为指导，全社会对司法公正重要性的认识达到了一个新高度。《决定》指出：“公正是法治的生命线。司法公正对社会公正具有重要引领作用，司法不公对社会公正具有致命破坏作用。”

目前，我国司法领域中存在的司法腐败和司法不公等突出问题，原因是多方面的，但很多与司法体制和工作机制不合理有关。解决这些问题，就要靠深化司法体制改革，提高司法公信力，让司法真正发挥维护社会公平正义最后一道防线的作用。对此，习近平在关于全面依法治国的论述中均有较为系统的阐释。

基于以上认识，为保障司法公正，中共十八届三中、四中全会对如何进一步深化司法体制改革，加快建设公正、高效、权威的社会主义司法制度，在总结实践经验的基础上，明确了司法体制改革的方向和理念，进一步提出了一些具有创见的改革思路和举措。

---

1 《中共中央办公厅、国务院办公厅印发〈关于全面推进政务公开工作的意见〉》，《人民日报》2016 年 2 月 18 日。

2 习近平：《在首都各界纪念现行宪法公布施行三十周年大会上的讲话》（2012 年 12 月 4 日），《十八大以来重要文献选编》（上），中央文献出版社 2014 年版，第 91 页。

（1）解决领导机关和领导干部违法违规干预司法问题。习近平指出：“做到严格执法、公正司法，还要着力解决领导机关和领导干部违法违规干预司法的问题。这是导致执法不公、司法腐败的一个顽瘴痼疾。一些党政领导干部出于个人利益，打招呼、批条子、递材料，或者以其他明示、暗示方式插手干预个案，甚至让执法司法机关做违反法定职责的事。”“要建立健全违反法定程序干预司法的登记备案通报制度和责任追究制度，对违反法定程序干预政法机关执法办案的，一律给予党纪政纪处分；造成冤假错案或者其他严重后果的，一律依法追究刑事责任。”[1]任何党政机关和领导干部都不得让司法机关做违反法定职责、有碍司法公正的事情，任何司法机关都不得执行党政机关和领导干部违法干预司法活动的要求。这些是过去所没有的创新举措。

（2）确保依法独立公正行使审判权和检察权。优化司法职权配置，规范司法行为，加大司法公开力度，回应人民群众对司法公正公开的关注和期待。改革司法管理体制，推动省以下地方法院、检察院人财物统一管理，省以下法院和检察院法官、检察官编制统一管理制度，法官、检察官由省提名和管理并按法定程序任免的机制，探索由省级财政统筹地方各级法院、检察院的经费。探索建立与行政区划适当分离的司法管辖制度，最高人民法院设立巡回法庭，审理跨行政区域重大行政和民商事案件。探索设立跨行政区域的人民法院和人民检察院，办理跨地区案件。

（3）健全司法权力运行机制。明确司法机关内部各层级权限，健全内部监督制约机制，司法机关内部人员不得违反规定干预其他人员正在办理的案件，建立司法机关内部人员过问案件的记录制度和责任追究制度。完善主审法官、合议庭、主任检察官、主办侦查员办案责任制，落实谁办案谁负责。

上述改革思路和举措正在指导我国司法体制和工作机制改革的有序进行。

10. 全面依法治国，必须抓住领导干部这个“关键少数”

习近平指出：“我们党是执政党，能不能坚持依法执政，能不能正确领导立法、带头守法、保证执法，对全面推进依法治国具有重大作用。”[2]全面推进依法治国，建设社会主

---

1 习近平：《严格执法，公正司法》（2014年1月7日），《十八大以来重要文献选编》（上），中央文献出版社2014年版，第720—721页。

2 习近平：《在十八届中央政治局第四次集体学习时的讲话》（2013年2月23日），《习近平关于全面依法治国论述摘编》，中央文献出版社2015年版，第110页。

义法治国家，必须坚持党的领导，因而，各级党组织和各级领导干部的法治意识，带头依法办事，遵守法律，对法治国家建设起着关键作用。

中共十八大以来，对各级领导机关和领导干部要提高运用法治思维和法治方式的能力非常重视，强调各级党组织和党员领导干部要带头厉行法治，不断提高依法执政能力和水平，不断推进各项治国理政活动的制度化、法律化。

全面推进依法治国，为什么要抓住领导干部这个“关键少数”？因为各级领导干部特别是高级干部是推进依法治国的关键因素。“事实证明，领导干部对法治建设既可以起到关键推动作用，也可能起到致命破坏作用。”[1] 习近平在他的一些论著和讲话中，对当前我国一些领导干部在法治意识方面还存在的诸多问题，从以下方面进行了系统、全面和深刻的分析。

一是人治思想和长官意识仍然存在。具体表现为，“现在，一些党员、干部仍然存在人治思想和长官意识，认为依法办事条条框框多、束缚手脚，凡事都要自己说了算，根本不知道有法律存在，大搞以言代法、以权压法”。[2]

二是一些地方和部门不善于运用法治思维和法治方法处理和解决问题。“一些地方和部门还习惯于仅靠行政命令等方式来管理经济，习惯于用超越法律法规的手段和政策来抓企业、上项目推动发展，习惯于采取陈旧的计划手段、强制手段完成收入任务。”[3]

三是不少干部法治意识淡薄，甚至知法犯法，对法治国家建设及党和国家的形象带来了严重危害。“在现实生活中，不少领导干部法治意识比较淡薄，有法不依、违法不究、知法犯法等还比较普遍，特别是少数领导干部不尊崇宪法、不敬畏法律、不信仰法治，崇拜权力、崇拜金钱、崇拜关系，大搞权权勾结、权钱交易、权色交易，一些地方和单位被搞得乌烟瘴气，政治生态受到严重破坏。这些问题，影响了党和国家的形象和威信，损害了政治、经济、文化、社会、生态文明领域的正常秩序，干扰了党和国家制度体系运行，冲击了人民群众对法治的信心，给全面推进依法治国造成了很多问题，甚

1 习近平：《在省部级主要领导干部学习贯彻党的十八届四中全会精神全面推进依法治国专题研讨班上的讲话》（2015年2月2日），《习近平关于全面依法治国论述摘编》，中央文献出版社2015年版，第120页。

2 习近平：《加快建设社会主义法治国家》（2014年10月23日），《求是》2015年第1期。

3 习近平：《在中央经济工作会议上的讲话》（2014年12月9日）。

至是很严重的问题。”[1]

上述种种现象和问题如果不改变，依法治国就难以真正落实。鉴于各级领导干部在推进依法治国方面肩负着重要责任。习近平指出：“必须抓住领导干部这个‘关键少数’，首先解决好思想观念问题，引导各级干部深刻认识到，维护宪法法律权威就是维护党和人民共同意志的权威，捍卫宪法法律尊严就是捍卫党和人民共同意志的尊严，保证宪法法律实施就是保证党和人民共同意志的实现。”[2]

全面推进依法治国，抓住领导干部这个“关键少数”，就是要通过法治宣传教育，提高各级领导干部的法治意识，提高法治思维和依法办事能力；对各级领导干部，不管什么人，不管涉及谁，只要违反法律就要依法追究责任；要把法治建设成效作为衡量各级领导班子和领导干部工作实绩的重要内容，把能不能遵守法律、依法办事作为考察干部的重要依据。

通过认认真真讲法治、老老实实抓法治，从而使“各级领导干部要对法律怀有敬畏之心，带头依法办事，带头遵守法律，不断提高运用法治思维和法治方式深化改革、推动发展、化解矛盾、维护稳定能力”，[3] 以此促进我国法治国家建设的进程。

中共十八大以来提出的许多理论创新观点，必将对依法治国的实践起到理论引领和支撑作用；提出的一系列新思路和新举措，对坚持和完善社会主义法律制度，推进国家治理体系和治理能力现代化，必将起到推动作用。

四、构建了中国特色社会主义法治理论的框架基础

中共十八届四中全会通过的《决定》提出，要“坚定不移走中国特色社会主义法治道路”，必须从我国基本国情出发，“围绕社会主义法治建设重大理论和实践问题，推进法治理论创新，发展符合中国实际、具有中国特色、体现社会发展规律的社会主义法治理论，为依法治国提供理论指导和学理支撑”。

人类法治文明发展的历史充分表明，没有成熟的法学理论题的引领和支撑，就不可

1 习近平：《在省部级主要领导干部学习贯彻党的十八届四中全会精神全面推进依法治国专题研讨班上的讲话》（2015 年 2 月 2 日），《习近平关于全面依法治国论述摘编》，中央文献出版社 2015 年版，第 118—119 页。
2 习近平：《加快建设社会主义法治国家》（2014 年 10 月 23 日），《求是》2015 年第 1 期。
3 同上。

能有成熟的法治实践。同样，在全面推进依法治国，建设中国特色社会主义法治体系，建设社会主义法治国家的过程中，完成法治中国建设的具体制度构建，是一项系统工程，既需要实践的推动，重视具体法治建设，但更离不开成熟法治理论体系的引领和支撑。

坚持走中国特色社会主义法治道路，建设社会主义法治国家，必须以中国特色社会主义理论体系，特别是以中国特色社会主义法治理论体系为指导思想。中国特色社会主义法治理论体系是在总结社会主义法治国家建设的理论和实践基础上而形成的。

自中共十一届三中全会以后，总结历史的教训，尤其是“文化大革命”的教训，伴随着改革开放的进程，我国也开始了对依法治国，建设社会主义法治国家的道路探索。在法治国家建设的历程中，无论在理论层面还是实践层面，尽管与建设法治国家的目标要求还存在许多不适应、不符合的问题，但随着中国法治实践的开展，特别是中共十五大确立依法治国方略之后，中国的法学理论研究取得了巨大成就，不仅成为中国法治国家建设的理论指导和推动力量，而且更新了人们的法治观念，促进了人们对法治在国家和社会治理中的重要性的认识。

中共十八大以来，针对我国正处于社会主义初级阶段，全面建成小康社会进入决定性阶段，改革进入攻坚期和深水区，面临着复杂的国际形势和繁重的国内任务，依法治国在党和国家工作全局中的位置更加突出、作用更加重大的新的时代背景下，对全面推进依法治国，加快建设社会主义法治国家面临的重大理论和实践问题进行了回应和阐释。

综观中共十八大以来党的各类文献对建设社会主义法治国家的阐释，中共十八届三中、四中全会通过的《关于全面深化改革若干重大问题的决定》《关于全面推进依法治国若干重大问题的决定》，以及习近平关于全面依法治国的论述，从理论层面上来看，既有对党的十一届三中全会以来在探索社会主义法治道路、制度构建等方面理论成果和成功经验的肯定，以及对法治实践所取得成果的概括、提炼和总结，也有适应改革开放新形势和针对社会转型期出现的各种现实问题的理论创新和提出的一系列新举措。以十八届四中全会通过的《决定》为标志，中国特色社会主义法治理论框架体系已基本形成。

第六章 马克思主义法学理论中国化的路径

马克思主义中国化命题的一个关键词就是“化”，即马克思主义如何演变为中国化的马克思主义，因此，“化”中隐含着马克思主义中国化的路径问题，马克思主义中国化的“路径”就是“如何化”的问题。马克思主义中国化的路径可以理解为，马克思主义作为一种思想或理论是沿着什么样的方向或通过什么样的途径而发生了中国化的现象，并演变成为中国化的理论成果的。因此，马克思主义中国化的路径研究就是要寻找到从马克思主义到中国化的马克思主义之间的理论演变途径。

马克思主义法学理论中国化是马克思主义中国化的重要组成部分，在马克思主义中国化过程中，马克思主义法学理论也开始了自己的中国化历程，形成了丰富的中国化的马克思主义法学理论成果，这些法学理论成果包括毛泽东思想法学理论、邓小平法学理论、社会主义法治理论、社会主义法治理念等。马克思主义法学理论在中国不但得到了坚持，更获得了迅猛的发展。从逻辑上讲，从马克思主义法学理论到中国化的马克思主义法学理论成果之间也必然存在着马克思主义法学中国化的路径。本章拟进行的马克思主义法学中国化路径研究，就是要挖掘从马克思主义法学理论到中国化的马克思主义法学理论成果之间的演变途径，探讨马克思主义法学理论是通过何种途径或方法而形成中国化的马克思主义法学理论成果，进而逐渐成为中国法学的一部分的。

一、马克思主义中国化的路径

由于在“化”的方向上，马克思主义中国化命题强调的是从马克思主义走向中国，而不是从中国走向马克思主义。因此，在理解“中国化”的问题上，一般存在两种理解，一种将马克思主义中国化理解为马克思主义在中国的具体化。毛泽东在提出马克思主义中国化命题的时候，就表达了具体的马克思主义或马克思主义具体化的意思，他指出：“马克思列宁主义的伟大力量，就在于它是和各个国家具体的革命实践相联系的。对于中国共产党来说，就是要学会把马克思列宁主义的理论应用于中国的具体的环境。成为伟大中华民族的一部分而和这个民族血肉相连的共产党员，离开中国特点来谈马克思主义，只是抽象的空洞的马克思主义。因此，马克思主义的中国化，使之在其每一表现中带着中国特性，即是说，按照中国的特点去应用它，成为全党亟待了解并亟须解决的问题。”[1]当然，毛泽东在提出马克思主义中国化命题时也表达了马克思主义应用化的意思，即将马克思主义理论应用于中国革命的具体实践中。因此，从这个意思上讲，马克思主义应用化和马克思主义具体化是一致的。当然，单纯地强调马克思主义应用化是不科学的，因为，“‘应用’不等于‘化’。某种理论的‘应用’是指用它来解决问题，‘化’则是指这种理论本身的变化。‘应用’充其量是为理论的变化提供条件，但不能等同于变化”。[2]第二种理解就是将马克思主义中国化理解为马克思主义民族化。中国和中国民族实际上是不可分割的两个概念，中国的东西，必然是民族的东西，中国民族的东西必然是中国的东西，马克思主义中国化自然含有马克思主义民族化的含义，即形成适合中国民族实际需要的具有民族特点和民族风格的中国的马克思主义，也正因为如此，毛泽东在提出马克思主义中国化命题后，苏共领导人直接反对马克思主义中国化的提法，认为这是搞民族主义。迫于苏联的压力，也由于当时中国革命胜利在即，中国共产党面临着依靠苏联的支持和帮助的问题，“为了避免被斯大林和苏共误认为带有所谓民族主义的嫌疑，毛泽东和我们党主动改变了‘马克思主义中国化’和‘毛泽东思想’的提法”。[3]但尽管毛泽东以后基本不提及马克思主义中国化，马克思主义中国化的思维在头脑中已经形成，马克思主义中国化在中国也已经开花结果，形成了既具有马克思主义性质的又具有中国民族性质的毛泽东思想。

1 《毛泽东选集》第2卷，人民出版社1991年版，第534页。

2 安启念：《马克思主义哲学中国化研究》，人民大学出版社2006年版，第2页。

3 冯惠：《六届六中全会与马克思主义中国化》，《毛泽东邓小平理论研究》1999年第2期。

毛泽东曾说，“化”者，彻头彻尾彻里彻外之谓也。[1] 因此，所谓马克思主义中国化是全方位的变化，从学术界的情况来看，学术界也一直奉行此种思维方式来理解马克思主义中国化。比如，有学者认为：“马克思主义中国化，就是要使产生于欧洲的马克思主义在内容和形式上都来一番变化，使它具有中国的民族特点和民族形式，成为中国人民特有的科学理论。这种具有中国作风和中国气派的中国化的马克思主义，既是马克思主义的东西，又完全是中国的东西。在内容上，它运用马克思主义的立场、观点和方法，分析和解决中国革命、建设与改革的实际问题，揭示中国革命、建设与改革发展的客观规律，并把中国人民在长期实践中所积累起来的丰富经验加以科学总结和概括，使之上升为理论，成为中国化的马克思主义，从而以中国特有的独创性的内容，丰富和发展马克思主义理论宝库。在形式上，它把马克思主义从欧洲的形式和语言，变成中国的民族形式和语言，即根据中国的民族特点，运用中国人民所喜闻乐见的民族形式和民族语言，深入浅出地阐述马克思主义的基本原理，阐明中国革命、建设和改革的理论和政策。”[2] 这种分析在学术界带有典型代表性。此外，有意思的是，“在苏共垮台后，苏联有的学者才认识到，毛泽东的‘马克思主义中国化’是对的，苏联没有把‘马克思主义俄国化’吃了大亏，落得如此下场”。[3] 苏共的垮台也从反面说明“马克思主义中国化”命题的内涵、价值和意义。

从毛泽东关于马克思主义中国化命题的提出到学术界对马克思主义中国化的内涵、价值和意义的理解，马克思主义如何“中国化”，即马克思主义中国化的路径已经揭示，这种路径表现在两个方面：第一个是马克思主义和中国具体的革命实践相结合的实践层面的实践主导路径；第二个就是马克思主义在与中国革命实践相结合的过程中，还必须要与中国历史和中国文化等相结合的文化层面上的文化扬弃路径。就第一条路径而言，毛泽东在提出马克思主义中国化命题之始就已经涉及了，毛泽东强调马克思列宁主义的伟大力量，就在于它是和各个国家具体的革命实践相联系的。在《实践论》中，毛泽东从哲学的高度为马克思主义中国化提供哲学依据，明确地提出了“主观和客观、理论

1 《毛泽东选集》第 3 卷，人民出版社 1991 年版，第 841 页。

2 丁俊萍、熊启珍：《中国化的马克思主义概论》，武汉大学出版社 2003 年版，第 1 页。

3 许全兴：《毛泽东与孔夫子——马克思主义中国化个案研究》，人民出版社 2003 年版，第 234 页。

和实践、知与行的具体的历史的统一”[1]的观点。1939年10月4日，毛泽东在《〈共产党人〉发刊词》中也沿袭其理论与实践相统一的思想，明确提出“马克思列宁主义和中国革命的实践之统一”[2]的观点，1941年毛泽东在延安整风运动中，也曾总结性地指出：“中国共产党的二十年，就是马克思列宁主义的普遍真理和中国革命的具体实践日益结合的二十年。”[3]在党的七大以后，在毛泽东的有生之年，毛泽东和我们党的其他领导同志基本上都不再使用“马克思主义中国化”的提法，当然，毛泽东虽然不提“马克思主义中国化”，但他却反复强调要坚持马克思主义普遍真理同中国具体实际相结合的路径，甚至还根据中国社会主义建设新的实际提出了实现马克思主义普遍真理同中国具体实际“第二次结合”的问题。1956年4月4日，他在主持中央书记处会议讨论修改《关于无产阶级专政的历史经验》一文时指出：“我认为最重要的教训是独立自主，调查研究，摸清本国国情，把马克思列宁主义的基本原理同我国革命和建设的具体实际结合起来，制定我们的路线、方针、政策。民主革命时期，我们走过一段弯路，吃了大亏之后才成功地实现了这种结合，取得革命的胜利。现在是社会主义革命和建设时期，我们要进行第二次结合，找出在中国进行社会主义革命和建设的正确道路。”[4]1956年9月15日，毛泽东在党的八大开幕词中指出：“我们的革命和建设的胜利，都是马克思列宁主义的胜利。把马克思列宁主义理论和中国革命的实践密切地联结起来，这是我们党的一贯的思想原则。”[5]从毛泽东的论述以及中国共产党从成立到完成社会主义改造35年的实践经验中，中国共产党已经找到了马克思主义中国化的第一条路径，那就是坚持马克思主义基本原理同中国具体实践相结合，走实践主导模式，即强调理论来源于实践、理论接受实践检验、理论在实践中发展和创新的实践层面的路径。

马克思主义与中国历史、中国文化相结合是马克思主义中国化的第二条路径，这里的中国文化主要是指中国的传统文化，也包括中国近代以来的文化发展成果。近年来，越来越多的学者倾向于马克思主义中国化的两条路径论，即不仅强调马克思主义和中国具体的革命实践相结合的实践层面的路径，也强调在马克思主义与中国革命实践结合过

---

1 《毛泽东选集》第1卷，人民出版社1991年版，第296页。
2 《毛泽东选集》第2卷，人民出版社1991年版，第614页。
3 《毛泽东选集》第3卷，人民出版社1991年版，第795页。
4 吴冷西：《十年论战》（上），中央文献出版社1999年版，第23—24页。
5 《中国共产党第八次全国代表大会文献》，人民出版社1957年版，第9页。

程中，还发生了马克思主义与中国历史和中国文化相结合的问题，即在实践路径之外还存在着一条文化层面的路径。1995年12月，在中国孔子基金会学术委员会和中央党校科研部联合召开的“马克思主义与儒学”的会议上，有学者明确提出：“马克思主义的中国化，实际上是通过两个结合来实现的：作为科学理论，它要同中国革命的具体实践紧密结合，作为西方文化成果，它要同中华民族的优秀传统文化紧密结合。这两种结合相统一，在实践上的硕果，便是中国革命和建设的胜利；在理论上的成果，便是毛泽东思想和中国特色社会主义理论。”[1]2003年有学者撰文指出，马克思主义中国化在路径上应该包含着两个方面的结合，“一是马克思主义与中国的具体实践相结合，把马克思主义‘应用于中国的具体环境’；二是马克思主义与中国的传统文化相结合，使马克思主义具有‘中国老百姓所喜闻乐见的中国作风和中国气派’”。[2]这种观点非常具有代表性，也在学术界产生很大的影响，逐渐成为学术界的主流思想，获得越来越多的学者的认同。比如，有的学者认为毛泽东的马克思主义中国化命题论述“包含马克思主义与中国具体实践相结合和与中国历史、中国文化相结合两个方面”。[3]有的学者认为：“马克思主义中国化这一过程实际上包括两个方面：一是和中国实践相结合，二是和中国文化相结合。”[4]还有的学者明确指出，“马克思主义中国化是个‘两合’问题”[5]等。由此可见，很多学者在马克思主义中国化的路径问题上都强调两个方面的结合，一方面是强调马克思主义基本原理同中国革命和建设的具体实践相结合，另一方面强调将马克思主义与中华历史、中国文化相融合。

关于马克思主义要与中国实践、中国历史、中国文化相结合的问题，1943年5月26日《中共中央关于共产国际执委主席提议解散共产国际的决议》作了更为准确的描述。该决议指出：“中国共产党是我们民族一切文化、思想、道德的最优秀传统的继承者，把这一切优秀的传统看成和自己血肉相连的东西，而且将继续加以发扬光大。中

---

1 田广清：《中国化的马克思主义与儒家思想》，载崔龙水、马振铎：《马克思主义与儒学》，当代中国出版社1996年版，第82页。

2 汪信砚：《视野、论域、方法——马克思主义哲学中国化研究中的三个方法论问题》，《哲学研究》2003年第12期。

3 许全兴：《全面准确地理解马克思主义中国化的内涵》，《毛泽东邓小平理论研究》2006年第4期。另可参见许全兴：《毛泽东与孔夫子——马克思主义中国化个案研究》，人民出版社2003年版，第229页。

4 郭建宁：《马克思主义中国化的文化解读》，《北京行政学院学报》2007年第1期。

5 张瑞堂：《对马克思主义中国化的文化反思》，《广西社会科学》2003年第8期。

国共产党近年来所进行的反主观主义、反宗派主义、反党八股的整风运动，就是要使得马克思列宁主义这一革命科学更进一步地和中国革命实践、中国历史、中国文化相结合起来。”[1] 的确，在毛泽东思想的形成过程中，中国的历史和传统文化对毛泽东产生过重要的影响，毛泽东本人也谈道：“我们这个民族有数千年的历史，有它的特点，有它的许多珍贵品。……今天的中国是历史的中国的一个发展；我们是马克思主义的历史主义者，我们不应当割断历史。从孔夫子到孙中山，我们应当给以总结，承继这一份珍贵的遗产。”[2]

从毛泽东思想的形成过程来看，毛泽东思想就是在马克思主义同中国革命具体实践和中国传统文化相结合的过程中形成的。“这种结合实际上是在实际、实用、实践层面和理论、思想、精神层面上的结合。第一种结合是具体问题具体分析并在革命行动中贯彻马克思主义的正确理论；第二种结合是从思想上丰富发展马克思主义理论体系使之具有中国风格和中国气派。这两种结合都决定了毛泽东思想不可能与传统文化‘彻底决裂’。”[3] 从马克思主义中国化的资源来源来看，马克思主义中国化是在两个维度上展开的，一个是思想资源，一个是实践资源。在思想资源上，既要求有马克思主义的维度又要求有中国文化载体的维度；在实践资源上，强调实践高于理论，实践优位于理论的实践维度，而这两个维度也表明了马克思主义中国化的两条路径。换言之，马克思主义必须要与中国的具体实践相结合，必须与中国的革命、建设和改革开放的具体实践相结合，只有这样，马克思主义作为一种理论才能保持发展的动力。与此同时，马克思主义作为一种来自西方的理论，要在中国文化土壤上扎根生长、开花结果，一个重要的问题就是马克思主义要与中国文化传统相结合，成为一种从形式到内容都具有中华民族特色的理论，成为中华民族文化的一个有机组成部分，成为中国人自己的精神家园。因此，这两种相结合共同展现了马克思主义中国化的路径。概言之，马克思主义中国化应存在着两条路径，即马克思主义基本原理和中国具体实践相结合、走实践主导模式的实践层面的路径，马克思主义和中国历史与中国文化相结合、走文化扬弃模式的文化层面的路径。

---

1 《中共中央文件选集》第 14 册，中共中央党校出版社 1992 年版，第 41 页。

2 《毛泽东选集》第 2 卷，人民出版社 1991 年版，第 533—534 页。

3 张允熠：《毛泽东与儒学》，《人文杂志》1999 年第 2 期。

就马克思主义中国化的两条路径之间的关系而言，实践路径是基本路径。因为将马克思主义与中国历史、中国文化结合起来，寻找两者的结合点，其目的不是为了思古，而是为了今用，所以，毛泽东在谈到积极吸收中国传统文化和外国文化时，表达了这个目的，“向古人学习是为了现在的活人，向外国人学习是为了今天的中国人”。[1]这里，毛泽东表达了自己的“古为今用”“洋为中用”的思路。同时，毛泽东的高明之处在于，毛泽东不仅仅是强调“古为今用”“洋为中用”，而且在今用的基础之上，还强调“推陈出新”，所以，毛泽东反复告诉人们向外国学习，不能一切照搬照抄，不能走教条主义，不能像以前一样，什么都学习苏联，把苏联的经验当成教条，而“应该越搞越中国化，而不是越搞越洋化”。[2]而要做到“推陈出新”，越搞越中国化，固然需要马克思主义的指导、需要传统文化精神的支撑、需要外来文化的不断催化，“但根本动力仍在社会实践中”。[3]所以，马克思主义与中国历史、中国文化相结合，马克思主义要吸收国外的优秀文化，归根到底是源于实践的需要。此外，历史是已经发生的事情，而文化则是具体历史中所形成的文化，在广义意义上是指人类社会历史实践过程中所创造的物质文化和精神文化的总和，在狭义意义上则是指社会的意识或社会的观念形态，是受社会存在所决定的社会意识。这种社会意识也是在历史实践过程中形成的，是具体的历史的产物，它同人们在对历史反思的过程中所获得的历史经验一样都是历史的东西，相对于今天的实践而言，是间接经验、间接知识、间接认识。提倡马克思主义与中国历史、中国文化相结合的路径，是为了马克思主义中国化寻求更深厚的民族性的思想文化资源，使马克思主义更具有中国民族特点和民族品格，根本目的还是为中国的现实实践服务。不仅如此，这种结合还要受到实践路径的制约，接受实践的检验，比如，在马克思主义中国化过程中，传统文化中的“糟粕”思想对马克思主义中国化产生过重大影响，但只要立足于马克思主义中国化的实践路径，中国历史、文化中落后的东西虽然会被暂时地吸收，但终究会被抛弃，不能成为中国化的马克思主义的内容。

---

1 《毛泽东文集》第7卷，人民出版社1999年版，第82页。

2 同上。

3 葛荣晋:《马克思主义与中国传统文化相结合的理论思考》，载崔龙水、马振铎:《马克思主义与儒学》，当代中国出版社1996年版，第31页。

二、马克思主义中国化与马克思主义法学理论中国化路径的一致性

马克思主义法学理论中国化，就是通过将马克思主义法学的基本原理同中国革命与建设，特别是同中国的法治建设实践紧密结合，通过将马克思主义法学理论与中国传统法律文化相结合，辩证地吸收西方先进的法律文化而完成的。

马克思主义法学理论中国化与马克思主义中国化的路径是一致的，具体而言，也存在着两条路径，即马克思主义法学理论与中国具体实践相结合、走实践主导模式的实践层面的路径；马克思主义法学与中国传统文化相结合、走文化扬弃的文化层面的路径，之所以作出这样的判断，理由主要有以下两点：

第一，马克思主义法学中国化与马克思主义中国化是部分和整体之间的关系。马克思主义是一个百科全书式的体系，虽然马克思主义的主要部分是由马克思主义哲学、政治经济学和科学社会主义所构成，但马克思主义并不仅仅局限于这三个组成部分，马克思主义还包括政治学、法学、军事学、社会学、伦理学、历史学、文化学、教育学、人类学等。所以，“马克思主义不只是三个组成部分，而应是十几个组成部分”。[1] 不仅如此，就马克思主义各个组成部分之间的关系而言，有学者认为它们之间的关系应该是“一个核心（社会主义学）、两个基础（哲学、政治经济学）、十几个周围部分（政治学、法学、军事学等）”。[2] 不管这种关系圈的划分人们是否同意，但毫无疑义，马克思主义的内容体系非常丰富而且诸学科之间有着非常紧密的联系。因此，所谓的马克思主义中国化，它的内涵也应极为丰富，它不仅可以包括马克思主义哲学中国化、马克思主义经济学中国化、科学社会主义中国化，而且还存在着马克思主义法学中国化、马克思主义政治学中国化等现象。也正是因为如此，在马克思主义中国化研究过程中已经出现马克思主义中国化的学科化研究现象，出现马克思主义哲学中国化的研究、马克思主义经济学中国化的研究、科学社会主义中国化的研究等。不仅如此，除哲学、经济学、政治学等主要领域外，“文学、语言学、历史学、法学、社会学、新闻学、教育学等学科的学者也纷纷投身于马克思主义中国化研究，并取得了一批有特色的成果，从而使马克思主义

---

1 高放：《马克思主义与社会主义》，黑龙江教育出版社 1994 年版，第 275—286 页。

2 高放：《马克思主义确有三个组成部分》，《中共银川市委党校学报》2005 年第 1 期。

中国化研究呈现出多学科联合攻关的局面”[1]，出现马克思主义中国化研究开始从一般领域走向具体领域，从主义一体化走向学科专业化的现象。法学界提出的马克思主义法学中国化研究就是在遵循这种理路下而提出来的，但归根到底，马克思主义法学中国化与马克思主义中国化之间是部分与整体的关系，这一点也可以从中国化的马克思主义成果之间的关系中得到论证。毛泽东思想是马克思主义中国化的第一个重大理论成果，在毛泽东思想中包含着大量的毛泽东思想法学理论，毛泽东思想法学理论构成了毛泽东思想的重要组成部分。中国特色社会主义理论是马克思主义中国化的第二个重大理论成果，中国特色社会主义法学理论则是中国特色社会主义理论的重要组成部分，这些中国化的马克思主义法学理论成果本身就是这些中国化马克思主义理论成果的重要内容，两者之间是部分和整体之间的关系。这种部分与整体之间的关系说明，马克思主义中国化的路径和马克思主义法学中国化的路径应是一致的。毛泽东思想的形成路径也是毛泽东思想法学理论的形成路径，中国特色社会主义理论的形成路径中也隐含着中国特色社会主义法学理论的形成路径。

第二，路径反映的是一种哲学方法和哲学态度。虽然毛泽东、邓小平及其以后的历代领导人都不是职业的法学家，对法学的发展规律和具体内容、具体规则了解不多，但不可否认，中共第一代领导集体中，很多人都是精通哲学的，特别是懂得马克思主义的唯物辩证法的，毛泽东的哲学思想、邓小平的哲学思想都是代表。马克思主义中国化的路径探索，归根到底，反映的是一种哲学态度和哲学方法，涉及以实践的观点、以历史的观点、以唯物主义的观点来看待马克思主义，涉及以辩证法的观点来看待中、西、马文化之间的关系，涉及是以静止的眼光来看问题还是以形而上学的方法来看待马克思主义的问题。在马克思主义中国化过程中，毛泽东反反复复地谈到了教条主义、主观主义、宗派主义、修正主义等问题，反反复复地谈到“左”和右的问题，反映的都是一种哲学态度。邓小平及其以后的历代领导人同样也是如此，正是由于持有正确的哲学态度，采用正确的哲学方法，在遵循实践的辩证法的基础上，才产生和形成了包括中国特色社会主义法学理论为内容的中国特色社会主义理论，马克思主义中国化也才被不断地推进。同样，也正是由于出现了哲学态度上的错误，哲学方法上的误用，马克

1　汪信砚：《新世纪马克思主义中国化研究述评》，《马克思主义研究》2008年第3期。

思主义中国化，包括马克思主义法学中国化被迫停滞，教条主义包括法学教条主义开始盛行。以毛泽东思想的发展为例，在1957年以后，毛泽东思想就发展得很少了，到“文革”中，毛泽东思想已经被教条主义了，谈不上发展了，那个时候的马克思主义中国化已经被迫停止了。因此，马克思主义中国化的路径涉及的就是一种哲学态度和哲学方法，它揭示的是一种理论如何到一种新的理论的途径和方法，显然，不坚持实践第一的观点，马克思主义理论就不能获得发展和创新，不能辩证地看待文化传统，将会使马克思主义失去传统文化的支撑，也同样会影响一种新理论、新观点的形成。

哲学态度和哲学方法往往都具有一般性的特点，它不仅对马克思主义中国化适用，对马克思主义法学中国化也适用，透过马克思主义中国化的路径，我们可以发现马克思主义法学中国化的路径。马克思主义法学中国化，就是通过将马克思主义法学的基本原理同中国革命与建设，特别是同中国的民主与法制建设实践紧密结合，通过将马克思主义法学与中国传统法律文化相结合，辩证地吸收西方先进的法律文化而完成的。毛泽东、周恩来、邓小平、董必武、谢觉哉等老一辈无产阶级革命家，为马克思主义法学中国化作出了杰出贡献，促使马克思主义法学中国化发生了第一次飞跃，产生并形成了毛泽东思想法学理论，而反观毛泽东思想法学理论的形成，离不开马克思主义法学基本原理与中国革命的具体实践相结合的实践层面的路径，也离不开马克思主义法学与中国文化相结合的文化层面的路径。此外，西方非马克思主义政治法律文化作为与马克思主义法律文化、中国传统法律文化相并立的东西，在马克思主义法学中国化的过程中，也产生了深刻的影响。

三、马克思主义法学理论中国化的实践路径

在马克思主义法学中国化的过程中，以毛泽东为核心的中共第一代领导集体，非常注重从实践出发推动马克思主义法学中国化的进程。中共第一代主要领导集体成员，如毛泽东、周恩来、刘少奇等主要是政治家和思想家，他们不是职业法学家，没有写过专门的法学著作，他们的法学理论蕴含于他们那博大深邃的哲学和政治思想理论体系之中，也正因为他们具有深邃的哲学思想，他们更科学地理解了包括马克思主义法学在内的马克思主义。他们深知，中国需要马克思主义，但中国不需要公式化的马克思主义，而需要与中国具体实践相结合的马克思主义。所以，毛泽东反复强调理论与实践相结合的原

则，反复强调马克思主义基本原理要与中国具体实践相结合的原则等，他们的很多法学思想也都是在实践中探索出来的。[1] 当然，值得强调的是，在中共第一代领导集体中，也有一些法学专家，如董必武、谢觉哉等，在马克思主义法学中国化的实践路径问题上，董必武和谢觉哉都作过细致的分析，在总结新中国立法经验的时候，董必武作为当时党和国家的法制建设的最重要的领导人，明确地提到新中国法学发展的实践法源，他说："我国的法律都不是事先先想好，写好法律再去做，而是先做起来，在总结经验的基础上制成了法律。"[2] 在如何认识法的作用和限度这个问题上，董必武遵循实践的唯物主义路线来看待法的作用问题，他说："我们强调法律的严肃性；但我们绝不是法律的拜物教，我们并不迷信法律万能，而是要用实践去启发群众的自觉。"[3] 换句话说，董必武非常注意把握法学理论和法律实践之间的关系，强调在实践中增强人们对法的本质和现象、作用和限度的认识。此外，早在新民主主义革命即将胜利的时候，谢觉哉就开始探讨新民主主义法制的实践法源，他说："新民主主义是史无前例的，新民主主义法律，自然也无前例。法源在人民新的秩序，新的要求，这些秩序与要求，已经是现实，法制已成为必要和可能。"[4] 1949 年在《司法工作报告》中，谢觉哉讲得更明确，他说："法律不是什么人脑里产生的，更不是抄袭异国就可作用，而是统治者的实践，经过若干次证明有益才成的。人民法律与剥削阶级的法律有阶级的本质差异，如果说封建阶级、资产阶级的法律，是根据他们的实践，那么，人民的法律，就必由人民积累的分析着的实践，才能逐渐完成。虽然我们并不抛弃旧法上可转为人民用的有益部分，但主要应从人民自己的实践中来。我们不反对在中外古今的书上找东西，但主要应面向人民，在人民司法实践中找东西。""马克思主义法律观的普遍真理，与人民司法的具体实践相结合，是我们建设法律的方针。"[5] 由此可见，党的第一代领导集体对法律问题的分析，真实地概括了新中国法学发展的实践路径：反对公式的马克思主义法学、主张将马克思主义法学基本原理与

---

1 有的学者指出：研究毛泽东的法思想不能离开他的法实践，而是要基于他的法实践，通过追踪他的法实践来了解和认识他的法思想。参见俞荣根：《艰难的开拓——毛泽东的法思想和法实践》，广西师范大学出版社 1997 年版，第 8 页。还有的学者强调"要注意研究以'实践'形式表现出来的毛泽东法律思想"。参见李仲达：《毛泽东法律思想和实践》，陕西人民教育出版社 1989 年版，第 9—10 页。

2 《董必武政治法律文集》，法律出版社 1986 年版，第 438 页。

3 《董必武法学文集》，法律出版社 2001 年版，第 223 页。

4 谢觉哉：《民主和法制——谢觉哉同志日记摘抄》（1947 年 2 月 28 日），《人民日报》1978 年 11 月 27 日。

5 《谢觉哉文集》，人民出版社 1989 年版，第 655、657 页。

中国革命实践相结合，遵循从具体实践中发现问题、在具体实践中发展马克思主义法学理论、靠实践检验马克思主义法学理论、靠实践推动马克思主义法学理论发展的路径。正是由于遵循这一实践路径，在马克思主义法学中国化的初始历程中，就形成了以新民主主义宪政理论、人民民主法制理论、人民民主专政理论、人民代表大会制度理论、刑法学等部门法理论为内容的毛泽东思想法学理论。所以，就毛泽东思想法学理论的形成而言，它不是对马克思主义法学理论的简单照搬复制，而是根据中国具体法律革命实践的需要，将马克思主义法学基本理论与中国具体法律革命实践相结合，不是走理论主导模式，而是走实践主导模式，在中国具体的法律革命实践的探索中逐步形成的。

邓小平法制思想是马克思主义法学中国化的第二大理论创新成果。邓小平法制思想的形成是与社会主义建设实践密切联系在一起的。在“文化大革命”中，由于林彪、“四人帮”对马克思主义、毛泽东思想任意割裂肢解，故意颠倒理论和实践的关系，将马克思主义、毛泽东思想变成脱离实践的僵化教条，导致社会上唯心主义、形而上学猖獗，而法律虚无主义也如龙卷风一样席扫神州大地。“文化大革命”结束后，在实践标准讨论的推动下，人们开始反思“文革”十年的社会主义实践，而反思的结果让人们清醒地认识到社会主义法制建设的极端重要性，人心思法、渴望法治、走社会主义法制之路，成为全党和全国人民的实践共识。1979 年 2 月，叶剑英委员长在接见新华社记者时曾对“文革”中法制缺失的情况进行了深刻的实践反思，他说：“一个国家非有法律和制度不可，这种法律和制度要有稳定性、连续性，一定要具有极大的权威，只有经过法律程序才能修改，而不以任何领导人个人的意志为转移。”[1] 彭真也对社会主义法制建设实践进行了总结，他指出：“社会主义法制早就应该搞，可过去没有这个认识，觉得有党的领导，有方针政策，迟几天不要紧，结果拖下来，贻误了事情。是林彪、‘四人帮’教育了我们，社会主义非搞法制不行。”[2]“应该承认，我们在过去的长时间内对法制建设的重要意义认识不够，有时抓得紧，有时放松了，有时丢掉了。到了‘文化大革命’，‘和尚打伞，无法无天’，使我们的党、国家和人民遭受了巨大的损失，这个教训是很沉痛的”，[3] 的确，防止“文化大革命”的发生，必须要有某种东西作保障，而这个东西只能是社会

1 叶剑英：《接见新华社记者谈法制建设》，《人民日报》1979 年 2 月 15 日。

2 彭真：《关于社会主义法制的几个问题——在中央党校的讲话》，《红旗》1979 年第 11 期。

3 彭真：《论新时期的社会主义民主与法制建设》，中央文献出版社 1989 年版，第 293 页。

主义法制，只要有法治作为保障，才不至于再次发生“文化大革命”那样的动乱，才能有稳定的社会秩序，人们才能过上安居乐业的生活。特别需要强调的是，邓小平作为党的第二代领导集体的核心，对社会主义法制实践的反思，从内容上讲最具体，从认识上讲也最深刻。首先，邓小平通过对新中国成立以来的社会主义法制建设的曲折过程进行反思，特别是对“文革”中破坏社会主义法制进行反思后，明确宣布：“我们坚持发展民主和法制，这是我们党坚定不移的方针。”[1] 其次，针对党内不熟悉法律、不懂得法律规律、不尊重法律、不知道如何使用法律的现象，1980 年 1 月，邓小平在中共中央召开的干部会议上明确提出：“我们要学会使用和用好法律武器。”[2] 从此，法的重要性和价值得到强调，人们解放了思想，重新认识了法律。再次，针对以往法制建设中的“大跃进”做法和群众运动式的法制活动，1980 年 1 月在《目前的形势和任务》的讲话中，邓小平明确指出，民主和法制建设一定要有步骤、有领导，否则，只能助长动乱，只能妨碍四个现代化，也只能妨碍民主和法制。最后，针对群众法律意识缺失、法学教学落后的事实，邓小平从实际出发明确地提出要大力加强法制教育。回顾“文革”的动乱史，可以明显地发现，“文革”动乱的发生与民众法制观念的缺失有很大的关系。“文革”中，闹得最凶的就是年轻红卫兵，而这些红卫兵事实上普遍没有法制观念。所以，“文革”结束后，邓小平明确主张重视教育、重视法制教育，认为加强法制是中国社会发展的一个全局性的任务，在中国没有法制不行的认识基础之上，号召在全体人民中树立法制观念。不仅如此，邓小平还在实践中探索出废除领导干部职务终身制的办法、在实践中探索出一国两制的法律制度框架、将法制与社会主义紧密挂钩，形成了社会主义法制体系，产生并形成了邓小平法制思想，从而创造性地发展了马克思主义法学理论。

中共十三届四中全会以来，以江泽民为总书记的党的第三代领导集体，继承了马克思主义法学中国化的实践路径，在邓小平法制思想的基础上，通过实践探索，逐步形成了丰富而深刻的社会主义法治思想，即依法治国，建设社会主义法治国家。这是党的第三代领导集体对我国政治文明建设的杰出贡献。

---

1 《邓小平文选》第 2 卷，人民出版社 1994 年版，第 256—257 页。

2 同上书，第 253 页。

依法治国，建设社会主义法治国家的治国方略，作为马克思主义法学理论中国化的理论成果，也是在实践的探索中形成的。"文化大革命"的教训，使人们深切体会到社会主义法治的重要性。尽管中共十一届三中全会以后，已经提出了要加强社会主义民主法制建设，但依法治国、建设社会主义法治国家并未真正受到人们的重视。这一观念真正被人们普遍接受是在建立社会主义市场经济体制的目标被提出以后。在这样的背景下，中国共产党第三代领导集体，从中国共产党的事业和民族利益出发，明确提出了在中国共产党的领导下，"进一步扩大社会主义民主，健全社会主义法制，依法治国，建设社会主义法治国家"，[1] 在理论与实践上，确立了中国共产党从主要依靠政策执政和领导改革开放转变到主要依靠法律执政和领导改革开放及现代化建设的指导思想。

"文革"的结束，意味着中国"人治"历史的终结，"人治"治国方略的弃用。同时，随着社会主义市场经济实践的深入进行，也证明"社会主义法制"的不足，党和人民开始认识到法制和法治是两个不同的东西，法制只是法律制度的简称，自人类社会开始，就有了法制，只不过社会主义法制是一种比较高类型的法制，但无论它有多高，它仅意味着法律是治理国家的手段而已。而法治则不同，它是包含着法律制度和法律理念、法律价值相统一的复合概念，它不仅意味着法律是治理国家的手段，而且还意味着实行良法的统治；不仅意味着法律要具有良好的品质，而且清楚地表明法律还要具有至上的权威；不仅意味着法律是治理国家、控制社会的一种手段，更意味着它是一种治国的基本方略和理念，传达着权在法下、法律至上、用法律控制权力、用法律保障权利等系列理念和原则。正是由于在实践中认识到法制和法治的区别，法治最终被党的第三代领导集体选择为治国的基本方略。

从"法制"到"法治"的转变，是马克思主义法学理论中国化的又一新的里程碑。从"法制国家"到"法治国家"，虽只是一字之别，但它反映了治国方略的质的飞跃，是一次伟大的观念的转变，标志着中国不仅要加强法制建设，而且要从治国方式上彻底摒弃传统的"人治"，毫不动摇地沿着法治之路前进。因此，中共第三代领导集体的法治理论的形成，不是从马克思、恩格斯、列宁等革命导师那里搬抄过来的，而是将马克思主义法学基本原理与中国社会主义建设的具体实践相结合的过程中逐渐形成的，是马

1 《江泽民文选》第 2 卷，人民出版社 2006 年版，第 28 页。

克思主义法学基本原理运用到中国法治实践中的一种理论创新。

中共十六大以来，以胡锦涛为总书记的中央领导集体，在科学发展观的指导下，将马克思主义法学理论与中国的法治实践相结合，在认真总结中国法治建设实践经验和教训、借鉴世界法治文明优秀成果的基础上，形成了“以人为本的法律观”、“依法执政观”、“和谐法治观”、“法治理念观”和“民生法治观”等。如以人为本的法律观，使我们更好地理解文明社会法律发展的基本尺度，更好地理解建设社会主义法治国家的价值准则，深切地体会到在一个法治的社会里，法律不仅应该保障和促进公民的权利，而且要创造一个正常的社会生活条件，使个人的合法愿望和尊严能够在这些条件下实现。[1]再如，把依法执政确立为党执政的基本方式，这既反映了我党在领导与推进法治建设过程中的不断探索和深入思考，又反映了我党在新的历史条件下执政方式的制度创新。它突出表现了执政党在国家法治建设中的关键性、积极性、主动性和创造性。无论是依法治国或依法行政，其核心、前提和关键都要求党的依法执政、依法治理。故此，党的依法执政理论的提出，对推进建设社会主义法治国家意义深远。依法执政反映了中国共产党执政、治国方略的历史演变，是党执政、治国成熟与明确的标志，是党执政现代化的标志。这些新的法学理论成果，是马克思主义法学理论在中国的又一新发展，从体系上讲，都是中国特色社会主义理论体系的重要组成部分，是中国化的马克思主义法学理论的重要内容。

此外，围绕依法治国、建设社会主义法治国家这一目标，中国共产党自十五大以来，对正确处理坚持党的领导、人民当家作主和依法治国之间的关系，社会主义市场经济与法治建设的关系，尊重和保障人权，依法治国的根本是依宪治国，和谐社会与法治的关系，完善立法与提高立法质量等问题等，进行了全面阐释，继承并创造性地发展了邓小平法制思想，同时也进一步丰富了马克思主义的法学理论体系。

中共十八大以来党的各类文献，尤其是中共十八届三中、四中全会通过的《关于全面深化改革若干重大问题的决定》《关于全面推进依法治国若干重大问题的决定》和习近平关于全面依法治国的论述，在对党的十一届三中全会以来在探索社会主义法治道路的理论成果和法治实践经验进行概括、提炼和总结的基础上，对法治在治国理政中功能

1 参见张文显主编：《法理学》，高等教育出版社、北京大学出版社 2007 年第 3 版，第 55—56 页。

的认识进一步深化，适应改革开放新形势和针对社会转型期出现的各种现实问题，提出了关于依法治国的一系列新概念和新观点，明确了全面推进依法治国的一系列理论问题，构建了中国特色社会主义法治理论的框架基础，使依法治国理论有了进一步的创新和发展。

中国共产党选择马克思主义不是出于理论的冲动，而是出于中国革命的实践需求。换句话说，中国的革命实践需要马克思主义的指导，中国革命离不开马克思主义。同时，实践对理论的需求又可以具体细化为两个层面：第一个是实践需要理论，第二个则是实践需要中国化的理论而不需要教条主义，不需要教条式的马克思主义、教条式的马克思主义法学理论，需要的是中国化的马克思主义和中国化的马克思主义法学理论。相对于第一个层面而言，第二个层面更为重要，而马克思主义中国化的实践路径就隐含在这个理论与实践的关系之中，即实践需要理论，而理论必须在实践中得到检验，理论也只能在社会实践中得到发展。因此，实践对理论的需求是马克思主义中国化、马克思主义法学理论中国化的真正动力。

四、马克思主义法学理论中国化的文化路径

毛泽东思想法学理论是马克思主义法学中国化的第一个重大理论成果，但这个理论成果的形成，与辩证吸收和挖掘中国历史中的政治法律文化传统的精华密切联系在一起。这里举两个例证予以说明。例证之一，在共和政体的问题上，为了给民主共和政体论证，党的第一代领导集体就进行了“共和”政体的历史寻根。为了给“共和”寻找依据，毛泽东深入地挖掘中国历史中的政治法律文化共和资源，他说：“中国历史上也有它自己的民主传统。共和一词，就来源于三千年前的周朝。”[1] 谢觉哉在谈到民主问题时，也谈到共和问题，他说：“封建时代有封建时代的民主，资产阶级有资产阶级的民主。何以见得呢？譬如，我们用的‘共和’二字，在西周时代，有两个宰相，一个叫周公，一个叫召公，当时他们二人共同管事，叫‘周召共和’。”[2] 例证之二，在发展马克思主义法学理论过程中，毛泽东积极地吸收了中国传统法律文化中的“慎刑”思想，毛泽

1 《毛泽东年谱（1893—1949）》中卷，人民出版社、中央文献出版社 1993 年版，第 529 页。

2 《谢觉哉文集》，人民出版社 1989 年版，第 695—696 页。

东站在马克思主义法学的立场上结合中国的传统文化，提出了“省刑慎罚”的刑法学理论。该理论的具体内容有以下几个方面：第一，慎杀。从传统政治法律文化来看，刑法不能不设死刑，但死刑不能过多，所谓杀人不在多而主要在于社会震慑效果。出于这种指导思想，毛泽东在镇反运动中提出“少杀少捕”原则，他说：“凡介在可捕可不捕之间的人一定不要捕，如果捕了就是犯错误；凡介在可杀可不杀之间的一定不要杀，如果杀了就是犯错误。”[1] 第二，开创性地提出了死缓理论，极大地丰富了马克思主义法学。为了防止错杀，毛泽东提出：“对于有血债或其他最严重的罪行非杀不足以平民愤者和最严重地损害国家利益者，必须坚决地判处死刑，并迅即执行。对于没有血债、民愤不大和虽然严重地损害国家利益但尚未达到最严重的程度，而又罪该处死者，应当采取判处死刑、缓期二年执行、强迫劳动、以观后效的政策。”[2] 第三，提出了重证据的证据理论。中国传统司法文化中，长期存在刑讯逼供的顽症，往往以口供定罪，造成了很多的冤假错案。为了防止冤假错案，毛泽东提出，新中国司法工作的一条重要原则就是：以事实为根据，以法律为准绳。对事实的把握要准确，运用法律才能准确。有了事实基础，才能分清有罪无罪、罪与非罪、此罪与彼罪、重罪与轻罪，做到不枉不纵。怎样把握事实呢？毛泽东把“废止肉刑和重证据”作为一项重要原则和制度，明确地提出：“对任何犯人，应坚决废止肉刑，重证据而不轻信口供。”[3] 该理论不仅丰富了马克思主义法学内容，而且使马克思主义法学更具有中国民族特色。此外，还需特别指出的是，在马克思主义法学中国化过程中，马克思主义法学与中国历史、中国文化相结合，按照毛泽东所谈到的新文化观标准，是与优秀的传统文化相结合，而不是与落后的腐朽的文化相结合。在 1956 年以前，党和国家的第一代领导集体也非常注意防止和克服中国传统文化中的腐朽的东西对马克思主义法学中国化的不利影响，如反对封建专制主义、反对一言堂、反对个人崇拜、反对特权思想、反对轻视法律的错误思想，但 1957 年以后，封建专制主义、一言堂、轻视法律等传统糟粕文化还是严重地影响了马克思主义法学中国化进程，这也是马克思主义法学中国化过程中不能忽视的一个问题。概言之，马克思主义法学中国化的一个应有的内涵就是“化”马克思主义法学，就是使

1 《毛泽东选集》第 6 卷，人民出版社 1999 年版，第 158 页。

2 同上书，第 122 页。

3 《毛泽东选集》第 2 卷，人民出版社 1991 年版，第 767 页。

形成于马克思时代的马克思主义法学，能够适用中国革命和建设需要，成为中国法学，显然，它不仅离不开中国的革命和建设的具体实践，同时也离不开中国的历史和文化等思想资源、离不开中国的传统政治法律文化的思想资源，毛泽东思想法学理论的形成，就很好地说明了这一个问题。

“文化大革命”结束后，马克思主义与中国传统文化相结合的问题、马克思主义法学与中国传统法律文化相结合的问题，同样成为马克思主义中国化、马克思主义法学中国化进程中必须思考的问题，只不过，对这个问题的思考，总的来说，更为辩证和全面，更为现实而深刻。众所周知，中国有着漫长的封建制历史和与之相伴的封建专制主义文化传统。经过新民主主义革命，中国成功地推翻封建主义的反动统治和封建土地所有制。但是，肃清思想政治方面的封建主义残余影响，并没有能够完成。从 1957 年以后，直到“文化大革命”中，思想政治方面的封建主义残余影响，非常厉害，个人崇拜、皇权文化、家长制、一言堂、人治传统、私设刑狱、无法无天、大搞冤假错案等都是例证。“文革”结束后，当很多人还在彷徨的时候，邓小平就开始反思历史，立足现实，构筑未来。在法律文化传统方面，邓小平作了深入的思考，他说：“旧中国留给我们的，封建专制传统比较多，民主法制传统比较少。”[1]“我们国家缺少执法和守法的传统。”[2]事实上，“文革”的发生就与中国民主法制传统资源的缺失有关。针对特权现象在当时中国大行其道的现象，邓小平认为搞特权是封建主义残余影响尚未肃清的表现，“克服特权现象，要解决思想问题，也要解决制度问题”。[3]所谓解决思想问题，就是要寻找产生特权思想的主观原因，这个主观原因就是深受传统糟粕文化的影响。在中国漫长的封建社会中，上层社会成员不仅享有比老百姓多得多的政治经济上的特权，而且享有法外特权，即使是犯了法，也可以因为身份、财产等原因出现以官抵罪等现象。中华人民共和国成立后，党内事实上也出现了较为明显的特权思想，一些党内领导干部认为国家是他们打下来的，他们可以不遵守法律，也由于我们党内实行八级工资制等制度，党内一些高级干部事实上在经济、政治方面享有一定的特权，党内的一些人喜欢搞特权，对此，邓小

1 《邓小平文选》第 2 卷，人民出版社 1994 年版，第 332 页。
2 《邓小平文选》第 3 卷，人民出版社 1993 年版，第 163 页。
3 《邓小平文选》第 2 卷，人民出版社 1994 年版，第 332 页。

平明确指出："搞特权，这是封建主义残余影响尚未肃清的表现。"[1] 所谓制度问题，就是我们没有建立起公民在法律面前人人平等的法律制度，没有建立权利和义务一致性、权力与责任相联系的法律制度，没有建立起群众监督制度。对待特权思想和特权行为，邓小平主张："凡是搞特权、特殊化，经过批评教育而又不改的，人民就有权依法进行检举、控告、弹劾、撤换、罢免，要求他们在经济上退赔，并使他们受到法律、纪律处分。对各级干部的职权范围和政治、生活待遇，要制定各种条例，最重要的是要有专门的机构进行铁面无私的监督检查。"[2] 从历史和现实的双重角度出发，邓小平认为"没有法制不行"，[3] 从建设社会主义的大局来看，就是要加强法制、继承法家的"法与时移"的思想，将"打"与"严打"结合起来，发挥社会主义法制在维护国家稳定方面的作用。通观邓小平法制思想的形成，对传统法律文化的批判和反思成为邓小平法制思想形成的重要一环，正是在坚持马克思主义法学基本原理的基础上，将马克思主义法学与传统法律文化结合起来，通过对传统法律文化的批判和反思，吸收了中国传统政治法律文化的有益成分，形成了邓小平法制思想，使得马克思主义法学理论具有了浓厚的民族根基。

在中共十五大上，以江泽民为总书记的党的第三代领导集体将法治确立为治国的基本方略，除了是基于社会主义建设实践的需要以外，也是基于一种文化上的思考，传统法律文化充当了新中国法治理论形成的重要思想资源。以江泽民为总书记的党的第三代领导集体，在坚持马克思主义法学的同时，也并不完全否定传统政治法律文化的价值，不仅如此，还积极地挖掘传统政治法律文化的价值，不仅充实了马克思主义法学，而且使马克思主义法学更具有中国的民族特点和中国特色。1997 年 1 月 21 日，江泽民在会见中国法学会第四次会员代表大会代表时指出："'法令行则国治，法令弛则国乱。'我看这是一个历史规律。从封建社会到资本主义社会到社会主义社会，都是如此。"[4]"法令行则国治，法令弛则国乱"出自王符的《潜夫论·班禄》，作者说这句话的意思是：国家没有永久的太平，也不会有永久的动乱。法令得到很好的施行，国家就太平；法令废弛，国家就衰乱。江泽民在为《中华人民共和国法库》作序时，再次谈到了这个问题，

---

1 《邓小平文选》第 2 卷，人民出版社 1994 年版，第 332 页。

2 同上。

3 《邓小平文选》第 3 卷，人民出版社 1993 年版，第 163 页。

4 江泽民：《在会见中国法学会第四次会员代表大会代表时的讲话》，《人民日报》1997 年 1 月 22 日。

认为法令行则国治，法令弛则国乱，这是一条被古今中外历史所证明了的为政之道。治理当下中国也需要法令。1997 年 10 月 30 日，江泽民同志在美中协会第六团体举行的午餐会上的演讲中指出："我们将进一步扩大民主，依法治国，建设社会主义法治国家。2 000 多年前，中国就有'民惟邦本''缘法而治'的朴素的民主、法治思想。今天，这些思想被赋予了新的时代内容。……我们将继续维护我国宪法和法律的尊严，进一步健全法制，加强对政府机关依法行政和各级领导干部的监督，保证国家各项工作依法进行。"[1]"民惟邦本"一语出自《尚书·五子之歌》，说的是夏朝太康丧德失民，怨声四起，在变乱中被迫流亡。太康的母亲和几个弟弟聚在一起，追述皇祖大禹的训诫，作了《五子之歌》。其中一句是："民可近，不可下，民惟邦本，本固邦宁。"意思是说，对待人民只能亲敬，不可怠慢，人民是国家的根本，人民安居乐业，国家才能安宁。"民惟邦本"应是"三个代表"重要思想的一个重要的思想来源。所谓"缘法而治"，[2]又称"垂法而治"，即依法律条文治理国家，是战国中期商鞅提出的法律主张。1997 年 12 月 25 日，李鹏在全国政法工作会议上的讲话中也明确指出，依法治国的关键是执法，难点和重点也是执法。李鹏的分析和论述，既是从中国社会主义法治建设的现实出发，也是从中国的历史传统出发，是在历史和现实的双重维度中得出的，执法问题是中国历史乃至现实法律实践中都没有解决好的事情，依法治国就必须解决好执法问题。

将马克思主义法学理论与传统政治法律文化相结合的另一个例子，就是江泽民积极借鉴中国历史和传统文化中的道德治国经验，在坚持依法治国基本方略的基础上提出了德治的思想，从而形成了自己完整的"法德合治"思想。2001 年1月在全国宣传部长会议上的讲话中，江泽民指出："我们建设有中国特色社会主义，发展社会主义市场经济的过程中，要坚持不懈地加强社会主义法制建设，依法治国。同时也要坚持不懈地加强社会主义道德建设，以德治国。对一个国家的治理来说，法治和德治，从来都是相辅相成的、相互促进的。二者缺一不可，也不可偏废。法治属于政治建设、属于政治文明；德治属于思想建设、属于精神文明。二者范畴不同，但其地位和功能都是非常重要的。我们要把法制建设与道德建设紧密结合起来，把依法治国与以德治国紧密结合起来。"[3]中国

1　江泽民：《在美中协会第六团体举行的午餐会上的演讲》，《人民日报》1997 年 11 月1 日。

2　《商君书·君臣》。

3　《江泽民论中国特色社会主义》（专题摘编），中央文献出版社 2002 年版，第 337 页。

传统文化具有丰富的德治思想内容，这种德治思想主张“德主刑辅”，发挥道德教化的主渠道作用和法律惩处的辅助作用，从文化承接的角度来看，“德主刑辅”思想的确构成了江泽民“法德合治”的思想文化资源。以江泽民为总书记的党的第三代领导集体的贡献在于将历史文化中的法治主张、道德教化与中国的社会主义建设结合起来，重新确立了新的治国方略，形成了以法治为基本治国方略、以道德教化为辅助手段的“法德合治”治国思路，将中国传统文化中的“德主刑辅”思想与马克思主义法学结合起来，不仅充实了马克思主义法学理论的内容，而且赋予了马克思主义法学理论的民族特色，不仅坚持了马克思主义法学理论而且进行了明显的理论创新。概言之，以江泽民为总书记的党的第三代领导集体尊重历史，批判地继承和吸收了中国传统政治法律文化，是对党的第一、二代领导集体所确立的马克思主义法学理论中国化文化路径的一种坚持。

中共十六大以后，以胡锦涛为总书记的中央领导集体继续继承马克思主义法学中国化的文化路径。以“以人为本”法律观为例，“以人为本”法律观与中国传统的民本思想具有内在渊源。在中国传统文化中，有很悠久的民本思想。“民惟邦本，本固邦宁”是我国古代民本思想的最早源头。它所阐述的是政治法律思想中最基本的问题，即民与邦之间的关系，表达了民是邦之本的理念。《尚书》里讲的民惟邦本，不仅是讲民为国之根基和源泉，而且突出民为国之主体，此乃民本思想的原初含义。先秦的民本思想也极为丰富，管仲最先提出“以人为本”的观点，齐桓公问管仲：“敢问何为根本？”管仲对曰：“齐国百姓，公之本也。”[1]其后，管仲又说：“夫霸王之所始也，以人为本；本理则国固，本乱则国危。”[2]荀子也明确提出君依存于民的思想。荀子说：“天之生民，非为君也；天之立君，以为民也。”[3]“君者，舟也；庶人者，水也。水能载舟，水则覆舟。”[4]孟子也明确地提出民贵君轻的思想：“民为贵，社稷次之，君为轻。”[5]孟子也曾说过：“桀纣之失天下也，失其民也；失其民者，失其心也。得天下有道，得其民，斯得天下矣。”[6]晏子进一步深化了这种以人为本的思想，指出：“卑而不失尊，曲而不失正者，以民为本

1 《管子·霸形》。
2 《管子·霸言》。
3 《荀子·大略》。
4 《荀子·王制》。
5 《孟子·尽心下》。
6 《孟子·离娄上》。

也。”[1]明清之际的思想家在继承古代民本思想的同时，还批评了君主专制思想，提出一些改变君主专制的措施。黄宗羲、唐甄认为君主只不过是一介“独夫”，黄宗羲说：“今也天下之人怨恶其君，视之如寇仇，名之为独夫，固其所也。”[2]唐甄认为，“自秦以来，凡为帝王者皆贼也！”[3]顾炎武认为，矫正极端君主专制的有效措施乃是分权，设想“寓封建于郡县之中”[4]。黄宗羲认为，天下与君主的关系，应是“天下为主，君为客”[5]等。

毛泽东深受中国传统文化中民本主义思想的影响。在接受马克思主义关于无产阶级解放和无产阶级革命思想后，毛泽东明确自己所寻找的本源，他说：“历史给予我们的革命任务，中心的本质的东西是争取民主。”[6]而争取民主，就是要“为人民服务”[7]。就如何为人民服务而言，毛泽东将为人民服务与社会主义民主联系在一起，通过民主立国，确立党内民主集中制、建立人民民主专政国家而为人民服务。十一届三中全会以后，邓小平继承了党的为人民服务的思想，其有句名言最能说明问题，他说：“我是人民的儿子，我深情地爱着我的祖国和人民。”[8]邓小平这句话深刻地体现了党的第二代领导核心的执政理念，即为人民服务。为了实现为人民服务，邓小平采取了两手抓的策略，一手抓经济、一手抓法制，即在发展经济的同时，通过加强社会主义法制来为人民服务，保障人们的政治、经济、文化和社会权利，这和第一代领导集体的思路明显不同。“三个代表”重要思想也继承了党为人民服务的宗旨，将为人民服务与依法治国，建设社会主义法治国家联系在一起，为中国共产党执政寻求到了长治久安之道，承继了党的第二代领导集体所确立的为人民服务之道。科学发展观则明确提出“以人为本”的理念，体现在法律问题上，则反映了社会主义法律发展的目的问题，即法律为谁而存在，为谁而发展等重大理论和实践问题。因此，“以人为本”法律观与中国传统的民本思想之间具有一定的联系。但需要指出的是，科学发展观中的“以人为本”与传统文化中的“以人为本”是有差别的。在中国古代民本思想的演变过程中，由于君主制的出现，民与邦的关

1 《晏子春秋·内篇问下》。
2 《明夷待访录·原君》。
3 《潜书·室语》。
4 顾炎武：《亭林文集》第1卷，《郡县论》。
5 《明夷待访录·原君》。
6 《毛泽东选集》第1卷，人民出版社1991年版，第274页。
7 《毛泽东选集》第3卷，人民出版社1991年版，第1005页。
8 郑晓国、南东风：《我是中国人民的儿子》，中国国际广播出版社1993年版，第302页。

系被迫转换为君与民的关系，“以人为本”只是君主的统治术。正如有的学者所言：“后世的统治者们讲‘以民为本’，实质上讲的是君之本，讲的是统治术，其中，一是固本论，从正面讲得民即得天下；一是失本论，从反面讲失民即失天下。总的一点是民为君之本。”[1]科学发展观中“以人为本”是对传统文化的超越，与古代民本思想有本质的不同，体现在法律发展问题上也是这样，古代的法律只是君主统治人民的手段和工具，法律原则“总的说来就是轻视人，蔑视人，使人不成其为人”[2]。在今天，当君主被扔进了历史的垃圾堆以后，政府的权力受到了法律的控制，人的权利终于得到张扬，人的主体地位终于得到法律的尊重，“尊重人民的主体地位……保障人民各项权利”[3]，不仅是党的主张，也是社会的共识，这才是“以人为本”法律观的真正内涵。

1 夏勇：《中国民权哲学》，生活·读书·新知三联书店2004年版，第2页。

2 《马克思恩格斯全集》第1卷，人民出版社1995年版，第411页。

3 《中国共产党第十七次全国代表大会文件汇编》，人民出版社2007年版，第15页。

第七章 中国特色社会主义法学理论与中国法治建设的里程碑

自1978年改革开放以来，中国特色社会主义法治发展道路的探索已经历了五个具有里程碑意义的发展阶段。这五个里程碑分别是：1978年中共十一届三中全会的召开；1980年邓小平在中央政治局扩大会议上的讲话；1992年邓小平视察南方的谈话；1997年中共十五大依法治国方略的提出；2012年中共十八大以来开启的依法治国新征程，尤其是十八届四中全会关于全面推进依法治国的顶层设计。以这五个里程碑为标志，在中国特色社会主义法学理论指导下，中国特色社会主义法治国家建设取得了巨大的成就。

一、第一个里程碑：十一届三中全会与中国法治国家建设的逻辑起点

提出依法治国、加强法治建设是从中共十一届三中全会开始的。20世纪70年代后期，在“文化大革命”结束后不久，鉴于十年“文革”对民主法制的破坏，人们深切体会到社会主义民主和法制的重要性，并对发扬社会主义民主，健全社会主义法制有一种强烈的要求和期望。在这样的历史条件下，中共十一届三中全会召开了。

自1978年5月始，在全国范围内开展的关于真理标准问题的大讨论[1]，是当代中国一次伟大的思想解放运动，“对于促进全党同志和全国人民解放思想，端正思想路线，具

1 1978年5月11日，《光明日报》发表了《实践是检验真理的唯一标准》一文。该文的发表，在全国范围内引发了关于真理标准问题的大讨论。这篇文章被认为是当代中国第一次思想解放的宣言书。

有深远的历史意义”，[1] 它为中共十一届三中全会的召开作了思想上的准备。在中共十一届三中全会召开20周年纪念大会上，江泽民的讲话对十一届三中全会进行了高度评价。他说：“十一届三中全会，是新中国成立以来我党历史上具有深远意义的伟大转折。党在思想、政治、组织等领域的全面拨乱反正，是从这次全会开始的。伟大的社会主义改革开放，是由这次全会揭开序幕的。建设有中国特色社会主义的新道路，是以这次全会为起点开辟的。当代中国的马克思主义——邓小平理论，是在这次全会前后开始逐步形成和发展起来的。十一届三中全会是一个光辉的标志，它表明中国从此进入了社会主义事业发展的新时期。”[2]

中共十一届三中全会已成为当代中国历史的一个重要转折点，也是中国共产党重新探索建设中国特色社会主义的新起点。它不仅是中华人民共和国成立以来党和国家历史上具有重大意义的伟大转折，也是中国特色社会主义民主法制建设历程中的历史性转折。这次会议的重要贡献是完成了指导思想上的拨乱反正，确立了解放思想、实事求是的思想路线，推动并实现了全党工作重点由以阶级斗争为纲向以经济建设为中心的转移，开辟了我国改革开放和探索中国特色社会主义道路的新的历史时期，也开启了我国实施依法治国，建设社会主义法治国家，走中国特色法治道路的理论和实践探索。依法治国的方针和目标的确立，是从中共十一届三中全会之后，实现了指导思想上的拨乱反正，才逐步开始的。从一定意义上说，没有十一届三中全会，就没有后来中共十五大依法治国基本治国方略的提出，更不可能有全面推进依法治国，建设社会主义法治国家总目标的确立。

1978年12月，在中共历史上具有重要意义的十一届三中全会召开。在此前的中央工作会议上，邓小平作了题为《解放思想，实事求是，团结一致向前看》的讲话。江泽民在中共十五大报告中对这个讲话给予了很高的评价：“一九七八年邓小平《解放思想，实事求是，团结一致向前看》这篇讲话，是在‘文化大革命’结束以后，中国面临向何处去的重大历史关头，冲破‘两个凡是’的禁锢，开辟新时期新道路、开创建设有中国

---

1 《中国共产党第十一届中央委员会第三次全体会议公报》,《三中全会以来重要文献选编》(上)，人民出版社1982年版，第12页。

2 江泽民:《在纪念党的十一届三中全会召开20周年大会上的讲话》,《光明日报》1998年12月19日。

特色社会主义新理论的宣言书。”[1] 邓小平在中央工作会议上的这篇讲话，实际上成为几天后召开的中共十一届三中全会的主题报告，为中共十一届三中全会主题的确定和作出的一系列重大决策奠定了思想和理论基础。

中华人民共和国成立后，特别是从20世纪50年代后期开始，由于“左”倾思潮泛滥，法律虚无主义开始盛行，广大干部群众只习惯于按政策办事，按领导人的意志办事，把领导人的话当作法，整个社会缺乏法治观念，“往往把领导人说的话当作‘法’，不赞成领导人说的话就叫作‘违法’，领导人的话改变了，‘法’也就跟着改变”。[2] 这使得我国的法治国家建设遭受挫折，并导致了无法无天的十年“文化大革命”的发生。正是在这样的历史背景下，在邓小平理论中，这篇经典性的文献总结了“文化大革命”严重破坏法制的历史教训，又根据新的历史时期经济发展和社会变革实践的需要，确立了社会主义民主法制建设的地位和作用，并且着重从保障人民民主、维护国家长治久安的角度，提出发展民主必须健全法制，必须使民主制度化、法律化的基本观点，对社会主义民主法制建设的一系列重大问题进行了经典性的论述。

邓小平在这篇讲话中强调，为了保障人民民主，必须加强法制，“必须使民主制度化、法律化，使这种制度和法律不因领导人的改变而改变，不因领导人的看法和注意力的改变而改变”。[3] 依法治国，必须做到有法可依，加强立法工作。针对当时我国立法很不完备的情况指出：“现在的问题是法律很不完备，很多法律还没有制定出来。……所以，应该集中力量制定刑法、民法、诉讼法和其他各种必要的法律。”[4] 通过完善立法，使整个国家生活基本做到有章可循。他提出要重视发挥法律手段在调整各种社会关系中的作用，做到“国家和企业、企业和企业、企业和个人等等之间的关系，也要用法律的形式来确定；它们之间的矛盾，也有不少要通过法律来解决”。[5] 总之，“国要有国法，党要有党规党法”。[6]

随着形势的发展和实际的需要，我国陆续制定出新的法律。但由于各种原因，有的

1 《江泽民文选》第2卷，人民出版社2006年版，第9—10页。
2 《邓小平文选》第2卷，人民出版社1994年第2版，第146页。
3 同上。
4 同上。
5 同上书，第147页。
6 同上。

法律制定出来，还不那么完备；有的尚不具备条件制定全国性法律；鉴于当时立法的工作量很大，人力很不够，邓小平结合我国当时立法任务繁重的实际认为，立法工作既要有紧迫感，又要从实际出发，实事求是，循序渐进，可随着实践的发展逐步完善。基于此，邓小平提出的立法思路是，法律条文一开始可以粗一点，逐步完善。总之，有比没有好，快搞比慢搞好。这些论述，对于我国建立完备的中国特色社会主义法律体系，具有重要的现实指导意义。

“文化大革命”期间，林彪、“四人帮”提出了“砸烂公检法”的口号，从而使这些机关普遍受到冲击并陷于瘫痪、半瘫痪的状态，其中，检察机关受到的破坏最为严重。1968 年，我国各级检察机关均被撤销，检察工作被迫停止。1975 年宪法正式取消了设立各级人民检察院的制度，规定“检察机关的职权由各级公安机关行使”。针对这种状况，为了尽快建立法制秩序，邓小平提出要“加强检察机关和司法机关”。[1] 据此，中共十一届三中全会后，司法机关很快得到了恢复。1978 年宪法恢复了检察机关的设置，到 1979 年底，全国各级检察机关基本上建立起来。

邓小平在这篇讲话中，还提出了著名的指导新时期法制建设十六字方针和要求，即“有法可依、有法必依、执法必严、违法必究”。[2] 这十六字方针和要求，此后又被载入中共十一届三中全会公报和许多党的重要文件中。它包括了对立法、执法、司法、普法等法治建设各方面工作的基本要求，因而具有很强的针对性和深远的指导意义。我国新时期法治建设在这一方针的指引下，已经取得了令人瞩目的成就。

邓小平在中共十一届三中全会前召开的中央工作会议上所作的报告，是邓小平理论中的经典之作，也是体现邓小平法制思想精髓的经典之作。邓小平的讲话包含了如下思想：第一，分析了人治的各种表现，提出了以法制保障民主，防止因领导人和领导人看法的改变而改变民主制度的现象出现。第二，加快立法步伐，改变以领导人说的话为“法”的状况，重视法律在解决各种社会矛盾中的作用，努力实现由人治向法治的转变。第三，针对过去不重视立法、缺乏立法经验的状况，提出了立法应遵循的原则，强调搞好党规、党法对实现国法的重要性。第四，提出了对我国社会主义法治国家建设具有重

1 《邓小平文选》第 2 卷，人民出版社 1994 年第 2 版，第 146 页。
2 同上书，第 147 页。

要指导意义的基本要求，即“有法可依、有法必依、执法必严、违法必究”的十六字方针。第五，强调要加强司法机关建设，严格执法和司法。

邓小平上述对改革开放以后中国特色社会主义法治国家建设具有重大指导意义的一系列论述，可以说是邓小平法制思想中最精彩的内容，也是法治作为邓小平法制思想精髓的经典性表述最有力的说明。正是他的这些经典性论述，推动了当代中国依法治国的进程，也使法治的观念深入人心。因而，邓小平在中共十一届三中全会前召开的中央工作会议上的讲话，堪称当代中国马克思主义法学理论的经典文献。

在中央工作会议结束后召开的中共十一届三中全会的主题是进行指导思想和政治路线的拨乱反正，实现全党工作重点的转移，把“全党工作的着重点和全国人民的注意力转移到社会主义现代化建设上来”。[1] 与此同时，根据邓小平的讲话精神，全会“对民主和法制问题进行了认真的讨论”，前述邓小平在中央工作会议上的讲话中关于民主法制建设的经典论述，在全会公报中得到了强调和重述，诸如“为了保障人民民主，必须加强社会主义法制，使民主制度化、法律化”，“做到有法可依、有法必依、执法必严、违法必究”。提出了加强法制建设的制度保障和运行机制，如“应当把立法工作摆到全国人民代表大会及其常务委员会的重要议程上来”，“检察机关和司法机关要保持应有的独立性；要忠实于法律和制度，忠实于人民利益，忠实于事实真相”等。全会还提出了社会主义法制的基本原则，即“要保证人民在自己的法律面前人人平等，不允许任何人有超越于法律之上的特权”。[2]

邓小平的上述思想和中共十一届三中全会公报提出的加强法制建设的基本方针，得到了全党和全国人民的拥护。自此以后，我们国家逐步走上了探索建设中国特色社会主义法治国家的发展道路。因而，中共十一届三中全会所确立的发展社会主义民主、健全社会主义法制的基本方针，为中国的治国理政指明了一条正确的道路，实现了我国由人治社会走向法治社会的伟大历史转折，这是邓小平法制思想产生的逻辑起点，同时也是中国法治国家建设的历史起点和重要里程碑。

---

1 《中国共产党第十一届中央委员会第三次全体会议公报》，《三中全会以来重要文献选编》（上），人民出版社 1982 年版，第 4 页。

2 同上书，第 11 页。

二、第二个里程碑：改革党和国家的领导体制，为实行法治创造条件

1981 年 6 月召开的中共十一届六中全会，通过了《关于新中国成立以来党的若干历史问题的决议》。《决议》在分析“文化大革命”发生的一个重要社会历史原因时指出，我们党在反封建斗争中养成了优良的民主传统，“但是长期封建专制主义在思想政治方面的遗毒仍然不是很容易肃清的，种种历史原因又使我们没有能把党内民主和国家政治社会生活的民主加以制度化、法律化，或者虽然制定了法律，却没有应有的权威。这就提供了一种条件，使党的权力过分集中于个人，党内个人专断和个人崇拜现象滋长起来，也就使党和国家难于防止和制止‘文化大革命’的发动和发展”。[1] 这就是说，“文化大革命”之所以发生，一个重要原因就在于不重视民主和法制。只有抛弃人治，厉行法治，依法治国，才能保障安定团结，才能避免类似“文化大革命”事件的发生。

1980 年 8 月 18 日，在中央政治局召开的扩大会议上，邓小平作了题为《关于党和国家领导制度的改革》的讲话，在这篇讲话中，他认为，为了适应社会主义现代化建设及党和国家政治生活民主化的需要，对党和国家的领导制度以及其他制度存在的弊端，需要进行改革。[2] 他分析了党和国家领导制度中妨碍社会主义优越性发挥的种种弊端，阐述了党和国家领导制度改革的方向和重大举措，提出改革党和国家领导制度及其他制度的目的，就是“为了充分发挥社会主义制度的优越性，加速现代化建设事业的发展”。[3] 邓小平在这篇讲话中有关民主法制建设的论述，其基本精神概括如下。

1. 导致人治产生的种种制度弊端及其危害

鉴于“文化大革命”的历史教训，邓小平指出：“党和国家现行的一些具体制度中，还存在不少的弊端，妨碍甚至严重妨碍社会主义优越性的发挥。”“从党和国家的领导制度、干部制度方面来说，主要的弊端就是官僚主义现象，权力过分集中的现象，家长制

---

1 《中国共产党中央委员会关于新中国成立以来党的若干历史问题的决议》，《三中全会以来重要文献选编》（下），人民出版社 1982 年版，第 819 页。

2 参见《邓小平文选》第 2 卷，人民出版社 1994 年第 2 版，第 322 页。

3 同上。

现象，干部领导职务终身制现象和形形色色的特权现象。”[1] 正是这些弊端，为人治现象的产生创造了条件，并最终导致了对法治的严重破坏。

为了抛弃人治，实行法治，邓小平对人治的表现及其危害，从以下方面进行了剖析，从反面阐明了党和国家领导制度改革的必要性。

（1）官僚主义现象。邓小平从各个方面列举了官僚主义现象的主要表现和危害，其中对法治造成危害的表现主要有滥用权力、打击报复、压制民主、徇私行贿、贪赃枉法等。[2] 邓小平在分析官僚主义产生的原因时指出，我们现在的官僚主义现象，“同我们长期认为社会主义制度和计划管理制度必须对经济、政治、文化、社会都实行中央高度集权的管理体制有密切关系。我们的各级领导机关，都管了很多不该管、管不好、管不了的事……这可以说是目前我们所特有的官僚主义的一个总病根”。[3]“官僚主义的另一病根是，我们的党政机构以及各种企业、事业领导机构中，长期缺少严格的从上而下的行政法规和个人负责制，缺少对于每个机关乃至每个人的职责权限的严格明确的规定，以致事无大小，往往无章可循。”[4] 这种状况导致了行政权力缺乏约束、滥用权力等破坏法治现象的出现。

（2）个人决定重大问题，权力过分集中。对权力过分集中的表现，邓小平进行了分析：“权力过分集中的现象，就是在加强党的一元化领导的口号下，不适当地、不加分析地把一切权力集中于党委，党委的权力又往往集中于几个书记，特别是集中于第一书记，什么事都要第一书记挂帅、拍板。党的一元化领导，往往因此而变成了个人领导。”[5] 这种体制，往往为专权、人治创造了前提条件，也不可避免地会给党和国家的事业带来危害。因为“权力过分集中于个人或少数人手里，多数办事的人无权决定，少数有权的人负担过重，必然造成官僚主义，必然要犯各种错误，必然要损害各级党和政府的民主生活、集体领导、民主集中制、个人分工负责制等等”。[6] 邓小平还从我国历史和国际共产主义运动两个方面考察了权力过分集中现象产生的根源。他说：“这种现象，同我国历

1 《邓小平文选》第2卷，人民出版社1994年第2版，第327页。
2 同上。
3 同上书，第328页。
4 同上。
5 同上书，第328—329页。
6 同上书，第329页。

史上封建专制主义的影响有关，也同共产国际时期实行的各国党的工作中领导者个人高度集权的传统有关。”[1]

权力过分集中现象，给我们带来的教训也是十分深刻的，使我们付出了沉重的代价。“文化大革命”之所以发生，其中一个重要原因就是权力过分集中。因而，可以说，权力过分集中的现象是我们党和国家领导体制的一大弊端。

（3）家长制作风盛行。这是人治现象的又一典型表现。邓小平认为，党和国家的领导制度之所以要进行改革，就是因为现行的制度中存在一些弊端，其中一个主要弊端就是家长制作风。家长制作风的表现，就是个人凌驾于组织之上，组织成为个人的工具，在党和国家民主生活中，实行一言堂、个人决定重大问题、个人崇拜等。[2]

邓小平对家长制作风产生的历史根源以及给我们党和国家带来的危害进行了深刻的分析。在中国共产党和中华人民共和国的发展史上，家长制作风有一个演进过程。邓小平对此进行了回顾，并指出了产生家长制的制度原因、家长制的种种表现及其带来的恶果。他说：“从遵义会议到社会主义改造时期，党中央和毛泽东同志一直比较注意实行集体领导，实行民主集中制，党内民主生活比较正常。可惜，这些好的传统没有坚持下来，也没有形成严格的完善的制度。……从一九五八年批评反冒进、一九五九年‘反右倾’以来，党和国家的民主生活逐渐不正常，一言堂、个人决定重大问题、个人崇拜、个人凌驾于组织之上一类家长制现象，不断滋长。”[3]家长制作风带来的恶果，就是自20世纪50年代末期始，“左”的思潮越来越膨胀，导致十年“文化大革命”的发生。发动“文化大革命”是毛泽东晚年的一个严重错误和个人悲剧。毛泽东发动“文化大革命”固然有多种原因，但其中一个重要原因，正如邓小平所分析的，就是他“后期有些不健康的思想，就是说，有家长制这些封建主义性质的东西……民主集中制被破坏了，集体领导被破坏了。否则，就不能理解为什么会爆发‘文化大革命’”[4]。

（4）形形色色的特权。特权是封建制度的产物，它与社会主义制度根本不相容。邓小平对特权的社会危害性，进行了深刻的分析。他说：“当前，也还有一些干部，不把自

---

1 《邓小平文选》第2卷，人民出版社1994年第2版，第329页。
2 同上书，第329—330页。
3 同上书，第330页。
4 同上书，第347—348页。

己看作是人民的公仆，而把自己看作是人民的主人，搞特权，特殊化，引起群众的强烈不满，损害党的威信，如不坚决改正，势必使我们的干部队伍发生腐化。”[1] 针对这种情况，邓小平在表达了反对任何特权的鲜明态度的同时，对什么是特权进行了界定，并进一步揭示了产生特权的根源，提出了克服特权思想和行为的具体办法。他指出：“我们今天所反对的特权，就是政治上经济上在法律和制度之外的权利。”[2] 特权产生的根源，邓小平认为：“是封建主义残余影响尚未肃清的表现。旧中国留给我们的，封建专制传统比较多，民主法制传统很少。新中国成立以后，我们也没有自觉地、系统地建立保障人民民主权利的各项制度，法制很不完备，也很不受重视，特权现象有时受到限制、批评和打击，有时又重新滋长。”[3] 要从根本上消除特权思想和行为，必须要从完善制度建设上下功夫。

2. 改革党和国家的领导体制，从制度上解决人治问题

怎样才能消除前述导致人治产生的种种制度弊端，怎样才能避免人治带来的危害，以及防止发生“文化大革命”这样可怕的事件，邓小平为我们指出了明确的方向。这就是要从制度上解决问题，建立社会主义民主和社会主义法制。诸如官僚主义、家长制作风、权力过分集中等弊端，固然有思想作风方面的问题，但最根本的是制度问题。正是因为过去不重视制度建设，没有制定也没有形成良好的制度，导致了“我们党的政治生活、国家的政治生活有些不正常了，家长制或家长作风发展起来了，颂扬个人的东西多了，整个政治生活不那么健康，以致最后导致了‘文化大革命’”[4] 。

反对人治，实行法治，必须建立完善的制度。邓小平从个人与制度之间的关系这一宏观角度强调了制度的重要性，并作了非常精辟的论述。他指出：“我们过去发生的各种错误，固然与某些领导人的思想、作风有关，但是组织制度、工作制度方面的问题更重要。这些方面的制度好可以使坏人无法任意横行，制度不好可以使好人无法充分做好事，甚至会走向反面。即使像毛泽东同志这样伟大的人物，也受到一些不好的制度的严重影响，以致对党对国家对他个人都造成了很大的不幸。我们今天再不健全社会主义制度，人们就会说，为什么资本主义制度所能解决的一些问题，社会主义制度反而不能解

---

1 《邓小平文选》第2卷，人民出版社1994年第2版，第332页。

2 同上。

3 同上。

4 同上书，第345页。

决呢？”[1]他还结合国际共运的经验教训指出：“斯大林严重破坏社会主义法制，毛泽东同志就说过，这样的事件在英、法、美这样的西方国家不可能发生。他虽然认识到这一点，但是由于没有在实际上解决领导制度问题以及其他一些原因，仍然导致了‘文化大革命’的十年浩劫。这个教训是极其深刻的。不是说个人没有责任，而是说领导制度、组织制度问题更带有根本性、全局性、稳定性和长期性。”[2]据此，他进一步阐述了党和国家领导制度改革的必要性，他说：“如果不坚决改革现行制度中的弊端，过去出现过的一些严重问题今后就有可能重新出现。只有对这些弊端进行有计划、有步骤而又坚决彻底的改革，人民才会信任我们的领导，才会信任党和社会主义，我们的事业才有无限的希望。”[3]上述一系列观点，可以说是邓小平对中华人民共和国成立以来社会主义革命和建设进行总结而得出的，总结到位，分析深刻，也可以说是邓小平法制思想的精髓。他的这些深刻的见解，是对我们改革和完善社会主义制度最经典的理论指导。

邓小平在分析了党和国家领导制度存在的一些弊端的同时，进一步指出了改革的具体措施。

（1）修改和完善宪法。要使我们的宪法更加完备、周密、准确，能够切实保证人民真正享有管理国家各级组织和各项企业事业的权力，享有充分的公民权利，要改善人民代表大会制度等。关于不允许权力过分集中的原则，也将在宪法上表现出来。[4]邓小平的这些思想对1982年宪法的修改起了重要指导作用。

（2）改变以党代政问题。党和国家领导制度改革的一个重要内容，就是“解决党政不分、以党代政的问题”[5]，其核心是处理好党和政府的职权划分问题。“凡属政府职权范围内的工作，都由国务院和地方各级政府讨论、决定和发布文件，不再由党中央和地方各级党委发指示、作决定。政府工作当然是在党的政治领导下进行的，政府工作加强了，党的领导也加强了。”[6]“这样做，有利于加强和改善中央的统一领导，有利于建立各级政府自上而下的强有力的工作系统，管好政府职权范围的工作。”[7]

---

1 《邓小平文选》第2卷，人民出版社1994年第2版，第333页。
2 同上。
3 同上。
4 同上书，第339页。
5 同上书，第321页。
6 同上书，第340页。
7 同上书，第321页。

（3）发扬民主，反对家长制。针对家长制作风给我们党和国家带来的危害，邓小平强调，要发扬党内民主，发扬社会主义民主，必须要坚决地反对家长制，做到“上级对下级不能颐指气使，尤其不能让下级办违反党章国法的事情；下级也不应当对上级阿谀奉承，无原则地服从，‘尽忠’。……总之，不彻底消灭这种家长制作风，就根本谈不上什么党内民主，什么社会主义民主”。[1]

（4）废除干部领导职务终身制，用法制的办法规范干部的选拔、考核、监督和任期制度。邓小平在分析干部领导职务终身制形成的原因时说：“干部领导职务终身制现象的形成，同封建主义的影响有一定关系，同我们党一直没有妥善的退休解职办法也有关系。”[2]因此，解决这一问题，“关键是要健全干部的选举、招考、任免、考核、弹劾、轮换制度，对各级各类领导干部（包括选举产生、委任和聘用的）职务的任期，以及离休、退休，要按照不同情况，作出适当的、明确的规定。任何领导干部的任职都不能是无限期的”。[3]

（5）肃清封建主义的影响。邓小平指出，党和国家领导制度中的种种弊端，以及社会关系中残存的宗法观念、等级观念；上下级关系和干群关系中在身份上的某些不平等现象；公民权利义务观念薄弱等现象，多少都带有封建主义的色彩。[4]他说：“肃清封建主义残余影响，重点是切实改革并完善党和国家的制度，从制度上保证党和国家政治生活上的民主化、经济管理的民主化、整个社会生活的民主化。”[5]

（6）坚决反对特权。鉴于特权现象的严重危害性，邓小平明确提出了克服特权现象的路径。

首先，坚持公民在法律和制度面前人人平等。反对特权思想和行为，必须坚持在法律面前人人平等。公民在法律面前人人平等，是邓小平法制思想的一个重要内容。邓小平在论及党和国家领导制度的改革问题时，他又旗帜鲜明地重申了这一原则。他明确指出：“公民在法律和制度面前人人平等，党员在党章和党纪面前人人平等。人人有依法规定的平等权利和义务，谁也不能占便宜，谁也不能犯法。不管谁犯了法，都要由公安

---

1 《邓小平文选》第2卷，人民出版社1994年第2版，第331页。

2 同上。

3 同上书，第331—332页。

4 同上书，第334页。

5 同上书，第336页。

机关依法侦查，司法机关依法办理，任何人都不许干扰法律的实施，任何犯了法的人都不能逍遥法外。”[1] 遵照邓小平的上述思想，中共十一届三中全会以后，法律和制度面前人人平等已成为我国在法治实践中遵循的一项重要原则，并在1982年宪法中以根本大法的形式得以确认。

其次，要建立和完善各种监督制度。监督要取得成效，必须把监督体系纳入法制化的轨道。在制度上解决问题，建立和完善各种监督制度是一个重要方面。要完善群众监督。邓小平指出：“要有群众监督制度，让群众和党员监督干部，特别是领导干部。凡是搞特权、特殊化，经过批评教育而又不改的，人民就有权依法检举、控告、弹劾、撤换、罢免。”[2] 除了群众监督之外，邓小平还强调要加强专门机构的监督。

社会主义制度的建立，是我国一切进步和发展的基础。但为什么优越的社会主义制度建立十多年后，还会发生“文化大革命”这样的空前浩劫？全党和全国人民在探索和反思。历史的教训也促使邓小平在反思。这一反思的结果是，我们过去发生的各种错误，固然与某些领导人的思想、作风有关，但如果把原因仅仅归咎于某个人或若干人，就不能使全党得到深刻教训，并找出切实有效的改革措施。在《关于党和国家领导制度的改革》这篇讲话中，他对我们党和国家领导制度中存在的种种弊端，如何通过制度改革消除这些弊端，以防止类似“文化大革命”这样的悲剧重演，作了全面精辟的分析。

在这篇讲话中，邓小平分析了人治问题产生的根源；针对中华人民共和国成立以后，在政治体制中存在的一些弊端，着重指出了通过制度建设对领导人进行约束的重要性；提出把民主和法制紧密结合起来，强调社会主义民主要制度化、法律化，从制度上防范人治的出现；在强调党对立法工作领导的同时，提出了党必须在宪法和法律范围内活动的思想。[3] 邓小平的这篇讲话，与在中共十一届三中全会前召开的中央工作会议上所作的报告，成为邓小平民主法制建设论述的经典性著作，也可以说是指导我国政治体制改革和从制度上保证法治实现的纲领性文件，当前仍然具有现实指导意义。

---

1 《邓小平文选》第2卷，人民出版社1994年第2版，第332页。

2 同上。

3 参见王启富、蒋传光：《邓小平对马克思主义法制理论的新贡献》，《政法论坛》1995年第5期。

三、第三个里程碑：南方谈话突破了中国法治建设的一些理论禁区

在20世纪80年代末90年代初，对中国和世界来说，都进入了一个重要的历史关头。从国际形势来说，从80年代末开始，东欧六个社会主义国家纷纷取消了共产党的领导，取消了社会主义制度；90年代初，世界上第一个社会主义国家苏联解体。苏联、东欧社会主义国家发生的剧变，使人们对国际共产主义运动和社会主义的前途产生了困惑。从国内形势来看，苏联、东欧事件和1989年出现的政治风波，对中国的改革开放产生了重大影响。在如何防止西方国家和平演变的过程中，产生了对中共十一届三中全会以来改革开放政策质疑的声音，出现了对外开放中姓“资”姓“社”的争论，阻碍改革开放的“左”的思潮重新抬头。在国际国内复杂的形势面前，中国应当向何处去？改革开放的道路如何走？是继续以经济建设为中心，还是以保卫社会主义政权为中心？是继续以改革开放为中心，还是以反和平演变为中心？这一系列关系到社会主义前途和命运的重大问题摆在了人们面前。

正是在这样的背景下，1992年初，邓小平视察南方并发表了重要谈话。他的谈话要点包括六个部分。（1）革命是解放生产力，改革也是解放生产力。（2）改革开放胆子要大一些，敢于试验。改革开放迈不开步子，说来说去就是怕资本主义的东西多了，走了资本主义道路。要害是姓“资”还是姓“社”的问题。判断的标准，应该主要看是否有利于发展社会主义社会的生产力，是否有利于增强社会主义国家的综合国力，是否有利于提高人民的生活水平。计划多一点还是市场多一点，不是社会主义与资本主义的本质区别。社会主义的本质，是解放生产力，发展生产力，消灭剥削，消除两极分化，最终达到共同富裕。有右的东西影响我们，也有“左”的东西影响我们，但根深蒂固的还是“左”的东西。中国要警惕右，但主要是防止“左”。（3）抓住时机，发展自己，关键是发展经济。发展才是硬道理。（4）要坚持两手抓，一手抓改革开放，一手抓打击各种犯罪活动。这两只手都要硬。在整个改革开放过程中都要反对腐败。对干部和共产党员来说，廉政建设要作为大事来抓。还是要靠法制，搞法制靠得住些。在整个改革开放的过程中，必须始终注意坚持四项基本原则。（5）正确的政治路线要靠正确的组织路线来保证。（6）世界上赞成马克思主义的人会多起来的，因为马克思主义是

科学。[1]

概括地说，邓小平的南方谈话的核心要点是：指出了改革的性质和意义；阐释了评判改革成效的“三个有利于”标准；揭示了社会主义的本质；论证了计划和市场的关系，提出了发展才是硬道理，“两手抓、两手都要硬”，物质文明和精神文明一起抓的社会发展命题；强调要重视社会主义建设的指导思想、组织保证和政治保证。其核心是冲破姓“资”姓“社”的“左”的束缚，中国要警惕右，但主要是防止“左”，提出了一系列对整个改革开放具有现实和长远指导意义的重要思想。

邓小平的南方谈话在整个中国，乃至世界都产生了重大反响。世界各国媒体积极报道邓小平南巡的消息。江泽民在中共十五大报告中指出，邓小平的南方谈话，精辟地分析了国际国内形势，“是在国际国内政治风波严峻考验的重大历史关头，坚持十一届三中全会以来的理论和路线，深刻回答长期束缚人们思想的许多重大认识问题，把改革开放和现代化建设推进到新阶段的又一个解放思想、实事求是的宣言书”，[2] 成为当代中国思想解放的又一个里程碑，并直接为中共十四大作了思想、理论、政治和组织准备。

中共十四大以邓小平南方谈话为指导，阐明了确定经济体制改革模式对于社会主义现代化建设全局的重要意义，并基于改革开放以来对计划和市场关系的认识，明确提出“我国经济体制改革的目标是建立社会主义市场经济体制，以利于进一步解放和发展生产力”。[3] 同经济体制改革和经济发展相适应，十四大报告强调高度重视法制建设，制定与完善保障改革开放和市场经济体制的法律法规，严格执法保障依法独立审判和检察，提高政法人员素质增强干部群众的民主意识和法制观念，这是建立社会主义市场经济体制的迫切要求。[4]

如果说中共十一届三中全会是邓小平法制思想产生的逻辑起点，那么到邓小平南方谈话和中共十四大提出确立社会主义市场经济体制的改革目标，并深刻阐述建立社会主义市场经济体制对法制建设的迫切要求，则标志着经过改革开放十四年的实践检验，伴

---

1 参见《邓小平文选》第3卷，人民出版社1993年版，第370—383页。

2 《江泽民文选》第2卷，人民出版社2006年版，第10页。

3 《江泽民文选》第1卷，人民出版社2006年版，第226页。

4 同上书，第236页。

随着社会政治经济的发展对法制的认识不断深化，邓小平法制思想已成为一个比较完整的科学理论体系。

邓小平南方谈话中直接涉及法治建设的内容不多，只是在讲到要坚持两手抓时，谈到“还是要靠法制，搞法制靠得住些”。[1] 尽管如此，邓小平南方谈话发表后，对当代中国法治国家建设也产生了非常重要的影响。这主要表现在其为法学界提供了思想理论武器，使法学界进一步解放了思想。

法学界认识到，在法学研究中，也要打破姓“资”姓“社”的束缚，以“三个有利于”作为评价法学研究是非得失的标准。法律制度、法治道路、法治模式等法律现象是千差万别的，不能只用姓“社”还是姓“资”来概括一切。在法学理论中，也不都是非“社”即“资”，要大胆地吸收与借鉴人类社会创造的一切法治文明成果。在法学研究中，要警惕右，但主要是防止“左”。要划清学术行为、学术争鸣与政治上大是大非的界限。要正确看待本本与实践问题，法学研究者要做到理论与实践相结合，探讨中国法治国家建设实践中提出的大量理论与实践问题。[2]

这些认识，使法学界摆脱了思想束缚，思想更加解放，在法学研究中敢于大胆探索、借鉴和创新，促进了我国法学理论研究的繁荣，推动了我国法治国家建设实践的发展。法学理论研究成果丰硕，为法治国家建设提供了理论支撑和引领。法学研究担当了法治启蒙的重任，对人权、权利、权力、正义、自由、法治、程序、法的理念、精神、价值、法的现代化等基本问题的研究，突破了某些理论禁区；法学界翻译了大量西方古典的和现代的法学名著，一些当代外国法学新思潮、新派别被介绍到国内，打开了法理学和部门法学的视野。[3] 在实践层面，与社会主义市场经济体制相适应的以宪法为核心的法律体系已经形成，社会主义法治国家建设取得了前所未有的成就；依法治国、建设法治国家，由法学家讨论的学术问题到被党和国家最高领导人接受和认可，到后来被写入中共十五大报告并通过修改宪法上升为宪法原则，成为治国的基本方略，这一历史性跨越使中国的法治之路步入了一个新的发展阶段。[4]

---

1 《邓小平文选》第3卷，人民出版社1993年版，第379页。

2 参见《法学界必须进一步解放思想》，《中国法学》1992年第3期。

3 参见郭道晖：《法理学的定位与使命》，《上海师范大学学报》2007年第6期。

4 参见蒋传光：《马克思主义法律思想的中国化及其在当代中国的新发展》，《上海师范大学学报》2007年第4期。

四、第四个里程碑：依法治国方略的提出和治国方略的转变

在邓小平法制思想的指导下，“依法治国，建设社会主义法治国家”的治国基本方略和目标，在十一届三中全会以后，已经是呼之欲出。而这一治国基本方略和目标的正式提出及其被载入宪法，则是自确立社会主义市场经济体制改革目标以后，中国共产党带领全国人民在探索中国特色社会主义道路的过程中完成的。

中共十一届三中全会以后，虽然把坚持发展民主和法制作为党和国家坚定不移的方针，开始了走法治之路的探索，但实行法治、建设法治国家在治国中的重要性并未真正受到人们的重视。这一观念改变是在建立社会主义市场经济体制的目标被提出以后。[1]“市场经济是法治经济”的社会发展规律，转变了人们对法治在国家治理中功能和作用的认识。

在这样的背景下，中国共产党第三代领导集体，从国家和民族利益出发，明确提出了“进一步扩大社会主义民主，健全社会主义法制，依法治国，建设社会主义法治国家”，[2]确立了顺应时代发展潮流的治国指导思想。

我们知道，在学术研究中，法学家们经常使用“法治”这个概念。但如果我们仔细研究一下十一届三中全会以来党和国家的文献，包括《邓小平文选》，就可以发现这样一个现象，使用的都是“加强社会主义法制建设”“建设社会主义法制国家”这样的表述，很少使用“法治”这个概念。“加强社会主义法治”“依法治国，建设社会主义法治国家”这种表述，作为国家文献语言的使用，有一个转化过程。

中共十三届四中全会后的1989年9月26日，新上任的江泽民总书记在中外记者招待会上回答《纽约时报》记者时郑重宣布：“我们绝不能以党代政，也绝不能以党代法。这也是新闻界讲的究竟是人治还是法治的问题，我想我们一定要遵循法治的方针。”[3]这是中国共产党领导人第一次在正式场合宣布中国要实行“法治”。

为了适应建立社会主义市场经济体制的需要，推动全民和各级领导干部学法、懂法、用法，提高全民的法治观念和法律素质，自1994年12月以来，党中央领导集体把法制

---

1 参见蒋传光：《马克思主义法律思想的中国化及其在当代中国的新发展》，《上海师范大学学报》2007年第4期。

2 《江泽民文选》第2卷，人民出版社2006年版，第28页。

3 《人民日报》1989年9月27日。

讲座作为中央政治局集体学习活动的重要内容。这一举措推动了全国学习法律活动的开展。全民学法、普法，促进了全社会法治的启蒙，为依法治国、建立社会主义法治国家提供了法治文化基础。

1996年2月8日在中共中央举办的法制讲座上，江泽民发表了《坚持依法治国》的重要讲话。在这个讲话中，江泽民在表述上对“依法治国”进行了肯定，并阐释了依法治国的内涵。他指出：“实行和坚持依法治国，就是使国家各项工作逐步走上法制化的轨道，实现国家政治生活、经济生活、社会生活的法制化、规范化；就是广大人民群众在党的领导下，依照宪法和法律的规定，通过各种途径和形式，管理国家事务，管理经济和文化事业，管理社会事务；就是逐步实现社会主义民主的制度化、法律化。”[1]他还阐释了实行和坚持依法治国，对于推动经济持续、快速、健康发展和社会全面进步，保障国家长治久安的意义。江泽民的这次讲话，为中共十五大依法治国方略的提出进行了理论上的铺垫。

1996年3月，八届全国人大四次会议批准通过的《国民经济和社会发展“九五”计划和2010年远景目标纲要》，明确提出将“依法治国，建设社会主义法治国家”作为战略目标。这一切都为中共十五大提出依法治国方略提供了理论上的准备，也使十五大提出依法治国、建设社会主义法治国家的治国方略成为历史必然和顺理成章。

1997年9月，中共十五大召开。在这一历史性会议上，中国共产党第三代领导集体，从建设中国特色社会主义政治的高度，在党的历史上第一次把依法治国、建设社会主义法治国家，作为中国共产党领导人民治理国家的基本方略郑重地提了出来，实现了治国方略的转变。“加强社会主义法制建设，依法治国，是邓小平建设有中国特色社会主义理论的重要组成部分”，[2]同时也是邓小平法制思想的重要组成部分。中共十五大提出依法治国方略，是对邓小平法制思想在新时期的继承和重大发展，也是中国共产党领导方式、执政方式、治国方略的重大进步，标志着当代中国的社会主义民主法治建设进入了一个新的历史时期。[3]

在中共十五大报告中，对依法治国、建设社会主义法治国家进行了全面阐释。同时明确指出，发展社会主义民主政治，必须坚持和完善人民民主专政的国体和人民代表大

---

1 《江泽民文选》第1卷，人民出版社2006年版，第511页。

2 同上。

3 参见蒋传光：《马克思主义法律思想的中国化及其在当代中国的新发展》，《上海师范大学学报》2007年第4期。

会的政体这个根本政治制度，不照搬西方政治制度的模式。十五大报告的这一表述，既表明了当代中国的依法治国在理念上改变了过去的那种只重视人治、不重视法治的状况，同时也和西方的法治模式划清了界限。[1]至此，中国特色社会主义法治在理论上和制度上进入了一个崭新的阶段。

九届全国人大二次会议通过第三个《中华人民共和国宪法修正案》，把“中华人民共和国实行依法治国，建设社会主义法治国家”载入我国宪法的第五条第一款，为中国坚定不移地走法治之路，构建中国特色社会主义法治理念提供了强有力的宪法保障。

中国共产党的第三代领导集体完成了从“法制”到“法治”的转变。这一转变是马克思主义法学理论中国化的又一新的里程碑。从“法制国家”到“法治国家”，虽只是一字之别，但它反映了治国方略的质的飞跃，是一次伟大的观念转变，标志着中国不仅要加强法制建设，而且要从治国方式上彻底摒弃传统的“人治”，毫不动摇地沿着法治之路前进。

中共十五大确立依法治国的基本方略，是邓小平法制思想合乎逻辑的发展，也是根据中国特色社会主义经济、政治、文化形势的发展实践邓小平法制思想的战略决策。它充分说明了我们党对执政的规律和特点有了更为深刻的认识，对提高执政水平有了更高的要求。它标志着我们党根据发展社会主义市场经济的客观需要，在总结政治体制改革实践经验的过程中，对治国的基本方略作出了最佳的选择。中共十五大依法治国方略的提出，是我国探索社会主义法治之路的一个重要里程碑。[2]

围绕全面实施依法治国，建设社会主义法治国家治国方略这一目标，中国共产党自十五大以来，经过十六大、十七大，对以下问题进行了全面阐释：建设社会主义政治文明；坚持党的领导、人民当家作主和依法治国的有机统一；市场经济与法治建设；以人为本的法律观，人权入宪；依法治国与依宪治国，依法执政与依宪执政；和谐社会与法治的关系；弘扬法治精神，建设法治文化；建立完善的中国特色社会主义法律体系；法治政府建设；司法体制改革等，继承并发展了邓小平法制思想，同时也结合中国特色社会主义法治国家建设的实践，进行了理论创新，进一步丰富和深化了马克思主义的法学

1 参见蒋传光：《马克思主义法律思想的中国化及其在当代中国的新发展》，《上海师范大学学报》2007年第4期。
2 同上。

理论体系。在全面落实依法治国方略的实践中，中国特色社会主义法治理论体系，也得到进一步丰富和完善。

五、第五个里程碑：依法治国开启新征程

中共十八大以来，尤其是中共十八届三中全会、四中全会分别通过的《关于全面深化改革若干重大问题的决定》《关于全面推进依法治国若干重大问题的决定》和习近平关于全面推进依法治国的论述，针对改革开放新形势和社会转型期在社会主义法治国家建设中出现的各种现实问题，提出了关于依法治国的一系列具有理论创新的观点和一系列新举措，“依法治国开启新征程”。[1]

依法治国理论在新形势下的创新和发展主要表现为：自中共十八大以来一系列新概念、新表述被引入依法治国理论体系。例如，确立社会治理中的法治思维方式；把民主、文明、和谐、自由、平等、公正、法治、敬业、诚信等法律价值的要素纳入社会主义核心价值观；提出了法治中国统领下的法治国家、法治政府、法治社会一体建设；明确了全面推进依法治国的一系列理论问题，深刻阐明了党的领导和依法治国的关系；确立了全面推进依法治国的总目标；阐释了社会主义法治体系的内涵；强调“法安天下，德润人心”，[2] 在国家和社会治理中法治与德治并重；突出和强调宪法在依法治国中的地位；确立良法之治，明确地方立法权限；做到重大改革于法有据；深入推进依法行政，加快建设法治政府；保证公正司法，提高司法公信力，“努力让人民群众在每一个司法案件中都能感受到公平正义”；[3] 全面依法治国，必须抓住领导干部这个“关键少数”；构建了中国特色社会主义法治理论的框架基础。

上述新观点、新举措和新的理论总结，是在新的历史时期对邓小平法制思想的继承和进一步的发展与创新，是马克思主义法学理论中国化的重要理论成果。新观点和新的理论总结，对全面推进依法治国，建设社会主义法治国家的实践将起到理论的引领作用；一系列新思路和新举措，对加快建设社会主义法治国家，坚持和完善社会主义法律制度，

1 《中共中央关于制定国民经济和社会发展第十三个五年规划的建议》，人民出版社 2015 年版，第 2 页。

2 《坚持依法治国和以德治国相结合，推进国家治理体系和治理能力现代化》，《人民日报》2016 年 12 月 11 日。

3 习近平：《在首都各界纪念现行宪法公布施行三十周年大会上的讲话》（2012 年 12 月 4 日），《十八大以来重要文献选编》（上），中央文献出版社 2014 年版，第 91 页。

推进国家治理体系和治理能力现代化，将起到促进作用。

六、坚持中国特色社会主义法学理论对全面推进依法治国的指导

中共十八届四中全会《决定》提出，全面推进依法治国，要坚持以中国特色社会主义法学理论体系为理论指导和学理支撑。中国特色社会主义法学理论体系，对全面推进依法治国，建设社会主义法治国家具有重要指导意义。

在新的历史时期产生的中国特色社会主义法学理论体系，丰富和发展了马克思主义的国家与法的学说，为马克思主义法学理论的发展作出了巨大贡献。从十一届三中全会到现在，经过改革开放以来长时间的不断努力，通过加强民主、健全法制及完善执法、司法等一系列重大举措，建设社会主义法治国家也取得了前所未有的成就。这些成就的取得，与中国特色社会主义法学理论体系是密不可分的。当前，“依法治国”的观念已深入人心，这其中，中国特色社会主义法学理论体系起了非常关键的推动作用。在全面建成小康社会和全面深化改革的新的历史时期，我们仍要以中国特色社会主义法学理论体系为指导，落实十八届四中全会的总体部署，进一步深化和拓展全面依法治国，以加快建设社会主义法制国家的步伐。

全面推进依法治国，以中国特色社会主义法学理论体系为指导，必须立足中国法治建设的现实需要，面对中国法治建设的实践问题。当前，我国在全面推进依法治国，建设社会主义法治国家的过程中，虽然取得了历史性成就，[1] 但我国的法治国家建设也经历了种种曲折历程，把依法治国的方针付诸实践时，无论在立法、执法和司法等方面，还是在理论观念层面中，都存在着一系列需要探讨和研究的问题，离依法治国的要求还有相当大的差距，因而对法学理论研究和法律制度建设来说，必须要关注这些问题，研究这些问题，以回应法治实践中的重大理论关切，促进相关法律制度的完善。

1　十八届四中全会通过的《决定》对我国法治国家建设取得的历史性成就及其成果进行了总结。参见《党的十八届四中全会〈决定〉学习辅导百问》，学习出版社、党建读物出版社 2014 年版，第 2 页。

下编

中国特色社会主义法学理论的内容体系

第八章 依法治国，建设社会主义法治国家

1997 年召开的中共十五大，从建设中国特色社会主义政治、继续推进政治体制改革的高度，第一次把依法治国、建设社会主义法治国家作为治国的基本方略郑重地提了出来。中华人民共和国第九届全国人民代表大会第二次会议通过的宪法修正案，又把依法治国、建设社会主义法治国家写入宪法，使其上升为国家意志，成为宪法的基本原则之一。中共十六大把发展社会主义民主政治，建设社会主义政治文明，视为全面建设小康社会的重要目标。坚持党的领导、人民当家作主和依法治国的有机统一，被确立为建设中国特色社会主义法治国家的指导思想。当代中国治国方略的这种历史性转变，是我国社会主义民主政治建设进程中具有里程碑意义的一个伟大进步，是十一届三中全会以来加强民主法制建设的历史必然。依法治国的理论体系确立于中共十五大，在中共十六大以后进一步得到丰富和完善。

一、邓小平依法治国、厉行法治的思想

邓小平法制思想的理论核心或基本原则就是依法治国、厉行法治。他在总结国际共产主义运动和我国革命与建设正反两方面经验的基础上，最早提出了依法治国的思想和原则，并在理论上作了全面深刻的阐述。

（一）把加强民主法制建设作为党和国家坚定不移的方针

中共十一届三中全会以来，邓小平在我国改革和建设的各个重要时期，发表了一系

列关于发扬社会主义民主、健全社会主义法制的讲话与谈话，系统地论述了我国民主与法制建设的现实任务和长远目标，明确提出坚持发展民主和法制是我们党和国家坚定不移的方针。

邓小平作为我们党和国家第二代领导集体的核心，自主持中央工作伊始，便把社会主义民主和法制建设放到了极为重要的位置。1979 年 4 月在会见美籍华人李政道教授夫妇时，邓小平就曾指出，现在我们在做两件事，除了进行经济调整外，另一件就是思想战线要适应搞四个现代化，要发扬民主。但搞民主没有纪律不行，没有法治不行。民主和法治是统一的。同年 5 月，在会见日本时事通讯代表团时，他又强调：我们要发扬民主，也要加强法制，中国吃了十年动乱的苦头[1]。1980 年1 月，邓小平在中央召开的干部会议上所作的报告《关于目前的形势和任务》中指出："我们坚持发展民主和法制，这是我们党的坚定不移的方针。"[2]1980 年 12 月，邓小平在中央工作会议上所作的讲话《贯彻调整方针，保证安定团结》中再一次强调指出："要继续发展社会主义民主，健全社会主义法制。这是三中全会以来中央坚定不移的基本方针，今后也决不允许有任何动摇。"[3]1985 年，邓小平在党的全国代表会议上讲话时，又一次提到民主法制的政策不能变。他指出："究竟什么是我们党的政策的连续性呢？这里当然包括独立自主、民主法制、对外开放、对内搞活等内外政策，这些政策我们是不会改变的。"[4]1986 年，邓小平重申："现在从党的工作来说，重点是端正党风，但从全局来说，是加强法制。我们国家缺少执法和守法的传统，从党的十一届三中全会以后就开始抓法制，没有法制不行。"[5]

邓小平把健全社会主义法制，提高到党的"坚定不移的基本方针"和"决不允许有任何动摇"的高度来认识，把民主法制视为不会改变的连续性政策，认为"没有法制不行"，这表明了邓小平旗帜鲜明地向中国和世界宣告，中国将厉行法治、依法治国，在中国曾经出现的"无法无天"的现象将被彻底否定，旧社会遗留下来的人治现象也将被彻底否定。

---

1 参见中共中央文献研究室编：《邓小平年谱（1975—1997）》（上），中央文献出版社 2007 年版，第 505、515 页。
2 《邓小平文选》第 2 卷，人民出版社 1994 年版，第 256—257 页。
3 同上书，第 359 页。
4 《邓小平文选》第 3 卷，人民出版社 1993 年版，第 146 页。
5 同上书，第 163 页。

根据邓小平的上述思想，在社会主义现代化建设的新的历史时期，党和国家的一系列重大决策，都包含有发展民主和法制的明确要求。中共十一届三中全会以来，党的历次代表大会的报告以及党和国家的一系列重要文件，都十分强调民主和法制。坚持发展民主和法制成为党和国家坚定不移的方针。中共十五大更是把依法治国、建设社会主义法治国家第一次作为治国方略提了出来，从而实现了党的治国方式的历史性转变。

（二）阐述了社会主义民主与社会主义法制的辩证关系

1. 民主与法制密不可分

民主、自由与法制是密切联系在一起的，讲民主、自由不能离开法制。社会主义法制与社会主义民主，两者的关系不可分割，为了保障人民民主，必须加强社会主义法制，这是邓小平的一贯思想。邓小平1980年在《坚持党的路线，改进工作方法》的讲话中指出："发扬社会主义民主，健全社会主义法制，两方面是统一的。"[1] 他强调："社会主义民主和社会主义法制是不可分的。不要社会主义法制的民主，不要党的领导的民主，不要纪律和秩序的民主，绝不是社会主义民主。相反，这只能使我们的国家再一次陷入无政府状态，使国家更难民主化，使国民经济更难发展，使人民生活更难改善。"[2] 要讲社会主义民主，也要讲社会主义法制。"像'文化大革命'那样的'大民主'不能再搞了，那实际上是无政府主义。"[3] 邓小平在1979年会见美国不列颠百科全书出版公司编委会副主席等人时指出：我们发展民主，有人误解是提倡无政府主义。在无政府主义状况下，不可能搞建设，"所以我们提出在加强民主的同时，要加强社会主义法制"[4]。1987年3月，他在会见外宾时又指出："在发扬社会主义民主的同时，还要加强社会主义法制，做到既能调动人民的积极性，又能保证我们有领导有秩序地进行社会主义建设。这是一整套相互关联的方针政策。"[5] 邓小平反复强调的民主与法制的相互统一关系告诉我们，一方面民主是法制的前提和基础；另一方面法制是民主的体现和保障。

---

1 《邓小平文选》第2卷，人民出版社1994年版，第276页。

2 同上书，第359—360页。

3 《邓小平文选》第3卷，人民出版社1993年版，第242—243页。

4 《邓小平文选》第2卷，人民出版社1994年版，第233页。

5 《邓小平文选》第3卷，人民出版社1993年版，第210页。

2. 民主权利必须依法行使

发扬民主并不是可以为所欲为，想干什么就干什么。1980 年 12 月，邓小平在中共中央工作会议上发表讲话时说："对一切无纪律、无政府、违反法制的现象，都必须坚决反对和纠正。否则我们就决不能建设社会主义，也决不能实现现代化。合理的纪律同社会主义民主不但不是互相对立的，而且是互相保证的。""为了保证安定团结，建议国家机关通过适当的法律法令，规定罢工罢课事前要经过调处；游行示威事前要经过允许，指定时间地点；禁止不同单位之间、不同地区之间的串联；禁止非法组织的活动和非法刊物的印行。"[1] 任何公民行使民主权利，都不得违反法律。有鉴于"文化大革命"时搞"大民主"的教训和一些人打着"民主"的幌子搞动乱，邓小平针对 1986 年底学潮的问题曾谈道："从一九七八年党的十一届三中全会开始，我们就反对无政府主义，反对极端个人主义。而现在有些人却想把我们的社会引到无法无天的境地，这怎么行呢？连资本主义社会也不允许无法无天，何况我们坚持的是社会主义制度，我们要建设的是具有中国特色的社会主义！"[2] 这就是说，在社会主义条件下，人民的民主权利和民主化进程的发展必须以宪法和法律作保障；同样，人民的民主权利的行使和民主制度改革的进行，又必须严格地限制在宪法和法律所允许的范围之内，在法制的轨道上有组织、有秩序地进行。

1989 年 10 月，我国通过了《集会游行示威法》。这部法律的实施，对保证公民自由权利的行使，对于巩固和发展安定团结的政治局面，具有十分重要的意义。

3. 为了保障民主，必须使民主制度化、法律化

中共十一届三中全会以后，吸取历史上的教训，特别是"文化大革命"的严重教训，为了保障人民民主，必须加强社会主义法制，使民主制度化、法律化。邓小平对这一问题进行了深入的分析和阐述，这是邓小平法制思想的一个重要观点。

1978 年 12 月，邓小平在中央会议上的讲话中指出："为了保障人民民主，必须加强法制。必须使民主制度化、法律化。"[3] 1980 年 12 月，邓小平又一次指出："我们的民

---

1 《邓小平文选》第 2 卷，人民出版社 1994 年版，第 360、371 页。

2 《邓小平文选》第 3 卷，人民出版社 1993 年版，第 199—200 页。

3 《邓小平文选》第 2 卷，人民出版社 1994 年版，第 146 页。

主制度还有不完善的地方，要制定一系列的法律、法令和条例，使民主制度化、法律化。”[1]1987年7月，邓小平在会见外宾时又谈道：“中国的民主是社会主义民主，是同社会主义法制相辅相成的。”[2]邓小平必须使民主制度化、法律化的论述被写进了中共十一届三中全会的公报，并被此后一些党的重要文件不断重申。这一论述已成为我国民主政治建设指导原则的经典性表述。

社会主义民主的制度化、法律化，是建设社会主义民主的根本途径和有力保障。它是指把社会主义国家的民主生活、民主形式和程序以及人民的民主权利，用法律的形式固定下来、确定下来，“使这种制度和法律不因领导人的改变而改变，不因领导人的看法和注意力的改变而改变”[3]。只有把社会主义民主制度化、法律化，才能巩固社会主义制度，才能保证广大人民的民主权利和基本工作条件，才能顺利进行社会主义经济建设。

（三）改革党和国家的领导体制，抛弃人治，主张法治，依法治国

1. 提出了我国社会主义法治建设的基本方针和要求

有法可依、有法必依、执法必严、违法必究，是我国社会主义法治建设的基本方针和要求。这十六字方针和要求，是1978年邓小平在中共十一届三中全会前召开的中央工作会议上提出来的，以后又载入了中共十一届三中全会公报和许多党的重要文件中。它包括了对立法、执法、司法、普法等法治建设各方面工作的基本要求，因而具有很强的针对性和深远的指导意义。我国新时期法治建设在这一方针的指引下，已经取得了令人瞩目的成就。

2. 确认社会主义法治在社会生活中的重要性

中共十一届六中全会通过的《中国共产党中央委员会关于新中国成立以来党的若干历史问题的决议》，在分析“文化大革命”发生的一个重要社会历史原因时指出：“我们党对封建主义特别是对封建土地制度和豪绅恶霸进行了最坚决最彻底的斗争，在反封建斗争中养成了优良的民主传统；但是长期封建专制主义在思想政治方面的遗毒仍然不是很容易肃清的，种种历史原因又使我们没有能把党内民主和国家政治社会生活的民主加

1 《邓小平文选》第2卷，人民出版社1994年版，第359页。
2 《邓小平文选》第3卷，人民出版社1993年版，第249页。
3 《邓小平文选》第2卷，人民出版社1994年版，第146页。

以制度化、法律化，或者虽然制定了法律，却没有应有的权威。这就提供了一种条件，使党的权力过分集中于个人，党内个人专断和个人崇拜现象滋长起来，也就使党和国家难于防止和制止‘文化大革命’的发动和发展。”[1]这就是说，“文化大革命”之所以发生，一个重要原因就在于不重视民主和法制。只有抛弃人治，厉行法治，依法治国，才能保障安定团结，才能避免类似“文化大革命”事件的发生。

1980年，邓小平在回答意大利记者提出的如何避免类似“文化大革命”那样的错误的问题时说：“我们这个国家有几千年封建社会的历史，缺乏社会主义的民主和社会主义的法制。现在我们要认真建立社会主义的民主制度和社会主义法制。只有这样，才能解决问题。”[2]为了保障人民民主和实现社会主义现代化，必须使社会主义民主制度化、法律化，邓小平在1978年中共十一届三中全会前召开的中央工作会议上就深刻地指出：“为了保障人民民主，必须加强法制。必须使民主制度化、法律化，使这种制度和法律不因领导人的改变而改变，不因领导人的看法和注意力的改变而改变。”[3]邓小平的这些精辟论断，不仅指出了我国今后一个历史阶段法治建设的任务，而且是在总结我国法治建设的历史经验后得出的正确结论，同时也是他主张法治、否定人治的经典性论述。

3. 从制度上解决人治问题，为实行法治创造条件

除了本章前述的人治的四种表现及其危害以外，把党和国家的希望寄托在一两个人身上，这也是人治与法治相比较的一个主要弊端之一。邓小平对此有着十分清醒的认识。在革命生涯的后期，他多次深刻地提出了这一问题的严重危害性。他说，“我认为，过分夸大个人作用是不对的”[4]，“我历来不主张夸大一个人的作用，这样是危险的，难以为继的。把一个国家、一个党的稳定建立在一两个人的威望上，是靠不住的，很容易出问题”[5]。“一个国家的命运建立在一两个人的声望上面，是很不健康的，是很危险的。不

---

1 《中国共产党中央委员会关于新中国成立以来党的若干历史问题的决议》，《三中全会以来重要文献选编》（下），人民出版社1982年版，第819页。

2 《邓小平文选》第2卷，人民出版社1994年版，第348页。

3 同上书，第146页。

4 《邓小平文选》第3卷，人民出版社1993年版，第273页。

5 同上书，第325页。

出事没问题，一出事就不可收拾。”[1]“我有一个观点，如果一个党、一个国家把希望寄托在一两个人的威望上，并不很健康。那样，只要这个人一有变动，就会出现不稳定。”[2]对这种体制危害性的认识，表明了他坚决主张建立集体领导体制的重要性。也正是基于这种认识，从党和国家前途命运的战略高度出发，邓小平多次要求从党和国家的领导岗位上退下来，带头废除干部领导职务终身制。邓小平的上述观点，已成为我们党和国家领导权力顺利交接的重要指导方针。按照这个方针，我们已成功地确立了党和国家的集体领导体制。

领导者个人指定自己的接班人。这种做法是封建社会政治制度的一个重要特征。中国作为封建统治长达两千年的国家，虽然推翻了封建帝制，但封建专制的残余影响仍然存在，包括封建帝王指定自己接班人的做法，在中华人民共和国成立后仍流行了一段时间，并成为我们国家领导制度的一大弊端。邓小平在回答意大利记者奥琳埃娜·法拉奇的提问时就说过：“一个领导人，自己选择自己的接班人，是沿用了一种封建主义的做法。刚才我说我们制度不健全，其中也包括这个在内。”[3]

（2）改革党和国家的领导体制，从制度上解决人治问题

反对人治，实行法治，邓小平强调必须“在党内生活和国家政治生活中，要真正实行民主集中制和集体领导。一言堂、个人说了算，集体做了决定少数人不执行等等毛病，都要坚决纠正”[4]。

邓小平在分析了党和国家领导制度存在的一些弊端的同时，进一步指出了改革的具体措施，并要求“认真调查研究，比较各国的经验，集思广益”[5]。

第一，用法制的办法规范干部的选拔、考核、监督和任期制度，“关键是要健全干部的选举、招考、任免、考核、弹劾、轮换制度，对各级各类领导干部（包括选举产生、委任和聘用的）职务的任期，以及离休、退休，要按照不同情况，作出适当的、明确的规定。任何领导干部的任职都不能是无限期的”[6]。

---

1 《邓小平文选》第3卷，人民出版社1993年版，第311页。
2 同上书，第272页。
3 《邓小平文选》第2卷，人民出版社1994年版，第347页。
4 同上书，第360页。
5 同上书，第336页。
6 同上书，第331—332页。

第二，发扬民主，反对家长制。针对家长制作风给我们党和国家带来的危害，邓小平强调，要发扬党内民主，发扬社会主义民主，必须要坚决地反对家长制，做到“上级对下级不能颐指气使，尤其不能让下级办违反党章国法的事情；下级也不应当对上级阿谀奉承，无原则地服从，‘尽忠’。不应当把上下级之间的关系搞成毛泽东同志多次批评过的猫鼠关系，搞成旧社会那种君臣父子关系或帮派关系……总之，不彻底消灭这种家长制作风，就根本谈不上什么党内民主，什么社会主义民主”[1]。

第三，废除干部领导职务终身制，实行干部退休制度。邓小平在分析干部领导职务终身制形成的原因时说：“干部领导职务终身制现象的形成，同封建主义的影响有一定关系，同我们党一直没有妥善的退休解职办法也有关系。”[2]因此，解决这一问题，“要有步骤地和稳妥地实行干部离休、退休的制度，废除实际上存在的干部领导职务的终身制”[3]。

第四，肃清封建主义的影响。邓小平指出，党和国家领导制度中的种种弊端，以及社会关系中残存的宗法观念、等级观念；上下级关系和干群关系中在身份上的某些不平等现象；公民权利义务观念薄弱等现象，多少都带有封建主义的色彩[4]。他说：“肃清封建主义残余影响，重点是切实改革并完善党和国家的制度，从制度上保证党和国家政治生活上的民主化、经济管理的民主化、整个社会生活的民主化。”[5]

（四）坚持公民在法律和制度面前人人平等

公民在法律面前人人平等，是我国社会主义法治的一项重要原则，也是邓小平法制思想的一个重要内容。邓小平在1980年发表的《目前的形势和任务》一文中指出，在法律面前人人平等是我们要在全国坚决实行的一些原则之一[6]。同年，在论及党和国家领导制度的改革问题时，他又旗帜鲜明地重申了这一原则：“公民在法律和制度面前人人平等，党员在党章和党纪面前人人平等。人人有依法规定的平等权利和义务，谁也不能占便宜，谁也不能犯法。不管谁犯了法，都要由公安机关依法侦查，司法机关依法办理，

---

1 《邓小平文选》第2卷，人民出版社1994年版，第331页。
2 同上。
3 同上书，第360页。
4 同上书，第334页。
5 同上书，第336页。
6 同上书，第254页。

任何人都不许干扰法律的实施，任何犯了法的人都不能逍遥法外。”[1]

1. 公民平等地享有权利、承担义务

公民在法律面前人人平等作为我国宪法的一项重要原则，是指每一个公民都平等地享有权利，同时平等地履行义务，权利和义务是完全一致的。邓小平一贯重视权利和义务的一致性，他1956年在《关于修改党章的报告》中指出：“每一个党员都要严格地遵守党章和国家的法律，遵守共产主义道德，一切党员，不管他们的功劳和职位如何，都没有例外……任何以‘老爷’自居的人，都以为党是少不了他的，事实上恰恰相反，我们党不但不需要，而且不允许有任何在遵守党员义务方面与众不同的老爷。”[2]党员要严格地遵守党章和国家的法律，这是每个党员应尽的义务。“如果党员严重地违背这些义务，破坏党的统一，违反国家法律，违背党的决议，危害党的利益和欺骗党，就是违反党的纪律，应当给予纪律处分。”[3]

2. 坚决反对特权

坚持在法律面前人人平等，必须坚决反对特权思想和行为。特权是封建制度的产物，它与社会主义制度根本不相容。邓小平对特权的社会危害性，进行了深刻的分析。他说：“‘文化大革命’中，林彪、‘四人帮’大搞特权，给群众造成很大灾难。当前，也还有一些干部，不把自己看作是人民的公仆，而把自己看作是人民的主人，搞特权，特殊化，引起群众的强烈不满，损害党的威信，如不坚决改正，势必使我们的干部队伍发生腐化。”[4]针对这种情况，邓小平在表达了反对任何特权的鲜明态度的同时，对什么是特权进行了界定，并进一步揭示了产生特权的根源，提出了克服特权思想和行为的具体办法。他指出：“我们今天所反对的特权，就是政治上经济上在法律和制度之外的权利。搞特权，这是封建主义残余影响尚未肃清的表现。旧中国留给我们的，封建专制传统比较多，民主法制传统很少。新中国成立以后，我们也没有自觉地、系统地建立保障人民民主权利的各项制度，法制很不完备，也很不受重视，特权现象有时受到限制、批评和

1 《邓小平文选》第2卷，人民出版社1994年版，第332页。
2 《邓小平文选》第1卷，人民出版社1994年版，第243页。
3 同上书，第245页。
4 《邓小平文选》第2卷，人民出版社1994年版，第332页。

打击，有时又重新滋长。克服特权现象，要解决思想问题，也要解决制度问题。”[1] 在制度上解决问题，就是要建立和完善各种监督制度。邓小平的这些论述，清楚地向我们指明了只有坚持公民在法律和制度面前人人平等的原则，建立健全有关制度，并依靠专门机构进行铁面无私的监督检查，才能从根本上消除特权思想和行为。

遵照邓小平的上述思想，中共十一届三中全会以后，法律和制度面前人人平等已成为我国在法治实践中遵循的一项重要原则，并在 1982 年宪法中以根本大法的形式对其加以确认。

二、邓小平法制思想的精髓——法治

“法制”与“法治”，这两个概念既有联系又有区别。虽然法学界很多人主张两者在依法办事的意义上可以通用，但它们之间的区别还是很明显的。如果把“法制”限定在法律制度的含义上使用，法制是法治的前提和基础，但法治不是法制的必然。有法治必然有法制，但有法制不一定导致法治。法制关注的焦点是社会的秩序；法治关注的焦点则是宪法的实施，对公共权力的制约，对公民权利的保障，以及法律的至上权威。

据统计，在《邓小平文选》中，论及民主法制内容的文章有一百多篇，涉及当代中国民主法制建设的各个领域。但在这些论述中，“法治”一词出现较少，仅在 1986 年 9 月会见日本公明党委员长竹入义胜时讲，“要通过改革，处理好法治和人治的关系，处理好党和政府的关系”[2]。这段讲话作为《关于政治体制改革问题》的一部分，收录在《邓小平文选》第 3 卷中。此外，据《邓小平年谱》记载，1979 年 4 月 15 日，邓小平在会见美籍华人李政道夫妇的谈话中，1979 年 7 月 24 日，邓小平在对华润公司一干部来信的批示中，也都曾使用过“法治”一词。[3] 在笔者所看到的文献资料中，邓小平使用“法治”一词

1 《邓小平文选》第 2 卷，人民出版社 1994 年版，第 332 页。

2 《邓小平文选》第 3 卷，人民出版社 1993 年版，第 177 页。

3 1979 年 4 月 15 日上午，邓小平在会见美籍华人李政道夫妇时指出：现在我们在做两件事。一件是经济上做些调整……另一件是思想战线要适应搞四个现代化，要发扬民主。搞民主没有纪律不行，没有法治不行。民主和法治是统一的。1979 年 7 月 24 日，华润公司一干部来信反映，有些省市借落实侨务政策为名，行受贿之实，明目张胆地以“合法”的形式，伸手向华侨、同胞索取大量物资，而美其名曰“赠送”“捐献”。7 月 24 日，邓小平对该信阅后批示说：“对已发生的事件，建议中检委进行调查，对性质严重的，需要严肃处理，以儆其他。但最重要的是，在最短期内，制定出几条必须遵守的章程和纪律，在广东、福建进行家喻户晓的教育，这也叫法治。”参见中共中央文献研究室编：《邓小平年谱（1975—1997）》（上），中央文献出版社 2007 年版，第 538 页。

仅此三处。除此之外，邓小平使用的都是“法制”一词。那么，能否据此就说邓小平法制思想仅仅是就静态法律制度建设而言，而缺乏动态的法治内容呢？回答当然是否定的。

上述关于“法制”与“法治”的词义分析表明，“法制”与“法治”两者有联系，也有严格的区别，在一般情况下不能混用。但从邓小平关于社会主义法制建设的一系列论述中，我们可以看出，邓小平并未像法学理论家那样对“法制”与“法治”进行严格的区分，而是经常从表述习惯上使用。他在使用“法制”时，有时是指静态的法律制度，有时又是指动态的法治[1]。

对邓小平法制思想的研究不能仅仅从孤立的字面上来理解，一定要从本质上去领会其精神实质，掌握其精髓或核心。把握了这一点，如果我们不局限于表达形式，而是从其精神实质、从宏观着眼，就不难发现，邓小平的法制思想的精髓或核心就是“依法治国”、实行“法治”。

关于邓小平法制思想的精髓，有学者概括为五个方面，即法制战略论、民主法制关系论、法治理国论、依法治国论以及法制建设论。[2] 邓小平主张实行法治的思想内核，在本章第一部分已作一些阐释，在此从以下方面再作简要分析。

（一）确立了民主法制前所未有的至高地位

邓小平法制思想的精髓是法治，充分地反映在他的两篇代表作中，一是 1978 年在中共十一届三中全会前召开的中央工作会议闭幕会上所作的报告《解放思想，实事求是，团结一致向前看》，二是 1980 年他在中央政治局扩大会议上所作的报告《党和国家领导制度的改革》。

在“文化大革命”结束不久，邓小平深感健全民主法制的重要性和紧迫性。1978 年 12 月 13 日在中共十一届三中全会前召开的中央工作会议闭幕会上，邓小平发表了重要讲话。他在旗帜鲜明地提出解决中国发展中一系列重大问题的思路的同时，专门把社会主义民主法制作为一个重大问题进行了阐述。邓小平的讲话包含了如下思想：第一，分析了人治的各种表现，提出了以法制保障民主，防止因领导人和领导人看法的改变而改变民主制度的现象出现。第二，加快立法步伐，改变以领导人说的话为“法”的状况，

1　参见张正德：《论邓小平建立法治社会的思想》，《中国法学》1995 年第 5 期。

2　参见张文显：《邓小平民主法制思想之精髓》，《法制与社会发展》2004 年第 5 期。

重视法律在解决各种社会矛盾中的作用，努力实现由人治向法治的转变。第三，针对过去不重视立法、缺乏立法经验的状况，提出了立法应遵循的原则，强调搞好党规、党法对实现国法的重要性。第四，提出了社会主义法治的基本要求，即有法可依，有法必依，执法必严，违法必究的十六字方针。第五，强调要加强司法机关建设，严格执法和司法。这些论述可以说是邓小平法制思想中最精彩的内容，也是法治作为邓小平法制思想精髓的经典性表述的最有力的说明。正是他的这些经典性论述，推动了当代中国依法治国的进程，也使法治的观念深入人心。

1980 年 8 月 18 日，邓小平在中共中央政治局扩大会上发表的题为《党和国家领导制度的改革》的讲话中，从实际出发，提出为适应社会主义现代化建设的需要，必须对党和国家的领导制度进行改革，把党和国家的政治生活纳入民主化、法制化的轨道，从制度上防范人治的出现。这篇讲话可以说是指导我国政治体制改革和从制度上保证法治实现的纲领性文件。

（二）把民主和法制视为不可分割的整体

邓小平在论述其法制思想时，都是同民主结合在一起来阐述的，因而也有人把邓小平法制思想习惯地表述为邓小平民主法制思想。这也是邓小平法制思想中包含着法治内涵的一个重要表现。对邓小平法制思想的这一内涵，可以从两方面来理解：他讲民主，是有法制的民主，不是无法无天的无政府主义的大民主；讲法制，是建立在民主基础上的法制。在邓小平看来，民主和法制是密不可分的。

他指出："民主和法制，这两个方面都应该加强，过去我们都不足。要加强民主就要加强法制。没有广泛的民主是不行的，没有健全的法制也是不行的。我们吃够了动乱的苦头。"[1] 把民主与法制结合起来使用，表明这种法制是民主的法制，民主是法制的基础，法制是民主的保障，因而，这种法制是与专制的法制相区别的，它明显包含着现代"法治"的思想。因为实行法治，必须以"法制"为前提，而这种法制又是建立在民主基础之上的。中共十一届三中全会以后，鉴于"文革"的教训，邓小平非常重视民主建设，他所强调的民主，就是要充分保障广大人民群众参与管理国家政治、经济和文化事

1 《邓小平文选》第 2 卷，人民出版社 1994 年版，第 189 页。

务的权利，而注重保护公民的权利，正是法治的核心。

（三）学会使用法律武器

法治社会的一个重要特征就是严格依法办事，把法律视为人们行为的圭臬。这在邓小平法制思想中也有充分的体现。为了给改革开放和社会主义现代化建设创造一个稳定的社会环境，必须对多种扰乱社会秩序、破坏安定团结局面的现象进行斗争。在此过程中，邓小平摒弃了过去采用政治运动、政治批判和政治斗争的做法，而是强调要遵循社会主义法制原则，以法律手段维护安定团结。他指出，“在坚决发扬民主的同时，大力稳定社会秩序，加强社会主义法制，确保安定团结”[1]。为此，他坚决主张取消“文化大革命”中的“四大”（大鸣、大放、大字报、大辩论）。即使进行政治斗争，也不能搞群众运动，也必须用法律手段。例如，在反对资产阶级自由化时，他指出，这是长期的事情，不能搞运动，“只能靠经常性的说服教育，必要时采取一些行政手段和法律手段”[2]。再如，他强调打击各种犯罪活动一定要在法律范围内进行，要按照宪法、法律办事，学会使用法律武器[3]。他主张反腐败要靠法制，认为搞法制靠得住些[4]。正是邓小平的这些主张，使法治的观念日益深入人心，推进了各种具体部门法的制定，使社会生活逐步走向法制化轨道。

（四）确立防范人治产生的法律机制

针对中华人民共和国成立以后，在政治体制中存在的一些弊端，邓小平在 1980 年的著名讲话《党和国家领导制度的改革》中，着重指出了通过制度建设对领导人进行约束的重要性。他说：“制度好可以使坏人无法任意横行，制度不好可以使好人无法充分做好事，甚至会走向反面”，强调“领导制度、组织制度问题更带根本性、全局性、稳定性和长期性”[5]。在随后不久回答意大利记者法拉奇的提问中，他认为，要避免类似“文化大革命”那样的错误发生，就要从制度上解决问题，“要认真建立社会主义的民主制度和

---

1 《邓小平文选》第 2 卷，人民出版社 1994 年版，第 162 页。
2 《邓小平文选》第 3 卷，人民出版社 1993 年版，第 208 页。
3 参见《邓小平文选》第 2 卷，人民出版社 1994 年版，第 371 页。
4 参见《邓小平文选》第 3 卷，人民出版社 1993 年版，第 379 页。
5 《邓小平文选》第 2 卷，人民出版社 1994 年版，第 333 页。

社会主义法制。只有这样，才能解决问题”[1]。

改革党和国家的领导制度，建立防止人治产生的机制，邓小平首先主张，“为了保障人民民主，必须加强法制。必须使民主制度化、法律化，使这种制度和法律不因领导人的改变而改变，不因领导人的看法和注意力的改变而改变”[2]。其次，他反复强调要废除干部领导职务的终身制，建立正常的领导人的退休制度、领导人的选拔制度，解决权力的顺利交接问题，反对将国家的稳定建立在个人的威望上。上述都是邓小平反对人治、主张实行法治的最充分的表现。

此外，邓小平还完整地提出了有法可依、有法必依、执法必严、违法必究的这一建立和谐有序的法治秩序所必须遵循的基本方针，以及法律面前人人平等的基本原则。这些方针和原则，都是建立法治社会的最基本的要求。

三、依法治国方略的提出及其理论阐释

中共十三届四中全会以来，总结中共十一届三中全会以来探索中国特色社会主义法治道路的理论成果和实践经验，在继承邓小平法制思想的基础上，中共十五大提出了依法治国的基本方略。在社会主义法治建设的实践中，经过中共十六大、十七大、十八大，尤其是十八届四中全会的进一步概括和总结，依法治国，建设社会主义法治国家的理论体系日趋成熟和完善，形成了丰富和较为系统的社会主义法治思想，并有许多重要的理论创新和制度创新。

（一）“依法治国”方略的提出

“法治”一词正式成为我国官方文件语言的时间并不长。中共十一届三中全会以后，在党的正式文件及官方报告中，涉及社会主义法治建设的内容，使用的均是“法制”一词。直到 1997 年，在中共十五大报告中，才正式使用了“建设社会主义法治国家”的表述。自此，在论述治国方略时，“法治国家”便代替了“法制国家”的表述。

中共十五大在继承邓小平法制思想的基础上，结合新的实践，提出“依法治国”的治国方略，实现了由“法制”到“法治”的理论和实践的飞跃。“法制”和“法治”，虽

1 《邓小平文选》第 2 卷，人民出版社 1994 年版，第 348 页。
2 同上书，第 146 页。

然只有一字之差，内涵和要求却有很大差别。中共十五大报告吸收了法学界研究的成果，提出“依法治国，建设社会主义法治国家”，全面概括了我国民主法治建设的内涵和要求，充分体现了强烈的现代意识和时代精神。

江泽民于1996年2月8日，在中共中央举办的法制讲座上的讲话中指出：依法治国……是我们党和政府管理国家和社会事务的重要方针，实行和坚持依法治国，对于推动经济快速健康发展和社会全面进步，保障国家的长治久安，具有十分重要的意义。[1]后来，党的十四届五中全会和第八届全国人民代表大会第四次会议于1996年3月17日通过的《中华人民共和国国民经济和社会发展“九五”计划和2010年远景目标纲要》提出了“依法治国，建设社会主义法治国家”为治国的基本方略和政治目标。1997年召开的中共十五大，明确提出要“进一步扩大社会主义民主，健全社会主义法制，依法治国，建设社会主义法治国家”，标志着中国共产党的领导方式和执政方式的改革和成熟，是我国改革开放以来法治实践的理论升华，成为我国社会主义民主法制建设史上一座新的里程碑，有力推动了社会主义法治进程。1999年3月，第九届全国人民代表大会第一次会议又通过宪法修正案将“依法治国，建设社会主义法治国家”正式规定在我国宪法之中，使依法治国作为治国方略具有了国家最高的法律效力。这不仅充实和完善了宪法内容，丰富了宪法理论，为国家的政治生活和社会生活实行法治、摒弃“人治”提供了根本法的依据，而且从制度上和法律上保证了人民在党和国家的领导下真正实现当家作主。

2002年，中共十六大在阐述全面建设小康社会的目标时，进一步把全面落实依法治国方略作为建设小康社会的目标之一，即“社会主义民主更加完善，社会主义法制更加完备，依法治国基本方略得到全面落实，人民的政治、经济和文化权益得到切实尊重和保障。基层民主更加健全，社会秩序良好，人民安居乐业”。[2]“把扩大社会主义民主，健全社会主义法制，建设社会主义法治国家”，[3]作为继续积极稳妥地推进政治体制改革的目标。

在中共十六大确立的建设小康社会目标的基础上，在政治建设方面，中共十七大提

1 《江泽民文选》第1卷，人民出版社2006年版，第511页。

2 《江泽民文选》第3卷，人民出版社2006年版，第543页。

3 同上书，第553页。

出了新的更高的要求："扩大社会主义民主，更好地保障人民权益和社会公平正义。公民政治参与有序扩大。依法治国基本方略深入落实，全社会法制观念进一步增强，法治政府建设取得新成效。基层民主制度更加完善。政府提供基本公共服务能力显著增强。"[1] 中共十七大、十八大报告对全面落实依法治国基本方略，加快建设社会主义法治国家进行了全面部署。根据中共十八大报告的精神，十八届四中全会审议通过的《中共中央关于全面推进依法治国若干重大问题的决定》，对如何全面推进依法治国，加快社会主义法治国家建设制定了"路线图"。

（二）"依法治国"方略的内容体系

江泽民在中共十五大报告中，对依法治国的内涵进行了精确的阐述，他说："依法治国，就是广大人民在党的领导下，依照宪法和法律规定，通过各种途径和形式管理国家事务，管理经济文化事业，管理社会事务，保证国家各项工作都依法进行，逐步实现社会主义民主的制度化、法律化，使这种制度和法律不因领导人的改变而改变，不因领导人看法和注意力的改变而改变。依法治国，是党领导人民治理国家的基本方略，是发展社会主义市场经济的客观需要，是社会文明进步的重要标志，是国家长治久安的重要保障。党领导人民制定宪法和法律，并在宪法和法律范围内活动。依法治国把坚持党的领导、发扬人民民主和严格依法办事统一起来，从制度上和法律上保证党的基本路线和基本方针的贯彻实施，保证党始终发挥总揽全局、协调各方的领导核心作用。"[2] 根据江泽民的这段重要论述，结合中共十六大、十七大和十八大报告对依法治国问题的阐释，以及党的文献和国家领导人关于依法治国问题的论述，依法治国的内容具体包括以下几个方面。

1. 依法治国的主体

依法治国的主体是指依法治国的承担者和主宰者，是实施法治方略的决定性力量。中共十五大报告明确提出依法治国的主体是广大人民群众，突出法治的人民性。依法治国这一方略的提出，既符合人民群众的愿望，也是人民群众在社会政治、经济、文

1　胡锦涛：《高举中国特色社会主义伟大旗帜，为夺取全面建设小康社会新胜利而奋斗》，《十七大报告辅导读本》，人民出版社 2007 年版，第 19 页。

2　《江泽民文选》第 2 卷，人民出版社 2006 年版，第 28—29 页。

化等领域不断实践的结果，这体现在立法、司法、执法、普法的各个环节中，人民群众起到根本性、决定性的作用。人民的代表机关制定法律、法规，将人民意志上升到国家意志，同时，司法和执法部门在人民授权范围内行使权力接受人民监督，最后通过普法提高人民的法律意识、强化法制观念、提高全民族的整体素质，所以依法治国的提出在实践中的推进，人民群众都是实质的推进者。我国宪法和法律和党的政策都规定了人民的治国地位，我国宪法第二条规定："中华人民共和国的一切权力属于人民，人民行使国家权力的机关是全国人民代表大会和地方各级人民代表大会，人民依照法律规定，通过各种途径和形式，管理国家事务，管理经济和文化事业，管理社会事务。"可见，依法治国的实质是人民通过法律实现对国家事务和社会各项事务的治理，其出发点和归宿是人民拥有一切权力，依法治国是人民之治，而非国家之治，司法和行政机关等是人民权力的执行者，其权力的运行只能是人民依法治理的对象。党也始终把人民拥护不拥护、答应不答应、赞成不赞成、高兴不高兴，作为一切工作的出发点和落脚点。江泽民同志在十五大报告中指出："我们党来自人民，植根于人民，服务于人民。建设有中国特色社会主义全部工作的出发点和落脚点，就是全心全意为人民谋利益。"[1]依法治国的主体是人民表明，所依之法是充分反映人民意志，以人民利益为最高价值取向的法，治国是人民之治。

2. 依法治国的客体

从字面上看，依法治国的客体是"国"，它所涉及的范围是全方位的、多方面的，包括国家事务、经济文化事业和社会事务。一方面，经济文化事业和社会事务是法治所治之对象，主要体现为国家公共权力在经济、文化、社会生活领域的功能和作用范围以及作为权力主体的人民由此获得利益保障与权利救济的过程。另一方面，国家事务应作为法治的重点，因为国家机构和国家公职人员本身并非权力的来源和主体，而又掌握一定的权力，这些权力具有既能保障人权又能损害国民利益的双重属性，这些权力如果运用不当，客体就会凌驾于主体之上，颠倒了主仆位置，就会成为依法治国的极大障碍。"现代法治的精髓是官吏依法办事，只有官吏依法办事，接受法律的约束，才有法治可

---

1 《江泽民文选》第2卷，人民出版社2006年版，第45页。

言。”[1] 美国著名学者富勒指出：“法治的实质必然是在对公民发生作用时，政府应忠实地运用曾公布的应由公民遵守并决定其权利和义务的规则，如果不是指这个意思，那就什么意思都没有。”[2] 因此，依法治国的精髓与核心是依法治权、治吏，吏治清而国治，国治而后天下平。

3. 依法治国的依据

依法治国的依据是宪法和法律，这意味着任何人、任何组织都没有超越宪法和法律的特权，要尊重宪法和法律。法律以权利义务的双重机制指引和评价人们的行为，并且以明确、肯定、普遍、确定性的规范约束着人们的行为，在全部社会规范体系中法律规范居于主导地位。只有依据宪法和法律，才能有良好的社会秩序和法律秩序。法律秩序是各种法律关系的总和，它意味着凝结人民公意的宪法和法律高于任何个人、群体、政党的意志，具有至上的效力和最高权威。

就国家的治理方式而言，必须依法治国，就共产党的执政方式而言，必须依法执政，政党和政府必须在宪法和法律的范围内活动。现代意义上的法治是法的统治，政党政府和官员都要置于法的统治之下。

4. 依法治国的目标

依法治国的目标包括总目标和具体目标两个层面。关于依法治国的总目标，中共十八届四中全会指出：“全面推进依法治国，总目标是建设中国特色社会主义法治体系，建设社会主义法治国家。这就是，在中国共产党领导下，坚持中国特色社会主义制度，贯彻中国特色社会主义法治理论，形成完备的法律规范体系、高效的法治实施体系、严密的法治监督体系、有力的法治保障体系，形成完善的党内法规体系，坚持依法治国、依法执政、依法行政共同推进，坚持法治国家、法治政府、法治社会一体建设，实现科学立法、严格执法、公正司法、全民守法，促进国家治理体系和治理能力现代化。”[3] 要实现这个总目标，必须坚持以下原则：坚持中国共产党的领导，坚持人民主体地位，坚持法律面前人人平等，坚持依法治国和以德治国相结合，坚持从中国

---

1 张文显：《法学基本范畴研究》，中国政法大学出版社 1993 年版，第 286 页。

2 沈宗灵：《现代西方法律哲学》，法律出版社 1983 年版，第 209 页。

3 《中共中央关于全面推进依法治国若干重大问题的决定》，《党的十八届四中全会〈决定〉学习辅导百问》，学习出版社，党建读物出版社 2014 年版，第 3 页。

实际出发。

依法治国的具体目标是实现社会主义民主的制度化、法律化；要使这种制度和法律不因领导人的改变而改变，不因领导人的看法和注意力的改变而改变，从根本上防止人亡政息的人治悲剧的重演；从制度上、法律上保证党的基本路线和基本方针的贯彻实施，保证党始终发挥总揽全局，协调各方的领导核心作用；保证社会主义市场经济的健康发展和有序进行，促进社会文明进步，保障国家的长治久安。我国是人民民主专政的社会主义国家，人民民主是我们奋斗多年要实现的目标，人民当家作主是我们国家的本质体现。依法治国，从根本上保障了人民群众依法行使当家作主的权利，依法进行民主选举、民主决策、民主管理和民主监督。这是我们实行依法治国的根本出发点和着眼点。

5. 依法治国必须坚持党的领导

党的领导和依法治国是统一的。共产党执政就是领导人民当家作主。党的主张、国家的法律，都是代表和反映广大人民群众的意志和根本利益的。坚持党的领导同实行依法治国，两者在本质上是完全一致的。因此，依法治国必须在党的领导下进行，这是社会主义法治区别于资本主义法治的重要标志，代表了我国依法治国的社会主义方向，党的领导是依法治国的前提和保证。

6. 依法治国的途径

中共十五大以来，江泽民、胡锦涛在中共十五大、十六大、十七大报告和一些重要场合的讲话中，习近平在一系列讲话中，以及中国共产党的一些重要文献中，对实施依法治国方略的途径都进行了系统的阐释。[1] 概括起来说就是，依法治国，前提是有法可依，基础是提高全社会的法律意识和法制观念，关键是依法执政、依法行政、依法办事、公正司法。

全面落实依法治国基本方略，加快建设社会主义法治国家，要进一步加强和改进立法工作，坚持科学立法、民主立法，完善中国特色社会主义法律体系，加强重点领域立法，拓展人民有序参与立法的途径。加强宪法和法律实施，依法治国首先要依宪治国，

1　胡锦涛：《在首都各界纪念全国人民代表大会成立50周年大会上的讲话》，《人民日报》2004年9月16日。

依法执政首先要依宪执政。坚持公民在法律面前一律平等，保证有法必依、执法必严、违法必究，维护社会公平正义，维护社会主义法制的统一、尊严、权威。全面推进依法行政，继续深化行政体制改革，加快转变政府职能，努力建设法治政府。要落实司法为民的要求，以解决制约司法公正和人民群众反映强烈的问题为重点推进司法体制改革，优化司法职权配置，规范司法行为，建设公正高效权威的社会主义司法制度，保证审判机关、检察机关依法独立公正地行使审判权、检察权，充分发挥司法制度和司法机关维护社会公平和正义的作用，促进在全社会实现公平和正义，保障国家经济、政治、文化生活的正常秩序。加强政法队伍建设，做到严格执法、文明执法、公正执法，建立有权必有责、用权受监督、违法要追究的监督机制。深入开展法制宣传教育，弘扬社会主义法治精神，树立社会主义法治理念，增强全社会学法尊法守法用法意识。尊重和保障人权，依法保证全体社会成员平等参与、平等发展的权利。提高领导干部运用法治思维和法治方式深化改革、推动发展、化解矛盾、维护稳定的能力。党领导人民制定宪法和法律，党必须在宪法和法律范围内活动，带头维护宪法和法律的权威，任何组织或者个人都不得超越宪法和法律的特权。

7. 落实依法治国方略是构建和谐社会的内在要求

构建社会主义和谐社会与建设法治国家（或法治社会）、全面建设小康社会，它们之间是何种关系呢？从和谐社会与小康社会的关系来看，如果“小康”是相对于“贫穷”和“富裕”而言，主要指经济上的目标，那么，“和谐”则是相对于冲突而言，主要指包括经济在内的社会发展目标，反映的是一个社会的文明程度。和谐社会与法治社会之间又是什么关系呢？

在省部级主要领导干部提高构建社会主义和谐社会能力专题研讨班上的讲话中，胡锦涛指出：“构建社会主义和谐社会，必须健全社会主义法制，建设社会主义法治国家，充分发挥法治在促进、实现、保障社会和谐方面的重要作用。”[1]2005年9月，胡锦涛总书记在会见世界法律大会代表时指出：“法治是人类文明进步的重要标志。法治是以和平理性的方式解决社会矛盾的最佳途径。人与人的和谐相处，人与自然的和谐相处，国

1 《光明日报》2005年6月27日。

家与国家的和平相处，都需要法治加以规范和维护。”[1]根据胡锦涛的论述，从逻辑上对和谐社会与法治社会的关系，可作这样简单的概括：如果把和谐社会看作是物质文明、精神文明、政治文明、社会文明组成的有机统一体，法治则是这个有机统一体的核心；如果把和谐社会看作是一个宏大的工程，法治则是这个工程坚实的基础或根基；如果把和谐社会看作是社会发展的目标，建设法治社会则是首要的目标。

构建和谐社会并不意味着对建立法治社会的轻视，和谐社会与法治社会之间更不是对立的。从胡锦涛所概括的社会主义和谐社会的六个特征来分析，和谐社会与法治社会，虽然不能完全等同，但和谐社会首先是一个民主法治的社会。构成和谐社会的其他要素，如公平正义、诚信友爱、充满活力、安定有序，既是和谐社会的目标，也是法治社会所追求的价值理念。人与自然的和谐相处更是法治手段的保障。由此可见，和谐社会首先是一个法治社会，法治在构建和谐社会的过程中起着基础性的作用。正因为如此，2006 年 10 月 11 日，中共十六届六中全会通过的《中共中央关于构建社会主义和谐社会若干重大问题的决定》，对构建社会主义和谐社会的重要性和紧迫性进行分析的基础上，提出了构建社会主义和谐社会的奋斗目标和任务，必须遵循的原则，保障社会公平正义的制度建设。构建和谐社会的奋斗目标和任务，首先就是社会主义民主法制更加完善，依法治国基本方略得到全面落实，人民的权益得到切实尊重和保障。坚持民主法治，是构建和谐社会遵循的主要原则之一。完善民主权利保障制度，完善法律制度，完善司法体制机制，是保障社会公平正义优先进行的制度建设。

8. 全面依法治国与“四个全面”战略布局

“四个全面”，即全面建成小康社会、全面深化改革、全面依法治国、全面从严治党。从 2014 年 12 月在江苏调研时第一次提出后，在全国政协新年茶话会上、在党校省部级主要领导干部专题研讨班上、在中央政治局会议和集体学习中、在春节团拜会上……习近平一而再、再而三地不断强调，让“四个全面”成为备受关注的“新提法”。“四个全面”是引领民族复兴的战略布局。

习近平在论述四者之间的关系时指出：全面建成小康社会是我们的战略目标，全面深化改革、全面依法治国、全面从严治党是三大战略举措。“要把全面依法治国放在‘四

1 《胡锦涛会见出席第 22 届世界法律大会代表》，《人民日报》2005 年 9 月 5 日。

个全面’的战略布局中来把握，深刻认识全面依法治国同其他三个‘全面’的关系，努力做到‘四个全面’相辅相成、相互促进、相得益彰”。[1] 据此，全面依法治国成为“四个全面”战略布局的重要组成部分。

总之，依法治国是一个完整的科学概念，是一个系统工程，它涵盖了社会主义政治、经济、文化、社会和生态文明的各个领域。依法治国，建设社会主义法治国家是完整的治国方略。这个方略不仅总结了中华人民共和国成立以来成功与失败的经验教训，而且吸取了世界各国文明治国的成功经验，是对我国社会主义社会客观发展规律的最新认识，也代表着世界文明发展的潮流和方向，是我们建设社会主义现代化、治国安邦、祖国更加繁荣昌盛的根本治国方略。

四、实施依法治国方略的意义

依法治国是人类历史进程中经过共同努力和不断摸索所取得的文明成果，也是全人类共同的崇高理想。在法治与人治的比较中，关于法治的优越性，从古希腊时期的亚里士多德到近现代资产阶级思想家，都有较为充分的论述。根据法治的理念，西方国家相继建立了法治社会。依法治国，建设法治国家，对这个问题的认识，在我们党和国家的历史上，曾经历过一个曲折的过程。邓小平总结和比较国内外的历史经验，在分析人治危害性的基础上，提出了“要通过改革，处理好法治与人治的关系”[2] 这一法治观念。江泽民指出：“依法治国是社会进步、社会文明的一个重要标志，是我们建设社会主义现代化国家的必然要求。”[3] 2002 年 12 月 4 日，胡锦涛在首都各界纪念中华人民共和国宪法公布施行二十周年大会上的讲话中指出，在整个改革开放和社会主义现代化的进程中，我们都必须坚持依法治国的基本方略。实行依法治国的基本方略，是坚持和完善党的领导的必然要求，是促进我国社会主义物质文明、政治文明和精神文明协调发展的必然要求，也是巩固和发展民主团结、生动活

1 习近平：《在省部级主要领导干部学习贯彻十八届四中全会精神全面推进依法治国专题研讨班上的讲话》（2015 年 2 月 2 日），《习近平关于全面依法治国论述摘编》，中央文献出版社 2015 年版，第 15 页。

2 《邓小平文选》第 3 卷，人民出版社 1993 年版，第 177 页。

3 《江泽民文选》第 1 卷，人民出版社 2006 年版，第 513 页。

泼、安定和谐的政治局面的必然要求。[1]习近平对全面推进依法治国的意义进一步强调："依法治国是坚持和发展中国特色社会主义的本质要求和重要保障，是实现国家治理体系和治理能力现代化的必然要求。我们要实现经济发展、政治清明、文化昌盛、社会公正、生态良好，必须更好发挥法治引领和规范作用。"[2]

实施依法治国方略，是中国共产党在执政理念、执政的价值取向和执政目标上的重大转变，充分体现了中国共产党与时俱进的执政观。关于实施依法治国方略的意义，可以从不同的角度进行归纳，但最重要的是，依法治国、实行法治，是建立社会主义市场经济体制的必然要求，是发展民主政治的需要，是国家长治久安的根本保证，也是建设有中国特色社会主义的必然选择。

（一）实行法治，是建立社会主义市场经济体制的必然要求

社会主义的根本任务是解放和发展生产力。建设社会主义，必须以经济建设为中心。我们过去曾长期实行计划经济体制，中共十一届三中全会后，我国实行改革开放，对原有计划经济体制进行重大改革。邓小平在1992年初视察南方的谈话中指出，"计划多一点还是市场多一点，不是社会主义与资本主义的本质区别。计划经济不等于社会主义，资本主义也有计划，市场经济不等于资本主义，社会主义也有市场。计划和市场都经济手段"，[3]明确提出了社会主义也可以搞市场经济。此后，1992年10月召开的中共十四大，把建立社会主义市场经济体制确立为我国经济体制改革的目标。

不同的经济体制对法律的需求和对法律的尊重程度是不同的，在计划经济体制下，主要依靠行政手段和政策调整经济关系和各种社会关系。建立市场经济，必须有完备的法律制度和健全的法律运行机制。社会主义市场经济在一定意义上说就是法治经济，法律的调整对市场经济的运行极为重要，这是市场经济自身的性质决定的。在市场经济体制下，经济运行主体的自主性、市场经济活动的契约性、市场经济往来的信用性、市场

1　参见胡锦涛：《在首都各界纪念中华人民共和国宪法公布施行二十周年大会上的讲话》，《人民日报》2002年12月5日。

2　习近平：《在中共十八届四中全会第一次全体会议上关于中央政治局工作的报告》（2014年10月20日），《习近平关于全面依法治国论述摘编》，中央文献出版社2015年版，第4—5页。

3　参见《邓小平文选》第3卷，人民出版社1993年版，第373页。

经济的竞争性、市场经济的统一性、市场经济的国际性、对市场经济宏观调控的必要性，以及市场经济裁判和仲裁活动等都要求法治。市场经济比较成功的国家和地区的实践经验已证明了这一点。加之各种经济行为、经济关系十分复杂，就必然要求法律这种稳定、公开、普遍的规则体系的规范、制约和引导，要求法治在市场经济活动中具有崇高的权威。发展社会主义市场经济，要求整个经济的运行必须严格依照其“游戏规则”进行，否则，将会造成整个社会经济秩序的混乱。从东西方国家经济的发展来看，市场经济运转效率较高的国家，法治都是比较完备的，我国的市场经济虽然独具中国特色，但是从对法治的需求看，也越来越表现出对法治的强烈需求，同时法治也对社会主义市场经济的发展起到极大的促进作用。

江泽民基于对市场经济和法治的关系的充分认识，极其深刻地阐明了发展社会主义市场经济和加强法制建设之间的关系，他指出：“世界经济的实践证明，一个比较成熟的市场经济，必然要求并具有比较完备的法制。市场经营活动的运行、市场秩序的维系、国家对经济活动的宏观调控和管理，以及生产、交换、分配、消费等各个环节都需要法律的引导和规范；在国际经济交往中，也需要按照国际惯例和国与国之间约定的规则办事。这些都是市场经济的内在要求。”[1]只有实行依法治国，建设社会主义法治国家，才能充分发挥社会主义市场经济的优势，最大限度地调动亿万人民创造财富的积极性，推动生产力不断发展，从而实现社会主义初级阶段的经济建设任务。

习近平在谈到市场经济与法治的关系时也指出：“市场经济应该是法治经济”，“解决制约持续健康发展的种种问题，克服部门保护主义和地方保护主义、维护市场秩序、保护知识产权、化解产能过剩、打击假冒伪劣产品、保护生态环境，……都需要密织法律之网、强化法治之力。”[2]中共十八届四中全会通过的《关于全面推进依法治国若干重大问题的决定》对法律制度在市场经济中的重要地位进行了系统阐释，并指出：“社会主义市场经济本质上是法治经济。使市场在资源配置中起决定性作用和更好发挥政府作用，必须以保护产权、维护契约、统一市场、平等交换、公平竞争、有效监管为基本导向，

---

1 《江泽民文选》第1卷，人民出版社2006年版，第511—512页。

2 习近平：《在中共十八届四中全会第二次全体会议上的讲话》（2014年10月23日），《习近平关于全面依法治国论述摘编》，中央文献出版社2015年版，第10—11页。

完善社会主义市场经济法律制度。”[1]《决定》对如何进一步完善社会主义市场经济法律制度进行了部署。

（二）依法治国是发展民主政治的需要

发展社会主义民主政治，是我们党始终不渝的奋斗目标，社会主义民主从本质上看是人民真正当家作主，它与法治是紧密联系、不可分割的。社会主义民主需要法治予以确认和巩固，将其制度化、法律化、规范化，上升到国家意志的高度。民主权利、民主结构、民主形式，只有用法律加以确认、界定和保障，才能从一种应然的形态转变为一种实然的形态，民主程序只有用法律程序的形式表现出来才能真正发挥作用。民主也只有在有章可循、有法可依，并依法运行时，才能保持自身的规范和有序，它的科学性、有效性和生命力才能得到保证和持续。

依法治国是实现社会主义民主的手段和途径，发展社会主义民主政治，建设社会主义法治国家，是依法治国的价值内涵和目标追求。一方面，它要依法确认和保障人民当家作主的根本地位，使其真正享有管理国家和社会事务的广泛权利。另一方面，法律在赋予政府机关明确权力的同时，也意味着对政府权力的限制，它要求政府机关及其工作人员对权力的运用，必须依法定职权和法定程序进行，违法者必须承担相应的责任，以防止政府机关成为最大的侵权主体。同时，法治的作用还在于为权利的行使排除障碍，对违法犯罪行为，尤其是破坏民主的行为依法给予严厉的制裁打击，为权利的行使创造一个安全、稳定、和谐和宽松的外部环境。江泽民同志在邓小平的“没有民主就没有社会主义”这一论述的基础上，又进一步深化了法治与社会主义的关系，提出：“没有民主和法制就没有社会主义，就没有社会主义的现代化。”[2]“我们应当在发展社会主义民主、健全社会主义法制方面取得明显进展，以巩固和发展稳定的社会环境，保证经济建设和改革开放的顺利进行。”[3]

由于受到经济、文化、历史等条件的制约，社会主义民主政治是一个渐进的过程，将始终贯穿社会主义建设的始终。它的推进是一项复杂的系统工程，它不仅取决于民主

---

1 《中共中央关于全面推进依法治国若干重大问题的决定》，《党的十八届四中全会〈决定〉学习辅导百问》，学习出版社、党建读物出版社2014年版，第9页。

2 《江泽民文选》第1卷，人民出版社2006年版，第235页。

3 同上。

制度的建立与健全，而且取决于人民民主意识和民主能力的加强，而意识能力的培养又是一个渐进的过程，必须建立在常规化和制度化的基础上，要通过法律和制度，来调动广大人民的民主热情，并组织他们积极主动地参与各种层次的民主活动，使民主的广泛性和有效性得到有机的统一。无论坚持和完善人民民主专政的国体、坚持和完善人民代表大会制度的政体，还是保障人民的主人翁地位、保障公民享有广泛的权利和自由、尊重和保障人权，都离不开完备的社会主义法治。

（三）实行法治，是实现国家长治久安的根本保证

实行法治，是国家长治久安的根本保证，这已被西方国家近现代法治实践所证明，也是中国共产党对法治和人治进行比较后得出的科学结论。中华人民共和国成立后，中国共产党曾犯过包括“大跃进”“文化大革命”在内的这样给党和国家带来严重危害的错误。产生这些错误的根源固然有许多方面，但最关键的还在于没有从认识上和实践中解决好人治还是法治的问题[1]。我们要建立防范人治产生的机制，建立社会主义法治国家，必须切实研究解决对领导人的监督机制和民主的制度化与法律化问题。领导人个人的权威是重要的，应该受到尊重和维护；但尊重和维护这些权威，应该建立在尊重和维护宪法、法律和党规党纪的权威基础上。

1978年中共十一届三中全会以后，邓小平就如何通过改革党和国家的领导制度，通过加强法制建设，以保证国家的长治久安和兴旺发达，发表了一系列精辟的见解和科学的论断。以邓小平法制思想为指导，1997年中共十五大报告也明确提出：“依法治国，是党领导人民治理国家的基本方略，是发展社会主义市场经济的客观需要，是社会文明进步的重要标志，是国家长治久安的重要保障。”[2]2004年9月15日，在首都各界纪念全国人民代表大会成立50周年大会上的讲话中，胡锦涛指出：“坚定不移地实施依法治国的基本方略，是国家长治久安的重要保障。依法治国不仅从制度上、法律上保证人民当家作主，而且也从制度上、法律上保证党的执政地位。”[3]

中共十八届四中全会对依法治国的意义进行了较为系统的阐释，指出：“依法治国，

---

1 参见薄一波：《若干重大决策与事件的回顾》下卷，中共中央党校出版社1993年版，第1293页。

2 《江泽民文选》第2卷，人民出版社2006年版，第29页。

3 胡锦涛：《在首都各界纪念全国人民代表大会成立50周年大会上的讲话》，《人民日报》2004年9月16日。

是坚持和发展中国特色社会主义的本质要求和重要保障，是实现国家治理体系和治理能力现代化的必然要求，事关我们党执政兴国，事关人民幸福安康，事关党和国家长治久安。”[1] 面对改革进入攻坚期和深水区，国际形势复杂多变的新形势新任务，“我们党要更好统筹国内国际两个大局，更好维护和运用我国发展的重要战略机遇期，更好统筹社会力量、平衡社会利益、调节社会关系、规范社会行为，使我国社会在深刻变革中既生机勃勃又井然有序，实现经济发展、政治清明、文化昌盛、社会公正、生态良好，实现我国和平发展的战略目标，必须更好发挥法治的引领和规范作用”。怎样避免党和国家的工作因领导人观点的变化或领导人的交替而出现某些失误甚至发生某种曲折的问题，依据马克思主义的基本原理，并积多年正反两方面的历史经验，解决这个问题，没有别的办法，只有坚持实行法治，加强社会主义法制建设，使社会主义民主制度化、法律化这一法[2]。

历史经验表明，法令行则国治国兴，法令弛则国乱国衰。保持稳定，维护国家的长治久安，最根本、最靠得住的措施是实行法治。因为同法治相比较，人治最大的弱点是把国家的安危寄托在个人或少数人身上，决策没有基本的法律依据和程序规则，一两个人或少数人就可以决定国家和民族的命运。而法治则最具稳定性、连续性，它所设定的行为规则是一种衡则，不会因为领导人的变动而变动，不会因领导人注意力的变化而变化，保证党和国家的重大决策严格依照法律制度规定的程序进行；它最具权威性，集中体现了人民的愿望、党的主张、国家的意志，一切组织都必须无条件地自觉执行；它最具有科学性，反映客观规律，依据法律，国家的政治事务、经济事务和社会主义文化事务均可公平、高效地进行；它的规范明确，具有普遍约束力和广泛的可监督性；法律具有国家强制性，能够有效地维护国家的政治生活、经济生活、社会生活的秩序。法治的这些特点决定了它对国家和社会生活具有独特的规范功能，是其他方式不可替代的，是国家稳定、长治久安的关键所在。

（四）法治是实现国家治理体系和治理能力的现代化的核心

“法律是治国之重器，法治是国家治理体系和治理能力的重要依托。全面推进依法

1 《中共中央关于全面推进依法治国若干重大问题的决定》，《党的十八届四中全会〈决定〉学习辅导百问》，学习出版社、党建读物出版社 2014 年版，第 1 页。

2 薄一波：《若干重大决策与事件的回顾》下卷，中共中央党校出版社 1993 年版，第 1296 页。

治国，是解决党和国家事业发展面临的一系列重大问题，解放和增强社会活力、促进社会公平正义、维护社会和谐稳定、确保党和国家长治久安的根本要求。要推动我国经济社会持续健康发展，不断开拓中国特色社会主义事业更加广阔的发展前景，就必须全面推进社会主义法治国家建设，从法治上为解决这些问题提供制度化方案。”[1] 自中共十八大以来，对法治在治国理政中功能的认识进一步深化，法治在国家治理体系和治理能力现代化中的地位得到进一步提升，并成为实现国家治理体系和治理能力的现代化追求的目标。在当前改革开放的新的历史时期，我们党面对的形势是两个“前所未有”，“面对的改革发展稳定任务之重前所未有，矛盾风险挑战之多前所未有”。[2] 怎样才能做到规避风险、化解矛盾，保持国家的长治久安，目标就是实现国家治理体系和治理能力的现代化。怎样才能实现国家治理体系和治理能力的现代化，路径就是依法治国，实行法治。

全面依法治国，实行法治是国家治理体系和治理能力现代化的重要保障。“推进国家治理体系和治理能力现代化，当然要高度重视法治问题，采取有力措施全面推进依法治国，建设社会主义法治国家，建设法治中国。”[3] 党的十八届四中全会是我们党首次召开的以依法治国为主题的中央全会。全会研究了全面推进依法治国若干重大问题，认为全面建成小康社会、实现中华民族伟大复兴的中国梦，全面深化改革、完善和发展中国特色社会主义制度，提高党的执政能力和执政水平，必须全面推进依法治国。

1　习近平:《关于〈中共中央关于全面推进依法治国若干重大问题的决定〉的说明》(2014 年 10 月 20 日),《中国共产党第十八届中央委员会第四次全体会议文件汇编》, 人民出版社 2014 年版, 第 68—69 页。

2　习近平:《在中共中央召开的党外人士座谈会上的讲话》(2014 年 8 月 19 日),《人民日报》2014 年 10 月 25 日。

3　习近平:《在省部级主要领导干部学习贯彻十八届三中全会精神全面深化改革专题研讨班上的讲话》(2014 年 2 月 17 日),《习近平关于全面依法治国论述摘编》, 中央文献出版社 2015 年版, 第 3 页。

第九章 坚持走中国特色社会主义法治之路

中共十八届四中全会强调，全面推进依法治国，必须坚定不移走中国特色社会主义法治道路，实现全面推进依法治国总目标必须坚持的原则之一，就是要坚持从中国实际出发，“汲取中华法律文化精华，借鉴国外法治有益经验，但决不照搬外国法治理念和模式”。[1] 邓小平说过：“所有别人的东西都可以参考，但也只是参考。世界上的问题不可能都用同一个模式解决。”[2]“一国的法治总是由一国的国情和社会制度决定并与其相适应。依法治国，建设社会主义法治国家，是中国人民的主张、理念，也是中国人民的实践。”[3] 中国特色社会主义法治之路是指与世界上现存的其他法治模式不同的一种法治建构模式。建设中国特色的社会主义法治国家，在学习、借鉴国外先进经验的前提下，更重要的是坚持中国特色，立足于中国实际，从中国国情出发。立足于中国实际，就必须对中国两千多年来的传统法律文化、中国近代法制化的进程、中华人民共和国成立以来特别是中共十一届三中全会以来法制建设的经验，以及中国法治的现状，进行全面的分析和评价。在此基础上，确立中国的法治道路，设计和建构有中国特色的法治社会的框架。何谓中国特色？其标志应具体表现在如坚持中国特色社会主义理论体系的指导，坚持社会主义，不照搬西方的政治模式，正确对待中国的传统法律文化，重视本国法律文化资源的利用，坚持走中华民族的自主创

---

1 《中共中央关于全面推进依法治国若干重大问题的决定》，《党的十八届四中全会〈决定〉学习辅导百问》，学习出版社、党建读物出版社 2014 年版，第 6 页。

2 《邓小平文选》第 3 卷，人民出版社 1993 年版，第 261 页。

3 中华人民共和国国务院新闻办公室：《中国的法制建设》，外文出版社 2008 年版，第 1 页。

新之路等方面。

一、坚持中国特色社会主义理论体系的指导地位

中共十七大报告认为，改革开放以来我们取得一切成绩和进步的根本原因，归结起来就是：开辟了中国特色社会主义道路，形成了中国特色社会主义理论体系。“中国特色社会主义理论体系，就是包括邓小平理论、‘三个代表’重要思想以及科学发展观等重大战略思想在内的科学理论体系。”[1] 自1978年中共十一届三中全会以来，我国的改革开放和社会主义现代化建设之所以取得举世公认的巨大成就，最根本的原因就是开辟了中国特色社会主义道路，建立了中国特色社会主义制度，形成了中国特色社会主义理论体系。实践已充分证明，中国特色社会主义理论体系，是指导中国人民在改革开放中胜利实现社会主义现代化的正确理论。理所当然，在当代中国，中国特色社会主义理论体系，特别是作为中国特色社会主义理论体系重要组成部分的法治理论，也应是建设有中国特色的法治社会所必须遵循的指导思想。

（一）宪法确立了邓小平理论和“三个代表”重要思想国家指导思想地位

中共十五大把邓小平理论确立为全党的指导思想，1999年修改宪法时又进一步把邓小平理论确立为我们国家的指导思想。根据中共十五大精神，第九届全国人民代表大会第二次会议审议通过了第三个《中华人民共和国宪法修正案》。这个宪法修正案，是根据我国改革开放和社会主义现代化建设事业进一步发展的实践，依据中共十五大总结的新经验，对1982年通过的现行宪法，在经过1988年和1993年两次修改的基础上，又进行了许多重要修改。根据客观实际的发展变化，除对宪法原来规定的我国的基本经济制度、分配制度以及非公有制经济的作用等内容，进行了一些必要的修改外，其中最重要的修改有两点：一是把邓小平理论写进了宪法序言；二是在宪法总则中增加了“中华人民共和国实行依法治国，建设社会主义法治国家”的条款。

---

1 胡锦涛：《高举中国特色社会主义伟大旗帜，为夺取全面建设小康社会新胜利而奋斗》，《十七大报告辅导读本》，人民出版社2007年版，第11页。

中共十五大最大的贡献是确立了邓小平理论的历史地位和指导意义，同时提出了依法治国，建设社会主义法治国家的治国方略。把邓小平理论和依法治国，建设社会主义法治国家写入宪法，作为根本大法的内容，是中国共产党的主张，也是全国各族人民的共同愿望，同时也是把党的主张和全国各族人民的共同愿望上升为国家的意志，不仅具有极大的权威性，而且具有极大的稳定性。

中共十五大强调，在社会主义改革开放和现代化建设的新时期，在跨越世纪的新征途上，一定要高举邓小平理论的伟大旗帜，用邓小平理论来指导我们整个事业和各项工作。在当代中国，只有邓小平理论能够解决社会主义的前途和命运问题。十五大把邓小平理论同马列主义、毛泽东思想一起确立为中国共产党的指导思想。四项基本原则是我国宪法总的指导思想，并贯穿宪法的始终。邓小平理论作为对四项基本原则内容之一的毛泽东思想的继承和发展、当代中国的马克思主义被写入宪法，理所当然地就成为宪法和国家的指导思想，因而也毫无疑问地成为我国宪法基本原则之一的依法治国，建设社会主义法治国家应遵循的指导思想。

2002 年中共十六大把“三个代表”重要思想与马克思列宁主义、毛泽东思想、邓小平理论一起，作为中国共产党的行动指南。2004 年第十届全国人大二次会议通过的第 4 次宪法修正案，又把“三个代表”重要思想写入宪法，成为国家的指导思想。

2007 年中共十七大提出，科学发展观“是我国经济社会发展的重要指导方针，是发展中国特色社会主义必须坚持和贯彻的重大战略思想”。[1]

中共十七大报告在全景式、大跨度回顾总结改革开放四十年的历史进程和宝贵经验的基础上，对中国共产党在新时期以来建设、捍卫、发展中国特色社会主义的创新实践中，相继形成的马克思主义中国化的理论成果，做了一个完整、统一而又鲜明、准确的大整合，这就是：把邓小平理论、“三个代表”重要思想以及科学发展观等重大战略思想，统称为中国特色社会主义理论体系。[2] 中共十八大进一步把科学发展观同马克思列宁主义、毛泽东思想、邓小平理论、“三个代表”重要思想一道，确立为中国共产党必须长期坚持的指导思想。高举中国特色社会主义旗帜，最根本的就是坚持中国特色社会主义

1　参见胡锦涛：《高举中国特色社会主义伟大旗帜，为夺取全面建设小康社会新胜利而奋斗》，《十七大报告辅导读本》，人民出版社 2007 年版，第 12 页。

2　参见郑必坚：《高举中国特色社会主义伟大旗帜》，《十七大报告辅导读本》，人民出版社 2007 年版，第 4 页。

道路和中国特色社会主义理论体系。

（二）中国特色社会主义理论体系是当代中国法治社会建立的指导思想

中共十五大提出了依法治国，建设社会主义法治国家的治国方略，中共十六大又进一步提出政治文明建设。政治文明建设的核心是依法治国，建设社会主义法治国家。胡锦涛对建设社会主义政治文明要坚持的指导思想进行了论述。在中共十六届二中全会上，胡锦涛指出，推进社会主义政治文明建设，是一个内容广泛的系统工程，需要我们进行多方面的长期努力。其中在指导思想上"要坚持以马克思列宁主义、毛泽东思想、邓小平理论和'三个代表'重要思想为指导，坚持和发展社会主义政治思想，坚持用社会主义政治思想武装党员、教育人民，为社会主义政治文明建设提供强有力的理论指引和思想保证"。[1] 中共十八届四中全会进一步指出，全面推进依法治国，要"高举中国特色社会主义伟大旗帜，以马克思列宁主义、毛泽东思想、邓小平理论、'三个代表'重要思想、科学发展观为指导，深入贯彻习近平总书记系列重要讲话精神"。[2] 这是新时期新阶段全面推进依法治国必须坚持的指导思想。

依法治国，建设社会主义法治国家，现已上升为宪法原则，成为国家意志。这是中国共产党领导方式、执政方式、治国方略的历史转变，也是对马克思主义国家学说的重大贡献。如何建立社会主义法治国家，中国的法治之路如何走，无论在理论和实践上都有许多值得探讨的问题，但最根本的一条，就是以中国特色社会主义理论体系，特别是其中包含的法治思想和法学理论为指导，立足中国的文化和当前的实践，走中国特色的法治建设道路。

中国特色社会主义理论体系，包括其重要组成部分的法治思想和法学理论，其核心是解放思想，实事求是，与时俱进。解放思想、实事求是，其实质是敢于打破一切僵化思想的束缚，不把书本当教条，不照搬外国模式；其着眼点是立足于中国国情，从中国的现实和当代世界发展的特点出发，敢于和善于走自己的路，强调有中国特色。1984年邓小平在《建设有中国特色的社会主义》的谈话中，曾说过："我们多次重申，要坚持马

1　胡锦涛：《在党的十六届二中全会上的讲话》（2003年2月26日）。

2　《中共中央关于全面推进依法治国若干重大问题的决定》，《党的十八届四中全会〈决定〉学习辅导百问》，学习出版社、党建读物出版社2014年版，第3页。

克思主义，坚持走社会主义道路。但是，马克思主义必须是同中国实际相结合的马克思主义，社会主义必须是切合中国实际的有中国特色的社会主义。”[1]把马克思主义同中国的实际相结合，走自己的路，这是贯穿邓小平理论的一条主线。建设有中国特色的社会主义之所以能取得举世瞩目的伟大成就，根本原因就在于此。依法治国，建设社会主义法治国家，以中国特色社会主义理论，尤其是法治理论为指导，也应坚持解放思想，实事求是，从中国的国情出发，在学习、借鉴先进法治国家和地区经验的同时，在法治模式上，立足于中国实际，建设具有中国特色的法治国家。

二、坚持社会主义

确立中国的法治目标模式首先必须坚持社会主义。自中共十一届三中全会确立了民主法制建设的目标后，邓小平一直强调当代中国民主法制建设的社会主义性质，并指出："我们实行的民主不是搬用西方的民主。最近我同美国人谈话时讲过，中国只有坚持搞社会主义才有出路，搞资本主义没有出路。”[2]“中国的社会主义是变不了的。中国肯定要沿着自己选择的社会主义道路走到底。”[3]“三中全会以来，我们一直强调坚持四项基本原则，其中最重要的一条是坚持社会主义制度。”[4]类似的表述，在《邓小平文选》中还有很多。

为什么必须坚持社会主义道路呢？邓小平在《建设有中国特色的社会主义》一文中，曾经解释说：“人们说，你们搞什么社会主义！我们说，中国搞资本主义不行，必须搞社会主义。如果不搞社会主义，而走资本主义道路，中国的混乱状态就不能结束，贫困落后的状态就不能改变。”[5]“中国搞现代化，只能靠社会主义，不能靠资本主义。历史上有人想在中国搞资本主义，总是行不通。我们搞社会主义虽然犯过错误，但总的来说，改变了中国的面貌。”[6]既然我们建设的是中国特色的社会主义，坚持社会主义道路是改革开放和现代化建设健康发展的保证之一，那么，建设中国特色社会主义法治国家，首先应是社会主义性质的法治国家。

1 《邓小平文选》第3卷，人民出版社1993年版，第63页。
2 同上书，第211—212页。
3 同上书，第320—321页。
4 同上书，第149页。
5 同上书，第63页。
6 同上书，第229页。

自中共十五大以来，当代中国政治体制改革，发展社会主义民主政治的目标已非常明确和具体。这从党的几次代表大会报告中已得到充分体现。当代中国政治体制改革，发展社会主义民主政治的目标就是，进一步扩大社会主义民主，健全社会主义法制，依法治国，建设社会主义法治国家。江泽民指出："我们在进行经济体制改革的同时，积极稳妥地推进政治体制改革，努力建设有中国特色的社会主义民主政治。在中国共产党的领导下，实行人民民主，充分保证人民当家作主的权利，是我国政权建设和政治体制改革的根本出发点和归宿。"[1]这就十分清楚地表明，当代中国的民主政治建设和法治国家的建立，其性质是社会主义的，是与资本主义法治国家在本质上相区别的。

在当代中国，坚持中国特色社会主义道路，就是真正坚持社会主义。走自己的路，建设中国特色的社会主义，是中华人民共和国成立以来，尤其是中共十一届三中全会以来，在总结社会主义建设基本经验的过程中，得出的一条规律性的认识。

三、在政治体制上不照搬西方的模式

建设法治国家，必须有与此相适应的政治体制。从一定意义上说，这是实行法治的核心。建设当代中国的法治社会，究竟应采取何种政治体制？对此，有人对西方的多党制、三权分立等制度比较推崇，认为那是制约权力，解决腐败问题的最有效的制度。不可否认，西方的政治模式在权力的制约方面有值得我们学习的地方，但这并不意味着我们建立法治社会就可以照搬他们的模式。

邓小平在探索建设中国特色社会主义道路的过程中，明确提出中国的政治体制改革不能照搬西方的模式，"不能照搬资本主义国家那一套，不能搞资产阶级自由化"[2]。他说："我们必须进行政治体制改革，而这种改革又不能搬用西方那一套所谓的民主，不能搬用他们的三权鼎立，不能搬用他们的资本主义制度，而要搞社会主义民主。"[3]江泽民在中共十六大报告中也明确提出："要坚持从我国国情出发，总结自己的实践经验，同时借鉴人类政治文明的有益成果，绝不照搬西方政治制度的模式。"[4]胡锦涛在中共十八大报告中对

1 《江泽民论有中国特色社会主义（专题摘编）》，中央文献出版社2002年版，第299页。

2 《邓小平文选》第3卷，人民出版社1993年版，第252页。

3 同上书，第240—241页。

4 《江泽民文选》第3卷，人民出版社2006年版，第553—554页。

此进行了重申。简言之，中国的政治体制改革必须从中国的实际出发，绝不能照搬西方的多党制，不能搞三权分立、两院制那一套。中共十八届四中全会进一步强调，全面推进依法治国，要坚持从中国实际出发，“借鉴国外法治有益经验，但决不照搬外国法治理念和模式”。[1]

坚持中国特色社会主义法治之路，不照搬西方的政治模式，就是坚持党的领导、人民当家作主、依法治国的有机统一，坚持和完善人民代表大会制度，重视和充分发挥多党合作与政治协商制度的作用。

（一）正确处理党的领导与依法治国的关系

处理好坚持党的领导与依法治国的关系，是建设社会主义法治国家需要解决的一个重要理论与实践问题，也是中国特色社会主义法学理论中的一个重要内容。坚持和完善党对社会主义民主法制建设的领导，党必须在宪法和法律的范围内活动，是中国特色社会主义法学理论的一个重要观点，也是建设中国特色社会主义法治国家必须处理好的问题。

1. 坚持和完善党对依法治国的领导

中国共产党的领导地位是共产党领导人民在长期的革命斗争中和社会主义建设中形成的。中国共产党是我国政治生活的核心。邓小平曾指出：“只要坚持并且改善党的领导，由此带动其他工作，我们的任务就能够完成。我们坚持四项基本原则，就是坚持社会主义，坚持无产阶级专政，坚持马列主义、毛泽东思想，坚持党的领导，这四个坚持的核心，是坚持党的领导。我们这个党是马列主义、毛泽东思想的党，是领导社会主义事业、领导无产阶级专政的核心力量，是无产阶级的、有社会主义和共产主义觉悟的、有革命纪律的先进队伍。”[2] 他又说：“坚持四项基本原则的核心，是坚持党的领导。我们多次讲过，在中国这样一个大国，没有共产党的领导，必然四分五裂，一事无成。对于党内外任何企图削弱、摆脱、取消、反对党的领导的倾向，必须进行批评、教育以至必

1 《中共中央关于全面推进依法治国若干重大问题的决定》，《党的十八届四中全会〈决定〉学习辅导百问》，学习出版社、党建读物出版社 2014 年版，第 6 页。

2 《邓小平文选》第 2 卷，人民出版社 1994 年版，第 266 页。

要的斗争。这是四个现代化能否实现的关键，也是决定这次调整成功或失败的关键。”[1]因此，坚持党对社会主义建设事业的全面领导不能有丝毫削弱和动摇。中国共产党不仅是我国社会主义事业的领导核心，也是依法治国、建设社会主义法治国家的领导核心。历史已经证明，中国共产党自成立以来，一直把争取人民民主、建设社会主义民主法制作为自己的奋斗目标之一。中华人民共和国成立后，我国虽然出现过忽视甚至破坏法制的状况，但自十一届三中全会以来，中国共产党通过吸取历史的经验教训，在领导中国人民向社会主义法治国家迈进的进程中，以中共十五大为标志，已实现了历史性的跨越。

依法治国和坚持党的领导，两者并不矛盾，而是相互促进的。共产党执政，就是领导和支持人民当家作主。中国共产党是社会主义民主与法制的倡导者，党同人民一起制定法律，又自觉地在宪法和法律规定的范围内活动，带头遵守和实施法律。因而推进社会主义法治国家建设，必须处理好党的领导、人民当家作主和依法治国的关系。党的领导是关键，人民当家作主是基础，依法办事是保证，绝不能把三者割裂开来、对立起来。

邓小平反复强调，不能摆脱党的领导谈民主与法制建设。他说：“我们人民的团结，社会的安定，民主的发展，国家的统一，都要靠党的领导。坚持四项基本原则的核心，就是坚持党的领导。”[2]以为发扬民主、强调法治就不需要党的领导，这是错误的。只有正确、充分发挥中国共产党的领导作用，法治才有前途。中共十五大报告指出：“依法治国把坚持党的领导、发扬人民民主和严格依法办事统一起来，从制度和法律上保证党的基本路线和基本方针的贯彻实施，保证党始终发挥总揽全局、协调各方的领导核心作用。”中共十六大报告指出：“发展社会主义民主政治，最根本的是要把坚持党的领导、人民当家作主和依法治国有机统一起来。党的领导是人民当家作主和依法治国的根本保证，人民当家作主是社会主义民主政治的本质要求，依法治国是党领导人民治理国家的基本方略。”[3]2002年12月4日，胡锦涛在首都各界纪念中华人民共和国宪法公布施行二十周年大会上的讲话中，对坚持党的领导、人民当家作主和依法治国的有机统一的意进行了论述。他说：“正确认识和处理好这三者之间的关系，才能把全党和全国各族人民的意志和力量进一步凝聚起来，意气风发、团结一致地去实现党的十六大提出的全面

---

1 《邓小平文选》第2卷，人民出版社1994年版，第358页。
2 《邓小平文选》第2卷，人民出版社1994年第2版，第342页。
3 《江泽民文选》第3卷，人民出版社2006年版，第553页。

建设小康社会的奋斗目标，落实党的十六大对我国经济、政治、文化等各方面工作作出的部署。”[1] 胡锦涛在中共十六届二中全会上的讲话中进一步指出：“推进政治文明建设，最根本的是要坚持党的领导、人民当家作主和依法治国的有机统一。这是我们推进政治文明建设必须遵循的基本方针，也是我国社会主义政治文明区别于资本主义政治文明的本质特征。……建设社会主义政治文明必须坚持党的领导。削弱党的领导，脱离党的领导，放弃党的领导，社会主义政治文明就不可能建设好。”[2] 中共十七大、十八大又进一步强调了要坚持中国特色社会主义政治发展道路，坚持党的领导、人民当家作主、依法治国的有机统一。[3] 中共十八届四中全会进一步指出：“党的领导是中国特色社会主义最本质的特征，是社会主义法治最根本的保证。把党的领导贯彻到依法治国全过程和各方面，是我国社会主义法治建设的一条基本经验。”[4]

2. 党必须在宪法和法律的范围内活动

坚持党必须在宪法和法律的范围内活动，是在坚持中国共产党领导的前提下，正确处理党的活动同国家宪法和法律的关系，依法治国，建设社会主义法治国家的重要原则，也是中国共产党作为执政党必须遵循的准则。

党必须遵守宪法和法律，在邓小平有关法制问题的论述中，虽然没有明确作出过如上的表述，但对这一原则的确立，邓小平作出了巨大贡献。还在中国共产党领导人民进行革命斗争时期，邓小平就一直强调，每一个共产党员都必须把奉公守法、遵守国家的法律作为自己的活动准则。1941 年 4 月，邓小平在《党与抗日民主政权》一文中指出：“党员在政权中要奉公守法、遵守纪律。如果发生党员有犯法舞弊等行为，除了行政上应依法惩治外，党内还应给以处分。”[5] 可以说，这是邓小平关于党员必须在法律范围内活动的最早思想。1956 年 9 月，邓小平在党的八大会议上所作的《关于修改党的章程的报告》中指出：“党章草案要求，每一个党员严格地遵守党章和国家的法律，遵守共产主义

---

1 胡锦涛：《在首都各界纪念中华人民共和国宪法公布施行二十周年大会上的讲话》，《人民日报》2002 年 12 月 5 日。

2 胡锦涛：《在党的十六届二中全会上的讲话》2003 年 2 月 26 日。

3 参见胡锦涛：《高举中国特色社会主义伟大旗帜，为夺取全面建设小康社会新胜利而奋斗》，《十七大报告辅导读本》，人民出版社 2007 年版，第 27 页。

4 《中共中央关于全面推进依法治国若干重大问题的决定》，《党的十八届四中全会〈决定〉学习辅导百问》，学习出版社、党建读物出版社 2014 年版，第 3—4 页。

5 《邓小平文选》第 1 卷，人民出版社 1994 年版，第 20 页。

道德，一切党员，不管他们的功劳和职位如何，都没有例外。”[1]粉碎“四人帮”，拨乱反正以后，邓小平进一步坚持和发展了上述思想，把遵守法律，按法律办事，由个人的活动准则推广到作为党组织的一条活动原则。1980 年 12 月，邓小平在中央工作会议上指出：“全党同志和全体干部都要按照宪法、法律、法令办事”，国家颁布的法律和法令、必要的法律设施，是全党全军全民的共同行动准则。[2]

根据邓小平的上述思想，1982 年宪法和中共十二大通过的党章正式地把“党必须在宪法和法律的范围内活动”，作为一项宪法原则和党的活动必须遵循的原则提了出来。这项原则的确立，就解决了社会主义国家过去一直没有解决的党和法律的关系问题。在此后的历次中共全国代表大会上，对党必须在宪法和法律的范围内活动，都进行了重申和强调。

中共十三大在关于政治体制改革部分，中共十五大在政治体制改革和民主法制建设部分，分别重申了党领导人民制定宪法和法律，党应当在宪法和法律的范围内活动这一政治体制改革的原则。中共十六大报告提出：“宪法和法律是党的主张和人民意志相统一的体现。必须严格依法办事，任何组织和个人都不允许有超越宪法和法律的特权。”[3]“党员和干部特别是领导干部要成为遵守宪法和法律的模范。”[4]中共十七大报告指出：“各级党组织和全体党员要自觉在宪法和法律范围内活动，带头维护宪法和法律的尊严。”[5]中共十八大报告指出：“党领导人民制定宪法和法律，党必须在宪法和法律范围内活动。”[6]中共十八届四中全会更加系统地论述了党的领导和法律的关系：“把党领导人民制定和实施宪法法律同党坚持在宪法法律范围内活动统一起来，善于使党的主张通过法定程序成为国家意志，善于使党组织推荐的人选通过法定程序成为国家政权机关的领导人员，善于通过国家政权机关实施党对国家和社会的领导，善于运用民主集中制原则维护中央权威、

1 《邓小平文选》第 1 卷，人民出版社 1994 年版，第 243 页。
2 参见《邓小平文选》第 2 卷，人民出版社 1994 年版，第 371 页。
3 《江泽民文选》第 3 卷，人民出版社 2006 年版，第 553 页。
4 同上书，第 555 页。
5 胡锦涛：《高举中国特色社会主义伟大旗帜，为夺取全面建设小康社会新胜利而奋斗》，《十七大报告辅导读本》，人民出版社 2007 年版，第 30 页。
6 胡锦涛：《坚定不移沿着中国特色社会主义道路前进，为全面建成小康社会而奋斗》，《十八大报告辅导读本》，人民出版社 2012 年版，第 25 页。

维护全党全国团结统一。”[1]

党的领导主要是政治领导，即政治原则、政治方向、重大决策的领导和向国家机关推荐干部。坚持党必须在宪法和法律的范围内活动这一原则，党就不要干预法律范围内的问题。邓小平指出：“纠正不正之风、打击犯罪活动中属于法律范围的问题，要用法制来解决，由党直接管不合适。党要管党内纪律的问题，法律范围的问题应该由国家和政府管。党干预太多，不利于在全体人民中树立法制观念。这是一个党和政府的关系问题，是一个政治体制的问题。”[2]法律是国家制定的，实施法律是国家机关的主要职能。党的领导不能代行国家职权，不能以党代政，否则既不利于在全体人民中树立法律观念，又会削弱党的领导。因此，邓小平指出：“我们坚持党的领导，问题是党善于不善于领导。党要善于领导，不能干预太多，应该从中央开始。这样提不会削弱党的领导。干预太多，搞不好倒会削弱党的领导，恐怕是这样一个道理。”[3]中国共产党作为一个执政党，规定自己在宪法和法律的范围内活动，模范地按法律办事，这对于全面实施依法治国方略，建设社会主义法治国家，加强和改善党的领导，在全国和全体人民中形成依法办事的风气，养成遵纪守法的习惯，具有极为重要的意义。

（二）坚持和完善人民代表大会制度

在社会主义民主政治建设过程中，坚持和完善人民代表大会的根本政治制度，坚持从我国国情出发，总结自己的实践经验，同时借鉴人类文明的有益成果，不照搬西方政治制度的模式，是我国政治建设遵循的根本原则。因此，我们进行政治体制改革，消除党和国家领导制度中存在的种种弊端，建立与法治国家相适应的政治体制，必须在完善我国的人民代表大会制度方面下功夫。

邓小平强调：“在政治体制改革方面有一点可以肯定，就是我们要坚持实行人民代表大会的制度，而不是美国式的三权鼎立制度。”[4]人民代表大会制度是中国人民在中国共产党的领导下，集新民主主义革命、社会主义革命和建设的历史经验创立和发展起来的。

---

1 《中共中央关于全面推进依法治国若干重大问题的决定》，《党的十八届四中全会〈决定〉学习辅导百问》，学习出版社、党建读物出版社 2014 年版，第 4 页。

2 《邓小平文选》第 3 卷，人民出版社 1993 年版，第 163 页。

3 同上书，第 164 页。

4 同上书，第 307 页。

它不仅符合中国的实际，而且在实践中表现出巨大的优越性。

对西方的三权分立的政权运行模式，有些人比较推崇，并主张我国可以仿效，认为这是医治我国现行体制存在的一些弊端的良方。对此，邓小平不仅明确反对，而且深刻地剖析了西方“三权分立”模式的弊端，明确指出西方的模式不符合中国国情，中国的政权组织模式只能是人民代表大会制度。他说：“我们讲民主，不能搬用资产阶级的民主，不能搞三权鼎立那一套。我经常批评美国当权者，说他们实际上有三个政府。当然，美国资产阶级对外用这一手来对付其他国家，但对内自己也打架，造成了麻烦。这种办法我们不能采用。”[1]他还指出：“我们的制度是人民代表大会制度，共产党领导下的人民民主制度，不能搞西方那一套。”[2]他在会见美国前总统卡特时曾说：“中国如果照搬你们的多党竞选、三权鼎立那一套，肯定是动乱局面。”[3]

邓小平认为，加强社会主义民主法制建设，我们必须进行政治体制改革，但这种改革不能搬用西方的多党竞选、三权分立、两院制。我们实行的就是全国人民代表大会一院制度，因为这最符合中国实际。[4]他还对我国人民代表大会制度的优越性进行了全面的阐释，这在《邓小平文选》第3卷中得到了集中的体现。他说：“我们中国大陆不搞多党竞选，不搞三权分立、两院制。我们实行的就是全国人民代表大会一院制，这最符合中国实际。如果政策正确，方向正确，这种体制益处很大，很有助于国家的兴旺发达，避免很多牵扯。当然，如果政策搞错了，不管你什么院制也没有用。”[5]根据邓小平的这些思想，在社会主义民主政治建设过程中，坚持和完善人民代表大会的根本政治制度，坚持从我国国情出发，总结自己的实践经验，同时借鉴人类文明的有益成果，不照搬西方政治制度的模式，是我国政治文明建设遵循的根本原则。对此，江泽民进一步解释说：“我国实行的是人民民主专政的国体和人民代表大会的政体是人民奋斗的成果和历史的选择，必须坚持和完善这个根本政治制度。我们坚决不照搬西方政治制度的模式，这对于坚持党的领导和社会主义制度，实现人民民主具有决定意义。”[6]

---

1 《邓小平文选》第3卷，人民出版社1993年版，第195页。
2 同上书，第240页。
3 同上书，第244页。
4 同上书，第220页。
5 同上。
6 《江泽民论有中国特色社会主义（专题摘编）》，中央文献出版社2002年版，第308页。

胡锦涛对坚持和完善人民代表大会制度的意义，也有过论述。2004 年 9 月 15 日，在首都各界纪念全国人民代表大会成立 50 周年大会上的讲话中，他指出："坚持和完善人民代表大会制度，是我们发展社会主义民主政治、建设社会主义政治文明的重要内容。我们要坚持以马克思列宁主义、毛泽东思想、邓小平理论和'三个代表'重要思想为指导，更好地把坚持党的领导、人民当家作主和依法治国统一于社会主义民主政治建设的实践，统一于社会主义现代化建设的全过程，推动人民代表大会制度的与时俱进，使社会主义民主更加完善，社会主义法制更加完备，依法治国基本方略得到全面落实，人民的政治、经济、文化权益得到切实保障。"[1]

习近平在庆祝全国人民代表大会成立 60 周年大会上的讲话中指出："在中国实行人民代表大会制度，是中国人民在人类政治制度史上的伟大创造，是深刻总结近代以后中国政治生活惨痛教训得出的基本结论，是中国社会 100 多年激越变革、激荡发展的历史结果，是中国人民翻身作主、掌握自己命运的必然选择。""60 年的实践充分证明，人民代表大会制度是符合中国国情和实际、体现社会主义国家性质、保证人民当家作主、保障实现中华民族伟大复兴的好制度。"[2]

坚持中国特色社会主义道路，坚持和完善人民代表大会制度，必须进一步认识我国人民代表大会制度与西方资本主义国家政体的本质区别。一要充分认识人民代表大会与西方议会的本质区别。我国的政党制度，是中国共产党领导的多党合作和政治协商制度，不是西方的多党制。中国共产党是领导核心，是执政党，各民主党派是参政党。二要充分认识人大和"一府两院"的关系与西方国家国家机关间关系的本质区别。我国是由人民代表大会统一行使国家权力，"一府两院"由人大产生，对人大负责，受人大监督。各国家机关分工不同、职责不同，都在中国共产党领导下、在各自职权范围内贯彻落实党的路线方针政策和宪法法律，为建设和发展中国特色社会主义服务，不是西方的"三权分立"。三要充分认识人大代表与西方议员的本质区别。我们的全国人大代表，来自各地区、各民族、各方面，人口再少的民族也至少有一名代表，具有广泛的代表性，不像西方议员是某党某派的代表。[3]

1 胡锦涛：《在首都各界纪念全国人民代表大会成立 50 周年大会上的讲话》，《人民日报》2004 年 9 月 16 日。

2 习近平：《在庆祝全国人民代表大会成立 60 周年大会上的讲话》（2014 年 9 月 5 日），《人民日报》2014 年 9 月 6 日。

3 参见吴邦国：《全国人民代表大会常务委员会工作报告——2009 年 3 月 9 日在第十一届全国人民代表大会第二次会议上》，《人民日报》2009 年 3 月 17 日。

中共十一届三中全会以来，我国人民代表大会制度建设已取得了很大成绩，其在国家政治生活中的作用也得到了越来越充分的发挥。实践也证明，我国人大制度建设，是我国社会主义法治建设最重要的基本建设。总之，发展社会主义民主和法制，重中之重是坚持和完善人民代表大会制度。与西方国家相比较的一个优势就是我国的人民代表大会制度决定问题快，干一件事情，一下决心，一作出决议，就立即执行，不受牵扯，决策、办事的总效率比西方的民主高得多。但我们也必须看到，由于我国处在社会主义初级阶段，受社会政治、经济、文化等条件的制约，在一些具体的民主制度、民主程序和工作方式上还存在一些待完善之处。我国人大的监督职能虽正处于强化的趋势之中，但与形势的发展和法治国家的要求相比较还有差距。因而，我们在选择人民代表大会制度这种政体模式的同时，还必须根据社会主义法治建设的实际需要，进一步改革和完善这一制度。改革和完善我国人大制度，在坚持和完善中国共产党对人大工作领导的前提下，应主要从以下方面进一步加强人大制度的自身建设。如完善人大在重大决策中发挥作用的机制，加强人大常委会的组织建设，完善人大的监督职能，完善立法制度、选举制度、宪法监督制度，等等。

（三）重视和充分发挥多党合作与政治协商制度的作用

中国共产党领导的多党合作与政治协商制度，是在中国共产党领导人民争取民族独立和阶级解放的长期武装斗争历程中逐步形成的，是在我们党领导全国人民进行社会主义建设和改革开放的伟大实践中不断完善发展的。中国共产党领导的多党合作和政治协商制度是我国的一项基本政治制度，坚持和完善这一制度是我国民主政治建设的一项重要内容。

1979 年 10 月，在《各民主党派和工商联是为社会主义服务的政治力量》的讲话中，邓小平说："在中国共产党的领导下，实行多党派的合作，这是我国具体历史条件和现实条件所决定的，也是我国政治制度中的一个特点和优点。"[1]

江泽民说："共产党领导的多党合作和政治协商制度是符合中国国情，经得起实践检验的正确有效的政党制度。"[2]

---

1 《邓小平文选》第 2 卷，人民出版社 1994 年版，第 205 页。

2 《江泽民论有中国特色社会主义（专题摘编）》，中央文献出版社 2002 年版，第 302 页。

邓小平一贯十分重视统一战线和人民政协的工作。在新民主主义革命时期和新中国成立后十七年，邓小平对统一战线工作有大量的论述，这在《邓小平文选》第一卷中有充分的反映。中共十一届三中全会以后，为调动一切积极因素，集中一切力量发展生产力，进行社会主义现代化建设，邓小平对新时期统一战线和人民政协的性质、地位和作用有一系列重要论述。

我国的国家性质是人民民主专政的社会主义国家。但在现阶段，随着国内阶级力量对比关系的变化，我国的人民民主专政有了全新的内容和含义，人民的范围进一步扩大。邓小平指出："我国的统一战线已经成为工人阶级领导的、工农联盟为基础的社会主义劳动者和拥护社会主义的爱国者的广泛联盟。"[1]根据邓小平的观点，构成我国社会主义社会主人翁的人民，包括两个范围：一个是以工人、农民、知识分子为主体的社会主义劳动者；一个是以港澳台同胞和海外侨胞为主体的拥护社会主义的爱国者，即使不热爱社会主义，但热爱祖国，拥护祖国统一，也是我们团结的对象。

在我国改革开放和建立社会主义市场经济的过程中，伴随着经济的发展，又产生了一个新的社会阶层。这个新的社会阶层是指我国改革开放条件下出现的，与新的社会主义市场经济体制相联系的，有别于传统的阶级、阶层并且比较稳定和具有一定规模的新型社会群体。该社会阶层主要包括民营科技企业的创业人员和技术人员、受聘于外资企业的管理技术人员、个体户、私营企业主、中介组织的从业人员、自由职业人员等。这个新的社会阶层，作为社会主义市场经济的主要实践者与重要组织者，中国特色社会主义事业的建设者，同其他各劳动者阶层一样，在政治上都属于人民的范畴，是人民群众不可分割的一部分。因而，随着人民范围的扩大，人民民主的范围也必然随之扩大。

对我国统一战线在新的历史时期的任务，邓小平也多次进行了阐释。他说："新时期统一战线和人民政协的任务，就是要调动一切积极因素，努力化消极因素为积极因素，团结一切可以团结的力量，同心同德，群策群力，维护和发展安定团结的政治局面，为把我国建设成为现代化的社会主义强国而奋斗。"[2]

中国人民政治协商会议作为共产党领导下的爱国统一战线的组织形式，它在社会主

---

1 《邓小平文选》第2卷，人民出版社1994年版，第187页。

2 同上。

义经济建设和民主政治建设中发挥着越来越重要的作用。早在1979年6月，邓小平在中国人民政治协商会议第五届全国委员会第二次会议上，以《新时期的统一战线和人民政协的任务》为题的开幕词中，对政协在民主政治建设和现代化建设事业中的地位和职能作了充分的阐述。他说："为了实现四个现代化，必须发扬社会主义民主和加强社会主义法制。人民政协是发扬人民民主、联系各方面人民群众的一个重要组织。中国的社会主义现代化建设事业，继续需要政协就有关国家的大政方针、政治生活和四个现代化建设中的各项社会经济问题，进行协商、讨论。"[1] 邓小平的这一论述充分表明，充分发挥人民政协的政治协商职能，就国家的政治生活和经济生活方面的大政方针，由各民主党派、各社会团体及各方面人士通过多种不同的形式，进行讨论、协商，不仅能够推动各种社会力量积极参加社会主义革命和建设事业，而且也是发扬社会主义民主的一个重要方法和途径。

邓小平非常重视人民政协的监督职能。他要求人民政协在对国家的各种重大的政治经济问题进行协商讨论的同时，还要充分发挥民主党派对政府工作的监督作用，"发挥对宪法和法律实施的监督作用"[2]。为了调动社会各方面力量参政议政的积极性，做到知无不言，言无不尽，以主人翁的态度行使民主权利，对党和政府实施监督，参与国家和社会的管理，邓小平强调："我们要广开言路，广开才路，坚持不抓辫子、不扣帽子、不打棍子的'三不主义'，让各方面的意见、要求、批评和建议充分反映出来，以利于政府集中正确的意见，及时发现和纠正工作中的缺点、错误，把我们的各项事业推向前进。"[3] 邓小平对同各民主党派实行"长期共存、互相监督"的方针和重要意义进一步作了阐述。他说："在当前新的长征中，在四项基本原则的指引下，实行互相监督，充分发扬社会主义民主，加强社会主义法制，对于增强和维护安定团结，共同搞好国家大事，是十分重要的。"[4] 他认为："在国家政治生活和各项事业中，由于中国共产党居于领导的地位，党的路线、方针、政策正确与否，工作做得好坏，关系着国家的前途和社会主义事业的成败；同时，由于我们党的执政党的地位，我们的一些同志很容易沾染上主观主义、官僚

1 《邓小平文选》第2卷，人民出版社1994年版，第187页。
2 同上。
3 同上。
4 同上书，第205页。

主义和宗派主义的习气。因此，对于我们党来说，更加需要听取来自各个方面包括各民主党派的不同意见，需要接受各个方面的批评和监督，以利于集思广益，取长补短，克服缺点，减少错误。”[1]

在改革开放的新时期，中国共产党对发挥多党合作与政治协商制度的作用也非常重视。中共十五大报告指出：“坚持‘长期共存、互相监督、肝胆相照、荣辱与共’的方针，加强同民主党派合作共事，巩固我们党同党外人士的联盟。继续推进人民政协政治协商、民主监督、参政议政的规范化、制度化，使之成为党团结各界的重要渠道。”[2]中共十六大、十七大报告对保证人民政协发挥政治协商、民主监督和参政议政的作用，也分别进行了强调。中共十八大报告对健全社会主义协商民主制度进行了更为系统的阐释，强调“坚持和完善中国共产党领导的多党合作和政治协商制度，充分发挥人民政协作为协商民主重要渠道作用，围绕团结和民主两大主题，推进政治协商、民主监督、参政议政制度建设，更好协调关系、汇聚力量、建言献策、服务大局。加强同民主党派的政治协商。把政治协商纳入决策程序，坚持协商于决策之前和决策之中，增强民主协商实效性。深入进行专题协商、对口协商、界别协商、提案办理协商”。[3]

实践证明，我国的多党合作与政治协商制度凝聚全社会的智慧和力量，最大限度地集中了各种社会资源。这一制度，既能维护人民的根本利益，又能照顾各方面的具体利益，有效协调各方面的利益关系，有利于社会和谐与稳定。充分发挥人民政协的监督作用，有助于国家机关改进工作和提高工作效率，同时，对加强和完善中国共产党的领导，建设高度的社会主义民主，加强社会主义法治，做到党和政府决策的民主化、科学化，减少失误、少走弯路，也有着十分重要的作用。

四、实现民主与法治要从中国实际出发，有步骤有领导地进行

（一）西方的民主不适合中国国情

针对一些人打着民主的幌子搞资产阶级自由化，邓小平在多种场合反复强调，我们

1 《邓小平文选》第2卷，人民出版社1994年版，第205页。

2 《江泽民文选》第2卷，人民出版社2006年版，第30页。

3 胡锦涛：《坚定不移沿着中国特色社会主义道路前进，为全面建成小康社会而奋斗》，《十八大报告辅导读本》，人民出版社2012年版，第24页。

要搞社会主义民主，不能搬用资产阶级的民主，不能搞多党制、三权鼎立那一套。他说："一般讲政治体制改革都讲民主化，但民主化的含义不十分清楚。资本主义社会讲的民主是资产阶级的民主，实际上是垄断资本的民主，无非是多党竞选、三权鼎立、两院制。我们的制度是人民代表大会制度，共产党领导下的人民民主制度，不能搞西方那一套。"[1] 在会见美国前总统卡特时，邓小平又谈道："人们往往把民主同美国联系起来，认为美国的制度是最理想的民主制度。我们不能搬你们的……中国如果照搬你们的多党竞选、三权鼎立那一套，肯定是动乱局面。如果今天这部分人上街，明天那部分人上街，中国十亿人口，一年三百六十五天，天天都会有事，日子还能过吗？还有什么精力搞建设？所以不能从你们的角度来看待中国的问题。"[2]

（二）建设高度的社会主义民主是一个长期渐进的过程

建设高度的社会主义民主，并不是一件孤立的事情，不能一蹴而就，要受到许多客观条件的制约，不能急于求成。对在我们这样一个经济文化相对落后的国家里进行民主建设的步骤、方式和方法，邓小平有一系列的论述。他认为，由于民主的发展要受经济结构、社会环境和文化发展程度的影响，决定了民主的发展是一个长期的、渐进的历史过程，只能够有领导、有秩序地逐步进行。他说："民主只能逐步地发展，不能搬用西方那一套，要搬那一套，非乱不可。"[3] "西方民主那一套我们不能照搬，中国的事情要根据自己的实际情况办。"[4] 他还说："我们是要发展社会主义民主，但匆匆忙忙地搞不行，搞西方那一套更不行。"[5] 他还结合中国的国情，指出民主建设要从实际出发。他说："调动积极性是最大的民主。至于各种民主形式怎么搞法，要看实际情况。比如讲普选，现在我们在基层，就是在乡、县两级和城市区一级、不设区的市一级搞直接选举，省、自治区、设区的市和中央是间接选举。像我们这样一个大国，人口这么多，地区之间又不平衡，还有这么多民族，高层搞直接选举现在条件还不成熟，首先是文化素质不行。"[6] 因此，进行社会主义民主建设，必须考虑到我国的国情，循序渐进，逐步实现，不能一味追求形

1 《邓小平文选》第3卷，人民出版社1993年版，第240页。
2 同上书，第244页。
3 同上书，第196页。
4 同上书，第249页。
5 同上书，第285页。
6 同上书，第242页。

式上的民主。在中国处于发展经济、提高生产力水平的阶段，“如果追求形式上的民主，结果是既实现不了民主，经济也得不到发展，只会出现国家混乱、人心涣散的局面。对这一点我们有深切的体验，因为我们有‘文化大革命’的经历，亲眼看到了它的恶果”。[1]

（三）实现民主与法治一定要有步骤

民主与法治都是社会上层建筑的组成部分，都由经济基础所决定，并受上层建筑其他诸因素的影响。因而，民主与法治的发展水平总是受到各种社会因素的制约。由于我国的社会物质文化水平相对来说还不发达，这就决定了我国民主与法制的实现与完善需要一个长期的过程。邓小平在论述民主与法治在我国社会发展中的地位和作用的同时，还指明我国实现民主与法治的途径和方法。他指出：“实现民主和法治，同实现四个现代化一样，不能用大跃进的做法，不能用‘大鸣大放’的做法。就是说，一定要有步骤，有领导。否则，只能助长动乱，只能妨碍四个现代化，也只能妨碍民主和法治。”[2]1980年他多次提到，“四大”即大鸣、大放、大字报、大辩论，是载在宪法上的，“现在把历史的经验总结一下，不能不承认，这个‘四大’的做法，作为一个整体来看，从来没有产生积极的作用。应该让群众有充分的权利和机会，表达他们对领导的负责的批评和积极的建议，但是‘大鸣大放’这些做法显然不适宜于达到这个目的。因此，宪法有关‘四大’的条文，根据长期实践，根据大多数干部和群众的意见，党中央准备提请人大常委会和全国人大审议，把它取消”。[3]“取消宪法中关于‘四大’的规定，并不是说不要发扬社会主义民主，而是由于多年的实践证明，‘四大’不是一种好办法，它既不利于安定，也不利于民主。”[4]

邓小平上述在总结历史经验的基础上对实现民主与法治途径的分析，使我们清醒地认识到，民主与法治的发展是受主客观条件制约的，社会主义民主与法治建设与现代化建设一样，“也要一步一步地前进”[5]，不能用无法无天的无政府主义的“大民主”的办法来实现。因为“‘文化大革命’的经验已经证明，动乱不能前进，只能后退，要有秩序

1 《邓小平文选》第3卷，人民出版社1993年版，第284—285页。
2 《邓小平文选》第2卷，人民出版社1994年第2版，第257页。
3 同上。
4 《邓小平文选》第2卷，人民出版社1994年版，第276页。
5 同上书，第168页。

才能前进”。[1] 因此，实现民主与法治，只能通过踏踏实实、坚持不懈的努力，通过建设性的工作，逐步提高社会物质文化发展的水平去完成。

五、重视本土法律文化资源的利用

如何处理学习、借鉴和立足本国实际及本国特点之间的关系，是邓小平反复阐述的一个主要观点，也是邓小平理论的一个重要内容。邓小平在不同的时间和场合曾多次说过，建设有中国特色的社会主义，解决中国的问题，要“继续坚持学习资本主义国家一切对我们有用的东西”[2]。“西方好的东西，应该借鉴、学习。”[3] “其实有些事情，在某些国家能实行的，不一定在其他国家也能实行。我们一定要切合实际，要根据自己的特点来决定自己的制度和管理方式。”[4] “中国有自己的特点，所以我们只能按中国的实际办事，别人的经验可借鉴，但不能照搬。”[5] 这些论述，是我们今天建设社会主义法治国家必须遵循的指导思想。

当代中国的法治国家建设，如何对待中国的法律本土资源，即中国的法律文化传统，是一个不能回避的问题。以中国特色社会主义法学理论为指导，依法治国，建设社会主义法治国家，只能按中国的实际办事，要根据中国的特点来决定自己的制度和管理方式。因此，在学习、借鉴西方国家先进法律文化的同时，要重视本土文化资源的利用，即中国的法治国家建设要立足于中国的法律文化传统基础之上。这就要求在设计中国法治国家的模式、思考中国的法治之路时，必须正确认识和处理好以下几个问题。

（一）中西法律文化的交融与冲突问题

建设社会主义法治国家，必须向西方学习、借鉴甚至移植它们先进的制度和立法经验，这是不容置疑的。但法治的现代化并非是一个简单的向欧美国家的某些方面作出认同的过程，其间还蕴含着每个国家在各自的文化视野中对现代化的不同价值取向和模式选择，还必须对自己的传统有一个正确的定位和处理，即如何对待自己本土的法律文化传统。

---

1 《邓小平文选》第 2 卷，人民出版社 1994 年版，第 252 页。
2 同上书，第 328 页。
3 《邓小平文选》第 3 卷，人民出版社 1993 年版，第 211 页。
4 同上书，第 221 页。
5 同上书，第 229 页。

一个民族就意味着一种文化。法律制度作为调整社会关系、规范人类社会生活的手段，是民族文化的一个重要部分。由于不同民族的法律文化产生的社会环境和历史条件不同，价值取向不同，因而不同法律文化间的差异是客观存在的。这种差异的存在，在交流中必然会带来法律文化间的冲突。这在中国法律近代化的过程中得到了充分的反映。每个民族国家的法律不论以何种方式接受、容纳外来法律文化，都不能脱离其赖以建立的自身历史与文化传统。因而建设当代中国法治国家，实现法律的现代化，在吸收、借鉴或移植别国法律文化的同时，在法治模式的构建上，应立足于中国的文化传统基础之上。

（二）正确对待和评价中国的法律文化传统

中国是一个文明古国，中华法制文明源远流长。对于中国的法律文化传统，一向褒贬不一。应当承认，从总体上讲，中国的法律文化传统较之西方确有很多弊端，西方的法律文化也确实有很多优势，这种优势自近代以来表现得更为突出。但是否可以因此断言，在建设社会主义法治国家的过程中，中国的法律文化传统已失去了其存在的合理性？能否彻底撇开中国的传统法律文化，完全按照西方的法治理念建构当代中国的法治国家模式？回答当然是否定的。

推进政治体制改革，建设社会主义法治国家，必须从中国的国情出发，不照搬西方政治制度的模式，这是当代中国马克思主义法学理论的重要内容，也是中国政府确立依法治国方略，推进民主政治建设遵循的重要指导思想。这里所讲的中国国情，当然包括中国的传统法律文化在内。一个简单的事实是：传统的文化在我国已有几千年的积淀和延续，割断这样一个“文化脐带”是根本不可能的。在处理中西文化的关系方面，孙中山先生堪称我们的楷模。孙中山在努力学习资产阶级共和国方案的同时，又看到了它的弊病和不足。孙中山先生在进行中西文化比较时，承认自近代以来，欧美种种文明都比中国进步得多，也主张移植西法作为改造中法的出路，但他同时又指出，中国传统文化并非一无是处，“取欧美之民主以为模范，同时仍取数千年旧有文化而融贯之，发扬吾固有之文化，且吸收世界之文化而光大之，以期与诸民族并驱于世界”[1]。他历来主张：“吾人采取外国良法，对于本国优点亦殊不可轻弃。……今以外国

1 《孙中山全集》第7卷，中华书局1985年版，第60页。

输入之三权，与本国固有之二权一同采用，乃可与世竞争。”以此为指导，在实践中，他较好地做到了中西文化的有机交融，并在此基础上进行了创造性的发挥。在谈到三民主义的来源时，他曾说：“余之谋中国革命，其所持主义，有因袭吾国固有之思想者，有规抚欧洲之学说事迹者，有吾所独见而创获者。”[1] 中国在建设法治国家的过程中亦应如此。我们应当学习、借鉴西方法律文化传统中的优秀部分，但也要吸取中国法律传统中所独有的东西，把中西两种法律文化融会起来，建立起具有中国特色的法治国家。

（三）继承中国本土法律文化传统中的优秀成分，创建具有中国特色的先进法律文化

全球化和与国际接轨是当今的热门话语。但我们也应清醒地认识到，全球化和与国际接轨不是把自己的传统抛弃，更不是把自己的内容换成别人的内容。全球化和国际化就是让别人了解自己，把自己独特的文化推销出去。外国的经验必须学习，但不能成为我们别无选择的圭臬。建设社会主义法治国家，只能按中国的实际办事，要根据中国的特点来决定自己的制度和管理方式。因此，在学习、借鉴西方先进法律文化的同时，要重视本土法律文化资源的利用，即中国的法治国家建设要立足于中国法律文化传统基础之上。

目前，对中国传统法律文化的认识应形成这样的共识，即随着始于清末修律的中国古代法律制度的近代转型，适应乡土社会，调整小农经济秩序的中国传统法律制度体系，在中国社会结构已经发生变化的今天，从其整体来说已失去现代价值，但就其组成部分来说，仍有许多具有现代意义的因素。中国的传统法律文化中有糟粕，但无论在思想层面还是制度层面，也有许多值得我们今天汲取的精华。

（四）实现中国传统法律文化当代价值的路径

如何实现中国传统法律文化的当代价值呢？通过中国法制历史发展的过程可知，在两千多年的中国古代社会，传统法律文化是基于一定的制度安排而实现其价值的。那么，在当代中国，要实现传统法律文化的当代价值，也必须要有相应的制度安排。具体说来，主要从以下四个方面着手。

---

1 《孙中山全集》第4卷，中华书局1985年版，第1页。

首先，对包括法律文化在内的中国传统文化，要充满自信和尊重。“对一个民族和国家来说，传统是不可以也不必要中断的，中国传统法律文化中有大量的可供现代法治发展借鉴的资源，我们不乏形成自己独特的法制模式的历史条件和文化底蕴。”[1]

其次，在思想观念层面上，对中国传统法律文化要有全面、正确的认识。针对目前的中国法律史研究，以“律”为主线索，不能完全反映中国古代法制历史全貌的现象，[2]研究方法上必须加以改进。在内容上，要以法社会学的视角，既要反映典籍中的法律，也要反映在社会秩序的维护中同样发挥重要作用的“民间法”；既要反映主流法文化，也要反映非主流法文化。同时，要把中国法律思想史的研究和制度史的研究结合起来。通过上述措施，无论在思想层面上还是制度层面上，尽可能地把中国古代法律发展的历史全貌展现在人们面前，使他们据此对中国古代法律发展的历史能有一个客观、科学的评判。

第三，对中国传统法律文化的内在精神进行弘扬和现代的诠释。这是实现中国传统法律文化当代价值的一个有效途径。中国传统法律文化的内在精神，是指中国传统法律思想和法律制度中自身所固有的精神。我们对在今天法治社会建设过程中仍有其价值的传统法律文化的继承，并不是机械地泥古不变，而要使其真正在现代社会发挥作用，必须做到超越传统。因为传统法律文化，在内容、结构、功能等方面都具有特定的时代内涵。法律文化的这种时代性，决定了今天我们若要对其加以利用，使其在新的时代、新的社会现实中发挥作用，就必须超越其固有的历史内涵，对其在今天的社会生活中仍然有积极价值的内容，依据时代精神对传统法律文化进行新的诠释，为之注入新内涵，使之产生新功能，以适应新的时代需要。没有超越，就没有继承，就无法使历史上的优秀法律文化传统在现实生活中发挥作用。这种诠释，既不是离开中国传统法律文化固有的内在精神作任意解释，也不是用西方文化去解释它们，而是立足于当今时代的需要，根据传统法律文化固有的精神，使其适应建设当代法制社会要求的部分得以发展，或者在诠释中对传统法律文化精神作出新的说明。

第四，在制度层面上，建设当代中国法治社会，对中国传统法律制度中具有超时代

1　参见马小红：《珍惜中国法传统》，《北方法学》2007 年第 1 期。

2　参见曾宪义、马小红：《中国传统法的结构与基本概念辨正——兼论古代礼与法的关系》，《中国社会科学》2003 年第 5 期。

意义的内容，可以借鉴、吸纳，使之成为当代法律制度的有机组成部分。中国传统法制作为一个整体已经不能满足现代社会的需要，但中国传统法律制度中仍有许多内容经过改造以后，完全可以为建构当代中国法治社会服务。

六、中国的法治建设要走中华民族自主创新之路

建设社会主义法治国家，从世界范围来看，是一项前无古人的事业，也是对国际共产主义运动的创造。如何建设社会主义法治国家，避免人治的出现，是马克思主义经典作家们在理论上没有解决的问题。在实践中，世界上所有的社会主义国家，包括中国在中共十一届三中全会前，都一直没有建立相应的法治国家体制，因而在世界社会主义运动中曾经出现过人治的现象，并造成了一些严重后果。邓小平对此曾有过分析和评论。他说："斯大林严重破坏社会主义法制，毛泽东同志就说过，这样的事件在英、法、美这样的西方国家不可能发生。"[1] 总结中国的历史经验教训，他指出："我们过去发生的各种错误，固然与某些领导人的思想、作风有关，但是组织制度、工作制度方面的问题更重要。""由于没有在实际上解决领导制度问题以及其他一些原因，仍然导致了'文化大革命'的十年浩劫。这个教训是极其深刻的。"[2]

鉴于国际的经验以及中国社会主义革命和建设的历史教训，中共十一届三中全会以来，特别是确立社会主义市场经济改革目标后，中国共产党放眼世界，立足国情，顺应时代发展的潮流，借鉴资本主义发达国家的法治经验，提出了依法治国、建设社会主义法治国家的治国方略。强调从改革党和国家的领导制度着手，建立起实行法治、防范人治危害的相应机制。只有如此，才能充分发挥社会主义制度的优越性，才能加速现代化建设事业的发展。

中共十五大以后，依法治国，建设社会主义法治国家，已从人们的理念转化为治国的实践，并被写入国家的根本大法，上升为国家意志。但中国的法治之路如何走，与法治国家相适应的政治运行机制及一些具体的制度如何设计，尤其是如何处理好学习、借鉴和移植国外先进法律制度及立法经验与立足中国国情的关系，对这些摆在我们面前亟

---

1 《邓小平文选》第2卷，人民出版社1994年版，第333页。

2 同上。

待解决的课题，不可能有现成的答案，也不可能有包医百病的灵丹妙药，需要我们认真地探索和创新。

（一）法治的模式并不是单一的，而是多种多样的

依法治国，建设社会主义法治国家，必须学习、借鉴甚至移植国外先进的法律制度和法治经验，这已形成共识。因为中国的法律制度同世界一些发达国家，尤其是西方发达国家的法律制度，虽然产生的历史条件和文化背景不同，但作为法律制度，总有一些共同之处。但如何学习、借鉴外国的尤其是西方国家的先进经验，在具体运作中如何操作，是值得研究的一个问题。

世界上没有放之四海而皆准的政治发展道路和政治发展模式。在社会主义法治建设的过程中，没有任何现成的经验可资借鉴。中外的法治实践也已证明，不从本国的实际出发，试图复制或完全照搬别国的法治模式是不可能成功的。法治被认为是迄今为止已被证明的最佳治国方法，并为人们所推崇。但不同的国家，由于其法律文化传统、国情不同，其模式也不应是单一的。事实也是如此。以法律文化传统来划分，目前世界上就有民法法系、普通法法系、伊斯兰法系和混合法系等不同模式。在同一法系内部，各国又有很大差异。[1] 据此，我们建设社会主义法治国家，向西方学习，不一定重复西方的老路，就如同市场经济的模式具有多样性一样，法治的模式也应是多样的。我们学习、借鉴西方国家的法治经验，一定要根据我国的客观现实，考虑到社会制度、意识形态和其赖以存在的社会基础及法律文化传统、道德观、价值观等方面的差异，兼容并蓄，博采百家之长，不能局限于某一种模式；要更加注重对国外先进立法精神和法律价值观念的学习、借鉴，防止片面强调制度引进的倾向；在法治模式上，根据中国的国情进行创造性的建构，设计具有中国特色的法治模式。

（二）面对中国改革开放和法律实践提出的问题进行创新

建设社会主义法治国家，必须进行原创性的创新，而一切原创都应以本国的实践为基础。本国的实践一方面是面对社会发展变化提出的新问题的回答和对一些解决方案的

1　以英国法和美国法为例，英国法和美国法均属普通法法系，美国法是在英国法的基础上发展起来的，所以两国法的基本方面是相同或相似的。但由于各自的社会条件不同，两国的法律也存在许多区别。分属大陆法系和伊斯兰法系的各国法律也都有共性和个性。

探索与创新；另一方面则是对历史经验进行总结，继承和发展中华民族的一切优良的文化传统。构建当代中国法治国家的创新之路，简言之，就是学习国外一切有益的法律理论、借鉴甚至移植国外先进的法律制度和法治经验的同时，必须做到两点：一是面对传统，二是面对中国改革开放和法律实践所提出的问题。下面着重就如何面对中国改革开放和法律实践活动所提出的问题作一些阐释。

中国法治国家的建立，应着重从中国的内部寻找变革的动力。这种动力就是中国改革开放和法律运行过程中所面临的各种问题。中国进行经济体制改革、政治体制改革和法治实践面临的问题，就是法学最前沿的问题，并非只有国外学者研究的问题才是最前沿的问题。当前，我国正处于经济、政治和社会发展的转型时期，随着改革的深化、开放的扩大和社会主义市场经济的发展，在经济、政治、文化、社会关系和社会利益以及司法实践等方面存在一系列难点和热点问题，对法学研究和法律制度建设来说，必须要关注这些问题，研究这些问题，然后进行理论概括和总结，实现法学理论体系的创新，一方面丰富法学理论体系，另一方面为解决这些问题提供法学理论支持。中国在改革和发展中出现的许多问题，不能用现有的某种理论来解释，而必须提出新的理论。只有通过实践基础上的法学理论体系创新，才能做到不仅仅局限于对西方法学理论进行诠释并把其视为圭臬，才能同西方法学对话，中国自己的法学才能出现。建设当代中国法治国家，走中华民族的创新之路，如何面对中国的问题，似应从以下几个方面考虑。

1. 以主流社会价值观作为当代中国法治国家创建的思想主导。面对当前法学研究中存在的西方文化的“强势话语”，我们应当结合我国实现现代化和建立社会主义法治国家的具体国情，予以冷静的分析，而不应该完全“依附”。改革、发展、稳定和建立小康社会及构建和谐社会的大局，体现在邓小平理论、“三个代表”重要思想、科学发展观和习近平治国理政新理念新思想新战略中的价值观，体现社会公平正义和社会主义道德理念的价值追求，以及社会主义核心价值观，是我们今日社会建构的基础，也应是当代中国法治社会创建的价值理念。

2. 关注政治体制改革过程中面临的一些问题。推进政治体制改革，建设社会主义法治国家，必须从中国的国情出发，总结自己的实践经验，同时借鉴外国政治建设的有益经验，但不照搬西方政治制度的模式，这是我国在确立依法治国方略时的重要指导思想。因此，在实施依法治国方略，建设社会主义法治国家的过程中，如何把党的领导、人民当家作主和依法治国有机统一起来，如何做到坚持科学执政、民主执政、依法执政，不断改革和完善党的领导方式和执政方式，不断提高党的执政能力和领导水平等，对这些问题，在理论指导和制度设计上，应进行积极的探索和创新。在当前国家社会政治转型的过程中有两种模式：一种模式被称为“历史轨道道路”，或者说是“长期道路战略”；第二种模式是“民主突破”理论，或者说是爆破战略。前者可视为“软性”政治操作模式，旨在保持传统和社会的渐进式演化。后者可视为“硬性”政治操作模式，强调必须与过去彻底决裂和引进富有活力的创新。[1] 中国的社会转型属于前一种渐进式的模式，制度的变革采用的是一种逐步变革的方式。因而，国家转型的这种方式决定了中国的相应法律体系构建的路径必须与其相适应。

3. 密切关注中国社会改革开放和法律运行中的法律问题。中共十八大报告提出“全面建成小康社会，必须以更大的政治勇气和智慧，不失时机深化重要领域改革，坚决破除一切妨碍科学发展的思想观念和体制机制弊端，构建系统完备、科学规范、运行有效的制度体系，使各方面制度更加成熟更加定型”。[2] 为贯彻落实中共十八大精神，十八届三中全会通过的《中共中央关于全面深化改革若干重大问题的决定》(以下简称《决定》)，面对全面建成小康社会，进而建成富强民主文明和谐的社会主义现代化国家的新形势新任务，提出改革开放永无止境，必须在新的历史起点上全面深化改革。

习近平指出：“党的十八大提出了全面建成小康社会的奋斗目标，党的十八届三中全会对全面深化改革作出了顶层设计，实现这个奋斗目标，落实这个顶层设计，需要从法治上提供可靠保障。”[3] 十八届三中全会在进一步落实十八大关于全面深化改革的战略部署时，强调“坚持和完善基本经济制度，加快完善现代市场体系，加快转变政府职能，深化财税体制改革，健全城乡发展一体化体制机制，构建开放型经济新体制，加强社会主义民主政治制度建设，推进法治中国建设，强化权力运行制约和监督体系，推进文化体制机制创新，推进社会事业改革创新，创新社会治理体制，加快生态文明制度建设，深

---

1 参见［俄罗斯］瓦西连科：《两种政治转型模式的优劣》，载《中东欧国家社会政治转型比较》，侯静娜编译，《社会科学报》2006 年 3 月 16 日。

2 胡锦涛：《坚定不移沿着中国特色社会主义道路前进，为全面建成小康社会而奋斗》，《十八大报告辅导读本》，人民出版社 2012 年版，第 16 页。

3 习近平：《关于〈中共中央关于全面推进依法治国若干重大问题的决定〉的说明》(2014 年 10 月 20 日)，《中国共产党第十八届中央委员会第四次全体会议文件汇编》，人民出版社 2014 年版，第 67—68 页。

化国防和军队改革，加强和改善党对全面深化改革的领导”。[1]

这些体制机制的建立和目标的实现，离不开法制的保障，最终都要落实到法律制度的层面。上述任何一个方面，缺乏法制的保障，目标都难以实现。正如习近平所说："全面推进依法治国，是全面建成小康社会和全面深化改革开放的重要保障。"[2]因而，上述中国社会改革中存在的诸多需要法律解决的问题，都需要我们认真关注，从而为完善相关法律体系提供理论上的指导和制度设计上的解决方案。

4. 关注司法实践所面临的各种疑难问题。法学是一门以实践为取向的科学，法学研究不能脱离现实的法律难题进行闭门造车，或以研究外国法为能事，而不关注中国司法实践中所存在的疑难案件和法律漏洞。法学研究应该以实务为取向，为司法裁判、解决法律实践问题提供具体的规则。

---

1 《中国共产党第十八届中央委员会第三次全体会议公报》，《中国共产党第十八届中央委员会第三次全体会议文件汇编》，人民出版社2013年版，第8页。

2 习近平：《在中共十八届四中全会第二次全体会议上的讲话》（2014年10月23日），《习近平关于全面依法治国论述摘编》，中央文献出版社2015年版，第9页。

第十章　确立社会主义法治理念

中共十六大以后，以胡锦涛为总书记的中央领导集体，坚持以马克思主义法治理论为指导，在汲取中国传统法律文化营养，继承和发展中共十一届三中全会以来社会主义的法治理论与实践的智慧结晶的基础上，借鉴并吸收西方国家法治建设的有益经验和教训，结合中国现实国情，创造性地提出了中国特色的社会主义法治理念。

以依法治国、执法为民、公平正义、服务大局、党的领导为内容的社会主义法治理念，回答了“什么是社会主义法治国家”和“怎样建设社会主义法治国家”这一重大理论和实践问题。它是马克思主义法学与当代中国法制建设实践相结合的产物，是马克思主义法学中国化的最新成果，是我们党建设社会主义法治国家道路上的一次重大理论创新，它进一步丰富和发展了中国特色社会主义法学理论。

一、社会主义法治理念的提出

社会主义法治理念是中国特色社会主义法学理论发展的一个新阶段，这一科学理论学说是在坚持以马克思主义法学理论为指导的前提下，不仅为中国法治国家的构建勾画了清晰的蓝图，而且也为我国法治国家的未来走向指明了方向，是构建中国特色社会主义法治国家必须坚持的思想理念。

以胡锦涛为总书记的中央领导集体坚持以马克思主义法学理论为指导，以科学发展观为统领，以构建社会主义和谐社会为目标，在认真总结中国法治建设实践经验和教训、借鉴世界法治文明优秀成果的基础上，提出社会主义法治理念这一概念，使马克思主义法学理论更加全面、具体、深化，形成了“以人为本的法律观”“和谐法治观”“法治理念观”“依法执政观”“民生法治观”等。

2005年11月，为了从根本上澄清对政法机关权从何来、为谁掌权、为谁执法、如何执法等问题的认识，胡锦涛同志作出了《开展社会主义法治理念教育是加强政法队伍思想政治建设的一项重大举措》这一重要批示。2006年10月11日，中共十六届六中全会通过的《中共中央关于构建社会主义和谐社会若干重大问题的决定》，在论述构建社会主义和谐社会遵循的原则时，提出要树立社会主义法治理念，指出构建和谐社会，必须坚持民主法治，“加强社会主义民主政治建设，发展社会主义民主，实施依法治国基本方略，建设社会主义法治国家，树立社会主义法治理念，增强全社会法律意识，推进国家经济、政治、文化、社会生活法制化、规范化，逐步形成社会公平保障体系，促进社会公平正义”。[1]

党的十六届六中全会从构建社会主义和谐社会的高度，强调树立社会主义法治理念，建设社会主义法治国家。社会主义法治理念第一次载入党的历史性文献，充分表明了以胡锦涛为总书记的党中央对确立社会主义法治理念教育的高度重视，说明了社会主义法治理念在构建和谐社会中的重要作用。

胡锦涛在十七大报告中指出：“人民民主是社会主义的生命；坚持依法治国基本方略，树立社会主义法治理念；深入开展法制宣传教育，弘扬法治精神，形成自觉学法守法用法的社会氛围。”[2]2007年6月25日，胡锦涛同志在中央党校省部级干部进修班毕业典礼上发表了重要讲话，此次讲话全面深刻阐释了社会主义法治建设的问题，指出要“全面落实依法治国基本方略，弘扬法治精神，维护社会公平正义”。这是党和国家领导人第一次在高层次的会议上提出“弘扬社会主义法治精神”重要思想，也是胡锦涛2005年提出“树立社会主义法治理念”之后，在建设社会主义法治国家过程中的又一重要论述。

2007年12月25日，胡锦涛在同全国政法工作会议代表与全国大法官、大检察官座谈时，进一步强调：“要坚持党的领导、人民当家作主、依法治国有机统一，牢固树立社

---

1 《中共中央关于构建社会主义和谐社会若干重大问题的决定》，《人民日报》2006年10月19日。

2 《十七大报告辅导读本》，人民出版社2007年版，第27—30页。

会主义法治理念，坚持在全社会深入开展法制宣传教育，弘扬法治精神，重视社会主义法律文化建设。”2008 年3 月18 日，胡锦涛在十一届全国人大一次会议上再次强调：“坚持民主法治，弘扬法治精神，促进社会公平正义，确保社会和谐稳定。”

中共十八大报告在对全面推进依法治国进行部署时指出：“深入开展法制宣传教育，弘扬社会主义法治精神，树立社会主义法治理念，增强全社会学法尊法守法用法意识。”[1] 中共十八届四中全会在论述建设高素质法治专门队伍时进一步强调，要“把思想政治建设摆在首位，加强理想信念教育，深入开展社会主义核心价值观和社会主义法治理念教育”。[2]

总之，自中共十六大以来，中国共产党坚持以邓小平理论和“三个代表”重要思想、科学发展观和习近平治国理政新理念新思想新战略为指导，提出了以人为本和全面推进依法治国，建设社会主义法治国家的奋斗目标，标志着我党的执政理念的重大转变。以“依法治国”“执法为民”“公平正义”“服务大局”“党的领导”等为主要内容的社会主义法治理念，是新世纪、新阶段马克思主义法学理论中国化的最新成果，它系统地反映了符合中国现实国情和人类法治文明发展方向的基本信念、核心观念和价值取向。

社会主义法治理念是以马列主义、毛泽东思想、邓小平理论和“三个代表”重要思想为指导，贯彻落实科学发展观，结合中国现实国情需要，为建设中国特色社会主义法治国家为目标而提出的总的指导思想和指导原则。社会主义法治理念，是中国特色社会主义法治建设的指导思想和精神动力。社会主义法治理念的提出，标志着中国共产党对建设中国特色社会主义法治国家的规律有了更加深刻的认识和把握。

树立社会主义法治理念，建设中国特色的社会主义法治国家，首先必须正确把握社会主义法治理念的科学内涵，把握社会主义法治理念的意义，必须从中国社会主义国体和政体出发，立足于社会主义市场经济和民主政治发展的时代要求，以马克思主义法治观为指导，深刻认识和把握社会主义法治理念的内在辩证关系、精神实质和基本规律。

1　胡锦涛：《坚定不移沿着中国特色社会主义道路前进，为全面建成小康社会而奋斗》，《十八大报告辅导读本》，人民出版社 2012 年版，第 25 页。

2　《中共中央关于全面推进依法治国若干重大问题的决定》，《党的十八届四中全会〈决定〉学习辅导百问》，学习出版社、党建读物出版社 2014 年版，第 22 页。

二、社会主义法治理念的内涵

理解社会主义法治理念，首先要了解什么是法治理念。“法治理念是对法治的性质、功能、目标方向、价值取向和实现途径等重大问题的系统化认识和反映，它根植于一国法治实践之中，反映法治现实，对法治实践起着指导和推动作用。在法治国家建设过程中，法治理念是法治发展的内在动力。”[1]社会主义法治理念“是中国特色社会主义的法治理念，它反映和指引着社会主义法治的性质、功能、目标方向、价值取向和实现途径，是社会主义法治的精髓和灵魂，也是立法、执法、司法、守法和法律监督的指导思想”。[2]

社会主义法治理念的具体内容可以概括为“依法治国、执法为民、公平正义、服务大局、党的领导五个方面”，“依法治国是党领导人民治理国家的基本方略，是社会主义法治的核心内容；执法为民是社会主义国家人民当家作主的必然反映，是社会主义法治的本质要求；公平正义是社会主义和谐社会的基本特征，是社会主义法治的价值追求；服务大局是党和国家根本任务的必然要求，是社会主义法治的重要使命；党的领导是我国宪法确定的基本原则，是社会主义法治的根本保证”。[3]为适应社会主义市场经济和民主政治发展的时代要求，正确认识和把握社会主义法治理念的科学内涵及其之间的辩证关系，对全面贯彻依法治国方略具有重大的指导意义。

（一）依法治国——社会主义法治理念的核心内容

党的十五大报告明确提出，依法治国是指广大人民群众在党的领导下，依据宪法和法律，通过各种途径和形式管理国家事务，管理经济和文化事务，管理社会事务，保证国家各项工作都依法进行，逐步实现社会主义民主制度化、法律化，并使这个制度与法律不因领导人的改变而改变，不因领导人的看法和注意力的改变而改变。[4]依法治国的主体是广大人民群众，客体是国家事务、经济和文化事业和社会事务，依据是宪法和法律，目的是实现社会主义民主的制度化和法律化。

依法治国与以法治国有着本质的区别。依法治国是把法律看成治国的一种工具或手

---

1 《社会主义法治理念读本》，中国长安出版社 2009 年版，第 3—4 页。

2 同上书，第 4 页。

3 同上书，第 4—5 页。

4 《江泽民文选》第 2 卷，人民出版社 2006 年版，第 28—29 页。

段，同时又是治国的依据或根据，它是一种治国的理想；以法治国，只是把法律当作治国的工具或手段，并没有把法律看作治国的依据或根据，更没有把依法治国作为一种治国理想而追求。由此可以看出，从法治到以法治国，再到依法治国，并不是一种文字游戏，而是我党对治国方式的本质认识不断深化的结果和表现。

依法治国不仅仅是一种治国方式，而且是一种治国方略。依法治国、依法治国方法、依法治国方式与依法治国方略之间既有联系又有区别。依法治国可以理解为依法治国的方法或依法治国的方式。依法治国方略则包括依法治国方法和战略目标，是治国方法与战略目标的复合体。依法治国从内容来看，是以良法为前提，以宪法至上为最高原则，以依法行政为基本要求，以分权制衡为机制，以确保国家长治久安和人权为根本目的的政治制度。

第一，依法治国必须依宪治国。所谓依宪治国，是指依照宪法所蕴含的精神及其所确认的基本规范、基本原则治理国家，确认宪法绝对的地位和权威性，使宪法得到政党、国家机关、社会团体和个人的普遍认同和遵循。依法治国与依宪治国之间密不可分，宪法在依法治国中具有极为重要的地位和作用。宪法是一国法律体系的核心和治国安邦的总章程，依宪治国可以说是全面推进依法治国的基石。宪法在法治国家建设中的这一功能，除了基于宪法是国家的根本大法这一地位之外，也是宪法本身所具有的属性和全面推进依法治国的目标追求与路径决定的，即宪法确立了全面推进依法治国的政治基础和方向，宪法凝聚了全社会的共识，宪法是公民权利的保障书，宪法设计了国家权力运行的机制和轨道，宪法为全面深化改革提供了根本法的依据，实施宪法是政治体制改革路径的切入点，全面推进依法治国的总目标及其举措是宪法法治原则的实施方案。

第二，依法治国必须坚持宪法法律至上。在法治国家中，法律是对人们的社会生活起着最基本的、同时也是最有力的规范和约束作用的准则。在实行依法治国的国家，宪法和法律应具有至高无上的权威性和地位。世界上所有真正实行法治的国家，一个共同特征就是法律具有至高无上的地位和权威性。因为人治和法治最为明显的区别在于：当法律权威与个人权威发生冲突时，是个人权威凌驾于法律权威之上，还是法律权威高于个人权威？凡法律权威绝对高于个人权威的就是依法治国，凡个人权威凌驾于法律之上的就是人治。“法治”并不仅仅意味着法律规范的完善和法律制度的完备，它还要创造

“一种法律的统治而非人的统治”。[1] 诚如潘恩所言：“奴隶制社会中，国王便是法律，而在自由国家中，法律便是国王。”[2] 宪法和法律权威绝对地高于个人权威，也就是说宪法和法律至上是依法治国的关键。坚持宪法法律至上，“必须坚持宪法法律面前一律平等，任何组织和个人都没有超越宪法和法律的特权，一切违反宪法和法律的行为，都要予以追究；必须树立宪法法律权威，树立执法司法的公信力，努力维护社会主义法制的统一和尊严”。[3]

第三，依法治国必须依法行政，建设法治政府。所谓依法行政，是指一切国家机关及其公职人员的任何行为都必须有法律依据，法无明文规定不可为。也就是说，无法律依据，国家机关及其公职人员不得为自己设定权力或削减责任，同时也不得限制或剥夺公民的权利或增加公民的义务。依法治国要求国家各机关都严格按照宪法法律行使其权力，依照宪法法律治理国家、处理国家事务。依法行政，建设法治政府的关键环节，在于依法制权，规范约束公权力，防止其滥用和扩张，保障人民权益。没有权力制约，依法治国也就无从谈起。权力制约是法治国家的基本特征。权力制约，要求职权由法定，执法机关的权力必须来自法律具体而明确的授予，执法机关必须在严格依据法律规定的权限内履行职责，即建立权力清单制度，法无授权不可为；权力制约，要求有权必有责，一是行使权力要对所引起的法律后果负责，二是被法律赋予了权力而不去行使或者行使不到位，也要承担相应的法律责任，即法定职责必须为；权力制约，要求用权受监督，权力必须严格依照法定权限、程序行使，整个行使过程必须受到严格的监督和制约；权力制约，要求违法受追究，要完善对执法犯法者的严格追究机制。只有执法者的违法行为都毫无例外地依法受到追究和惩罚，才能给整个社会树立依法办事的良好示范，才能切实树立和维护法律的权威和尊严。[4]

（二）执法为民——社会主义法治理念的本质要求

执法为民的“执法”，是在广泛的内涵和外延意义上讲的，是指社会主义法治实践

---

1 ［美］诺内特、塞尔兹尼克：《转变中的法律与社会》，张志铭译，中国政法大学出版社 1994 年版，第 59 页。

2 ［英］托马斯·潘恩：《潘恩选集》，马清槐等译，商务印书馆 1981 年版，第 36 页。

3 《社会主义法治理念读本》，中国长安出版社 2009 年版，第 12 页。

4 同上书，第 67—69 页。

的全部活动，不仅仅局限于行政机关或者司法机关的执法司法行为。[1] 执法为民的基本内涵包括以人为本、保障人权、文明执法等内容。具体而言，所谓执法为民，就是要把实现好、维护好、发展好最广大人民的根本利益，作为政法工作的根本出发点和落脚点，在各项政法工作中切实做到以人为本、执法公正、一心为民。执法为民是我们党“‘立党为公、执政为民’执政理念对政法工作的必然要求；是‘一切权力属于人民’的宪法原则在政法工作中的具体体现；是政法工作始终保持正确政治方向的思想保证。”[2]

执法为民这一理念，就是要求在执法的过程中必须坚持“执法为了人民、执法依靠人民和尊重和保障人权”。具体来说，执法为了人民，就是政法机关要把维护人民群众的利益作为执法工作的根本宗旨，“把人民群众的呼声作为第一信号，把人民群众的需要作为第一选择，把人民群众的利益作为第一考虑，把人民群众的满意作为第一标准，时时处处为人民群众着想，时时刻刻为人民群众排忧解难”[3]；执法依靠人民，要求执法工作必须坚持走群众路线，群众路线是我们党的优良传统。“坚持走群众路线，是做好执法工作、实现执法为民的重要途径和保证”；[4] 执法依靠人民，必须正确处理好专门机关工作与群众路线的关系，一方面要大力加强执法机关自身建设，充分发挥专门机关的职能作用；另一方面，执法机关应当密切联系群众，坚持走群众路线。[5] 尊重和保障人权，切实维护公民的合法权利是执法为民的基本要求。尊重和保障人权就是要坚持以人为本，树立人权保护意识，努力提高执法水平，公平公正、及时高效处理有关案件和事件，切实维护和保障广大人民群众的生存权、发展权，保障人民群众的公民和政治权利，保障人民群众的经济、社会、文化权利，保障特定群体，包括少数民族的基本权利，保护妇女、儿童、老年人、残疾人等群体的权利等。[6] 坚持文明之执法，社会主义道德规范对执法机关的基本要求，是落实执法为民、构建社会主义和谐社会的客观需要，是社会主义政治文明和法治进步的表现。文明执法要求执法理念文明，执法制度文明，执法行为文明，执法形象文明等。

---

1 参见《社会主义法治理念读本》，中国长安出版社 2009 年版，第 70 页。
2 同上书，第 71—72 页。
3 同上书，第 74 页。
4 同上书，第 75 页。
5 同上书，第 76 页。
6 同上书，第 78—80 页。

执法为民是社会主义法治理念的重要组成部分，它体现了社会主义法治的本质属性，确认了人民的主体地位，规定了法治建设的根本目的，直接而响亮地回答了执法工作“相信谁、依靠准、为了谁”，以及“为谁执法、靠谁执法、怎样执法”的根本问题。

执法为民有两层意思：一是执法目的是什么，也就是为谁执法。执法为公，还是执法为私？执法为己，还是为民？二是如何执法，是严格执法，还是执法犯法？执法为民理念是社会主义法治的宗旨和目的的体现，不仅鲜明地反映了社会主义法治的本质要求，而且科学明确地界定了社会主义法治的性质、本质和目的，不仅对执法活动有着明确的指向作用，而且对立法、公民法律意识的培养等整个法治建设都有着规定意义。

（三）公平正义——社会主义法治理念的价值追求

公平正义一词早已有之，它一直是人类社会共同的、不懈的向往和追求。公平正义是社会主义国家的核心价值之一，是社会发展的价值取向。公平正义作为社会主义法治理念的核心理念之一，是新时期广大人民群众的强烈愿望，是构建社会主义和谐社会的重要任务。

人们虽然经常将公平和正义放在一起使用，但两者并非同一概念。英文中，公平是fairness，正义是justice，二词不同的写法说明了两者之间是有差别的。在《现代汉语词典》中，“公平”指“处理事情合情合理，不偏袒哪一方面”；“正义”指“公正的、有利于人民的”，其中“公正”是指“公平正直，没有偏私”。因此，公平侧重于操作层面，尤指程序方面的公平，处理问题的“一视同仁”、“同一尺度”，体现出明显的价值中立；而正义包含公平，它不仅仅停留在操作层面，其适用的范围更广。我国学者吴忠民把正义和公正视为无差别的两个概念，他认为“公正带有明显的‘价值取向’，它所侧重的是社会的‘基本价值取向’，并且强调这种价值取向的正当性。而公平则带有明显的‘工具性’，它所强调的是衡量标准的‘同一个尺度’，用以防止社会对待中的双重（或多重）标准问题”。[1] 由此可见，正义所体现的是根本性的，正义指导公平，公平为正义服务。没有正义指导，仅剩下“公平”游戏规则下的一视同仁，怀着种种用意的集团或个人就有可能根据这个“公平”的规则侵犯他人和社会的利益。罗尔斯认为正义是

1 吴忠民：《社会公正论》，山东人民出版社2004年版，第103页。

"所有的社会基本善——自由和机会、收入和财富及自尊的基础——都应被平等地分配，除非对一些或所有社会基本善的一种不平等分配有利于最不利者"。[1] "一个社会体系的正义，本质上依赖于如何分配基本的权利和义务，依赖于在社会的不同阶层中存在着的经济机会和社会条件。"[2]

公平正义作为社会主义法治理念的核心价值理念之一，指社会全体成员能够按照宪法和法律规定的方式公平地实现权利和义务，并受到法律的保护，具体包括"法律面前人人平等、合法合理、程序正当、及时高效"这四个方面的内容。法律面前人人平等，是公平正义的首要内涵，它要求一是平等对待，"法律对所有社会成员一视同仁，以同样的标准对待"；二是反对特权，反对给予同等条件者不同的待遇，"不得使任何公民承担法律以外的义务和受到法律以外的处罚"；三是禁止歧视，不允许使任何在社会关系中处于弱势地位的公民受到歧视待遇"。合法合理是公平正义的内在品质，它要求一要合乎法律，即一切行为符合法律规定；二是利益均衡，即"国家立法、行政、执法司法等涉及社会利益分配与调整的重大活动中，所秉持的理念、设计的制度、作出的决定、实施的过程以及最终的结果，都必须公平考虑社会不同群体的利益诉求，最大限度地兼顾各方面利益，做到合理恰当"；三是理情兼顾，即"制定的法律、作出的裁判只有道理上讲得明白、说得透彻，既解开当事人之间的'法结'，又解开当事人之间的'心结'，才能为当事人和社会公众理解、接受、认可和信从，才能强化法治的权威；只有立足国情民情，符合公序良俗，才能为人民群众所接受和得到贯彻执行"。程序正当是实现公平正义的方式与载体，是指立法、行政和执法司法机关的活动必须严格遵守法定程序的规定，保障法律制定的科学性，保证案件及时正确处理，确保公正、民主、效率、人权保障、权力制约与监督等价值目标得以实现。它要求当事人充分参与、裁判中立、程序公开、程序约束。及时高效是衡量公平正义的重要标尺。它"要求在最短的时间内，以最小的成本投入、最低的资源消耗实现最大程度的公平正义"。要做到及时高效，要在完善体制上下功夫，同时要节约成本，提高效率。[3]

---

1 ［美］约翰·罗尔斯：《正义论》，何怀宏等译，中国社会科学出版社 1988 年版，第 303 页。

2 同上书，第 5 页。

3 参见《社会主义法治理念读本》，中国长安出版社 2009 年版，第 87—97 页。

（四）服务大局——社会主义法治理念的重要使命

服务大局是社会主义法治理念的重要使命，它要求“牢牢把握大局，紧紧围绕大局，切实立足本职，全面保障服务社会主义经济建设、政治建设、文化建设、社会建设以及生态文明建设，建设富强民主文明和谐的社会主义国家”。[1] 社会主义法治保障服务社会主义经济建设，就是要坚决维护我国的基本经济制度，健全完善保证经济又好又快发展的法律法规；依法打击各类经济违法犯罪活动，平等保护市场主体的合法权益；依法加强宏观调控，保护和促进改革开放，保障社会主义市场经济平稳健康运行；建立健全预防经济犯罪体系，保障改革发展成果。

保障服务社会主义政治建设，就是要完善坚持中国特色社会主义发展道路的法律保障，依法捍卫社会主义制度，依法打击各种分裂破坏活动，依法保障广大人民群众的政治权利，稳妥推进司法体制和工作机制改革，建设公正高效权威的社会主义司法制度，大力保障和促进依法行政，加快建设服务型的法治政府。

保障和服务社会主义文化建设，就是要坚持社会主义法治建设同先进文化建设紧密结合、相互促进，保障和促进文化创新，依法规范、引导和保障文化体制改革、文化传播体系建设、文化市场培育；打击黄赌毒等社会丑恶现象和违法犯罪，倡导良好社会风尚，促进社会主义精神文明建设。

保障服务社会主义社会建设，就是要建立健全与和谐社会相适应的法律体系，维护社会公平正义，保障和促进社会和谐。健全社会保障体系，推进社会管理体制改革创新，完善法律、行政、经济等多种手段相结合的社会矛盾化解机制，最大限度增加和谐因素，减少不和谐因素。

保障服务社会主义生态文明建设，就是要健全完善有利于节约能源资源和保护生态环境的法律法规，依法查处各种破坏生态环境的违法犯罪，依法加强资源节约利用和生态环境保护的监督管理和宣传教育，为建设生态文明提供有力保障，促进生态文明建设。[2]

法律作为上层建筑的重要组成部分，必须反映和服务于经济基础，维护社会主义市场经济秩序，为各种市场主体创造自由公平、规范有序、安全稳定的环境。服务并反作

---

1 参见《社会主义法治理念读本》，中国长安出版社2009年版，第98页。

2 同上书，第106—108页。

用于经济基础。服务大局就是要求社会主义法治的整个运行环节包括立法、司法、执法、法律监督等都要服从并服务于建设社会主义现代化的大局。大局是一个与时俱进的范畴，大局随着历史任务的不同而不同。改革开放初期是以经济建设为中心，所以一切工作都要服务于“经济建设”这个大局，当然法律要为这个大局服务。当前的大局则是全面贯彻和落实科学发展观，全面加快推进建成小康社会的步伐，实现“两个一百年”奋斗目标，实现中华民族伟大复兴的中国梦。这就要求经济建设、政治建设、文化建设和生态文明建设齐头并进，不能偏废任何一项。法治建设就必须与建设社会主义政治文明相协调、与完善社会主义市场经济体制相适应、与建设社会主义先进文化相匹配、与构建社会主义和谐社会相衔接、与社会主义生态文明相促进、与保障和实现人民群众根本利益相一致，才能充分发挥服务大局的功能。

（五）党的领导——社会主义法治理念的根本保证

坚持党的领导是社会主义法治理念的根本保证，是由我党的先进性和执政地位所决定的，是我国宪法确定的一项基本原则。坚持党的领导和社会主义法治是一致的，因为，一方面坚持党的领导是实施依法治国方略，推进社会主义法治建设，建设中国特色的社会主义法治国家的根本保证，另一方面依法治国是党领导人民治理国家的基本方略，维护社会主义法治是坚持党的领导的重要体现，依法治国，建设社会主义法治国家，是党领导人民当家作主的基本途径和法治保障。

党的领导作为社会主义法治理念的核心价值理念之一，在实际工作中，必须“自觉地把巩固党的执政地位、维护人民利益和维护社会主义法治统一起来，自觉地把贯彻落实党的方针政策与严格执法有机结合起来，以及把加强和改进党对政法工作的领导与保障司法机关依法独立公正地行使职权统一起来”。党的领导对于政法机关来说，就是要求政法机关和广大政法干警在工作中，必须“切实增强党的观念、始终坚持马克思主义在政法工作中的指导地位、坚决贯彻执行党的路线方针政策和重大决策部署以及充分发挥党组织和共产党员的作用”。[1]

由于历史的选择、人民的选择和现实的需要，中国共产党是社会主义革命和建设事业的领导核心，当然也是社会主义法治建设坚强的领导核心。“我国的社会主义法治建设

1 《社会主义法治理念教育读本》（简编版），http://www.dffy.com/sifashijian/sw/200808/20080821111627-4.htm。

一直是由中国共产党领导并推动的，并取得了举世瞩目的伟大成果。法治建设实践充分证明，只有坚持党的领导，才能切实保证国家法律的统一实施，才能将法律所确定的人民群众当家作主，管理国家事务、社会事务、经济和文化事务的根本利益落到实处。”[1]中共十六大报告明确指出：“党的领导是人民当家作主和依法治国的根本保证，人民当家作主是社会主义民主政治的本质要求，依法治国是党领导人民治理国家的基本方略。”[2]宪法和法律是党的主张和人民意志的体现，任何组织政党和个人都不允许超越宪法和法律。中共十八届四中全会通过的《关于全面推进依法治国若干重大问题的决定》，对坚持党的领导和依法治国的关系进行了系统阐释，强调党的领导是中国特色社会主义最本质的特征，是社会主义法治最根本的保证。“坚持党的领导，是社会主义法治的根本要求，是党和国家的根本所在、命脉所在，是全国各族人民的利益所系、幸福所系，是全面推进依法治国的题中应有之义。”“必须坚持党领导立法、保证执法、支持司法、带头守法，把依法治国基本方略同依法执政基本方式统一起来，把党总揽全局、协调各方同人大、政府、政协、审判机关、检察机关依法依章程履行职能、开展工作统一起来，把党领导人民制定和实施宪法法律同党坚持在宪法法律范围内活动统一起来，善于使党的主张通过法定程序成为国家意志，善于使党组织推荐的人选通过法定程序成为国家政权机关的领导人员，善于通过国家政权机关实施党对国家和社会的领导，善于运用民主集中制原则维护中央权威、维护全党全国团结统一。”[3]中国共产党执政就是领导和支持人民当家作主，确保法治的社会主义性质。并且，中国共产党必须率先垂范，为构建中国特色的社会主义法治国家做好表率。我党已深刻认识到，依法执政是党民主执政、科学执政的根本要求和保障，同时也是提高党执政能力的关键。

三、社会主义法治理念内涵的辩证关系

社会主义法治理念关于依法治国、执法为民、公平正义、服务大局和党的领导五个方面的内容，是一个相辅相成、不可分割的有机统一的整体，构成了社会主义法治理念

---

1 《社会主义法治理念教育读本》，中国长安出版社 2009 年版，第 113 页。

2 《江泽民文选》第 3 卷，人民出版社 2006 年版，第 553 页。

3 《中共中央关于全面推进依法治国若干重大问题的决定》，《党的十八届四中全会〈决定〉学习辅导百问》，学习出版社、党建读物出版社 2014 年版，第 4 页。

的完整理论体系。我们应自觉坚持用社会主义法治理念来指导实践，必须全面准确地理解和把握这五个方面的辩证关系，尤其是党的领导与社会主义法治之间的辩证关系。

社会主义法治理念是中国特色社会主义法学理论体系的一个重要组成部分，其中“依法治国是党领导人民治理国家的基本方略，是社会主义法治的核心内容；执政为民是社会主义国家人民当家作主的必然反映，是社会主义法治的本质要求；公平正义是社会主义和谐社会的基本特征，是社会主义法治的价值追求；服务大局是党和国家根本任务的必然要求，是社会主义法治的重要使命；党的领导是我国宪法确定的基本原则，是社会主义法治的根本保证。”[1]这五个理念相互补充、相互支持，协调一致地体现了人民当家作主和依法治国的有机统一。社会主义法治理念虽然有五个不同视角、不同功能的具体内涵，但它们都是以社会主义法治为主线和统帅，以理念为经，以社会主义法治为纬的，它们之间相互协调，和谐共生。

第一，依法治国既是我国的基本治国方略，同时又要求必须有充分反映人民群众的根本利益和要求的完备的法律体系。依法治国就是要依据宪法和法律而不是个人的意志来管理国家和社会事务。我国宪法和法律规定，任何组织、政党和个人不得凌驾于法律之上。我国《宪法》第一章第五条明确规定：“一切国家机关和武装力量、各政党和各社会团体、各企事业组织都必须遵守宪法和法律，一切违反宪法和法律的行为，必须予以追究。”依法治国的核心是确立以宪法和法律为治国的绝对权威，国家的政治生活、经济生活、文化生活和社会生活中有无这样的权威，则是能否实现依法法治的关键。树立依法治国这一理念，需要准确把握三个方面的内容，即树立和维护法律的绝对权威、法律面前人人平等、严格依法办事。其中坚持树立和维护法律的绝对权威包括必须维护宪法至上的观念，必须确立法律是人们基本行为准则的观念，必须维护法制尊严和统一的观念；坚持法律面前人人平等即公民的法律地位一律平等，任何组织和个人都不能超越宪法和法律，任何组织和个人的违法行为都必须受到宪法和法律的追究；坚持严格依法办事即有权必有责、用权必受监督、违法必受追究。

第二，执法为民是社会主义法治的本质要求，即要维护和保障人民群众的根本利益。也就是说，执法为民就是一切依靠人民，一切为了人民，尊重并保障人权。这就

---

1 《社会主义法治理念读本》，中国长安出版社2009年版，第4—5页。

要求我们始终把坚决维护和保障人民群众的利益作为中国特色的社会主义法治的出发点和落脚点，始终把广大人民群众的需要作为第一选择，始终把广大人民群众的呼声作为第一信号，始终把广大人民群众的满意作为第一准则，始终把广大人民群众的利益作为第一考虑，时刻为人民群众排忧解难，时刻为人民群众着想。国家司法机关和工作人员作为人民的公仆要切实解决好“为谁执法”“怎样执法”等问题，从人民群众最直接、最需要、最现实的利益要求出发，在法律规定的范围内尽力给予他们最及时、最大程度的实现和满足。执法活动的实践会不断丰富执法为民的内涵，使执法为民的理念广泛地体现在每一项具体执法工作中，增强执法人员以人为本、一心为民的观念，强化执法人员的服务意识，真正做到清正廉洁，文明执法，确保权为民所用的目标实现。

第三，公平正义是社会主义司法的首要属性，是社会主义法治观念的价值追求。司法没有公平正义便失去其存在的价值。司法的公平正义是社会公平正义的重要部分，它体现出社会的公平正义。公平、正义是现代意义的公正的两层含义：所谓公平，就是要求执法过程中不偏不倚，保持中立，保证争议各方平等地行使权利、享受权益；所谓正义，就是要求司法活动以追求科学和真理为目标，实现社会文明。司法工作的基础和动力是人民群众对公正的需要和期待。树立公平正义理念，要求司法机关做到平等对待、程序公正、及时高效，这也是社会主义法治不懈追求的价值目标。司法人员在工作中要以事实为根据，以法律为准绳，严把证据关，坚持公正与效率并重，坚持实体公正和程序公正并重，忠于职守，为人民群众坚守住公平正义的最后一道防线。

第四，服务大局是社会主义法治理念的重要使命。所谓服务大局，就是要求紧紧围绕保障和推进建设中国特色社会主义事业的大局，服务于社会主义经济建设、政治建设、文化建设、社会建设和生态文明建设，充分发挥政法机关维护国家安全、化解社会矛盾、管理社会秩序、打击预防犯罪、维护社会公平正义、服务社会主义改革的职能，为全面建设和谐社会，建设富强、民主、文明、和谐的社会主义现代化国家，创造稳定的高效公正的法治环境和社会环境。服务大局作为社会主义法治的基本理念之一，具有重大现实意义。服务大局规定了法治实践和政府及政法工作的方向，有利于保证法治实践和政府及政法工作始终坚持中国特色社会主义事业服务的方向和原则。是否坚持服务大局已成为检验法治实践和政府及政法工作成效的客观标准。

第五，党的领导是社会主义法治理念的根本保证，坚持党的领导是我国宪法确定的一项基本原则。树立社会主义法治不是要削弱党的领导，而是要从理念上更好地强化党的意识、增强党的观念，始终坚持马克思主义在法治建设领域以及意识形态中的指导地位，坚决贯彻执行党的路线、方针、政策。立法、司法、法律监督等领域要用马克思主义、毛泽东思想、邓小平理论、“三个代表”重要思想、科学发展观和习近平治国理政新理念新思想新战略武装头脑，把党的路线、方针、政策贯彻到各项工作中，从制度上、法律上保证党的执政地位，通过改善党的领导以实现更有效地坚持党的领导，自觉地把巩固党的执政地位、贯彻落实党的方针政策、维护人民利益和建设社会主义法治有机统一起来，真正担当起全面树立社会主义法治理念、建设中国特色社会主义法治国家的历史重任。

总之，社会主义法治理念既可以看作是一种整体性理念，同时也可以看作是具体性的理念，这些具体性理念是对整体性理念的不同角度的反映。由此可见，社会主义法治理念的五个不同的基本内涵是从不同方面反映和体现社会主义法治理念的内容。由于这些不同的、具体性的理念是既相互区别又相互联系和相互补充的，因此，树立社会主义法治理念必须正确认识和把握这五个具体性理念之间的辩证关系，才能对社会主义法治理念有一个整体性的认识，也才能反映出社会主义法治理念的全貌。

四、社会主义法治理念的意义

社会主义法治理念是马克思主义法学理论同中国现实国情和现代化建设实际相结合的产物，是中国社会主义民主与法治实践经验的总结。社会主义法治理念的提出，不仅丰富了马克思主义法学理论，丰富了中国特色社会主义理论体系中法治思想的内涵，同时对于推进依法治国，建设社会主义法治国家，保障社会主义民主法治建设的正确方向，在政治、经济、文化和社会等方面，都具有重大的现实意义和深远的历史意义。

（一）社会主义法治理念的政治意义

政治建设的核心是政治体制，它要求改革和完善基本的政治制度、政党制度、政治运行体制和机制。我国是社会主义国家，人民民主专政的社会主义国家是我国的性质，人民代表大会制度是我国的根本政治制度，中国共产党领导的多党合作和政治协商制度是我国的基本政党制度，坚持和完善这些制度是政治建设的基础和前提，而树立社会主义法治理念为政治建设提供了强有力的法律保障。

1. 社会主义法治理念为我国的国体提供法律保障

我国是工人阶级领导，以工农联盟为基础的人民民主专政的社会主义国家。列宁指出："任何民主，就像一般的任何政治的上层建筑一样……归根到底是为生产服务的，并且归根到底是为社会中的生产关系服务的。"[1] 邓小平指出："发展社会主义民主，绝不是可以不要对敌视社会主义的势力实行无产阶级专政"，强调专政职能和专政机关"同社会主义国家的民主化并不矛盾，它们的正确有效的工作不是妨碍而是保证社会主义国家的民主化"。[2] 通过以上论述，我们可以看出，人民民主专政在性质上也就表现为阶级性和社会性的统一。

法治的前提和保障是民主政治，没有人民的当家作主，就不可能真正实现依法治国，实现中国特色的社会主义法治国家的宏伟目标。中国的民主是民主政治，是同法治相辅相成的，中国的民主一定要"把民主和集中、民主和法制、民主和经济、民主和党的领导结合起来"[3]，"发扬社会主义民主，健全社会主义法制，两方面是统一的"[4]，"在发扬社会主义民主的同时，还要加强社会主义法制，做到既能调动人民的积极性，又能保证我们有领导有秩序地进行社会主义建设。这是一整套相互关联的方针政策"[5]。中国的民主政治符合中国的现实国情，它充分发挥人民以国家和社会主人的身份建设、管理国家的积极性、主动性和创造性，不断推动中国社会的发展和全面进步。但是，人民民主专政的国体建设仍有许多需要克服和解决的问题。其主要体现在：民主制度还不够健全，人民在社会主义市场经济条件下当家作主管理国家和社会事务、管理经济和文化事业的权利在某些方面还没有得到充分实现；有法不依、执法不严、违法不究的现象依然存在；官僚主义作风、腐败现象在一些部门和地方滋生和蔓延；对权力运行进行制约和监督的

1 《列宁全集》第32卷，人民出版社1952年版，第69页。
2 《邓小平文选》第2卷，人民出版社1994年版，第168—169页。
3 同上书，第176页。
4 同上书，第276页。
5 同上书，第233页。

机制有待进一步完善；全社会的民主观念和法律意识有待进一步提高；公民有序的政治参与尚需扩大。中国的民主政治建设还有很长的路要走，这将是一个不断完善和发展的历史过程。[1]

虽然中国的民主政治道路还有很长的路要走，但是社会主义与资本主义在国体上的本质区别，决定了社会主义法治与资本主义法治的根本不同。一切权力属于人民的民主政治是中国法治的政治基础，决定着社会主义法治的本质、发展方向和实现过程。社会主义法治是社会主义民主的制度化和法律化，是建设社会主义民主的根本途径和有力保障，它是指把社会主义国家的民主生活、民主形式和程序以及人民的民主权利，用法律的方式确定下来、固定下来，“使这种制度和法律不因领导人的改变而改变，不因领导人的看法和注意力的改变而改变”。[2]它的根本目的在于更好地实现人民当家作主的这一社会主义根本原则。我国宪法第二条明确规定：“中华人民共和国的一切权力属于人民。”与此相应，宪法第二十七条明确要求，一切国家机关和工作人员必须“努力为人民服务”。因此，以建设法治国家为目标的社会主义法治理念在未来的发展，必然继续以民主政治为依托，以进一步实现社会主义民主政治的法治化和法治的民主化为目标，为人民民主专政的社会主义国家提供坚实的法律保障。

2. 社会主义法治理念为我国的政体提供法律保障

一国的政治是由这个国家的文化、历史和社会条件等综合因素所决定的结果。我国是社会主义国家，我国的根本政治制度是人民代表大会制度。我国实行人民代表大会制度是人民的选择，同时又具有历史必然性。

在中国近代史上，各时期、各阶层为了在中国建立什么样的政治制度和政权组织形式进行了长期的争论和激烈的斗争。戊戌变法时期有人提出在中国建设君主立宪制，辛亥革命时期提出建立资产阶级共和制，北洋军阀提出建立伪宪制，国民党以所谓国民大会为国家目标，这些理想最终都以失败而告终。其失败原因在于这些政治制度不符合中国国情，不符合人民群众的根本利益。经过人民长期艰苦卓绝的奋斗与历史的选择，最终确立了人民代表大会制度为我国的政权组织形式，即人民代表大会制度为我国的政体。

---

1 《中国的民主政治建设》，新华网，http://news.xinhuanet.com/politics/2005-10/19/content_3645619.htm。

2 《邓小平文选》第2卷，人民出版社1994年版，第146页。

因为人民代表大会制度为人民当家作主提供了最好的组织形式，全体人民可以通过人民代表大会来掌握国家的前途和命运，统一行使国家权力。人民代表大会制度是中国人民在中国共产党的领导下，集新民主主义革命、社会主义革命和建设的历史经验创立和发展起来的，正如中国改革开放的总设计师邓小平所强调："在政治体制改革方面有一点可以肯定，就是我们要坚持实行人民代表大会制度，而不是美国式的三权鼎立制度。"[1] 人民代表大会制度不仅符合中国的实际，而且在实践中表现出巨大的优越性。

人民代表大会制度体现了国家一切权力属于人民，体现了我国社会主义国家的性质，体现了中国共产党的领导地位和执政地位，它是党的领导、人民当家作主和依法治国的有机统一的制度载体。党的领导是建设中国特色社会主义事业胜利的保证。中国的一个基本国情就是人口众多，区域发展不平衡，因此，政治要稳定，经济要发展，文化要繁荣，社会要进步，民族要团结，人民要实现小康生活，没有一个坚强的领导核心是不行的。发展社会主义民主政治，切实保障国家的一切权力属于人民、扩大人民民主，保证人民当家作主是我党始终不渝的奋斗目标。故此，从各个领域、各个层次扩大人民群众有序参与政治，保证人民依法管理国家和社会事务、管理经济和文化事业，推进社会主义民主政治规范化、制度化和程序化，这就要求我们树立社会主义法治理念，不断改进和完善相关法律制度，建设社会主义法治国家，从法律制度上保证人民当家作主的权利。

邓小平同志曾经深刻地指出："不是说个人没有责任，而是说领导制度、组织制度问题更带有根本性、全面性、稳定性和长期性。"[2] 因此，要不断强化人民代表大会的制度建设，通过牢固树立社会主义法治理念为人民代表大会制度提供法律保障。一方面，要完善国家的各项法律和制度，实现人民代表大会活动的规范化、制度化和程序化。通过法律的形式来明确党与人大的关系、人大代表与群众的关系，进一步规范和完善人大的组织形式、领导方式、国家选举制度和监督制度，合理划分各级人大组织的职能，明确人大的工作程序和要求，使国家政治资源实现有效配置，在法律层面上建立和完善人大的领导制度、执政体制和运行机制。另一方面，要完善国家权力机关的运行机制。要建立健全结构合理、配置科学、程序严密的人大权力运作机制，做到依法授权、依法用权、

---

1 《邓小平文选》第2卷，人民出版社1994年版，第307页。

2 同上书，第146页。

依法监督，以充分保障人民当家作主的权利。总之，改进和完善人民代表大会制度，扩大人民政治参与的范围，推进人民代表大会制度的规范化、程序化运行，保证国家的一切权力属于人民，只有树立社会主义法治理念，以期实现从法律制度上为我国的政体提供法律保障。

3. 社会主义法治理念为我国的政党制度提供法律保障

政党制度即一个国家的各个政党在政治生活中所处的法律地位，政党与国家政权的关系，政党如何实现自身的运转、行使国家政权、干预政治生活的活动方式、方法、程序和规则，它是各个政党在争夺对于国家政权支配时逐渐形成的权力和地位划分的模式。一个国家的政党制度与其历史发展有着密切的联系。

当代中国实行的是中国共产党领导的多党合作和政治协商制度。“在中国共产党的领导下，实行多党派的合作，这是我国具体历史条件和现实条件所决定的，也是我国政治制度中的一个特点和优点。”[1] 中国共产党是执政党，各民主党派是参政党，坚持和完善这一制度是我国民主政治建设的一项重要内容。中国共产党与各民主党派合作的基本方针是“长期共存、互相监督、肝胆相照、荣辱与共”。随着人民范围的扩大，人民民主的范围也必然随之扩大。“新时期统一战线和人民政协的任务，就是要调动一切积极因素，努力化消极因素为积极因素，团结一切可以团结的力量，同心同德，群策群力，维护和发展安定团结的政治局面，为把我国建设成为现代化的社会主义强国而奋斗。”人民政治协商会议作为中国共产党领导下的爱国统一战线的组织形式，在社会主义民主政治建设和经济建设中发挥着越来越重要的作用。正如邓小平指出：“为了实现四个现代化，必须发扬社会主义民主和加强社会主义法制。人民政协是发扬人民民主、联系各方面人民群众的一个重要组织。中国的社会主义现代化建设事业，继续需要政协就有关国家的大政方针、政治生活和四个现代化建设中的各项社会经济问题，进行协商、讨论。”[2]

半个多世纪以来，这种政党制度保证了社会各阶层广泛地参与政治，保证了中国的社会政治的健康、稳定和持续发展，这表明，中国特色的政党制度是符合中国发展国情的，并具有旺盛的生命力。1993 年，八届全国人大一次会议将“中国共产党领导的多党

---

1 《邓小平文选》第 2 卷，人民出版社 1994 年版，第 205 页。

2 同上书，第 187 页。

合作和政治协商制度将长期存在和发展”正式载入宪法。这一规定，为中国特色的政党制度提供了强有力的法制保障，正如邓小平所言：“在当前新的长征中，在四项基本原则的指引下，实行互相监督，充分发扬社会主义民主，加强社会主义法制，对于增强和维护安定团结、共同搞好国家大事，是十分重要的。”[1]社会主义法治理念是人们对法治本质及其规律的理性认识与整体把握而形成的一系列理性的基本观念，是对法律精神的理解和对法律价值的解读而形成的一种认知模式。社会主义法治理念以依法治国为核心内容，树立宪法权威，崇尚法律至上。贯彻和落实社会主义法治理念实际上就是把中国政党制度法律化、规范化，为中国特色的政党制度提供了强有力的法律保障。

（二）社会主义法治理念的经济意义

根据马克思的历史唯物主义的基本原理，我们知道一切社会关系，归根结底都是由经济关系决定并受经济关系制约的。同理，社会法治化的过程同样是以经济市场化为基础的，市场经济的发展，推动了社会主义法治化的进程。与此同时，进步中的法治理念为市场经济提供了法律保障。

中国经济形态是从计划经济到有计划的商品经济再到社会主义市场经济的渐进的改革过程。实际上，在我国实行计划经济体制的时候，人作为社会上的个体根本上受制于特定的经济关系，整个社会都围绕着权力的指挥棒在运转。实行计划经济的中国，要求高度集权的中央政府，要求依靠权力的等级形成的整个社会依附于权力的一种政治。正如著名法学家江平教授所言：“计划经济本质是权力经济，即行政命令、长官意志畅行其中的经济形态。”[2]因此，计划经济是排斥法治的。正如蔡定剑教授所述：“如果说它需要法律，就好像你要用法律来规定将军们如何指挥打仗一样是多余的，这样的法律也是难以遵守的。其实，中国过去的计划经济体制也完全像一个军事体制。政府领导经济也像指挥打仗一样，一个个五年计划就当作一个一个战役打，每一个企业就像战局上的一个棋子，这样的经济体制不可能产生法制。”[3]

自从党的十四大提出建立社会主义市场经济的目标以后，市场经济与法治的关系出

1　《邓小平文选》第2卷，人民出版社1994年版，第187页。

2　江平：《完善市场经济法制的思考》，《中国法学》1993年第1期。

3　蔡定剑：《历史与变革》，中国政法大学出版社1999年版，第307页。

现了高度的亲和状态。反观中国法治的发展历程，我们会发现，中国的市场经济的发育与社会主义法治的发展是一个同构的过程。正如钱颖一教授所言："任何一种经济体制都具有一种特定的有关经济活动的游戏规则，而现代市场经济作为一种体制的根本游戏规则就是基于法治的规则。"[1]

中国市场经济的改革过程中，最为明显的变化是建立了以家庭联产承包责任制为主的农村经济体制。社会主义市场经济是以公有制为主体、多种所有制经济共同发展的经济体制，它是以市场对资源配置起基础性作用的经济体制。社会主义市场经济的发展的结果是社会成员之间必然存在着各自利益上的差异，它的进程导致了公民个人在经济关系中的地位的改变，所以仅靠单个成员之间的协商和妥协不可能建立起一个普遍合理性的法律秩序，从可能性来看，"使所有社会成员在权利意识上达成完全的一致，即便不是不可能，也是极其困难的"。[2]随着社会主义市场经济的发展，改革的不断深化，中国的综合国力和人民生活水平都有了显著提高，但同时社会中也存在着经济结构不合理、分配关系尚未理顺、就业矛盾突出、资源环境压力大等等问题。要改变这种现状，促进社会主义经济的和谐发展，只有靠法治。"法律秩序要发展，必须以这样一种环境为前提，即没有一个集团在社会生活中永恒地占据支配地位，也没有一个集团被认为具有一种与生俱来的统治权力。""法治秩序的形成是彼此冲突的各方不得不选择一个次佳方案。"[3]因此，社会主义法治理念正是调整人们的不同利益诉求的必然选择。社会主义法治理念对我国的经济建设作用主要体现在如下几方面：

1. 社会主义法治理念为我国基本经济制度提供了法律保障

以公有制为主体、多种经济共同发展，是我国社会主义初级阶段的一项基本经济制度，它是以市场对资源配置起基础性作用的经济体制，但是市场不是万能的。如果没有稳定的政治局面和规范化的法律制度，经济建设的目标就不可能实现。经济建设的一般规律就是要求政府能依法运用经济手段和行政手段对宏观经济进行必要限度的调控。政府在对经济发展宏观调控的时候不能随心所欲，它必须用制度化的法律规范来引导并且

---

1 钱颖一：《市场与法治》，《经济社会体制比较》2000年第4期。

2 常健：《当代中国权力规范的转型》，天津人民出版社2000年版，第132页。

3 参见［美］昂格尔：《现代社会中的法律》，吴玉章、周汉华译，译林出版社2002年版，第63—71页。

符合程序性的法律规定。因此，要保持社会主义社会的和谐与稳定，经济的健康发展，必须牢固树立社会主义法治理念，理顺和调整各种经济关系与经济矛盾，为社会主义经济建设提供一个良好的法治环境。

2. 社会主义法治理念为分配制度提供了法律保障

社会主义分配制度是社会主义经济建设的又一重要方面。以按劳分配为主体、多种分配方式并存的个人收入分配制度为社会主义初级阶段的分配制度。按劳分配也就是凡有劳动能力的人都应尽自己的能力为社会劳动，社会以劳动作为分配个人收入的尺度，按照劳动者提供的劳动数量和质量分配个人收入，等量劳动领取等量报酬，多劳多得，少劳少得，不劳动者不得食。按劳分配虽在一定程度上解决了社会主义分配问题，但随着改革的不断深入，竞争成为当前中国的一大特色。为了发挥竞争机制的积极作用，建立公平竞争的经济环境，必须具备相应的竞争规则，即平等的、公正的、共同遵守的行为准则。因此，必须在社会主义法治理念的指导下制定和完善各类法律法规，为经济个体提供一个公平的竞争平台，以增强社会主义经济建设的活力，否则，经济建设就可能造成混乱甚至迷失方向而前功尽弃。

3. 社会主义法治理念为建立、健全社会主义市场经济体制提供法律保障

我国社会主义经济建设的实践表明，没有社会主义市场经济，中国的经济发展就不可能迅速增长，人民生活水平也难以有效提高。随着社会主义市场经济的深入发展，市场主体出现了多元化的趋势，不同市场主体之间存在复杂的产权关系、交换关系、经营关系等。只有用法律的手段对这些繁杂的经济关系加以规范，为市场经济的正常运行提供一个必要的法治前提。由此可见，社会主义市场经济同时也是法治经济。社会主义市场经济要求具有的平等性、自主性、等价有偿性、诚实信用性、公平竞争性等特性在客观上要求实行法治。法律对市场经济具有引导、规范、保障作用。只有树立社会主义法治理念，通过规范化、制度化的法治手段才能确立市场主体的资格，规范市场主体的行为，制定市场交易的规则，保障社会主义市场经济长期、持续、健康发展。

（三）社会主义法治理念的文化意义

社会主义文化即社会主义精神文明，它是社会主义的重要特征，是社会主义制度优越性的重要体现。社会主义和其他社会形态一样，都是生产力和生产关系的统一，经济基础和上层建筑的统一。经济制度是基础，政治制度是保证，意识形态是精神支柱。这三个方面是相互制约、相互促进又缺一不可的关系。文化建设作为社会主义文明建设的不可缺少的重要组成部分，是社会主义制度的客观要求和本质所决定的。没有社会主义文化建设，就不可能建设社会主义，更不可能建成社会主义。在社会主义诞生之前，历史上出现过奴隶社会、封建社会和资本主义社会，这三个时代的文化建设虽有各自的性质和特点，但都是以占统治地位的剥削阶级的思想体系为核心和主导的，都是为剥削阶级服务的。而社会主义精神文明是适应社会主义经济基础的需要，是在批判继承人类精神文化成果的基础上建立起来的新型的精神文明。

社会主义文化建设内涵很广，包括理论建设、道德建设、理想建设、纪律建设、法治文化建设等为主的思想道德建设，包括教育、科学、文艺、新闻出版、卫生体育等方面的教育科学文化建设。其中法治文化，是指“一个国家或民族对于法律生活所持有的以价值观为核心的思维方式和行为方式”。[1]具有良好的法治文化是培育完善法律制度的土壤和法律制度得以全面的实现保障。如果一个社会没有良好的法治文化，再好的法律制度也难以得到全面实施。因此，社会主义法治理念的提出对文化建设具有重大的理论和现实意义，具体表现在以下几方面：

1. 社会主义法治理念丰富了社会主义文化建设的内容

“一切有关法律制度和法律概念的特征的问题都需要与产生法律的社会条件相联系来加以领会，在这种意义上，法律确是文化的一种表现形式。”[2]文化是法治的理性和灵魂，在一定程度上，法治本身也是文化。“法治总是与一国的思想文化意识，尤其是与一定的法律文化联系在一起的，与思想文化意识尤其与其中的法律文化具有极大的联系。思想文化的形成的过程是渐进的，是具有历史性的社会现实或社会存在。”[3]“法律文化既体现在作为隐性的法律意识形态之中，也体现在作为显性的法律制度性结构之中。法律文化既是历史文化的遗留，也是现实的人类创造。……是一种集历史与现

1　蔡爱平：《以“三个代表”的思想推动我国法治文化建设》，《岭南学刊》2000年第5期。
2　［英］罗杰·科特威尔：《法律社会学》，潘大松等译，华夏出版社1989年版，第27页。
3　卓泽渊：《论法治的整体性》，《现代法学》2003年第2期，第14页。

实、宏观与微观、静态与动态、观念与制度在内的宏观的整体性文化。”[1]“法律文化不是一种抽象的东西，而具有纷繁的多样性。不同文明国度在其社会历史演变中产生了各具特色的法律文化。”[2]因此，社会主义法治理念的这一理论极大地丰富了社会主义文化建设的内容。

2. 社会主义法治理念是社会主义文化建设的共同价值取向

法治文化的内容极为丰富，其中有些内容——如法律至上、公平正义、人人平等、诚实守信等——为民主国家所共同推崇。法治文化与社会制度一样都具有阶级性，因此，我们所要培育和发展的应是符合中国特色社会主义理论体系的社会主义法治文化。依法治国是我们新中国成立以来，历经无数次挫折和教训之后作出的理性选择；一切权力属于人民是社会主义的本质要求，所以执法为民体现了一切执法活动都应以维护人民的利益为中心；公平正义是人类一个永恒的追求，也是社会主义国家不懈追求的价值目标；顾全大局是社会主义四位一体建设的需要；党的领导是宪法确立的四项基本原则之一。由此可见，社会主义法治理念的丰富内涵以及其所追求的价值目标也正是社会主义文化建设的价值取向。

3. 社会主义法治理念为社会主义文化建设提供了思想保证

社会主义法治理念是以马克思主义法治理论为指导的，反映并指导中国特色社会主义法治实践的先进的现代法治理念，它立足于中国现实国情，强调历史的具体性的同时，又包含了一切先进的法治理念。社会主义法治理念的提出和践行，意味着社会主义核心价值体系的建立进入了新的阶段，它极大地丰富和完善了社会主义核心价值体系。社会主义核心价值体系是当代全国人民奋发向上的精神动力和团结的精神纽带，社会主义法治理念所追求的公平、正义、自由、民主、人权、秩序、和谐、安全等价值，同样是社会主义核心价值体系所追求的价值理念。社会主义法治理念从法的价值观的角度丰富和发展了社会主义的共同价值观念，它为社会主义法治文化建设提供了强有力的指导思想和精神动力。这种“软实力”的进步与发展为社会主义文化的大发展和大繁荣提供了可

---

1 刘作翔：《法律文化理论》，转引自张晋藩、焦利：《传统法律文化与现代法治理念的冲突与互动》，《新视野》2003年第5期。

2 张学亮：《中国法治现状与公民法律文化构建》，《理论导刊》2003年第6期。

能，为提高社会主义法治文化提供了重要的精神导向。

（四）社会主义法治理念的社会意义

从中国的历史来看，先秦法家主张的“以法治国”、奖励耕战，最终实现一统六国之伟业。春秋战国时期，后来强盛的诸侯国，大多采用了“垂法而治”、“以法治国”[1]的治国方略。近代西方实行的“法律之治”等政策，都与国家和社会的发展与富强休戚相关。西方各国依靠“法律之治”，有效地保障了工业、农业和商业的自由发展，以至成为世界体系中的强势民族国家。虽然古今中外的法治历程在内容和性质上不尽相同，但在促进社会发展上，则具有异曲同工之妙。

科学发展观确立了中国特色社会主义发展目标是社会的全面发展，其首要任务就是必须促进经济、政治、文化、社会和生态文明建设的全面发展，即“五位一体”。其中社会建设主要就是正确处理人民内部各阶层之间的利益关系，激发社会活力，促进社会公平和正义，维护社会的安定团结，形成全体人民各尽其能、各得其所的和谐相处的社会。党的十六届六中全会提出了到 2020 年构建社会主义和谐社会的目标和主要任务是：社会主义民主法制更加完善，依法治国基本方略得到全面落实，人民的权益得到切实尊重和保障；城乡、区域发展差距扩大的趋势逐步扭转，合理有序的收入分配格局基本形成，家庭财产普遍增加，人民过上更加富足的生活；社会就业比较充分，覆盖城乡居民的社会保障体系基本建立；基本公共服务体系更加完备，政府管理和服务水平有较大提高；全民族的思想道德素质、科学文化素质和健康素质明显提高，良好道德风尚、和谐人际关系进一步形成；全社会创造活力显著增强，创新型国家基本建成；社会管理体系更加完善，社会秩序良好；资源利用效率显著提高，生态环境明显好转；实现全面建设惠及十几亿人口的更高水平的小康社会的目标，努力形成全体人民各尽其能、各得其所而又和谐相处的局面。这些目标分别反映了民主法制、公平正义、诚信友爱、充满活力、安定有序、人与自然和谐相处总要求的各个方面，它充实和丰富了全面建设小康社会的内容。

当前，“依法治国”在中国现代化建设的进程中被提升到基本治国方略的战略高度，它一定程度上与中国近代屈辱的历史相关，与此同时，在当前全球化一体化的影响下的

1 梁启超：《先秦政治思想史》，浙江人民出版社 1998 年版，第 157 页。

不均衡的国际政治中，中国仍需要进一步应对人们对物质的增长和文化需要，以实现建设富强、民主、文明的社会主义现代化目标，也与依法治国具有不可分割的联系。因为，社会交往和经济发展必须具有一个稳定的预期和固定的规则形式，这正如马克思所说："规则和秩序本身，对任何要摆脱单纯的偶然性或任意性而取得社会的固定性和独立性的生产方式来说，是一个必不可少的要素。这种规则和秩序，正好是一种生产方式的社会固定的形式，因而是它相对地摆脱了单纯偶然性和单纯任意性的形式。"[1] 在这段话中，马克思同时还揭示了规则在社会秩序中的核心地位。任何社会建设总是存在于无序与有序之间，而在社会建设的无序状态与有序状态之间无疑存在着某种控制力，这种控制力的大小决定着社会实际存在的状态。虽然社会控制力表现为很多种形式，比如国家领袖的个人魅力、舆论、法律、宗教、艺术、社团等，但法律是其中不可缺少的主导性结构应是恰如其分的说法。

社会控制理论最先是由美国学者罗斯提出的："社会控制在其真实意义上说，它是历史传统和社会团体的保障；它不仅是现在的人所从事的工作的保护者，而且是过去的人为后代所从事的工作的保护者；它不仅是无数的人最珍贵财产的保护者，而且是人类精神财富的保护者——是人类自己自由从事和享受的各种发明和创造、艺术和科学、令人愉快的工作和探索医治疾病的奥妙等的保护者。"[2] 很多学者在其著作中提及法律对社会具有控制作用。比如庞德认为："社会控制的手段主要是指法律、道德和宗教"，"在近代世界，法律成了社会控制的主要手段。在当前的社会中，我们主要依靠的是政治组织社会的强力。我们力图通过有秩序地和系统地适用强力，来调整关系和安排行为。此刻人们最坚持的就是法律的这一方面，即法律对强力的依赖"。[3] "一个法律制度，如果没有可强制实施的惩罚手段，就会被证明无力限制非合作的、反社会的和犯罪等因素，从而就不能实现其在社会中维持秩序与正义的基本职能。"[4] 弗里德曼认为："法律制度的另一基本职能是社会控制，实质上是实施正确行为规则。警察和法官要使小偷被逮住并送到监狱。"[5]

---

1 《资本论》第 3 卷，人民出版社 1975 年版，第 894 页。

2 ［美］罗斯:《社会控制》，秦志勇等译，华夏出版社 1989 年版，第 335 页。

3 ［美］庞德:《通过法律的社会控制——法律的任务》，沈宗灵等译，商务印书馆 1984 年版，第 9—10 页。

4 ［美］博登海默:《法理学——法哲学及其方法》，邓正来等译，华夏出版社 1987 年版，第 334 页。

5 ［美］弗里德曼:《法律制度》，李琼英等译，中国政法大学出版社 1994 年版，第 20 页。

由此可见，社会主义法治理念与社会建设是一种控制与被控制的关系。当前我国正处在社会主义现代化建设事业高速发展的战略时期，经济的高速增长，社会的快速进步，文化发展的日新月异，在这一期间也是人民内部矛盾凸显和刑事犯罪高发的时期。不同的个体或阶层之间，具有不同的利益和价值取向，不同阶层间的冲突是难以避免的。而且，近年来经济的飞速发展带来的拆迁、征地、下岗、劳动争议等群体性暴力事件层出不穷，这种社会新现象无形中给我国的社会建设增加了许多不稳定的因素。因此，当前我国迫切需要树立社会主义法治理念，以规范化和制度化的法律规定来调整各种社会关系，以法治来促进社会的和谐，以法治来控制社会建设，为中国特色的社会主义现代化建设提供一个稳定的法治局面。

第十一章 # 建立完善的社会主义法律体系，促进法律实现

依法治国，建设社会主义法治国家，为社会主义经济建设和改革开放创造良好的外部环境，保障社会主义经济、政治、文化、社会和生态文明建设的顺利进行，首先要有反映社会发展规律和时代潮流、代表人民意志和利益，科学、严谨和完备的法律体系。如果没有比较完备的、高质量的法律体系，就谈不上实现社会主义民主政治的制度化、规范化和程序化，就谈不上实现国家各项工作法治化，也就谈不上依法治国、建设社会主义法治国家。在做到有法可依的同时，要严格执法司法，促进法律的实现。

中华人民共和国成立后的一个时期里，法律制度不健全，轻视法治的思想十分严重，以致最终酿成了“文化大革命”这样无法无天的混乱局面。这个深刻的教训表明：有法才能治国，无法必然乱国。正是在这样的历史背景下，1978 年中共十一届三中全会提出要重视加强立法工作。通过完善立法，使国家生活的基本方面做到有章可循，做到使各种社会主体之间的关系，用法律形式来确定，它们之间的矛盾也主要通过法律来解决。正是由于我们党确立了依法治国的指导思想，根据新时期社会主义建设和目前建立市场经济的需要，我国的立法工作取得了很大的成就，至 2010 年底，较为完备的中国特色社会主义法律体系已经形成。

一、加强立法工作，建立完备的法律体系

（一）加快立法步伐，建立完备的法律制度

依法治国，建设社会主义法治国家，必须做到有法可依。有法可依，必须加强立法

工作，建立完备的社会主义法律体系。这也是执法、司法和守法的前提条件。“文化大革命”结束以后，进行拨乱反正，工作千头万绪，当时邓小平认为当务之急是做好两件事，一是进行经济调整，加快四个现代化建设步伐；二是加强民主法制建设。鉴于“文化大革命”时期无法无天的状况，邓小平首先考虑的是要做到有法可依，建立完善的法律制度。1978 年 10 月，在与有关人员商议对中国工会第九次全国代表大会上的讲话稿修改问题时，他就谈道：现在关于民主问题的讨论不够，这个问题很重要，要展开讨论。民主和法制实际上是一件事情。法制确实需要建立和健全，民法、刑法要搞，但都没有搞成。没有法，他就乱搞，确实不行。现在是领导人说的话就叫法，不赞成领导人说的话就叫违法，这种状况不能继续下去了。除了搞刑法、民法、诉讼法以外，还要搞经济立法，如工厂法。[1] 关于完善立法的思想，在 1978 年中共十一届三中全会召开前夕的中央工作会议上，邓小平进一步作了系统阐释。他在《解放思想，实事求是，团结一致向前看》这篇著名讲话中，在提出新时期加强法制建设任务的同时，针对当时我国立法很不完备的情况指出：“现在的问题是法律很不完备，很多法律还没有制定出来。往往把领导人说的话当作‘法’，不赞成领导人说的话就叫作‘违法’，领导人的话改变了，‘法’也就跟着改变。所以，应该集中力量制定刑法、民法、诉讼法和其他各种必要的法律，例如工厂法、人民公社法、森林法、草原法、环境保护法、劳动法、外国人投资法等。”[2] 通过完善立法，使整个国家生活基本做到有章可循，做到“国家和企业、企业和企业、企业和个人等之间的关系，也要用法律的形式来确定；它们之间的矛盾，也有不少要通过法律来解决”。[3] 总之，“国要有国法，党要有党规党法”。[4]1985 年 6 月 27 日，他在同彭真就立法问题和立法力量的组织问题交换意见时提出，民法总则一定要搞，不可能那么完备，不完备不要紧，有错就改，总比没有好。海关法的修订中，还有个受贿的问题。我看，应该明确一条，一切罚没物资统统上缴国库。[5]

中共十一届三中全会采纳了邓小平对立法工作的建议，提出“为了保障人民民主，必须加强社会主义法制，使民主制度化、法律化，使这种制度和法律具有稳定性、连续

---

1 参见《邓小平年谱（1975—1997）》（上），中央文献出版社 2007 年版，第 394 页。

2 《邓小平文选》第 2 卷，人民出版社 1994 年版，第 146 页。

3 同上书，第 147 页。

4 同上。

5 《邓小平年谱（1975—1997）》（下），中央文献出版社 2007 年版，第 1027 页。

性和极大的权威，做到有法可依，有法必依，执法必严，违法必究。从现在起，应当把立法工作摆到全国人民代表大会及其常务委员会的重要议程上来”。[1] 邓小平关于加快立法，逐步完备国家法律体系的思想，以及中共十一届三中全会对立法工作的强调，极大地推动了立法工作的开展。

1979 年，第五届全国人大第二次会议制定并公布了七个重要法律，即刑法、刑事诉讼法、全国人民代表大会和地方人民代表大会选举法、地方各级人民代表大会和地方各级人民政府组织法、人民法院组织法、人民检察院组织法、中外合资经营企业法。邓小平曾把这些法律的制定和出台，视为我国新时期社会主义建设的新开端。在出席这次会议的党内负责人会议上，邓小平谈到民主与法制问题时强调：我们制定法律的步伐要加快。确实要搞法制，特别是高级干部要遵守法制。以后，党委领导的作用第一条就是应该保证法律生效、有效。没有立法之前，只能按政策办事；法立了以后，坚决按法律办事。我们这次大会要认真立法，大会以后还要立一系列的法。这是很严肃的事情。国际上认为中国有个新的开端，不但指四个现代化，还有加强民主和法制。[2] 这次会议后不久，邓小平在会见日本公明党第八次访华团时，结合这次的立法成就对完善我国的立法问题又作了进一步的阐述。他说：“我们好多年实际上没有法，没有可遵循的东西。这次全国人大开会制定了七个法律。有的实际上部分地修改了我们的宪法，比如取消革命委员会，恢复原来的行政体制。这是建立安定团结政治局面的必要保障……这次会议后，要接着制定一系列的法律。我们的民法还没有，要制定；经济方面的很多法律，比如工厂法等，也要制定。我们的法律是太少了，成百个法律总要有的，这方面有很多工作要做，现在只是开端。”[3] 对于 1979 年五届全国人大二次会议制定颁布的七个法律，邓小平也给予了很高的评价。他说：“在新中国成立以来的二十九年中，我们连一个刑法都没有，过去反反复复搞了多少次，三十几稿，但是毕竟没有拿出来。现在刑法和刑事诉讼法都通过和公布了，开始实行了。全国人民都看到了严格实行社会主义法制的希望。这不是一件小事情啊！”[4] 此后，当代中国开始进

---

1 中国共产党第十一届中央委员会第三次全体会议公报（1978 年 12 月 22 日通过），《三中全会以来重要文献选编》（上），人民出版社 1982 年版，第 11 页。

2 参见《邓小平年谱（1975—1997）》（上），中央文献出版社 2007 年版，第 527—528 页。

3 《邓小平文选》第 2 卷，人民出版社 1994 年版，第 189 页。

4 同上书，第 243 页。

入大规模的立法时期。适应社会政治经济建设的主要法律的陆续颁布，为我国法制建设的恢复和发展奠定了基础。

中共十三届四中全会以后，江泽民对完善的法律体系在治国中的作用也有许多论述，强调完备的法律体系是依法治国的基础，只有完备的法律体系，才有可能把社会生活的各个方面都纳入法律的调整范围。

江泽民指出："经济的发展，社会的进步，都离不开法制的健全。经济和社会的发展，呼唤着法制的完善；反过来，法制的完善，又会促进经济繁荣和社会进步。建设符合本国国情的完备的法制，是一个国家繁荣昌盛的重要保证。我国人民在邓小平同志建设有中国特色社会主义理论的指导下，坚持一手抓经济建设，一手抓法制建设，把完善社会主义法制，作为富强、民主、文明的社会主义现代化国家的重要目标之一。"[1]为了建立完备的社会主义法律体系，江泽民同志提出了明确的具体要求："要进一步加强立法工作。新中国成立以来，特别是近十年来，我国的立法工作取得了显著成绩，国家的政治生活、经济生活和社会生活的主要方面已经基本上有法可依。但是，我们的法律还不够健全，立法任务还很繁重。当前要抓紧制定和完善保障公民权利、维护社会安定和人民正常生活的法律；抓紧制定保证改革开放和经济宏观调控方面的法律，以及有关发展农业、交通、能源、教育、科技方面的法律；还要抓紧制定和修改有关惩治犯罪和促进廉政建设方面的法律。为了进一步完善人民代表大会制度，要对选举法、地方组织法进行必要的修改。对于法律的实施，要加强监督。"[2]

中共十六大以来，以胡锦涛为总书记的新一代中央领导集体也强调，依法治国，前提是有法可依，提出"要进一步加强和改进立法工作，提高立法质量。全国人民代表大会及其常务委员会要围绕党和国家的工作大局，根据经济社会发展的客观需要，特别是要适应建设完善的社会主义市场经济体制的需要，进一步突出经济立法这个重点，着眼于确立制度、规范权责、保障权益，全面推进经济法制建设。同时，要抓紧制定和完善发展社会主义民主政治的法律，保障公民权利、维护社会安定的法律，促进社会全面进步的法律。国务院和有立法权的地方人民代表大会及其常务委员会，要抓紧制定和修改

---

1 《江泽民论有中国特色社会主义（专题摘编）》，中央文献出版社2002年版，第330页。

2 《江泽民文选》第1卷，人民出版社2006年版，第114页。

与法律相配套的行政法规和地方性法规，为形成中国特色社会主义法律体系作出自己的贡献。……要坚持把立法同改革发展稳定的重大决策紧密结合起来，为促进社会主义物质文明、政治文明和精神文明的协调发展服务。要坚持走群众路线，充分发扬民主，广泛听取各方面意见，力求使制定的法律法规严谨周密、切实可行”。[1]

中共十八大以来，以习近平为核心的党中央，结合改革开放和建设中国特色社会主义的新形势新需要，对继续完善中国特色社会主义法律体系提出了新的要求。习近平指出：“我们要以宪法为最高法律规范，继续完善以宪法为统帅的中国特色社会主义法律体系，把国家各项事业和各项工作纳入法制轨道，实行有法可依、有法必依、执法必严、违法必究，维护社会公平正义，实现国家和社会生活制度化、法制化。”[2]在实现了有法可依的目标之后，必须要重视提高立法质量，基于此，习近平指出：“人民群众对立法的期盼，已经不是有没有，而是好不好、管用不管用、能不能解决实际问题；不是什么法都能治国，不是什么法都能治好国；越是强调法治，越是要提高立法质量。这些话是有道理的。我们要完善立法规划，突出立法重点，坚持立改废并举，提高立法科学化、民主化水平，提高法律的针对性、及时性、系统性。要完善立法工作机制和程序，扩大公众有序参与，充分听取各方面意见，使法律准确反映经济社会发展要求，更好协调利益关系，发挥立法的引领和推动作用。”[3]

中共十八届四中全会通过的《中共中央关于全面推进依法治国若干重大问题的决定》，对完善以宪法为核心的中国特色社会主义法律体系，加强宪法实施进行了部署，提出了新时期全面推进依法治国在立法方面的指导思想，指出：“法律是治国之重器，良法是善治之前提。建设中国特色社会主义法治体系，必须坚持立法先行，发挥立法的引领和推动作用，抓住提高立法质量这个关键。要恪守以民为本、立法为民理念，贯彻社会主义核心价值观，使每一项立法都符合宪法精神、反映人民意志、得到人民拥护。要把公正、公平、公开原则贯穿立法全过程，完善机制，坚持立改废释并举，增强法律法

---

1 胡锦涛：《在首都各界纪念全国人民代表大会成立50周年大会上的讲话》（2004年9月15日），《人民日报》2004年9月16日。

2 习近平：《在首都各界纪念现行宪法公布施行三十周年大会上的讲话》（2012年12月4日），《十八大以来重要文献选编》（上），中央文献出版社2014年版，第89—90页。

3 习近平：《在十八届中央政治局第四次集体学习时的讲话》（2013年2月23日），《习近平关于全面依法治国的论述摘编》，中央文献出版社2015年版，第43—44页。

规的及时性、系统性、针对性、有效性。”[1]《决定》还针对完善社会主义法律体系面临的任务，提出了健全宪法实施和监督制度，完善立法体制，深入推进科学立法、民主立法，加强重点领域立法等一系列重大举措。

党和国家领导人以及党的文献关于立法工作的论述、提出的今后立法工作的任务和举措，指明了我国未来立法工作的重点和方向。

（二）建立完善的社会主义市场法律体系

邓小平在1992年初视察南方的谈话中指出，“计划多一点还是市场多一点，不是社会主义与资本主义的本质区别。计划经济不等于社会主义，资本主义也有计划，市场经济不等于资本主义，社会主义也有市场。计划和市场都是经济手段”，[2]明确提出了社会主义也可以搞市场经济。此后，1992年10月召开的中共十四大，把建立社会主义市场经济体制确立为我国经济体制改革的目标。

加强立法是完善社会主义市场经济体制的客观需要。市场经济是法治经济。没有健全的社会主义法制，就不可能有完善的社会主义市场经济体制。社会主义市场经济的特点，诸如市场经济主体的自主性，市场经济活动的契约性，市场经济往来的信用性，市场经济的竞争性，市场经济体系的统一性，市场经济中裁判和仲裁的必要性等，决定了市场经济内在地要求法治。同时，市场经济的有效运行必须要有完备的法律体系加以规范和保障。市场主体的活动，市场秩序的维系，国家对市场的宏观调控，以公有制经济为主体、多种经济成分共同发展的基本经济制度的巩固和完善，按劳分配为主体的多种分配方式的有效运作，市场对资源配置基础性作用的发挥，都需要法律的规范、引导、制约和保障。在国际经济交往中，也需要按国与国之间约定的规则和国际惯例办事。因而，市场经济的本质属性决定了它必须是法制经济。

自中共十四大之后，以江泽民为核心的第三代中央领导集体、以胡锦涛为总书记的中央领导集体和以习近平为核心的党中央，非常重视规范市场经济建设方面的立法工作。在中共十四大报告中，江泽民指出：“加强立法工作，特别是抓紧制定与完善保障改革开

---

1 《中共中央关于全面推进依法治国若干重大问题的决定》，《党的十八届四中全会〈决定〉学习辅导百问》，学习出版社、党建读物出版社2014年版，第6页。

2 参见《邓小平文选》第3卷，人民出版社1993年版，第373页。

放、加强宏观经济管理、规范微观经济行为的法律法规，这是建立社会主义市场经济体制的迫切要求。”[1] 在1993年3月召开的第八届全国人大第一次会议、全国政协八届一次会议的党员负责人会议上，江泽民强调：“社会主义市场经济体制的建立和完善，必须要有法律作保障。法制是市场经济运行的依托。没有健全的社会主义法制，就没有社会主义市场经济的健康发展。”[2] 为适应市场经济建设对法律的需要，在这次会议上，江泽民对全国人大及其常委会和地方各级立法机关的立法工作提出了明确的要求。他说：“全国人大及其常委会要把加强经济立法作为第一位的任务，放在最重要的位置，在本届任期内尽快出台一批重要的经济法律。国务院和省级人大及其常委会也要抓紧制定经济方面的行政法规和地方性法规。在21世纪内，努力把适应社会主义市场经济的法律体系初步建立起来。”[3]

江泽民认为，国内市场经济体制建设和国际经济交往，也迫切要求我国加快经济立法。他说：“世界经济的实践证明，一个比较成熟的市场经济，必然要求具有比较完备的法制。市场经营活动的运行、市场秩序的维系、国家对经济活动的宏观调控和管理，以及生产、交换、分配、消费等各个环节，都需要法律的引导和规范；在国际经济交往中，也需要按照国际惯例和国与国之间的约定的规则办事。这些都是市场经济的内在要求。我们要实现经济体制和经济增长方式的根本性转变，也必须按照市场的一般规则和我们的国情，健全和完善法制，全面建立社会主义市场经济和集约型经济所必需的法律体系。”[4] 胡锦涛也强调，在加强和改进立法工作中，要“进一步突出经济立法这个重点，着眼于确立制度、规范权责、保障权益，全面推进经济法制建设”。[5]

当前，我国已经初步建立起社会主义市场经济体制，但我们也要看到，我国的市场体制还不完善，尤其是市场经济的诚信机制和依法管理的有效机制还未完全建立起来，建立社会主义市场经济法律秩序的任务还十分艰巨。因而，中共十六届三中全会通过的《中共中央关于完善社会主义市场经济体制若干问题的决定》，把完善经济法律制度，作

---

1 《江泽民文选》第1卷，人民出版社2006年版，第236页。

2 《江泽民论有中国特色社会主义（专题摘编）》，中央文献出版社2002年版，第329页。

3 同上书，第330页。

4 《江泽民文选》第1卷，人民出版社2006年版，第511—512页。

5 参见胡锦涛：《在首都各界纪念全国人民代表大会成立50周年大会上的讲话》（2004年9月15日），《人民日报》2004年9月16日。

为完善社会主义市场经济体制的主要任务之一，提出要按照依法治国的基本方略，着眼于确立制度、规范权责、保障权益，加强经济立法，全面推进经济法制建设。要“完善市场主体和中介组织法律制度，使各类市场主体真正具有完全的行为能力和责任能力。完善产权法律制度，规范和理顺产权关系，保护各类产权权益。完善市场交易法律制度，保障合同自由和交易安全，维护公平竞争。完善预算、税收、金融、投资等法律法规，规范经济调节和市场监管。完善劳动、就业和社会保障等方面的法律法规，切实保护劳动者和公民的合法权益。完善社会领域和可持续发展等方面的法律法规，促进经济发展和社会全面进步”。[1] 通过这六个方面法律制度的完善，为完善社会主义市场经济体制和建设更具活力、更加开放的经济体系，提供更加有力的法律保障。

在经济体制改革中，中共十八届三中全会提出“紧紧围绕使市场在资源配置中起决定性作用深化经济体制改革”。[2] 随着市场经济在资源配置中由发挥基础性作用向起决定性作用转变，为使市场在资源配置中起决定性作用和更好发挥政府作用，十八届四中全会通过的《中共中央关于全面推进依法治国若干重大问题的决定》指出：“必须以保护产权、维护契约、统一市场、平等交换、公平竞争、有效监管为基本导向，完善社会主义市场经济法律制度。”[3] 并具体列举了立法的内容和种类，为我国今后完善社会主义市场经济法律体系指明了方向。

改革开放以来，特别是中共十四大确立经济体制改革以建立社会主义市场经济体制为目标以来，我们已制定了一系列适应社会主义市场经济发展的法律法规，但我们也应认识到，并非有了一套与市场经济有关的法律体系，市场经济就自然能够建立，市场的运行也就能够规范。当前，在加快立法步伐的同时，我们也要注意处理好立法数量与立法质量的辩证统一关系。实践表明，法律质量高，在实施中就能够取得良好的社会效果；反之，就达不到立法的目的。现在有一种观点，似乎立法速度越快、数量越多就越好，这是一种误解。立法工作，是为人类社会活动制定行为规范，而现代社会生活又极

---

1 《中共中央关于完善社会主义市场经济体制若干问题的决定》(2003 年 10 月 14 日中国共产党第十六届中央委员会第三次全体会议通过)。

2 《中共中央关于全面深化改革若干重大问题的决定》,《党的十八届四中全会〈决定〉学习辅导百问》，学习出版社、党建读物出版社 2013 年版，第 2 页。

3 《中共中央关于全面推进依法治国若干重大问题的决定》,《党的十八届四中全会〈决定〉学习辅导百问》，学习出版社、党建读物出版社 2014 年版，第 9 页。

其纷繁复杂，法律的制定，甚至一个条文的拟定，也会直接与公民的切身利益乃至社会秩序的治乱密切相关，需要有科学理论为之提供法理基础，有严格的程序保障人民意志之体现，有科学的方法确保整个法律体系之和谐和价值判断之贯彻。既不可闭门臆造，也不可照搬照抄，更不可贪图速度而草率从事。因此，我们在立法过程中，要尽量避免法律制度建设中的急躁症和形式主义，要根据社会需求和存在的问题，尽量使制定的法律完善、具体、细致，不能一味求快，过分超前，在某种意义上要有一定的“滞后性”。不仅要注意制定法律规范，也要注意制定的法律规范与社会实际的衔接。在立法中，要加大立法工作民主化的程度，扩大立法论证的范围，听取立法意见要有广泛性。否则，立法时机不成熟，过于急躁，制定的法律与实际脱节或过于笼统，势必造成法律过于频繁地修改，使法律制度形同虚设，损害法律的权威和尊严。

鉴于形势的发展和实际的需要，我国陆续制定颁布了一大批法律法规，社会主义法律体系初步形成。但由于各种原因，有的法律制定出来，还不那么完备；有的尚不具备条件制定全国性法律。在立法的方式方法上，邓小平有一些论述。他强调“法制要在执行中间逐步完备起来，不能等”。[1] 立法工作既要有紧迫感，又要从实际出发，根据政治、经济发展的客观要求，逐步地由简而繁地发展和完备起来。1978 年 12 月，邓小平结合我国当时立法的实际谈道：“现在立法的工作量很大，人力很不够，因此法律条文开始可以粗一点，逐步完善。有的法规地方可以先试搞，然后经过总结提高，制定全国通行的法律。修改补充法律，成熟一条就修改补充一条，不要等待‘成套设备’。总之，有比没有好，快搞比慢搞好。”[2] 邓小平关于立法工作的一系列观点，其核心就是立法工作要从实际出发，既要有紧迫感，又要实事求是，循序渐进。

进行社会主义市场经济建设，在我国是一项亘古未有的全新事业，一无传统，二无经验，再加上现实生活中需要法律调整的社会关系错综复杂，因而，加强法律制度建设，建立与市场经济相应的法律体系，必须从我国实际出发，根据政治、经济发展的客观要求，分清轻重缓急，逐步地发展和完备起来。邓小平的上述论述，对于我国制定与市场经济相适应的法律制度体系，乃至制定和完善社会主义制度需要的法律法规，建立中国

1 《邓小平文选》第 2 卷，人民出版社 1994 年版，第 255 页。

2 同上书，第 147 页。

特色社会主义法律体系，具有重要的现实指导意义。

（三）完善中国特色社会主义法律体系

1997 年的中共十五大报告和 2000 年的中共十六大报告，均提出了加强立法工作，提高立法质量，到 2010 年形成中国特色社会主义法律体系。中共十六大报告中提出："适应社会主义市场经济的发展、社会全面进步和加入世贸组织的新形势，加强立法工作，提高立法质量，到 2010 年形成中国特色社会主义法律体系。"[1] 中共十七大报告进一步提出："要坚持科学立法、民主立法，完善中国特色社会主义法律体系。"[2] 中共十八大报告在过去取得的立法成就的基础上有针对性地提出："完善中国特色社会主义法律体系，加强重点领域立法，拓展人民有序参与立法途径。"[3]

我们的法律体系是中国特色社会主义法律体系，在形成并完善法律体系过程中，必须把握好以下四点：一是不能用西方的法律体系来套我们的法律体系。外国法律体系中有的法律，不符合我国国情和实际的，我们不搞；外国法律体系中没有的法律，但我国现实生活需要的，要及时制定。二是行政法规和地方性法规都是法律体系的重要组成部分。对用法律来规范尚不具备条件的，可依法制定行政法规和地方性法规，待取得经验、条件成熟时再制定法律；对一些地方事务和具有民族地区特点的事项，可依法制定地方性法规或自治条例、单行条例进行规范。三是要区分法律手段和其他调整手段的关系，需要用法律调整的才通过立法来规范，以更好地发挥法制的功能和作用。四是我们的法律体系是动态的、开放的、发展的，本身就有一个与时俱进的问题，需要适应客观形势的发展变化，不断加以完善。[4]

所谓中国特色社会主义法律体系，是指适应我国社会主义初级阶段的基本国情，与社会主义的根本任务相一致，以宪法为根本依据，由部门齐全、结构严谨、内部协调、体例科学、调整有效的法律及其配套法规所构成，是保障我们国家沿着中国特色社会主义道路前进的各项法律制度的有机的统一整体。这个体系由法律、行政法规、地方性法

---

1 《江泽民文选》第 3 卷，人民出版社 2006 年版，第 555 页。

2 胡锦涛：《高举中国特色社会主义伟大旗帜，为夺取全面建设小康社会新胜利而奋斗》，《十七大报告辅导读本》，人民出版社 2007 年版，第 30 页。

3 胡锦涛：《坚定不移沿着中国特色社会主义道路前进，为全面建成小康社会而奋斗》，《十八大报告学习辅导百问》，党建读物出版社、学习出版社 2012 年版，第 24 页。

4 参见 2009 年 3 月 9 日全国人民代表大会常务委员会工作报告，《中国人大》2009 年第 6 期，第 14—15 页。

规三个层次，宪法及宪法相关法、民法商法、行政法、经济法、社会法、刑法、诉讼与非诉讼程序法七个法律部门组成。构成中国特色社会主义法律体系应有如下基本标志：涵盖各个方面的法律部门应当齐全；各个法律部门中基本的、主要的法律应当制定出来；以法律为主干，相应的行政法规、地方性法规、自治条例和单行条例，应当制定出来与之配套。

据统计，从中共十一届三中全会后的 1979 年五届人大起至 2016 年 12 月底止，除现行宪法外，全国人大及其常委会共制定了现行有效的法律共 256 件，截至 2015 年 9 月底，我国现行有效的行政法规 746 件，地方性法规共 9 540 件。[1] 有人认为，其中有十大经典立法值得评说：第一，1981 年的《经济合同法》，契约观念启蒙者；第二，1982 年的新《宪法》，国家道路分水岭；第三，1986 年的《民法通则》，散播权利意识；第四，1987 年的《村民委员会组织法（草案）》，促进基层民主；第五，1989 年的《行政诉讼法》，推行政府法治；第六，1993 年的《消费者权益保护法》，保护市场消费者；第七，1997 年新的《刑法》，"罪刑法定"，加强刑事司法的人权保障；第八，2000 年的《立法法》，从有法可依，走向良法之治；第九，2007 年的《物权法》，显示财产权的合法性；第十，2007 年的《劳动合同法》，坚守劳动者权益至上。[2]

此外，2017 年 3 月 15 日十二届全国人大五次会议表决通过的《中华人民共和国民法总则》，贯彻全面依法治国要求，坚持人民主体地位，坚持从我国国情和实际出发，坚持社会主义核心价值观，弘扬中华优秀传统文化，总结继承我国民事法治经验，适应新形势新要求，全面系统地确定了我国民事活动的基本规定和一般性规则。它充分彰显了人文关怀的价值理念，彰显了 21 世纪的时代精神，在中国民事立法史上具有里程碑意义。

上述这些法律、法规，反映了改革开放的进程，肯定了改革开放的成果，对保障改革开放和社会主义现代化建设顺利进行发挥了积极的作用。现在，国家的政治生活、经济生活、文化生活和社会生活基本的、主要的方面已经有法可依，到 2010 年底，"涵盖社会关系各个方面的法律部门已经齐全，各法律部门中基本的、主要的法律已经

---

1 《"十二五"以来特别是党的十八大以来我国全面依法治国的辉煌成就》，《中国青年报》2015 年 10 月 13 日。

2 阿计：《改革开放四十年十大经典立法》，《楚天主人》2008 年第 11 期。

制定，相应的行政法规和地方性法规比较完备，法律体系内部总体做到科学和谐统一。一个立足中国国情和实际、适应改革开放和社会主义现代化建设需要、集中体现党和人民意志的，一个以宪法为统帅，以宪法相关法、民法商法等多个法律部门的法律为主干，由法律、行政法规、地方性法规等多个层次的法律规范构成的中国特色社会主义法律体系已经形成，国家经济建设、政治建设、文化建设、社会建设以及生态文明建设的各个方面实现有法可依。这是我国社会主义民主法制建设史上的重要里程碑，具有重大的现实意义和深远的历史意义。”[1]

二、关于立法的内容及其应遵循的基本原则

中共十一届三中全会以来，在强调要重视加强立法工作，建立相应完备的法律体系的同时，还非常重视法律所体现的内容，并对法律内容所应体现的精神和遵循的原则作了论述。

（一）法律内容所包含的各种权利义务关系应是各种利益协调一致的表现

1979 年，针对当时社会上出现的一些破坏安定团结的不稳定因素，在《坚持四项基本原则》一文中，邓小平在重申坚持民主集中制原则的基础上，对个人利益和集体利益、局部利益和整体利益、暂时利益和长远利益的辩证关系进行了阐释。他说：“在社会主义制度之下，个人利益要服从集体利益，局部利益要服从整体利益，暂时利益要服从长远利益，或者叫作小局服从大局，小道理服从大道理。我们提倡和实行这些原则，绝不是说可以不注意个人利益，不注意局部利益，不注意暂时利益，而是因为在社会主义制度之下，归根结底，个人利益和集体利益是统一的，局部利益和整体利益是统一的，暂时利益和长远利益是统一的。我们必须按照统筹兼顾的原则来调节各种利益的相互关系。”[2] 据此，他指出，法律上的各种“权利和义务的关系，归根结底，就是以上所说的各种利益的相互关系在政治上和法律上的表现”。[3]

---

1 吴邦国：《形成中国特色社会主义法律体系的重大意义和基本经验》，《求是》2011 年第 3 期。

2 《邓小平文选》第 2 卷，人民出版社 1994 年版，第 175 页。

3 同上书，第 176 页。

习近平2013年2月在十八届中央政治局第四次集体学习时的讲话中，曾对从大局出发看待立法工作，通过立法统筹协调各种利益关系进行过阐释。他说："各有关方面都要从党和国家工作大局出发看待立法工作，不要囿于自己那些所谓利益，更不要因此对立法工作形成干扰。要想明白，国家和人民整体利益再小也是大，部门、行业等局部利益再大也是小。彭真同志说立法就是在矛盾的焦点上'砍一刀'，实际上就是要统筹协调利益关系。如果有关方面都在相关立法中掣肘，都抱着自己那些所谓利益不放，都想避重就轻、拈易怕难，不仅实践需要的法律不能及时制定和修改，就是弄出来了，也可能不那么科学适用，还可能造成相互推诿扯皮甚至'依法打架'。这个问题要引起我们高度重视。"[1] 在立法中统筹协调各方利益，是使立法科学适用，避免法律之间相互冲突、推诿扯皮以及部门利益和地方保护主义的关键。

（二）要用法律的形式确立四项基本原则的指导地位，坚持党对立法的领导

坚持以经济建设为中心，坚持四项基本原则，坚持改革开放，是我国社会主义初级阶段建设中国特色社会主义的基本路线。四项基本原则是我国的立国之本，是中国共产党和国家生存发展的政治基石，并被确立为宪法的总的指导思想。它不仅是我们立国的根本方针和支柱，同时也是我国社会主义法治建设的根本指导方针。邓小平反复强调，无论是我国的立法工作和社会主义法制建设，还是政治体制改革，都必须坚持四项基本原则。违背了四项基本原则，就背离了中国社会主义法制建设的方向。他指出："社会主义道路，人民民主专政即无产阶级专政，党的领导，马列主义、毛泽东思想，对于这四项基本原则，必须坚持，绝不允许任何人加以动摇，并且要用适当的法律形式加以确定。"[2]

中共十八届四中全会通过的《中共中央关于全面推进依法治国若干重大问题的决定》，在谈到完善立法体制时，首先强调要加强党对立法工作的领导，"完善党对立法工作中重大问题决策的程序。凡立法涉及重大体制和重大政策调整的，必须报党中央讨论

---

1 习近平：《在十八届中央政治局第四次集体学习时的讲话》（2013年2月23日），《习近平关于全面依法治国的论述摘编》，中央文献出版社2015年版，第43—44页。

2 《邓小平文选》第2卷，人民出版社1994年第2版，第385页。

决定。党中央向全国人大提出宪法修改建议，依照宪法规定的程序进行宪法修改。法律制定和修改的重大问题由全国人大常委会党组向党中央报告”。[1]

（三）立法要从国情和实际出发[2]

社会实践是立法的基础，法律是实践经验的总结。法律属于上层建筑，它是由经济基础决定的，又作用于经济基础。社会实践，首先是当代中国改革开放和社会主义现代化建设的实践，是我们立法的基础。因此，立法工作必须坚持从我国国情出发，从实际出发，不能从愿望和想当然出发，不能从本本和概念出发，也不能照搬照抄西方发达国家的东西。要始终把我国改革开放和社会主义现代化建设的伟大实践，作为我们立法的基础。要紧紧围绕全面建设小康社会的奋斗目标，紧紧围绕经济建设这个中心任务，紧紧围绕执政兴国这个第一要务，紧紧围绕促进物质文明、政治文明、精神文明、社会文明和生态文明协调发展来开展立法工作。立法的项目应当主要来源于社会主义市场经济发展的需要，社会全面进步的需要，改革开放的需要，维护、实现和发展人民群众根本利益的需要。当然，我们在立法工作中也需要研究和借鉴国外的有益经验和人类共同创造的文明成果，特别是在我国加入世贸组织、经济全球化趋势日益增强的新形势下，这方面的工作有待进一步加强。但在学习、借鉴国外立法经验时，应采取分析、鉴别的态度，从中吸取一些对我们有益、有用的东西，而不能照抄照搬。

（四）立法要与时俱进

中共十六大在论述全面贯彻“三个代表”重要思想时指出，“坚持党的思想路线，解放思想、实事求是、与时俱进，是我们党坚持先进性和增强创造力的决定性因素。与时俱进，就是党的全部理论和工作要体现时代性，把握规律性，富于创造性”。[3]江泽民在关于立法的论述中，也包含了立法工作要与时俱进的观点。他说：“经济在发展，社会在前进，新情况新问题会不断出现，解决问题的新经验也会不断产生。正因为如此，我们的法制建设也必然是一个不断深化、加强、健全、完善的过程，不可能毕其功于一役。

---

1 《中共中央关于全面推进依法治国若干重大问题的决定》，《党的十八届四中全会〈决定〉学习辅导百问》，学习出版社、党建读物出版社 2014 年版，第 7 页。

2 人大常委会的工作报告和全国人大常委会主要领导人的讲话表明，从中共十六大以来，立法坚持从国情和实际出发，是全国人民代表大会及其常务委员会立法工作应遵循的主要原则之一。

3 《江泽民文选》第 3 卷，人民出版社 2006 年版，第 537 页。

有了新情况、新问题、新经验，经过研究和总结，就要适时地制定新的有关法律法规。这样才能避免新问题出来后，仍然用老办法去处理，陷于很不规范、也很难从容行事的被动局面。还有一个重要问题需要引起我们注意，就是为了保障各种基本法律法规顺利实施，必须在积累实践经验的基础上，搞出各种基本法律和法规所需要的具体条例来，没有这种条例，基本法律法规的贯彻落实就会遇到许多困难。”[1]他既强调立法速度，又强调立法质量，做到有“良法”可依，充分体现了法治的基本要求，为立法工作处理好数量和质量的辩证关系指明了原则。

习近平对立法要与时俱进也有过论述，他说：“实践是法律的基础，法律要随着实践发展而发展。转变经济发展方式，扩大社会主义民主，推进行政体制改革，保障和改善民生，加强和创新社会管理，保护生态环境，都会对立法提出新的要求。”[2]“政府职能转变到哪一步，法治建设就要跟进到哪一步。要发挥法治对转变政府职能的引导和规范作用，既要重视通过制定新的法律法规来固定转变政府职能已经取得的成果，引导和推动转变政府职能的下一步工作，又要重视通过修改或废止不合适的现行法律法规为转变政府职能扫除障碍。”[3]

（五）以科学发展观指导立法工作

“坚持以人为本，把实现好、维护好、发展好最广大人民的根本利益作为根本出发点和归宿；坚持科学发展观，从法律上体现统筹城乡发展、统筹区域发展、统筹经济社会发展、统筹人与自然和谐发展、统筹国内发展和对外开放的要求。”[4]“要进一步加强和改进立法工作，从法律上体现科学发展观的要求，制定和完善发展社会主义民主政治、保障公民权利、促进社会全面进步、规范社会建设和管理、维护社会安定的法律。”[5]

---

1 《江泽民文选》第1卷，人民出版社2006年版，第512页。

2 习近平：《十八届中央政治局第四次集体学习时的讲话》（2013年2月23日），《习近平关于全面依法治国的论述摘编》，中央文献出版社2015年版，第43页。

3 习近平：《在中共十八届二中全会第二次全体会议上的讲话》（2013年2月23日）《习近平关于全面依法治国的论述摘编》，中央文献出版社2015年版，第45页。

4 胡锦涛：《在首都各界纪念全国人民代表大会成立50周年大会上的讲话》（2004年9月15日），《人民日报》2004年9月16日。

5 胡锦涛：《在省部级主要领导干部提高构建社会主义和谐社会能力专题研讨班上的讲话》（2005年2月19日），《光明日报》2005年6月27日。

（六）立法要遵循和维护法制统一的原则

坚持法制统一的原则是现代法治国家所共同提倡和遵守的一个原则。1997 年 2 月，江泽民在《加强社会主义民主法制建设》的讲话中，针对法制建设中存在的一些问题，尤其是对执法、司法中出现的地方保护主义、部门保护主义现象指出："全党同志都应该明确，维护宪法尊严和保证宪法实施，维护国家政令和法制统一，是一个重大政治原则问题。国家法律，是党的主张和人民意志相统一的体现，一经制定并付诸实施，各地区各部门必须一律遵照执行。在制定本地区本部门的法规规章时，必须与宪法和法律相符合，而不得相抵触、相违背。任何地方任何部门都没有超越宪法和法律的特权。任何人都不得借口维护本地区本部门的利益而推卸应承担的义务和责任，规避应受的约束和监督。各级干部特别是领导干部都要从自身做起，带头维护国家的政令和法制的统一，自觉反对和防止地方保护主义、部门保护主义。"[1] 在建党八十周年纪念大会上的讲话中，江泽民又说："维护党和国家的集中统一，维护中央的权威，是极端重要的。党和国家的指导思想、奋斗目标、大政方针和法律制度，以及重要工作部署等，必须统一，各个地方、部门和单位绝不能各行其是。"[2] 胡锦涛在首都各界纪念全国人民代表大会成立 50 周年大会上的讲话中也强调："制定和修改法律法规，要坚持以宪法为依据，维护国家法制的统一。"[3] 习近平也曾指出："我们必须加强宪法和法律实施，维护社会主义法制的统一、尊严、权威，形成人们不愿违法、不能违法、不敢违法的法治环境，做到有法必依、执法必严、违法必究。"[4]

我国是一个集中统一的社会主义国家。社会主义法制的统一，是维护国家统一、政治安定、社会稳定，促进经济协调发展和社会全面进步的基础，是完善社会主义市场经济体制的重要保障。坚持社会主义法制的统一对做好立法工作至关重要。立法工作必须坚持中国特色社会主义法律体系的完整和统一，必须在全国法律体系的框架内加强立法工作。我们不能抛开全国统一的法律体系另搞一套，追求地方、部门所谓的"法律体

---

1 《江泽民文选》第 1 卷，人民出版社 2006 年版，第 644—645 页。

2 《江泽民文选》第 3 卷，人民出版社 2006 年版，第 289 页。

3 胡锦涛：《在首都各界纪念全国人民代表大会成立 50 周年大会上的讲话》（2004 年 9 月 15 日），《人民日报》2004 年 9 月 16 日。

4 习近平：《在中共十八届二中全会第二次全体会议上的讲话》（2013 年 2 月 23 日），《习近平关于全面依法治国的论述摘编》，中央文献出版社 2015 年版，第 45 页。

系”，既不能在每个法律部门内形成各自的“母法”和“子法”，各地方、各部门也不能搞自己的“法律体系”。同时，我们也要看到，我国各地经济、文化、社会发展很不平衡，改革开放和现代化建设中会遇到许多新情况、新问题，市场经济还不完善，整个国家处在改革转型的时期，法律规范之间的关系比较复杂，这就要求在坚持法制统一的前提下，建立既统一又分层次的立法制度。中国特色社会主义法律体系充分体现了这一精神，法律、行政法规、地方性法规都是国家统一的法律体系的重要组成部分，行政法规和地方性法规是对国家法律的细化和补充。坚持法制的统一要做到两条：一是必须依照法定权限、遵循法定程序立法，不得超越法定权限、违反法定程序立法；二是坚持以宪法为核心和统帅，任何法律、行政法规和地方性法规都不能同宪法相抵触，行政法规不得同法律相抵触，地方性法规不得同法律、行政法规相抵触，法律法规的规定之间要衔接协调，不能相互矛盾。

（七）坚持民主立法、科学立法

中共十七大报告提出：“要坚持科学立法、民主立法。”[1]中共十八大报告提出，要“拓展人民有序参与立法途径”。[2]中共十八届四中全会论述完善以宪法为核心的中国特色社会主义法律体系，其中一个重要方面就是深入推进科学立法、民主立法，并进行了系统的阐释。

实现科学立法，要求立法工作应当秉持科学立法的精神、采用科学立法的方法、符合科学立法的规律、遵循科学立法的程序、完善科学立法的技术。坚持科学立法应当尊重立法工作自身的规律，立法工作既着眼于法律的现实可行性，又注意法律的前瞻性；既着眼于通过立法肯定改革成果，又注意为深化改革留有空间和余地；既着眼于加快国家立法的步伐，又注意发挥地方人大依法制定地方性法规的积极性；既着眼于立足于中国国情立法，又注意借鉴国外立法的有益做法。务力使法律内容科学规范，相互协调。

推进科学立法，具体而言，就要做到“加强人大对立法工作的组织协调，健全立

1　胡锦涛：《高举中国特色社会主义伟大旗帜，为夺取全面建设小康社会新胜利而奋斗》，《十七大报告辅导读本》，人民出版社2007年版，第30页。

2　胡锦涛：《坚定不移沿着中国特色社会主义道路前进，为全面建成小康社会而奋斗》，《十八大报告学习辅导百问》，党建读物出版社、学习出版社2012年版，第24页。

法起草、论证、协调、审议机制，健全向下级人大征询立法意见机制，建立基层立法联系点制度，推进立法精细化。健全法律法规规章起草征求人大代表意见制度，增加人大代表列席人大常委会会议人数，更多发挥人大代表参与起草和修改法律作用。完善立法项目征集和论证制度。健全立法机关主导、社会各方有序参与立法的途径和方式。探索委托第三方起草法律法规草案”。[1]

加强民主立法是中国立法机关一向秉持的基本方针，但由于主客观多种原因，中国立法机关开门立法却是在20世纪90年代中后期逐步实行和推广的。2008年4月，全国人大常委会委员长会议决定，今后全国人大常委会审议的法律草案，一般都予以公开，向社会广泛征求意见。立法听证，是加强立法民主性一种重要形式。2005年9月，在全国人大常委会初次审议的个人所得税法修正案草案规定个人所得税工资、薪金所得减除费用标准为1 500元之前，全国人大法律委员会、财政经济委员会和全国人大常委会法制工作委员会在北京举行听证会，对这一减除费用标准是否适当，进一步广泛听取包括广大工薪收入者在内的社会各方面的意见和建议。这是国家立法机关第一次就立法问题举行立法听证会。在地方立法机关层面上，立法听证的实践探索和制度建构早已展开。

推进民主立法，在具体措施上，要“健全立法机关和社会公众沟通机制，开展立法协商，充分发挥政协委员、民主党派、工商联、无党派人士、人民团体、社会组织在立法协商中的作用，探索建立有关国家机关、社会团体、专家学者等对立法中涉及的重大利益调整论证咨询机制。拓宽公民有序参与立法途径，健全法律法规规章草案公开征求意见和公众意见采纳情况反馈机制，广泛凝聚社会共识”。[2]

（八）实现立法和改革决策相衔接

在如何处理立法和改革决策关系的问题上，自中共十八大以来，习近平在不同的时期有一系列论述。他说：“凡属重大改革要于法有据，需要修改法律的可以先修改法律，先立后破，有序进行。有的重要改革举措，需要得到法律授权的，要按法律程序

---

1 《中共中央关于全面推进依法治国若干重大问题的决定》，《党的十八届四中全会〈决定〉学习辅导百问》，学习出版社、党建读物出版社2014年版，第8页。

2 同上。

进行。”[1]“我们要加强重要领域立法，确保国家发展、重大改革于法有据，把发展改革决策同立法决策更好结合起来。”[2]“科学立法是处理改革和法治关系的重要环节。要实现立法和改革决策相衔接，做到重大改革于法有据、立法主动适应改革发展需要。”[3]根据习近平一系列讲话精神，中共十八届四中全会对如何处理立法和改革决策的关系提出了明确的具体举措，即“实现立法和改革决策相衔接，做到重大改革于法有据、立法主动适应改革和经济社会发展需要。实践证明行之有效的，要及时上升为法律。实践条件还不成熟、需要先行先试的，要按照法定程序作出授权。对不适应改革要求的法律法规，要及时修改和废止”。[4]

三、坚持中国国情和特色，充分借鉴国外先进立法经验

加快立法步伐，这就要求我们在立法工作中，从改革发展的客观实际需要出发，在总结我国改革开放实践经验的基础上，必须要大胆地吸收和借鉴国外对我们有益的立法经验，特别是关于规范市场经济活动的民商法方面的许多立法经验，甚至可以直接移植过来为我所用，以促进我国法制现代化的进程。

在立法过程中，大胆吸收、借鉴和移植国外立法经验，必须进一步解放思想，不拘泥于本本，不局限于框框，敢于冲破过去一些“左”的思想对我们的束缚和禁锢，这在今天已不再成为问题。对此，邓小平作出了重要贡献。

在邓小平理论包括邓小平法制思想中，关于在建设中国特色社会主义的过程中，如何在立足国情的基础上，大胆地学习和借鉴国外先进的经验，有非常丰富的内容。这些为我们吸收、借鉴和移植国外先进立法经验，在理论和实践中彻底扫清了各种思想障碍，并提供了强有力的理论指导。

中共十一届三中全会以来，我国的社会主义法制建设取得了很大的成就，在一些主

---

1 习近平:《在中共十八届三中全会第二次全体会议上的讲话》(2013 年 11 月 12 日),《习近平关于全面依法治国的论述摘编》,中央文献出版社 2015 年版,第 45—46 页。

2 习近平:《在庆祝全国人民代表大会成立六十周年大会上的讲话》(2014 年 9 月 5 日),《习近平关于全面依法治国的论述摘编》,中央文献出版社 2015 年版,第 47 页。

3 习近平:《在中央全面深化改革领导小组第六次会议上的讲话》(2014 年 10 月 27 日),《人民日报》2014 年 10 月 28 日。

4 《中共中央关于全面推进依法治国若干重大问题的决定》,《党的十八届四中全会〈决定〉学习辅导百问》,学习出版社、党建读物出版社 2014 年版,第 11 页。

要方面，基本上做到了有法可依。但毋庸讳言，长期以来，我们的立法工作与经济建设和改革开放，特别是目前建立社会主义市场经济体制对我们的要求，还存在很大的差距。由于历史的原因和法学本身所固有的特殊性，整个法学领域往往谨慎有余，思想解放不够，表现在立法工作中，还存在许多禁忌，尤其是在吸收、借鉴和移植国外立法经验方面还不够大胆。这在一定程度上影响了法学研究者和立法者积极性和创造性的充分发挥，对我国法制建设的现代化进程也产生了一定的妨碍和消极作用。

上述情况的存在固然有许多主客观方面的原因，但其中一个主要因素还是与长期受“左”的影响有关。在对社会主义法律与资本主义法律关系的认识上，过去一直把两者看成是截然对立的。其理论根据就是：两者建立的经济基础不同，服务的对象不同，社会主义法律是具有全新的革命性的法律。由于社会主义法律和资本主义法律服务于不同的阶级，不可能具有同样的职能，因而两者是根本不相融的。随着改革的深入和不断扩大开放，对资本主义的东西虽然在一定程度上有了新的认识，但在有些人的思想深处，还或多或少、自觉不自觉地受到传统思想的影响，对那些反映市场经济一般规律，属于人类共同创造的精神财富的原理、制度、规则、惯例以及大量技术性的东西，只要与法律沾边，就立刻警觉起来，不敢大胆吸收、借鉴和移植，[1] 唯恐走了资本主义道路和被“和平演变”，怕被说成“全盘西化”和搞资产阶级自由化。在立法中，为了体现“中国特色”，避免搬用西方法律之嫌，总想另搞一套，从而导致要么是本来可以早点出台的法律不能及时出台，要么是制定出的法律不具有可操作性或仅仅是操作性较差的原则。

如果不彻底冲破“左”的思想禁锢，在立法工作中人为地设置藩篱，画地为牢，要加快立法步伐，尽快完善规范市场经济的法律法规体系，促进我国的法制现代化进程，只能是一句空话。大胆地吸收、借鉴和移植国外尤其是西方发达国家的一些先进立法经验，最重要的是从“左”的思想束缚中解放出来，正确处理姓“社”姓“资”的关系问题。邓小平1992年初的南方谈话，吹散了笼罩在判断姓“社”姓“资”是非标准上的一些迷雾。他在总结改革开放成功的经验和存在不足的基础上，一针见血地指出：“改革开放迈不开步子，不敢闯，说来说去就是怕资本主义的东西多了，走了资本主义道路。

---

1 刘潮、夏勇：《法理学面临的新课题》，《法学研究》1993年第1期。

要害是姓‘资’还是姓‘社’的问题。判断的标准，应该主要看是否有利于发展社会主义社会的生产力，是否有利于增强社会主义国家的综合国力，是否有利于提高人民的生活水平。”[1] 邓小平的这一论点，为人们的思想解放提供了理论武器，也为整个法学界解决姓“社”姓“资”问题的困扰提供了正确的思想方法与准绳。三个“有利于”的标准适用于改革开放的各个领域，在吸收、借鉴和移植国外立法经验时，也同样适用。国外的立法经验能否吸收、借鉴和移植，三个“有利于”是最终的评判标准。在坚持四项基本原则的前提下，凡有利于我国的改革开放和现代化建设，有利于我国社会主义市场经济体制的建立和完善，我们就可以大胆地吸收、借鉴和移植。

我们不否认法具有阶级性。就现代法律而言，其本质有资本主义与社会主义的原则区别，不容混淆。但我们要彻底摆脱“非此即彼”的形而上学思维方法。从总体上说，资本主义社会的法律是资产阶级意志的体现，是维护和巩固资产阶级统治秩序的。法律现象又是千差万别的，并非每一项法律规定都一概姓“资”，诸如那些反映现代化生产规律的属于某些具体生产管理与组织的经验性的规范以及某些法制形式，就不能统统戴上姓“资”的帽子。资本主义法律或法律规定中有利于人民的东西，有的还是人民斗争的产物，不是资产阶级的专利品，这些都是可以有选择地吸收、借鉴甚至进行移植的。邓小平说：“社会主义要赢得与资本主义相比较的优势，就必须大胆吸收和借鉴人类社会创造的一切文明成果，吸收和借鉴当今世界各国包括资本主义发达国家的一切反映现代化生产规律的先进经营方式、管理方法。”[2] 对有些东西，即便是姓“资”，只要对我们有用，也完全可以拿来为我们所用。因此，对国外的立法经验，不必为姓“社”姓“资”所困惑，在加快社会主义市场经济法制建设步伐的过程中，可以大胆地吸收、借鉴和移植。

江泽民也提出要大胆借鉴国外的立法经验。他说：“立法工作要很好地总结我们自己的经验，同时还要大胆借鉴国外的立法成果和立法经验。”

对国外的经验要认真研究和借鉴，不论大陆法，还是普通法，尤其是对反映市场经济共同规律的东西，我们更应研究和借鉴。在加入世贸组织的新形势下，这方面的工作

---

1 《邓小平文选》第 3 卷，人民出版社 1993 年版，第 372 页。

2 同上书，第 373 页。

需要加强。除了按照世贸组织协定和我国政府对外承诺，我国有关法律、法规和其他政策措施要与世贸组织规则相衔接、相一致以外，我们在立法工作中对外国的经验应该采取分析、鉴别的态度，从中吸取对我们有益、有用的东西。[1]

改革开放四十年来，中国的立法发展，充分学习借鉴了包括西方立法经验在内的一切人类立法文明的有益成果，不仅大量学习借鉴了西方经济立法、民商事立法、环境保护和能源立法、社会立法等的经验，而且适量学习借鉴了西方民主政治立法、行政立法等的经验；不仅学习借鉴了西方大陆法系的立法经验，而且学习借鉴了普通法系和其他法系的立法经验；不仅学习借鉴了外国的立法经验，而且学习借鉴了香港、澳门和台湾地区的立法经验。如果立法的中国经验能够成立，那么，这种经验应当是中国国情与世界立法文明成果相结合的产物，它既是中国的，也是世界的。

四、认真执行法律，促进法律实现

如果说良法的制定是法治的前提，那么执法和司法则是关键。社会主义法治是一个庞大的系统工程，它要求立法、司法、执法和守法等各个环节互相联系、互相协调、互相促进。法治的实现不仅要重视立法工作，还要注意建立和创造能够使法律规范落到实处的机制和环境，以保证所制定的法律得以有效实施。这也是我国当前法治建设面临的重要课题。法律只有在现实生活中切实实施，才能规范社会成员的行为，防止国家机关工作人员滥用权力，维护国家政治、经济和社会生活秩序，保障公民的合法权益。由于法制观念淡薄，封建思想顽固，某些环节重人治、讲人情等主客观原因，在法律的实现方面存在的突出问题是，不少法律没有得到切实的贯彻实施，有法不依、执法不严、违法不究的现象还相当普遍，以言代法、以权压法、徇私枉法等恶劣行为也屡有发生。对此，必须引起高度重视，并采取相应的措施，予以解决。法律再完备，如果执法不力，也就是一纸空文，非但无益，反而有害。

有法可依、有法必依、执法必严、违法必究，是社会主义法治的基本要求。邓小平在强调建立完备的法律体系，做到有法可依的同时，还强调要有法必依、执法必严、违

1　参见吴邦国：《以“三个代表”重要思想为指导，努力开创人大工作新局面——在第十届全国人民代表大会常务委员会第一次会议上的讲话》（2003 年 3 月 19 日），《全国人民代表大会常务委员会公报》2003 年第 2 期，第 232 页。

法必究，加强司法队伍建设，严格执法司法，树立法律的极大权威。

根据邓小平法制思想，中共十一届三中全会指出："为了保障人民民主，必须加强社会主义法制，使民主制度化、法律化，使这些制度和法律具有稳定性、连续性和极大的权威，做到有法可依、有法必依、执法必严、违法必究。"[1]树立法律的极大权威，简言之就是要做到有法必依，执法必严，违法必究。这也是邓小平强调的要在全国坚决实行的一些原则。[2]

有法必依是对守法提出的要求。在抗日战争时期，邓小平就强调遵守政府法令，保障政府法令的实现。"敌后抗日民主政府，是统一战线的政权，是在我党政治领导之下的政权，它的施政纲领和法令，是符合于党的政策的，是既照顾了工人、农民又照顾了地主、资本家的，所以是有利于基本群众的。我们在群众运动中实行减租减息、合理负担等有利于基本群众的事情，就是在执行政府的法令；而政府在公布了这些法令之后，还必须保障其实现，所以把群众运动和政府态度对立起来是不对的。"[3]由于政府的法令反映了抗日民族统一战线各方的利益，因而，遵守政府法令和维护群众利益是一致的。

在法令的实施过程中，为有利于法令的实行，邓小平强调要重视加强政府法令的解释和宣传工作，同时要做到秉公执法。在抗日战争时期，邓小平就提出，抗日部队文化工作的方针和任务，其具体内容，除了加强对敌的文化斗争，加强民族的爱国的宣传教育，提倡科学，宣扬真理，与人民打成一片之外，向人民"宣传共产党的政策和主张，解释抗战法令，推行民主政治"[4]，也是其具体的任务之一。他同时指出："当某一地区还没有实行减租减息、合理负担等法令时，应派人下乡解释政府法令，督促实行，并坚决表示不准不实行的态度。"[5]"在群众斗争中，政府人员的工作是加强政府法令的解释工作，这实际上就帮助了群众运动。""在群众运动中，政府人员应对地主士绅进行工作，主要是解释政府法令，劝说他们遵行。"当群众与地主发生争执时，政府应采取"坚持法令秉

---

1 《三中全会以来重要文献选编》(上)，人民出版社1982年版，第11页。

2 《邓小平文选》第2卷，人民出版社1994年版，第254页。

3 《邓小平文选》第1卷，人民出版社1994年版，第74页。

4 同上书，第25页。

5 同上书，第74页。

公办理的态度”[1]。

在改革开放后的新的历史时期，邓小平认真总结了我国法治建设的历史经验，把维护法律的权威和尊严，作为一个重要问题摆在全党面前。他多次要求全党同志和全体干部都要按照宪法、法律、法令办事，学会使用法律武器，遵循社会主义法治的原则处理各种问题。在邓小平的倡导下，党和国家为实现“有法必依”这项普遍守法的原则，制定了一系列具体的方针和措施。

执法必严，违法必究，是对执法司法机关提出的基本要求。邓小平强调，一切行政执法机关和司法机关都要秉公办案，严肃执法，严格依照法律规定处理各种案件，对社会上发生的一切违法犯罪行为予以追究，并依法制裁。1980 年邓小平就指出：“不管谁犯了法，都要由公安机关依法侦查，司法机关依法办理，任何人都不能干扰法律的实施，任何犯了法的人都不能逍遥法外……只有真正坚决地做到了这些，才能彻底解决搞特权和违法乱纪的问题。”[2]1986 年，在中央政治局常委会上的讲话中，他进一步指出：“越是高级干部子弟，越是高级干部，越是名人，他们的违法事件越要抓紧查处，因为这些人影响大，犯罪危害大。抓住典型，处理了，效果也大，表明我们下决心克服一切阻力抓法制建设和精神文明建设……高级干部在对待家属、子女违法犯罪的问题上必须有坚决、明确、毫不含糊的态度，坚决支持查办部门。不管牵涉到谁，都要按照党纪、国法查处。要真正抓紧实干，不能手软。”[3]1989 年，在《组成一个实行改革的有希望的领导集体》的讲话中，邓小平又指出：“腐败、贪污、受贿，抓个一二十件……要雷厉风行地抓，要公布于众，要按照法律办事。该受惩罚的，不管是谁，一律受惩罚。”[4]邓小平的这些讲话，既是他执法必严、违法必究思想的充分体现，也是他坚持法律面前人人平等、厉行法治、坚持依法治国思想的生动写照。

如何克服有法不依、执法不严的现象，江泽民有一些论述。他认为要使法律得到很好的执行和遵守，要做到以下四个方面：首先，党要重视执法问题，要求党要在宪法和法律范围内活动。其次，执法机关“要严格执法，加大监督力度，特别要加强主动监

1 《邓小平文选》第 1 卷，人民出版社 1994 年版，第 75 页。
2 《邓小平文选》第 2 卷，人民出版社 1994 年版，第 332 页。
3 《邓小平文选》第 3 卷，人民出版社 1993 年版，第 152 页。
4 同上书，第 297 页。

督，监督的关口要前移，对有些问题要变被动的事后监督为积极的事前防范；要严格执纪执法，加紧查处案件，对腐败分子必须用重典，否则不仅腐败之风刹不住，而且难以服众”。[1]第三，对执法工作要加强监督，“要严格执行宪法和法律，加强执法监督，坚决纠正以言代法、以罚代法等现象，保障人民法院和检察院依法独立进行审判和检察。加强政法部门自身建设，提高人员素质和执法水平”。[2]第四，执法工作要坚持社会主义法制原则，并且实行各种形式的执法责任制。江泽民在党的十五大报告中比以往更明确地提出了执法和司法两个并列的概念，提出要加强执法和司法队伍建设。“一切政府机关都必须依法行政，切实保障公民权利，实行执法责任制和评议考核制。推进司法改革，从制度上保证司法机关依法独立公正地行使审判权和检察权，建立冤案、错案责任追究制度。加强执法和司法队伍建设。”[3]他在十六大报告中指出：“加强对执法活动的监督，推进依法行政，维护司法公正，提高执法水平，确保法律的严格实施，维护法制的统一和尊严，防止和克服地方和部门的保护主义。”[4]把依法独立审判和司法公正结合起来，要坚决顶住压力、克服干扰，反对特权现象，达到保障公民权利的目的。

习近平对严格执法的重要意义也有系统的阐释。他曾指出：“全面推进依法治国，必须坚持严格执法。法律的生命力在于实施。如果有了法律而不实施，或者实施不力，搞得有法不依、执法不严、违法不究，那制定再多法律也无济于事。”[5]“法律需要人来执行，如果执法的人自己不守法，那法律再好也没用！”[6]“制度的生命力在执行，有了制度没有严格执行就会形成‘破窗效应’。”[7]习近平还非常重视领导干部带头依法办事的重要性，他强调：“各级领导干部要带头依法办事，带头遵守法律，始终对宪法法律怀有敬畏之心，牢固确立法律红线不能触碰、法律底线不能逾越的观念，不要去行使依法不该由自己行使的权力，更不能以言代法、以权压法、徇私枉法。不懂这个

---

1 《江泽民文选》第2卷，人民出版社2006年版，第558页。

2 《江泽民文选》第1卷，人民出版社2006年版，第236页。

3 《江泽民文选》第2卷，人民出版社2006年版，第30—31页。

4 《江泽民文选》第3卷，人民出版社2006年版，第555页。

5 习近平：《在十八届中央政治局第四次集体学习时的讲话》（2013年2月23日），《习近平关于全面依法治国的论述摘编》，中央文献出版社2015年版，第57页。

6 同上书，第58页。

7 习近平：《严格执法，公正司法》（2014年1月7日），《十八大以来重要文献选编》（上），中央文献出版社2014年版，第720页。

规矩，就不是合格的领导干部。如果领导干部不遵守法律，怎么让群众遵守法律？”[1] 习近平的这一系列论述，充分体现了严格执行法律，在全面推进依法治国，促进法律实现方面的重要性。

法律的生命力在于实施，法律的权威也在于实施。法律只有在现实生活中切实有效地实施，才能规范社会成员的行为，防止国家机关工作人员滥用权力，维护国家政治、经济和社会生活秩序，保障公民的合法权益。有效实施法律有多种多样的措施，提高公民法治观念，确立公民规则意识，重视具体法治，应当是最基本的方面。

1　习近平:《严格执法，公正司法》(2014年1月7日),《十八大以来重要文献选编》(上)，中央文献出版社2014年版，第720页。

第十二章 中国特色社会主义宪法理论与实践的探索

1949年中华人民共和国成立，确立了人民民主专政的社会主义制度，我国就开始了社会主义宪法理论与实践的探索。从共同纲领到1982年宪法的颁布实施，其间历经曲折。1982年宪法实施后，根据政治、经济体制改革和社会发展的需要，已进行了四次修改。通过我国宪法发展的历程，尤其是第四次修正案的提出，可以充分反映出我国对宪法理论与实践的探索已渐趋理性，在逐步走向成熟的同时，也体现了与时俱进和不断创新的精神。

一、毛泽东宪法学说与当代中国的宪法体制

以毛泽东为代表的中国共产党第一代领导集体，在新民主主义的长期革命斗争中，十分重视宪法在争取人民民主权利中的作用，并亲自领导了《中华苏维埃宪法大纲》《陕甘宁边区宪法原则》等宪法性文件的制定，以保障劳动人民的民主、自由的权利。中华人民共和国成立后，他又亲自主持制定了新中国第一部宪法——1954年宪法，规定了社会主义的国体、政体、基本经济制度等一系列重要制度，从法律上保障了广大人民的民主、自由权利。

在有关宪法理论方面，毛泽东也有一系列精辟独到的论述。关于宪法的起源，毛泽东说过："讲到宪法，资产阶级是先行的。英国也好，法国也好，美国也好，资产阶级都有过革命时期，宪法就是他们在那个时候开始搞起来的。"[1] 毛泽东的这段论述，揭示了

1 《毛泽东著作选读》(下册)，人民出版社1986年版，第708页。

作为国家根本法律的近代宪法，是社会发展到资本主义阶段的必然产物，它伴随着资产阶级革命的胜利并取得政权而出现于人类社会。

毛泽东还揭示宪法在一国法律体系中的地位和本质。关于什么是宪法，他说："一个团体要有一个章程，一个国家也要有一个章程，宪法就是一个总章程，是根本大法。"[1] 从宪法的本质来看，宪法是对民主制度的法律化，是对民主事实的确认。毛泽东指出："世界上历来的宪法，不论是英国、法国、美国，或者是苏联，都是在革命成功有了民主事实以后，颁布一个根本大法，去承认它，这就是宪法。"[2] 他在领导制定我国第一部宪法时也曾说过："用宪法这样一个根本大法的形式，把人民民主和社会主义原则固定下来，使全国人民有一条清楚的轨道，使全国人民感到有一条清楚的明确的和正确的道路可走，就可以提高全国人民的积极性。"[3]

国体与政体相结合，采取适当的政体来充分体现国体，这是毛泽东宪法思想的又一重要内容。在我国，毛泽东第一个赋予国体以科学的内容。他在《新民主主义论》中把国家性质称为国体。所谓国体，"它只是指的一个问题，就是社会各阶级在国家中的地位"。[4] 统治阶级为了行使国家权力，必须建立适当的政权组织形式，这样才能实现国家的对内对外职能。毛泽东在强调国体重要性的同时，还论述了政体问题。他指出："所谓'政体'问题，那是指的政权构成的形式问题，指的一定的社会阶级取何种形式去组织那反对敌人保护自己的政权机关。没有适当形式的政权机关，就不能代表国家。"[5] 任何国家都是国体和政体的统一。毛泽东指出："国体——各革命阶级联合专政。政体——民主集中制。"[6] 他总结国际无产阶级革命斗争和根据地、解放区政权建设的经验，肯定了坚持民主集中制的人民代表大会制度是我国最好的政权组织形式。

此外，毛泽东还强调在制定宪法的过程中要采取科学的态度。他说："搞宪法就是搞科学"，对宪法要采取科学态度，不要迷信。[7] 宪法作为国家的根本大法，任何人都必须认真遵守。为此，他强调，宪法"通过以后，全国人民每一个人都要实行……不实行

---

1 《毛泽东著作选读》(下册)，人民出版社 1986 年版，第 710—711 页。
2 《毛泽东选集》第 2 卷，人民出版社 1991 年版，第 735 页。
3 《毛泽东著作选读》(下册)，人民出版社 1986 年版，第 711 页。
4 《毛泽东选集》第 2 卷，人民出版社 1991 年版，第 676 页。
5 同上书，第 677 页。
6 同上。
7 《毛泽东著作选读》(下册)，人民出版社 1986 年版，第 713 页。

就是违反宪法”。[1] 这些论述仍然是我们今天应当遵循的原则。

毛泽东的宪法思想，在革命战争年代，为中国共产党领导各根据地人民进行政权建设和法制建设，保障人民民主，巩固革命成果，迎来中华人民共和国的诞生，提供了强大的思想武器。中华人民共和国成立后，这一理论又为社会主义制度的建立和巩固，为人民当家作主民主权利的实现，为新中国第一部社会主义宪法的颁布和实施提供了科学的理论依据。

历史已经证明，毛泽东对于中国宪法道路所设计的新民主主义政权——民主事实——新民主主义宪法——社会主义宪法这一规划是符合中国国情的，是正确的。中国的宪法道路恰恰是沿着这一程序展开的。

二、中国特色社会主义宪法理论的探索及其成果

（一）邓小平对当代中国宪法理论的贡献

邓小平继承了毛泽东宪法思想中的基本内容，如关于国体与政体的阐述，人民主权的思想，民主立国的思想，坚持人民民主专政，正确处理民主与专政的关系等。但在毛泽东后的当代中国，随着时代的变迁，改革开放政策的确立，社会的经济、政治和文化建设发生了很大的变化。因而，在邓小平宪法思想中，在对毛泽东宪法思想继承的基础上，更多的是结合新的社会历史条件所作的创新和发展。

1. 领导 1982 年宪法修改工作

宪法是国家的根本大法，是国家法治建设的基础。邓小平亲自指导和主持了 1982 年宪法的修改工作。在《党和国家领导制度的改革》一文中，邓小平指出：“中央将向五届人大三次会议提出修改宪法的建议。要使我们的宪法更加完备、周密、准确，能够切实保证人民真正享有管理国家各级组织和各项企业事业的权力，享有充分的公民权利，要使各少数民族聚居的地方真正实行民族区域自治，要改善人民代表大会制度，等等。关于不允许权力过分集中的原则，也将在宪法上表现出来。”[2] 邓小平的这些思想对

1 《毛泽东著作选读》（下册），人民出版社 1986 年版，第 710 页。

2 《邓小平文选》第 2 卷，人民出版社 1994 年版，第 339 页。

1982 年宪法的修改起了重要指导作用。此外，宪法修改中的许多重大问题，也都是在他亲自主持下研究确定的。其中主要有：关于修改宪法要以 1954 年宪法为基础，关于要把四项基本原则写进宪法，关于不搞两院制，关于设立国家主席、中央军委，把公民权利和义务一章放在国家机构之前，关于人大的监督同政协的监督的区别，关于取消宪法中"四大"即大鸣、大放、大字报、大辩论的规定，等等。[1] 这些重大决策对我国民主法制建设具有重要的指导意义，而且对我国政治体制的建构具有深远的影响。

2. 提出坚持四项基本原则的宪法指导思想

1979 年 3 月，在党的理论工作务虚会上，邓小平作了《坚持四项基本原则》的讲话，着重对从右的方面怀疑或反对四项基本原则的思潮进行了批判，并对四项基本原则的内容进行了全面阐述。正如邓小平所说："四项基本原则并不是新的东西，是我们党长期以来所一贯坚持的。粉碎'四人帮'以至三中全会以来，党中央实行的一系列方针政策，一直是坚持这四项基本原则的。"[2] 但把四项基本原则确立为当代中国宪法的指导思想，则是邓小平的贡献。

邓小平反复强调，无论是我国的立法工作和社会主义法治建设，还是政治体制改革，都必须坚持四项基本原则。他指出："社会主义道路，人民民主专政即无产阶级专政，党的领导，马列主义、毛泽东思想，对于这四项基本原则，必须坚持，绝不允许任何人加以动摇，并且要用适当的法律形式加以确定。"[3] 1982 年宪法第一次把四项基本原则作为统一的整体，明确写入宪法，并把它贯穿在整个宪法内容的始终，成为宪法总的指导思想。

3. 维护宪法权威

宪法是国家根本大法，是一国法律体系的核心，在整个法律体系中具有最大的权威性和最高的法律地位。因此，邓小平强调要尊重宪法，维护宪法的至上权威。他说："全党同志和全体干部都要按照宪法、法律、法令办事。"[4] 根据法治原则，当代成文宪法国家都肯定了宪法的最高权威和至上地位，主张任何其他法律、国家机关和个人的行为

1　参见王汉斌：《学习小平同志社会主义民主法制理论，促进社会主义民主法制建设》，《法制日报》1994 年 11 月 1 日。
2　《邓小平文选》第 2 卷，人民出版社 1994 年版，第 165 页。
3　同上书，第 358 页。
4　同上书，第 371 页。

都必须符合宪法，以此实现宪法的最高权威，以有效地保护人的权利、人的自由和人的尊严，促进人的全面发展，有效地限制恶政、坏政、专制、腐败的滋长，促进社会的良性发展，真正建立和维护市场经济的正当程序。

邓小平强调要尊重宪法的思想，在1982年宪法中得到了体现，宪法序言对宪法的最高权威和至上地位首次予以肯定。我国宪法的最高权威和至上地位包含两层意思：其一是中央和地方的一切国家机关都居于宪法之下，服从宪法，都要遵守和维护宪法权威；其二是宪法是根本法，任何法律、行政法规、部委规章、地方性法规等都不得与宪法相抵触。这表明宪法的法律效力在我国的法律体系中至高无上。这种至上性体现在我国的立法、执法和守法等各个方面。

4. 坚持和完善中国特色的政治制度，不照搬西方的模式

国家性质、国家政权的阶级归属，以及国家的政权组织形式，都是宪法学理论中的基本问题。宪法明确规定了我国的国家性质是工人阶级领导的、以工农联盟为基础的人民民主专政的社会主义国家；人民代表大会制度是人民民主专政国家的政权组织形式。尽管有关我国的国家性质、国家政权的阶级归属，以及国家的政权组织形式等理论问题，并不是邓小平的首创，但邓小平把马列主义、毛泽东思想的基本原理与当代中国的实际相结合，对新的历史条件下如何加强我国的政权建设、改革和完善国家的各项基本制度所作的一系列重要论述，对我们的国家制度建设具有非常重要的指导意义。鉴于这方面的内容，笔者在对邓小平法制思想的专题研究中已有系统的介绍，[1]本章仅从宪法学的角度作一些梳理。

（1）加强人民民主专政的国家政权建设

从国家政权的政治属性和阶级本质来说，我国是人民民主专政的国家。为了给社会主义经济建设和改革开放提供坚强有力的政治保证，保持安定团结的政治局面，邓小平对如何加强人民民主专政政权建设的一系列问题，诸如人民民主专政的实质、新时期坚持人民民主专政的现实意义等，都作了较为系统的论述。

（2）坚持和完善人民代表大会制度

在一个国家，国家政权建立以后，统治者采取何种政权组织形式对国家机关之间的

---

1 详见蒋传光：《邓小平法制思想概论》，人民出版社2009年版，第235—248页。

权力进行配置，是宪法学理论的重要内容。我国的政权组织形式是人民代表大会制度。邓小平围绕人民代表大会制度方面的论述，主要是基于我国为什么要实行人民代表大会制度的政体、为什么不能照搬西方三权分立的制度模式、实行人民代表大会制度的优越性等方面进行展开的。

人民代表大会制度是我国的政权组织形式和根本政治制度，集中体现了我国政治制度的中国特色。人民代表大会制度是中国人民在中国共产党的领导下，集新民主主义革命、社会主义革命和建设的历史经验创立和发展起来的。它不仅符合中国的实际，而且在实践中表现出巨大的优越性。因而，邓小平强调："在政治体制改革方面有一点可以肯定，就是我们要坚持实行人民代表大会的制度，而不是美国式的三权鼎立制度。"[1]

邓小平深刻地剖析了西方"三权分立"模式的弊端。他说："我们讲民主，不能搬用资产阶级的民主，不能搞三权鼎立那一套。我经常批评美国当权者，说他们实际上有三个政府。当然，美国资产阶级对外用这一手来对付其他国家，但对内自己也打架，造成了麻烦。这种办法我们不能采用。"[2]他在会见美国前总统卡特时说："中国如果照搬你们的多党竞选、三权鼎立那一套，肯定是动乱局面。"[3]

邓小平对在中国实行人民代表大会制度为什么符合中国实际及其在实践中表现出的优越性进行了分析。他说："我们中国大陆不搞多党竞选，不搞三权分立、两院制。我们实行的就是全国人民代表大会一院制，这最符合中国实际。如果政策正确，方向正确，这种体制益处很大，很有助于国家的兴旺发达，避免很多牵扯。当然，如果政策搞错了，不管你什么院制也没有用。"[4]

中共十五大报告指出："我国实行的人民民主专政的国体和人民代表大会制度的政体是人民奋斗的成果和历史的选择，必须坚持和完善这个根本政治制度，不照搬西方政治制度的模式，这对于坚持党的领导和社会主义制度，实现人民民主具有决定意义。"[5]邓小平关于我国国体和政体的论述，对于建设符合中国国情的国家政治制度，构建中国特色的宪法体制，提供了理论指导。

---

1 《邓小平文选》第3卷，人民出版社1993年版，第307页。
2 同上书，第195页。
3 同上书，第244页。
4 同上书，第220页。
5 《十五大报告辅导读本》，人民出版社1997年版，第31页。

（3）重视和充分发挥多党合作与政治协商制度的作用

中国共产党领导的多党合作与政治协商制度，是我国的一项基本政治制度，坚持和完善这一制度是我国民主政治建设的一项重要内容。邓小平指出："在中国共产党的领导下，实行多党派的合作，这是我国具体历史条件和现实条件所决定的，也是我国政治制度中的一个特点和优点。"[1] 中共十一届三中全会以后，邓小平对各民主党派和工商联的地位，它们同中国共产党的关系以及中国共产党领导下的多党合作制度，新时期统一战线和人民政协的性质、地位和作用等，发表了一系列重要意见，进行了较为详细系统的阐释。邓小平的这些论述，对1982年宪法阐释和规定中国共产党领导的多党合作与政治协商制度，以及以后宪法对该制度的进一步完善，起到了重要指导作用。

1993年第八届全国人大第一次会议通过的第二个宪法修正案的第四条，就在宪法序言中增加了"中国共产党领导的多党合作和政治协商制度将长期存在和发展"。这是宪法第一次对我国的政党制度进行完整表述，不仅表明由中国共产党领导的多党合作关系是一项宪法关系，而且还为中国特色的社会主义政党制度的发展确定了方向。

5. 坚持法律面前人人平等

公民在法律面前人人平等，不仅是我国公民的一项基本权利，也是社会主义法治的一项重要原则。邓小平在1980年发表的《目前的形势和任务》一文中就曾指出："我们要在全国坚决实行这样一些原则：有法必依，执法必严，违法必究，在法律面前人人平等。"[2] 同年，在论及党和国家领导制度的改革问题时，他又旗帜鲜明地重申了这一原则。他明确指出："公民在法律和制度面前人人平等，党员在党章党纪面前人人平等。人人有依法规定的平等权利和义务，谁也不能占便宜，谁也不能犯法。不管谁犯了法，都要由公安机关依法侦查，司法机关依法办理，任何人都不许干扰法律的实施，任何犯了法的人都不能逍遥法外。"[3]

坚持在法律面前人人平等，必须坚决反对特权思想和行为。邓小平对特权的社会危害性进行了深刻的分析。他说："'文化大革命'中，林彪、'四人帮'大搞特权，给群

---

1 《邓小平文选》第2卷，人民出版社1994年版，第205页。

2 同上书，第254页。

3 同上书，第332页。

众造成很大灾难。当前，也还有一些干部，不把自己看作是人民的公仆，而把自己看作是人民的主人，搞特权，特殊化，引起群众的强烈不满，损害党的威信，如不坚决改正，势必使我们的干部队伍发生腐化。”[1] 针对这种情况，邓小平提出了克服特权思想和行为的具体办法。他指出：“克服特权现象，要解决思想问题，也要解决制度问题。”[2] 在制度上解决问题，就是要建立和完善各种监督制度。邓小平的这些论述，清楚地向我们指明了只有坚持公民在法律和制度面前人人平等的原则，建立健全有关制度，并依靠专门机构进行铁面无私的监督检查，才能从根本上消除特权思想和行为。

遵照邓小平的上述思想，中共十一届三中全会以后，法律和制度面前人人平等成为我国在法治实践中遵循的一项重要原则，并在 1982 年宪法中以根本大法的形式对其加以确认。

6. 保障人权和公民的基本权利

作为国家根本大法的宪法，其基本内容之一就是规定和保障公民的人权和基本权利。保障人权和公民的基本权利是当代宪法的主要精髓。人权思想是邓小平理论的重要组成部分，也是邓小平法制思想的重要内容。对于人权问题，邓小平有很多论述。邓小平在 1985 年首次明确表示了中国也承认人权的观点。他说：“什么是人权？首先一条，是多少人的人权？是少数人的人权，还是多数人的人权，全国人民的人权？西方世界的所谓‘人权’和我们讲的人权，本质上是两回事，观点不同。”[3] 从邓小平人权思想的内容来看，主要是围绕国内和国际人权斗争，集中体现在关于人权的性质（本质），强调人权应是多数人的人权，全国人民的人权；人权与民族历史文化传统的关系；人权的实现以保持社会稳定和法制保障为前提；坚持民族平等，维护少数民族的人权；国权（主权）高于人权等方面。

1991 年，中国政府发表了《中国的人权状况》白皮书，阐述了中国政府对于人权问题的原则立场和基本政策，同时也澄清了“只有资本主义国家讲人权，社会主义国家不讲人权”的模糊认识。2004 年十届全国人大二次会议通过的宪法修正案，在宪法第二章

---

1 《邓小平文选》第 2 卷，人民出版社 1994 年版，第 332 页。

2 同上。

3 《邓小平文选》第 3 卷，人民出版社 1993 年版，第 125 页。

“公民的基本权利和义务”部分，首次将“人权”概念引入宪法，明确规定“国家尊重和保障人权”。人权写入宪法，是党和国家高度重视人权建设的集中体现，为进一步加强社会主义民主法治建设，充分保障人权实现提供了宪法依据，也有利于我国在国际人权事业中与其他国家进行交流与合作，开展对话，共同促进世界人权事业的进步。

列宁说过：“什么是宪法？宪法就是一张写着人民权利的纸。”[1] 邓小平对通过宪法保障公民权利和自由非常重视。他强调，“宪法和党章规定的公民权利、党员权利、党委委员的权利，必须坚决保障，任何人不得侵犯”[2]，社会主义宪法建设，充分发挥社会主义制度的优越性，就是要“在政治上，充分发扬人民民主，保证全体人民真正享有通过各种有效形式管理国家、特别是管理基层地方政权和各项企业事业的权利，享有各项公民权利”[3]，“坚持宪法和法律所保障的各项自由”[4]。

邓小平领导下修改的 1982 年宪法，不仅把宪法中公民基本权利和义务在宪法结构上由过去的第三章提到第二章，而且还增加了许多条款，使公民享有的宪法基本权利更加充实。

7. 完善权力的监督和制约机制

科学合理地进行权力划分，对权力进行有效的监督和制约，是实行宪法要解决的重要问题，也是宪法的重要内容。监督和制约权力最有效的途径，是通过法律和制度来实现。宪法作为国家的根本大法，以其最高的法律效力在确认并保障公民的基本权利的同时，应对公共权力作出必要的限制。邓小平指出：“关于不允许权力过分集中的原则，也将在宪法上表现出来。”[5] 如何加强对执政党和国家公职人员的监督，建立完善的法律监督制度，邓小平有一系列的论述，本书已在第四章进行了详细介绍，这里只从宪法学的角度作一概述。

（1）强调对执政党的监督

对于一个执政党来说，健全监督制度特别重要。因为处于执政地位的党，它的成

---

1 《列宁全集》第 12 卷，人民出版社 1987 年版，第 50 页。
2 《邓小平文选》第 2 卷，人民出版社 1994 年版，第 144 页。
3 同上书，第 322 页。
4 《邓小平文选》第 3 卷，人民出版社 1993 年版，第 145 页。
5 《邓小平文选》第 2 卷，人民出版社 1994 年版，第 339 页。

员，许多担负着领导职务，掌握着大大小小的权力。但权力不受监督和制约，势必产生腐败，这是一条规律。因此，邓小平十分重视执政党的监督问题。他说："我们要坚持共产党的领导，当然也要有监督，有制约。"[1]"我们需要实行党的内部的监督，也需要来自人民群众和党外人士对于我们党的组织和党员的监督。"[2]"党要领导得好，就要不断地克服主观主义、官僚主义、宗派主义，就要受监督，就要扩大党和国家的民主生活。如果我们不受监督，不注意扩大党和国家的民主生活，就一定要脱离群众，犯大错误。"[3]

（2）监督要制度化、法律化

监督要取得成效，必须把监督体系纳入法制化的轨道。中华人民共和国成立后，为了防止公职人员由社会公仆蜕变为社会主人，我们党和国家对监督问题是重视的，并建立了相应的监督体系。但长时期以来，在监督的实施过程中，特别在后来的"文化大革命"中，把民主监督归之于群众运动的形式，脱离了社会主义法制的轨道，带来了一定的消极后果。邓小平总结了过去的经验教训，认为：① 防止各级干部腐化变质的根本保证是发扬人民民主，靠人民群众监督；② 人民的监督必须制度化、法律化；③ 人民民主监督有多种形式，而国家最高的、法制化的民主监督形式是人民代表大会。

（3）完善法律监督制度，必须重视民众监督

发展基层民主，让人民群众直接行使民主权利，也是法律监督制度的一项重要内容。1978 年，在中共十一届三中全会前夕召开的中央工作会议上，邓小平就提出：为了调动工人、农民的积极性和主人翁意识，"要切实保障工人、农民个人的民主权利，包括民主选举、民主管理和民主监督"[4]。1980 年，在关于党和国家领导制度的改革的讲话中，邓小平把加强基层民主建设列为改革的重要目标，指出充分发挥和体现社会主义制度优越性的重要内容和途径之一，就是要"在政治上，充分发扬人民民主，保证全体人民真正享有通过各种有效形式管理国家、特别是管理基层地方政权和各项企业事业的权力，享有各项公民权利"[5]。邓小平这些关于发展基层民主的思想，极大地促进了我国基层民主建设，增强了广大人民群众的参与意识，也使广大群众对基层政权及其工作人员的监督力

1 《邓小平文选》第 3 卷，人民出版社 1993 年版，第 256 页。
2 《邓小平文选》第 1 卷，人民出版社 1994 年版，第 215 页。
3 同上书，第 270 页。
4 《邓小平文选》第 2 卷，人民出版社 1994 年版，第 146 页。
5 同上书，第 322 页。

度大大增强。这对有效地遏制各种腐败行为和社会丑恶现象，加强廉政建设，起到了推动作用。

（4）健全我国的监督机制

加强监督，建立监督制度，必须有完善的监督机制。邓小平对加强党内和党外监督、群众监督及专门机构的监督都有论述。早在1957年，他就在《共产党要接受监督》一文中指出，所谓监督来自三个方面。第一，是党的监督。对于共产党员来说，党的监督是最直接的。第二，是群众的监督。第三，是民主党派和无党派民主人士的监督。[1]除了上述三种监督外，邓小平还强调要加强专门机构的监督。1980年，他在《党和国家领导制度的改革》一文中指出："对各级干部的职权范围和政治、生活待遇，要制定各种条例，最重要的是要有专门的机构进行铁面无私的监督检查。"[2]根据邓小平的这一思想，经过长期的探索，党和国家已建立了具有中国特色的社会主义监督体系。

8. "一国两制"构想与中国特有的国家结构形式

调整国家整体和组成部分、中央和地方之间关系的国家结构形式，是宪法的基本内容。我国的国家结构形式采取的是单一制。邓小平所提出的"一国两制"构想的宪法意义，就在于丰富了国家结构形式的内容，突破了在一个国家内部只能允许一种社会制度及其相应的政权组织形式长期存在的认识，也突破了我国传统单一制国家结构形式理论的内涵。

我国运用邓小平提出的"一国两制"的构想解决香港、澳门问题，获得了圆满成功，并根据宪法第三十一条规定，设立了香港和澳门两个特别行政区。特别行政区的建立构成了我国单一制的一大特色。这种特色主要表现为，根据"一国两制"的原则，中华人民共和国的主体部分坚持实行社会主义制度，在特别行政区内，则保持原有的资本主义社会经济制度和生活方式，不实行社会主义的制度和政策；特别行政区实行高度自治，国家授予特别行政区高度的自治权，中央不干预属于自治范围内的事务。这些自治权包括行政管理权、立法权、独立的司法权和终审权。但特别行政区的这种高度自治权又不同于联邦制国家中联邦政府与联邦成员之间的关系。由于我国是单一制国家，特别行政

---

1 参见《邓小平文选》第1卷，人民出版社1994年版，第270—271页。
2 《邓小平文选》第2卷，人民出版社1994年版，第332页。

区的高度自治与我国宪法规定的民族区域自治在性质上是相同的，都属于地方自治。其不同之处在于，特别行政区的高度自治比民族自治地方的自治权要高，在某些方面甚至比联邦制国家中各联邦成员单位的权限要高，如货币发行权、财政独立、税收独立、司法终审权等。

“一国两制”方针的提出并获得实现，特别行政区的设立，使得中华人民共和国的这种国家结构形式，不仅在马克思主义经典著作中不曾有过论述，而且在世界历史上也无先例。这可以说是马克思主义国家学说在中国具体情况下的具体运用，也是对马克思主义国家学说的重大发展。

邓小平有关宪法的理论方面，对发展民主政治，摒弃人治，实行法治，加强和改善党的领导，加强民主集中制等，也有很多的论述。鉴于这些内容在相关章节中已有阐释，故不再介绍。

（二）中共十三届四中全会和十六大以来宪法思想的进一步丰富

中共十三届四中全会和中共十六大以来，以江泽民为核心的第三代中央领导集体，以胡锦涛为总书记的中央领导集体，全面继承了毛泽东和邓小平宪法思想，在此基础上，随着我国社会主义市场经济体制的确立，政治体制改革的深化，对我国宪法体制的各个方面，诸如政治体制改革、人民代表大会制度、多党合作与政治协商制度、民族区域自治制度、基层民主建设、“一国两制”等，结合中国特色社会主义经济、政治、文化、社会和生态文明建设，从理论到实践进行了新的探索，使中国特色社会主义宪法思想更加丰富和完善。为避免重复，本部分着重对中共十三届四中全会和中共十六大以来，当代中国宪法的新发展进行考察。

1. 充分肯定宪法在国家经济、政治、文化和社会生活中的地位和作用

依法治国，建设社会主义法治国家的治国基本方略确立后，宪法在治国中的地位越来越受到重视。2002 年 12 月 4 日，在首都各界纪念中华人民共和国宪法公布实行二十周年大会上的讲话中，胡锦涛结合新的时代背景，对我国宪法在治国中的地位进行概括和总结。他说：“中华人民共和国宪法是我国的根本法，是治国安邦的总章程，是保持国家统一、民族团结、经济发展、社会进步和长治久安的法律基础，是中国共产党执政兴国、团结带领全国各族人民建设中国特色社会主义的法制保证。宪法以法律的形式确

认了我国各族人民奋斗的成果，规定了国家的根本制度、根本任务和国家生活中最重要的原则，具有最大的权威性和最高的法律效力。”[1]

胡锦涛对宪法在国家经济、政治、文化和社会生活中的作用，进行了概括总结，肯定了贯彻实施宪法的重要意义。他指出，宪法保障了我国的改革开放和社会主义现代化建设，促进了我国的社会主义民主建设，推动了我国的社会主义法制建设，促进了我国人权事业和各项社会事业的发展，经验告诉我们，“只要认真贯彻实施宪法，坚持和完善宪法确立的各方面的制度和体制，就能保证改革开放和社会主义现代化建设不断向前发展，保证最广大人民的根本利益不断得到实现，保证国家安全和社会稳定，实现长治久安”。[2]

2. 明确提出依宪治国和依宪执政

鉴于宪法在国家经济、政治、文化和社会生活中的地位和作用，“实行依法治国的方略，首先要全面实施宪法。这是建设社会主义政治文明的一项根本任务，也是建设社会主义法治国家的一项基础性工作，要长期抓下去，坚持不懈地抓好”。[3]2004 年 9 月 15 日，在首都各界纪念全国人民代表大会成立 50 周年大会上的讲话中，胡锦涛进一步提出：“依法治国首先是依宪治国，依法执政首先是依宪执政。”[4]把宪法提到如此高的地位，表明中国共产党对依法治国，建设法治国家的认识进一步深化。

3. 坚持依法执政，对“党必须在宪法和法律范围内活动”的认识进一步深化

加强党的执政能力建设，是我们党充分利用所面临的机遇、正确应对所面临的严峻挑战，从而完成所担负的历史使命的现实需要，也是关系到全面建设小康社会进程，关系到社会主义事业兴衰成败，关系到党和国家长治久安的重大课题。建设社会主义法治国家，坚持党的领导是不可动摇的，但执政党的执政必须在宪法的框架下进行，其本身应成为宪法的重要组成部分，不仅如此，执政党怎样治国理攻，依据什么进行执政，特

---

1 胡锦涛：《在首都各界纪念中华人民共和国宪法公布施行二十周年大会上的讲话》(2002 年 12 月 4 日)，《人民日报》2002 年 12 月 5 日。

2 同上。

3 同上。

4 胡锦涛：《在首都各界纪念全国人民代表大会成立 50 周年大会上的讲话》(2004 年 9 月 15 日)，《人民日报》2004 年 9 月 16 日。

别是通过什么方式来执政，来实现党的领导，这是当前中国共产党执政必须解决好的一个重大理论课题。

在2001年的“七一”讲话中，江泽民提出：“要按照总揽全局、协调各方的原则，进一步加强和完善党的领导体制，改进党的领导方式和执政方式。”[1]

中共十六大报告在论述政治建设和政治体制改革问题时指出，发展社会主义民主，建设社会主义政治文明，其中一个重要方面，就是必须增强法制观念，善于把坚持党的领导、人民当家作主和依法治国结合起来，不断提高依法执政能力，要“改革和完善党的领导方式和执政方式。……坚持依法执政，实施党对国家和社会的领导”。2004年9月，在首都各界纪念全国人民代表大会成立50周年大会上的讲话中，胡锦涛指出：“坚持党的领导，必须改善党的领导，切实提高党的领导水平和执政能力。要适应新形势新任务的要求，不断改革和完善党的领导方式和执政方式，坚持依法治国的基本方略，把依法执政作为党治国理政的一个基本方式，坚持在宪法和法律范围内活动，严格依法办事，善于运用国家政权处理国家事务。”[2]几天后，在中共十六届四中全会通过的《中共中央关于加强党的执政能力建设的决定》中，对加强党的执政能力建设进行了全面系统的阐述。加强党的执政能力建设的总体目标之一就是使中国共产党“成为科学执政、民主执政、依法执政的执政党”，“依法执政是新的历史条件下党执政的一个基本方式”。[3]2007年10月15日，胡锦涛在中共十七大报告中指出：“要坚持党总揽全局、协调各方的领导核心作用，提高党科学执政、民主执政、依法执政水平，保证党领导人民有效治理国家。”[4]

坚持依法执政，就要始终坚持依法治国的基本方略，加强党对立法工作的领导，善于使党的主张通过法定程序成为国家意志，从制度上、法律上加强对权力运行的制约和监督，保证党的路线、方针、政策的贯彻实施。要牢固树立法制观念，坚持在宪法和法律的范围内活动，带头维护宪法和法律的权威。要督促、支持和保证国家机关依法行使

1 江泽民：《在庆祝中国共产党成立八十周年大会上的讲话》，人民出版社2001年版，第34页。

2 胡锦涛：《在首都各界纪念全国人民代表大会成立50周年大会上的讲话》（2004年9月15日），《人民日报》2004年9月16日。

3 《中共中央关于加强党的执政能力建设的决定》，《求是》2004年第19期。

4 胡锦涛：《高举中国特色社会主义伟大旗帜，为夺取全面建设小康社会新胜利而奋斗——在中国共产党第十七次全国代表大会上的报告》，《十七大报告辅导读本》，人民出版社2007年版，第28页。

职权，在法治的轨道上推动各项工作的开展，保障公民和法人的合法权益。要加强和改进党对政法工作的领导，提高司法队伍素质，加强对司法活动的监督和保障，为在全社会实现公平和正义提供法制保障。

坚持依法执政，必须坚持党在宪法和法律的范围内活动的原则，带头维护宪法和法律的权威。中共十三届四中全会和十六大以来，中国共产党领导集体对这个问题的认识进一步深化，对这一执政理念进行了明确具体的阐释。

1990 年 3 月 18 日，江泽民在题为《坚持和完善人民代表大会制度》的讲话中指出："党与政权机关性质不同，职能不同，组织形式和工作方式也不同，党不能代替人大行使国家权力"[1]；并且"党要尊重和支持人大依法行使职权。……党中央关于国家事务的重大决策，凡是应该由全国人大决定的事项，都要提交全国人大经过法定程序成为国家意志。地方也应该如此"[2]。就是说明党所代表的人民意志要经过立法程序转变为国家意志才符合依法治国的要求。不但如此，"各级党组织，包括人大党组，都要遵守党章关于'党必须在宪法和法律的范围内活动'的原则，遵守宪法关于'任何组织或者个人都不得有超越宪法和法律的特权'的规定。我们党领导人民制定了宪法和法律，也要领导人民遵守宪法和法律。宪法和法律体现了党的主张和人民意志的统一。党员遵守宪法和法律就是遵从人民的意志、服从党的领导。所有党组织、党员尤其是领导干部的言行，都不得同宪法和法律相抵触。加强党的领导同充分发扬民主和严格依法办事是一致的"。[3] 在这个讲话中，江泽民已经基本厘清了党的领导与法制建设的辩证关系，为后来正确认识党的领导与依法治国做好了理论铺垫。1991 年 7 月在庆祝中国共产党成立七十周年大会上，江泽民发表《当代中国共产党人的庄严使命》的讲话，强调："党要在宪法和法律的范围内活动。党的路线方针政策是体现人民利益的，应该经过法定程序和法律形式，使党的主张成为国家意志。"[4]

1997 年中共十五大报告中，江泽民指出："建设有中国特色社会主义的政治，就是在中国共产党领导下，在人民当家作主的基础上，依法治国，发展社会主义民主政治。"[5]

---

1 《江泽民文选》第 1 卷，人民出版社 2006 年版，第 112 页。

2 同上书，第 113 页。

3 同上。

4 同上书，第 156 页。

5 《江泽民文选》第 2 卷，人民出版社 2006 年版，第 17 页。

这表明，依法治国，建设社会主义法治国家的目标与党的领导是一致的。江泽民认为：“党领导人民制定宪法和法律，并在宪法和法律范围内活动。依法治国把坚持党的领导、发扬人民民主和严格依法办事统一起来，从制度和法律上保证党的基本路线和基本方针的贯彻实施，保证党始终发挥总揽全局、协调各方的领导核心作用。”[1] 再次强调了党必须依法执政的重要性。1998 年 12 月 18 日在纪念中共十一届三中全会召开二十周年大会上，江泽民发表了《二十年来我们党的主要历史经验》的重要讲话，他从党的领导经验出发，认为十一届三中全会以后“党通过国家机关制定宪法和法律，并自觉在宪法和法律范围内活动，以实现党对国家的领导同依法治国的统一，保证党始终发挥总揽全局、协调各方的领导核心作用”。[2]

4. 树立宪法意识，维护宪法尊严

江泽民在中共十五大报告中指出：“维护宪法和法律的尊严，坚持法律面前人人平等，任何人、任何组织都没有超越法律的特权。”[3] 中共十六大以来，对宪法在治国中的作用非常重视，强调要广泛宣传宪法，深入学习宪法，牢固树立忠于宪法、遵守宪法、维护宪法的意识，切实保证宪法的有效实施。2002 年 12 月 4 日，胡锦涛在首都各界纪念中华人民共和国宪法公布施行二十周年大会上的讲话中指出：“全面贯彻实施宪法，必须加强宪法宣传教育，提高全体人民特别是各级领导干部和国家机关工作人员的宪法意识和法制观念。必须在全社会进一步树立宪法意识，维护宪法的权威，使宪法在全社会得到一体遵行。要在全社会广泛宣传宪法，让宪法家喻户晓、深入人心，使广大人民群众认识到宪法不仅是全体公民必须遵循的行为规范，而且也是保障公民权利的法律武器。各级各类学校尤其是各级党校和干校都要开展宪法教育。要把宪法教育作为党员干部教育的重要内容，使各级领导干部和国家机关工作人员掌握宪法的基本知识，树立忠于宪法、遵守宪法和维护宪法的自觉意识。”[4]

2004 年 9 月，在首都各界纪念全国人民代表大会成立 50 周年大会上的讲话中，胡

---

1 《江泽民文选》第 2 卷，人民出版社 2006 年版，第 29 页。

2 同上书，第 258 页。

3 同上书，第 30 页。

4 胡锦涛：《在首都各界纪念中华人民共和国宪法公布施行二十周年大会上的讲话》（2002 年 12 月 4 日），《人民日报》2002 年 12 月 5 日。

锦涛要求："各级党组织和全体党员都要模范地遵守宪法和法律。国家政权机关领导人员要经过人民代表大会的法定程序选举和任命，并接受人民代表大会及其常务委员会监督。"[1]

5. 健全宪法实施的保障机制，完善民主政治制度建设

全面贯彻实施宪法，必须健全宪法保障制度，确保宪法实施。在发展社会主义市场经济的新形势下，由于法律和体制不健全以及执法人员自身素质不完全适应等，有法不依、执法不严、违法不究的问题还不少，一些不同程度的违宪现象仍然存在。针对这种现象，胡锦涛对如何健全宪法的保障制度进行了全面论述。他指出："要抓紧研究和健全宪法监督机制，进一步明确宪法监督程序，使一切违反宪法的行为都能及时得到纠正。全国人大及其常委会，要从国家和人民的根本利益出发，在立法过程中充分保障宪法规定的公民的自由和权利；要切实担负起监督宪法实施的职责，坚决纠正违宪行为；要切实履行解释宪法的职能，对宪法实施中的问题作出必要的解释和说明，使宪法的规定更好地得到落实。地方各级人大及其常委会要切实保证宪法在本行政区域内得到遵守和执行。各级国家行政机关、审判机关和检察机关都要坚决贯彻宪法，依法行政、公正司法，不断提高执法人员的素质和执法水平。任何组织或者个人都不得有超越宪法和法律的特权。"[2]

重视加强民族区域自治的法律法规体系建设。民族区域自治是解决我国民族问题的基本政策，已被我国宪法确认为国家的一项重要政治制度。1984 年，我国颁布了《民族区域自治法》。该法的颁布，为各民族真正实行民族区域自治制度，提供了法律保证。

如何使民族区域自治法得到有效实施，发挥其应有的功能，中共十三届四中全会以来，党中央对此非常重视。一是要求全面贯彻落实民族区域自治法。1992 年 1 月，江泽民在中央民族工作会议上的讲话中提出："我们必须建立健全同实施民族区域自治法配套的法规体系和监督机制，使自治法在建设有中国特色的社会主义事业中更好地发挥作用。……中央有关部门和各级政府都要制定实施自治法的规定或措施。涉及少数民族和民族地区的政策法规，要体现自治法精神，有助于自治法实施。要抓紧制定自治条例和

---

1 胡锦涛：《在首都各界纪念全国人民代表大会成立 50 周年大会上的讲话》（2004 年 9 月 15 日），《人民日报》2004 年 9 月 16 日。

2 胡锦涛：《在首都各界纪念中华人民共和国宪法公布施行二十周年大会上的讲话》（2002 年 12 月 4 日），《人民日报》2002 年 12 月 5 日。

单行条例。已制定的要总结经验，不断完善。国家和没有自治地方的省市，要制定保障杂居散居少数民族权利的法规。到21世纪末，要形成比较完备的社会主义民族法规体系和监督机制。”[1]

二是根据少数民族和民族地区加快发展经济和社会的迫切要求，2001年2月第九届全国人大常委会第二十次会议，对该法进行了修改。该法修改后对于加快民族自治地方经济和社会的发展，巩固和发展平等、团结、互助的社会主义民族关系，维护国家统一，加强民族团结和保持社会稳定，具有重要意义。

（三）中共十八大以来确立了宪法法治原则的实施方案

总结中共十一届三中全会以来社会主义民主法治建设的经验，适应社会主义市场经济体制对法治的需要，中共十五大报告在党的历史上第一次提出了“依法治国，建设社会主义法治国家”的治国方略，在理论和实践上确立了中国共产党从主要依靠政策执政和领导改革开放转变到主要依靠法律执政和领导改革开放及现代化建设的指导思想。

九届全国人大二次会议通过《中华人民共和国宪法修正案》，正式把“中华人民共和国实行依法治国，建设社会主义法治国家”载入我国宪法的第五条第一款，使其上升为国家意志，并成为我国宪法的基本原则之一。这表明人民当家作主、管理国家和社会，已被进一步纳入法治轨道，为中国坚定不移地走法治之路，建设中国特色社会主义法治国家提供了强有力的宪法保障。

“党的十八大强调，依法治国是党领导人民治理国家的基本方略，法治是治国理政的基本方式，要更加注重发挥法治在国家治理和社会管理中的重要作用，全面推进依法治国，加快建设社会主义法治国家。实现这个目标要求，必须全面贯彻实施宪法。”[2]

为贯彻落实党的十八大作出的战略部署，十八届四中全会提出，“全面推进依法治国，总目标是建设中国特色社会主义法治体系，建设社会主义法治国家。这就是，在中国共产党领导下，坚持中国特色社会主义制度，贯彻中国特色社会主义法治理论，形成完备的法律规范体系、高效的法治实施体系、严密的法治监督体系、有力的法治保障体系，形成完善的党内法规体系，坚持依法治国、依法执政、依法行政共同推进，坚持法

---

1 《江泽民文选》第1卷，人民出版社2006年版，第187页。

2 习近平：《在首都各界纪念现行宪法公布施行30周年大会上的讲话》，《人民日报》2012年12月5日。

治国家、法治政府、法治社会一体建设，实现科学立法、严格执法、公正司法、全民守法，促进国家治理体系和治理能力现代化。实现这个总目标，必须坚持中国共产党的领导，坚持人民主体地位，坚持法律面前人人平等，坚持依法治国和以德治国相结合，坚持从中国实际出发”。[1]

十八届四中全会通过的《决定》，立足我国社会主义法治建设实际，直面我国法治建设领域的突出问题，阐述了全面推进依法治国的重大意义，明确提出了全面推进依法治国的指导思想、总体目标、基本原则，回答了党的领导和依法治国关系等一系列重大理论和实践问题，对科学立法、严格执法、公正司法以及全民守法、法治队伍建设、加强和改进党对全面推进依法治国的领导提出了关于依法治国的一系列新观点、新举措，有针对性地回应了人民呼声和社会关切，这个决定将有力推进依法治国进程，是加快建设社会主义法治国家的纲领性文件。《决定》共七部分，部署重大法治举措和改革举措180多项，对如何全面推进依法治国，加快社会主义法治国家建设进行了顶层设计和全面部署，为社会主义法治国家建设进程制定了“路线图”。

建设社会主义法治国家的过程，就是实施宪法的过程，宪法为依法治国提供了指导思想和框架体系。从某种意义上说，十八届四中全会通过的确立全面推进依法治国的总目标及其保障举措的《决定》，就是全面贯彻宪法精神，落实宪法原则的实施方案。

三、社会主义宪法实践的探索和宪法理论的日益成熟

（一）我国社会主义宪法理论与实践的曲折发展历程

我国社会主义宪法理论与实践的曲折发展历程，主要体现在1954年宪法、1975年宪法、1978年宪法和1982年宪法的制定过程中。在中华人民共和国的宪法史上，除了1949年9月中国人民政治协商会议第一次全体会议审议通过的、具有临时宪法性文件性质的《中国人民政治协商会议共同纲领》外，共有四部宪法。

中华人民共和国成立以后，在召开普选的人民代表大会的时机已经成熟的条件下，1954年9月胜利召开第一届全国人民代表大会，并正式通过了《中华人民共和国宪法》。

---

1 《中国共产党第十八届中央委员会第四次全体会议公报》，《人民日报》2014年10月24日。

这部宪法是中华人民共和国的第一部根本大法。实践证明，1954 年宪法是一部比较好的国家根本大法，它在国家生活中确实起到了重要的作用，并以宪法为依据，开展了新中国的法制建设。

1957 年以后，及至史无前例的“文化大革命”时期，1954 年宪法遭到先被漠视、后被抛弃的命运，固然有复杂的政治、经济、传统文化等各种原因，但宪法本身存在的缺陷也是一个重要因素，如宪法没有规定保障和监督实施的内容。此外，宪法的主要内容模仿了苏联 1936 年宪法。这样，宪法意识也就不可能在中国领导人的头脑里扎根，导致在“左”倾错误支配下，法律虚无主义泛滥时，中国的宪法首先遭到厄运。再者，1954 年宪法对新中国未来的宪法发展规定得过于原则、宏观，因而不能为新中国的宪法建设提供指导，在迅速发展的形势面前，给人以过时的感觉。

自 20 世纪 50 年代后期开始，随着“左”的思潮日益泛滥，以阶级斗争为纲成为整个国家一切工作的指导方针。在这种思想指导下，最终导致了十年“文化大革命”的发动。在这场政治运动中产生的 1975 年宪法，从指导思想到具体条款都掺杂了极“左”的内容。以阶级斗争为纲是这次修改宪法的指导思想。虽然这部宪法的社会主义性质没有改变，但由于其从内容到形式都充分反映了十年动乱的现实政治，而且有悖于民主法制的基本要求，因此，这是一部存在严重缺陷的宪法，是中国宪法史上的大倒退。

1976 年粉碎“四人帮”，宣布了“文化大革命”的结束。此后产生的 1978 年宪法与 1975 年宪法相比，在内容上前进了一大步，规定了许多反映时代要求的内容，基本恢复 1954 年宪法对公民基本权利的规定和有关国家机关的某些规定，取消了 1975 年宪法中的一些错误规定等。它的产生标志着中国宪法的发展开始摆脱十年“文化大革命”的干扰破坏，走上了恢复和发展的轨道，使中国的法制建设又有了核心和基础，结束了持续 20 年的法制萧条时期。但由于此时“文化大革命”刚结束不久，许多重大理论是非还无法澄清，这就决定了这部宪法不可能彻底摆脱“文革”的影响，还保留了许多错误的内容。

中共十一届三中全会以后，党和国家领导全国人民深入总结了新中国成立以来的历史经验，并根据新情况制定了一系列正确的方针和政策，使国家的政治、经济和文化生活发生了巨大的变化，从而实现了历史性的根本转折。1981 年中共十一届六中全会作出的《关于新中国成立以来党的若干历史问题的决议》，标志着党和国家完成了指导思想上的拨乱反正。1982 年 9 月召开的党的十二大确定了全面开创社会主义现代化建设新局面的战略决策。这一切都为宪法理论研究的深化和对1978年宪法内容的全面修改和完善创造了有利的政治条件，提供了可资遵循的理论依据和正确的指导思想。

社会实践的发展也对制定一部新时期的新宪法提出了客观要求。由于历史条件的限制，1978年宪法仍然没有摆脱“左”的指导思想。在其实施后，虽然进行了两次修改和补充，在一定程度上加快了中国民主法制建设的进程，揭开了中共十一届三中全会后宪法建设的新篇章，但它在许多方面同现时的情况和国家生活的需要仍不相适应。鉴于此，对1978年宪法进行全面和系统的修改，根据现实条件和客观需要，制定一部新宪法已经势在必行。1980年9月，中共中央适时地向全国人大五届三次会议提出了《关于修改宪法和成立宪法修改委员会的建议》，其后历时两年多，中国宪法史上的第四部宪法，经1982年12月4日全国人大五届五次会议正式通过后，终于诞生了。

通过宪法发展的历程可以看出，宪法的制定并不等于宪法的实现。在中华人民共和国成立初期，虽然制定了宪法，但对宪法的认识非常肤浅；对法治和宪法的漠视，致使法律虚无主义逐步盛行，最终导致了十年“文化大革命”对法治造成严重破坏的灾难。从20世纪70年代后期起，中国人民从实践中认真总结了经验教训，并经过艰苦的努力，终于使中国的法治走上正确发展的道路，对社会主义宪法理论和实践的探索也进一步深化，宪法规定的内容更加科学全面，宪法理论和实践逐步走向成熟。先后制定了1982年宪法、国家机关各类组织法、民族区域自治法、特别行政区基本法、选举法、国籍法、授权法等，形成了以1982年宪法为主体的现代中国的宪法体系。

（二）1982年宪法是新中国成立以来最完善的一部宪法

中华人民共和国成立后，我国宪法发展的历史，就是在实践中艰难探索，不断深化对宪法理论的认识，总结百余年来我国宪法实践和探索的历史经验，吸收、借鉴国外宪法的先进经验，不断丰富、发展和完善中国特色社会主义宪法理论体系的历史。社会主义宪法实践的探索的主要成果和宪法理论的日益成熟的主要标志，主要体现在1982年宪法的制定及其在实施过程中的几次重大修改上。

1. 1982年宪法在制定程序方面有自己的优点和特点

1982年宪法在制定过程中，集思广益，充分发扬了社会主义民主，广泛听取了各方面人士的意见，集中了群众的智慧。同时，宪法的修改又是在党的领导下进行的，做到了领导的意见与群众的意见相结合。

理论和实际相结合是宪法制定过程中的一个特点。坚持理论就是坚持马克思主义的国家学说、关于宪法的理论、关于民族问题的理论、关于社会主义精神文明的理论等。理论联系实际，就是从中国的实际出发，使宪法的制定比较符合国情、更加完善。基于这一原则，我国宪法在一些内容的规定上，就体现了实事求是的精神。

1982 年宪法在原则性和灵活性相结合方面比 1954 年宪法有很大发展。宪法既规定了国家制度和社会制度的基本原则，又规定了各个方面的重要原则和政策。在灵活性方面的内容表现在宪法的序言和许多条文中。例如在坚持国家统一和主权原则的前提下，设立特别行政区的规定，在维护社会主义法制统一和尊严的前提下，允许地方可以因地制宜地制定和颁布地方性法规等，都是原则性和灵活性相结合的体现。宪法力求稳定和确认改革相结合。由于宪法的地位和作用的重要性，由于它关系到国家的安全和命运，所以宪法应当保持应有的稳定性。因此，在宪法修改过程中，对于保持宪法在较长时期内的稳定性，给予了高度重视。与此同时，宪法在政治、经济和文化各方面都面向未来，表现出了强烈的改革精神。宪法这些具有改革精神的内容，下面在阐释 1982 年宪法内容时将有涉及，在此不赘。

1982 年宪法在修改过程中，体现了本国经验和外国经验相结合的原则。宪法总结了我国一百多年来的经验（包括革命根据地的经验，旧中国宪法中的有用内容），特别是“文化大革命”的经验教训。这也是 1982 年宪法以 1954 年宪法为基础，又比 1954 年宪法更加完善的一个重要原因。宪法还参考和吸收了外国宪法的有用经验，如我国宪法要扩大公民的基本权利和自由，就研究了世界上许多国家宪法对于自由和权利条款的规定，以及公民的权利和自由的内容放在国家机构的前还是后。这种例子在宪法修改过程中还有很多。

2. 1982 年宪法在内容上有自己的优点和特点

1982 年宪法以 1954 年宪法为基础，同时又发展了 1954 年宪法的许多好经验，参考了 1975 年、1978 年宪法，总结了新中国成立以来宪法理论与实践正反两方面的经验，尤其是“文化大革命”的严重教训，是新中国成立以来最完善的一部宪法。它之所以完善，是因为与前几部宪法相比，1982 年宪法坚持从实际出发，实事求是地、客观地反映实际情况，既总结了我国宪法的历史经验，主要总结了新中国成立以后宪法发展和宪法实践的经验，又借鉴了外国宪法的经验；同时又确认了全国工作重心的转移，体现了时代性和改革精神；内容更加全面、科学和完善，结构更加合理。1982 年宪法在内容上的发展和创新，主要体现在以下方面。[1]

（1）把四项基本原则写入宪法，成为宪法总的指导思想和立国的根本。（2）对中国人民政治协商会议这一具有广泛代表性的统一战线组织进行了规定。为贯彻“一国两制”方针，增加了设立特别行政区的规定。（3）关于国家机构的设置，进行了一系列的改革和创新。（4）为了保证人民充分行使当家作主的权利，宪法规定人民通过各种途径和形式，管理国家事务，管理经济和文化事业，管理社会事务。为保障宪法和法律的有效实施，宪法规定了一切国家机关和武装力量、各政党和各社会团体、各企业事业组织以及每个公民都要维护宪法的尊严，都必须遵守宪法和法律。这些规定都是过去几部宪法所没有的。（5）从思想和文化教育两个方面规定社会主义精神文明建设。（6）宪法总结了新中国成立以来我国的历史经验，特别是十一届三中全会以来所进行的经济体制改革的经验，确认了改革的原则和方针。它是经济建设和经济立法的重要依据。规定了自然资源的所有权及其保障。（7）与过去几部宪法相比，规定了更为广泛的权利和自由，对公民的含义进行了明确规定。

此外，一些内容虽然 1954 年宪法也有规定，但 1982 年宪法的表述更加科学、全面和严谨。1982 年宪法在结构上也有自己的特点，较之前几部宪法，其中一个重大的变化就是宪法内容章节排列。宪法把公民的基本权利和义务一章放在了国家机构一章之前，因为这样可以更好地体现一切权力属于人民，人民是国家的主人这一思路。

（三）1982 年宪法实施以来的几次修改

宪法是国家的根本法，首先要保持其稳定性。维护宪法的稳定，就是维护国家根本制度的稳定，维护国家的长治久安。但是，随着改革开放和社会主义现代化建设不断发展，宪法也要随着社会实践的发展而不断完善，与时俱进。我们说 1982 年宪法是有中国特色的、适应新时期社会主义现代化建设需要的、新中国成立以来最完善的一部宪法，并不等于这部宪法将永远不会修改。现行宪法实施以来，根据经济社会发展的客观要求，针对原来规定的某些条文与现实情况不相适应的情况，全国人大于 1988 年、1993 年、1999 年和 2004 年四次通过宪法修正案，共三十条，对有关内容作出了适时修改，

---

1 与过去几部宪法相比，1982 年宪法在内容上的发展与创新，教科书中一般都有介绍，不再详述。

补充完善了制定宪法时因实践经验的局限不可能写入的内容。

修改宪法，我国确立的原则是，改革要遵守法律，法律要为改革服务；修改宪法，只限于不修改就会妨碍改革的条款，可改可不改的不改，有些问题采取宪法解释的办法去解决。在修宪的方式上，借鉴外国的经验，采取了修正案的方式。[1]四个宪法修正案都充分贯彻了上述精神，做到了宪法的稳定性和与时俱进在社会实践中的统一。通过修宪，反映出中国共产党和中国政府在探索中国特色社会主义法治道路的过程中，认识在逐步深化和更加符合实际，也使现行宪法更加完善，宪法理论更加成熟。

四、现行宪法实施以来宪法理论的发展与创新

1982年宪法实施以来，我国的经济体制发生了重大变革，政治体制改革稳步推进，取得了重要成果。一个社会中各种不同的政治经济制度的变动和最终确立，都是由那个时代占统治地位的社会思想诱发和塑造的。现行宪法颁布实施后，我国对什么是社会主义，怎样建设和发展社会主义等一系列基本问题进行了探索，有了较为深刻和清醒的认识，与此相适应，党和国家的指导思想也在实践中不断发展，形成了一脉相承、与时俱进，指导当代中国社会主义建设的思想理论基础，即马列主义、毛泽东思想、邓小平理论和“三个代表”重要思想。我国当代经济体制改革和政治体制改革所带来的所有变革，都是在这些理论指导下进行的。而这些社会变革的成果，也促进了宪法理论研究的深化和创新，推动了宪法实践的向前发展。

宪法理论与实践的发展与创新，在现行宪法实施以来所进行的四次宪法修正案内容中得到了充分的体现。

（一）确立了邓小平理论和“三个代表”重要思想在国家政治和社会生活中的指导地位

邓小平理论是在和平与发展成为当代主题的历史条件下，在我国改革开放和社会主义现代化建设的实践过程中，在总结我国社会主义胜利和挫折的历史经验并借鉴其他社会主义国家兴衰成败的历史经验的基础上，逐步形成和发展起来的。这个理论科学地把

1　参见杨景宇：《宪法的稳定和与时俱进》，《光明日报》2003年12月17日。

握住了社会主义的本质，第一次比较系统地初步回答了中国这样的经济文化比较落后的国家如何建设社会主义、如何巩固和发展社会主义的一系列基本问题。它是马克思列宁主义基本原理与当代中国时代特征相结合的产物，是对马克思主义、毛泽东思想的坚持、继承和发展，是中华民族振兴和发展的精神支柱。

"三个代表"重要思想，科学总结了我们党成立以来的历史经验，特别是改革开放以来的新鲜经验，既坚持了马克思主义的基本原理，坚持了辩证唯物主义和历史唯物主义的世界观和方法论，又反映了当代世界和中国的发展变化对党和国家工作的新要求，以新的思想、观点、论断继承、丰富和发展了马列主义、毛泽东思想和邓小平理论，是加强和改进党的建设、推进我国社会主义自我完善和发展的强大思想武器。邓小平理论和"三个代表"重要思想是全党集体智慧的结晶。1997 年中共十五大和 2002 年中共十六大分别把它们确立为党的指导思想、行动指南和党必须长期坚持的指导思想。1999 年和 2004 年修改宪法时，又分别确立了它们在国家政治和社会生活中的指导地位，以此统一全党全国各族人民的思想和行动。

（二）法治观念逐步增强，宪法在建设法治国家中重要地位得到了充分的肯定

1. 以国家根本大法的形式肯定了治国方略的转变。党的十五大报告在党的历史上第一次提出了依法治国，建设社会主义法治国家的治国方略。在理论和实践上，确立了中国共产党从主要依靠政策执政和领导改革开放转变到主要依靠法律执政和领导改革开放及现代化建设的指导思想。全国人大九届二次会议通过的宪法修正案，把依法治国，建设社会主义法治国家写入宪法，使其上升为国家意志，并成为我国宪法的基本原则之一。这表明人民当家作主、管理国家和社会，已被进一步纳入法治轨道；标志着我们党和政府在总结实践经验的过程中，对政治体制改革和治国的基本方略作出了最佳的选择。

党的十六大报告又进一步提出了物质文明、政治文明和精神文明协调发展，并把政治文明建设作为全面建设小康社会的重要目标之一。2004 年的宪法修正案将其写入宪法内容。政治文明就是政治活动的文明，政治活动的文明以"法治的政治"代替"人治的政治"为标志。因而我们可以说，政治文明的突破口就是法治建设，或者说政治文明的核心就是法治，建设法治国家。

2. 宪法至上的观念逐步确立，公民的宪法权利意识也在逐渐加强。宪法作为国家的根本大法，就是通过规定国家权力的界限和组织方式，来实现对人民权利的制度化保障。约束政府权力，保护个人权利，是宪法的核心问题。因而，依法治国，建设法治国家，其核心就是依宪治国。实行法治，必须实施宪法，确立宪法至上的观念。上述观念目前已逐步确立。这从四个宪法修正案的产生过程，党和国家领导人的讲话，以及目前正在全国开展的学习宪法的活动中都可以得到体现。

此外，近年来在司法实践中，一些公民以宪法权利受到侵害为由提出的诉讼案件在逐渐增多，尤以 2001 年山东的"齐玉苓诉陈晓琪等侵犯姓名权受教育权"案具有典型意义。该案根据最高人民法院的批复，直接援引宪法中公民享有受教育的基本权利，判决原告胜诉，由此开了我国宪法司法化的先河。[1] 以宪法权利受侵害为由诉诸司法手段保护，这一

1 1990 年，原告齐玉苓与被告之一陈晓琪都是山东省滕州市第八中学的初中学生，都参加了中等专科学校的预选考试。陈晓琪在预选考试中成绩不合格，失去继续参加统一招生考试的资格。而齐玉苓通过预选考试后，又在当年的统一招生考试中取得了超过委培生录取分数线的成绩。山东省济宁商业学校给齐玉苓发出录取通知书，由滕州八中转交。陈晓琪从滕州八中领取齐玉苓的录取通知书，并在其父亲陈克政的策划下，运用各种手段，以齐玉苓的名义到济宁商校就读直至毕业。毕业后，陈晓琪仍然使用齐玉苓的姓名，在中国银行滕州支行工作。

齐玉苓发现陈晓琪冒其姓名后，向山东省枣庄市中级人民法院提起民事诉讼。原告诉称：由于各被告共同弄虚作假，促成被告陈晓琪冒用原告的姓名进入济宁商校学习，致使原告的姓名权、受教育权以及其他相关权益被侵犯。请求法院判令被告停止侵害、赔礼道歉，并赔偿原告经济损失、精神损失。

枣庄市中级人民法院经过审理后作出判决：(1) 被告陈晓琪停止对原告齐玉苓姓名权的侵害；(2) 被告陈晓琪、陈克政、济宁商校、滕州八中、滕州教委向原告齐玉苓赔礼道歉；(3) 原告齐玉苓支付的律师代理费，由被告陈晓琪负担，被告陈克政、济宁商校、滕州八中、滕州教委对此负连带责任；(4) 原告齐玉苓的精神损失费，由被告陈晓琪、陈克政、济宁商校、滕州八中、滕州教委分担；(5) 驳回齐玉苓的其他诉讼请求。

一审判决作出后，齐玉苓向山东省高级人民法院提起上诉，除了对精神损害赔偿的标准提出异议以外，主要是提出证据表明自己并未放弃受教育权，被上诉人确实共同侵犯了自己受教育的权利，使自己丧失了一系列相关利益。据此请求二审法院判决：(1) 陈晓琪赔偿因侵犯姓名权而给其造成的精神损失 5 万元；(2) 各被上诉人赔偿因共同侵犯受教育权而给其造成的经济损失 16 万元和精神损失 35 万元。

山东省高级人民法院在审理中认为，这个案件存在适用法律方面的疑难问题，因此依照《中华人民共和国人民法院组织法》第 32 条的规定，报请最高人民法院进行解释。最高人民法院经过研究后，作出了《关于以侵犯姓名权的手段侵犯宪法保护的公民受教育的基本权利是否应承担民事责任的批复》，认为根据本案事实，陈晓琪等以侵犯姓名权的手段，侵犯了齐玉苓依据宪法规定所享有的受教育的基本权利，并造成了具体的损害后果，应承担相应的民事责任。

山东省高级人民法院在接到《批复》以后，继续审理此案并认为：原审判决认定被上诉人陈晓琪等侵犯了上诉人齐玉苓的姓名权，判决其承担相应的民事责任，是正确的。但原审判决认定齐玉苓放弃接受委培教育，缺乏事实根据。齐玉苓要求各被上诉人承担侵犯其受教育权的责任，理由正当，应予支持。

由此，山东省高级人民法院依照宪法第 46 条和最高人民法院的批复，对枣庄市中级人民法院的一审判决予以部分维持、部分撤销，并判决：(1) 被上诉人陈晓琪、陈克政赔偿齐玉苓因受教育的权利被侵犯造成的直接经济损失，被上诉人济宁商校、滕州八中、滕州教委承担连带赔偿责任；(2) 被上诉人陈晓琪、陈克政赔偿齐玉苓因受教育的权利被侵犯造成的间接经济损失，被上诉人济宁商校、滕州八中、滕州教委承担连带赔偿责任；(3) 被上诉人陈晓琪、陈克政、济宁商校、滕州八中、滕州教委赔偿齐玉苓精神损害费。https://baike.baidu.com/item/%E9%BD%90%E7%8E%89%E8%8B%93%E6%A1%88/5110523?fr=aladdin，2017 年 8 月 21 日访问。

方面说明我国公民的宪法权利意识逐渐增强，同时也表明了我国宪法实践的巨大进步。

（三）国家机构进一步完善

完善了全国人民代表大会的组成和国家主席的职权；延长乡镇政权的任职年限；确定了中国共产党领导的多党合作和政治协商制度将长期存在和发展，将“社会主义的建设者”写入宪法，扩大了统一战线的政治联盟的范围，以利于调动建设社会主义的各方面积极因素。

（四）经济体制改革的内容得到确认

经济制度是我国四次宪法修正案涉及的主要内容。明确了我国将长期处于社会主义初级阶段，肯定了改革开放的基本方针，从而使党在社会主义初级阶段的基本路线在宪法中的表述更加完整。强调了坚持公有制为主体、多种所有制经济共同发展的基本经济制度，坚持按劳分配为主体、多种分配方式并存的分配制度。将非公有制经济作为社会主义市场经济的重要组成部分，确定了非公有制经济的法律地位，进一步明确国家对发展非公有制经济的方针。确定了农村经济组织实行家庭承包经营为基础，统分结合的双层经营体制。确定了由计划经济体制转变为市场经济体制。增加了建立健全社会保障制度的规定。

（五）对公民私有财产所有权的保护日益完善

在计划经济体制下，我国宪法只对公民的生活资料提供保护，不承认公民个人拥有生产资料。1982 年宪法规定：“国家保护公民的合法的收入、储蓄、房屋和其他合法财产的所有权。”根据当时我国的经济制度，这里的“其他合法财产”并不包含对公民生产资料所有权的保护。随着我国建立社会主义市场经济体制改革目标的确立，非公有制经济成为社会主义市场经济的重要组成部分，加强对公民私有财产权的保护问题日益凸显出来。

1999 年宪法修正案从我国建立社会主义市场经济体制的实际出发，在宪法层面上确立了对公民私有财产的保护，规定“国家保护个体经济、私营经济的合法权利和利益”。国家依照法律规定保护公民的私有财产的继承权。结合我国宪法所确立的经济制度，宪法所保护的公民财产权，不仅包括公民合法所有的对生活资料的私有财产权，也包括对生产资料的私有财产权。但公民的合法的私有财产不受侵犯，并没有在宪法条文中得到明示。

2004 年宪法修正案进一步规定："公民的合法的私有财产不受侵犯。""国家依照法律规定保护公民的私有财产和继承权。"明确给予公民的私有财产和在现行宪法下不受侵犯的公有财产同等的地位，这在新中国的宪法史上是第一次。

（六）人权入宪，使公民权利的保障更加完善

我国宪法和法律对人权的保障一直很重视，不仅规定了公民享有广泛的政治社会经济文化权利，而且为权利的实现提供了物质和法律上的保障条件。此外，我国还签署和批准加入了联合国的《公民权利和政治权利国际公约》《经济、社会、文化权利国际公约》。但是，人权的概念一直没有成为我国的法律概念。2004 年的宪法修正案，首次将人权概念引入宪法，明确规定"国家尊重和保障人权"。人权写入宪法，是社会主义人权发展的重大突破。1991 年 11 月，国务院新闻办公室发表《中国的人权状况》白皮书，首次以政府文件的形式正面肯定了人权概念在中国社会主义政治发展中的地位。1997 年，首次将人权概念写入中共十五大报告，从而使人权从对外宣示的主题变为党领导国内建设的主题。此次修宪把人权写入宪法，将人权由一个政治概念提升为法律概念，将尊重和保障人权由党和政府文件的政策性规定上升为国家根本大法的一项原则，这是中国民主宪政和政治文明建设的一件大事，是中国人权发展的一个重要里程碑。这表明人权已成为国家的价值观和我国社会主义的基本价值和目标。人权入宪，对于提高全社会的人权意识，推进社会主义政治文明建设具有重要意义。

（七）坚持依法执政及其宪法意义

中共十六届四中全会提出，加强党的执政能力建设，必须科学执政、民主执政和依法执政，不断完善党的领导方式和执政方式，要贯彻依法治国方略，提高依法执政水平。依法执政的提出，从宪法意义的层面来说，体现在以下几个方面。

第一，依法执政是中国共产党建设中国特色的社会主义宪法道路的有益探索，为我国政治体制改革和中国特色宪法体制的建构提供了一个契合点。依法执政的提出，就是中共在保证人民幸福、秩序稳定、国家统一和社会主义现代化建设顺利进行的同时，积极地、稳妥地对建设有中国特色的宪法道路所进行的有益探索，这种探索是由我国建设

社会主义宪法，实现法治社会道路的特殊性所决定的。这种探索也为在保持政治和社会稳定的前提下，如何推进政治体制改革提供了一个切入点。

第二，依法执政有利于中国共产党执政的程序化和法律化，从而推动我国宪法制度的建设和完善。依法执政是指执政党依照宪法和法律确定的国家政权体制、机制、运作方式来掌握国家政权，按照宪法和法律规定的执政权限、执政程序而进行的执政活动。从党的建设来看，党的领导主要是政治领导、思想领导和组织领导等方面。但是从宪法形式思维来看，党的执政主要体现在执政权限、执政程序和权力监督等方面。因此，依法执政就是要求党的执政权限、执政程序和权力监督的制度化和法律化。

第三，依法执政反映了中国共产党执政、治国方略的历史演变，是党执政、治国成熟与明确的标志，是党执政现代化的标志。中国共产党有长期依靠党的方针政策领导的传统与习惯。中华人民共和国成立后，中共虽然领导人民代表大会制定了一些宪法、法律，但有法可依、有法必依、执法必严、违法必究的习惯却没有完全形成。依法执政的提出，是中国共产党依政策治国到依法治国的历史转变，是执政、治国的成熟与明确，是党执政走向国际化、现代化的标志。

第四，依法执政有利于树立宪法、法律权威，实现法治国家建设目标。中共十六大报告指出："宪法和法律是党的主张和人民意志统一的体现。必须严格依法办事，任何组织和个人都不得允许有超越宪法和法律的特权。""党员和干部特别是领导干部要成为遵守宪法和法律的模范。"[1] 中共十六届四中全会通过的《中共中央关于加强党的执政能力建设的决定》也进一步要求："贯彻依法治国基本方略，提高依法执政水平。……善于使党的主张通过法定程序成为国家意志，从制度上、法律上保证党的路线方针政策的贯彻实施，使这种制度和法律不因领导人的改变而改变，不因领导人看法和注意力的改变而改变。"[2]

中国共产党是执政党，执政党带头尊重宪法、法律权威，在宪法和法律范围内活动，这无疑是在全社会树立宪法、法律至上意识最重要的一步。另外，中国共产党依法执政必然要求发展良法，把党的主张和人民的意志相统一，使执政党执政所依据的法律具有

---

1 《江泽民文选》第3卷，人民出版社2006年版，第553页。

2 《中共中央关于加强党的执政能力建设的决定》(2004年9月19日中国共产党第十六届中央委员会第四次全体会议通过),《人民日报》2004年9月27日。

生命力、连续性和稳定性，从而实现法治社会。

第五，依法执政有利于保障和发展宪法的实质价值——人权，建设社会主义政治文明。2002年12月4日，胡锦涛在首都各界纪念中华人民共和国宪法公布施行二十周年大会上的讲话中指出："宪法促进了我国人权事业和各项社会事业的发展。宪法对公民的基本权利和义务作了全面的规定，为广大人民群众充分享有民主权利，在国家生活中发挥积极性、主动性、创造性提供了可靠的法律保障。"[1]

依法执政是依法治国的应有之意，依法执政要求中国共产党的执政权力法律化，要求党管干部的程序法律化，要求人民对执政党的监督程序化、法律化。这样，人民就能依据法定程序对执政党的路线、方针和政策提出建议和进行监督；对党任命领导干部和领导干部的行为提出建议和进行监督。这不仅有利于执政党与人民的良性互动，而且能够促进我国市民社会的发育、成长、成熟，从而促进人权的保障和发展，推动社会主义政治文明建设。

（八）紧急状态制度的建立

中共十六届三中全会第一次提出建立健全各种预警和应急机制，提高政府应对突发事件和风险的能力。宪法写入紧急状态，对提高我国政府的危机管理水平，使国家在紧急时期不至于出现法治空白具有重要意义。

（九）健全宪法实施和监督制度

宪法不能只停留在"政治宣言"和文本层面，其生命在于实施，其权威也在于实施。为确立宪法权威，确保宪法在国家和社会治理中的基石地位，发挥其在法治国家建设中的统领作用，中共十八届四中全会通过的《中共中央关于全面推进依法治国若干重大问题的决定》提出了一系列新的举措。如一切违反宪法的行为都必须予以追究和纠正；完善全国人大及其常委会宪法监督制度，健全宪法解释程序机制；加强备案审查制度和能力建设，依法撤销和纠正违宪违法的规范性文件；将每年12月4日定为国家宪法日；在全社会普遍开展宪法教育，弘扬宪法精神；借鉴世界上大多数有成文宪法国家的做法，建立宪法宣

1　胡锦涛：《在首都各界纪念中华人民共和国宪法公布施行二十周年大会上的讲话》（2002年12月4日），《人民日报》2002年12月5日。

誓制度，凡经人大及其常委会选举或者决定任命的国家工作人员正式就职时公开向宪法宣誓。[1] 上述举措，对提升人们的宪法观念，全面贯彻实施宪法，将会起到重要的促进作用。

现行宪法实施以来，随着我国改革开放的不断深入和建设中国特色社会主义实践的日益丰富，不断总结实践经验，经过四次修改，及时确认了改革开放和社会主义现代化建设过程中取得的成果和经验，使宪法内容更加完善，更加符合国情，更加反映时代精神，更加适应全面建设小康社会、开创中国特色社会主义事业新局面的要求，增强了宪法的适应性和生命力，有利于宪法功能的发挥，必将更好地发挥国家根本法的作用。

自中共十八大以来，我国改革开放和中国特色社会主义建设进入了新时期新阶段，社会主义经济、政治、文化、社会和生态文明建设取得了巨大成就，中国特色社会主义理论和制度创新取得重大成果，这一切都需要通过认真总结并上升到根本法的地位予以巩固，因而，与时俱进，不断完善，仍是我国宪法未来发展面临的任务。

---

1 参见《中共中央关于全面推进依法治国若干重大问题的决定》，《党的十八届四中全会〈决定〉学习辅导百问》，学习出版社、党建读物出版社 2014 年版，第 7 页。

第十三章 发挥法律手段在维护社会秩序中的功能

人类社会的存在和发展，既需要革命变革，又需要社会的稳定和正常的社会秩序。建立这种稳定和正常的社会秩序，就必须用各种社会规范来约束人们的行为，实行社会控制。社会控制的手段是多种多样的，但在现代社会，法律调整是最重要的手段之一。中共十一届三中全会以来，随着改革开放的不断深化，社会主义市场经济体制的建立，依法治国，建设社会主义法治国家基本治国方略的确立，对于法律在社会控制中的作用，从邓小平、江泽民、胡锦涛到以习近平为核心的中央领导集体，都有非常充分的阐述，对维护社会稳定，建立良好的社会秩序，具有重要的指导作用，并成为当代中国马克思主义法学理论的重要内容。

一、坚持“两手抓，两手都要硬”的方针是维护社会稳定的需要

邓小平十分关注中国社会主义现代化进程中的安定团结和社会稳定问题。他认为："中国要搞四个现代化建设，没有一个稳定的政治形势不行。"[1] 他对社会稳定在社会主义经济建设中的重要性、稳定与发展的关系有许多精辟的论述。

邓小平一再强调安定团结在现代化建设中的重要作用，要实现四个现代化，搞好改革开放，必须保持安定团结的政治局面，“没有一个安定团结的政治局面，就不能安下心

1 《邓小平文选》第 3 卷，人民出版社 1993 年版，第 207 页。

来搞建设”[1]，“没有安定的政治环境，什么事情都干不成”[2]。他说：“中国要实现四个现代化，摆脱落后状态，必须有一个安定团结的政治局面，必须有领导有秩序地进行建设。”[3]他又说：“没有安定团结的政治局面，不可能搞建设，更不可能实行改革开放政策，这些都搞不成。”[4]他强调，安定团结是改革开放顺利进行的根本保证，“不安定，政治动乱，就不可能从事社会主义建设，一切都谈不上”。[5]只有安定团结，社会稳定，才能在中国这样一个大国集中力量一心一意搞建设。“对这一点我们有深切的体验，因为我们有‘文化大革命’的经历，亲眼看到了它的恶果。”[6]

在改革开放的整个过程中，我们之所以强调必须有一个安定团结的政治局面，有一个稳定的社会政治环境，是由我国改革和开放的根本目标所决定的。邓小平指出：“中国的主要目标是发展，是摆脱落后，使国家的力量增强起来，人民的生活逐步得到改善。要做这样的事，必须有安定的政治环境。没有安定的政治环境，什么事情都干不成。”[7]他进一步强调：“中国的问题，压倒一切的是需要稳定。没有稳定的环境，什么都搞不成，已经取得的成果也会失掉。中国一定要坚持改革开放……要改革，就一定要有稳定的政治环境……离开国家的稳定就谈不上改革和开放。”[8]

当然，强调稳定，并不是说就可以放慢民主政治建设的进程；相反，同经济体制改革和经济发展相适应，必须积极推进政治体制改革。但进行社会主义民主政治建设，必须从中国的实际出发，以有利于稳定，有利于社会主义经济建设为前提。针对一些搞资产阶级自由化的人主张中国全盘西化，邓小平指出，民主是我们的目标，但国家必须保持稳定。我们反对搞资产阶级自由化，“因为他们搞的这一套无非是大鸣、大放、大字报，出非法刊物，实际上是一种动乱，是‘文化大革命’遗留下来的做法”。[9]他还说：“搞资产阶级自由化，我们内部就成了一个乱的社会，不是一个安定的社会，什么建设

---

1 《邓小平文选》第 2 卷，人民出版社 1994 年版，第 251 页。
2 《邓小平文选》第 3 卷，人民出版社 1993 年版，第 244 页。
3 同上书，第 208 页。
4 同上书，第 199 页。
5 同上书，第 124 页。
6 同上书，第 284—285 页。
7 同上书，第 244 页。
8 同上书，第 284 页。
9 同上书，第 123—124 页。

都搞不成了。”[1]他一贯主张，要反对那种无法无天、为所欲为的所谓“大民主”；强调要讲民主，也要讲法制，必须把社会主义民主纳入制度化、法律化的轨道。他认为发扬民主，形成生动活泼的政治局面，必须是在不妨碍安定团结的条件下实现，才能有秩序地前进。因为“‘文化大革命’的经验已经证明，动乱不能前进，只能后退，要有秩序才能前进。在我国目前的情况下，可以说，没有安定团结，就没有一切，包括民主、‘双百’方针等，统统谈不上。过去我们已经吃了十来年的苦头，再乱，人民吃不消，人民也不答应。反之，我们在社会主义安定团结的基础上，就一定能够有计划、有步骤地实现可能实现的一切，最大限度地满足人民的要求”。[2]

为了实现安定团结，维护稳定的社会秩序，邓小平提出了应采取的措施，一方面要充分发挥宣传、教育、理论、文艺部门的作用，加强安定团结的宣传教育；另一方面要通过加强法制建设，用法律手段严厉打击各种危害社会安定的严重破坏活动。简而言之，维护社会的稳定，必须要坚持“两手抓，两手都要硬”的方针，这是巩固和发展安定团结的政治局面的根本措施之一。

二、“两手抓”思想的提出及其基本内容

社会的发展，不仅经济建设要上去，而且要求把人们的思想道德、科学文化素质和社会秩序、社会风气都搞好，应是社会的全面进步。邓小平明确指出：“经济建设这一手我们搞得相当有成绩，形势喜人，这是我们国家的成功。但风气如果坏下去，经济搞成功又有什么意义？会在另一方面变质，反过来影响整个经济变质，发展下去会形成贪污、盗窃、贿赂横行的世界。”[3]基于此，邓小平逐步提出并完善了“两手抓”的战略方针。“两手抓，两手都要硬”的方针，是邓小平运用唯物辩证法指导我国社会主义现代化建设和改革实践的思想成果，也是邓小平法制思想的一项重要内容，是实现社会主义全面发展的正确途径。

邓小平十分重视为发展经济和改革开放创造良好的社会环境问题。他始终强调，建设有中国特色的社会主义，必须坚持“两手抓，两手都要硬”的方针。早在1979年，

---

1 《邓小平文选》第3卷，人民出版社1993年版，第124页。
2 《邓小平文选》第2卷，人民出版社1994年版，第252页。
3 《邓小平文选》第3卷，人民出版社1993年版，第154页。

邓小平在《民主和法制两手都不能削弱》一文中，就明确地提出了“两手抓”的思想。他说：“民主要坚持下去，法制要坚持下去。这好像两只手，任何一只手削弱都不行。”[1]这是邓小平第一次提出“两手抓”的思想。此后，随着我国改革开放和现代化建设形势的发展，他针对具体情况，从不同角度对“两手抓”进行了全面的阐述。中共十四大的政治报告中把这些思想概括为三个方面，即“一手抓改革开放，一手抓打击犯罪；一手抓经济建设，一手抓民主法制；一手抓物质文明，一手抓精神文明”。[2]结合邓小平的法制思想，我们就邓小平前两个“两手抓”的思想的特定意义和规定性及各自的形成背景、过程，分别作一介绍。

（一）一手抓改革开放，一手抓打击犯罪

在20世纪70年代末期，我国实行改革开放政策之初，针对当时“四人帮”残余势力、一大批打砸抢分子、杀人犯和流氓犯罪分子还在继续危害社会，资产阶级自由化和无政府主义思潮泛滥，影响着改革开放政策贯彻的状况，邓小平于1979年3月在《坚持四项基本原则》的讲话中，强调了坚持人民民主专政，打击各种反革命分子、敌对分子和刑事犯罪分子，对社会主义现代化建设的必要性，强调在推进改革开放的同时，必须大力加强稳定社会秩序的工作和教育，否则，就会使我们的现代化建设在刚刚迈出第一步时就遇到严重的挫折。因此，“对于这一切反社会主义的分子仍然必须实行专政”，否则“我们就不可能保卫从而也不可能建设社会主义”。[3]这些思想，体现了“两手抓”的基本思路，为在摒弃“以阶级斗争为纲”的错误思想以后，创造和保持安定团结的社会环境，保证改革开放的进行，指出了正确的方向。

邓小平对打击犯罪问题向来观点明朗、态度坚决。自实行改革开放的政策以后，在经济领域里出现了一些腐败现象和犯罪活动。对此，邓小平从社会主义现代化建设的大局出发，于1982年4月在中央政治局的一次会议上郑重提出：“我们要有两手，一手就是坚持对外开放和对内搞活经济的政策，一手就是坚决打击经济犯罪活动。没有打击经济犯罪活动这一手，不但对外开放政策肯定要失败，对内搞活经济的政策也肯定要失败。

1 《邓小平文选》第2卷，人民出版社1994年版，第189页。

2 《中国共产党第十四次全国代表大会文件汇编》，人民出版社1992年版，第8页。

3 《邓小平文选》第2卷，人民出版社1994年版，第169页。

有了打击经济犯罪活动这一手，对外开放、对内搞活经济就可以沿着正确的方向走。”[1] 在同年7月的军委座谈会上，邓小平又一次强调了“两手抓”的思想。他指出：“为什么要提打击经济犯罪活动？因为进行社会主义现代化建设必须实行对外开放、对内搞活经济的政策。对外开放，资本主义那一套腐朽的东西就会钻进来的；对内搞活经济，活到什么程度，也是有问题的。我们必须坚持对外开放、对内搞活经济这一手。但是为了保证这个政策在贯彻执行过程中能够真正有利于四化建设，能够不脱离社会主义方向，就必须同时还有另外一手，这就是打击经济犯罪活动。没有这一手，就没有制约。”[2] 根据邓小平“两手抓”的思想，在1982年9月召开的中共十二大也强调了“两手抓”。中共十二大报告指出：“我们在发展社会主义事业的新时期，从思想上到行动上一定要坚持两手：一手是坚持对外开放、对内搞活经济的政策，另一手是坚决打击经济领域和政治文化领域中危害社会主义的严重犯罪活动。只注意后一手而怀疑前一手是错误的，只强调前一手而忽视后一手是危险的。对这样的方针，全党同志必须十分明确，不应当有丝毫含糊。”[3] 这样，“两手抓”思想作为党指导社会主义现代化建设的战略方针被正式提了出来。它是我们党总结历史的经验，分析、研究改革开放以后出现的新情况、新问题的重大认识成果。

到20世纪80年代中期，在改革开放逐步深入的过程中，由于思想上对犯罪活动有所放松，以致经济犯罪和其他犯罪出现回潮，特别是一部分党员干部以权谋私，内外勾结，搞权钱交易，贪污受贿，腐败现象大量出现，对全面展开的改革开放事业形成了严重的干扰。为此，邓小平多次重申“两手抓”的思想，指出“开放、搞活政策延续多久，端正党风的工作就得干多久，纠正不正之风、打击犯罪活动就得干多久”。[4] 他还提出，打击犯罪也要包括惩治腐败，要把惩治腐败作为“两手抓”的内容之一，强调：“我们一手抓改革开放，一手抓惩治腐败。”[5]

我国经济改革的逐步深入和经济规模的不断扩大，吸引了各级领导干部的主要精力，相形之下，对打击各种犯罪有所放松，因而导致各种犯罪的发案率长期居高不下，腐败

1 《邓小平文选》第2卷，人民出版社1994年版，第404页。
2 同上书，第408—409页。
3 《十二大以来重要文件选编》(上)，人民出版社1982年版，第38页。
4 《邓小平文选》第3卷，人民出版社1993年版，第164页。
5 同上书，第314页。

现象在一些地区呈蔓延之势。针对我国打击犯罪斗争的特点，邓小平强调在执行“两手抓”方针过程中，关键是做到“两手硬”，并严厉批评了在贯彻“两手抓”方针中一手硬一手软的现象。在1992年视察南方的谈话中，邓小平强调：“要坚持两手抓，一手抓改革开放，一手抓打击各种犯罪活动。这两只手都要硬。打击各种犯罪活动，扫除各种丑恶现象，手软不得。”[1]自十三届四中全会以来，中国共产党中央领导集体高举邓小平理论伟大旗帜，从推动经济发展和社会全面进步的高度，在中共十四大和以后的历次党的全国代表大会以及很多重要会议上一再重申“一手抓改革开放，一手抓打击犯罪”和“两手抓，两手都要硬”的方针，下大力气纠正一手硬一手软的现象，并采取了一系列切实有力的措施，维护了国家、人民的利益和市场经济秩序，有效地保证了经济的快速稳定增长和社会全面进步。

江泽民对打击经济犯罪活动也非常重视。1997年11月，他在《深化金融改革，防范金融风险》的讲话中，提出“要切实加大执法力度，依法严厉打击各种金融违法犯罪活动”。[2]1998年，针对日益猖獗的走私活动，江泽民提出要狠狠打击、彻底惩治，“必须坚决、迅速地把走私的猖獗势头打下去。这既是一场重大的经济斗争，也是一场严肃的政治斗争”。[3]江泽民认为，日益猖獗的走私活动，不仅直接冲击和扰乱市场秩序，危害民族工业和经济安全，使国家和人民的利益蒙受巨大损失，而且毒化社会风气，助长腐败现象，不抓紧解决，后果不堪设想。

（二）一手抓经济建设，一手抓民主法制

经济建设和民主法制建设是社会主义建设相辅相成的两个方面。两者同步进行，是科学社会主义的基本论点，也是我们党总结“文化大革命”的教训得出的结论。在社会主义现代化建设的进程中，必须一手抓经济建设，一手抓民主法制，这是邓小平一贯坚持、反复强调的一个重要思想。

“文化大革命”不仅使我们整个国家遭到了空前的浩劫，也严重破坏了我国从新中国成立即开始进行的社会主义法治建设，极大地影响了社会稳定和经济建设。总结这一教

1 《邓小平文选》第3卷，人民出版社1993年版，第378页。
2 《江泽民文选》第2卷，人民出版社2006年版，第75页。
3 同上书，第167页。

训，为保证经济建设和改革开放的顺利进行，邓小平指出："为了实现四个现代化，必须发扬社会主义民主和加强社会主义法制。"[1] 他在这里揭示了民主法制和社会主义现代化建设的密切关系，此后，他又多次强调，民主和法制是关系现代化建设全局的战略问题。

鉴于过去靠搞政治运动的办法解决社会问题带来的种种弊端，邓小平指出，为了保证经济建设这个中心，为了发展和保障人民民主，一方面要有效地防止和打击敌对分子的破坏活动，另一方面又要防止阶级斗争扩大化的错误，这就需要学会运用法律武器。他说："进行这种斗争，不能采取过去搞政治运动的办法，而要遵循社会主义法制的原则。"[2] 这些观点，使我们党在经济建设和民主法制的关系上获得了正确的认识，也促进了我国民主法制建设的恢复和快速发展，保证了改革初期社会秩序和经济秩序的稳定。

到 20 世纪 80 年代中期，我国的民主法制建设虽然取得了很大的成绩，但与经济建设蓬勃发展的形势相比，仍不相适应。为此，邓小平 1986 年 1 月在中央政治局常委会上指出："搞四个现代化一定要有两手，只有一手是不行的。所谓两手，即一手抓建设，一手抓法制。"[3] 这是他把"两手抓"思想运用到经济建设与民主法制范畴的明确提法。这一思想，深刻阐明了健全社会主义法制与实现社会主义现代化的辩证关系，强调了加强社会主义法制是社会主义现代化的基础和保障，确定了法治建设在整个现代化建设总体布局中的地位和作用。这一思想，已成为全党的共识，成为我国社会主义现代化建设和法治建设的重要指导原则。

（三）坚持一手抓法治、一手抓德治

完善国家和社会治理模式，建立良好的社会秩序和稳定的外部环境，是我国实行改革开放，发展社会主义市场经济，实现全面建设小康社会目标的重要保障条件。如何选择适合中国国情的社会治理模式，根据建立社会主义市场经济秩序的现实需要，结合我国的法律文化传统，借鉴国外成功的经验，"法治"与"德治"并重，应是当代中国社会治理模式的最佳选择。中国历史上一些盛世的形成，根本原因之一就是道德法律共同治理。这也是中国传统法律文化的一个重要特征。依法治国，建设社会主义法治国家，社

1 《邓小平文选》第 2 卷，人民出版社 1994 年版，第 187 页。
2 同上书，第 371 页。
3 《邓小平文选》第 3 卷，人民出版社 1993 年版，第 154 页。

会主义市场经济的建立和完善，必须有完备的法制来规范和保障，同时也呼唤着道德建设。既需要“法治”，但同样也离不开“德治”，这已成为当代中国社会治理模式选择的共识。

在中共十五大提出“建设社会主义法治国家”的治国方略之后，江泽民2001年1月10日在全国宣传部长会议上的讲话中强调指出：“我们在建设有中国特色社会主义、发展社会主义市场经济的过程中，要坚持不懈地加强社会主义法制建设，依法治国；同时也要坚持不懈地加强社会主义道德建设，以德治国。对一个国家的治理来说，法治和德治，从来都是相辅相成、相互促进的。二者缺一不可，也不可偏废。法治属于政治建设、属于政治文明，德治属于思想建设、属于精神文明。二者范畴不同，但其地位和功能都是非常重要的。我们要把法制建设与道德建设紧密结合起来，把依法治国与以德治国紧密结合起来。”[1] 此后，江泽民在不同场合反复强调了法治和德治相结合在保障国家各项工作有秩序进行中的功能。把法治建设和道德建设结合起来，这是依法治国方略的进一步丰富和发展。据此，法治和德治相结合，成为中共十六大以后的国家治理模式的选择。

中共十六大报告指出，“依法治国和以德治国相辅相成”。[2] 胡锦涛2003年12月在纪念毛泽东同志诞辰一百一十周年座谈会上的讲话中指出：“要坚持依法治国和以德治国相结合，大力开展理想信念教育，切实加强思想道德建设。”[3] 中共十八大报告指出：“要坚持依法治国和以德治国相结合，加强社会公德、职业道德、家庭美德、个人品德教育，弘扬中华传统美德，弘扬时代新风。”[4]

中共十八大以来，习近平提出，中国特色社会主义法治道路要体现法律和道德相结合，体现法治和德治相结合，扎根中国现实，弘扬民族优秀传统，既是对历史规律的科学总结，也是当代中国实现民族复兴的必由之路。在社会治理中，他对法律和道德的关系、法治和德治的功能等进行了一系列的论述，强调要一手抓法治、一手抓德治。他

---

1 《江泽民文选》第3卷，人民出版社2006年版，第200页。

2 同上书，第560页。

3 胡锦涛:《在纪念毛泽东同志诞辰一百一十周年座谈会上的讲话》(2003年12月26日),《人民日报》2003年12月27日。

4 胡锦涛:《坚定不移沿着中国特色社会主义道路前进，为全面建成小康社会而奋斗》,《十八大报告学习辅导百问》，党建读物出版社、学习出版社2012年版，第28页。

说："法律是成文的道德，道德是内心的法律，法律和道德都具有规范社会行为、维护社会秩序的作用。治理国家、治理社会必须一手抓法治、一手抓德治，既重视发挥法律的规范作用，又重视发挥道德的教化作用，实现法律和道德相辅相成、法治和德治相得益彰。"[1]"发挥好法律的规范作用，必须以法治体现道德理念、强化法律对道德建设的促进作用。一方面，道德是法律的基础，只有那些合乎道德、具有深厚道德基础的法律才能为更多人所自觉遵行。另一方面，法律是道德的保障，可以通过强制性规范人们行为、惩罚违法行为来引领道德风尚。要注意把一些基本道德规范转化为法律规范，使法律法规更多体现道德理念和人文关怀，通过法律的强制力来强化道德作用、确保道德底线，推动全社会道德素质提升。"[2]发挥好道德的教化作用，必须以道德滋养法治精神、强化道德对法治文化的支撑作用。"没有道德滋养，法治文化就缺乏源头活水，法律实施就缺乏坚实社会基础。在推进依法治国过程中，必须大力弘扬社会主义核心价值观，弘扬中华传统美德，培育社会公德、职业道德、家庭美德、个人品德，提高全民族思想道德水平，为依法治国创造良好人文环境。"[3]

中共十八届四中全会提出了全面推进依法治国的总目标。实现这个总目标必须遵循的基本原则之一，就是要"坚持依法治国和以德治国相结合"，"国家和社会治理需要法律和道德共同发挥作用"。这为当前我国社会治理模式的建立和完善，提供了方向和依据。中共十八届四中全会通过的《关于全面推进依法治国若干重大问题的决定》进行了系统阐释，指出："国家和社会治理需要法律和道德共同发挥作用。必须坚持一手抓法治、一手抓德治，大力弘扬社会主义核心价值观，弘扬中华传统美德，培育社会公德、职业道德、家庭美德、个人品德，既重视发挥法律的规范作用，又重视发挥道德的教化作用，以法治体现道德理念、强化法律对道德建设的促进作用，以道德滋养法治精神、强化道德对法治文化的支撑作用，实现法律和道德相辅相成、法治和德治相得益彰。"[4]

1　习近平：《加快建设社会主义法治国家》（2014 年 10 月 23 日），《求是》2015 年第 1 期。

2　同上。

3　同上。

4　《中共中央关于全面推进依法治国若干重大问题的决定》，《党的十八届四中全会〈决定〉学习辅导百问》，学习出版社、党建读物出版社 2014 年版，第 5 页。

三、依靠法制手段反腐倡廉

改革开放以来，我们面对着两个最严峻的考验。一个是经济发展问题，一个是党风廉政问题。这两个考验都关系到党和国家的兴衰成败与生死存亡。加强党风廉政建设，同各种消极腐败现象作斗争，完善反腐败的法律机制，是邓小平的一贯思想。

（一）正确、清醒地认识腐败问题的现状及其危害

反腐败一直是邓小平十分关注的问题，他对党和国家肌体中的腐败现象有着十分清醒的认识。消极腐败现象有各种表现，主要有官僚主义、以权谋私、任人唯亲、奢侈浪费、个人专断、腐化堕落以及各种经济犯罪等。

执政党的党员、干部，容易滋长脱离群众的官僚主义。邓小平对官僚主义的表现及其危害进行了深刻的揭示。他指出："官僚主义现象是我们党和国家政治生活中广泛存在的一个大问题。它的主要表现和危害是：高高在上，滥用权力，脱离实际，脱离群众，好摆门面，好说空话，思想僵化，墨守成规，机构臃肿，人浮于事，办事拖拉，不讲效率，不负责任，不守信用，公文旅行，互相推诿，以至官气十足，动辄训人，打击报复，压制民主，欺上瞒下，专横跋扈，徇私行贿，贪赃枉法，等等。这无论在我们的内部事务中，或是在国际交往中，都已达到令人无法容忍的地步。"[1]

搞特权，以权谋私，权钱交易，是引起群众公愤的又一腐败现象。执政党的党员、干部，特别是领导干部，都握有一定的掌管钱、物和人事的权力，容易用手中的权力为自己谋私利、搞特权。对此，邓小平指出："当前，也还有一些干部，不把自己看作是人民的公仆，而把自己看作是人民的主人，搞特权，特殊化，引起群众的强烈不满，损害党的威信，如不坚决改正，势必使我们的干部队伍发生腐化。"[2]

邓小平还以封建主义和资产阶级思想影响在现实中表现为宗法观念为例，来说明在用人方面存在的消极腐败现象。他说："'文化大革命'中，一人当官，鸡犬升天，一人倒霉，株连九族，这类情况曾发展到很严重的程度。甚至现在，任人唯亲、任人唯派的恶劣作风，在有些地区、有些部门、有些单位，还没有得到纠正。一些干部利用职权，

---

1 《邓小平文选》第 2 卷，人民出版社 1994 年版，第 327 页。

2 同上书，第 332 页。

非法安排家属亲友进城、就业、提干等现象还很不少。”[1]

至于一些地方和部门，利用职权或者行业垄断地位，让权力进入市场，使权力商品化，权钱交易，猖狂地在经济领域进行各种犯罪活动，更是令人触目惊心。1982年，邓小平在《坚决打击经济犯罪活动》的讲话中说：“我们自从实行对外开放和对内搞活经济两个方面的政策以来，不过一两年时间，就有相当多的干部被腐蚀了。卷进经济犯罪活动的人不是小量的，而是大量的。犯罪的严重情况，不是过去‘三反’‘五反’那个时候能比的……现在的大案子很多，性质都很恶劣，贪污的或者损害国家利益的，都不只是什么‘万字号’。有些是个人犯罪，有些是集体犯罪。”[2]这些经济犯罪活动和腐败现象，已经和正在腐蚀着我们的干部队伍，损害了党和国家的肌体，损害了法律的权威和尊严，毒化了人们的思想，污染了社会风气。“如果我们党不严重注意，不坚决刹住这股风，那么，我们的党和国家确实要发生会不会‘改变面貌’的问题。这不是危言耸听。”[3]

针对种种腐败现象，能否惩治腐败，关系到党和社会主义的前途命运，正如邓小平所指出的：“极少数党员、干部的不正之风，非常不利于恢复党在群众中的威信。我赞成陈云同志讲的，执政党的党风问题是有关党的生死存亡的问题。”[4]邓小平还说：“群众是我们力量的源泉……如果哪个党组织严重脱离群众而不能坚决改正，那就丧失了力量的源泉，就一定要失败，就会被人民抛弃。全党同志，各级干部，特别是领导干部，必须经常记住这一点，经常用这个标准检查自己的一切言行。”[5]在分析1989年春夏之交发生的政治风波的原因时，邓小平指出，虽然有一些搞政治阴谋的人利用反腐败来蛊惑人心，但“这次出这样的乱子，其中一个原因，是由于腐败现象的滋生，使一部分群众对党和政府丧失了信心”。[6]他还说：“不惩治腐败，特别是党内的高层的腐败现象，确实有失败的危险。”[7]

---

1 《邓小平文选》第2卷，人民出版社1994年版，第335页。

2 同上书，第402页。

3 同上书，第403页。

4 同上书，第358页。

5 同上书，第368页。

6 《邓小平文选》第3卷，人民出版社1993年版，第300页。

7 同上书，第313页。

（二）把反腐败斗争贯穿改革开放的始终

1．严厉惩治腐败，提高党和政府在人民中的威信

鉴于广大人民群众对腐败现象的严重不满，以至于影响了党和政府在人民群众中的威信，邓小平着眼于巩固政权的群众基础，把真反腐败与假反腐败作为衡量政权能否取信于民的一个标准。他说："你这里艰苦创业，他那里贪污腐败，怎么行？"[1]因此，他指出："做几件使人民满意的事情。主要是两个方面，一个是更大胆地改革开放，另一个是抓紧惩治腐败。"[2]他在《组成一个实行改革的有希望的领导集体》的谈话中，要求党的第三代领导集体组成后的主要任务之一，就是"要扎扎实实做几件事情，体现出我们是真正反对腐败，不是假的。本来我们就是要反对腐败的。对腐败的现象我也很不满意啊！反对腐败，几年来我一直在讲，你们也多次听到我讲过，我还经常查我家里有没有违法乱纪的事。腐败的事情，一抓就能抓到重要的案件，就是我们往往下不了手。这就会丧失人心，使人们以为我们在包庇腐败。这个关我们必须过，要兑现，是一就是一，是二就是二，该怎么处理就怎么处理，一定要取信于民。腐败、贪污、受贿，抓个一二十件，有的是省里的，有的是全国范围的。要雷厉风行地抓，要公布于众，要按照法律办事。该受惩罚的，不管是谁，一律受惩罚"。[3]他认为中国共产党第三代领导集体的当务之急，其中一项工作就是要"惩治腐败，至少抓一二十件大案，透明度要高，处理不能迟"。[4]为此，他强调，对各种腐败要严厉打击。他说："对一些严重危害社会风气的腐败现象，要坚决制止和取缔。一切企业事业单位，一切经济活动和行政司法工作，都必须实行信誉高于一切，严格禁止坑害勒索群众。"[5]他还强调在反腐败过程中，要真正贯彻法律面前人人平等原则，严格执法，依法办事。

2．把反腐败作为一项长期任务来抓

发展经济，不能以牺牲党风和社会风气为代价。1986年初，邓小平就尖锐地指出："风气如果坏下去，经济搞成功又有什么意义？会在另一方面变质，反过来影响整个经

1 《邓小平文选》第3卷，人民出版社1993年版，第314页。
2 同上书，第313页。
3 同上书，第297页。
4 同上书，第313页。
5 同上书，第145页。

济变质，发展下去会形成贪污、盗窃、贿赂横行的世界。”[1] 这就要求我们，改革开放越深入，经济越发展，就越要惩治腐败。据此，邓小平强调，要把反腐败作为一项长期的任务来抓，整个改革开放过程中都要反腐败。1986 年 6 月，他在政治局常委会上指出：“开放、搞活，必然带来一些不好的东西，不对付它，就会走到邪路上去。所以，开放、搞活政策延续多久，端正党风的工作就得干多久，纠正不正之风、打击犯罪活动就得干多久，这是一项长期的工作，要贯穿在整个改革过程之中，这样才能保证我们开放、搞活政策的正确执行。”[2] 他还说：“我们要反对腐败，搞廉洁政治。不是搞一天两天、一月两月，整个改革开放过程中都要反对腐败。”[3] 在 1992 年的南方谈话中，他又重申了这种观点：“在整个改革开放过程中都要反对腐败。对干部和共产党员来说，廉政建设要作为大事来抓。”[4] 只要扎扎实实做几件反腐败的事情，“我们一手抓改革开放，一手抓惩治腐败，这两件事结合起来，对照起来，就可以使我们的政策更加明朗，更能获得人心”。[5]

（三）防腐倡廉，要靠教育，也要靠法制

邓小平在总结古今中外反腐败经验的基础上，对运用法律手段惩治腐败非常重视。1985 年，美国时代公司总编辑格隆瓦尔德曾问邓小平：“现在经济改革，你们教育人民要致富，出现了少数贪污腐化和滥用权力的现象，你们准备采取什么办法解决这些问题？”邓小平答道：“我们主要通过两个手段来解决，一个是教育，一个是法律。”[6] 1986 年，邓小平在谈到防范改革开放带来的消极影响时指出：“实行开放政策必然会带来一些坏的东西，影响我们的人民。要说有风险，这是最大的风险。我们用法律和教育这两个手段来解决这个问题。只要不放松，认真抓，就会有办法。”[7] 依靠法律手段惩治腐败是邓小平法制思想的一大内容。他在分析腐败现象产生的原因时认为法制不健全是主要原因之一。在 1989 年发生的政治风波之后，他指出：“建国以来我们一直在讲艰苦创

---

1 《邓小平文选》第 3 卷，人民出版社 1993 年版，第 154 页。
2 同上书，第 164 页。
3 同上书，第 327 页。
4 同上书，第 379 页。
5 同上书，第 314 页。
6 同上书，第 148 页。
7 同上书，第 156 页。

业，后来日子稍微好一点，就提倡高消费，于是，各方面的浪费现象蔓延，加上思想政治工作薄弱、法制不健全，什么违法乱纪和腐败现象等，都出来了。”[1] 1992 年，在视察南方的谈话中，邓小平在强调整个改革开放过程中都要反腐败的同时，明确指出，反腐败“还是要靠法制，搞法制靠得住些”。[2] 邓小平的这些讲话，为党和国家深入持久地进行反腐败斗争提供了根本的指导思想。

邓小平重视法制在惩治腐败中的作用，有其深刻的根据。因为法律作为党的正确主张和国家意志的体现，具有稳定性和连续性的特点。反腐败的措施和政策，通过立法程序成为法律，就具有极大的权威性。也正是在邓小平上述反腐败的理论和策略的指导下，自改革开放以来，我们党和国家十分重视运用法律制度确保廉政建设，并先后制定颁布了一系列有关廉政的国家法律和党规党纪。邓小平充满信心地说：“我相信，随着经济的发展，随着科学文化和教育水平的提高，随着民主和法制建设的加强，目前社会上那些消极的现象也必然会逐步减少并最终消除。”[3]

（四）中共十三届四中全会以来标本兼治，与时俱进的遏制腐败的思想

中共十三届四中全会以来，以江泽民为核心的第三代中央领导集体，对反腐败工作非常重视，对反腐败工作有一系列的论述，为打击经济犯罪和反腐败斗争指明了方向，奠定了思想基础。

1. 强调反腐败工作的重要性，分析腐败问题产生的根源

（1）强调反腐败工作的重要性

江泽民深刻认识到反腐倡廉工作的重大意义，他把反腐败斗争和党风廉政建设提到非常高的政治高度，认为不解决好反腐倡廉问题，改革发展稳定就没有坚强的政治保证，党和政府就会严重脱离群众，就会有亡党亡国的危险，这是关系到党和国家生死存亡的重大问题。他在中共十四大报告中指出：“坚持反腐败斗争，是密切党同人民群众联系的重大问题，要充分认识这个斗争的紧迫性、长期性和艰巨性。在改革开放的整个过程中都要反腐败，把端正党风和加强廉政建设作为一件大事，下决心抓出成效，取信于

---

1 《邓小平文选》第 3 卷，人民出版社 1993 年版，第 306 页。
2 同上书，第 379 页。
3 同上书，第 149 页。

民。”[1] 在中共十五大报告中，他指出：“反对腐败是关系党和国家生死存亡的严重政治斗争。……如果腐败得不到有效惩治，党就会失去人民群众的信任和支持。在整个改革开放过程中都要反对腐败，警钟长鸣。”[2] 他从党的生存和国家的生存的高度，阐述了党风廉政建设对于执政党永远立于不败之地的极端重要性。在中共十六大报告中，江泽民再次重申：“坚决反对和防止腐败，是全党一项重大的政治任务。不坚决惩治腐败，党同人民的血肉联系就会受到严重损害，党的执政地位就会有丧失的危险，党就有可能走向自我毁灭。在长期执政条件下，在对外开放和发展社会主义市场经济的环境中，党必须十分注重防范各种腐朽思想的侵蚀，维护党的队伍的纯洁。各级党委既要充分认识反腐败斗争的紧迫性，又要充分认识其长期性，坚定信心，扎实工作，旗帜鲜明、毫不动摇地把反腐败斗争深入进行下去。”[3]

江泽民认为反腐败斗争是我国经济建设的重要推动力，在 1993 年中共中央纪律检查委员会第二次全体会议上的讲话中，他阐述了反腐败、制约权力与经济建设的关系：“开展反腐败斗争，就是保证改革开放和经济建设顺利进行的一项必不可少的重要工作，是社会主义精神文明建设的一个重要方面。如果不坚决克服腐败现象，我们建设有中国特色社会主义事业就不可能取得成功。把反对腐败同经济建设对立起来、同改革开放对立起来，认为反对腐败会影响经济建设和改革开放，是不对的；在反腐败的过程中，不牢牢把握经济建设这个中心，不注意更好地为经济建设和改革开放服务，也是不对的。”[4] 他在中共十四大报告中，谈到党风廉政建设时也强调：“必须围绕经济建设这个中心，坚持两手抓，把反腐败与深化改革、扩大开放、促进发展、保持稳定结合起来。”在 1998 年中共十五届二中全会讲话中，江泽民指出：“在集中力量发展经济的过程中，要高度重视民主法制建设和精神文明建设，不断加强反腐倡廉工作。这些方面的工作非常重要，同经济发展有着密切联系，如果做得不好，如果法制不健全、政治腐败、社会风气不良，就会直接影响经济发展的全局。”[5]

---

1 《江泽民文选》第 1 卷，人民出版社 2006 年版，第 248—249 页。

2 《江泽民文选》第 2 卷，人民出版社 2006 年版，第 44—45 页。

3 《江泽民文选》第 3 卷，人民出版社 2006 年版，第 573 页。

4 《江泽民文选》第 1 卷，人民出版社 2006 年版，第 320 页。

5 《江泽民文选》第 2 卷，人民出版社 2006 年版，第 102 页。

（2）深刻分析各种腐败现象产生的根源

江泽民分析了权力变异产生腐败的表现和腐败产生的根源："腐败是一种历史现象。它的主要表现是贪赃枉法、行贿受贿、敲诈勒索、权钱交易、挥霍人民财富、腐化堕落等。这种现象，从本质上说是剥削制度剥削阶级的产物。"[1] 他同时指出了我国在社会主义条件下存在腐败现象的复杂原因，他认为客观原因是："我国是一个封建社会历史很长的国家，封建主义和其他剥削阶级思想的影响将长期存在，总要通过各种形式表现出来。我们实行对外开放，借鉴和利用世界各国包括发达资本主义国家的一切现代文明成果，资本主义腐朽的东西也会趁机钻进来。我们建立社会主义市场经济体制，要经历一个艰难的新旧体制转换过程。在这个过程中，由于制度和机制不健全、不完善，工作中存在的一些漏洞和薄弱环节，也会给腐败现象滋生以可乘之机。"[2] 他在分析腐败现象存在的主观原因时说："这些年来，我们有些地方、有些单位对党员、干部的思想政治教育抓得不紧，拜金主义、享乐主义、极端个人主义在一部分党员、干部中滋长，也是腐败现象得以蔓延的一个重要原因。"[3] 除了历史原因和主客观因素的影响外，体制转换的空当造成了大量腐败现象的产生。

改革开放以来，我们面临着两个最严峻的考验，一个是经济能否搞上去，一个是党风和社会风气会不会垮下来。这两个考验都关系到党和国家的兴衰成败和生死存亡。一些意志薄弱的人在新的经济条件下，经不起考验，利令智昏，猖狂地在经济领域进行各种犯罪活动。一些地方和党的关键部门，如党政机关、司法机关、行政执法部门、经济管理部门和垄断行业，一些党员干部特别是领导干部的严重违法案件和腐化堕落案件时有发生，其中有些案情恶劣、涉案金额巨大、行政级别很高，都是新中国成立以来没有过的。这严重损害了国家的肌体，损害了法律的尊严和权威，毒化了人们的思想，污染了社会风气，直接干扰和破坏了社会主义现代化建设。对此，江泽民指出："腐败现象是侵入党和国家机关健康肌体的病毒。如果我们掉以轻心，任其泛滥，就会葬送我们的党，葬送我们的人民政权，葬送我们的社会主义现代化大业。"[4] 如何解决权力失控现象和腐败问题，就成为以江泽民为核心的第三代领导人思考的重大的理论问题。

1 《江泽民文选》第 1 卷，人民出版社 2006 年版，第 322—323 页。

2 同上书，第 324 页。

3 同上。

4 同上书，第 319 页。

2. 阐述了从本源上进行预防和治理腐败的思想

江泽民强调要努力从源头上预防和遏制腐败现象。他认为反腐倡廉工作是个系统工程，具有长期性、艰巨性、复杂性，要标本兼治，综合治理，持之以恒。他强调要从源头切断腐败的发生。他说："治标和治本，是反腐败斗争相辅相成、相互促进的两个方面。治标，严惩各种腐败行为，把腐败分子的猖獗活动抑制下去，才能为反腐败治本创造前提条件。治本，从源头上预防和治理腐败现象，才能巩固和发展反腐败斗争已经取得的成果，从根本上解决腐败问题。"[1] 他在中共十六大报告中指出："坚持标本兼治、综合治理的方针，逐步加大治本的力度。加强教育，发展民主，健全法制，强化监督，创新体制，把反腐败寓于各项重要政策措施之中，从源头上预防和解决腐败问题。坚持和完善反腐败领导体制和工作机制，认真落实党风廉政建设责任制，形成防止和惩治腐败的合力。领导干部特别是高级干部，必须以身作则，正确行使手中的权力，始终做到清正廉洁，自觉地与各种腐败现象作坚决斗争。对任何腐败分子都必须彻底查处、严惩不贷。"[2] 从而为廉政法制建设搭建了框架结构，指明了廉政法制建设的方向。

江泽民认为："反腐倡廉是一个社会系统工程，需要各方面协调配合和共同努力，需要与经济建设、民主法制建设、精神文明建设等工作紧密结合。"[3] 在反腐倡廉的各种措施中，江泽民对加强民主法制建设非常重视。他提出加强民主、健全法制是预防和治理腐败现象的最可靠措施。

民主是预防和遏制腐败的一项有力制度，一个国家权力如果脱离民主监督，权力一定会走向腐败，民主监督要想真正发挥作用，就需要把民主理想化为具体的可操作的制度。江泽民强调说："反腐倡廉工作要逐步实现制度化、法制化。要继续加强社会主义民主政治建设和法制建设，继续完善政务公开、厂务公开、村务公开、民主评议、质询听证等民主形式，使人民群众在民主选举、民主管理、民主监督中发挥更加积极的作用，保证权力的正确行使。"[4] 所以，"在反腐倡廉的依靠力量方面，必须始终坚持群众路线，发展社会主义民主，依靠人民群众和广大党员监督党组织和党员领导干部。深入开展反腐倡廉

---

1 《江泽民文选》第3卷，人民出版社2006年版，第187—188页。

2 同上书，第573页。

3 同上书，第188页。

4 同上。

工作，一项重要任务就是在党的领导下发展社会主义民主，加强党内监督、法律监督、行政监督、群众监督和舆论监督，当前尤其要扩大基层民主，保证人民群众直接行使民主权利。把专门监督与群众监督有机结合起来，建立和健全群众举报、办事公开、民主评议等重要制度，就能充分调动人民群众的积极性，更好地保证人民群众依法行使民主监督的权利。”[1]“要加强反腐败方面的立法，完善预防和惩治腐败现象的法律法规，并保证法律法规的贯彻执行。各级党政部门都要坚决落实从源头上预防和治理腐败现象的要求，根据自己工作的特点，针对腐败现象易发多发的部位和环节，制定和落实防治的规章制度和措施。”[2]把反腐败的措施和政策，通过立法程序上升为法律，使其具有极大的权威性，从制度上堵塞以权谋私的漏洞。民主可以使权力得到更好的监督，法制是反腐败斗争的保证。

加强反腐败的法制建设，必须进行体制创新，通过体制创新逐步铲除腐败现象滋生的土壤和条件。任何社会现象都是发生并存在于具体的社会结构的基础上，它的背后都隐藏着这个社会的政治、经济原因，腐败现象的产生也有其制度原因。由于市场机制处于转轨阶段，存在行政和市场手段双轨并存的机制，就会促使一些人受物质利益的驱使，进行权力交易，各种“权力寻租、造租”活动就有了可乘之机。这就需要完善体制，创新体制。江泽民指出：“依靠体制创新抑制腐败现象，是我们在实践中取得的一条重要经验。好的体制，可以有效地预防和制止腐败现象的发生；反之，不好的体制，则会导致腐败现象的滋生和蔓延。要着重抓住那些容易产生腐败现象的环节来推进体制创新工作，特别要搞好人事、财政、分配等方面的制度改革。”[3]

实践证明，江泽民把反腐倡廉看作一个系统工程，并强调加强反腐败的法制建设，对我国深入开展的党风建设和反腐败工作具有重要的理论意义和实践意义。

（五）中共十六大以来标本兼治，综合治理，惩防并举，注重预防的反腐败思想

1. 中共十六大以来反腐倡廉思想的创新与发展

中共十六大以来，以胡锦涛为总书记的中央领导集体，深刻地认识到了反腐败斗争

1　尉健行：《中国共产党反腐倡廉理论与实践的重大发展》，《中国监察》2001 年第 13 期，第 4 页。

2　《江泽民文选》第 3 卷，人民出版社 2006 年版，第 189 页。

3　同上。

对巩固共产党执政地位的重要意义。2005年1月，胡锦涛在中纪委第五次会议上发表讲话，强调要“从提高党的执政能力、巩固党的执政地位的战略高度进一步认识做好反腐倡廉的工作的极端重要性”。[1]在中共十七大上的报告中，胡锦涛指出：“中国共产党的性质和宗旨，决定了党同各种消极腐败现象是水火不相容的。坚决惩治和有效预防腐败，关系人心向背和党的生死存亡，是党必须始终抓好的重大政治任务。全党同志一定要充分认识反腐败斗争的长期性、复杂性、艰巨性，把反腐倡廉建设放在更加突出的位置，旗帜鲜明地反对腐败。”[2]

在旗帜鲜明、毫不动摇地坚持反腐败的同时，以胡锦涛为总书记的党中央强调党风廉政建设和反腐败工作，要标本兼治、综合治理、惩防并举、注重预防，建立健全教育、制度、监督并重的惩治和预防腐败体系。这是总结中共十一届三中全会以来反腐倡廉工作的理论与实践，适应新时代反腐倡廉工作的要求，在理论上的创新与发展。

2003年12月26日，胡锦涛在纪念毛泽东诞辰110周年座谈会的讲话中指出：“要进一步加大反腐倡廉的工作力度，坚持标本兼治、综合治理，建立健全与社会主义市场经济体制相适应的教育、制度、监督并重的惩治和预防腐败体系，旗帜鲜明、毫不动摇地把反腐败斗争深入进行下去。”[3]2004年8月22日，胡锦涛在邓小平同志诞辰100周年纪念大会上发表讲话，再次指出：“要坚持不懈地开展党风廉政建设，建立健全与社会主义市场经济体制相适应的教育、制度、监督并重的惩治和预防腐败体系，旗帜鲜明、毫不动摇地把反腐败斗争深入进行下去。”[4]2005年1月，胡锦涛在中纪委第五次会议上发表讲话指出，反腐斗争形势仍比较严峻，但总体上讲，“当前加大预防腐败的工作力度，条件基本具备，时机比较成熟”[5]，因此，我们必须“坚持标本兼治、惩防并举，加大预防腐败的工作力度”。[6]2006年6月30日，在庆祝中国共产党成立85周年暨总结保持共产党员先进性教育活动大会上的讲话中，胡锦涛指出：“要坚持标本兼治、综合治理、惩防并举、注重预防的方针，建立健全教育、制度、监督并重的惩治和预防腐败体系，切实

---

1 《十六大以来重要文献选编》（中），中央文献出版社2008年版，第591页。

2 胡锦涛：《高举中国特色社会主义伟大旗帜 为夺取全面建设小康社会新胜利而奋斗》，《人民日报》2007年10月25日。

3 《人民日报》2003年12月27日。

4 《人民日报》2004年8月23日。

5 《十六大以来重要文献选编》（中），中央文献出版社2008年版，第600页。

6 同上书，第595页。

解决损害群众利益的突出问题，严格要求领导干部廉洁从政，特别是要依纪依法严肃查办领导干部滥用权力、谋取私利、贪污贿赂、腐化堕落、失职渎职等方面的案件，决不能手软。”[1]

2004年9月19日，中共十六届四中全会通过的《中共中央关于加强党的执政能力建设的决定》，根据反腐败斗争新的实践，在科学总结我们党反腐倡廉实践经验的基础上明确提出：“要坚持标本兼治，综合治理，惩防并举，注重预防的方针。”这是党中央首次将“惩防并举、注重预防”纳入反腐战略方针，[2]并提出了“抓紧建立健全与社会主义市场经济体制相适应的教育、制度、监督并重的惩治和预防腐败体系”[3]的要求。从中共十五大以前的“标本兼治、侧重遏制”阶段，到中共十五大以后的“标本兼治、综合治理、逐步加大治本力度”阶段，再到中共十六大以来的“标本兼治、综合治理、惩防并举、注重预防”阶段，我国的反腐倡廉工作在实践中不断向纵深推进，并不断取得阶段性成果。

2. 标本兼治，拓展从源头上预防腐败的工作领域

对于从源头预防和解决腐败问题，胡锦涛指出，当前要着重抓好以下五方面的工作：“进一步加强思想道德教育和法纪教育，增强广大党员、干部反腐倡廉的自觉性；建立反腐倡廉法规制度体系，为反腐倡廉工作提供有效的制度保障；加强对权力运行的制约和监督，规范权力的正确行使；以改革统揽预防腐败的各项工作，从根本上防治腐败；正确处理预防和惩治的关系，坚定不移地惩治腐败。”[4]2006年1月，在中共中央纪律检查委员会第六次全会上，胡锦涛发表讲话时指出：“理论和实践告诉我们：加强党的建设，必须认认真真学习贯彻党章；加强党风廉政建设和反腐败工作，也必须认认真真地学习贯彻党章。”[5]当前要着力解决这样几个问题：“进一步坚定理想信念；进一步加强道德修养；进一步发展党内民主；进一步严明政治纪律；进一步强化制约监督；进一步加强制度建设。”[6]

在中共十七大报告中，胡锦涛提出要“坚持标本兼治、综合治理、惩防并举、注重

---

1 《人民日报》2006年7月1日。
2 《十六大以来重要文献选编》(中)，中央文献出版社2008年版，第295页。
3 同上。
4 同上书，第601—606页。
5 《十六大以来重要文献选编》(下)，中央文献出版社2008年版，第175页。
6 同上书，第175—181页。

预防的方针，扎实推进惩治和预防腐败体系建设，在坚决惩治腐败的同时，更加注重治本，更加注重预防，更加注重制度建设，拓展从源头上防治腐败工作领域”。[1]“三个更加注重”是党的十七大提出的反腐倡廉建设新要求。

3. 加强法制建设，把廉政建设和反腐败斗争纳入法制化轨道

2004 年 9 月 16 日，胡锦涛在《做好当前党和国家的各项工作》的讲话中指出：“继续在完善制度上下功夫，努力创新反腐倡廉的工作机制，加强廉政法制建设，用制度规范权力的运行、约束干部的从政行为，做到权力运行到哪里制度约束就延伸到哪里，腐败现象出现在哪里制度建设就追踪到哪里；继续在加强监督上下功夫，把党内监督与党外监督结合起来，把组织监督与法律监督结合起来，把专门机关监督与群众监督结合起来，加强对管钱、管物特别是管人的干部的监督。”[2]胡锦涛在中共十七大报告中指出，要“以完善惩治和预防腐败体系为重点加强反腐倡廉建设”[3]，胡锦涛还强调：“在坚决惩治腐败的同时，更加注重治本，更加注重预防，更加注重制度建设。”[4]这些都深刻强调了完善制度体系建设对于反腐倡廉的至关重要性。

为全面贯彻党的十七大精神，进一步落实《建立健全惩治和预防腐败体系实施纲要》，扎实推进惩治和预防腐败体系建设，2008 年 5 月 13 日，《建立健全惩治和预防腐败体系 2008—2012 年工作规划》印发，这是继《建立健全惩治和预防腐败体系实施纲要》之后，党中央制定的又一个惩治和预防腐败的工作部署。在今后的五年规划中，其重点部署内容之一即是“健全反腐倡廉法规制度”，指出要“完善党内民主和党内监督制度；完善违纪行为惩处制度；完善反腐败领导体制和工作机制的具体制度；加强反腐倡廉国家立法工作”。[5]

（六）加快推进反腐败国家立法，完善惩治和预防腐败体系

中共十八大以来，在坚定不移反对腐败，加大反腐败力度的同时，更加重视反腐败

---

1 胡锦涛：《高举中国特色社会主义伟大旗帜 为夺取全面建设小康社会新胜利而奋斗》，《人民日报》2007 年 10 月 25 日。

2 胡锦涛：《做好当前党和国家的各项工作》，在中共十六届四中全会第三次全体会议上的讲话（2004 年 9 月 19 日）。

3 胡锦涛：《高举中国特色社会主义伟大旗帜 为夺取全面建设小康社会新胜利而奋斗》，《人民日报》2007 年 10 月 25 日。

4 同上。

5 《人民日报》2008 年 6 月 23 日。

立法工作，建立和完善反腐败的法律体系。中共十八大报告在继续强调反腐败坚持标本兼治、综合治理、惩防并举、注重预防方针的同时，突出了健全反腐败的法律制度，指出："深化重点领域和关键环节改革，健全反腐败法律制度，防控廉政风险，防止利益冲突，更加科学有效地防治腐败。"[1]

贯彻落实中共十八大的精神，以习近平为核心的党中央把反腐败立法工作上升为反腐败的中心工作。习近平曾指出："要加强反腐倡廉党内法规制度建设，加强反腐败国家立法，提高反腐败法律制度执行力，让法律制度刚性运行，尽快形成内容科学、程序严密、配套完备、有效管用的反腐败制度体系。"[2]"加强反腐败国家立法，加强反腐倡廉党内法规制度建设"，"形成不敢腐的惩戒机制、不能腐的防范机制、不易腐的保障机制"。[3]

中共十八届三中全会通过的《中共中央关于全面深化改革若干重大问题的决定》，把强化权力运行制约和监督体系作为全面深化改革的重要内容，其中一个重要方面就是"加强反腐败体制机制创新和制度保障"，对如何健全和完善反腐倡廉的法律制度体系，提出了一系列具有可操作性的举措。决定指出："健全反腐倡廉法规制度体系，完善惩治和预防腐败、防控廉政风险、防止利益冲突、领导干部报告个人有关事项、任职回避等方面法律法规，推行新提任领导干部有关事项公开制度试点。健全民主监督、法律监督、舆论监督机制，运用和规范互联网监督。"[4]中共十八届四中全会把反腐败立法作为加强重点领域立法的重要内容加以强调："加快推进反腐败国家立法，完善惩治和预防腐败体系，形成不敢腐、不能腐、不想腐的有效机制，坚决遏制和预防腐败现象。完善惩治贪污贿赂犯罪法律制度，把贿赂犯罪对象由财物扩大为财物和其他财产性利益。"[5]

---

1 胡锦涛：《坚定不移沿着中国特色社会主义道路前进，为全面建成小康社会而奋斗》，《十八大报告辅导读本》，人民出版社 2012 年版，第 48—49 页。

2 习近平：《在十八届中央政治局第五次集体学习时的讲话》（2013 年 4 月 19 日），《习近平关于全面依法治国的论述摘编》，中央文献出版社 2015 年版，第 45 页。

3 习近平：《把权力关进制度的笼子里》（2013 年 1 月 22 日），《习近平谈治国理政》，外文出版社 2014 年版，第 388 页。

4 《中共中央关于全面深化改革若干重大问题的决定》，《党的十八届三中全会〈决定〉学习辅导百问》，党建读物出版社、学习出版社 2013 年版，第 24 页。

5 《中共中央关于全面推进依法治国若干重大问题的决定》，《党的十八届四中全会〈决定〉学习辅导百问》，学习出版社、党建读物出版社 2014 年版，第 10 页。

进一步健全法制，把廉政建设和反腐败斗争纳入法治化轨道，就是要适应社会主义市场经济条件下深入开展党风廉政建设和反腐败斗争的需要，进一步制定、修改和完善党风廉政法规制度，不断提高党风廉政建设和反腐败的法治化水平。在坚持法治反腐的理念下，2015 年 10 月 18 日，中共中央印发了修订后的《中国共产党廉洁自律准则》和《中国共产党纪律处分条例》。2016 年 10 月中共十八届六中全会审议通过了《关于新形势下党内政治生活的若干准则》《中国共产党党内监督条例》。根据反腐败立法的需要，还要制定和健全相关国家廉政法律、国家公务员行政处分条例等法律法规，逐步对信访举报、政务公开等进行立法。针对在查办违纪违法案件工作中遇到的新情况，需要及时对刑法等相关法律法规进行修订。对不适应形势发展的法律法规和制度，要予以废止。

建立预防腐败信息共享机制和腐败风险预警机制。总结预防腐败工作的有效做法，提高预防腐败工作水平。完善监督制约机制。建立健全决策权、执行权、监督权既相互制约又相互协调的权力结构和运行机制，切实把防治腐败的要求落实到权力结构和运行机制的各个环节，最大程度地减少权力“寻租”的机会。坚持党内监督与党外监督相结合，增强监督合力和实效。

四、依法严厉打击各种犯罪活动

中共十一届三中全会以来，我国的政治经济形势一直向好的方向发展，但社会治安一度出现不正常的严重局面，严重刑事犯罪活动十分猖獗。而且，在社会主义现代化建设的新的历史时期，伴随着体制改革的逐步推进，各种社会矛盾错综复杂，各种刑事犯罪在改革开放继续深化的情况下继续存在和发展。针对这种情况，邓小平及时提出要依法严厉打击刑事犯罪分子。

（一）严厉打击各种犯罪活动的必要性及其意义

社会稳定是改革发展的重要前提。依法防范和打击违法犯罪活动，保障人民生命财产安全，则是维护社会安定团结的一个重要方面。打击刑事犯罪分子，争取社会治安状况的好转，是我们在建设有中国特色社会主义过程中必须很好加以解决的重大课题。为了增强广大人民对我国刑事犯罪性质的认识，邓小平指出：“目前我们同各种反革命分子、严重破坏分子、严重犯罪分子、严重犯罪集团的斗争，虽然不都是阶级斗争，但是包含阶级斗争。”[1] 邓小平十分清醒地看到了打击刑事犯罪与社会主义现代化建设的密切关系，明确指出：“在当前条件下，使用国家的镇压力量，来打击和瓦解各种反革命破坏分子、各种反党反社会主义分子、各种严重刑事犯罪分子，以便维护社会安全，是完全符合人民群众的要求的，是完全符合社会主义现代化建设的要求的。”[2] 邓小平认为，严厉打击刑事犯罪，维护社会的安定，是进行社会主义现代化建设的必要条件，它对国家经济建设具有十分重要的保障和促进作用，因而绝不能掉以轻心，否则，“对违法犯罪分子手软，只能危害大多数人民的利益，危害现代化建设的大局”。[3] 邓小平从社会主义现代化建设大局出发，把严厉打击刑事犯罪作为维护大局稳定的重要措施，充分强调了严厉打击刑事犯罪斗争的作用。

邓小平从维护我国社会主义制度，巩固和发展人民民主专政的角度，进一步阐述了严厉打击刑事犯罪的重要意义。1982 年 4 月，他在关于《坚决打击经济犯罪活动》的讲话中指出，打击经济犯罪活动同体制改革、建设社会主义精神文明和改善党的领导一样，是我们坚持社会主义道路的四项必要保证之一。[4] 他要求全党同志和全国人民都能够把这个问题提得更高一点，看得更重一点。邓小平强调了打击经济犯罪对改革开放事业所具有的重要作用。他指出：“没有打击经济犯罪活动这一手，不但对外开放政策肯定要失败，对内搞活经济的政策也肯定要失败。有了打击经济犯罪活动这一手，对外开放、对内搞活经济就可以沿着正确的方向走。”[5]

江泽民坚持运用邓小平提出的“两手抓”的治国国策，对敌对势力和严重刑事犯罪实行严厉打击，保护人民群众的生命及财产安全，保障改革开放的顺利进行。他指出：“搞好社会治安，是关系广大群众的切身利益，保证社会稳定和经济发展的大事。必须采取有力措施认真改变有些地方治安不好的状况。要强化人民民主专政职能，依靠专门机关和广大群众紧密结合，坚持综合治理，坚决打击敌对势力和刑事犯罪活动，伸张正义，保护人民。”[6] 江泽民在十四大报告中指出：“搞好社会治安，是关系广大群众切身利

1 《邓小平文选》第 2 卷，人民出版社 1994 年第 2 版，第 253 页。

2 同上书，第 373—374 页。

3 同上书，第 253 页。

4 参见《邓小平文选》第 2 卷，人民出版社 1994 年版，第 403—404 页。

5 《邓小平文选》第 2 卷，人民出版社 1994 年第 2 版，第 404 页。

6 《江泽民论有中国特色社会主义（专题摘编）》，中央文献出版社 2002 年版，第 224 页。

益，保证社会稳定和经济发展的大事。必须采取有力措施，认真改变有些地方治安不好的状况。”2001 年 4 月，江泽民在《切实加强社会治安工作》的讲话中指出，社会治安，不仅是一个重大的社会问题，而且也是一个重大的政治问题。要在全国范围内开展一场严打整治斗争，坚决打掉犯罪分子的嚣张气焰，尽快改变治安面貌。严打是打击严重刑事犯罪活动的长期方针，要坚持贯彻执行。他认为：“要重点打击三类犯罪：有组织犯罪、带黑社会性质的团伙犯罪和流氓恶势力犯罪，爆炸、杀人、抢劫、绑架等严重暴力犯罪，盗窃、抢夺等严重影响群众安全感的多发性犯罪。”[1]

江泽民在十五大报告中指出：“搞好社会治安，是关系人民群众生命财产安全和改革、发展、稳定的大事。要加强政法工作，依法严厉打击各种犯罪活动，坚决扫除黄赌毒等社会丑恶现象。加强社会治安综合治理，打防结合，预防为主，加强教育和管理，落实责任制，创造良好的社会治安环境。”[2]

胡锦涛对加强社会治安综合治理工作，依法严厉打击各种犯罪活动，维护社会稳定，保障公民权利也有论述。他在中共十七大报告中指出：“健全社会治安防控体系，加强社会治安综合治理，深入开展平安创建活动，改革和加强城乡社区警务工作，依法防范和打击违法犯罪活动，保障人民生命财产安全。”[3]

（二）对各种犯罪要严厉惩处，不能手软

1. 打击各种犯罪活动是一项长期的斗争

邓小平始终把打击各种犯罪活动作为坚持社会主义道路和实现现代化的重要保证。中共十一届三中全会以后，他始终一贯地强调要严厉打击各种犯罪活动，为改革开放和现代化建设创造良好的外部环境。据此，他曾多次讲到，“打击经济犯罪活动的斗争，是我们坚持社会主义道路和实现四个现代化的一个保证”。[4] 并指出，要把打击经济领域和其他领域内破坏社会主义的犯罪活动，作为今后一个长时期，至少是到 20 世纪末的近

---

1 《江泽民文选》第 3 卷，人民出版社 2006 年版，第 209 页。

2 《江泽民文选》第 2 卷，人民出版社 2006 年版，第 32 页。

3 胡锦涛：《高举中国特色社会主义伟大旗帜，为夺取全面建设小康社会新胜利而奋斗——在中国共产党第十七次全国代表大会上的报告》，《十七大报告辅导读本》，人民出版社 2007 年版，第 40 页。

4 《邓小平文选》第 2 卷，人民出版社 1994 年版，第 404 页。

二十年内要抓紧的四件工作之一。[1]他说："打击经济犯罪活动，我们说不搞运动，但是我们一定要说，这是一个长期的经常的斗争。我看，至少是伴随到实现四个现代化那一天。"[2]他在《严厉打击刑事犯罪活动》的讲话中又说："解决刑事犯罪问题，是长期的斗争，需要从各方面做工作。"[3]通过这些讲话我们可以看出，把打击各种犯罪活动作为一项长期的斗争，是邓小平的一贯思想。邓小平的上述思想也向我们揭示了由于我们正处于社会主义的初级阶段，社会的经济、文化还不很发达，这种社会基础就决定了各种犯罪现象在长时期内不可能完全消灭，因而同各类犯罪分子的斗争不是很简单的、短时间就可以解决的问题。

2. 对各种严重刑事犯罪必须实行依法从重、从快惩处的方针

改革是一场革命，是社会主义制度的自我完善。为了保证改革的社会主义性质，使开放后的国家不致走到邪路上去，我们必须严厉打击各种犯罪活动。对于各种破坏国家政治稳定与社会安定的反革命分子和严重刑事犯罪分子，邓小平一贯主张坚决打击，绝不能心慈手软或放任不管。

1980 年，邓小平指出："中央早就讲过，对各种反革命分子、反党反社会主义分子、刑事犯罪分子的活动，从来都没有什么'放'的问题，从来主张不能放纵他们，不能听任他们胡作非为。从中华人民共和国成立，直到最近几年来，除了十年动乱不算以外，我们一直坚持对各种敌对势力、反革命分子、严重危害社会秩序的刑事犯罪分子实行专政，决不对他们心慈手软。"[4]"对于绝大多数破坏社会秩序的人应该采取教育的办法，凡能教育的都要教育，但是不能教育或教育无效的时候，就应该对各种犯罪坚决采取法律措施，不能手软。"[5]

邓小平还进一步强调，对于各种犯罪活动"应该从重处理，不是从轻，乱得太不像话了。国家不管是不行的。对这类分子的法律措施要从严，从严了才可以教育过来一批青年"。[6]1983 年，邓小平在与公安部领导谈话分析刑事案件大幅度增加的原因时

---

1 参见《邓小平文选》第 3 卷，人民出版社 1993 年版，第 3 页。
2 《邓小平文选》第 2 卷，人民出版社 1994 年版，第 403 页。
3 《邓小平文选》第 3 卷，人民出版社 1993 年版，第 34 页。
4 《邓小平文选》第 2 卷，人民出版社 1994 年版，第 372 页。
5 同上书，第 253 页。
6 同上书，第 254 页。

指出："刑事案件、恶性案件大幅度增加，这种情况很不得人心。几年了，这股风不但没有压下去，反而发展了。原因在哪里？主要是下不了手，对犯罪分子打击不严、不快，判得很轻。对经济犯罪活动是这样，对抢劫、杀人等犯罪活动也是这样。"[1]后来，他又说："前两年我们曾指出各级领导上存在着软弱涣散的状况，对严重刑事犯罪分子下不了手也是一种表现。"[2]因此，他在《坚决打击经济犯罪活动》的讲话中强调，对经济犯罪活动，"现在要刹这个风，一定要从快从严从重……对有一些情节特别严重的犯罪分子，必须给以最严厉的法律制裁。刹这股风，没有一点气势不行啊！"[3]他还说，打击刑事犯罪，"必须依法从重从快集中打击，严才能治住"。[4]1986年1月，邓小平在中央政治局常委会上的讲话中又指出："死刑不能废除，有些罪犯就是要判死刑。我最近看了一些材料，屡教屡犯的多得很，劳改几年放出来以后继续犯罪，而且更熟练、更会对付公安司法机关了。对这样的累犯为什么不依法杀一些？还有贩卖妇女、儿童，搞反动会道门活动，屡教不改的，为什么不依法从重判处？当然，杀人要慎重，但总得要杀一些。""但是对严重的经济罪犯、刑事罪犯，总要依法杀一些。现在总的表现是手软。判死刑也是一种必不可少的教育手段。现在一般只是杀那些犯杀人罪的人，其他的严重犯罪活动呢？广东卖淫罪犯那么猖獗，为什么不严惩几个最恶劣的……经济犯罪特别严重的，使国家损失几百万、上千万的国家工作人员，为什么不可以按刑法规定判死刑？一九五二年杀了两个人，一个刘青山，一个张子善，起了很大的作用。现在只杀两个起不了那么大的作用了，要多杀几个，这才能真正表现我们的决心。"[5]他后来又进一步强调："对严重刑事犯罪分子，包括杀人犯、抢劫犯、流氓犯罪团伙分子、教唆犯、在劳改劳教中继续传授犯罪技术的惯犯，以及人贩子、老鸨等，必须坚决逮捕、判刑，组织劳动改造，给予严厉的法律制裁。必须依法杀一批，有些要长期关起来。还要不断地打击，冒出一批抓一批。不然的话，犯罪的人无所畏惧，十年二十年也解决不了问题。"[6]

---

1 《邓小平文选》第3卷，人民出版社1993年版，第33页。
2 同上书，第38页。
3 《邓小平文选》第2卷，人民出版社1994年版，第403页。
4 《邓小平文选》第3卷，人民出版社1993年版，第34页。
5 同上书，第152—153页。
6 同上书，第34页。

为了遏制各种刑事犯罪活动，以保护广大人民群众生命财产及公共安全，维护社会的正常秩序，邓小平提出了对刑事犯罪活动进行“严打”的主张。他说：“为什么不可以组织一次、二次、三次严厉打击刑事犯罪活动的战役？每个大、中城市，都要在三年内组织几次战役……一次战役打击他一大批，就这么干下去。我们说过不搞运动，但集中打击严重刑事犯罪活动还必须发动群众。”[1]根据邓小平的这一思路，从1983年9月开始，在全国范围内开展的严厉打击各种刑事犯罪活动的战役，取得了巨大的政治效果和社会效果，给广大人民生活和社会主义经济建设创造了安定的社会环境，巩固了人民民主专政的政权。

（三）打击各种犯罪活动要严格依法进行

对各种破坏社会稳定和安定团结政治局面的犯罪活动，必须严厉打击。但打击各种犯罪也要避免采用过去搞政治运动的办法，而是注意运用法律手段，依法实行从重从快的集中打击。这是邓小平关于打击各种犯罪活动的基本思想。

邓小平在1979年党的理论工作务虚会上就指出：“我们必须努力做好工作，把受他们蒙蔽的群众（其中许多是天真的青年）同这些反革命分子、坏分子分离开来，要按照法律，对这些反革命分子、坏分子进行严肃的处理。”[2]1980年1月，邓小平在《目前的形势和任务》一文中指出：“我们最近采取了一些措施，对犯罪分子打击了一下，但还只是初步收效，还要对各种犯罪分子继续坚决打击，努力保障和巩固健全的、安定的社会秩序。我们要学会使用和用好法律武器。”[3]1980年12月，在中共中央工作会议上以《贯彻调整方针，保证安定团结》为题的讲话中，邓小平强调，打击破坏安定团结的各种犯罪，“不能采取过去搞政治运动的办法，而要遵循社会主义法制的原则。为此，除党内要发布有关的指示以外，建议人大常委会、国务院发布有关的条例、法令”，指出打击各种破坏安定团结的势力，“是政治斗争，但是一定要在法律范围内进行……全党同志和全体干部都要按照宪法、法律、法令办事，学会使用法律武器（包括罚款、重税一类经济武器）同反党反社会主义的势力和各种刑事犯罪分子进行斗争。这是现在和今后发展社会主义民主、健全

1 《邓小平文选》第3卷，人民出版社1993年版，第33页。
2 《邓小平文选》第2卷，人民出版社1994年版，第175页。
3 同上书，第253页。

社会主义法制的过程中要求我们必须尽快学会处理的新课题”。[1] 1982 年 4 月，邓小平就实现社会主义现代化的政治保证问题发表意见时指出：要长期地、坚持不懈地抓好打击经济领域犯罪活动的斗争。对待经济领域的严重犯罪活动，认识一定要清醒，态度一定要严肃。同时，方法、步骤、措施要非常慎重。主要是依法惩治，以事实为依据，以法律为准绳，严格遵循司法程序，不搞过去隔离、围攻那一套，不能人人过关，无限上纲。[2] 1986 年 1 月，邓小平在中央政治局常委会上谈到严厉打击各种犯罪活动时，反复强调“要依法杀一些”、“依法从重判处”、“按刑法规定判死刑”等。另外，邓小平在谈到同各种犯罪行为作斗争时指出，还应注意“坚决划清两类不同性质的矛盾的界限”，这对开展打击严重刑事犯罪分子的斗争具有十分重要的指导意义。综上所述，要依法进行，不搞政治运动打击各种犯罪活动，体现了邓小平坚持依法治国、厉行法治的治国思想。

江泽民也强调依法打击各种犯罪活动。他说：“打击犯罪活动，打击歪风邪气，要讲法制、讲原则，绝不能讲情面、讲关系。……不论案件涉及什么单位、什么部门、什么人，都要排除干扰，一查到底，依法惩处。”[3]

五、运用法治思维化解矛盾，维护稳定

创新社会管理，[4] 提高社会管理科学化水平，是当前理论界和各级政府关注的热点问题之一，并从理论和实践上进行了探讨。如何创新社会管理，从不同的视角可以有不同的认识和相应的措施。应当说，社会管理是一个系统工程，应注意各种手段和措施的综

1 《邓小平文选》第 2 卷，人民出版社 1994 年版，第 371 页。

2 参见《邓小平年谱（1975—1979）》（下），中央文献出版社 2007 年版，第 810 页。

3 《江泽民文选》第 2 卷，人民出版社 2006 年版，第 168 页。

4 中共十六届四中全会最先提出“加强社会建设和管理，推进社会管理创新。深入研究社会管理规律，完善社会管理体系和政策法规，整合社会管理资源，建立健全党委领导、政府负责、社会协同、公众参与的社会管理格局”。（参见 2004 年 9 月 19 日中国共产党第十六届中央委员会第四次全体会议通过的《中共中央关于加强党的执政能力建设的决定》，载新华月报社编：《时政文献辑览》（2004.3—2006.3）（上），人民出版社 2006 年版，第 36 页。）此后，中共十七大把“完善社会管理，维护社会安定团结”，作为“加快推进以改善民生为重点的社会建设”的重要任务之一提了出来。（参见胡锦涛：《高举中国特色社会主义伟大旗帜，为夺取全面建设小康社会新胜利而奋斗——在中国共产党第十七次全国代表大会上的报告》，《十七大报告辅导读本》，人民出版社 2007 年版，第 39 页。）2011 年 2 月 19 日，胡锦涛在中央党校举行的省部级主要领导干部社会管理及其创新专题研讨班开班式上，就加强和创新社会管理，扎扎实实提高社会管理科学化水平，建设中国特色社会主义社会管理体系发表讲话。（参见《光明日报》2011 年 2 月 20 日。）2011 年 7 月 1 日，胡锦涛在庆祝中国共产党成立 90 周年大会上的讲话中又强调，为最大限度增加和谐因素，最大限度减少不和谐因素，要加强和创新社会管理，全面提高社会管理科学化水平。（参见《人民日报》2011 年 7 月 2 日。）

合运用。针对当前社会管理中的突出问题，着重研究创新社会管理的思路和举措，实现国家和社会的有效管理，实现维护社会秩序、促进社会和谐、保障人民安居乐业，为社会发展营造良好社会环境的目的，走出“社会管理越是加强，社会问题越是增多”的怪圈，[1]创新社会管理的体制、机制、方法、手段，其落脚点就是实现国家各项工作的法治化。据此，在当前社会转型时期，除了建立、健全各种社会管理机构和社会组织之外，创新社会管理，在各种方法和手段的运用中，法律手段是最基本的手段；创新社会管理的理念思路，法治思维是应当确立的基本思维模式。

中共十八大以来，强调运用法治思维化解矛盾，维护稳定，成为社会治理理论和实践创新的重要内容之一。中共十八大报告提出：“提高领导干部运用法治思维和法治方式深化改革、推动发展、化解矛盾、维护稳定能力。”[2]习近平也反复强调：“在整个改革过程中，都要高度重视运用法治思维和法治方式，发挥法治的引领和推动作用。”[3]“各级领导机关和领导干部要提高运用法治思维和法治方式的能力，努力以法治凝聚改革共识、规范发展行为、促进矛盾化解、保障社会和谐。”[4]“人类社会发展的事实证明，依法治理是最可靠、最稳定的治理。要善于运用法治思维和法治方式进行治理，要强化法治意识。”[5]“各级领导干部要提高运用法治思维和法治方式深化改革、推动发展、化解矛盾、维护稳定能力，努力推动形成办事依法、遇事找法、解决问题用法、化解矛盾靠法的良好法治环境，在法治轨道上推动各项工作。”[6]“各级领导机关和领导干部要提高运用法治思维和法治方式的能力，努力以法治凝聚改革共识、规范发展行为、促进矛盾化解、保障社会和谐。”[7]

对领导干部如何提高法治思维和依法办事能力，习近平也有系统论述。他说：“领

1　参见蔡辉明：《警惕社会管理中的“内卷化”现象》，《学习时报》2011年8月22日。

2　胡锦涛：《坚定不移沿着中国特色社会主义道路前进，为全面建成小康社会而奋斗》，《十八大报告辅导读本》，人民出版社2012年版，第25页。

3　习近平：《在中央全面深化改革领导小组第二次会议上的讲话》（2014年2月28日），《人民日报》2014年3月1日。

4　习近平：《在十八届中央政治局第四次集体学习时的讲话》（2013年2月23日），《习近平关于全面依法治国的论述摘编》，中央文献出版社2015年版，第45页。

5　习近平：《在庆祝澳门回归祖国十五周年大会暨澳门特别行政区第四届政府就职典礼上的讲话》（2014年12月20日），《人民日报》2014年12月21日。

6　《在首都各界纪念现行宪法公布施行三十周年大会上的讲话》（2012年12月4日），《十八大以来重要文献选编》（上），中央文献出版社2014年版，第92页。

7　习近平：《在十八届中央政治局第四次集体学习时的讲话》（2013年2月23日），《十八大以来重要文献选编》（上），中央文献出版社2014年版，第92页。

导干部提高法治思维和依法办事能力，关键是要做到以下几点。一是要守法律、重程序，这是法治的第一位要求。二是要牢记职权法定，明白权力来自哪里、界线划在哪里，做到法定职责必须为、法无授权不可为。三是要保护人民权益，这是法治的根本目的。四是要受监督，这既是对领导干部行使权力的监督，也是对领导干部正确行使权力的制度保护。”[1]

简言之，化解各种社会矛盾，把法治思维模式作为创新社会管理的基本思维模式，就是要注重法律方法和手段的运用，全面落实依法治国方略，完善各种具体法律制度，确立公民和各级政府机关的规则意识和契约意识，引导公民对待各种涉及自身利益的纠纷，寻求理性的解决手段。

1 习近平:《在省部级主要领导干部学习贯彻党的十八届四中全会精神全面推进依法治国专题研讨班上的讲话》(2015年2月2日),《习近平关于全面依法治国的论述摘编》，中央文献出版社2015年版，第45页。

第十四章　依法行政，完善权力约束机制

法治的宗旨与归宿在于如何通过法律合理有效地控制权力，如何依法治理国家、限制公权。现代社会，法治已演进为一个综合的概念。它融汇了民主、自由、平等、人权等诸多价值观念，包含着法律至上、民主政治、权力制约、依法独立审判、依法行政等丰富的制度意蕴。在诸多的价值理念中，制约行政权力、依法行政始终是法治的核心内容之一。为保障公民的基本权利，加强对行政权力的制约，依法行政，建设法治政府，已是现代法治国家政府普遍奉行的行使权力的基本准则。

中共十一届三中全会以来，随着我国经济、社会的发展，政治体制改革实践的深入，从邓小平、以江泽民为核心的第三代中央领导集体、以胡锦涛为总书记的中央领导集体，到以习近平为核心的党中央，对改革党和国家领导体制，加强对执政党和国家权力监督制约的认识不断深化和系统，形成了较为完善的权力监督制约理论，为我国各级政府依法行政，完善权力监督制约机制，提供了理论指导。

一、中共十一届三中全会以来对完善权力监督制约机制的认识逐步深化

法治社会的建立与民主政治建设是相伴而生、相随而行的。民主政治的特征表现为确立了对权力的监督制约机制；确保公民对国家权利的享有，宪法和法律具有至高无上的权威，并作为对社会实行控制和管理的主要手段。没有民主政治的存在，现代意义的法治就失去了依据。建立社会主义民主政治，必须进行政治体制的改革。中共十一届三

中全会以来，中国共产党在致力于经济体制改革的同时，也提出了进行政治体制改革的问题，自中共十二大以后的历次党的代表大会对此都有明确的要求，并且越来越具体化。随着社会主义市场经济体制的逐步建立，社会的不同层面将会表现出不同的政治要求，这就需要建立新的整合机制。因而，社会要求新的基本价值观，执政党的执政方式、对政府权力与责任的有效监督、公民基本权利的切实保障，正在成为启动政治体制改革的基本内容。改革党和国家的领导制度，则是政治体制改革的一个重要内容，也是建设中国特色社会主义法治国家的迫切要求。

我国是人民民主专政的社会主义国家，基本政治制度是好的。但在中华人民共和国成立后很长一段时间内，在具体的领导制度、组织形式和工作方式上，存在着一些缺陷。这主要表现在，没有把党内民主和人民民主制度化、法律化；权力过于集中，官僚主义、家长制作风严重；党政不分，以党代政，政党国家化；重政策领导轻依法办事，重人治轻法治等。

根据历史的经验教训，为了从体制上确保社会主义民主政治建设的顺利进行，1980年8月，邓小平在中央政治局扩大会议上所作的《党和国家领导制度的改革》的讲话，对党和国家领导制度改革的必要性、方针、政策和内容、步骤等作了全面深刻的论述。在分析了“文化大革命”产生的原因后，为了防止这类悲剧重演，邓小平特别强调要实现由人治向法治的转变，必须对现行的党和国家领导制度进行改革和完善。发展社会主义民主政治，手段多种多样，但改革并完善党和国家领导制度、实现法治，却是其他措施所不能替代的。因而，改革和完善党和国家的领导制度，则是建设社会主义法治国家的重点要求。

改革和完善党和国家的领导制度，首先要处理好党与法、党与政的关系。我国历史和现实的情况说明，建设社会主义法治国家必须坚持党的领导，这是肯定无疑的。但党如何实现对建设法治国家的领导，执政党及其领导人要不要严格依法办事，并在宪法和法律范围内活动，这也是我国长期以来一直没有解决好的问题。尤其在极“左”思潮泛滥的年代，由于动辄扣上“以法抗党”的帽子，以致在理论界也没有人敢于对其进行认真的探讨。

“文化大革命”十年动乱已昭示我们：执政党及其领导人的活动不能超出宪法和法律的范围；不能使宪法和法律不宣而废。吸取历史的教训，中共十二大通过的党章作出了一条庄严的创造性的规定：党必须在宪法和法律的范围内活动。1982 年宪法也明确规定，包括共产党在内的各政党“必须以宪法为根本的准则，并负有维护宪法尊严、保证宪法实施的职责”。用根本大法的形式确定执政党必须在宪法和法律范围内活动，这在我国宪法史上是一个创举，解决了社会主义国家长期以来未能解决的坚持党的领导与实行法治的关系问题。

改革和完善党和国家的领导制度，还必须建立相应的监督机制和权力制约机制。由于过去对权力特别是党政最高权力缺乏有效的监督，酿成了一次次的决策失误，也使滥用权力、以权谋私等腐败行为得以猖獗横行。因此，要使权力始终按照人民的意志依法运行，必须通过立法建立完善的监督机制。

权力不受限制，没有制约，滥用权力，给中国带来的严重危害，至今人们还记忆犹新。树立法律的权威，就必须消除任何不受限制的权力，形成法律支配权力的权力运行秩序。对于中国来说，不能照搬西方“三权分立”的模式，但对其权力必须有所制约的原则，应该加以借鉴。有权力必须有制约，而且要用权力制约权力。要以权力制约权力，就必须有明确的职权分工，否则就会出现专权和腐败，这几乎是一条公理。为了消除我国权力过于集中的弊端，使权力得到制约，必须根据我国国情，完善人民代表大会制度，实行合理的权限划分，国家各个机关在人民代表大会统一行使国家权力这一前提下，实行合理分工，相互配合；同时，通过完善立法，划清党和国家政权的职能，理顺党组织与人民代表大会、政府、司法机关、群众团体、企事业单位和其他各种社会组织之间的关系，做到各司其职，并逐步走向制度化。

当代中国已确立了依法治国，建设社会主义法治国家的治国基本方略，对权力的监督制约，核心是要求国家机关依法行政，加强对国家行政权力的监督制约。行政权的自身特点和运行规律要求依法行政。因为在建立社会主义市场经济秩序所进行的国家宏观调控，以及建设法治国家的过程中，国家行政权力在运行过程中具有的所有特性，在中国各级政府行使权力的过程中同样存在。

行政权是国家权力的一种。在三种国家权力中，行政权的突出特点是它主动介入社会，具有支配性。在行使权力时，行政主体与行政相对人之间通常情况下是管理和被管理的关系，具有不平等性，一个是公权力的行使者，一个是权力受到约束者。管理者极易居高临下，发号施令，把行政权的行使演变为单位或个人的专断和专横。而且，现代社会，行政权力是权力持续时间最长、权力运用最频繁、权力覆盖面最宽的一种权力，几乎涉及民众生活的方方面面。因此也就对公民权利与社会具有更强大、更广泛、更直接的影响。行政权力还是一种有自由裁量权的权力，加之现代社会在保证和提高行政效率的要求下，行政自由裁量权不断扩大。近代国家权力发展的一个重要特点，是行政权的无限扩张性，政府从扮演社会“守夜人”的角色，改变为社会生活的积极参与者，所以政府机关能否依法行政在很大程度上决定着整个国家法治状态的好坏。

为了保证我国社会主义市场经济健康运行，适应经济全球化的挑战，必须保证公共权力依法高效全能协调运转，防止公共权力的错位和滥用，杜绝人民公仆异化为社会主人的现象，克服我国民主政治生活中遭遇的权力过分集中和权大于法的障碍。这样，才能维护公平正常的市场经济秩序，加强对国民经济的宏观调控，打击腐败现象和一切破坏社会稳定和发展经济的犯罪行为，保障弱势群体的利益，维护国家的稳定安全和社会整体的利益。依法治国的核心就是要解决国家权力依法运行的问题，解决政党依法执政的问题，防止国家权力演变成超越法律之上的特权。

二、邓小平关于共产党执政必须接受监督的思想，奠定了我国权力监督制约理论的基础

古今中外的历史反复证明，权力失去制约就会导致腐败。因此，对权力进行有效的监督和制约，是民主政治建设的重要内容，也是预防和减少腐败现象的发生、推进党风廉政建设的根本措施。如何加强对执政党和国家公职人员的监督，建立完善的法律监督制度，邓小平有一系列的论述。邓小平关于共产党执政必须接受监督的重要思想，奠定了我国权力监督制约理论的基础。

（一）强调建立监督制度的重要性

对于一个执政党来说，健全监督制度特别重要。邓小平指出：“我们党是执政的党，威信很高。我们大量的干部居于领导地位。在中国来说，谁有资格犯大错误？就是中国共产党。犯了错误影响也最大。因此，我们党应该特别警惕。”[1] 因为处于执政地位的党，

1 《邓小平文选》第1卷，人民出版社1994年版，第270页。

它的成员，许多担负着领导职务，掌握着大大小小的权力。但权力不受监督和制约，势必产生腐败，这是一条规律。因此，邓小平十分重视执政党的监督问题。他说："我们要坚持共产党的领导，当然也要有监督，有制约。"[1]1956年9月，他在《关于修改党的章程的报告》中指出："我们需要实行党的内部的监督，也需要来自人民群众和党外人士对于我们党的组织和党员的监督。"[2]1957年4月，在西安的干部会议上专门就监督问题所作的报告中，他又进一步强调了建立党和国家监督制度的必要性。宪法规定了党的领导，党要领导得好，就要不断地克服主观主义、官僚主义、宗派主义等不正之风，"就要受监督，就要扩大党和国家的民主生活。如果我们不受监督，不注意扩大党和国家的民主生活，就一定要脱离群众，犯大错误"。[3]

（二）监督要制度化、法律化

监督要取得成效，必须把监督体系纳入法制化的轨道。中华人民共和国成立后，为了防止公职人员由社会公仆蜕变为社会主人，我们党和国家对监督问题是重视的，并建立了相应的监督体系。为了监督检查党员遵纪守法的状况，在20世纪50年代中期，中国共产党就设置了党的各级监察机关。监察机关的职责"不限于受理案件，而且要积极地检查党员遵守党的章程、党的纪律、共产主义道德和国家法律、法令的状况"。[4]但长时期以来，在监督的实施过程中，特别在后来的"文化大革命"中，把民主监督归之于群众运动的形式，脱离了社会主义法制的轨道，带来了一定的消极后果。邓小平总结过去的经验教训，认为克服各级干部的特殊化和腐败现象，必须依靠人民民主，要加强群众监督，并使之制度化、法律化。他指出："特权现象有时受到限制、批评和打击，有时又重新滋长"，就是因为新中国成立以后，我们"没有自觉地、系统地建立保障人民民主权利的各项制度，法制很不完备"，因而"克服特权现象，要解决思想问题，也要解决制度问题"。[5]因此，他指出："要有群众监督制度，让群众和党员监督干部，特别是领导干部。凡是搞特权、特殊化，经过批评教育而又不改的，人民就有权依法检举、控

1 《邓小平文选》第3卷，人民出版社1993年版，第256页。
2 《邓小平文选》第1卷，人民出版社1994年版，第215页。
3 同上书，第270页。
4 同上书，第254页。
5 《邓小平文选》第2卷，人民出版社1994年版，第332页。

告、弹劾、撤换、罢免，要求他们在经济上退赔，并使他们受到法律、纪律处分。”[1]邓小平的这些论述包含了这样几层意思：第一，防止各级干部腐化变质的根本保证是发扬人民民主，靠人民群众监督；第二，人民的监督必须制度化、法律化；第三，人民民主监督有多种形式，而国家最高的、法制化的民主监督形式是人民代表大会。

科学合理地进行权力划分，对权力进行有效的监督和制约，是宪法的重要内容。监督和制约权力最有效的途径，是通过法律和制度来实现。宪法作为国家的根本大法，以其最高的法律效力在确认并保障公民的基本权利的同时，应对公共权力作出必要的限制。邓小平指出：“关于不允许权力过分集中的原则，也将在宪法上表现出来。”[2]

（三）完善法律监督制度，必须重视加强基层民主建设

发展基层民主，让人民群众直接行使民主权利，也是法律监督制度的一项重要内容。改革开放以来，在社会主义民主与法制建设的过程中，邓小平对发展基层民主始终给予高度关注。1978 年 12 月，在中共十一届三中全会前夕召开的中央工作会议上，邓小平就提出：为了调动工人、农民的积极性和主人翁意识，“要切实保障工人、农民个人的民主权利，包括民主选举、民主管理和民主监督”。[3]1980 年 8 月，在关于党和国家领导制度的改革的讲话中，邓小平把加强基层民主建设列为改革的重要目标，指出充分发挥和体现社会主义制度优越性的重要内容和途径之一，就是要在“政治上，充分发扬人民民主，保证全体人民真正享有通过各种有效形式管理国家、特别是管理基层地方政权和各项企业事业的权力，享有各项公民权利”。[4]1986 年前后，在论述政治体制改革问题时，邓小平又多次强调必须发展基层民主，“调动基层和工人、农民、知识分子的积极性”。[5]在代表中共中央给中国工会第九次全国代表大会的致辞中，邓小平对企业事业单位的民主管理进行了全面深刻的论述。他指出：“为了实现四个现代化，我们所有的企业必须毫无例外地实行民主管理，使集中领导和民主管理结合起来。今后企业的车间主任、工段长、班组长要由本车间、工段和班组的工人选举产生。企

1 《邓小平文选》第 2 卷，人民出版社 1994 年版，第 332 页。
2 同上书，第 339 页。
3 同上书，第 146 页。
4 同上书，第 322 页。
5 《邓小平文选》第 3 卷，人民出版社 1993 年版，第 180 页。

业的重大问题要经过职工代表大会或职工大会讨论。企业的领导干部要在大会上听取职工意见，接受职工的批评和监督。对某些严重失职或作风恶劣的领导人员和管理人员，大会有权向上级建议给以处分或撤换。”[1] 邓小平这些关于发展基层民主的思想，极大地促进了我国基层民主建设，增强了广大人民群众的参与意识，也使广大群众对基层政权及其工作人员的监督力度大大增强了。这对于有效遏制各种腐败行为和社会丑恶现象、加强廉政建设，起到了推动作用。

（四）健全我国的监督机制

加强监督，建立监督制度，必须有完善的监督机制。邓小平对加强党内和党外监督、群众监督及专门机构的监督都有论述。早在1957年，他在《共产党要接受监督》一文中指出，所谓监督来自三个方面。第一，是党的监督。对于共产党员来说，党的监督是最直接的。第二，是群众的监督。第三，是民主党派和无党派民主人士的监督。有了这几方面的监督，我们就会谨慎一些。一怕党，二怕群众，三怕民主党派，总是好一些。谨慎总是好一些。[2] 邓小平对群众监督的功能非常重视。他说：“对贪污、行贿、盗窃以及其他乌七八糟的东西，人民是非常反感的，我们依靠人民的力量，一定能够逐步加以克服。”[3]

除了上述三种监督外，邓小平还强调要加强专门机构的监督。他在《党和国家领导制度的改革》一文中指出：“对各级干部的职权范围和政治、生活待遇，要制定各种条例，最重要的是要有专门的机构进行铁面无私的监督检查。”[4] 根据邓小平的这一思想，经过长期的探索，我们党和国家已建立了有中国特色的社会主义监督体系，这包括人民代表大会及其常务委员会的监督，法律监督，审判监督，政府内部由上而下和由下而上的监督，政府专门机构的监督，政党的监督，社会监督，人民群众的监督，舆论监督等。尽管这种监督体制目前在运行中还有许多不尽完善的地方，但监督部门根据法定职责，在各自的监督工作中取得的骄人成绩是不能否认的。

---

1 《邓小平文选》第2卷，人民出版社1994年版，第137页。

2 参见《邓小平文选》第1卷，人民出版社1994年版，第270—271页。

3 《邓小平文选》第3卷，人民出版社1993年版，第156页。

4 《邓小平文选》第2卷，人民出版社1994年版，第332页。

（五）积极推进政治体制改革，完善国家管理制度

官僚主义、家长制作风、权力过分集中等弊端，固然有思想作风方面的问题，但最根本的是制度问题。因此，要积极推进政治体制改革，完善国家的各项管理制度。邓小平指出："改革的内容，首先是党政要分开，解决党如何善于领导的问题。这是关键，要放在第一位。第二个内容是权力要下放，解决中央和地方的关系，同时地方各级也都有一个权力下放问题。第三个内容是精简机构，这和权力下放有关。"[1]

1. 党政分开

邓小平指出："进行政治体制改革的目的，总的来讲是要清除官僚主义，发展社会主义民主，调动人民和基层单位的积极性。要通过改革，处理好法治和人治的关系，处理好党和政府的关系。"[2] 处理好党和政府的关系，就必须要"解决党政不分、以党代政的问题"[3]，实行党政分开，这是国家管理体制改革的重要环节。

邓小平说："党政要分开，这涉及政治体制改革。党委如何领导？应该只管大事，不能管小事。党委不要设经济管理部门，那些部门的工作应该由政府去管，现在实际上没有做到。"[4] 邓小平认为，实行党政分开，这是政治体制改革的关键。党的领导是政治领导，主要是路线、方针、政策的领导，而不能直接干预或代替政府的管理工作。长期以来，在我国的管理体制中存在着党政不分、以党代政的现象，各级党委管了不该管、管不好、管不了的事情，并影响了各级积极性的发挥。他认为，工作效率不高的一个重要原因就是党政不分，"在很多事情上党代替了政府工作，党和政府很多机构重复"。[5] 因此，他强调："我们要坚持党的领导，不能放弃这一条，但是党要善于领导。"[6]

2. 权力下放

这是政治体制改革的中心环节。邓小平指出："权力要下放，解决中央和地方的关系，同时地方各级也都有一个权力下放问题。"[7] 他还说："权力过分集中，妨碍社会主义

1 《邓小平文选》第3卷，人民出版社1993年版，第177页。
2 同上。
3 《邓小平文选》第2卷，人民出版社1994年版，第321页。
4 《邓小平文选》第3卷，人民出版社1993年版，第177页。
5 同上书，第179页。
6 同上。
7 同上书，第177页。

民主制度和党的民主集中制的实行，妨碍社会主义建设的发展，妨碍集体智慧的发挥，容易造成个人专断，破坏集体领导，也是在新的条件下产生官僚主义的一个重要原因。”[1]因此，必须对权力过分集中的体制进行改革，正确处理中央机关与地方机构之间的相互关系，既要保证在宏观上的有效控制，维护中央权威，又要扩大地方和基层的权力，让地方和基层有更多的积极性。

3. 精简机构，提高工作效率

邓小平指出，工作“效率不高同机构臃肿、人浮于事、作风拖拉有关”。[2]为提高工作效率，邓小平提出行政机关要建立责任制，“什么责任，归哪个部，归哪个人承担，都要明确”，[3]以此解决作风拖拉现象。针对普遍存在机构臃肿、人浮于事的问题，邓小平提出要使行政编制法定化。他说，“所谓精简，是说各部门各单位都要确定编制”[4]，“制度化以后，编制就不会臃肿，该用一个人就是一个人，该用几个人就是几个人。总之，这一套制度要建立起来”。[5]因此，精简机构必须实行机构改革，从转变职能出发，努力实现国家机构组织、职能、编制的法制化，撤销重叠机构，减少冗员，以提高效率。

三、中共十三届四中全会以来我国权力监督制约理论初步形成

依法治国的实质和首要任务是依法治权，依照法律治理和控制国家权力，使权力运行规范化、理性化和程序化。中共十三届四中全会以来，以江泽民为核心的第三代中央领导集体，继承邓小平关于共产党执政必须接受监督的思想，对新的历史条件下如何加强对权力的监督制约进行了探讨，初步形成了我国权力监督制约的理论。

（一）从严治党，加强党的建设，是完善权力监督制约机制的前提

执政党是依法治国的领导者和实施者，在依法治国中起着决定性作用。执政党依法执政和权力的制约有着重要的关系。江泽民在分析党的现状和加强党的建设时，也一再强调从严治党，加强党的建设对权力制约的重要性。早在1988年，他在上海市举行的

---

1 《邓小平文选》第2卷，人民出版社1994年版，第321页。
2 《邓小平文选》第3卷，人民出版社1993年版，第179页。
3 《邓小平文选》第2卷，人民出版社1994年版，第409页。
4 同上书，第397页。
5 同上书，第288页。

中国共产党诞生67周年的纪念会上指出，要贯彻党要管党，从严治党的精神，重视和加强党的建设，加强组织性和纪律性，提高党组织的战斗力。新时期内要坚持党员标准，对党员干部队伍严格把关，对吸收新生力量入党要积极慎重，保证质量。同时，“对党内那些贪污受贿，敲诈勒索，腐化堕落，依仗手中的权力为非作歹，严重侵害国家和群众利益，破坏党的改革开放政策，对党的事业危害极大的极少数腐败分子，必须采取坚决清除的方针，发现一个，清除一个”。[1] 1989年在十三届四中全会上，他讲道：“经过一段时间的努力，制定防止和惩治腐败的制度，使党风有根本好转，恢复和加强党同群众的密切联系。”[2] 他认为困难和挫折的发生，问题往往主要出现在党内。党的状况如何，对于国家和民族的命运具有决定性意义。他对党内问题采取的是毫不留情的方式，他说：“我们必须严肃地毫不留情地剖析和坚决纠正工作中的失误，解决党内存在问题。我们必须科学地总结经验，客观全面地认识现实。”[3] 所以，他在1994年中共十四届四中全会上指出：“我们党是拥有五千四百多万党员、在近十二亿人口的大国执政的大党。在新的历史条件下如何把党建设好，是一个崭新的课题，也是非常艰巨的任务。”[4]

面对当今世界重大而深刻的变动，科技进步日新月异，综合国力的竞争日趋激烈，怎样才能使我国在严峻的挑战面前获得发展机遇，党的建设和权力的制约就显得非常重要。江泽民在2000年1月中央纪律检查委员会第四次会议上讲话指出：“当今中国事情办得怎么样，关键取决于我们党，取决于党的思想、作风、纪律、组织状况和战斗能力、领导水平。党的性质、党在国家和社会生活中所处的地位、党肩负的历史使命，要求我们治国必先治党，治党务必从严。治党始终坚强有力，治国必定会正确有效。”[5]

（二）强调领导干部要树立正确的权力观

江泽民分析党内出现问题，权力变异会导致的严重后果。他认为，20世纪80年代末90年代初，“东欧国家的共产党和社会主义制度像多米诺骨牌一样纷纷垮台，最后苏联也解体了。除了这些国家长期积累的经济、政治、社会民族矛盾和国际敌对势力长期

---

1 《江泽民文选》第1卷，人民出版社2006年版，第41页。

2 同上书，第63页。

3 同上书，第69页。

4 同上书，第403页。

5 《江泽民文选》第2卷，人民出版社2006年版，第496页。

实施西化、分化的政治战略等原因外，关键是这些国家的共产党内部出了问题，危急时刻党内在政治上发生重大分歧，导致政治局面的一发不可收拾”。[1]所以，培养好党的领导干部，使他们树立正确的权力观，极为重要。他一再强调领导干部要树立正确的权力观，他说：“对于领导干部来说，打牢思想政治基础、筑严思想政治防线，最根本的就是要牢固树立马克思主义的世界观、人生观、价值观，牢固树立正确的权力观、地位观、利益观。在世界观、人生观、价值观中，世界观是基础，是起决定作用的，有什么样的世界观，就有什么样的人生观、价值观。在权力观、地位观、利益观中，权力观是基础，是起决定作用的，有什么样的权力观，就有什么样的地位观、利益观。”[2]江泽民看到一些党的高级干部走上犯罪道路，成为人民的敌人，感到很痛心。他说：“我反复考虑，导致这种情况发生的一个重要原因，就是他们没有能够树立正确的权力观，经不住执政的考验。一些干部中存在的形式主义、官僚主义、以权谋私、贪图享受、腐化堕落、跑官要官等现象，也与他们的权力观出了问题有关。努力使各级领导干部树立正确的权力观，要作为党的一项长期的重大任务，坚持不懈地抓下去。”[3]

江泽民对领导干部如何树立正确的权力观提出了以下几个方面的具体要求。

第一，他认为最根本的是要解决好始终保持党同人民群众的血肉联系问题。他说：“如果长期执政以后我们的干部丧失了当年夺取政权和建设初期那样一种蓬勃朝气，那样一种昂扬锐气，那样一种浩然正气，而变得明哲保身，事不关己、高高挂起，形式主义、官僚主义严重，以至滥用权力，使党和人民的利益受到损害，那么，我们最后必然失去广大人民群众的拥护和支持。这是历史兴亡的规律，古今中外，概莫能外。”[4]这也是推进党的作风建设的必然要求，我们党的最大政治优势就是密切联系群众，党执政后的最大危险是脱离群众。“在任何情况下，都必须坚持党的群众路线，坚持全心全意为人民服务的宗旨，把实现人民群众的利益作为一切工作的出发点和归宿。”[5]

第二，他要求领导干部要正确认识手中权力的性质，阐述了正确的权力观应该包括四个方面的重要内容：现阶段要代表人民并领导人民掌握和行使好国家的各项权力；牢

1 《江泽民文选》第3卷，人民出版社2006年版，第230页。
2 同上书，第419页。
3 同上书，第421页。
4 同上书，第419—420页。
5 同上书，第572页。

记领导干部手中的权力说到底都是人民赋予的；领导干部必须运用人民赋予的权力为国家的发展、富强、安全服务，为人民群众的团结、富裕、安宁服务；领导干部都必须始终信守为人民掌握和行使权力的正确原则，同时，要始终自觉接受党和人民对自己行使权力的监督。

第三，要树立正确的权力观，必须加强学习，提高思想境界和道德修养。广大党员干部要加强对马列主义、毛泽东思想、邓小平理论的学习，增强贯彻“三个代表”要求的自觉性和坚定性，真正树立坚定的共产主义理想和社会主义信念，从思想上和行动上正确认识和行使手中的权力。“加强学习是防止和反对腐败的一个最基础的方法。”[1]这样既可以增长学识，增强为党和人民工作的本领，也有利于陶冶情操、提高道德修养。有利于领导干部对个人的名誉、地位、利益等问题想得透、看得淡，从而能自觉地把精力最大限度地用来为国家富强和人民幸福而工作，不会去斤斤计较个人的得失，更不会利用手中的权力与民争利、牟取私利。

第四，要树立正确的权力观，要有正确的理念，必须坚持立党为公，执政为民。共产党员，应该自觉地把国家利益、民族利益、人民利益、集体利益放在第一位，在思想上、行动上、作风上做到立党为公、执政为民，增强公仆意识，自觉摆正同人民群众的关系。“如果把权力当作为个人、家庭和小集团利益牟取私利的手段，就必然导致私欲膨胀，那是很危险的。”[2]他强调各级领导干部一定“要把人民群众的安危冷暖时刻放在心上，勤政为民，扎实工作，多为群众办实事、办好事、办得人心的事，为人民群众谋取实实在在的利益。要坚持走群众路线，深入群众，深入基层，特别是要深入到艰苦的地区、困难的地方去，充分调查研究，虚心听取群众意见，努力改进工作，真正想群众之所想、急群众之所急、办群众之所需，在工作实践中不断增强同人民群众的感情”。[3]

第五，要树立正确的权力观，必须破除“官本位”意识，肃清封建主义残余思想的影响。他要求“各级领导干部必须明白，我们是共产党人，要立志做大事，不要立志当大官，千万要防止把升官发财作为自己的人生目的。……要把心思用在工作上，用在为

1 《江泽民文选》第3卷，人民出版社2006年版，第420—421页。

2 同上书，第422页。

3 同上。

人民谋利益上”。[1]

第六，要树立正确的权力观，要加强党性修养。“领导干部有了坚强的党性，就能正确对待和使用权力，自觉为民尽责、为国竭力、为党分忧。领导干部必须树立强烈的党的意识，如果没有党的意识，不为党的事业尽责分忧，对党的事业漠然置之，甚至同党离心离德，那将是极其错误和危险的。”[2]

（三）健全权力约束的制度建设

江泽民在中共十五大报告中提出：“依法治国……逐步实现社会主义民主的制度化、法律化，使这种制度和法律不因领导人的改变而改变，不因领导人的看法和注意力的改变而改变。”[3]这段话包含了必须反对以权代法，权优于法，真正做到法律至上，以法治权，使权力的运行即“领导人的看法和注意力”遵循法治的要求。他认为对于权力的行使要注意从制度上加以制约，因为政权要受到广大人民群众的监督，实际上，人民的监督具有一定的抽象性，因为人民并不都是直接参与政权，权力拥有者的自我监督就显苍白无力，人民群众即使愿意监督和敢于监督，也会因为缺少制度保障，没有纠正权，就会使监督和制裁变为空话。他说：“所有干部手中的权力都是人民赋予的，这个权力只能用来为人民谋利益，绝不能用来作为谋取个人和小团体私利的资本。这些道理并不难理解。但是，现在有些党员、干部已经不怎么清楚了，有的甚至掉进了以权谋私的泥坑。因此，这方面的道理，还要经常讲、反复讲，并且要注意从健全制度上解决这方面的问题。”[4]他说：“制度建设更带有根本性、全局性、稳定性和长期性。我们党在七十多年的发展中积累了丰富的建党经验，有着优良的传统和作风，如何持之以恒，很重要的工作就是要使之制度化，建立一整套科学严谨的组织制度。我们要全面规划、精心设计，在民主集中制、基层党组织建设、干部的培养选拔等方面进一步建立科学的规章制度，形成适应新的历史时期所要求的新机制新规范。”[5]

---

1 《江泽民文选》第3卷，人民出版社2006年版，第423页。
2 同上。
3 《江泽民文选》第2卷，人民出版社2006年版，第29页。
4 《江泽民文选》第1卷，人民出版社2006年版，第407页。
5 同上书，第410页。

（四）完善对权力的监督机制

关于对权力的监督问题，江泽民在中共十五大报告中指出："我们的权力是人民赋予的，一切干部都是人民的公仆，必须受到人民和法律的监督。要深化改革，完善监督法制，建立健全依法行使权力的制约机制。坚持公平、公正、公开的原则，直接涉及群众切身利益的部门要实行公开办事制度。把党内监督、法律监督、群众监督结合起来，发挥舆论监督的作用。加强对宪法和法律实施的监督，维护国家法制统一。加强对党和国家方针政策贯彻的监督，防止滥用权力，严惩执法犯法、贪赃枉法。"[1]"关键要加强对领导干部的监督，保证他们正确运用手中的权力。全体党员特别是领导干部，都必须始终坚持清正廉洁、一身正气，经得起执政和改革开放的考验，经得起权力、金钱、美色的考验，绝不允许以权谋私、贪赃枉法。"[2]他在谈到反腐败工作时指出："要继续抓好领导干部廉洁自律、查处大案要案，纠正部门和行业不正之风的工作。各级党委务必做到旗帜鲜明，态度坚决，工作锲而不舍。坚持标本兼治，教育是基础，法制是保证，监督是关键。通过深化改革，不断铲除腐败现象滋生蔓延的土壤。"[3]

（五）建立结构合理、配置科学、程序严密、制约有效的权力运行机制

针对权力结构不合理，权力配置不科学，权力运行不规范，权力内部缺乏有效的监督和制约而导致的权力滥用问题，江泽民在党的十六大报告中就如何加强对权力的制约和监督进行了阐述："建立结构合理、配置科学、程序严密、制约有效的权力运行机制，从决策和执行等环节加强对权力的监督，保证把人民赋予的权力真正用来为人民谋利益。重点加强对领导干部特别是主要领导干部的监督，加强对人财物的管理和使用的监督。强化领导班子内部监督，完善重大事项和重要干部任免的决定程序。改革和完善党的纪律检查体制，建立和完善巡视制度。发挥司法机关和行政监察、审计等职能部门的作用。实行多种形式的领导干部述职述廉制度，健全重大事项报告制度、质询制度和民主评议制度。认真推行政务公开制度。加强组织监督和民主监督，发挥舆论监督作用。"[4]

1 《江泽民文选》第2卷，人民出版社2006年版，第31—32页。
2 《江泽民文选》第3卷，人民出版社2006年版，第292页。
3 《江泽民文选》第2卷，人民出版社2006年版，第46页。
4 《江泽民文选》第3卷，人民出版社2006年版，第558页。

要求不同性质的权力作适当的分解，形成各种权力之间合理的结构，科学配置职权，体现分工明确、各负其责、职能和职责相统一的原则，使各种权力部门既分工合作，又互相制约、互相把关，保证权力依法运行。在党的代表大会的政治报告中，第一次公开明确地使用“权力制约和监督”的提法，第一次把监督和制约作为一对密切联系的政治机制完整地加以表述和强调，明确提出了十六字的权力运行机制。

四、中共十六大以来我国权力监督制约理论的发展和创新

2004 年 9 月 15 日，胡锦涛在首都各界纪念全国人民代表大会成立 50 周年大会上的讲话中指出：“权力不受制约和监督，必然导致滥用和腐败。加强对权力的制约和监督，是社会主义民主政治建设的重要任务。”[1] 在2007 年中共十七大上的报告中，胡锦涛进一步指出：“完善制约和监督机制，保证人民赋予的权力始终用来为人民谋利益。确保权力正确行使，必须让权力在阳光下运行。”[2] 中共十六大以来，以胡锦涛为总书记的党中央，深刻地认识到对权力的监督制约在社会主义民主政治建设中的重要意义，发展了中共十一届三中全会以来形成的权力监督制约思想，并进一步使之系统化，为我国的权力监督制约机制的完善，构建惩治和预防腐败体系，具有重要的指导作用。

（一）加强对权力运行的制约和监督，确保权力正确行使[3]

胡锦涛在中共十七大上的报告中指出：“要坚持用制度管权、管事、管人，建立健全决策权、执行权、监督权既相互制约又相互协调的权力结构和运行机制。”“重点加强对领导干部特别是主要领导干部、人财物管理使用、关键岗位的监督，健全质询、问责、经济责任审计、引咎辞职、罢免等制度。”[4] 加强监督、关口前移，是有效防止权力滥用，

1 胡锦涛：《在首都各界纪念全国人民代表大会成立 50 周年大会上的讲话》（2004 年 9 月 15 日），《人民日报》2004 年 9 月 16 日。

2 胡锦涛：《高举中国特色社会主义伟大旗帜，为夺取全面建设小康社会新胜利而奋斗》，《十七大报告辅导读本》，人民出版社 2007 年版，第 32 页。

3 此部分内容参阅《建立健全惩治和预防腐败体系 2008—2012 年工作规划》，《中国监察》2008 年第 13 期；《建立健全教育制度监督并重的惩治和预防腐败体系实施纲要》，《理论与当代》2005 年第 5 期。

4 胡锦涛：《高举中国特色社会主义伟大旗帜，为夺取全面建设小康社会新胜利而奋斗》，《十七大报告辅导读本》，人民出版社 2007 年版，第 32 页。

预防腐败的关键。要在强化监督上下功夫，重点加强对领导干部特别是主要领导干部的监督，加强对人财物管理使用、关键岗位的监督，形成结构合理、配置科学、程序严密、制约有效的权力运行机制，保证人民赋予的权力始终用来为人民谋利益。

1. 加强对领导机关、领导干部特别是各级领导班子主要负责人的监督。要认真检查党的路线、方针、政策和决议的执行情况，监督民主集中制及领导班子议事规则落实情况，凡属重大决策、重要干部任免、重大项目安排和大额度资金的使用，必须由领导班子集体作出决定。认真执行集体领导和个人分工负责相结合的制度。加强对党员领导干部民主生活会的指导，督促领导班子成员认真开展批评与自我批评，针对自身存在的问题和党员、群众提出的意见进行整改，整改情况应在一定范围内公开。检查领导干部个人重大事项报告、述职述廉、民主评议、谈话诫勉、回复组织函询等制度的执行情况。切实加强巡视工作，健全机构，增强力量，综合运用巡视成果。全面实行纪检监察机关对派驻机构的统一管理，加强对驻在部门领导班子及其成员的经常性监督。逐步加大党委、人大、政府、政协之间的干部交流。对县级以上地方党政领导班子、行政执法机关、司法机关和管理人财物部门的主要负责人，实行定期交流。

2. 加强对重点环节和重点部位权力行使的监督。加强对干部选拔任用工作的监督。着重检查党政领导干部选拔任用工作条例的执行情况，切实加强推荐、提名、考察考核、讨论决定等各个环节的监督。推荐干部要充分发扬民主，多数人不拥护的干部不能确定为考察对象。考察干部要全面深入了解德、能、勤、绩、廉的表现情况。任用干部必须如实记录拟任人选的推荐、考察、酝酿、讨论决定的情况，按规定进行表决。领导班子成员个人向党组织推荐领导干部人选，必须负责任地写出推荐材料并署名。对选人用人失察失误的，要依照有关规定予以追究。

3. 要以决策和执行为重点环节，以人财物管理为重点领域，通过科学配置权力，健全权力运作程序，完善监督措施，逐步建立健全权力制约监督机制，防止权力失控、决策失误、行为失范。要深入贯彻落实《中国共产党党内监督条例（试行）》，推动党内监督工作深入开展。

4. 加强对司法权行使的监督。胡锦涛指出：“要以依法行政、公正司法为主要内容，进一步健全监督机制、完善监督制度，增强对行政机关、审判机关、检察机关工作监督的针对性和实效性，支持和督促它们严格按照法定的权限和程序办事，保证把人民赋予的权力真正用来为人民谋利益。”[1]完善纪委和党委政法委、组织部等部门在对司法机关党组织和党员干部监督工作中的协作配合机制。重视人大对司法机关的监督。加强检察机关的法律监督。强化公安、检察、审判机关在刑事诉讼中的分工负责、互相配合和互相制约。强化司法机关内部监督和外部监督，坚决防止和纠正执法不严、司法不公的问题，维护社会公平正义。

5. 加强对行政审批权和行政执法权行使的监督。认真实施《中华人民共和国行政许可法》《中华人民共和国行政处罚法》等法律法规。推行行政审批电子监察系统。实行接办分离和程序公开，保证行政权力依法、公正、透明运行。

6. 加强对财政资金和金融的监管。开展对部门预算、国库集中收付、政府采购、政府非税收入和“收支两条线”规定执行情况的监督检查，继续对“小金库”进行专项清理。强化对国有金融企业产权和上市金融企业股权交易的监督，规范上市金融企业股权激励制度。建立健全金融监管协调机制。健全金融企业内控机制，提升监事会和内审、稽核、合规、监察等监督机构的专业性和独立性，加强案件防控工作。

加强对财政资金运行的监督。健全公共财政体制，规范财政资金分配行为。监督检查部门预算、国库集中收付、政府采购和收支两条线管理的落实情况。完善预算编制、执行的制衡机制。强化部门内部制约机制，加强财政资金管理，提高财政资金使用效益。

7. 加强对国有资产的监管。充分发挥国有资产监督管理机构、政府职能部门和外派监事会的作用，加强对企业国有产权和上市公司国有股权交易、重大投资决策等事项的监管。加强对企业重组、改制、破产和国有资本运营各个环节的监管。加大对国（境）外国有资产监管力度。开展对国有企业重大决策、重大项目安排、大额度资金运作事项及重要人事任免等实行集体决策情况的监督检查。

加强对国有资产和金融的监管。健全国有资本投资决策和项目法人约束机制，实行重大投资项目论证制和重大投资决策失误追究制。完善国有企业法人治理结构，规范公司股东会、董事会、监事会和经营管理者的权责。加强对资本运营各个环节的监管，防止国有资产流失，维护职工合法权益。建立健全金融机构监管协调机制和内控机制，强

1　胡锦涛：《在首都各界纪念全国人民代表大会成立50周年大会上的讲话》（2004年9月15日），《人民日报》2004年9月16日。

化金融监管，有效防止金融领域违纪违法案件的发生。

8. 严肃查办违纪违法案件。查办案件是反腐败的最重要、最直接、最有效手段。按照中央的部署，今年要重点查办发生在领导机关和领导干部中的腐败案件。要始终保持严厉惩处腐败分子的高压态势，坚决查处利用行政审批权、行政执法权等搞官商勾结、权钱交易的腐败案件。加大查办商业贿赂案件的力度，既要惩处受贿行为，又要惩处行贿行为；既要查处国（境）外经济组织在我国内地的商业贿赂行为，也要查处我国企业在境外的商业贿赂行为。对于发现的腐败案件和腐败分子，不管涉及什么单位、什么人，都要依法严惩，绝不姑息，绝不让腐败分子逍遥法外。要加强国际合作，加大对逃亡在境外的腐败分子的追逃缉捕力度，绝不让他们逍遥境外。

（二）发展社会主义民主，加强对权力运行的监督制约

发展社会主义民主是加强对权力监督的前提和基础。发展社会主义民主，首先是发展党内民主，特别是不断完善民主集中制，健全民主生活会制度，加强领导班子内部监督，发挥党员和党组织的监督作用。同时，坚持以党内民主促进人民民主的发展，进一步扩大基层民主，改革和完善办事公开、民主评议、信访举报等制度。实践表明，只要切实坚持发展社会主义民主，不断拓宽监督渠道，综合运用党的纪律检查、法律监督、行政监察、审计监督、群众监督、舆论监督等多种形式，就能逐步形成易于揭露和有效治理腐败的机制，使权力运行置于严格的监督之下。[1]

1. 发展党内民主，强化党组织的监督作用。进一步建立健全并严格执行党的民主集中制的各项具体制度。涉及重大决策、重要干部任免、重大项目安排和大额度资金的使用，以及国有资产的重组并购等，须经集体讨论作出决定，严格按规定程序运作。积极探索党的代表大会在闭会期间发挥监督作用，以及党的委员会发挥监督作用的途径和形式，继续落实省（区、市）和市（地）党的委员会全体会议无记名投票表决下一级党委、政府领导班子正职的拟任人选和推荐人选的制度。推行领导干部经济责任审计制度。拓宽党内民主渠道，使党员对党内事务有更多的了解和参与，加强对党的领导机关和领导干部的监督。切实保障党员的权利。

1　参见《中共中央纪律检查委员会向党的第十六次全国代表大会的工作报告》，2002 年 11 月 14 日中国共产党第十六次全国代表大会通过。

2. 扩大基层民主，充分发挥群众监督的作用。健全民主制度，发展民主形式，保证人民群众依法行使民主选举、民主决策、民主管理和民主监督的权利。进一步推行和完善厂务公开、村务公开以及公用事业单位办事公开等办事公开制度。实行领导干部述职述廉等制度。推行质询制度和民主评议制度。充分发挥新闻舆论监督的作用。健全信访举报管理制度，使群众举报的问题得到认真处理。加快信息化建设，逐步发展电子政务，提高行政行为的透明度和行政管理的效率。

加强法规制度建设，进一步健全监督保障和便民利民措施，重点公开人民群众普遍关心、涉及人民群众切身利益的各类事项，保障人民群众的知情权、参与权、监督权。

3. 推行政务公开。[1] 胡锦涛在中共十七大报告中指出，要“完善各类公开办事制度，提高政府工作透明度和公信力”。[2] 推行政务公开，是发展社会主义民主，保障人民群众的民主权利，提高依法行政水平，加强对行政权力的监督的要求；是落实依法治国基本方略，推进依法行政，建设法治政府的重要举措；是建立健全惩治和预防腐败体系，形成行为规范、运转协调、公正透明、廉洁高效的行政管理体制的重要内容。

推行政务公开，就是要认真实施政府信息公开条例，健全政府信息发布制度，扩大公开的范围和层次，完善各类公开办事制度，提高政府工作透明度，切实保障人民群众的知情权、参与权、表达权、监督权，创造条件让人民更有效地监督政府，让权力在阳光下运行。

推行政务公开的指导思想就是要以邓小平理论和“三个代表”重要思想为指导，深入贯彻落实科学发展观，贯彻《全面推进依法行政实施纲要》精神，以保障人民群众的民主权利、维护人民群众的根本利益为出发点和落脚点，提高行政机关行政行为的透明度和办事效率，切实加强对行政权力的监督，推动行政管理体制改革，促进依法行政，更好地为改革发展稳定的大局服务。

推行政务公开基本原则是要坚持严格依法、全面真实、及时便民的原则。要严格按照法律法规和有关政策规定，对各类行政管理和公共服务事项，除涉及国家秘密和依法

---

1 党中央、国务院对推行政务公开十分重视。中共十五大、十六大、十七大都明确提出要推行政务公开。2005 年 3 月 24 日，中共中央办公厅、国务院办公厅颁发了《关于进一步推行政务公开的意见》，《中华人民共和国国务院公报》2005 年第 18 期。

2 胡锦涛：《高举中国特色社会主义伟大旗帜，为夺取全面建设小康社会新胜利而奋斗》，《十七大报告辅导读本》，人民出版社 2007 年版，第 32 页。

受到保护的商业秘密、个人隐私之外，都要如实公开。要按照规定的制度和程序，对应该公开的事项，采用方便、快捷的方式及时公开。

推行政务公开的工作目标，要与深化行政管理体制改革和全面推进依法行政、建设法治政府的目标和进程相一致。经过不懈努力，使政务公开成为各级政府施政的一项基本制度，政府工作透明度不断提高，政府与群众沟通的渠道更加畅通，人民群众的知情权、参与权和监督权等民主权利得到切实保障。

公开透明是保证权力不被滥用、公共投资不出问题的有效办法。推进政务公开在具体做法上要求，凡应该公开、能够公开的事项都要及时全面公开，保证每个环节都透明运行，最大限度地减少发生腐败行为的机会。要拓展公开渠道，提高公开层次，增加公开内容，创造条件让人民更好地了解政府、监督政府、批评政府。继续全面推行公共企事业单位办事公开制度，方便群众办事和实施监督。

4. 坚持科学民主决策。要坚持科学民主决策，提高决策质量，注重实际效果。要继续健全科学民主决策各项制度。重大决策必须充分发扬民主、集体研究决定，严禁领导干部个人决定大额度资金使用、重大项目安排，干预工程建设招投标和政府采购的正常程序。凡是专业性、技术性较强的决策，要经过专家充分论证，涉及重大公共利益和群众切身利益的决策，要向社会公开征求意见。

（三）发挥各监督主体的作用，完善行政监督制度和机制，强化对行政行为的监督[1]

要拓宽监督渠道，充分发挥各监督主体的积极作用，提高监督的整体效能。要综合运用多种监督形式，努力形成结构合理、配置科学、程序严密、制约有效的权力运行机制。胡锦涛指出："要加强对党的领导机关和党员领导干部的监督，把党内监督与人大监督，政府专门机关监督，政协民主监督，民主党派监督，司法监督，群众监督，舆论监督等很好地结合起来，形成监督合力，提高监督效果。"[2]2007 年 10 月 15 日，胡锦涛

1 此部分内容参阅《全面推行依法行政实施纲要》（2004 年 3 月 22 日），《时政文献辑览》（2004 年 3 月—2006 年 3 月）（上），人民出版社 2006 年版，第 115 页；《建立健全惩治和预防腐败体系 2008—2012 年工作规划》，《中国监察》2008 年第 13 期。

2 胡锦涛：《在庆祝中国共产党成立 85 周年暨总结保持共产党员先进性教育活动大会上的讲话》（2006 年 6 月 30 日），《人民日报》2006 年 7 月 1 日。

在中共十七大上的报告中进一步指出："落实党内监督条例，加强民主监督，发挥好舆论监督作用，增强监督合力和实效。"

通过拓宽和健全监督渠道，支持和保证人大、政协、政府专门机关、司法机关依法履行监督职能，加强社会监督和舆论监督，保障公民的检举权、控告权、申诉权，就是把权力运行置于有效的制约和监督之中，使我们党始终把人民赋予的权力用来为人民谋利益，真正为人民掌好权、用好权，防止和克服滥用权力、以权谋私，防止形成既得利益集团，真正跳出"历史兴亡周期律"。

1. 自觉接受人大监督和政协的民主监督。胡锦涛指出："要进一步加强和改进人民代表大会的监督工作，增强监督实效。……人民代表大会及其常务委员会作为国家权力机关的监督，是代表国家和人民进行的具有法律效力的监督。人民代表大会及其常务委员会监督的目的，在于确保宪法和法律得到正确实施，确保行政权和司法权得到正确行使，确保公民、法人和其他组织的合法权益得到尊重和维护。"[1] 支持和保证人大监督。实施《中华人民共和国各级人民代表大会常务委员会监督法》，切实发挥人大及其常委会的依法监督作用。各级人民政府应当自觉接受同级人大及其常委会的监督，向其报告工作、接受质询，人大要加强对行政法规、部门规章、地方性法规和地方政府规章的备案审查，维护法制统一。严格审查财政预算和执行、国民经济和社会发展计划。加强人大对司法工作的监督，听取和审议人民法院、人民检察院的专项工作报告，防止执法不公、贪赃枉法行为的发生。加强执法检查、监督及人大代表视察工作，认真办理人大代表议案和建议。

支持和保证政协依照章程开展民主监督。把政治协商纳入决策程序，完善民主监督机制。切实发挥政协运用会议、专题调研、委员视察、提案、反映社情民意信息等形式，对国家宪法和法律法规的实施、重大方针政策的贯彻执行、国家机关及其工作人员履行职责进行监督的作用。充分发挥政协特邀监督员在反腐倡廉中的作用。各级党委和政府要认真倾听政协、民主党派和无党派人士的批评和建议，定期通报情况，自觉接受监督。认真办理政协委员的提案和建议。

---

1 胡锦涛:《在首都各界纪念全国人民代表大会成立50周年大会上的讲话》(2004年9月15日),《人民日报》2004年9月16日。

2. 支持和保证司法监督。 接受人民法院依照行政诉讼法的规定对行政机关实施的监督。 支持人民法院依法受理、审理和执行行政诉讼案件，监督和维护行政机关依法行政。 对人民法院受理的行政案件，行政机关应当积极出庭应诉、答辩。 对人民法院依法作出的生效的行政判决和裁定，行政机关应当自觉履行。 支持人民检察院依法查办和预防职务犯罪，强化对刑事诉讼、民事审判活动和行政诉讼的法律监督。

3. 加强对规章和规范性文件的监督。 规章和规范性文件应当依法报送备案。 对报送备案的规章和规范性文件，政府法制机构应当依法严格审查，做到有件必备、有备必审、有错必纠。 公民、法人和其他组织对规章和规范性文件提出异议的，制定机关或者实施机关应当依法及时研究处理。

4. 认真贯彻行政复议法，加强行政复议工作。 对符合法律规定的行政复议申请，必须依法受理；审理行政复议案件，要重依据、重证据、重程序，公正作出行政复议决定，坚决纠正违法、明显不当的行政行为，保护公民、法人和其他组织的合法权益。 要完善行政复议工作制度，积极探索提高行政复议工作质量的新方式、新举措。 对事实清楚、争议不大的行政复议案件，要探索建立简易程序解决行政争议。 加强行政复议机构的队伍建设，提高行政复议工作人员的素质。 完善行政复议责任追究制度，对依法应当受理而不受理行政复议申请，应当撤销、变更或者确认具体行政行为违法而不撤销、变更或者确认具体行政行为违法，不在法定期限内作出行政复议决定以及违反行政复议法的其他规定的，应当依法追究其法律责任。

5. 完善并严格执行行政赔偿和补偿制度。 要按照国家赔偿法实施行政赔偿。 严格执行《国家赔偿费用管理办法》关于赔偿费用核拨的规定，依法从财政支取赔偿费用，保障公民、法人和其他组织依法获得赔偿。 要探索在行政赔偿程序中引入听证、协商与和解制度。 建立健全行政补偿制度。

6. 创新层级监督新机制，强化上级行政机关对下级行政机关的监督。 上级行政机关要建立健全经常性的监督制度，探索层级监督的新方式，加强对下级行政机关具体行政行为的监督。

7. 支持和保证政府专门机关监督。 各级行政机关要积极配合监察、审计等专门监督机关的工作，自觉接受监察、审计等专门监督机关的监督决定。 拒不履行监督决定的，要依法追究有关机关和责任人员的法律责任。 监察、审计等专门监督机关要切实履行职责，依法独立开展专门监督。监察、审计等专门监督机关要与检察机关密切配合，及时通报情况，形成监督合力。

充分发挥行政监察职能作用，促进依法行政、从严治政。各级监察机关要认真履行行政监察法赋予的职责，认真贯彻《全面推进依法行政实施纲要》《中华人民共和国行政监察法实施条例》《中央纪委监察部关于加强和改进行政监察工作的意见》，切实贯彻加强廉政监察，促进政府系统廉政建设。加强对政府职能部门、行政执法机关行使权力、履行职责、执法程序的监督检查，纠正和查处有法不依、执法不严的行为。要认真落实责任制，积极推进综合执法试点，建立健全行政执法评议考核制和行政执法过错责任追究制，提高行政机关依法行政的水平。

围绕全面推进依法行政、加强和改善宏观调控，以及优化发展环境、重大公共投资项目和群众关心的热点问题开展执法监察。重点加强对行政许可法、土地管理法、招标投标法贯彻执行情况的监督检查，加强对重特大责任事故的调查处理，积极参加整顿规范市场经济秩序和矿产资源开发秩序工作。积极开展行政监察工作，加强对国家行政机关及其工作人员的监督，规范行政权力，改善行政管理，提高行政效能，保证政令畅通。建立健全行政效能监察工作机制，解决一些机关和部门效率低下、办事推诿、资源浪费等问题。充分发挥行政服务中心、行政投诉中心的作用，促进行政机关和国家公务员勤政廉政。开展对行政执法责任制落实情况的监督检查，严肃查处违反政纪的案件。

强化审计监督，逐步推行效益审计，突出对重点领域、重点部门、重点资金和领导干部经济责任的审计。依法实行审计公告制度。落实地（厅）级及以下党政主要领导干部经济责任审计制度。试行省（部）级主要领导干部经济责任审计。加强对重点专项资金和重大投资项目的审计。依法公告审计结果，促进审计结果落实。支持公安、财政、土地、建设、环保等职能部门依法开展监督。

8. 强化社会监督。我们政府的一切权力都属于人民，必须自觉接受人民的监督，确保权力真正用于为人民谋利益。要依法保障人民群众对党和国家机关及其工作人员批评、建议、控告、检举等权利。各级人民政府及其工作部门要依法保护公民、法人和其他组织对行政行为实施监督的权利，拓宽对施政行为的监督渠道，完善监督机制，为公民、法人和其他组织实施监督创造条件，确保人民监督权力的实现。要完善群众举报违法行为的制度。要高度重视新闻舆论监督，对新闻媒体反映的问题要认真调查、核实，并依法及时作出处理。

支持和保证群众监督。实施《中华人民共和国政府信息公开条例》，推进政府上网工程，深化政务公开，健全政府信息发布制度，推行社会听证、专家咨询等制度，增强涉及群众切身利益的有关政策和工作的决策透明度和公众参与度。发挥工会、共青团、妇联等人民团体的监督作用。落实领导干部接待群众来访制度，健全信访举报工作机制，畅通信访渠道。设立专用举报电话，提倡实名举报。建立健全受理群众举报违纪违法行为的工作机制，及时处理群众反映的问题。依法保障人民群众的知情权、参与权、表达权、监督权。高度重视人民群众通过行政复议、行政诉讼等法定渠道，对行政机关及其工作人员的监督。

加强和改进舆论监督。认真贯彻落实《关于进一步加强和改进舆论监督工作的意见》，重视和支持新闻媒体正确开展舆论监督。各级领导干部要正确对待舆论监督，增强接受舆论监督的自觉性，听取人民群众的意见和呼声，推动和改进工作。新闻媒体要坚持科学监督、依法监督和建设性监督。新闻媒体要坚持党性原则，遵守职业道德，把握舆论监督的正确导向，注重舆论监督的社会效果。

（四）健全权力监督制约机制的制度建设

健全组织法制和程序规则，保证国家机关按照法定权限和程序行使权力、履行职责。

1. 认真贯彻党内监督条例，进一步加强党内监督。认真贯彻执行党内监督条例，加强对领导机关和领导干部的监督，抓住重点环节和重点部位，建立健全行使权力的制约机制。各省（区、市）党委要制定相关落实措施，进一步细化具体规定。加强对民主生活会的指导和监督，切实提高会议质量。建立健全领导干部个人重大事项报告制度、民主生活会制度、述职述廉制度、谈话诫勉制度和经济责任审计制度，依法实行质询制、问责制、罢免制。

加强和改进党内监督。落实《中国共产党党内监督条例（试行）》。切实改进民主生活会的方式方法，增强党内政治生活的原则性，积极开展批评与自我批评，加强领导班子成员之间相互监督。坚持领导干部参加双重组织生活会制度，接受党员群众的监督。执行党员领导干部报告个人有关事项的规定，实施地方党委委员、纪委委员党内询问和质询办法，落实领导干部述职述廉、诫勉谈话和函询制度。推进党务公开，尊重党员主体地位，落实党员在党内监督中的责任和权利，营造党内民主讨论环境。认真贯彻《中国共产党党员权利保障条例》，切实保障党员批评、建议、检举等权利。建立健全党的纪检机关与组织部门有关情况通报制度。各级纪检监察机关及其工作人员要自觉接受党组织、党员和人民群众的监督。

切实加强党内监督。严格执行党章，全面贯彻党内监督条例和党员权利保障条例。加强党的代表大会对党的委员会和纪律检查委员会、党的委员会对党委常务委员会、纪律检查委员会对党的委员会成员的监督。常委会要向全委会负责、报告工作并接受其监督。党委要加强对党内监督工作的领导，注重对下一级党组织及其领导班子特别是主要负责人进行监督。纪委要协助同级党委组织协调党内监督工作，组织开展对党内监督工作的督促检查，对党员领导干部履行职责和行使权力情况进行监督。拓宽党员参与党内事务的渠道，切实保障党员的知情权、参与权和监督权。大力发展党内民主，营造党内不同意见平等讨论的环境，为党内监督创造条件。

2. 健全和完善巡视制度，改进巡视工作，重点加强和改进对领导班子特别是主要领导干部的监督。进一步加强和改进巡视工作，制定巡视工作条例。重视巡视成果的综合运用，提高巡视工作水平。继续加强对各省（区、市）的巡视，扩大对金融机构、国有重要骨干企业的巡视范围，开展对国家重点工程项目的巡视。地方巡视工作的范围逐步延伸到县（市、区）。开展对中央和国家机关及各省（区、市）直属机关的巡视。

3. 加强对各级纪律检查机关的领导，改革和完善党的纪律检查体制，完善纪检监察机关派驻机构统一管理，发挥机关党的纪检组织的职能作用。抓住责任分解、考核、追究等关键环节，进一步落实和完善党风廉政建设责任制。对党内监督条例和党员权利保障条例的实施情况，适时开展专项检查。把党内监督与人大监督、政府专门机关监督、政协民主监督、司法监督、群众监督和舆论监督等结合起来，拓宽监督渠道，增强监督合力。

4. 依法行政，把各级政府的行政权力纳入法制化轨道。依法行政，建设法治政府，是全面落实依法治国基本方略的重要内容，成为中国政府施政的基本准则。依法行政，建设法治政府，一方面依法加强对权力的监督工作，另一方面要把各级政府的行政权力纳入法制化轨道。

（1）依法加强对权力的监督工作，保证宪法和法律得到切实执行。在我们国家，不存在不受监督的权力，任何国家机构和国家机构工作人员在行使法定权力的同时，必须依法接受监督，承担法定责任。权力与责任是统一的，有权必有责，用权受监督，谁都不能例外。当然，讲对具体问题的监督，那就要作具体分析、分别处理。[1]遵守宪法和法律是政府工作的根本原则。必须严格依法行政，坚持用制度管权、管事、管人，健全监督机制，强化责任追究，切实做到有权必有责、用权受监督、违法要追究。

（2）把各级政府的行政权力纳入法制化轨道。[2]多年来，中国政府采取一系列措施推行依法行政，建设法治政府，并把各级政府的行政权力纳入法制化轨道，规范政府权力取得和运行的法律制度基本形成：形成了以《宪法》《国务院组织法》《地方各级人民代表大会和地方各级人民政府组织法》为主的行政主体法律制度；形成了以《行政许可法》《物权法》《行政处罚法》为主，涉及行政许可制度，行政征收、征用制度，行政处罚制度等内容的行政行为法律制度；形成了以《行政复议法》《行政诉讼法》《国家赔偿法》《行政监察法》《审计法》为主，涉及行政复议制度、行政诉讼制度、行政赔偿制度、行政监察和审计制度等内容的行政监督、救济制度；形成了以《公务员法》《行政机关公务员处分条例》为主的国家公务员法律制度。

近年来，中国政府通过切实加强自身建设，进一步转变职能，加快建设法治政府步伐。一是加快建立突发事件应急机制，提高政府应对公共危机的能力，努力建设服务政府。全国人大常委会制定了《突发事件应对法》，国务院发布了《国家突发公共事件总体应急预案》。初步形成了全国应急预案体系。二是进一步做好政府信息公开工作，努力建设“阳光”政府。国务院公布了《政府信息公开条例》。中央政府门户网站于2006年正式开通，全国80%县级以上政府和政府部门建立了门户网站。74个国务院部门和单位，31个省、自治区、直辖市人民政府建立了新闻发布和发言人制度。三是加大行政问责力度，努力建设责任政府。对超越权限、违反程序决策造成重大损失的，严肃追究

1　吴邦国：《在第十届全国人民代表大会常务委员会第一次会议上的讲话》（2003年3月19日），《全国人民代表大会常务委员会公报》2003年第2期，第233页。

2　参见《中国法治建设（2008年2月）》，《时政文献辑览》（2007年3月—2008年3月），人民出版社2008年版，第474—476页。

决策者责任。

推进行政执法责任制，不断提高行政执法水平。中国政府高度重视行政执法体制改革，要求各级行政机关严格按照法定权限和程序行使职权，全面推行行政执法责任制，严格执法责任。按照国务院办公厅2005年7月印发的《关于推行行政执法责任制的若干意见》的要求，各地区、各部门围绕推行行政执法责任制，依法界定执法职责，科学设定执法岗位，规范执法程序，明确行政执法主体和行政执法职权，清理不合法的行政执法主体。

在建设法治政府进程中，中国政府不断加强行政监督责任，积极解决行政争议。加强对制定法规、规章和规范性文件等抽象行政行为的监督。2008年1月15日，国务院公布《国务院关于废止部分行政法规的决定》，对截至2006年底现行行政法规共655件进行了全面清理，对主要内容被新的法律或者行政法规所代替的49件行政法规予以废止；对适用期已过或者调整对象已经消失，实际上已经失效的43件行政法规宣布失效。国务院在加强法规、规章备案审查的基础上，进一步健全省、市、县、乡"四级政府、三级备案"的规章、规范性文件备案体制，促进地方各级政府依法行政。国务院制定了《行政复议法实施条例》，并积极探索行政复议体制改革，加强各级行政复议工作人员能力建设。

五、中共十八大以来我国权力监督制约理论进一步系统化

中共十八大报告根据全面建成小康社会的新形势新要求，对"全面推进依法治国""加快建设社会主义法治国家"作了全面部署，将法治上升为治国理政的基本方式，对全面推进依法治国提出了一些新要求，即在2020年全面建成小康社会时，实现"依法治国基本方略全面落实，法治政府基本建成，司法公信力不断提高，人权得到切实尊重和保障"。实现这一目标的基本途径之一，就是用制度约束规范公权力。

（一）把权力关进制度的笼子

习近平在中共第十八届中央纪律检查委员会第二次全体会议上的讲话中曾指出："要加强对权力运行的制约和监督，把权力关进制度的笼子里。"[1] 对权力进行监督和制约的必

1　习近平：《把权力关进制度的笼子里》（2013年1月22日），《习近平谈治国理政》，外文出版社2014年版，第388页。

要性，以及如何监督和制约权力，习近平也有明确的论述。他说：“权力不论大小，只要不受制约和监督，都可能被滥用。要强化制约，合理分解权力，科学配置权力，不同性质的权力由不同部门、单位、个人行使，形成科学的权力结构和运行机制。要强化监督，着力改进对领导干部特别是一把手行使权力的监督，加强领导班子内部监督，加强行政监察、审计监督、巡视监督。纪委派驻监督要对党和国家机关全覆盖，巡视监督要对地方、部门、企事业单位全覆盖。要强化公开，推行地方各级政府及其工作部门权力清单制度，依法公开权力运行流程，让权力在阳光下运行，让广大干部群众在公开中监督，保证权力正确行使。”[1]

如何建设法治中国，又如何规范约束公权力？中共十八大报告强调：“要更加注重改进党的领导方式和执政方式，保证党领导人民有效治理国家；更加注重健全民主制度，丰富民主形式，保证人民依法实行民主选举、民主决策、民主管理、民主监督；更加注重发挥法治在国家治理和社会管理中的重要作用。”[2]还提出了把制度建设摆在更突出位置，提高领导干部运用法治思维和法治方式的能力等。

为了确保权力的正确运行，中共十八大报告还提出了“建立健全权力运行制约和监督体系”的要求，强调：“坚持用制度管权管事管人，保障人民知情权、参与权、表达权、监督权，是权力正确运行的重要保证。要确保决策权、执行权、监督权既相互制约又相互协调，确保国家机关按照法定权限和程序行使权力。坚持科学决策、民主决策、依法决策，健全决策机制和程序，建立健全决策问责和纠错制度。推进权力运行公开化、规范化，完善党务公开、政务公开、司法公开和各领域办事公开制度，健全质询、问责、经济责任审计、引咎辞职、罢免等制度，加强党内监督、民主监督、法律监督、舆论监督，让人民监督权力，让权力在阳光下运行。”[3]这些要求，反映了现代权力运行的特点和规律，明确了加快推进中国特色社会主义民主政治建设的着力点，体现了我党对法治功能认识的新水平。分权并形成制约，让人民监督权力，让权力在阳光下运行，是法治得以实现的表现之一。

1　习近平：《在第十八届中央纪律检查委员会第三次全体会议上的讲话》（2014年1月14日），《习近平关于全面依法治国的论述摘编》，中央文献出版社2015年版，第59—60页。

2　胡锦涛：《坚定不移沿着中国特色社会主义道路前进，为全面建成小康社会而奋斗》，《十八大报告学习辅导百问》，党建读物出版社、学习出版社2012年版，第23页。

3　同上书，第25—26页。

党的十七届四中全会提出健全决策失误纠错改正机制和责任追究制度。中共十八大报告第一次提出“建立健全决策问责和纠错制度”，这对于推进科学决策、民主决策、依法决策，健全决策机制和程序，对于坚决防止和纠正损害群众利益的做法，对于强化领导责任、提高决策水平、减少决策失误、及时纠正错误决策和挽回损失，对于加强党内监督、民主监督、法律监督、舆论监督，让人民监督权力，让权力在阳光下运行，都具有重要意义。

为贯彻落实中共十八大精神，十八届三中全会通过的《中共中央关于全面深化改革若干重大问题的决定》，把强化权力运行制约和监督体系，作为全面深化改革的重要内容，提出“坚持用制度管权管事管人，让人民监督权力，让权力在阳光下运行，是把权力关进制度笼子的根本之策。必须构建决策科学、执行坚决、监督有力的权力运行体系”。形成科学有效的权力制约和协调机制，“规范各级党政主要领导干部职责权限，科学配置党政部门及内设机构权力和职能，明确职责定位和工作任务。加强和改进对主要领导干部行使权力的制约和监督，加强行政监察和审计监督。推行地方各级政府及其工作部门权力清单制度，依法公开权力运行流程。完善党务、政务和各领域办事公开制度，推进决策公开、管理公开、服务公开、结果公开”。[1]

无论是政府行政体制改革中简政放权，还是改进执政方式中发挥法治在国家治理中的作用，抑或反腐倡廉中坚持用制度管权管事管人，让权力在阳光下行使，还是明确提出任何组织个人都不得有超越宪法法律的特权，都离不开约束规范公权力，这一思路抓住了法治中国建设的关键。近年来出现的各种腐败案件一再证明，缺乏有效制约的权力是危险的，是导致权力滥用的根本原因。党内监督和行政监督对于制约权力防止权力滥用无疑具有重要意义。

（二）深入推进依法行政，加快建设法治政府

根据中共十八大和中共十八届三中全会精神，中共十八届四中全会通过的《中共中央关于全面推进依法治国若干重大问题的决定》，对深入推进依法行政，加快建设法治政府提出了目标要求，即“加快建设职能科学、权责法定、执法严明、公开公正、廉洁

---

1 《中共中央关于全面深化改革若干重大问题的决定》，《党的十八届三中全会〈决定〉学习辅导百问》，党建读物出版社、学习出版社2013年版，第22—23页。

高效、守法诚信的法治政府”。如何达到建设法治政府这一目标,《决定》提出了一系列新的措施。

1. 依法全面履行政府职能。完善行政组织和行政程序法律制度,推进机构、职能、权限、程序、责任法定化。行政机关要建立政府责任清单,坚持法定职责必须为、法无授权不可为,勇于负责、敢于担当,坚决纠正不作为、乱作为,坚决克服懒政、怠政,坚决惩处失职、渎职。行政机关不得法外设定权力,没有法律法规依据不得作出减损公民、法人和其他组织合法权益或者增加其义务的决定。推行政府权力清单制度,坚决消除权力设租寻租空间。

2. 健全依法决策机制。依法行政,核心是规范政府行为,防止政府权力滥用。针对当前一些行政机关存在的违法决策、随意决策、拍脑袋决策等问题,要严格规范行政决策程序,决策时要一切从实际出发,认真权衡利弊得失,把公众参与、专家论证、风险评估、合法性审查、集体讨论决定确定为重大行政决策法定程序,确保决策制度科学、程序正当、过程公开、责任明确。建立行政机关内部重大决策合法性审查机制,未经合法性审查或经审查不合法的,不得提交讨论。作出重大决策前,要广泛听取、充分吸收各方面意见。完善重大决策听证制度;完善行政决策风险评估机制。建立重大决策终身责任追究制度及责任倒查机制,对决策严重失误或者依法应该及时作出决策但久拖不决造成重大损失、恶劣影响的,严格追究行政首长、负有责任的其他领导人员和相关责任人员的法律责任。

3. 坚持严格规范公正文明执法。依法惩处各类违法行为,加大关系群众切身利益的重点领域执法力度。完善执法程序,建立执法全过程记录制度。明确具体操作流程,重点规范行政许可、行政处罚、行政强制、行政征收、行政收费、行政检查等执法行为。严格执行重大执法决定法制审核制度。建立健全行政裁量权基准制度,细化、量化行政裁量标准,规范裁量范围、种类、幅度。加强行政执法信息化建设和信息共享,提高执法效率和规范化水平。全面落实行政执法责任制,严格确定不同部门及机构、岗位执法人员执法责任和责任追究机制,加强执法监督,坚决排除对执法活动的干预,防止和克服地方和部门保护主义,惩治执法腐败现象。

4. 强化对行政权力的制约和监督。加强党内监督、人大监督、民主监督、行政监督、司法监督、审计监督、社会监督、舆论监督制度建设,努力形成科学有效的权力运行制约和监督体系，增强监督合力和实效。加强对政府内部权力的制约，是强化对行政权力制约的重点。对财政资金分配使用、国有资产监管、政府投资、政府采购、公共资源转让、公共工程建设等权力集中的部门和岗位实行分事行权、分岗设权、分级授权，定期轮岗，强化内部流程控制，防止权力滥用。完善政府内部层级监督和部门监督，改进上级机关对下级机关的监督，建立常态化监督制度。完善纠错问责机制，健全责令公开道歉、停职检查、引咎辞职、责令辞职、罢免等问责方式和程序。完善审计制度，保障依法独立行使审计监督权。对公共资金、国有资产、国有资源和领导干部履行经济责任情况实行审计全覆盖。强化上级审计机关对下级审计机关的领导。探索省以下地方审计机关人财物统一管理。

5. 全面推进政务公开。坚持以公开为常态、不公开为例外原则。推进决策公开、执行公开、管理公开、服务公开、结果公开。各级政府及其工作部门依据权力清单，向社会全面公开政府职能、法律依据、实施主体、职责权限、管理流程、监督方式等事项。重点推进财政预算、公共资源配置、重大建设项目批准和实施、社会公益事业建设等领域的政府信息公开。涉及公民、法人或其他组织权利和义务的规范性文件，按照政府信息公开要求和程序予以公布。推行行政执法公示制度。推进政务公开信息化，加强互联网政务信息数据服务平台和便民服务平台建设。

（三）确立了法治政府建设的具体目标

2015 年 12 月 27 日，中共中央、国务院印发了《法治政府建设实施纲要（2015—2020 年）》，[1] 纲要指出中共十八大把法治政府基本建成确立为到 2020 年全面建成小康社会的重要目标之一，意义重大、影响深远、任务艰巨。为深入推进依法行政，加快建设法治政府，如期实现法治政府基本建成的奋斗目标，针对当前法治政府建设实际，制定本纲要。

纲要总体要求的指导思想是，高举中国特色社会主义伟大旗帜，全面贯彻中共十八大和十八届二中、三中、四中、五中全会精神，以马克思列宁主义、毛泽东思想、邓小平理论、“三个代表”重要思想、科学发展观为指导，深入贯彻习近平总书记系列重要讲话精神，根据全面建成小康社会、全面深化改革、全面依法治国、全面从严治党的战

1 《法治政府建设实施纲要（2015—2020 年）》的详细内容，参见《人民日报》2015 年 12 月 28 日。

略布局，围绕建设中国特色社会主义法治体系、建设社会主义法治国家的全面推进依法治国总目标，坚持依法治国、依法执政、依法行政共同推进，坚持法治国家、法治政府、法治社会一体建设，深入推进依法行政，加快建设法治政府，培育和践行社会主义核心价值观，弘扬社会主义法治精神，推进国家治理体系和治理能力现代化，为实现“两个一百年”奋斗目标、实现中华民族伟大复兴的中国梦提供有力法治保障。

纲要总体目标是，经过坚持不懈的努力，到 2020 年基本建成职能科学、权责法定、执法严明、公开公正、廉洁高效、守法诚信的法治政府。

纲要基本原则是，建设法治政府必须坚持中国共产党的领导，坚持人民主体地位，坚持法律面前人人平等，坚持依法治国和以德治国相结合，坚持从中国实际出发，坚持依宪施政、依法行政、简政放权，把政府工作全面纳入法治轨道，实行法治政府建设与创新政府、廉洁政府、服务型政府建设相结合。

纲要衡量标准是，政府职能依法全面履行，依法行政制度体系完备，行政决策科学民主合法，宪法法律严格公正实施，行政权力规范透明运行，人民权益切实有效保障，依法行政能力普遍提高。

纲要提出的主要任务和具体措施包括以下七个方面：

1. 依法全面履行政府职能

确立的目标是，牢固树立创新、协调、绿色、开放、共享的发展理念，坚持政企分开、政资分开、政事分开、政社分开，简政放权、放管结合、优化服务，政府与市场、政府与社会的关系基本理顺，政府职能切实转变，宏观调控、市场监管、社会管理、公共服务、环境保护等职责依法全面履行。

具体措施是，深化行政审批制度改革，全面清理行政审批事项，全部取消非行政许可审批事项。大力推行权力清单、责任清单、负面清单制度并实行动态管理，在全面梳理、清理调整、审核确认、优化流程的基础上，将政府职能、法律依据、实施主体、职责权限、管理流程、监督方式等事项以权力清单的形式向社会公开，逐一厘清与行政权力相对应的责任事项、责任主体、责任方式。优化政府组织结构，完善行政组织和行政程序法律制度，推进机构、职能、权限、程序、责任法定化。完善宏观调控，健全发展规划、投资管理、财政税收、金融等方面法律制度，加强发展战略、规划、政策、标准等制定和实施。加强市场监管，清理、废除妨碍全国统一市场和公平竞争的各种规定和做法，破除部门保护、地区封锁和行业垄断。创新社会治理，加强社会治理法律、体制机制、能力、人才队伍和信息化建设，提高社会治理科学化和法治化水平。优化公共服务，着力促进教育、卫生、文化等社会事业健康发展，强化政府促进就业、调节收入分配和完善社会保障职能，加快形成政府主导、覆盖城乡、可持续的基本公共服务体系，实现基本公共服务标准化、均等化、法定化。强化生态环境保护，加快建立和完善有效约束开发行为和促进绿色发展、循环发展、低碳发展的生态文明法律制度。

2. 完善依法行政制度体系

确立的目标是，提高政府立法质量，构建系统完备、科学规范、运行有效的依法行政制度体系，使政府管理各方面制度更加成熟更加定型，为建设社会主义市场经济、民主政治、先进文化、和谐社会、生态文明，促进人的全面发展，提供有力制度保障。

具体措施，完善政府立法体制机制，严格落实立法法规定，坚持立改废释并举，完善行政法规、规章制定程序，健全政府立法立项、起草、论证、协调、审议机制，推进政府立法精细化，增强政府立法的及时性、系统性、针对性、有效性。加强重点领域政府立法，围绕党和国家中心工作，加快推进完善社会主义市场经济体制，发展社会主义民主政治，建设社会主义先进文化，创新社会治理，保障公民权利和改善民生，维护国家安全，保护生态环境和加强政府自身建设等领域的政府立法。提高政府立法公众参与度，拓展社会各方有序参与政府立法的途径和方式。加强规范性文件监督管理，规范性文件不得设定行政许可、行政处罚、行政强制等事项，不得减损公民、法人和其他组织合法权益或者增加其义务。建立行政法规、规章和规范性文件清理长效机制，根据全面深化改革、经济社会发展需要，以及上位法制定、修改、废止情况，及时清理有关行政法规、规章、规范性文件。

3. 推进行政决策科学化、民主化、法治化

确立的目标是，行政决策制度科学、程序正当、过程公开、责任明确，决策法定程序严格落实，决策质量显著提高，决策效率切实保证，违法决策、不当决策、拖延决策明显减少并得到及时纠正，行政决策公信力和执行力大幅提升。

具体措施是，健全依法决策机制，完善重大行政决策程序制度，明确决策主体、事项范围、法定程序、法律责任，规范决策流程，强化决策法定程序的刚性约束。增强公众参与实效，事关经济社会发展全局和涉及群众切身利益的重大行政决策事项，应当广泛听取意见，与利害关系人进行充分沟通。提高专家论证和风险评估质量，对专业性、技术性较强的决策事项，应当组织专家、专业机构进行论证。加强合法性审查，建立行政机关内部重大决策合法性审查机制，未经合法性审查或经审查不合法的，不得提交讨论。坚持集体讨论决定，重大行政决策应当经政府常务会议或者全体会议、部门领导班子会议讨论，由行政首长在集体讨论基础上作出决定。严格决策责任追究，健全并严格实施重大决策终身责任追究制度及责任倒查机制，对决策严重失误或者依法应该及时作出决策但久拖不决造成重大损失、恶劣影响的，严格追究行政首长、负有责任的其他领导人员和相关责任人员的党纪政纪和法律责任。

4. 坚持严格规范公正文明执法

确立的目标是，权责统一、权威高效的行政执法体制建立健全，法律法规规章得到严格实施，各类违法行为得到及时查处和制裁，公民、法人和其他组织的合法权益得到切实保障，经济社会秩序得到有效维护，行政违法或不当行为明显减少，对行政执法的社会满意度显著提高。

具体措施是，改革行政执法体制，根据不同层级政府的事权和职能，按照减少层次、整合队伍、提高效率的原则，合理配置执法力量。完善行政执法程序，建立健全行政裁量权基准制度，细化、量化行政裁量标准，规范裁量范围、种类、幅度。创新行政执法方式，推行行政执法公示制度。加强行政执法信息化建设和信息共享，健全公民和组织守法信用记录，完善守法诚信褒奖机制和违法失信行为惩戒机制。全面落实行政执法责任制，严格确定不同部门及机构、岗位执法人员的执法责任，建立健全常态化的责任追究机制。健全行政执法人员管理制度。加强行政执法保障，推动形成全社会支持行政执法机关依法履职的氛围，对妨碍行政机关正常工作秩序、阻碍行政执法人员依法履责的违法行为，坚决依法处理。

5. 强化对行政权力的制约和监督

确立的目标是，科学有效的行政权力运行制约和监督体系基本形成，惩治和预防腐败体系进一步健全，各方面监督形成合力，人民群众的知情权、参与权、表达权、监督权得到切实保障，损害公民、法人和其他组织合法权益的违法行政行为得到及时纠正，违法行政责任人依法依纪受到严肃追究。

具体措施是，健全行政权力运行制约和监督体系，坚持用制度管权管事管人，坚持决策权、执行权、监督权既相互制约又相互协调，完善各方面监督制度，确保行政机关按照法定权限和程序行使权力。自觉接受党内监督、人大监督、民主监督、司法监督。加强行政监督和审计监督，完善政府内部层级监督，改进上级行政机关对下级行政机关的监督，建立健全常态化、长效化监督制度。完善社会监督和舆论监督机制。全面推进政务公开，坚持以公开为常态、不公开为例外原则，推进决策公开、执行公开、管理公开、服务公开、结果公开。完善纠错问责机制，加强行政问责规范化、制度化建设，增强行政问责的针对性和时效性。

6. 依法有效化解社会矛盾纠纷

确立的目标是，公民、法人和其他组织的合法权益得到切实维护，公正、高效、便捷、成本低廉的多元化矛盾纠纷解决机制全面形成，行政机关在预防、解决行政争议和民事纠纷中的作用充分发挥，通过法定渠道解决矛盾纠纷的比率大幅提升。

具体措施是，健全依法化解纠纷机制，构建对维护群众利益具有重大作用的制度体系，建立健全社会矛盾预警机制、利益表达机制、协商沟通机制、救济救助机制。加强行政复议工作，完善行政复议制度，改革行政复议体制，积极探索整合地方行政复议职责。完善行政调解、行政裁决、仲裁制度。加强人民调解工作，完善人民调解、行政调解、司法调解联动工作体系。改革信访工作制度，把信访纳入法治化轨道，保障合理合法诉求依照法律规定和程序就能得到合理合法的结果。

7. 全面提高政府工作人员法治思维和依法行政能力

确立的目标是，政府工作人员特别是领导干部牢固树立宪法法律至上、法律面前人人平等、权由法定、权依法使等基本法治理念，恪守合法行政、合理行政、程序正当、高效便民、诚实守信、权责统一等依法行政基本要求，做尊法学法守法用法的模范，法治思维和依法行政能力明显提高，在法治轨道上全面推进政府各项工作。

具体措施是，树立重视法治素养和法治能力的用人导向，抓住领导干部这个全面依法治国的“关键少数”。加强对政府工作人员的法治教育培训。完善政府工作人员法治能力考查测试制度。注重通过法治实践提高政府工作人员法治思维和依法行政能力。

在组织保障和落实机制方面，纲要强调，党的领导是全面推进依法治国、加快建设法治政府最根本的保证，必须坚持党总揽全局、协调各方，发挥各级党委领导核心作用，把党的领导贯彻到法治政府建设各方面。各级政府及其部门要自觉接受党的领导，切实增强建设法治政府的使命感、紧迫感和责任感，加强组织领导，强化工作责任，一级抓一级，层层抓落实。

（四）全面推进政务公开

2016年2月17日中共中央办公厅、国务院办公厅印发了《关于全面推进政务公开工作的意见》，[1]意见指出，公开透明是法治政府的基本特征。全面推进政务公开，让权力在阳光下运行，对于发展社会主义民主政治，提升国家治理能力，增强政府公信力执行力，保障人民群众知情权、参与权、表达权、监督权具有重要意义。党中央、国务院高度重视政务公开，作出了一系列重大部署，各级政府认真贯彻落实，政务公开工作取得积极成效。但与人民群众的期待相比，与建设法治政府的要求相比，仍存在公开理念不到位、制度规范不完善、工作力度不够强、公开实效不理想等问题。

关于全面推进政务公开工作的总体要求，意见提出了政务公开的指导思想，即认真落实党的十八大和十八届三中、四中、五中全会精神，深入贯彻习近平总书记系列重要讲话精神，紧紧围绕“四个全面”战略布局，牢固树立创新、协调、绿色、开放、共享的发展理念，深入推进依法行政，全面落实党中央、国务院有关决策部署和政府信息公开条例，坚持以公开为常态、不公开为例外，推进行政决策公开、执行公开、管理公开、服务公开和结果公开，推动简政放权、放管结合、优化服务改革，激发市场活力和社会创造力，打造法治政府、创新政府、廉洁政府和服务型政府。

政务公开的基本原则是，紧紧围绕经济社会发展和人民群众关注关切，以公开促落实，以公开促规范，以公开促服务。依法依规明确政务公开的主体、内容、标准、方式、程序，加快推进权力清单、责任清单、负面清单公开。坚持改革创新，注重精细化、可操作性，务求公开实效，让群众看得到、听得懂、能监督。以社会需求为导向，以新闻媒体为载体，推行“互联网+政务”，扩大公众参与，促进政府有效施政。

---

1 《关于全面推进政务公开工作的意见》的具体内容，详见《人民日报》2016年2月18日。

政务公开的工作目标是，到2020年，政务公开工作总体迈上新台阶，依法积极稳妥实行政务公开负面清单制度，公开内容覆盖权力运行全流程、政务服务全过程，公开制度化、标准化、信息化水平显著提升，公众参与度高，用政府更加公开透明赢得人民群众更多理解、信任和支持。

关于推进政务阳光透明，意见提出推进决策公开，把公众参与、专家论证、风险评估、合法性审查、集体讨论决定确定为重大行政决策法定程序。推进执行公开，主动公开重点改革任务、重要政策、重大工程项目的执行措施、实施步骤、责任分工、监督方式，根据工作进展公布取得成效、后续举措，听取公众意见建议，加强和改进工作，确保执行到位。推进管理公开，全面推行权力清单、责任清单、负面清单公开工作，建立健全清单动态调整公开机制。推进服务公开，把实体政务服务中心与网上办事大厅结合起来，推动政务服务向网上办理延伸。推进结果公开，各级行政机关都要主动公开重大决策、重要政策落实情况，加大对党中央、国务院决策部署贯彻落实结果的公开力度。推进重点领域信息公开，着力推进财政预决算、公共资源配置、重大建设项目批准和实施、社会公益事业建设等领域的政府信息公开。

关于扩大政务开放参与，意见提出推进政府数据开放，按照促进大数据发展行动纲要的要求，实施政府数据资源清单管理，加快建设国家政府数据统一开放平台，制定开放目录和数据采集标准，稳步推进政府数据共享开放。加强政策解读，将政策解读与政策制定工作同步考虑，同步安排，对涉及面广、社会关注度高、实施难度大、专业性强的政策法规，要通过新闻发布、政策吹风、接受访谈、发表文章等方式做好解读，深入浅出地讲解政策背景、目标和要点。扩大公众参与，通过政务公开让公众更大程度参与政策制定、执行和监督，汇众智定政策抓落实，不断完善政策，改进工作。回应社会关切，建立健全政务舆情收集、研判、处置和回应机制，加强重大政务舆情回应督办工作，对涉及本地区本部门的重要政务舆情、媒体关切、突发事件等热点问题，要按程序及时发布权威信息，讲清事实真相、政策措施以及处置结果等，认真回应关切。发挥媒体作用，把新闻媒体作为党和政府联系群众的桥梁纽带，运用主要新闻媒体及时发布信息，解读政策，引领社会舆论。

关于提升政务公开能力，意见提出要完善制度规范，建立健全政务公开制度，注重将政务公开实践成果上升为制度规范，对不适应形势要求的规定及时予以调整清理。建立政务公开负面清单，各省（自治区、直辖市）政府和国务院各部门要依法积极稳妥制定政务公开负面清单，细化明确不予公开范围，对公开后危及国家安全、经济安全、公共安全、社会稳定等方面的事项纳入负面清单管理，及时进行调整更新。提高信息化水平，积极运用大数据、云计算、移动互联网等信息技术，提升政务公开信息化、集中化水平。加强政府门户网站建设，将政府网站打造成更加全面的信息公开平台、更加权威的政策发布解读和舆论引导平台、更加及时的回应关切和便民服务平台。抓好教育培训，各级政府要把政务公开列入公务员培训科目，加强对行政机关工作人员特别是领导干部的培训，增强公开意识，提高发布信息、解读政策、回应关切的能力。

在强化保障措施方面，意见强调各级政府要在党委统一领导下，牵头做好政务公开工作。要把政务公开工作纳入绩效考核体系。

2016 年 11 月 15 日，国务院办公厅印发《〈关于全面推进政务公开工作的意见〉实施细则》，对全面推进政务公开工作作出具体部署。

第十五章 建立完善的司法体制，促进社会公正实现

法律和秩序是人类社会赖以生存和发展的基石，而司法机关的使命就在于保障个人自由权利，防止专横统治，维护既定的秩序和社会利益。司法保障可以说是对公民自由权利、社会秩序和社会利益受到侵害时的一种社会救济。因此，没有司法保障，走向法治社会是不可能的。中共十一届三中全会以来，根据不同时期的历史特点和司法工作面临的任务，在司法机关和司法队伍建设，推进司法改革，保障社会公平和正义的实现，优化司法职权配置，规范司法行为，建设公正高效权威的社会主义司法制度等方面，形成了系统的中国特色社会主义司法理论，构成中国特色社会主义法学理论的重要内容，并成为推进我国司法体制改革，建立完善的社会主义司法制度遵循的重要指导思想。

一、加强司法机关和司法队伍建设

建立符合法治原则的司法制度，建立一支高素质的司法职业队伍，是建设社会主义法治国家的重要环节和必要条件，也是建设社会主义法治国家的基础工程。自中共十一届三中全会以来，我国不断建立和完善司法体制和工作机制，努力通过公正司法保障公民和其他各类社会主体的合法权益，实现公平正义；在司法体制改革的探索，建立公正高效权威的社会主义司法制度等方面初见成效，司法制度建设有了长足的进步。

（一）加强和完善司法机关建设

中共十一届三中全会后，鉴于十年"文化大革命"对民主法制造成的严重破坏，党和国家领导人进行了深刻反思，充分认识到法制建设的重要作用。1978 年 12 月召开的中共十一届三中全会，为全面加强我国的社会主义法治建设确立了思想政治基础和指导方针，有力地促进了当代中国司法体制与制度的恢复和重建，使整个国家更快地回到了正常的社会生活秩序。

中华人民共和国成立后，废除了旧的司法机关和司法制度，普遍地建立了新的人民司法机关和司法制度。但"文化大革命"期间，林彪、"四人帮"提出了"砸烂公检法"的口号，从而使这些机关普遍受到冲击并陷于瘫痪、半瘫痪的状态，其中，检察机关受到的破坏最为严重。1968 年，我国各级检察机关均被撤销，检察工作被迫停止。1975 年宪法正式确认了各级人民检察院被撤销的事实，规定"检察机关的职权由各级公安机关行使"。针对这种状况，为了尽快建立法制秩序，在"文化大革命"结束不久的 1977 年，邓小平就曾指出，林彪、"四人帮"要砸烂公、检、法，他们不是搞无产阶级专政，而是专无产阶级的政。我们的很多制度都要恢复起来[1]，要求"加强检察机关和司法机关"[2]。据此，中共十一届三中全会后，司法机关很快得到了恢复和重建。

1978 年 3 月，第五届全国人民代表大会第一次会议通过了新修改的《中华人民共和国宪法》。由于历史因素，这部宪法尽管仍带有诸多"左倾"因素，但基本上恢复了"文化大革命"前我国宪法对国家机关、公民权利的规定，同时决定重建检察机关。到 1979 年底全国各级检察机关基本上建立起来。在 20 世纪 80 年代初期，在检察、司法机构的设置问题上，出现了检察机关与司法部合并与维持现状的两种不同意见，对此邓小平明确表态："检察院仍维持现状，不与司法部合并。"[3]

1979 年 7 月，五届人大二次会议通过了《人民法院组织法》和《人民检察院组织法》。"两院"组织法规定了人民法院的任务、审判制度、辩护制度和人民陪审员制度、组织管理方式；确定检察院的性质是国家的法律监督机关，检察机关实行垂直领导关系，明确设定检察委员会制度，并且重申了 1954 年"两院"组织法所确立的司法独立原则。

1 《邓小平年谱》(1975—1997)（下），中央文献出版社 2007 年版，第 221—222 页。

2 《邓小平文选》第 2 卷，人民出版社 1994 年第 2 版，第 146 页。

3 《邓小平年谱》(1975—1997)（下），中央文献出版社 2007 年版，第 863 页。

这两部法律开创了改革开放新时期我国司法制度重新建立的新起点，有力地规范了改革开放新时期的司法工作。

改革开放初期通过的两部诉讼法，对当时我国司法体制的完善也发挥了重要作用。1979 年 7 月 1 日，五届全国人大二次会议通过了新中国第一部刑事诉讼法。该法规定了刑事诉讼的指导思想和基本原则，对管辖、回避、辩护、证据等基本刑事诉讼制度，立案、侦查、提起公诉，以及审判和执行等都做了比较详尽和具体的规定，形成了公检法相互配合相互制约的司法制度。1982 年 3 月 8 日五届全国人大常委会第二十二次会议审议通过了新中国第一部《中华人民共和国民事诉讼法（试行）》，规定了民事诉讼的任务和原则，民事诉讼的基本制度和程序等。两部诉讼法不仅是对“文化大革命”期间司法程序遭受严重践踏的历史教训的总结，也是适应当时形势发展和司法实践的需要。同时，随着中共十一届三中全会以来我国经济体制改革的不断深入，经济的发展和繁荣，人们之间的经济联系日益密切，也使得经济纠纷大量涌现，经济案件大幅度增加。在此种背景下，1982 年 9 月 2 日，第六届全国人大常委会第二次会议，对“两院”组织法作了部分修改，决定在各级法院设立经济审判庭，对进一步充实司法组织，维护经济秩序起到了重要作用。

1982 年 12 月 4 日，五届全国人大五次会议通过了新宪法，宪法设专节规定“人民法院和人民检察院”，将中共十一届三中全会以来重建和健全的司法体系和制度正式确认下来，这在中华人民共和国法制与司法制度建设史上具有里程碑的意义。

随着“健全社会主义民主，加强社会主义法制”方针的确立，我国的司法行政、律师、公证等制度也得到了恢复与重建。

1979 年 9 月，五届全国人大常委会第十一次会议决定，为了适应社会主义法治建设的需要，加强司法行政工作，恢复设立司法部。同年 10 月，中共中央、国务院发出《关于迅速建立地方司法行政机构的通知》。1980 年 7 月，国务院批转司法部《关于迅速建立省属市（地区）、县司法行政机构的请示报告》。到 1980 年底，从中央到地方都恢复了各级司法行政机关，直至在乡镇等基层人民政府设立司法助理员。1982 年宪法规定，国务院领导和管理司法行政工作，确定了司法行政工作的法律地位，从而使司法行政和司法审判从“合一制”又回到“分立制”。[1]

---

1 熊先觉、刘运宏：《中国司法制度学》，法律出版社 2007 年版，第 125 页。

从1979年起，律师业务重新发展。1980年通过了《律师暂行条例》，标志着律师制度进入发展的新阶段，使律师参加诉讼活动有了法律保障。[1]在1982年司法行政工作会议以及1983年和1984年两次律师体制改革会议的基础上，司法部于1988年3月开始着手起草律师法，其后又经过不断的改革和探索，在1996年5月，《中华人民共和国律师法》正式颁布，标志着我国的律师制度建设进入了一个崭新的历史阶段。在公证制度方面，1980年2月司法部发布了《关于逐步恢复国内公证业务的通知》，使得公证工作得以重建。1982年4月国务院公布第一个全国性的公证法规，即《公证暂行条例》，为公证工作的发展奠定良好基础。此后随着1988年《公证员职务试行条例》、1990年《公证程序规则（试行）》等规定的陆续颁布，使公证制度走上正规发展的道路。

另外，人民调解、仲裁和法律援助等制度也得到重建和发展。1980年重新公布了《人民调解委员会组织通则》，此后人民调解制度又先后被写入《民事诉讼法》和《宪法》。在法律援助方面，1994年司法部提出建立法律援助制度。1996年司法部正式成立法律援助中心，1997年国家法律援助基金会成立。同时，各地法律援助制度迅速建立，法律援助事业蓬勃发展。2003年7月，国务院颁布的《法律援助条例》，使我国法律援助工作进一步走上法制化轨道。

1980年初，邓小平在回顾粉碎"四人帮"以后的各项工作成就时，司法机关的建设被作为我国法治建设的一项重要成就，给予了充分肯定，认为"我们的公安、检察、司法工作……都开始走上了正轨"。[2]

（二）加强司法队伍建设

如同司法机关的命运一样，在"文化大革命"时期，司法队伍也受到严重冲击。中共十一届三中全会提出加强民主与法制建设的方针后，司法队伍的状况与形势发展的需要极不适应，首先是数量严重不足。邓小平对此作过科学的分析。他在谈到进行社会主义现代化建设需要越来越多的专门人才时说："像我们这么大的国家，各行各业，一千八百万干部，就绝对数字来说，并不算多。问题是干部构成不合理，缺乏专业知识、专业能力的干部太多，具有专业知识、专业能力的干部太少。比如现在我们能担任

1　张晋藩：《中国司法制度史》，人民法院出版社2004年版，第650页。

2　《邓小平文选》第2卷，人民出版社1994年第2版，第244—245页。

司法工作的干部，包括法官、律师、审判官、检察官、专业警察，起码缺一百万。可以当律师的，当法官的，学过法律、懂得法律，而且执法公正、品德合格的专业干部很少。”[1]“现在，警察不够，警官更不够，法院院长、律师、检察官、审判员都缺乏。”[2]司法人员的缺乏，严重制约着司法机关作用的发挥。因此，加强司法队伍建设，首先要建立一支数量上能适应形势发展需要的司法人员队伍。有鉴于此，邓小平及时地提出了加强司法队伍建设的任务。他说：“要从基本建设队伍和转业军人中挑选一批好的职工、干部和战士，经过训练，扩大和加强政法公安干警队伍。”[3]在培养现代化建设所需要的一些专家、懂行的人才过程中，“如果能增加一百万司法干部……那就比较好了”。[4]1981年9月4日，邓小平在会见美国最高法院首席大法官沃伦·伯格以及美国国际交流署代表团、美国绘画展览代表团，介绍中国四个现代化的前景时指出：“中国同美国相比，中国法律太少，法官、律师等司法人员太少。我们必须制定必要的法律，同时培养司法人才。”[5]通过以上论述，可以看出邓小平对培养大批能够满足社会需求、经过专门训练、具有相应专业知识的高素质司法人员的重视。

邓小平不仅重视建立一支数量充足的法律工作者队伍，而且还要求这些人必须有较高的素质。他说：“要大力加强政法、公安部门的建设和工作，提高这些部门人员的政治素质和业务素质。”[6]从事法律职业的人员的政治和业务素质，主要体现在忠实于党和人民的利益，忠实于事实真相，忠实于法律，要伸张正义、公正执法等。基于此，邓小平对司法人员的素质提出了较高的要求。他强调一定要严格按条件和标准进行选拔。他说：“一般资本主义国家考法官、考警察，条件很严格，我们更应该严格，除了必须通晓各项法律、政策、条例、程序、案例和有关的社会知识外，特别要求大公无私、作风正派。”[7]邓小平的这些论述，是我们选拔职业法律人员所应遵循的准则。

建设一支高素质的司法队伍，始终是我国司法体制改革的核心内容之一，并受到党和国家的高度重视。中共十四大报告在谈到民主法制建设问题时就指出：“加强政法部

1 《邓小平文选》第2卷，人民出版社1994年第2版，第263页。
2 同上书，第286页。
3 同上书，第371—372页。
4 同上书，第196页。
5 《邓小平年谱（1975—1979）》（下），中央文献出版社2007年版，第767页。
6 《邓小平文选》第2卷，人民出版社1994年第2版，第371页。
7 同上书，第286页。

门自身建设，提高人员素质和执法水平。”[1] 中共十五大报告强调，要“加强执法和司法队伍建设”。[2] 中共十六大报告提出，要“建设一支政治坚定、业务精通、作风优良、执法公正的司法队伍”。[3]

中共十八大以来，在司法体制改革方案的顶层设计中，对司法队伍建设的目标要求更加明确，更加具有可操作性。中共十八届三中全会通过的《中共中央关于全面深化改革若干重大问题的决定》，提出了司法队伍建设的改革方案，要求“建立符合职业特点的司法人员管理制度，健全法官、检察官、人民警察统一招录、有序交流、逐级遴选机制，完善司法人员分类管理制度，健全法官、检察官、人民警察职业保障制度。”[4] 中共十八届四中全会通过的《中共中央关于全面推进依法治国若干重大问题的决定》，就加强以司法队伍为主体的法治专门队伍建设提出了更加具体的一系列举措，强调“推进法治专门队伍正规化、专业化、职业化，提高职业素养和专业水平。完善法律职业准入制度，健全国家统一法律职业资格考试制度，建立法律职业人员统一职前培训制度。建立从符合条件的律师、法学专家中招录立法工作者、法官、检察官制度，畅通具备条件的军队转业干部进法治专门队伍的通道，健全从政法专业毕业生中招录人才的规范便捷机制”。“建立法官、检察官逐级遴选制度。初任法官、检察官由高级人民法院、省级人民检察院统一招录，一律在基层法院、检察院任职。上级人民法院、人民检察院的法官、检察官一般从下一级人民法院、人民检察院的优秀法官中遴选。”[5] 上述改革措施的落实，必将为建设一支高素质的司法队伍提供良好的制度保障。

（三）发展法学教育，培养法律人才

加强司法队伍建设，提高司法人员素质，培养法律人才，必须大力发展法学教育。邓小平的教育思想内容很丰富，法学教育是其中一个重要方面。他可以说是当代中国法学教育的大力倡导者。1985 年 6 月，在同彭真谈话时，他强调指出：“我们从新中国成

---

1 《江泽民文选》第 1 卷，人民出版社 2006 年版，第 236 页。
2 《江泽民文选》第 2 卷，人民出版社 2006 年版，第 31 页。
3 《江泽民文选》第 3 卷，人民出版社 2006 年版，第 557 页。
4 《中共中央关于全面深化改革若干重大问题的决定》，《党的十八届三中全会〈决定〉学习辅导百问》，党建读物出版社、学习出版社 2013 年版，第 21 页。
5 《中共中央关于全面推进依法治国若干重大问题的决定》，《党的十八届四中全会〈决定〉学习辅导百问》，学习出版社、党建读物出版社 2014 年版，第 23 页。

立以来就对法律学校注意不够。在一些国家，大学毕业以后还要学习法律专科。经济发达国家的领导人当中，许多是学过法律的。建设一个社会主义法治国家，没有大批法律院校怎么行呢？所以要大力扩大、发展法律院校。”[1]“一个法律院校，一个管理学院，要发展，要扩大。这个问题也很重要。很多国家的政府领导人中，许多是学过法律的。我们‘文化大革命’中把法律院校搞掉，这是不对的。新中国成立以来对这个问题重视不够。”[2]当代中国的法学教育得以迅速恢复、发展和繁荣，与邓小平的大力倡导是分不开的。

粉碎“四人帮”以后，在深刻反思“文化大革命”教训的基础上，党和国家的工作重心转移到社会主义现代化建设和改革开放事业上来，并且提出了加强社会主义民主、健全社会主义法制的基本方针，中国社会自此进入了民主法制建设时期。社会主义法制建设的一个重要基础就是需要大批合格的法律人才，法学教育自此得以恢复，并迅速得到发展。

自20世纪70年代末以来，我国法学教育的规模以空前未有的速度扩大。法学教育的层次日趋齐全，结构亦日臻完善。目前，我国已经基本建立了由普通高等法学教育、成人法学教育、法律职业教育构成的多渠道、多形式、多层次的法学教育体系。

中共十八大以来，根据全面推进依法治国的新形势，对司法人才的培养和法学教育提出了新的要求，强调要“着力建设一支忠于党、忠于国家、忠于人民、忠于法律的社会主义法治工作队伍”。[3]中共十八届四中全会对创新法治人才培养机制应坚持的指导思想、法学教育的任务、课程体系和教材建设、人才培养要求、法学师资队伍建设等进行了全面部署，提出“坚持用马克思主义法学思想和中国特色社会主义法治理论全方位占领高校、科研机构法学教育和法学研究阵地，加强法学基础理论研究，形成完善的中国特色社会主义法学理论体系、学科体系、课程体系，组织编写和全面采用国家统一的法律类专业核心教材，纳入司法考试必考范围。坚持立德树人、德育为先导向，推动中国特色社会主义法治理论进教材进课堂进头脑，培养造就熟悉和坚持中国特色社会主义法

1　彭真：《论新时期的社会主义民主与法制建设》，载任建新主编：《法律知识读本》，法律出版社1996年版，第86页。

2　《邓小平年谱（1975—1997）》（下），中央文献出版社2007年版，第1055页。

3　《中共中央关于全面推进依法治国若干重大问题的决定》，《党的十八届四中全会〈决定〉学习辅导百问》，学习出版社、党建读物出版社2014年版，第22页。

治体系的法治人才及后备力量。建设通晓国际法律规则、善于处理涉外法律事务的涉外法治人才队伍。健全政法部门和法学院校、法学研究机构人员双向交流机制，实施高校和法治工作部门人员互聘计划，重点打造一支政治立场坚定、理论功底深厚、熟悉中国国情的高水平法学家和专家团队，建设高素质学术带头人、骨干教师、专兼职教师队伍”。[1]

2017 年 5 月 3 日，在五四青年节来临之际，习近平来到中国政法大学考察并发表了重要谈话，其主要内容之一就是系统论述了全面依法治国的一系列重大理论和实践问题。阐释了全面依法治国的战略地位，法治建设的使命和作用，法治人才队伍建设的重要性，重视法治理论的引领和法学理论研究，加强法学学科体系建设，法学研究和法治建设要突出中国特色，法治建设要处理好立足国情和学习借鉴的关系，法学教育要突出实践特征，法学教师要带头践行社会主义核心价值观，要坚持法治和德治并重，法学教育要坚持立德树人、德法兼修，抓好法治人才培养，领导干部要做尊法学法守法用法的模范，等等。核心内容是如何开展法学教育和法治人才培养问题。

他强调法学教育要坚持立德树人，德法兼修，培养大批高素质法治人才。他指出，建设法治国家、法治政府、法治社会，实现科学立法、严格执法、公正司法、全民守法，都离不开一支高素质的法治工作队伍。法治人才培养上不去，法治领域不能人才辈出，全面依法治国就不可能做好。法学学科体系建设对于法治人才培养至关重要。我们有我们的历史文化，有我们的体制机制，有我们的国情，我们的国家治理有其他国家不可比拟的特殊性和复杂性，也有我们自己长期积累的经验和优势，在法学学科体系建设上要有底气、有自信。要以我为主、兼收并蓄、突出特色，深入研究和解决好为谁教、教什么、教给谁、怎样教的问题，努力以中国智慧、中国实践为世界法治文明建设作出贡献。对世界上的优秀法治文明成果，要积极吸收借鉴，也要加以甄别，有选择地吸收和转化，不能囫囵吞枣、照搬照抄。法学学科是实践性很强的学科，法学教育要处理好知识教学和实践教学的关系。要打破高校和社会之间的体制壁垒，将实际工作部门的优质实践教学资源引进高校，加强法学教育、法学研究工作者和法治实际工作者之间的交流。法学

---

1 《中共中央关于全面推进依法治国若干重大问题的决定》，《党的十八届四中全会〈决定〉学习辅导百问》，学习出版社、党建读物出版社 2014 年版，第 24—25 页。

专业教师要坚定理想信念，带头践行社会主义核心价值观，在做好理论研究和教学的同时，深入了解法律实际工作，促进理论和实践相结合，多用正能量鼓舞激励学生。法学教育要坚持立德树人，不仅要提高学生的法学知识水平，而且要培养学生的思想道德素养。[1]

中共十八届四中全会提出的关于法治人才培养的措施和要求，习近平关于法学教育和法治人才培养的论述，为未来一定时期我国法学教育指明了方向。

二、司法体制改革应坚持正确的指导思想

（一）要坚持党的领导

中共十八届四中全会决定对坚持党的领导和依法治国的关系，进行了全面系统阐释，强调坚持党的领导，是社会主义法治的根本要求，社会主义法治必须坚持党的领导。作为社会主义法治建设的重要组成部分，深化司法体制改革也要坚持党的领导。这是司法体制改革必须坚持的政治方向。习近平曾指出："深化司法体制改革，是要更好坚持党的领导、更好发挥我国司法制度的特色、更好促进社会公平正义。凡是符合这个方向、应该改又能够改的，就要坚决改；凡是不符合这个方向、不应该改的，就决不能改。简单临摹、机械移植，只会造成水土不服，甚至在根本问题上出现颠覆性错误。"[2]

坚持党对司法工作领导的同时，党也要善于领导司法工作，支持司法机关依照宪法和法律工作独立履行职责。对此，习近平指出："保证司法机关依法独立公正行使职权是我们党的明确主张。吸取'文化大革命'的教训，党的十一届三中全会就明确提出'检察机关和司法机关要保持应有的独立性'。我国宪法规定，人民法院、人民检察院依照法律规定独立行使审判权、检察权，不受行政机关、社会团体和个人的干涉。我们一些领导干部对怎么坚持党对政法工作的领导认识不清、把握不准，有的该管的不敢管、不会管，怕人家说以权压法、以言代法；有的对政法部门职责范围内的事情管得过多过细，管了一些不该管、管不好的具体业务工作；有的甚至为了一己私利，插手和干预司法个案。各级党组织和领导干部要适应科学执政、民主执政、依法执政的要求，支持政

1 参见习近平：《立德树人德法兼修抓好法治人才培养 励志勤学刻苦磨炼促进青年成长进步》，《人民日报》2017 年 5 月 4 日。

2 习近平：《在中央政法工作会议上的讲话》（2014 年 1 月 7 日），《习近平关于全面依法治国的论述摘编》，中央文献出版社 2015 年版，第 77 页。

法系统各单位依照宪法法律独立负责、协调一致开展工作。”[1]

（二）坚持司法为民的理念

建设公正高效权威的社会主义司法制度，在指导思想上，应当坚持“公正司法，一心为民”，即司法为民的理念。坚持司法为民，既要全面推进司法体制改革，又要把握改革的重点是加强对司法权力的监督，维护司法公正，维护广大人民群众的根本利益。

2004年9月16日，胡锦涛在中共十六届四中全会第一次会议上发表讲话，指出：“以在全社会实现公平和正义为目标，以解决制约司法公正和人民群众反映强烈的问题为重点，以加强监督为主要措施，提出司法体制改革的初步意见。”[2]2006年5月3日，中共中央在《关于进一步加强人民法院、人民检察院工作的决定》中指出，要“坚持司法为民，最大限度保护最广大人民的根本利益”。[3]2006年10月11日，中共中央发布《关于构建社会主义和谐社会若干重大问题的决定》，指出：“完善司法体制机制，加强社会和谐的司法保障。坚持司法为民、公正司法，推进司法体制和工作机制改革，建设公正、高效、权威的社会主义司法制度，发挥司法维护公平正义的职能作用。”[4]

中共十八大以来，司法为民理念贯穿于法治中国的全过程。习近平对坚持司法为民的理念在促进司法公正中的意义也进行过系统的论述。他说：“要坚持司法为民，改进司法工作作风，通过热情服务，切实解决好老百姓打官司难问题。特别是要加大对困难群众维护合法权益的法律援助，加快解决有些地方没有律师和欠发达地区律师资源不足问题。如果群众有了司法需求，需要打官司，一没有钱去打，二没有律师可以求助，公正司法从何而来呢？司法工作者要密切联系群众，如果不懂群众语言、不了解群众疾苦、不熟知群众诉求，就难以掌握正确的工作方法，难以发挥应有的作用，正所谓张飞卖豆腐——人强货不硬。法律不应该是冷冰冰的，司法工作也是做群众工作。一纸判决，或许能够给当事人正义，却不一定能解开当事人的‘心结’，‘心结’没有解开，案件也就

---

1 习近平：《在中央政法工作会议上的讲话》（2014年1月7日），《习近平关于全面依法治国的论述摘编》，中央文献出版社2015年版，第68—69页。

2 《十六大以来重要文献选编》（上），中央文献出版社2007年版，第242页。

3 《十六大以来重要文献选编》（下），中央文献出版社2007年版，第438—439页。

4 同上书，第658页。

没有真正了结。”[1] 坚持司法为民，是深化司法体制改革必须坚持的理念。中共十八届四中全会通过的决定，把贯彻司法为民理念作为保证司法公正、提高司法公信力的重要举措，提出：“坚持人民司法为人民，依靠人民推进公正司法，通过公正司法维护人民权益。”[2]

司法为民，是中国共产党“立党为公，执政为民”执政理念在人民法院工作中的集中体现和正确运用，要求司法机关和司法人员把维护人民利益作为司法工作的根本出发点和落脚点。坚持司法为民，要求司法机关要从维护人民权益的角度出发，加大各项工作力度。切实加强反腐败工作，以反腐败的实际取信于民。要高度重视关系涉及民生案件的审理。建立科学畅通的民意表达机制，完善信访机制，妥善解决信访问题。司法工作人员要设身处地想群众之所想，急群众之所急，提高司法为民的自觉性。不断提高群众工作能力，善于采用各种便于群众理解的方式解决纠纷，学会化解矛盾的智慧，拉近自己与群众的距离，拉近司法与群众的距离。

（三）努力让人民群众在每一个司法案件中都感受到公平正义

针对司法领域存在的司法不公、司法公信力不高，一些司法人员作风不正、办案不廉，办金钱案、关系案、人情案，“吃了原告吃被告”等突出问题，十八届三中全会、四中全会提出了一系列司法改革措施，改革的最终目标指向就是完善司法管理体制和司法权力运行机制，规范司法行为，加强对司法活动的监督，维护人民权益，“努力让人民群众在每一个司法案件中都能感受到公平正义”，所有的司法机关都要围绕这个目标改进工作。

习近平 2012 年 12 月 4 日在首都各界纪念现行宪法公布施行三十周年大会上的讲话中指出：“我们要依法公正对待人民群众的诉求，努力让人民群众在每一个司法案件中都能感受到公平正义，决不能让不公正的审判伤害人民群众感情、损害人民群众权益。”[3] 在十八届中央政治局第四次集体学习时的讲话中，他又明确强调：“坚持公正司法，需要做的工作很多。我们提出要努力让人民群众在每一个司法案件中都感受到公平正义，所有司法机关都要紧紧围绕这个目标来改进工作，重点解决影响司法公正和制约司法能力的

---

1 习近平：《在十八届中央政治局第四次集体学习时的讲话》（2013 年 2 月 23 日），《习近平关于全面依法治国的论述摘编》，中央文献出版社 2015 年版，第 68—69 页。

2 《中共中央关于全面推进依法治国若干重大问题的决定》，《党的十八届四中全会〈决定〉学习辅导百问》，学习出版社、党建读物出版社 2014 年版，第 17 页。

3 习近平：《在首都各界纪念现行宪法公布施行三十周年大会上的讲话》（2012 年 12 月 4 日），《十八大以来重要文献选编》（上），中央文献出版社 2014 年版，第 91 页。

深层次问题。”[1]

对确立“努力让人民群众在每一个司法案件中都能感受到公平正义”的司法改革价值目标，习近平指出：“如果不努力让人民群众在每一个司法案件中都能感受到公平正义，人民群众就不会相信政法机关，从而也不会相信党和政府。”[2]

努力让人民群众在每一个司法案件中都能感受到公平正义，可以说是中共十八大以来我国司法体制改革确立的最高目标，也是衡量司法工作成败的关键标尺。

（四）司法改革要从中国的国情出发

全面推进依法治国必须遵循的重要原则之一，就是坚持从中国实际出发。一个国家的法治体系是否有效，关键在于它是否与这个国家的实际情况相适应。中国的问题只能用中国自己的办法来解决。坚持从中国实际出发，也应是中国的司法体制改革遵循的基本原则之一。“一个国家实行什么样的司法制度，归根到底是由这个国家的国情决定的。评价一个国家的司法制度，关键看是否符合国情、能否解决本国实际问题。实践证明，我国司法制度总体上是适应我国国情和发展要求的，必须增强对中国特色社会主义司法制度的自信，增强政治定力。”[3]

三、推进司法体制改革，保障社会公平和正义的实现

完善的司法制度，是法治国家的一个重要特征，在建立市场经济体制的过程中，如何改革和完善我国的司法制度，保证司法的客观公正，维护法律的尊严和权威，是我国法治建设需要解决的一个重要课题。中共十三届四中全会以来，特别是中共十四大提出建立社会主义市场经济体制以来，尤其是十五大确立依法治国方略之后，保证司法机关依法独立行使职权，提高司法公信力，保障社会公平和正义实现，成为司法改革，完善司法制度的目标。

---

1 习近平：《在十八届中央政治局第四次集体学习时的讲话》（2013 年 2 月 23 日），《习近平关于全面依法治国的论述摘编》，中央文献出版社 2015 年版，第 67—68 页。

2 《严格执法，公正司法》（2014 年 1 月 7 日），《十八大以来重要文献选编》（上），中央文献出版社 2014 年版，第 718 页。

3 习近平：《在中央政法工作会议上的讲话》（2014 年 1 月 7 日），《习近平关于全面依法治国的论述摘编》，中央文献出版社 2015 年版，第 76—77 页。

（一）公正司法是社会主义法治理念的基本要求

公平正义，是人类社会的共同理想，是社会主义法治的价值追求，是社会主义和谐社会的基石。公平正义是社会主义法治理念的重要内容，因而公正司法也是社会主义法治理念的基本要求。社会主义法治理念，是社会主义法治的精髓和灵魂，是立法、执法、司法、守法、法律监督等法治领域的基本指导思想。实现社会公平正义是社会主义法治理念的基本内容，而司法公正是社会公平正义的重要组成部分，也是实现社会公平正义的重要途径。

司法工作必须以社会主义法治理念为指导，切实维护司法公正。司法公正是司法工作的灵魂，是依法治国的重要标志。严格公正司法是维护社会公平正义、构建社会主义和谐社会的重要措施，是新时期广大人民群众的强烈愿望，是审判工作的首要价值目标。因此，严格公正司法是社会主义法治理念的基本要求和组成部分。

公正司法是法律的自身要求，也是依法治国的要求。其基本内涵是，在司法活动的过程和结果中体现公平、平等、正义的精神。司法公正的内涵广泛，首先，它是指公众对司法的承认、信任。信任是尊重的前提，一个受尊重的司法制度和司法运作系统才有可能实现司法公正。其次，司法公正是促使诉讼纠纷获得最完美的解决，而纠纷最完美的解决应体现为各方利益的最大化。再次，司法公正指司法权力运行符合法律的原则和规则。在法治国家，法律原则反映的是一种公正价值。如果司法裁判没有获得任何一个法律原则的支持，那么就很难被认为是公正的。

司法人员必须自觉用司法公正理念指导司法工作，要坚持实体公正和程序公正并重，做到法律效果和政治效果、社会效果相统一。“实体公正就是要按照经过依法审查的证据来认定案件事实，准确适用法律，使裁判结果或有关决定符合公正的价值观念。”“程序公正是指司法机关在办理各类案件时，严格遵守程序法的相关规定，保障案件及时正确处理。”[1]司法公正包括实体公正和程序公正两个方面，两者相互依存，不可偏废，努力兼顾两者的价值平衡。要不断提高司法效率，“最大限度地发挥司法资源的整体效益，最大可能地减少当事人的诉累，以最低的司法成本实现司法公正”。[2]要努力树立司法权威，

1 《社会主义法治理念读本》，中国长安出版社2009年版，第150—151页。

2 同上书，第153页。

司法没有权威，“将会失去应有的公信力，难以发挥其解决冲突纠纷，定分止争，维护社会和谐稳定的作用”。[1] 要充分发扬司法民主，在司法活动中体现和保障人民当家作主的权利。司法民主包括司法主体民主、司法程序民主和司法目的民主三个方面。司法主体民主又体现为人民直接参与司法和司法人员通过人民代表大会制度产生两个方面。司法程序民主的核心内容是司法公开制度。司法目的民主表现为司法为民。[2]

（二）公平正义是司法体制改革的核心目标

坚持维护社会公平正义是中国特色社会主义的内在要求。中共十八大报告要求，“要在全体人民共同奋斗、经济社会发展的基础上，加紧建设对保障社会公平正义具有重大作用的制度，逐步建立以权利公平、机会公平、规则公平为主要内容的社会公平保障体系，努力营造公平的社会环境，保证人民平等参与、平等发展权利”。[3] 在全面推进依法治国的过程中，公平正义也是社会主义法治的价值追求。公正是法治的生命线，也是司法的生命线。司法的权威也在于公正。

司法工作和公正密不可分，这是由司法权的性质决定的。司法权作为一种居中裁判的权力，它要求裁判者面对利益冲突的双方，在行使明辨是非、定分止争、生杀予夺的职权时，必须依据事实和法律，居中裁判、不偏不倚。司法的职能决定了“司法工作的任务和目标就是实现和维护公正，并通过公正的司法活动维护社会公平正义。人民群众评价司法工作合格不合格、效果好不好的标准也是公正”。[4] 司法权是推行法治、实现社会公正的最后一道防线和保障。确保审判独立和司法公正的制度、程序以及严格依据这种制度和程序适用法律的习惯和风气，对于一个法治国家来说，至关重要。

目前，我国正处在一个全面深化改革的时代，社会也处在急剧变革的转型期，各种矛盾和利益不可避免地发生冲突和摩擦，有些社会矛盾甚至较为尖锐。因而，通过公正司法来维护政治稳定和社会安定就显得尤为重要，司法公正在社会调节系统中的地位和作用也就日渐明显，是司法实现其社会调节器和稳定器的价值追求。习近平对司法公正

---

1 《社会主义法治理念读本》，中国长安出版社 2009 年版，第 155 页。

2 同上书，第 157 页。

3 胡锦涛：《坚定不移沿着中国特色社会主义道路前进，为全面建成小康社会而奋斗》，《十八大报告辅导读本》，人民出版社 2012 年版，第 13 页。

4 周强：《推进严格司法》，《党的十八届四中全会〈决定〉学习辅导百问》，学习出版社、党建读物出版社 2014 年版，第 149 页。

的意义有过深刻的论述。他说："所谓公正司法，就是受到侵害的权利一定会得到保护和救济，违法犯罪活动一定要受到制裁和惩罚。如果人民群众通过司法程序不能保证自己的合法权利，那司法就没有公信力，人民群众也不会相信司法。法律本来应该具有定分止争的功能，司法审判本来应该具有终局性的作用，如果司法不公、人心不服，这些功能就难以实现。"[1]

正因为司法公正对维护和保障社会和谐稳定所具有的功能，自1997年中共十五大报告在中国共产党历史上第一次提出"推进司法改革，从制度上保证司法机关依法独立公正地行使审判权和检察权"[2]的司法改革任务后，司法公正一直是中国共产党的文献在论述司法改革时追求的价值目标。中共十六大报告在论述司法体制改革的目标和任务时指出："社会主义司法制度必须保障在全社会实现公平和正义。"[3]以保证司法公正为目标，积极稳妥地推进司法体制改革，是中共十六大以来司法改革总的目标。按照中共十六大的精神推进司法改革，完善司法制度，提高司法水平，最基本、最核心的问题，要保证司法的客观公正，实现社会正义。2003年10月14日中共十六届中央委员会第三次全体会议通过的《关于完善社会主义市场经济体制若干问题的决定》指出，要"推进司法体制改革，维护司法公正。实行执法责任制和执法过错追究制，做到严格执法、公正执法、文明执法"。[4]建设公正社会主义司法制度，也是中共十七大对司法改革提出的明确要求。2007年中共十七大报告提出，要通过深化司法体制改革，"建设公正高效权威的社会主义司法制度，保证审判机关、检察机关依法独立公正地行使审判权、检察权"。[5]中共十八大报告提出全面推进依法治国，"公正司法"与"科学立法、严格执法、全民守法"一起，构成其主要内容；深化司法体制改革的任务就是"确保审判机关、检察机关依法独立公正行使审判权、检察权"。[6]中共十八届三中全会提出全面深化改革的内容

1 习近平：《在十八届中央政治局第四次集体学习时的讲话》（2013年2月23日），《习近平关于全面依法治国的论述摘编》，中央文献出版社2015年版，第67页。

2 《江泽民文选》第2卷，人民出版社2006年版，第31页。

3 《江泽民文选》第3卷，人民出版社2006年版，第556页。

4 《十六大以来重要文献选编》（上），中央文献出版社2005年版，第480页。

5 胡锦涛：《高举中国特色社会主义伟大旗帜，为夺取全面建设小康社会新胜利而奋斗——在中国共产党第十七次全国代表大会上的报告》，《十七大报告辅导读本》，人民出版社2007年版，第30页。

6 胡锦涛：《坚定不移沿着中国特色社会主义道路前进，为全面建成小康社会而奋斗》，《十八大报告辅导读本》，人民出版社2012年版，第24—25页。

之一，就是“深化司法体制改革，加快建设公正高效权威的社会主义司法制度”，“确保依法独立公正行使审判权检察权”。[1] 中共十八届四中全会进一步提升了司法公正的地位，认为“司法公正对社会公正具有重要引领作用，司法不公对社会公正具有致命破坏作用”。[2] 上述内容对“公正是司法的生命线”进行了充分的诠释。

客观公正是法院裁判的灵魂。在司法过程中，各种司法机关如不能公正地执法，那么整个社会就不可能有任何公平正义可言。什么公民民主权利的保障，什么建立法治社会，都将是一句空话；法律制定得再多，也不过是一些规范条文的堆砌，没有任何实际意义。司法是否客观公正，直接影响着广大人民群众对法律和司法机关的信任程度及法律的权威。人们对法的信任及信仰不可能只靠宣传和教育达到，而要靠对具体的法的经验。如果他们发现幕后活动比公开程序更重要，发现最后的判决取决于法律之外的诸因素，发现即使是公正的判决也无法执行，发现法官的学识、品格、能力和举止均不可信任，他们就不会产生对法的尊崇与信仰。[3] 当前，在司法过程中，存在着有法不依、执法不严、违法不究、司法不公甚至司法腐败的现象，具体表现为办“关系案”“人情案”“金钱案”，索贿受贿，贪赃枉法；违反法定程序、裁判不公、地方保护主义；违法查封、扣押财产，违法办案、违法执行，执法犯法等。这些现象的存在，严重地影响了司法机关和司法人员在人们心目中的形象，引起了广大群众的不满，并已导致部分群众对法律和司法机关的不信任，致使司法公信力不高成为司法领域存在的主要问题之一。

（三）加强司法民主建设

司法民主是保障社会公平和正义的实现的重要途径。司法民主是指在司法活动中体现和保障人民当家作主的权利。2006年10月11日，中共中央在《关于构建社会主义和谐社会若干重大问题的决定》中提出，要“加强司法民主建设，健全公开审判、人民陪审员、人民监督员等制度，发挥律师、公证、和解、调解、仲裁的积极作用。加强司法救助，对贫困群众减免诉讼费。健全巡回审判，扩大简易程序适用范围，落实当事人权

---

1 《中共中央关于全面深化改革若干重大问题的决定》，《党的十八届三中全会〈决定〉学习辅导百问》，党建读物出版社、学习出版社2013年版，第20、21页。

2 《中共中央关于全面推进依法治国若干重大问题的决定》，《党的十八届四中全会〈决定〉学习辅导百问》，学习出版社、党建读物出版社2014年版，第15页。

3 梁治平：《转型时期的法律与社会公正》，《东方》1995年第3期。

利义务告知制度，方便群众诉讼。规范诉讼、律师、仲裁收费。加强人权司法保护，严格依照法定原则和程序进行诉讼活动。完善执行工作机制，加强和改进执行工作”。[1]

加强司法民主建设，要善于发挥监督机制作用。加强监督制约机制建设，是推进司法民主、保障司法公正、促进社会和谐的重要手段。要树立依法独立行使职权和接受监督并重的观念。司法体制机制改革，重点要加强监督，监督的核心是推进司法民主建设。要抓住人民群众不满意、容易发生问题的岗位和环节，加强监督体系建设。要依法监督，依程序监督。落实宪法和法律规定的政法机关分工负责、互相配合、互相制约的原则，强化对诉讼活动的法律监督，维护司法公正。要高度重视信息技术在司法中的运用，从注重事后监督转变为注重司法全程动态监督。

加强司法民主建设，要进一步推进司法公开。司法公开，就是要切实尊重和维护人民群众的知情权、参与权、表达权、监督权，以让人民群众看得见、听得懂、感受得到的方式保障司法公正。对司法公开的意义，习近平曾指出：“阳光是最好的防腐剂。权力运行不见阳光，或有选择地见阳光，公信力就无法树立。执法司法越公开，就越有权威和公信力。涉及老百姓利益的案件，有多少需要保密的？除法律规定的情形外，一般都要公开。要坚持以公开促公正、以透明保廉洁。要增强主动公开、主动接受监督的意识，完善机制、创新方式、畅通渠道，依法及时公开执法司法依据、程序、流程、结果和裁判文书。对公众关注的案件，要提高透明度，让暗箱操作没有空间，让司法腐败无法藏身。”[2]

促进司法公开，必须健全依法对当事人公开的各项制度，健全依法对社会公开的各项制度；“推进审判公开、检务公开，录制并保留全程庭审资料”。[3]中共十八届四中全会通过的决定也强调要构建开放、动态、透明、便民的阳光司法机制，“推进审判公开、检务公开、警务公开、狱务公开，依法及时公开执法司法依据、程序、流程、结果和生效法律文书，杜绝暗箱操作。加强法律文书释法说理，建立生效法律文书统一上网和公开

1 《十六大以来重要文献选编》（下），中央文献出版社2007年版，第658页。

2 习近平：《严格执法，公正司法》（2014年1月7日），《十八大以来重要文献选编》（上），中央文献出版社2014年版，第720页。

3 《中共中央关于全面深化改革若干重大问题的决定》，《党的十八届三中全会〈决定〉学习辅导百问》，党建读物出版社、学习出版社2013年版，第22页。

查询制度”。[1]

加强司法民主建设，要拓宽人民群众有序参与司法渠道。中共十八届四中全会通过的决定提出：“在司法调解、司法听证、涉诉信访等司法活动中保障人民群众参与。完善人民陪审员制度，保障公民陪审权利，扩大参审范围，完善随机抽选方式，提高人民陪审制度公信度。逐步实行人民陪审员不再审理法律适用问题，只参与审理事实认定问题。”[2]同时要完善检察机关的人民监督员制度，研究规范人民监督员制度，充分发挥人民监督员的监督作用。通过上述措施，从制度上保证人民群众广泛参与司法、监督司法，以公开促公正。

（四）减少司法腐败

司法领域的腐败不仅影响司法的公正和廉洁，损害法治的权威和公信，而且影响人民群众对法治的信心、对党和国家的信心，最终影响党和国家事业健康发展。坚决清除司法领域的腐败现象，一直是我国司法体制改革的重点。

2002年中共十六大报告在对司法体制改革进行部署时强调：“加强对司法工作的监督，惩治司法领域中的腐败。”[3]2004年9月15日，胡锦涛在首都各界纪念全国人民代表大会成立50周年大会上发表讲话，指出要“严格执法、文明执法、公正执法，建立有权必有责、用权受监督、违法要追究的监督机制”。[4]

中共十八大以来，以习近平为核心的党中央深刻认识到司法公正对促进社会公正的重要性，对司法腐败采取零容忍态度。习近平认为廉洁司法是衡量司法公信力的重要指标。他说：“‘公生明，廉生威。’执法司法是否具有公信力，主要看两点，一是公正不公正，二是廉洁不廉洁。”[5]他深刻分析了司法腐败的严重社会危害性并提出了解决对策。他说：“旗帜鲜明反对腐败，是政法战线必须打好的攻坚战。一些有权人、有钱人搞花钱捞人、花钱买命、提钱出狱，为什么能得手，原因就是政法队伍中存在腐败现象。有

---

1 《中共中央关于全面推进依法治国若干重大问题的决定》，《党的十八届四中全会〈决定〉学习辅导百问》，学习出版社、党建读物出版社2014年版，第18页。

2 同上书，第17—18页。

3 《江泽民文选》第3卷，人民出版社2006年版，第557页。

4 胡锦涛：《在首都各界纪念全国人民代表大会成立50周年大会上的讲话》，《人民日报》2004年9月16日。

5 习近平：《严格执法，公正司法》（2014年1月7日），《十八大以来重要文献选编》（上），中央文献出版社2014年版，第718页。

的干警同黑恶势力串通一气、充当保护伞，胆大妄为、无法无天！一些黑恶势力杀人越货，不但没有被惩处，其头目反而平步青云，甚至戴上'红顶'，当上了人大代表、政协委员、基层干部，后面的保护伞很大啊！政法机关和政法队伍中的腐败现象，还不仅仅是一个利益问题，很多都涉及人权、人命。有的人搞了腐败，自己得了一些好处，但无辜的人就要有牢狱之灾，甚至要脑袋落地！看到这样的现象，群众心里当然就会有个问号，这还是共产党的天下吗？！我们一定要警醒起来，以最坚决的意志、最坚决的行动扫除政法领域的腐败现象。要健全政法部门分工负责、互相配合、互相制约机制，通过完善的监督管理机制、有效的权力制衡机制、严肃的责任追究机制，加强对执法司法权的监督制约，最大限度减少权力出轨、个人寻租的机会。对司法腐败，要零容忍，坚持'老虎''苍蝇'一起打，坚决清除害群之马。"[1] 中共十八届四中全会通过的决定也强调，"对司法领域的腐败零容忍，坚决清除害群之马"。[2]

加强对司法活动的监督，就是要切实解决群众反映强烈、影响司法公正的突出问题，预防和治理司法领域中的腐败现象。2005 年 1 月 17 日，中共中央下发《建立健全教育制度监督并重的惩治和预防腐败体系实施纲要》，指出要"完善检察机关的法律监督职能，健全检务公开制度。健全司法工作规范和违法司法行为责任追究制度"，[3] 并进一步强调要"充分发挥各监督主体的积极作用，提高监督的整体效能。综合运用多种监督形式，努力形成结构合理、配置科学、程序严密、制约有效的权力运行机制"。[4] 要"支持和保证司法监督。审判机关要依法审理行政案件，维护和监督行政机关依法行使行政职权。检察机关要依法加强对公安机关立案侦查活动、法院审判活动和判决生效后执行活动的监督。健全公安、审判、检察机关相互配合和制约的工作机制，加大惩治和预防职务犯罪力度"。[5]

加强监督制约机制建设，是推进司法民主、保障司法公正、促进社会和谐的重要手段。加强对司法活动的监督，必须要完善监督制约的机制。2008 年 5 月，中共中央颁发

1　习近平：《在中央政法工作会议上的讲话》（2014 年 1 月 7 日），《习近平关于全面依法治国的论述摘编》，中央文献出版社 2015 年版，第 75—76 页。

2　《中共中央关于全面推进依法治国若干重大问题的决定》，《党的十八届四中全会〈决定〉学习辅导百问》，学习出版社、党建读物出版社 2014 年版，第 19 页。

3　《十六大以来重要文献选编》（中），中央文献出版社 2007 年版，第 542 页。

4　同上书，第 545 页。

5　同上书，第 546 页。

的《建立健全惩治和预防腐败体系 2008—2012 年工作规划》，提出了要完善监督机制，指出要“强化监督制约……加强对司法权行使的监督。完善纪委和党委政法委、组织部等部门在对司法机关党组织和党员干部监督工作中的协作配合机制。重视人大对司法机关的监督。加强检察机关的法律监督。强化公安、检察、审判机关在刑事诉讼中的分工负责、互相配合和互相制约。强化司法机关内部监督和外部监督，坚决防止和纠正执法不严、司法不公的问题，维护社会公平正义”。[1]

中共十八届四中全会对加强司法活动的监督，在总结以往司法监督经验的基础上，提出了一系列举措，诸如完善检察机关行使监督权的法律制度，加强对刑事诉讼、民事诉讼、行政诉讼的法律监督；完善人民监督员制度，重点监督检察机关查办职务犯罪的立案、羁押、扣押冻结财物、起诉等环节的执法活动；司法机关要及时回应社会关切；规范媒体对案件的报道，防止舆论影响司法公正；依法规范司法人员与当事人、律师、特殊关系人、中介组织的接触、交往行为；对因违法违纪被开除公职的司法人员、吊销执业证书的律师和公证员，终身禁止从事法律职业，构成犯罪的要依法追究刑事责任；坚决破除各种潜规则，绝不允许法外开恩，绝不允许办关系案、人情案、金钱案。坚决反对和克服特权思想、衙门作风、霸道作风，坚决反对和惩治粗暴执法、野蛮执法行为等。[2] 完善的司法监督制度体系的构建，必将对司法腐败起到有效的预防作用，筑起最严密的篱笆墙。

四、建设高效公正权威的司法体制

实现司法公正，杜绝司法腐败，离不开一个高效公正权威的司法体制。这也是司法体制改革的核心内容之一。改革开放以来，尤其中共十五大确立依法治国方略以来，我国对司法体制改革进行了探索，取得了显著成效。目前，我国的司法体制改革正按照中共十八届三中、四中全会制定的方案，有条不紊地顺利进行。

按照公正司法和严格执法的要求，完善司法机关的机构设置、职权划分和管理制度，进一步健全权责明确、相互配合、相互制约、高效运行的司法体制，应当按照侦查、检

---

1 《建立健全惩治和预防腐败体系 2008—2012 年工作规划》，《人民日报》2008 年 6 月 23 日。

2 参见《中共中央关于全面深化改革若干重大问题的决定》，《党的十八届三中全会〈决定〉学习辅导百问》，党建读物出版社、学习出版社 2013 年版，第 18—19 页。

察、审判、执行相对独立和相对集中的原则，科学配置审判权、检察权、侦查权和执行权，形成相互制约和监督的机制。

司法的客观公正，首先有赖于司法机关独立行使职权的原则不受侵犯。我国宪法规定，人民法院和人民检察院依照法律规定，独立行使职权，不受行政机关、社会团体和个人的干涉。司法机关独立行使职权是法治原则具体表现的一个重要方面。它要求司法机关在施用法律时，只能服从法律，忠于人民利益，忠于事实真相，不受外界的干扰和影响。无论什么样的社会，也不论什么样的国家，如果要让它的司法机关在社会生活中真正客观公正，要让其公正裁判得到执行，那么就必须赋予它的司法机关独立行使职权，并保障这种权力的行使不受来自外界的任何干预，尤其是来自非正当权力的干预。

要完善诉讼程序，保障公民和法人的合法权益。在诉讼过程中，要给予控辩双方以同等的法律地位，使公民、法人和其他社会组织的合法权益得到充分的保障。同时，还要采取强有力的措施，切实解决执行难的问题，此问题不解决，法律的权威很难树立起来。

为了保证司法公正的实现，必须改革司法机关的工作机制和人财物管理体制。我国宪法虽然对司法机关独立行使职权作了规定，但缺乏实际具体的保障措施。要真正使司法机关依法独立行使职权，必须对现行的司法制度重新设计，从根本上进行改革。在管理体制上，要革除人事管理制度和经费来源渠道等方面存在的弊端；摆脱司法屈从于行政权力和其他社会压力，以及对政府机构制度上的依赖状况。就司法体制本身而言，要建立审判责任制和错案追究制度；进一步完善人民陪审制度，使之更好地发挥应有的作用。在司法程序上，可结合我国的实际，吸收西方国家司法制度中的某些科学合理的部分，以保证审判程序的公正合法。因为没有程序性的公正，任何实质性的公正都无从谈起。

我国目前正在稳步推进的司法改革，如果追根溯源，应始自于“文化大革命”结束之后不久。20 世纪 70 年代末 80 年代初，针对十年“文革”对司法机关的破坏，我国对司法体制进行了恢复和重建。随着改革开放的不断深入，社会主义民主法制建设的繁荣发展和利益主体的不断多元化，作为主要和权威的裁决手段，司法在国家和社会生活中的地位日益凸显，而现行的司法制度面对这种需求，逐渐呈现出种种弊端，难以适应社会政治、经济形势发展的需要。司法改革势在必行。自 20 世纪 80 年代中期始，我国开始了司法体制改革的探索。

（一）完善司法工作机制的探索

我国司法改革在实践中表现为一种渐进的、不断探索的进程，呈现出明显的阶段性，正是通过这种不断的阶段性探索，在经验的不断累积上，中国司法向现代化迈进，逐渐走向完善和成熟。

1. 以审判方式为主线，自下而上的改革探索阶段（20世纪80年代中期—1996年）

这次改革是以基层法院对诉讼证据制度改革为前奏的。改革开放以后，社会关系和利益格局的调整和变化直接引起民事、经济案件的大量增加。20世纪80年代中期，各地纷纷出现了“告状难”的群众呼声。因此，为解决“案件多，人员少”的状况，各地法院纷纷开始探索审判方式改革，在案件审理过程中，逐渐强化当事人的举证责任，改变过去法院依职权调查取证的工作方式。这些改革经验，在1991年4月9日七届全国人大四次会议新通过的《民事诉讼法》中得到了确认和充分的体现，为推进审判方式改革提供了重要的法律依据。

进入20世纪90年代之后，邓小平的南方谈话和中共十四大会议精神为当代中国的司法改革提供了更加广阔的背景。随着中国建立市场经济体制改革目标的确立，各地法院民事审判方式改革越加活跃。

为了总结推广各地的经验，1996年7月最高人民法院召开了新中国成立以来第一次全国法院审判方式改革工作会议，会议提出了要以宪法和诉讼法等法律为依据，以保障裁判公正为目的，以公开审判为重心，以强化庭审功能，强化公诉人、辩护人和当事人举证责任，强化合议庭和独任审判员职责为内容，要在“九五”期间全面普遍推行审判方式改革的任务。这次会议标志着我国民事审判方式改革从试点走向普及，标志着我国的民事审判方式改革进入了一个新的发展阶段。

1992年的中共十四大报告指出：“保障人民法院和检察院依法独立进行审判和检察。”[1] 中共十四大的一个重要贡献，就是提出了建立社会主义市场经济体制的经济体制改

1 《江泽民文选》第1卷，人民出版社2006年版，第236页。

革目标。社会主义市场经济本质上是法治经济已成为共识。实行法治，建设社会主义法治国家，是建立社会主义市场经济的必然要求。而法治国家所遵循的原则或者说法治国家构成的要素之一，就是审判独立、公正。因而，自中共十四大以后，司法机关独立行使职权和提高司法人员素质，成为司法工作和司法改革追求的目标。

2. 以公正和效率为理念的司法改革阶段（1997年中共十五大—十六大之前）

自20世纪80年代中期至中共十五大，司法改革虽然已经进行了十余年，但其改革主要是自下而上进行，缺乏宏观上的统一性和纵向上的深入性，因此改革力度有限。从改革的主要方式来看，自下而上、封闭推进的“放任式”改革缺乏“站得高、看得远”的统筹规划与系统设计，明显带有浓厚的经验主义色彩；从改革的实践与效果来看，这种“头痛医头、脚痛医脚”式的改革已被证明存在诸多问题。[1]

尽管不同的国家为法治原则的实现设计了不同的制度，但是，所有国家几乎无一例外地认为，建设一个独立的司法机关是实施法治的关键。1997年9月的中共十五大报告，在确立了依法治国，建设社会主义法治国家的治国方略之后，通过司法改革，如何建立从制度上保证司法机关独立公正行使职权的机制，被提上了议事日程。十五大报告明确指出：“推进司法改革，从制度上保证司法机关依法独立公正地行使审判权和检察权，建立冤案、错案追究制度。”[2]这个提法是党的历史上的第一次，表明司法改革已经成为党的意志和要求，从而为推进司法改革提供了坚强的政治后盾。

根据中共十五大确立的司法改革目标，我国司法机关采取了一系列改革措施，如法院进行审判体制和审判方式的改革，逐步实行“立案、审判、执行、监督”分立制度等。1999年最高人民法院在总结人民法院五十年尤其是近年来发展经验的基础上，出台《人民法院五年改革纲要》（以下简称《一五纲要》），第一次系统阐述了人民法院司法改革的目标和原则，系统地提出了一整套改革法院体制的举措，描绘了今后五年法院改革的基本架构，为法院的司法改革描绘了蓝图，表明了强烈的计划性和组织性。如果说中共十五大以前的司法改革属于摸着石头过河，最高人民法院的《纲要》则表示司法改革已

---

1 赵钢、王杏飞：《民事司法改革的几个前沿问题——以〈人民法院第二个五年改革纲要（2004—2008）〉为分析对象》，《法学评论》2006年第6期，第90页。

2 《江泽民文选》第2卷，人民出版社2006年版，第31页。

经成为法院的自觉行动，司法改革由此步入正轨。在《一五纲要》的引领下，各地法院进行了全方位的司法改革。总的来讲，这一阶段的主题是，以司法公正和效率为价值取向，在巩固原有改革成果的基础上，在包括审判方式、审判组织、法院内设机构、法院人事管理制度、监督制约机制等更大范围内展开改革。

在检察制度方面，也提出了诸多改革措施，如进行检察官办案机制改革，建立主诉、主办检察官办案责任制，控告申诉工作首办责任制等；为了落实党中央和全国人大关于推进司法改革的要求，检察机关围绕办案、监督等工作大力推进司法改革。1999 年 6 月 25 日，最高人民检察院设立专家咨询委员会委员，建立了专家咨询制度。1998 年 10 月，最高人民检察院制定《关于在全国检察机关实行“检务公开”的决定》。1999 年 5 月，最高人民检察院制定《人民检察院办理民事行政抗诉案件公开审查程序试行规则》，这些规定对强化权力的制约，促进检务公开起到重要作用。2000 年 1 月，最高人民检察院制定了《检察改革三年实施意见》，确定了业务工作机制、检察官办案机制等六项改革目标，同时，具体规定了改革的内容和措施。2000 年 5 月，最高人民检察院印发了《关于进一步推进基层检察院建设若干问题的意见》，对全国基层检察院建设的基本任务、总体要求、具体措施、组织领导等提出了具体明确的意见。

另外，公安系统进行刑侦制度改革，司法行政系统进行律师辩护制度改革等。同时还大力推行司法（审判、检察、警务、狱务）公开，实行国家统一司法考试制度，改革司法组织体系和干部人事制度，等等。这些改革措施，对维护司法公正，提高司法效率，起到一定的促进作用。

（二）推进司法的体制性改革（2012 年中共十六大至中共十八大之前）

在我国的司法改革逐步推进的过程中，虽然取得了很大成绩，但大都体现在司法工作机制层面，深层次的体制改革远未涉及，如司法权的合理配置问题、依法独立审判问题、法院的财政经费保障问题。这是司法体制中的顽疾，也是司法公信力下降、司法腐败现象屡禁不止、司法公正未能得到实现的根本原因。这些问题的存在，导致司法行政化和地方化日益明显，特别是司法腐败现象不断发生，进一步推进司法体制改革已成为社会发展的迫切要求。[1]

1　参见《党的十六大报告学习辅导百问》，党建读物出版社、人民出版社 2002 年版，第 180—181 页。

鉴于上述状况，中共十六大报告对完善司法体制和司法运行机制的改革方案较为系统，指出：“按照公正司法和严格执法的要求，完善司法机关的机构设置、职权划分和管理制度，进一步健全权责明确、相互配合、相互制约、高效运行的司法体制。从制度上保证审判机关和检察机关依法独立公正地行使审判权和检察权。完善诉讼程序，保障公民和法人的合法权益。切实解决执行难问题。改革司法机关的工作机制和人财物管理体制，逐步实现司法审判和检察同司法行政事务相分离。加强对司法工作的监督，惩治司法领域中的腐败。”[1]

上述改革思路既肯定了十多年来法院的司法改革努力，又为进一步深化人民法院司法改革指明了方向。中共十六大涉及以往司法改革很少或者根本没有涉及的司法体制问题，表明我国的司法改革有了不同的任务和侧重点。司法改革进入进行体制性变革的深水区。

为了贯彻落实中共十六大关于推进司法体制改革的战略决策，党中央决定成立全国司法改革领导小组，具体负责领导和部署司法体制改革工作。这一决定的作出实际上标志着主导中国司法改革进程的核心机构的出现，以及一种全新的、自上而下的改革策略和模式的最终确立。这对于中国司法改革来讲，无疑具有里程碑意义。[2]

2004 年底，中央司法体制改革领导小组出台了《中央司法体制改革领导小组关于司法体制和工作机制改革的初步意见》，确立了司法体制改革的基本原则，确定了 35 项改革措施，对推进司法体制改革作出全面部署。其后，最高人民法院推出了《人民法院第二个五年改革纲要》(2004—2008)(以下简称《二五纲要》)。最高人民检察院于 2005 年 9 月 12 日颁行了《关于进一步深化检察改革的三年实施意见》。

《二五纲要》提出了 2004 年至 2008 年人民法院司法改革的任务，主要是改革和完善诉讼程序制度，改革和完善执行体制和工作机制，改革和完善审判组织，改革和完善司法审判和司法政务管理制度，改革和完善司法人事管理制度方面的 50 项改革措施。

中共十六大以来，以胡锦涛为总书记的党中央，坚持司法为民的理念，把深化司法体制改革作为建设法治国家的基本措施之一，进一步丰富了司法工作的理论体系。中共

---

1 《江泽民文选》第 3 卷，人民出版社 2006 年版，第 556 页。

2 万毅：《转折与展望：评中央成立司法改革领导小组》，《法学》2003 年第 8 期，第 31 页。

十七大报告在对全面落实依法治国方略，加快建设社会主义法治国家进行论述时提出："深化司法体制改革，优化司法职权配置，规范司法行为，建设公正高效权威的社会主义司法制度，保证审判机关、检察机关依法独立公正地行使审判权、检察权。"[1] 中共十七大报告关于司法体制改革的论述，虽然简明，却是在对以往司法体制改革经验进行总结后提出的更高目标要求。中共十五大、十六大以来，司法改革虽然取得了很大成绩，但随着我国社会主义市场经济的发展和民主法制建设的推进，司法环境发生了很大变化，司法工作出现了许多新情况，人民群众对司法工作提出了许多新要求，已有的改革离落实司法为民的宗旨，满足人民群众日益增长的司法需求，维护社会公平正义的实现，还有不少的差距。为此，中共十七大作出了深化司法体制改革的部署，核心是建设公正高效权威的社会主义司法制度，保证审判机关、检察机关依法独立公正地行使审判权、检察权。

2008 年 2 月 29 日，中央政法委向全国政法系统发出《关于开展党的十七大精神和胡锦涛总书记在全国政法工作会议代表和全国大法官、大检察官座谈会上的重要讲话大学习、大讨论活动的通知》，其中明确提出"要进一步领会维护社会公平正义、推进社会主义民主法治建设的重大任务，积极稳妥地推进司法体制改革……按照党的十七大对深化司法体制改革的总体部署和要求，巩固前一阶段司法改革的成果，进一步推进司法体制改革"。[2]

总之，在此期间，在党中央的统一部署和最高人民法院的具体指导下，司法改革取得了比较明显的进展：

第一，改革和完善死刑核准制度，提高了死刑案件质量。最高人民法院 2007 年 1 月 1 日起统一行使死刑核准权，结束了部分死刑案件核准权下放 26 年的历史。最高人民法院 2007 年 2 月 28 日起施行的《关于复核死刑案件若干问题的决定》，严格了统一死刑适用的标准、证据标准，严格规范死刑复核程序，确保死刑案件的慎重与公正。

第二，改革和完善民事再审制度。全国人大常委会于 2007 年 10 月修改的《民事诉讼法》，细化了再审理由，完善了再审制度，一定程度解决申诉和申请再审难的问题。

1 胡锦涛：《高举中国特色社会主义伟大旗帜，为夺取全面建设小康社会新胜利而奋斗》，《人民日报》2007 年 10 月 25 日。

2 《中央政法委部署十七大精神和胡总书记重要讲话学习讨论活动》，《人民法院报》2008 年 3 月 21 日。

第三，改革和完善了审判组织和审判方式制度。2007 年 9 月，最高人民法院出台的《关于审判委员会制度改革的实施意见》规定，除基层法院以外，人民法院可根据需要设立刑事审判专业委员会和民事行政审判专业委员会，进一步健全了审判委员会的机构设置、工作程序和运行方式。根据十届全国人大常委会第十一次会议通过的《关于完善人民陪审员制度的决定》，自 2005 年 5 月 1 日起，指导地方各级人民法院选任具有广泛代表性的人民陪审员参与审理案件，充分发挥了人民陪审员制度维护司法公正、促进司法公开、推进司法民主的作用。[1]

2007 年 9 月最高人民法院下发了《关于进一步加强刑事审判工作的决定》，通过改革和完善刑事庭前程序，规范举证、质证、认证活动，规范和完善刑事鉴定制度等若干改革措施，要求各级法院确保刑事审判质量与效率，保障人权。

另外，2004 年 4 月，最高人民法院下发了《关于完善院长、副院长、庭长、副庭长参加合议庭审理案件制度的若干意见》，要求各级人民法院院长、副院长、庭长、副庭长除参加审判委员会审理案件以外，每年都应当参加合议庭或者担任独任法官审理案件，这样进一步规范了合议庭审理案件制度，对防止诉讼程序之外对案件的不当干预起了重要作用。

第四，进一步推进审判公开。2007 年 6 月，最高人民法院发布了《关于加强人民法院审判公开工作的若干意见》，首次明确了加强审判公开工作应当坚持依法公开、及时公开、全面公开等三项基本原则，推出了审判公开方面的便民措施，进一步规范了各类案件公开开庭或不开庭审理的要求等，从而进一步加强审判公开工作，提高了案件的程序公正。

第五，进一步改革和完善司法人事管理制度、推进法官职业化建设。法官职业化建设的重点是深入推进法院工作人员分类管理，而推行法官助理制度，是实现人员分类管理的关键和突破口。2004 年 9 月，最高人民法院下发了《关于在部分地方人民法院开展法官助理试点工作的意见》，正式确定试行法官助理制度。此外，推行法官遴选制度和法官逐级选任制度。试行从相关科研所、法学院校和律师事务所先后引进知名法学教

1 参见《最高人民法院工作报告（2008 年）》。

授、副教授及优秀律师到最高人民法院工作。[1] 最高人民法院的此举将对全国法院系统起到很好的引领示范作用。

然而，由于种种原因，《二五纲要》规定的任务（主要是涉及司法体制性的改革问题）有一部分并没有完成。这也正说明司法改革的艰苦性和长期性。但总体说来，由于“第二个五年改革纲要”的实施，在一定程度上触及了司法领域的体制性层面的问题，因而为下一步深化司法体制改革积累了宝贵的经验，打下了重要基础。[2]

经过“一五”“二五”改革，人民法院的司法体制和工作机制有了一定的发展完善，但是与日益增长的人民群众的司法需求相比，还有不小的差距。在这种形势下，开展新一轮人民法院司法改革，已经迫在眉睫。在此背景下，最高人民法院 2009 年 3 月 25 日公布了《人民法院第三个五年改革纲要（2009—2013）》（《三五纲要》）。《三五纲要》确定的 2009—2013 年深化人民法院司法体制和工作机制改革的目标是，进一步优化人民法院职权配置，落实宽严相济刑事政策，加强队伍建设，改革经费保障体制，健全司法为民工作机制，着力解决人民群众日益增长的司法需求与人民法院司法能力相对不足的矛盾，推进中国特色社会主义审判制度的自我完善和发展，建设公正高效权威的社会主义司法制度。

（三）以完善司法责任制为中心的司法改革（中共十八大以来）

中共十八大报告在司法改革已有成效的基础上提出：“进一步深化司法体制改革，坚持和完善中国特色社会主义司法制度，确保审判机关、检察机关依法独立公正行使审判权、检察权。”[3] 中共十八大以来，针对司法不公、司法公信力不高等突出问题，以保证公正司法、实现司法责任制、提高司法公信力为内容的司法体制改革，成为法治中国建设的重点。

中共十八届三中全会通过的《关于全面深化改革若干重大问题的决定》中，关于法治中国建设的最大的亮点，就是关于司法体制改革的内容。《决定》针对司法领域存在的突出问题提出了一系列改革举措，从多种角度列出了司法体制改革的具体方向、措施

1 吴兢：《22 名律师、学者当上最高法院法官》，《人民日报》2007 年 2 月 28 日。

2 公丕祥：《中国司法改革的时代进程》（下），《光明日报》2008 年 12 月 30 日。

3 胡锦涛：《坚定不移沿着中国特色社会主义道路前进，为全面建成小康社会而奋斗》，《十八大报告学习辅导百问》，党建读物出版社、学习出版社 2012 年版，第 24—25 页。

和目标，《决定》对司法体制改革的具体措施包括以下几方面：第一是确保依法独立公正行使审判权、检察权。第二是建立司法权力运行的机制。第三是明确规定要完善人权司法保障制度。另外，还非常重视建立法律顾问制度，以此来调整司法服务的功能，完善司法服务体系。尤其是关于司法管理体制的改革，是一个重大的突破。这个决定提出，要推动省以下地方法院、检察院人财物统一管理，探索建立与行政区划适当分离的司法管辖制度；提出改革审判委员会制度，完善主审法官、合议庭办案责任制，让审理者裁判，由裁判者负责，明确各级法院职能定位，规范上下级法院审判监督关系，等等。中共十八届三中全会通过的《决定》，不仅仅对推动司法改革，而且对消除司法腐败、促进社会公平正义、提高司法公信力，也具有非常大的促进作用。

中共十八届四中全会《关于全面深化依法治国若干重大问题的决定》，关于司法体制改革的内容，是在党的十八届三中全会关于司法体制改革的内容的基础上，对保障司法公正作出了更深入的部署。比如，为确保依法独立公正行使审判权和检察权，全会决定规定，建立领导干部干预司法活动、插手具体案件处理的记录、通报和责任追究制度；健全行政机关依法出庭应诉、支持法院受理行政案件、尊重并执行法院生效裁判的制度；建立健全司法人员履行法定职责保护机制等；为优化司法职权配置，全会决定提出，推动实行审判权和执行权相分离的体制改革试点；统一刑罚执行体制；探索实行法院、检察院司法行政事务管理权和审判权、检察权相分离；变立案审查制为立案登记制等；为保障人民群众参与司法，全会决定提出，完善人民陪审员制度，扩大参审范围；推进审判公开、检务公开、警务公开、狱务公开；建立生效法律文书统一上网和公开查询制度等；全会决定还就加强人权司法保障和加强对司法活动的监督提出了重要改革措施；全会决定最高人民法院设立巡回法庭，审理跨行政区域重大行政和民商事案件；探索设立跨行政区划的人民法院和人民检察院，办理跨地区案件；完善行政诉讼体制机制，合理调整行政诉讼案件管辖制度，切实解决行政诉讼立案难、审理难、执行难等突出问题；探索建立检察机关提起公益诉讼制度等。[1] 这是迄今为止关于司法体制改革具体要求最为全面的一个纲领性文件。

---

1 《中共中央关于全面推进依法治国若干重大问题的决定》，《党的十八届四中全会〈决定〉学习辅导百问》，学习出版社、党建读物出版社 2014 年版，第 15—19 页。

中共十八届三中全会、四中全会关于司法体制改革的内容，简单地讲，就是以实现司法责任制为目标，实现办案人员终身责任制和错案责任倒查机制，保证司法公正，提高司法公信力。

五、提高司法社会公信力

提高司法的社会公信力，最根本的是改革和完善我国的司法制度，保证司法的客观公正。前已述及，完善司法制度，提高司法水平，最基本、最核心的问题，是要保证司法的客观公正，实现社会正义。客观公正是法院裁判的灵魂和首要价值目标，也是增强司法社会公信力的基础。除此之外，维护司法的尊严和权威，提高司法效率，提高司法人员素质，促进社会向善等，也是提高司法公信力的重要方面。

（一）维护司法权威

维护司法权威，是中共十六大以来司法改革的重点。中共十七大也提出要建立权威的社会主义司法制度。2005 年 10 月 11 日，中共中央《关于制定“十一五”规划的建议》指出，要“推进司法体制和工作机制改革，规范司法行为，加强司法监督，促进司法公正，维护司法权威。”[1] 司法权威包括两个方面，一是司法应当具有至高无上的地位，二是司法应该受到绝对的尊重。

维护司法权威，首先是司法机关要严格公正文明执法，切实提高司法公信度，以司法公信赢得司法权威。各级党政领导干部要不断增强法治观念，模范遵守宪法和法律，依法、科学地领导政法工作，坚决支持司法机关依法独立公正地行使职权，维护司法权威。党政机关的领导干部不要插手、干预司法机关正常的司法活动，不要批条子、打招呼，对办案施加影响，甚至代替司法机关对个案进行定性、处理；不要从本地区本部门的利益出发，搞地方和部门保护主义；不要随意调动政法干警处理法定职责以外的其他事务。要教育广大干部群众增强法治观念，维护法律的尊严，自觉维护司法权威。

维护司法权威，党的各级组织和各级领导干部的带头作用十分重要。为此，2006 年 5 月 3 日，中共中央《关于进一步加强人民法院、人民检察院工作的决定》指出：“全党

1　参见《十六大以来重要文献选编》（中），中央文献出版社 2007 年版，第 1082 页。

同志特别是各级领导干部要牢固树立法治观念，坚持在宪法和法律范围内活动，带头维护宪法和法律的权威，为人民法院、人民检察院工作创造良好的司法环境。各级党委要坚决支持人民法院、人民检察院依法独立公正行使审判权、检察权，不允许任何人、任何组织非法干预人民法院、人民检察院的司法活动，坚决抵制和克服地方保护主义和部门保护主义对司法活动的干扰，坚决纠正以权压法、以言代法的现象。”[1] 树立和维护司法权威，各级党组织和各级领导干部要带头依法办事，带头依法行政，支持和保障审判机关、检察机关依法独立公正行使职权，消除地方保护主义和部门本位主义的影响。

另外，司法权威来源于广大民众对司法的信任和认同，司法权威需要法律信仰的支持和维护。公众对司法裁判结果的普遍遵从是司法权威性的基本要义。因而，要在全社会深入开展法治宣传教育，提高全民法律律意识，在全社会形成尊重法律、尊重司法的观念。同时要建立和完善惩戒妨碍司法机关执行公务、拒不执行司法机关依法作出的公正裁判的违法犯罪行为的法律规定。

（二）提高司法效率

增强司法的社会公信力，要重视法院审判质量和效率的提高。公众对司法裁判结果的普遍遵从和信赖是司法权威的基本要义，而树立和维护司法权威，必须提高司法审判质量，提高司法效率。这是实现司法公正的前提和基础，是人民法院审判工作的生命线。提高司法审判质量，是司法公正的自身要求，也是依法治国的要求。提高司法审判质量和效率，就是在司法活动的过程和结果中体现公平、平等、正义的精神，并在法定时限内及时审结案件。其目标是促使诉讼纠纷获得最完美的解决，司法权力运行符合法律的原则和规则，从而获得公众对司法的承认、信赖和尊重。

2003 年 12 月 26 日，在纪念毛泽东诞辰 110 周年座谈会的讲话中，胡锦涛强调：“要进一步深化行政管理体制改革和司法体制改革，提高行政效率，促进公平和正义在全社会的实现，更好地为人民服务。”[2]2004 年 9 月 15 日，在首都各界纪念全国人民代表大会成立 50 周年大会上的讲话中，胡锦涛指出：“要积极推进司法体制改革，提高司法效率，充分发挥司法制度和司法机关维护社会公平和正义的作用，保障国家经济、政治、文化

1 《十六大以来重要文献选编》（下），中央文献出版社 2007 年版，第 445 页。

2 胡锦涛：《在纪念毛泽东诞辰 110 周年座谈会的讲话》，《人民日报》2003 年 12 月 27 日。

生活的正常秩序。”[1] 中共十七大又把建设高效的社会主义司法制度，作为对司法改革的要求之一。由此可见，为促进司法公正的实现，提高司法效率，是中共十六大以来司法体制改革确立的目标之一。

司法效率是解决司法资源如何配置的问题，包括三层含义：一是指公正判决能迅捷地作出和执行；二是作出判决和执行判决所需花费的社会成本较低；三是公正判决的实现率（执行率）较高。公正与效率都是人民群众最关心、最直接、最现实的利益问题。司法效率低下，案件久拖不决，判决难以执行，就会使公正的效率大打折扣，就会使当事人对司法失去信心。

提高司法效率，就是要最大限度地发挥司法资源的整体效益，最大可能地减少当事人的讼累，以最低的司法成本实现司法公正；要求司法人员要严格遵守法律规定的诉讼期限，提高业务素质和办案能力；要求司法机关必须不断丰富纠纷解决途径，建立健全和解、调解、仲裁、诉讼等多元的纠纷解决机制，发挥司法资源在纠纷解决中的应有作用；要求“人民法院要依法扩大简易程序适用范围，加大解决涉诉信访的工作力度，畅通申诉再审渠道等等”[2]，司法机关要依法实行繁简分流，案情相对简单的案件，尽量简化诉讼程序，案情重大、复杂，则严格依照法律规定适用普通程序。

提高司法效率，要求司法机关必须合理配置物资资源和人力资源，大力加强司法保障力度。2006 年 5 月 3 日，中共中央《关于进一步加强人民法院、人民检察院工作的决定》指出，要“建立和完善人民法院、人民检察院工作保障机制”[3]，要“高度重视人民法院、检察院的经费保障情况。根据经济社会发展水平，人民法院、人民检察院的审判、检察工作任务和国家财政保障能力，逐步建立和完善人民法院、检察院经费保障机制，提高人民法院、人民检察院经费保障水平，保证人民法院、检察院履行职能所必需的经费”[4]。“采取有效措施逐步解决办案人员编制不足的问题；完善法官、检察官职业保障机制；加强人民法院审判法庭、人民法庭和人民检察院办案用房、专业技术用房等基础设施建设和技术装备建设，大力推进信息技术在审判、检察业务等方面的应用。”[5] 特别要下

1 胡锦涛：《在首都各界纪念全国人民代表大会成立 50 周年大会上的讲话》，《人民日报》2004 年 9 月 16 日。
2 参见《十六大以来重要文献选编》（下），中央文献出版社 2007 年版，第 438—439 页。
3 同上书，第 443 页。
4 同上。
5 同上书，第 443—444 页。

大功夫解决贫困地区基层政法机关经费保障问题和中西部地区基层法官、检察官短缺问题，使之更好地担负起构建社会主义和谐社会的重任。

（三）提高司法人员的素质

增强司法的社会公信力，提高司法人员的素质是关键因素。司法机关对法律实施负有重要的责任。司法人员的自身素质，则是能否保证客观公正执法的一个至关重要的因素。因为适用法律的过程本身也是一种创造性的活动。无论是对证据和事实的认定，还是对法律条文的正确理解和适用，都要求司法人员运用他们的知识、才能、经验去解决问题。加强司法队伍建设，重要的不是增加司法队伍的人数，提高司法人员的素质才是关键。司法人员素质不提高，法律制度再先进、再科学，在素质低下的司法人员手中，也不过是废纸一堆，司法公正的实现也只能是一句空话。

作为一名合格的司法者，首先，要有良好的法学素养。司法人员法学素养包括扎实的专业知识、丰富的社会知识、社会阅历和经验等方面。尤其要注重提高司法人员运用和解释法律的能力，确立衡平理念。在我国正处于全面深化改革、由计划经济向市场经济过渡的社会转型时期，虽然已经建成了中国特色社会主义法律体系，但这种完备也只能是相对的。只要实践在发展，新情况、新问题仍将会不断出现。法律解释理论和衡平观念，就是为了解决法律的严格性与现实情况复杂性的矛盾，对法律进行的一种补正，以纠正法律中特殊规定的不足。因此，如果司法人员没有丰富的法律知识和较好的法学素养，将很难适应社会发展和司法实践的要求，更谈不上司法能力的提高。

其次，司法人员要具有良好的品德。古希腊思想家柏拉图就曾强调一个国家应该有品德优良的法官，他们必须心地纯洁，头脑清醒，善于分析，能够对诉讼做出公正的审判。现在司法队伍中存在的一些腐败现象和不正之风，与少数司法人员的品德低下不无关系。他们不是忠于事实和法律，而是人情大于一切，徇私舞弊，枉法裁判。现在流行的“打官司就是打关系”的说法，不是完全缺乏根据的。因此，提高司法人员素质，对司法人员的思想品德教育也是一个重要方面。

为保证司法队伍的素质，深化司法人员选任制度的改革，是值得重视的一个研究课题。首先要重视司法人员业务素质的提高。总结我国在司法队伍职业化过程中存在的问题，进一步严格法官和检察官的任职条件，严格选拔程序，垫高司法机关的门槛，造就一支既具有法律专业知识又具有法律操作技能的职业法官队伍。其次，要注重提高法官的政治素质和道德素质，建立业务考核与工作实绩、思想品德等综合素质评议考核相结合的遴选制度，实行选优汰劣；加强法官、检察官的职业道德教育，健全法官、检察官的纪律惩戒制度。只有如此，才能促使司法人员自觉地提高自己的业务水平和综合素质。通过改革和完善司法制度，把我国建成一个现代的法治国家，这是关注中国法治进程的人们的共同理想和追求。

（四）确立司法的社会价值引领功能

增强司法的社会公信力，要确立司法的社会价值引领功能。司法是法治社会处于核心地位的纠纷解决机制。从社会秩序维护的意义上说，司法的最基本功能是对社会纠纷进行裁决。但并不仅限于此。司法推动社会公平正义理念的确立，实现法律价值等方面的功能也不能忽视。鉴于南京“彭宇案”及类似案件的司法判决对司法公信力产生的影响，确立司法的社会价值引领功能，值得引起我们的关注和思考。法庭是人们伸张正义的地方。在西方人看来，法院在一切国家机关中是最受尊敬的，法官在所有官员中是最公正的。因此，受法庭的公正审判是人们申冤求护的一种权利，是人间疾苦的一种救济。[1]司法的功能不仅在于纠纷的解决和矛盾的化解，更重要的是在司法过程中，秩序、公正、平等、安全和利益等法的价值得到了实现。为人们向善提供力量，推动社会道德的进步，也是司法裁判义不容辞的责任。

1　龚祥瑞：《西方国家司法制度》，北京大学出版社1993年版，第124页。

第十六章　维护公民权利，依法保障人权

尊重和保障人权，已经成为国际社会的普遍共识。人权的内容不仅体现了人类追求的共同价值理念，同时也具有民族文化的痕迹和浓厚的意识形态色彩。因而，人权的实施和保障，最终要通过各国的法律来确认和体现。国际条约和国际组织关于维护和促进人权的要求，也必须通过各国的国内立法才能贯彻实施。由于各国社会制度不同，历史、文化背景不同，经济发展阶段不同，对人权的法理依据、权利内涵的解释也不同，不同的国家，保障和实现人权的法律规定和具体做法也是有差异的。没有也不可能有为整个人类社会普遍适用的、抽象的人权模式，只能是也必须是由主权国家从自己的实际情况出发，用法律来维护和促进人权。

中共十一届三中全会以来，中国共产党人将马克思主义人权理论与中国社会主义人权建设实际相结合，在继承和坚持马克思主义人权理论的同时，适应当代国际国内人权斗争形势的需要，在实践中形成和确立了当代中国的马克思主义人权思想，丰富和发展了马克思主义人权理论，对马克思主义人权理论作出了重要贡献，也成为中国特色社会主义法学理论的重要内容。

一、邓小平人权思想

邓小平关于人权问题的论述，可以从不同角度进行概括和总结，[1]有的称之为邓小平

1　在已有的研究中，有的学者把邓小平人权理论的内容归结为十个方面，即（1）两种本质不同的人权。（转下页）

人权理论，有的称之为邓小平人权思想。本书采用后者，并根据邓小平有关人权问题的一系列论述，对邓小平人权思想的脉络和其思想内涵进行梳理和探析。

邓小平人权思想是邓小平理论的重要组成部分，也是邓小平法制思想的重要内容。邓小平一直重视人权问题，特别是20世纪80年代末以来，针对西方国家利用人权问题干涉中国内政、侵犯我国主权的种种霸权主义行为，他发表了一系列论述。从其人权思想的内容来看，主要是围绕国内和国际人权斗争，集中体现在关于人权的性质（本质）；人权与民族历史文化传统的关系；人权的实现以保持社会稳定和法制保障为前提；坚持民族平等，维护少数民族的人权；主权（国权）高于人权等方面。

（一）人权应是多数人的人权，全国人民的人权

关于人权的概念，有各种各样的表述。但迄今为止，没有一个能为人们所普遍接受的人权概念。目前关于人权概念的主要观点有：认为人权就是人的权利，人权就是普遍的道德权力，人权就是人民的权利，人权就是法定的公民权利，人权就是作为人所应当享有和实际享有的权利，等等。这些概括从不同角度、不同侧面、不同层次上说明了什么是人权，都有它的某种合理性。[1] 应当说，人权是一个综合性的概念，它与我们日常所说的法律权利、公民基本权利等概念并不完全等同，其所包含的内容要比上述概念更加

（接上页）邓小平强调研究人权，要弄清人权的阶级属性，弄清本质上是多少人的人权，哪些人的人权；人权的阶级本质不同是两种人权观分歧的客观根源。（2）历史文化背景与人权。邓小平阐明了人权是普遍性与特殊性的统一，不同国家和民族历史文化背景的特殊性决定了人权模式的特殊性。（3）国权比人权重要得多。邓小平总结了世界各国人民反对帝国主义和霸权主义的经验教训，得出了“国权比人权重要得多”的论断，强调任何时候都要把国家的主权和安全放在第一位。（4）社会主义制度与人权。邓小平阐明了社会主义人权本质上区别并优于资本主义人权的内在根据，论述了中国人权所表现的特色、模式、实践方式等，主要根源于我国的社会主义基本制度。（5）共同富裕与人权。共同富裕是邓小平社会主义人权理论的本质内容，阐明了社会主义人权建设的发展方向和根本目标。（6）民族问题与人权。邓小平论述了只有社会主义才能使中国各族人民实现当家作主的人权，实现政治上各民族一律平等、经济上各民族共同繁荣的人权。（7）社会主义法治建设与人权。邓小平提出并阐明了建设具有中国特色社会主义的法律体系，实行依法治国，为巩固和发展社会主义经济、政治、科学文化建设服务，才能全面保障和发展社会主义人权事业。（8）和平、发展与人权。邓小平阐明了和平与发展是我们时代现阶段的两大主题，任何人权问题实际上同两大主题密切相关。他站在国际人权斗争的前列，为捍卫世界和平和发展中国家的发展权和生存权，同西方霸权主义、新殖民主义的所谓“人权外交”进行了不懈的斗争。（9）搞强权政治没有资格讲人权。邓小平带领中国人民不断粉碎西方霸权主义势力的“人权攻势”，捍卫了国家主权和人民的人权。他提出了反对霸权主义，建立公正合理的国际政治、经济新秩序的基本原则和框架，为国际人权事业做出了重大的贡献。（10）要用中国人民争取人权斗争的百年历史教育青年，这对中国人民认识帝国主义“人权外交”的虚伪性、反人权性、新殖民主义的本质，珍惜和捍卫得来不易的当家作主的人权，具有重要的现实意义。参见冯卓然、房宁等：《邓小平人权理论学习读本》，京华出版社2001年版，第4—6页。

1 参见冯卓然、房宁等：《邓小平人权理论学习读本》，京华出版社2001年版，第23页。

宽泛，既包括法定的权利，又包括法律之外的权利，如道德权利、习惯权利等。同时，与公民权利不同，人权包括个体人权、集体人权和国家权力。一般来说，人权是在一定的社会历史条件下，每个人按其本质和尊严享有或应该享有的基本权利。[1]

邓小平关于人权问题的论述，没有明确给人权下过定义，但他在1985年即提出对人权的看法，首次明确表示中国也承认人权的观点，并对人权的本质属性作了非常精辟的阐释。他说："什么是人权？首先一条，是多少人的人权？是少数人的人权，还是多数人的人权，全国人民的人权？西方世界的所谓'人权'和我们讲的人权，本质上是两回事，观点不同。"[2] 邓小平的这个论述，为我们如何理解人权的本质和两种不同的人权观等问题，提供了判断是非问题的标准。

保护最大多数人的人权，是邓小平的一贯思想。中共十一届三中全会以后，邓小平反复强调要重视维护和保障我国公民的人权。为了保障人民民主，邓小平重申要实行"三不主义"：不抓辫子，不扣帽子，不打棍子。"在党内和人民内部的政治生活中，只能采取民主手段，不能采取压制、打击的手段。宪法和党章规定的公民权利、党员权利、党委委员的权利，必须坚决保障，任何人不得侵犯。"[3]

进行社会主义现代化建设，如何充分调动广大人民群众的积极性和创造性，使他们具有高度的责任感对待社会主义建设事业，一个极为重要的方面，就是发扬社会主义民主，切实保障人民参加管理国家和各种经济文化的权利。为此，邓小平强调，发展社会主义经济，要重视物质利益原则，同时也要"切实保障工人农民个人的民主权利，包括民主选举、民主管理和民主监督"[4]，以调动他们的积极性，增强他们的主人翁意识。1978年12月，邓小平就指出："当前最迫切的是扩大厂矿企业和生产队的自主权，使每一个工厂和生产队能够千方百计地发挥主动创造精神。"[5]1987年3月，他在会见外宾的谈话中又强调，搞社会主义现代化建设，除了要进一步改革开放之外，"还要使人民有更多的民主权利，特别是要给基层、企业、乡村中的农民和其他居民以更多的自主权"。[6]

---

1 《人权知识干部读本》，人民出版社、党建读物出版社2006年版，第2页。
2 《邓小平文选》第3卷，人民出版社1993年版，第125页。
3 《邓小平文选》第2卷，人民出版社1994年版，第144页。
4 同上书，第146页。
5 同上。
6 《邓小平文选》第3卷，人民出版社1993年版，第210页。

我们所主张的人权，是最广泛的人权，是“多数人的人权”，是“全国人民的人权”，对此，邓小平也曾经说过：“要讲人道主义，我们保护最大多数人的安全，这就是最大的人道主义。”[1]这从我国的宪法和法律对公民权利的规定可以得到充分证明。2004年十届全国人大二次会议通过的宪法修正案，在宪法第二章“公民的基本权利和义务”部分，首次将“人权”概念引入宪法，明确规定“国家尊重和保障人权”。人权写入宪法，是社会主义人权发展的重大突破，也是中国民主法制和政治文明建设的一件大事，是中国人权发展的一个重要里程碑。同时，我国宪法和法律对人权保障非常重视，不仅规定了广泛的享有公民权利的主体，而且规定了广泛的公民权利内容。

在中国享受人权的主体是广泛的，在现阶段，我国的权力主体包括占全国人口绝大多数的工人、农民、知识分子、社会主义事业的建设者、拥护社会主义的爱国者、拥护祖国统一的爱国者，甚至海外爱国华侨等关心祖国命运的人，都可以成为我国宪法权利的享有者。即使对那些极少数被剥夺政治权利的公民来说，他们仍然享有与其身份相适应的公民权利。

中国公民所享受的人权范围是广泛的。我国宪法对我国公民享有的广泛权利作了明确规定，这些权利不仅包括公民的生存权、人身权和政治权，而且包括经济、社会、文化等方面的权利。我国宪法规定，中华人民共和国公民不但享有人身自由、人格尊严、生命、健康、合法的财产权，而且享有广泛的政治权利和自由、社会经济权利和文化教育权利等其他方面的权利。

（二）人权同各国的历史文化传统密切相关，它是具体的，不能抽象地谈论人权

中国的人权维护和保障，既与西方世界的所谓“人权”本质不同，也不能照搬其他任何人权模式。必须从中国的国情出发，从中国的社会制度、历史背景、文化传统和政治、经济、文化水平的实际情况出发。马克思曾说：“权利永远不能超出社会的经济结构以及由经济结构所制约的社会的文化发展。”[2]在观察各国的民主、自由、人权状况时，离不开那个国家的历史文化传统、经济发展状况和社会制度。人权是普遍性的权利，但

1 《邓小平文选》第3卷，人民出版社1993年版，第34页。

2 《马克思恩格斯选集》第3卷，人民出版社1995年版，第305页。

在现实中，不同国家或民族对它的理解和人权实践却不尽相同。各国在实践人权的普遍性原则时，在人权的内容和形式方面，在方式和方法上，都各有特点。究其原因，除了经济、政治上的因素外，还有各个民族历史文化背景上的因素。

人权同各国历史文化背景密切相关，不能忽视各国各民族的历史文化背景谈论人权的普遍性。不能把某个国家的民主制度和人权模式作为普遍的民主制度和人权模式，这已经越来越成为人们的共识。

邓小平在重视人权普遍性的同时，特别重视一个国家、民族的历史文化背景的特殊性对人权的影响和发展的重要性。邓小平认为："要求全世界所有国家都照搬美、英、法的模式是办不到的。……中华人民共和国不会向美国学习资本主义制度，中国人口也占了世界人口的五分之一。还有非洲，非洲统一组织的强烈的普遍的呼声就是要求别国不要干涉他们的内政。这是世界局势的一个大背景。"[1]因而，在肯定人权普遍性的同时，不能忽视各国的国情，不能要求人权只有一种模式。不能照搬照抄西方的人权理论和人权模式。只有从各国人权状况的实际出发，根据各国的人权特点，才能使人权的普遍性原则得到真正实现，才有各国人权自己的特色。

世界各国人权的实践表明，绝对意义上的民主、自由、人权，抽象的民主、自由、人权是根本不存在的，只有相对的、具体的民主、自由、人权。具有普遍性特点的人权必然要通过具体人权来实现。对此，邓小平也曾明确指出："不但在资本主义社会，就是在社会主义社会，也不能抽象地讲人的价值和人道主义，因为我们的社会内部还有坏人，还有旧的社会渣滓和新的社会渣滓，还有反社会主义分子，还有外国和台湾的间谍。我们的人民生活水平和文化水平还不高，这也不能靠谈论人的价值和人道主义来解决，主要地只能靠积极建设物质文明和精神文明来解决。离开了这些具体情况和具体任务而谈人，这就不是谈现实的人而是谈抽象的人，就不是马克思主义的态度，就会把青年引入歧途。"[2]任何国家实现和维护人权的道路，都不能脱离本国的国情，不能用抽象的人性论去观察人权问题，应把人权放在一定的历史文化背景和现实的社会关系中考察。

---

1 《邓小平文选》第3卷，人民出版社1993年版，第359—360页。

2 同上书，第41页。

（三）人权的实现以社会的稳定和法制的保障为前提

1. 社会稳定是人权实现的前提

进行社会主义现代化建设，建设中国特色社会主义，需要一个稳定的国内环境。没有稳定的环境，什么都搞不成，已经取得的成果也会失掉。这是贯穿邓小平法制思想始终的一个重要内容。人权建设也是如此。没有社会的稳定，就不可能有经济的发展，社会的进步，就不可能实现人类真正掌握自己的命运，民主、自由、人权都将成为一句空话。

中国有过“文化大革命”内乱的惨痛教训，决不能让这样的悲剧重演。邓小平指出，现在要是中国乱起来，绝不只是“文化大革命”那样的问题，会出现真正内战的局面。“一些所谓民主斗士只要一拿到权力，他们之间就会打起来。一打内战就是血流成河，还谈何‘人权’？一打内战就是各霸一方，生产衰落，交通中断，难民不是百万、千万而是成亿地往外面跑，首先受影响的是现在世界上最有希望的亚太地区。这就会是世界性的灾难。所以，中国不能把自己搞乱，这当然是对中国自己负责，同时也是对全世界全人类负责。外国的负责任的政治家们也会懂得，不能让中国乱。什么人权、民权问题，都管不住这个问题。”[1]

在我国社会主义人权实践中，为了保障全国人民的人权，我们坚决反对资产阶级自由化，把政治稳定、社会稳定、国家的安全放在十分重要的地位，强调民主是我们的目标，但国家必须保持稳定。社会稳定是人权实现的前提。中共十一届三中全会以来，针对国外反华势力和国内一些人打着人权的旗号反对中国所坚持的四项基本原则，邓小平一再强调，中国要搞现代化，绝不能搞自由化，绝不能走西方资本主义道路。他在1986年9月召开的中共十二届六中全会上的讲话中说：“看来，反对自由化，不仅这次要讲，还要讲十年二十年。这个思潮不顶住，加上开放必然进来许多乌七八糟的东西，一结合起来，是一种不可忽视的、对我们社会主义四个现代化的冲击。你们注意看一些香港的议论，一些外国资产阶级学者的议论，大都是要求我们搞自由化，包括说我们没有人权。我们要坚持的东西，他们反对，他们希望我们改变。我们还是按照自己的实际

1 《邓小平文选》第3卷，人民出版社1993年版，第360—361页。

来提问题，解决问题。”[1]

在当代中国，发展经济需要稳定，深化改革需要稳定，扩大开放需要稳定，完善民主、健全法制需要稳定，加强精神文明建设需要稳定，人权的保障和实现同样需要稳定。为了实现安定团结，维护稳定的社会秩序，必须制止一切危害社会稳定的行为，绝不能允许一些人打着民主、人权的旗号搞动乱。邓小平指出，民主是我们的目标，但国家必须保持稳定。对此，他曾经有针对性地讲过：“我不止一次讲过，稳定压倒一切，人民民主专政不能丢。你闹资产阶级自由化，用资产阶级人权、民主那一套来搞动乱，我就坚决制止。马克思说，阶级斗争不是他的发现，他的理论最实质的一条就是无产阶级专政。无产阶级作为一个新兴阶级夺取政权，建立社会主义，本身的力量在一个相当长时期内肯定弱于资本主义，不靠专政就抵制不住资本主义的进攻。坚持社会主义就必须坚持无产阶级专政，我们叫人民民主专政。在四个坚持中，坚持人民民主专政这一条不低于其他三条。理论上讲清楚这个道理是必要的。”[2]

2. 反对打着“人权”的幌子搞社会动乱

在现代社会，人权主要是通过法律实现的，法制是最基本的制度保障。法制对人权的保障程度是衡量一个国家民主政治水平的标尺。因此，在保持政治稳定、经济发展的同时，我国要不断加大人权立法的力度，完善保障人权实现的法律体系建设。

邓小平在重视保护和实现“多数人的人权”和“全国人民的人权”的同时，也强调要讲民主，也要讲法制，把人权建设纳入法制的轨道。

早在改革开放初期，针对一些地方出现的以“要人权”为口号煽动少数人的闹事，甚至公然要求外国人“关怀”中国人权的现象，邓小平旗帜鲜明地指出这是不能允许的公开反对宪法原则的行为。他说：“有些坏分子不但不接受党和政府的负责人的引导、劝告、解释，并且提出种种在目前不可能实现的或者根本不合理的要求，煽动、诱骗一部分群众冲击党政机关，占领办公室，实行静坐绝食，阻断交通，严重破坏工作秩序、生产秩序和社会秩序。不但如此，他们还耸人听闻地提出什么‘反饥饿’‘要人权’等口号，在这些口号下煽动一部分人游行示威，蓄谋让外国人把他们的言论行动拿到世界

1 《邓小平文选》第3卷，人民出版社1993年版，第182页。
2 同上书，第364—365页。

上去广为宣传。有个所谓的‘中国人权小组’，居然贴出大字报，要求美国总统‘关怀’中国的人权。这种公然要求外国人干涉中国内政的行为，是我们能够允许的吗？有个所谓‘解冻社’，发表了一个宣言，公开反对无产阶级专政，说这是分裂人类的。我们能够允许这种公开反对宪法原则的‘言论自由’吗？”[1]

人权与法治是相互依存、相互影响、相互渗透的关系，法治是人权得以保护和尊重的重要标志。人权的享有和实现，离不开完善的法制保障。近代资产阶级在反对封建专制，倡导民主，提出法律面前人人平等的法制原则的过程中，就充分地论述了人权同法治的关系。我国宪法规定：“中华人民共和国的一切权力属于人民。”宪法规定了我国公民享有广泛的社会政治、经济和文化权利。

但如何来保证这些人权得以充分实现呢？中共十一届三中全会以后，在总结历史经验的基础上，邓小平明确提出：“为了保障人民民主，必须加强法制。”[2]关于法制在保障人民民主和公民权利方面的功能和作用，人权和法治的关系，邓小平有大量的论述。这方面的内容在第六章已有详细介绍，在此不赘。

（四）实行民族区域自治，坚持民族平等，维护少数民族的人权

民族问题与人权问题有着密切的联系。保证我国少数民族的政治平等和经济文化发展权利，是促进我国经济、社会发展，保护我国人民人权的一个重要组成部分。关于民族问题和民族工作，邓小平有一系列的论述，其中许多内容与少数民族的利益和人权保护问题有关。

1. 实行民族区域自治，使少数民族充分享有当家作主的权利

在中央的统一领导下，以少数民族聚居区为基础，建立相应的自治地方，设立自治机关，行使自治权利，是我国解决民族问题的一大创举，并被我国宪法确认为国家的一项重要政治制度。

邓小平对如何保障少数民族实现当家作主的权利，有一系列的论述。他认为，少数民族实现当家作主权利的方式，就是实行民族区域自治。他说：“要使我们的宪法更加完备、周密、准确，能够切实保证人民真正享有管理国家各级组织和各项企业事业的权

---

1 《邓小平文选》第2卷，人民出版社1994年版，第173—174页。

2 同上书，第146页。

力，享有充分的公民权利，要使各少数民族聚居的地方真正实行民族区域自治，要改善人民代表大会制度，等等。”[1]采取民族区域自治的制度解决民族问题，适合中国的国情，他说：“解决民族问题，中国采取的不是民族共和国联邦的制度，而是民族区域自治的制度。我们认为这个制度比较好，适合中国的情况。”[2]

为了保障民族区域自治制度的实现，邓小平强调要用法律的形式把这种制度固定下来。他指出：“要把我国实行的民族区域自治制度用法律形式规定下来，要从法律上解决这个问题，要有民族区域自治法。”[3]

2. 民族平等、民族团结与人权保护

邓小平十分重视民族平等，重视保护少数民族的人权。民族平等是维护少数民族人权的前提。我国是一个统一的多民族国家，人民当家作主当然是指全国各族人民都是国家的主人，少数民族与汉族的平等关系既是各少数民族人民的愿望，也是社会主义民主的基本要求。因此，坚持民族平等，维护和加强民族团结，是我国民族政策的基石，也是我国宪法的一项基本政策。宪法第四条规定：“中华人民共和国各民族一律平等。国家保障各少数民族的合法权利和利益，维护和发展各民族平等、团结、互助的关系。禁止对任何民族的歧视和压迫，禁止破坏民族团结和制造民族分裂的行为。”

邓小平指出：“我们的民族政策是正确的，是真正的民族平等。我们十分注意照顾少数民族的利益。中国一个很重要的特点就是没有大的民族纠纷。”[4]“中华人民共和国成立以后，我们完全实行民族平等的政策，而且在具体政策上更多地照顾少数民族利益。”[5]

民族平等与民族团结是互为条件，缺一不可的。民族平等是民族团结的基础，民族团结是坚持民族平等的保证。对如何加强民族之间的团结，邓小平进行了阐释，那就是，实现民族平等、民族团结，既要反对大汉族主义，也要反对地方民族主义。

在改革开放以后的新的历史时期，在谈到民族问题时，他强调说：“民族工作确有很多问题要提起注意。当前是如何加强民族团结，反对大汉族主义和地方民族主义，重点

---

1 《邓小平文选》第2卷，人民出版社1994年版，第339页。
2 《邓小平文选》第3卷，人民出版社1993年版，第257页。
3 《邓小平思想年谱（1975—1997）》，中央文献出版社1998年版，第199页。
4 《邓小平文选》第3卷，人民出版社1993年版，第362页。
5 《邓小平思想年谱（1975—1997）》，中央文献出版社2007年版，第16页。

是反对大汉族主义。有些少数民族中也有大民族主义。”[1]

3. 中国政府对待西藏的政策与人权保护

长期以来，国际上搞霸权主义和强权政治的人，总是别有用心地诽谤我国的民族政策，攻击我国政府“粗暴侵犯人权”，并提出所谓的“西藏人权问题”，妄图破坏我国的统一和领土完整。在民族问题上，所谓“西藏问题”已成为中国同西方反华势力斗争的一个重要方面。西方反华势力不惜一切代价地支持达赖民族分裂主义集团“西藏独立”，妄图把西藏从中国分裂出去。在对待西藏的政策和人权保护问题上，邓小平也有一系列的论述。

关于中国政府对西藏的政策，邓小平在《立足民族平等，加快西藏发展》一文中指出：“中华人民共和国没有民族歧视，我们对西藏的政策是真正立足于民族平等。中国有几十个民族，少数民族只占总人口的百分之六，汉族占百分之九十四，但在各级人民代表大会和各级行政机构中少数民族干部所占的比例大大超过百分之六。”[2]针对西方反华势力把汉族对西藏的支援，特别是人力方面的支援诬蔑为“大规模向西藏移民”，西方反华势力诬蔑中国政府在西藏侵犯人权和限制宗教自由。对此，邓小平予以了反驳。他在1987年6月29日会见美国前总统卡特时的谈话中指出：“西藏是人口很稀少的地区，地方大得很，单靠二百万藏族同胞去建设是不够的，汉人去帮助他们没有什么坏处。如果以在西藏有多少汉人来判断中国的民族政策和西藏问题，不会得出正确的结论。关键是看怎样对西藏人民有利，怎样才能使西藏很快发展起来，在中国四个现代化建设中走进前列。……观察少数民族地区主要是看那个地区能不能发展起来。如果在那里的汉人多一点，有利于当地民族经济的发展，这不是坏事。看待这样的问题要着重于实质，而不在于形式。”[3]所有由内地到西藏的人员，都要遇到高山反应、生活习惯很不适应等种种困难，但为了响应政府支援西藏人民的号召，他们不惜付出很大牺牲，自觉服从调动。政府也照顾实际情况，规定了定期轮换等办法。[4]因而，所谓“大规模向西藏移民”之说，不是故意捏造，就是恶意攻击。

---

1 《邓小平论统一战线》，中央文献出版社1991年版，第161页。

2 《邓小平文选》第3卷，人民出版社1993年版，第246页。

3 同上书，第246—247页。

4 《西藏的主权归属与人权状况》白皮书（1992年9月）。

针对国际反华势力支持达赖集团把西藏从中国分裂出去的图谋，邓小平指出："达赖喇嘛和美国参议员给我们制造点麻烦，对我们影响不了什么。要把西藏从中国分裂出去，谁也没有这个本事。我们对西藏采取扶持的方针，要内地帮助西藏发展。关键是要使西藏人民提高物质和文化生活水平。"[1] 邓小平的论述表明，任何势力妄图把西藏从中华民族大家庭中分裂出去的梦想是不可能得逞的。企图把西藏从中国分裂出去，汉族和其他民族绝不会答应，藏族人民也绝不会答应。

（五）国权重于人权

人权问题已成为当今国际社会政治、经济、文化、意识形态斗争的热点问题。人权问题首先是国内问题，但由于西方发达国家常常以人权问题为借口干涉别国内政，因而，人权问题也已成为国际社会普遍关注的重大问题。是人权高于主权，还是主权高于人权，这个问题已成为国际上人权理论领域争论的焦点。20 世纪 70 年代以来，特别是 90 年代以来，西方一些政要人物和学者提出，"人权无国界""人权高于主权"。这些观点成为西方推行人权外交政策、干涉别国内政的理论根据。

邓小平人权思想的一个重要内容，就是阐释了人权和主权的关系。针对西方大国极力鼓吹的"人权高于主权"的观点，邓小平明确提出了国权（主权）重于人权，揭露西方大国利用人权外交干涉发展中国家以及中国内政的实质，反对任何国家利用人权问题推行自己的价值观念、意识形态、政治标准和发展模式。

国家主权与人权的关系问题，是邓小平人权思想中占主导地位的重要内容。人权问题虽然有其国际性的一面，但主要是一个国家主权范围内的问题。国家不能独立，人民的生存就没有保障。一个国家一旦丧失了主权，没有国家的独立，没有了国格和民族的尊严，处于种族主义、殖民主义、外国侵略者统治下的时候，作为单独的个人又谈何权利？没有主权，根本谈不上人权。因而，邓小平强调，国家的主权、国家的安全要始终放在第一位。邓小平说："我不说西方国家的政府，但至少西方有一些人要推翻中国的社会主义制度，这只能激起中国人民的反感，使中国人奋发图强。人们支持人权，但不要忘记还有一个国权。谈到人格，但不要忘记还有一个国格。特别是像我们这样第三世

1 《邓小平思想年谱（1975—1997）》，中央文献出版社 2007 年版，第 398 页。

界的发展中国家，没有民族自尊心，不珍惜自己民族的独立，国家是立不起来的。”[1]“如果中国不尊重自己，中国就站不住，国格没有了，关系太大了。中国任何一个领导人在这个问题上犯了错误都会垮台的，中国人民不会原谅的。”[2]鉴于西方七国首脑会议针对中国搞霸权主义、强权政治，邓小平严正指出：“中国平息暴乱后，七国首脑发表宣言制裁中国，他们有什么资格！谁给他们的权利！真正说起来，国权比人权重要得多。贫弱国家、第三世界国家的国权经常被他们侵犯。他们那一套人权、自由、民主，是维护恃强凌弱的强国、富国的利益，维护霸权主义者、强权主义者利益的。”[3]

邓小平所说的国权，就是指国家主权，它是一个国家独立自主地处理其对内对外事务而不受他国干预和限制的最高权力，是一个国家的根本标志和根本属性。邓小平把国家主权提到第一重要的地位，强调“国权重于人权”，在世界上得到了广泛的认同。国家主权是个人人权的基础和保障。只有当国家主权得到充分的尊重，人权，首先是生存权的实施才能获得切实的实现。

邓小平认为，要把国家的主权和安全置于首位，并使其得到保障，就必须维护公认的国际关系准则，反对霸权主义、帝国主义干涉内政的行为。1989 年 12 月 1 日，邓小平在会见以樱内义雄为团长的日本国际贸易促进协会访华团主要成员时指出：“国家的主权、国家的安全要始终放在第一位，对这一点我们比过去更清楚了。西方的一些国家拿什么人权、什么社会主义制度不合理不合法等做幌子，实际上是要损害我们的国权。……巴黎七国首脑会议要制裁中国，这意味着他们自认为有至高无上的权力，可以对不听他们话的国家和人民进行制裁。他们不是联合国，联合国的决议还要大多数同意才能生效，他们凭什么干涉中国的内政？谁赋予他们这个权力？任何违反国际关系准则的行动，中国人民永远不会接受，也不会在压力下屈服。”[4]反对西方国家推行强权政治，并打着“人权高于主权”的旗号干涉他国内政，就必须坚持国际关系中的主权原则和平等原则。

中国人民正是从鸦片战争以来一百多年来的民族灾难和几千万同胞牺牲性命的惨痛

1 《邓小平文选》第 3 卷，人民出版社 1993 年版，第 331 页。
2 同上书，第 332 页。
3 同上书，第 345 页。
4 同上书，第 348 页。

历史教训中，深深懂得了邓小平所说的“国权比人权重要得多”，必须以“国家利益为最高准则”，“国家的主权、国家的安全要始终放在第一位”的道理。

邓小平“国权比人权重要得多”的思想，可以说是对近百年来中国人民争取人权斗争的历史经验总结。从近百年的历史事实可以看出，是由于帝国主义的侵略和霸权，造成了中国沦丧国家主权，从而造成了中国人民丧失人权。邓小平指出：“从鸦片战争起，中国由于清王朝的腐败，受列强侵略奴役，变成了一个半殖民地半封建国家。”[1]“中国自鸦片战争以来的一个多世纪内，处于被侵略、受屈辱的状态。”[2]所以，邓小平讲：“搞强权政治的国家根本就没有资格讲人权，他们伤害了世界上多少人的人权！从鸦片战争侵略中国开始，他们伤害了中国多少人的人权！”[3]

邓小平还特别强调，要从战后几十年，中国的主权和独立不断遭受帝国主义、霸权主义侵犯和威胁的现实中，认识捍卫国家的主权与维护人民的人权的关系。他要求我们要始终坚持把国家的主权和安全毫不动摇地放在第一位，并且要着重认清当今世界威胁中国主权和安全的危险来自何方。邓小平指出：“西方国家说我们侵犯了人权，其实他们才是真正的侵犯人权。美国帮助蒋介石打内战，中国人伤亡了多少？美国支持南朝鲜进行战争，中国人民志愿军伤亡了多少？还不说一个多世纪以来殖民主义、帝国主义（包括美国在内）的侵略使中国人民遭受的损失有多大！所以，他们谈人权是没有资格的。”[4]邓小平之所以认为美国等西方国家没有资格将人权，其根本原因就在于这些国家有着一部伤害全世界人民和中国人民的侵略史。历史告诉我们，国家主权是人权得以实现的基础和前提，人权从属于国家主权，主权高于人权，维护国家主权就是维护人民的人权。

邓小平在论及“国权比人权重要得多”时，还揭露了美国等西方国家“人权外交”的本质，是维持恃强凌弱的强国、富国的利益，维护霸权主义者、强权主义者利益的。其主要表现，就是以维护“人权”为借口，打着“人道主义干涉”的旗号，进行侵略战争，蹂躏别国的主权，干涉别国的内政，制造“人权灾难”。邓小平说：“他们在许多国

1 《邓小平文选》第3卷，人民出版社1993年版，第292页。
2 同上书，第62页。
3 同上书，第348页。
4 同上书，第345页。

家煽动动乱，实际上是搞强权政治、霸权主义，要控制这些国家，把过去不能控制的国家纳入他们的势力范围。看清了这一点，就有助于认清问题的本质，总结经验教训。”[1]邓小平这段话，深刻地揭露了美国在中国和其他许多第三世界国家制造动乱、干涉内政、颠覆其政府的世界霸权主义的本质。

当然，强调人权问题是一个主权国家的内部事务，反对利用人权干涉别国内政，并不否认国际社会依据公认的国际法准则，在促进人权发展方面的积极作用，但这应建立在国家主权平等原则的基础上。

二、中共十三届四中全会以来人权思想的发展

中共十三届四中全会以来，在实践中继承和发展了邓小平的人权思想，在人权理论的范围上和深度上，都有一系列的创新拓展，进一步丰富和完善了中国特色社会主义人权理论。

20 世纪后半叶，随着人权保障国际化的趋势，一些西方国家开始推行人权外交，利用人权问题干涉我国内政，对我国施加各种压力，企图达到推行西方民主政治模式，和平演变社会主义中国的目的。人权问题成为我国处理与西方国家之间关系的焦点问题。为应对国际领域的人权斗争，必须积极主动地正面应对，从理论和实践上予以回应。从国内方面看，在市场经济主体多元化、人们维权和法制意识提高的新形势下，如何真正执政为民，代表最广大人民群众的根本利益，健全和完善社会主义人权保障体制，对人权保障理论也提出了新要求，中国共产党也必须予以回答。

正是在这特定的国际国内形势下，以江泽民为核心的第三代中央领导集体，在继承和发扬邓小平人权思想的基础上，结合中国实际和国际局势变化，提出一系列的人权理论的新观点、新判断，概括起来，有以下几个方面的内容。

（一）提出了生存权和发展权是发展中国家的首要人权的观点

人权本原具有物质性，权利不能超出社会的经济结构以及由经济结构所制约的社会的文化发展。人权不论是以其纯粹观念或政治主张出现，还是表现为法律规范或其他社

1 《邓小平文选》第 3 卷，人民出版社 1993 年版，第 348 页。

会形式，它都是经济关系发展内在规律性的必然反映。经济的发展是解决国际国内一切问题的最为重要的条件，从根本上制约着人权理想与现实的矛盾的解决。人们不是从关于人的理想所规划的范围内享有人权，而是在现存的生产力所决定的范围内取得自由，享有人权。

江泽民多次强调发展中国家人民的生存权和发展权是最大的人权。我国人口众多、底子薄，生产力水平落后，还有部分人的生活处于贫困之中，对我国来说，如何确保生存和发展是最重要的人权，我国仅拥有世界7%的耕地，又要解决占世界人口的22%的中国人吃穿住用问题。他说："关于人权，对中国来说，最大的生存权和发展权，最重要的是要解决中国十一亿多人口的吃穿问题。"[1]"今天，我国人民享受的人权保障是过去从来没有的。中国是一个有十二亿多人口的发展中国家，这一国情决定了在中国生存权和发展权是最基本、最重要的人权。不首先解决温饱问题，其他一切权利都难以实现。"[2]"中国确保十二亿多人的生存权和发展权，这是对世界人权进步事业的重大贡献。"[3]

中国共产党作为中国人民最坚决、最忠诚的维护者，对保障我国人民的生存权和发展权，进行了锲而不舍的努力。江泽民在1995年9月的十四届五中全会上，在如何正确处理社会主义现代化建设中的若干重大关系的问题时，把改革、发展、稳定的关系列为首要关系，他说："发展是硬道理。中国解决所有问题的关键要靠自己的发展。增强综合国力，改善人民生活；巩固和完善社会主义制度，保持稳定局面；顶住霸权主义和强权政治的压力，维护国家主权和独立；从根本上摆脱经济落后状况，跻身于世界现代化国家之林，都离不开发展。今后十五年我们有充分条件继续实现经济较快增长，必须抓住机遇，珍惜机遇，用好机遇，加快发展。"[4]他在1999年访问英国期间在剑桥大学的演讲中指出："中国集中力量发展经济，促进社会进步，坚持发展社会民主，建设社会主义法治国家，都是为了促进中国人民的人权事业。"[5]在2000年10月的中共十五届五中全会上，他又指出了面对新世纪的经济工作的新方针："十五期间，我们要把发展作为主题，把机构调整作为主线，把改革开放和科技进步作为动力，把提高人民生活水平作为

---

1 《江泽民文选》第1卷，人民出版社2006年版，第338页。

2 《江泽民文选》第2卷，人民出版社2006年版，第52页。

3 同上书，第56页。

4 《江泽民文选》第1卷，人民出版社2006年版，第461页。

5 《江泽民文选》第2卷，人民出版社2006年版，第56页。

根本出发点，全面推动经济发展和社会进步。”[1] 这些观点都说明了对发展中国家来说，经济的发展和生活水平的提高是人权实现坚实的物质基础，否则，人权就是无源之水，无本之木。

在 2003 年，我国发生了突如其来的“非典”疫情和频繁的自然灾害，我国政府坚持人民的生存权和发展权的新跨越，继续坚持以经济建设为中心，努力促进物质文明、政治文明和精神文明的协调发展，改革开放和现代化建设取得了新突破，政治稳定、经济保持快速发展，人民生活水平进一步提高，不仅保证了生存权和发展权，也促进了政治权利和其他权利的新突破。

实践证明，贫困和发展不充分是阻碍我国人民享有人权的最大障碍，维护和促进人民的生存权和发展权仍然是中国政府和人民的首要任务。生存权、发展权仍然是我国人民享有的首要人权，而发展又是实现生存权和人权目标的强大推动力。中共十六大总结我国新的实践经验，把发展从“硬道理”提升到党执政兴国第一要务的高度，一心一意谋发展；要求把发展落实到发展生产力、发展先进文化、实现最广大人民的根本利益上来，以此推动社会全面进步，促进人的素质全面提高；要求在国内把团结稳定放在战略地位，以此促改革保发展。在国际上，也就必然坚持反对战争威胁和恐怖主义，反对霸权主义和强权政治，为我国和国际社会的进步与发展创造一个良好的和平环境。这一切既是为了保障和发展中国的人权事业，也是对维护和发展世界人民的生存权、发展权及世界人权事业做出的重大贡献。

（二）强调人权是多数人的人权，是集体人权

人权思想从只强调个人人权发展到重视集体人权，是人类社会文明的重大进步。我国是社会主义国家，享受人权的主体不是少数人，而是包括了妇女、儿童、少数民族、宗教团体等在内的全体中国人民。改革开放以来，我国的社会阶层正发生着深刻的变化，出现了不同阶层和不同群体的差异和矛盾，我们的人权原则既承认和保护少数先富起来的人的利益，也保护由于各种原因还处于贫困状态的普通群众的利益。如果以牺牲多数人的利益为代价，只是为了少数人的利益，就违背了社会主义共同富裕的本质特征。

在 1997 年中共十五大报告中强调：“共产党执政就是领导和支持人民掌握管理国家

1 《江泽民文选》第 3 卷，人民出版社 2006 年版，第 118 页。

的权力，实行民主选举、民主决策、民主管理和民主监督，保证人民依法享有广泛的权利和自由，尊重和保障人权。”[1] 在1998年12月召开的中共十六大所作的政治报告中，江泽民再次强调健全民主制度，丰富民主形式，扩大公民有序的政治参与，保证人民依法实行民主选举、民主决策、民主管理和民主监督，享有广泛的权利和自由，尊重和保障人权。[2] 这就充分证明了我们党对人民的人权，特别是公民权利和政治权利的高度重视和有效维护，也说明我们的人权是人民的人权，是多数人的人权。

江泽民也十分重视集体人权和个人人权的相互促进和保障。他早在1997年10月访美期间在美中协会等团体举行的午餐会上的演讲中说：“集体人权与个人人权，经济、社会、文化权利与公民、政治权利，是不可分割的。”[3] 他在1999年10月22日访问英国期间在剑桥大学的演讲中提出：“集体人权和个人人权，经济、社会、文化权利与公民、政治权利紧密结合协调发展，这适合中国国情，因而是中国人权事业发展的必然道路。中国集中力量发展经济，促进社会全面进步，坚持发展社会主义民主，建设社会主义法治国家，都是为了促进中国人民的人权事业。”[4] 我国实行生产资料公有制、走共同富裕的道路，保障了广大人民享有经济权利，人民民主制度和政治文明建设；保障了广大人民享有政治权利，社会主义精神文明建设、科学文化的发展；保障了广大人民享有广泛的文化权利。2001年3月，全国人大常委会正式批准了《经济社会文化权利国际公约》，这是说我国在重视集体人权的同时，也重视公民的个人权利，并与人民的经济权、社会权、文化权相联系，统一起来加以推进，这是对中国的人权事业作出的又一贡献，对我国的民主法制建设，尤其是人权立法必将产生深远的影响。

（三）主权高于人权，人权是一国内政

人权问题从本质上来说，是属于各国主权范围之内的事，任何国家实现人权的道路和人权模式的选择，都应以本国国情为基础。面对西方世界一些所谓民主人士为霸权主义国家推行强权政治、干涉属于国家主权内部管辖的事务寻找合法借口，竭力鼓吹“人权无国界”“人权高于主权”。

---

1 《江泽民文选》第2卷，人民出版社2006年版，第29页。

2 参见《江泽民文选》第3卷，人民出版社2006年版，第554页。

3 《江泽民文选》第2卷，人民出版社2006年版，第53页。

4 同上书，第56页。

针对某些国外敌对势力对中国的人权状况无理指责时，1992 年在中共十四大报告中江泽民指出："人权问题说到底是属于一个国家主权范围内的事，我们坚决反对利用人权问题干涉别国内政。"[1]1995 年 10 月 24 日，江泽民在美国纽约联合国总部举行的联合国成立五十周年特别纪念会议上的讲话中指出："国家主权神圣不可侵犯，任何国家都没有干预他国内部事务、把自己的意志强加于人的特权。有的大国常常打着'民主''自由''人权'的幌子，侵犯别国主权，干涉别国内政，破坏别国的统一和民族团结，这是当今世界不安宁的一个主要的原因。现在应该是消除以大欺小、以强凌弱、以富压贫的现象，书写国际关系史新篇章的时候了。"[2]1999 年 10 月 18 日，江泽民在访问法国前夕接受法国《费加罗报》社论委员会主席阿兰·佩雷菲特时指出："只要世界上还存在不同的国家，只要我们这个星球上的人民还生活在不同的国度里，人权问题就始终属于一个国家的内部事务，任何一个国家的人权事业，不管这个是大是小，是强是弱，都应有本国政府依靠自己的人民自主地去解决。这是一项基本原则。……中国政府和人民不赞成以'人道主义危机'为借口任意干涉一个国家的内政，更反对在未经联合国安理会授权的情况下以武力进行所谓'人道主义干预'。"[3]"事实上，人权要靠主权来保护，不是人权高于主权，而是没有主权就没有人权。"[4]2002 年 9 月 7 日，江泽民在《联合国千年首脑会议分组讨论会上关于人权与主权关系的发言》中指出："中华民族历来尊重人的尊严与价值。中国同许多发展中国家一样，在近代历史上长期遭受外强入侵和欺凌，中国人民深知一个国家不能保障自己的主权，就根本谈不上人权。所以，我们特别珍惜中国人民经过长期斗争用鲜血和生命换来的人民解放和国家主权。我相信，这对任何国家都是同样的。今天中国所焕发的巨大活力，是中国人民拥有广泛自由、民主的生动写照。历史和现实都告诉我们，国家主权是一国人民充分享受人权的前提和保障。这两者不是相互对立的，而是相辅相成的。"[5]这是说人权是一国主权范围内的事，反对借口人权干涉一个国家的内政，反对把人权作为实现对别国的某种政治企图的工具。

---

1 《江泽民文选》第 1 卷，人民出版社 2006 年版，第 244 页。

2 同上书，第 476 页。

3 《江泽民文选》第 2 卷，人民出版社 2006 年版，第 55 页。

4 《同阿尔巴尼亚总统布特弗利长会谈时的讲话》(1999 年 10 月 30 日)，《江泽民论有中国特色社会主义（专题摘编）》，中央文献出版社 2002 年版，第 325 页。

5 《人民日报》2000 年 9 月 8 日。

（四）人权既是普遍的又是特殊的

人权到底是普遍的还是特殊的？这个问题是各种人权的纷争中很有代表性的，反映了不同文化间的冲突。

我国法律规定了人权的主体是广泛的，包括全体公民，即使对于人民的敌人也只限于剥夺他们的政治权利，而保留了其他人权。人权的内容是广泛的，除了人身自由、政治权利外，还有范围广泛的经济、文化、社会权利和生态权利。人权的特殊性重在人权的实践层面，就是说，人权是具体的、相对的，不是抽象的、绝对的，同一个国家的政治状况、经济发展、历史传统、文化结构和整个社会的全部发展水平有很大关系。西方国家早已实现工业化，为人权的保障与发展储备起了必要的社会资源，而我国目前生产力水平和西方相比还比较落后，社会财富总量尚不丰裕，在这种情况下，要求中国以西方人权发展的时间表进行人权建设也是不现实的。

一个国家的人权实现状况应该和该国的历史文化背景和具体国情相结合，各国在实现人权的普遍性原则时，从内容到形式，从方法到步骤，都各有其特点。江泽民指出："人权是历史的产物，它的充分实现是同每个国家经济文化水平相联系的逐渐发展的过程。"[1]"民主、自由、人权都是相对的，每个国家都有不同的解释和理解。……一个国家总是要根据自己的发展水平、历史背景和文化传统来制定法律。"[2]"世界上约有二百个国家，无论是社会制度、价值观念、发展程度，还是历史传统、宗教信仰、文化背景，都存在着差异。根据本国国情和自己的意愿选择社会制度和发展道路，是各国人民的主权，别人无权干涉。每个国家和民族都有自己的特点和长处，大家只有彼此尊重、求同存异、和睦相处、互相促进，才能创造百花争妍、万紫千红的世界。没有多样化，就不成其为世界；没有多样化，也不成其为联合国。不承认、不尊重世界多样性，企图建立清一色的一统天下，是必定要碰壁的。"[3]

（五）对弱势群体的权利要特别保障

江泽民认为："人道主义，是处理人与人之间关系的一个道德规范。保障人权，是

1 《江泽民文选》第2卷，人民出版社2006年版，第52—53页。

2 《江泽民文选》第1卷，人民出版社2006年版，第334页。

3 同上书，第480页。

国家的责任。对残疾人等这个社会脆弱群体给予帮助，是社会文明进步的标志。我们共产党人是以人类解放为最高宗旨，我们的社会主义国家是以实现全体人民的富裕幸福为建设的根本目的，更应尊重残疾人的公民权利和人格尊严，保护其不受侵害。同时，对这个特殊而困难的群体还应给予特别扶助，通过发展残疾人事业，使他们的权利得到更好的实现，使他们以平等的地位和均等的机会，参与社会生活和国家建设，共享社会物质文化的成果。”[1]我国现有6 000多万残疾人，关系到这么多人的社会问题，我国党和政府给予了积极关注。“我们党和政府历来关心残疾人。近十年来，为了残疾人的生存和发展，国家颁布了残疾人保障法，制订残疾人事业的三个五年计划，完善了各级残疾人组织，并响应《关于残疾人的世界行动纲领》，参与‘联合国残疾人十年（一九八三——一九九二年）’、‘亚太残疾人十年（一九九三——二〇〇二年）’行动，取得了举世瞩目的成就。……从这个方面，也有力地表明了我国人权保障的广泛性、公平性、真实性，体现了我国社会主义制度的优越性。”[2]

面对我国有十几亿人口，就业问题复杂，就业任务艰巨的实际情况，我国党和政府对就业再就业工作的极端重要性有着充分认识。江泽民指出：“国有企业下岗失业人员，为国家建设做出过贡献，理应得到国家和社会的关心和帮助。解决好他们的再就业问题，是整个就业工作的重中之重，是各级党委和政府以及全社会义不容辞的责任。如果这个问题解决不好，不仅会影响已经取得的改革成果的巩固，影响企业改革和经济结构调整工作的深入，还会影响社会的安定团结。各级党委和政府一定要下更大决心，花更大力气，采取更加有力的措施，切实做好再就业工作。各级领导干部在开展工作时，一定要注意分清轻重缓急，善于集中力量搞好当务之急。做好下岗失业人员的再就业工作，就是当前党和国家工作中的一项重大而紧迫的当务之急。”[3]对扩大就业，促进再就业的重要意义，江泽民进行了阐释。他说：“扩大就业，促进再就业，关系改革发展稳定的大局，关系人民生活水平的提高，关系国家的长治久安，不仅是重大的经济问题，也是重大的政治问题。就业问题解决得如何，是衡量一个执政党、一个政府的执政水平和治国水平的重要标志。……我国是社会主义国家，我们党的宗旨是全心全意为人民服

1 《江泽民文选》第1卷，人民出版社2006年版，第648页。
2 同上。
3 《江泽民文选》第3卷，人民出版社2006年版，第507—508页。

务，千方百计解决好群众的就业问题，就是为人民办实事，就是贯彻‘三个代表’要求的重大实践。各级党委和政府一定要把就业再就业工作，始终作为关系改革发展稳定的大事，务必抓紧、抓实、抓好。”[1]

（六）各国应在平等和相互尊重的基础上进行人权问题合作，共同推进世界人权事业的发展

在我们强调主权高于人权的同时，并不反对人权的国际合作与保护。人权在国际范围内进行合作，是人权问题进入国际领域并由国家做出保护承诺的产物，只要主权和公平等价值的存在，实现各国间的人权合作就是理所当然的。

江泽民在不同场合都始终指出，对于人权问题上的不同意见，最好的办法就是对话。他在1995年10月23日的一次讲话就说过：我们愿意同世界各国人民在保障人权问题上进行平等对话和合作。[2]1998年12月10日，江泽民在致《世界人权宣言》发表50周年纪念会的贺信中就对《世界人权宣言》作出了高度评价，认为它对于指导国际人权理论和实践，推进人权事业的进步起了积极的推动作用。1992年在中共十四大报告中指出："中国参加了一系列有关人权的国际公约，赞成国际间就人权问题进行平等对话。"[3]对此，我国政府予以承诺，在促进和保护人权方面作出了巨大努力，并取得了举世瞩目的成绩。1999年10月22日，江泽民访英期间在剑桥大学的演讲中说："中国积极参加国际人权领域的活动，在平等和相互尊重的基础上与国际社会就人权问题开展了富有成效的对话和合作，为推进世界人权事业作出了积极贡献。"[4]"中国已经加入十七个国际人权公约，去年和今年又签署了《经济、社会及文化权利国际公约》及《公民和政治权利国际公约》。"[5]"各国对人权的看法有分歧，应进行对话，而不应搞对抗。我们愿意同其他国家加强交流与合作，共同促进世界人权事业。"[6]

在面对西方国家以人权为借口对别国内政进行"人道主义干预"时，江泽民指出："中国政府和人民不赞成以'人道主义危机'为借口任意干涉一个国家的内政，更反对在

1 《江泽民文选》第3卷，人民出版社2006年版，第507页。
2 参见江泽民:《走向新世纪的中国与中美关系》,《人民日报》1995年10月26日。
3 《江泽民文选》第1卷，人民出版社2006年版，第244页。
4 《江泽民文选》第2卷，人民出版社2006年版，第56页。
5 同上书，第54页。
6 同上书，第53页。

未经联合国安理会授权的情况下以武力进行所谓'人道主义干预'。解决当前国际社会面临的问题包括地区冲突，仍应遵循联合国宪章的宗旨和原则以及其他公认的国际关系准则，互相尊重领土和主权完整，互不干涉内政，和平解决国际争端。这些原则绝对没有过时，在当前形势下，不但不应被削弱，反而应得到更加切实的遵循。"[1]江泽民在中共十六大报告中指出："我们主张维护世界多样性，提倡国际关系民主化和发展模式的多样化。世界是丰富多彩的。世界上的各种文明、不同的社会制度和发展道路应彼此尊重，在竞争比较中取长补短，在求同存异中共同发展。各国的事情应由各国人民自己决定，世界上的事情应由各国平等协商。……我们将继续改善和发展同发达国家的关系，以各国人民的根本利益为重，不计较社会制度和意识形态的差别，在和平共处五项原则的基础上，扩大共同利益的汇合点，妥善解决分歧。我们将继续加强睦邻友好，坚持与邻为善、以邻为伴，加强区域合作，把同周边国家的交流和合作推向新水平。"[2]这些论述都清楚地表明了我国在人权问题上的基本立场和基本主张，即在人权问题上要平等对话、充分协商和国际合作，反对搞对抗和制裁与干涉别国内政。在实际行动上，我国同欧盟和西方主要国家进行多次双边对话与合作，重视与联合国人权事务高级专员办公室开展合作。2000 年 3 月，中国政府在北京成功举办了第八届亚太人权研究会，40 多个亚太地区国家的代表出席了会议。2001 年 3 月，中华人民共和国全国人民代表大会常务委员会正式批准了《经济社会文化国际公约》，至此，中国共参加了 18 项国际人权公约。这些都表明了我国促进和保护人权的决心，并实际予以践行。

三、中共十六大以来人权理论与实践的进一步完善

中共十六大确立了全面建设小康社会的奋斗目标，小康社会在民主政治建设方面的目标之一就是"人民的政治、经济和文化权益得到切实尊重和保障"。[3]为此，中共十六大重申，在"政治建设和政治体制改革"中，要"健全民主制度，丰富民主形式，扩大公民有序的政治参与，保证人民依法实行民主选举、民主决策、民主管理和民主监督，

1 《江泽民文选》第 2 卷，人民出版社 2006 年版，第 55 页。

2 《江泽民文选》第 3 卷，人民出版社 2006 年版，第 567 页。

3 同上书，第 543 页。

享有广泛的权利和自由，尊重和保障人权”。[1]

中共十六大以来，以胡锦涛为总书记的中央领导集体，树立以人为本的科学发展观，以人权入宪为标志，在人权理论与实践中，进一步丰富和发展了马克思主义的人权学说。特别是首次将“国家尊重和保障人权”正式载入国家的根本大法，由党的政策上升为宪法原则，首次把“人权”由一个政治概念提升为一个法律概念，再次向世人显示了我党和政府的人权理念，充分体现了修宪为民、保障人权的原则。有利于促进中国人权事业的发展，有利于在国际人权领域扩大对话、协商、交流和合作，从而揭开了中国人权事业发展的新篇章。

（一）阐明中国共产党的人权理念及其与法治的关系

在中共十七大报告中，胡锦涛在总结中共十六大到十七大之间五年工作取得的成绩时指出，过去五年“人权事业健康发展”。[2]这是首次把人权事业的发展作为党和国家事业发展的一个重要方面在党代会报告里加以总结。胡锦涛明确指出，要坚定不移发展社会主义民主政治，加快建设社会主义法治国家，“尊重和保障人权，依法保证全体社会成员平等参与、平等发展的权利”[3]。这是首次把党主张的人权理念在党代会报告里加以明确界定。这句话不仅科学阐释了人权的主体问题，即“人权是谁的权利”，而且阐述了人权是何种的权利以及如何实现人权的问题。

我们注意到，中共十七大在阐述“尊重和保障人权，依法保证全体社会成员平等参与、平等发展的权利”，是在论述“全面落实依法治国基本方略，加快建设社会主义法治国家”中提出的。这就更加强调人权与法治的关系，所以中共十七大报告中的人权是一个法律概念，人权成为一种法定权利，从而国家对人权的尊重和保障也就成为国家的法定义务。人权的法治化、制度化，就是要在立法、司法、执法以及执政、行政的每一个环节，赋予公民以不受侵害的权利，建立人权受保护、侵权要追究的保障制度。

2008年2月国务院新闻办公室公开发表了《中国的法治建设》，这是中国政府首次

---

1 《江泽民文选》第3卷，人民出版社2006年版，第554页。

2 胡锦涛：《高举中国特色社会主义伟大旗帜，为夺取全面建设小康社会新胜利而奋斗》，《十七大报告辅导读本》，人民出版社2007年版，第4页。

3 同上书，第30页。

发表中国的法治建设状况，其中全面列述了人权与法治的关系，在“尊重和保障人权的法律制度”部分，概括和列举了中国尊重和保障人权的法律制度，通过法治促进和保障各类人权所取得的成就，包括“生命权的法律保障，人身自由、人格尊严的法律保障，平等权的法律保障，政治民主权利的法律保障，宗教信仰自由的法律保障，劳动者权益的法律保障，经济、社会、文化和其他权利的法律保障”[1]，等等。

2008 年 12 月 18 日，胡锦涛在纪念中共十一届三中全会召开 30 周年大会上的讲话中两次提到人权，第一次是对人权发展取得成果的肯定，“人权事业全面发展”。[2] 第二次是在总结 30 年创造性实践所积累的宝贵经验时阐释了人权和法治的关系，即“我们坚持科学立法、民主立法，建立和完善中国特色社会主义法律体系，树立社会主义法治理念，坚持公民在法律面前一律平等，尊重和保障人权，推进依法行政，深化司法体制改革，推进国家各项工作法治化，维护社会公平正义，维护社会主义法制的统一、尊严、权威。”[3]

（二）坚持以人为本，促进人权的保障和实现

2003 年 10 月 14 日，胡锦涛在十六届三中全会上第一次明确提出“科学发展观”的概念，指出：“坚持以人为本，树立全面、协调、可持续的发展观，促进经济社会和人的全面发展。”[4]

中共十七大报告用专门篇章全面阐述了科学发展观。把科学发展观高度概括为：“科学发展观，第一意义是发展，核心是以人为本，基本要求是全面协调可持续，根本方法是统筹兼顾。”[5] 这一概括精辟凝练、逻辑严密、寓意深刻、导向鲜明，不仅是推动中国特色社会主义事业的伟大指针，而且其人权内涵丰富、人权思想深邃、人权意义重大，值得我们从人权进步角度去发掘和研究。

胡锦涛对以人为本的内涵进行了阐释。2006 年 4 月 21 日，胡锦涛在美国耶鲁大学发表演讲时说：“中华文明历来注重以民为本，尊重人的尊严和价值。”“今天，我们坚持以人为本，就是要坚持发展为了人民、发展依靠人民、发展成果由人民共享，关注人的

1 参见《中国的法治建设》，《人民日报》2008 年 2 月 29 日。

2 胡锦涛：《纪念党的十一届三中全会召开 30 周年大会上的讲话》，《人民日报》2008 年 12 月 19 日。

3 同上。

4 《中共中央关于完善社会主义市场经济体制若干问题的决定》，《人民日报》2003 年 10 月 21 日。

5 胡锦涛：《高举中国特色社会主义伟大旗帜，为夺取全面建设小康社会新胜利而奋斗》，《人民日报》2007 年 10 月 25 日。

价值、权益和自由，关注人的生活质量、发展潜能和幸福指数，最终是为了实现人的全面发展。保障人民的生存权和发展权仍是中国的首要任务。我们将大力推动经济社会发展，依法保障人民享有自由、民主和人权，实现社会公平和正义，使13亿中国人民过上幸福生活。”[1]

坚持以人为本，要维护好人民群众的根本利益和各项权益。对此，胡锦涛进行了系统阐述。2004年5月5日，胡锦涛在江苏考察工作结束时发表题为《把科学发展观贯穿于发展的整个过程》的讲话，强调发展要“坚持以人为本，始终把最广大人民的根本利益放在第一位”，“实现好、维护好、发展好最广大人民的根本利益，是我们推进改革开放和现代化建设的出发点和落脚点”，“要维护好群众的各项权益。人民群众的权益涉及经济、政治、文化、社会等各个领域。一方面，我们要通过发展来不断保障人民群众的权益；另一方面，要坚决克服在现实生活中存在的各种侵害群众权益的现象。要正确认识和妥善处理新形势下的人民内部矛盾，坚持依法办事，坚持按政策办事，善于运用示范引导、提供服务等方法推动工作，运用说服教育、民主协商等方式来解决问题，特别是要注意防止和纠正征地拆迁、企业改制、职工工资福利待遇、农民工工资发放等方面侵害群众利益的行为。要制定有效措施，切实解决困难群众在子女上学、就医、住房等方面遇到的突出问题。要加强社会治安综合治理，依法惩治各种犯罪活动，努力维护社会稳定，确保人民群众安居乐业。要高度重视安全生产问题，牢固树立‘责任重于泰山’的观念，坚持把人民群众的生命安全放在第一位，进一步完善和落实安全生产的各项政策措施，努力提高安全生产的水平，确保人民生命财产的安全”。[2]

对坚持以人为本，切实保障公民的合法权益，是中共十六大以来新一代中央领导集体关注的核心问题和执政理念。2004年2月21日，温家宝在省部级主要领导干部“树立和落实科学发展观”专题研究班结业式上发表的讲话中强调，科学发展观的本质和核心就是以人为本，“以人为本，就是要把人民的利益作为一切工作的出发点和落脚点，不断满足人们的多方面需求和促进人的全面发展。具体地说……就是要尊重和保障人权，包括公民的政治、经济、文化权利”。[3]温家宝还说，“坚持以人为本，当前工作中的一个

1 《十六大以来重要文献选编》(下)，中央文献出版社2007年版，第429页。
2 参见《十六大以来重要文献选编》(中)，中央文献出版社2007年版，第68—69页。
3 《十六大以来重要文献选编》(上)，中央文献出版社2007年版，第768页。

重要方面，是着力解决关系人民群众切身利益的突出问题。要进一步做好增加就业、加强社会保障工作，积极帮助城乡特殊困难群众解决生产生活问题。要下更大的决心，坚决纠正土地征用中侵害农民利益的问题，坚决纠正城镇拆迁中侵害居民利益的问题，坚决纠正企业重组改制和破产中侵害职工合法权益的问题，坚决纠正拖欠和克扣农民工工资的问题，坚决纠正教育乱收费和药品购销、医疗服务中的不正之风”。[1]

2006年1月31日，国务院下发《国务院关于解决农民工问题的若干意见》，《意见》指出，农民工问题事关我国经济和社会发展全局，“维护农民工权益是需要解决的突出问题”[2]，“尊重和维护农民工的合法权益，消除对农民进城务工的歧视性规定和体制性障碍，使他们和城市职工享有同等的权利和义务”。[3]《意见》还涉及了农民工工资、就业、技能培训、劳动保护、社会保障、公共管理和服务、户籍管理制度改革、土地承包权益等各个方面的政策措施，对于保障农民工权利将起到重要作用。

针对我国社会也存在不少影响社会和谐的矛盾和问题，2006年10月11日，中共十六届六中全会通过了《关于构建社会主义和谐社会若干重大问题的决定》（以下简称《决定》），提出了构建和谐社会应遵循的基本原则。这些原则中的前两个原则为：“必须坚持以人为本和必须坚持科学发展。”[4]以人为本把最广大人民的根本利益作为党和国家一切工作的出发点和落脚点，而利益在法律上的表现就是权利，故而在法律上，以人为本就是以人的权利为本，即以人权为本。为体现以人为本的精神，《决定》强调要“加强制度建设，保障社会公平正义”[5]，“必须加紧建设对保障社会公平正义具有重大作用的制度，保障人民在政治、经济、文化、社会等方面的权利和利益，引导公民依法行使权利、履行义务”。[6]为此，全会决定提出要完善六个方面的制度，“一是民主权利保障制度。二是法律制度。三是司法体制机制。四是公共财政制度。五是收入分配制度。六是社会保障制度”。[7]这些制度对加强人权的国内保障具有重要而深远的意义。

保障公民的宗教信仰自由。2006年7月10日，胡锦涛在全国统战工作会议上讲话，

---

1 《十六大以来重要文献选编》（上），中央文献出版社2007年版，第769页。
2 《十六大以来重要文献选编》（下），中央文献出版社2007年版，第245页。
3 同上书，第246页。
4 同上书，第651页。
5 同上书，第657页。
6 同上。
7 同上书，第657—660页。

指出宗教信仰自由是宪法赋予公民的一项基本权利，做好新形势下的宗教工作，要“尊重和保护公民宗教信仰自由，是我们党维护人民利益、尊重和保护人权的重要体现，是巩固和扩大党的群众基础的必然要求，也是把广大信教群众凝聚到全面建设小康社会这个共同目标上来的必然要求”。[1]

（三）肯定宪法在促进人权事业发展中的作用，推动人权入宪，完善保障人权的法律体系

尊重和保障人权是宪法的核心内容，是宪政的根本目的和最高原则，是宪法得以存在和发展的前提、基础和归宿，是衡量是否真正实行宪法的根本标准。对宪法在促进人权事业发展中的作用，中共十六大以来，以胡锦涛为总书记的中央领导集体已有清醒的认识。

2002 年 12 月 4 日，首都各界在人民大会堂隆重集会，纪念中华人民共和国现行宪法公布施行 20 周年。胡锦涛在会上发表的讲话中，对我国现行宪法在促进人权事业发展的作用进行了肯定，指出：“宪法促进了我国人权事业和各项社会事业的发展。宪法对公民的基本权利和义务作了全面的规定，为广大人民群众充分享有民主权利，在国家生活中发挥积极性、主动性、创造性提供了可靠的法律保障。二十年来，我们根据宪法制定了一批保护公民基本权利的法律，签署了一批保护公民权利的国际公约，尊重和保护人权，建立和健全社会保障体系，动员全社会的力量扶助困难群众，推动我国人权事业取得了显著进展。”[2]

中华人民共和国成立以来，国家虽然为促进和发展公民的各项权利，从制度、政策和物质保障等各方面做了长期不懈的努力，但是，先后颁布实施的从 1949 年起临时宪法作用的《共同纲领》到 1954 年我国第一部宪法和其后的几部宪法，都没有明确使用“人权”这一概念，而只使用“公民的基本权利”这一概念，这使我国的人权法律保障和宪法建设显得不够完整。随着对宪法在促进和保障人权中地位和作用认识的逐步深化，人权入宪的条件已经成熟。2003 年 10 月，中共十六届三中全会建议在宪法第三十三条增加“国家尊重和保障人权”的条款。这一建议的提出，是新时期中国人权

---

1 《十六大以来重要文献选编》(下)，中央文献出版社 2007 年版，第 555 页。

2 胡锦涛:《在首都各界纪念中华人民共和国宪法公布施行 20 周年大会上的讲话》,《人民日报》2002 年 12 月 5 日。

思想的深化和发展，标志着中国社会主义人权理论建设与实践迈入了一个新的历史发展时期。

2004年3月14日，根据中共中央的建议，十届全国人民代表大会第二次全体会议通过了宪法修正案，首次将“人权”概念引入宪法，将“人权”由一个政治概念提升为法律概念，明确规定“国家尊重和保障人权”[1]。这是我国政治生活和政治文明建设的一件大事，这是新时期我国人权思想的深化和发展，是中华民族文明史和中国人权发展史上的伟大里程碑，标志着中国社会主义人权理论建设与实践迈入一个新的历史时期。

宪法原则必须落实到具有可操作性的法律制度，才有意义。因而，在确立人权保障的宪法原则后，还要进一步制定和完善人权保障的法律体系。对此，2004年，胡锦涛在首都各界纪念全国人民代表大会成立50周年大会上发表讲话中有过论述。他指出：“要抓紧制定和完善发展社会主义民主政治的法律，保障公民权利、维护社会安定的法律，促进社会全面进步的法律。……坚持以人为本，把实现好、维护好、发展好最广大人民的根本利益作为根本出发点和归宿。”[2]

现在，以宪法为核心，以宪法为根本依据，中国制定和完善了一系列保障人权的法律制度，人权保障事业不断法律化、制度化，广受社会关注的《物权法》和《劳动合同法》，就是保障人权的法律体系中具有代表性的两部法律。2007年3月16日，第十届全国人民代表大会第五次会议通过《物权法》。《物权法》强调对于公民私有财产的保护，必将极大地促进民众的创业热情，为社会财富的增长提供法律保障。2007年6月29日，第十届全国人民代表大会常务委员会第二十八次会议通过了《中华人民共和国劳动合同法》。新《劳动合同法》更加突出以人为本的立法方向，加强了对劳动者就业权益的保护。

（四）强调执法、司法要以尊重和保护人权为核心

公正的执法、司法，是维护社会公正的最后一道防线。司法对人权保护是我国人权保护体系中的一个重要内容和方面。司法人权保护体系的构建和形成，是我国人权保护日渐完备的重要标志，也是我国法治文明的具体表现。

---

1 《十六大以来重要文献选编》（上），中央文献出版社2007年版，第891页。
2 《十六大以来重要文献选编》（中），中央文献出版社2007年版，第227页。

执法、司法要以尊重和保护人权为核心，首先要树立执法为民、司法为民的思想理念。执法为民是社会主义法治理念的内容之一。执法为民，顾名思义就是权为民所用，利为民所谋，情为民所系，就是以人为本，用法律语言来表达，就是以人的权利为本，充分尊重和保障人权。

如何做到执法为民、司法为民，中共十六大以来，对各级执法、司法机关提出了明确具体的要求。2003 年 11 月 18 日，《中共中央关于进一步加强和改进公安工作的决定》，指出公安工作要牢固树立执法为民的思想，"执法为民是公安机关执法思想的核心。……要适应新形势新任务的要求，进一步端正执法思想，转变执法观念。牢固树立严格依法履行职责的观念，牢固树立法律面前人人平等的观念，牢固树立尊重和保障人权的观念。强化证据意识、程序意识、权限意识和自觉接受监督的意识，严格依法行使权力、履行职责"。[1]

2006 年 5 月 3 日，中共中央发布的《关于进一步加强人民法院、人民检察院工作的决定》指出，要"司法为民，最大限度地保护最广大人民的根本利益"，"各级人民法院、人民检察院都必须牢固树立司法为民观念，增强为人民服务的宗旨意识，认真倾听人民群众的意见和呼声，始终把维护最广大人民的根本利益放在首位。要从人民满意的事情做起，从人民群众不满意的事情改起，进一步规范司法活动，加强队伍建设，确保司法公正，在实际工作中切实体现司法为民、司法便民、司法护民"。[2]

其次，要做到坚持打击犯罪和保障人权相结合。2003 年 12 月 12 日，罗干在全国政法工作会议上发表讲话并指出，为了维护社会稳定，要进一步完善贯彻"严打"方针经常性工作机制，推进社会防控体系的建设，在对刑事犯罪打击的同时，要"坚持打击犯罪和保障人权相结合。对严重犯罪绝不手软，同时要强化证据意识、程序意识，加强刑事司法的人权保障，做到严格依法办案，文明办案"。[3]

围绕死刑存废问题，近年来学者和司法实践工作者展开了积极的讨论，各种观点众说纷纭，但不论是主张废除死刑还是保留死刑的认识，无不基于人权保障为价值依归。基于我国国情和现实，虽然最终仍保留了死刑这一刑种，然而从保障人权、贯彻依法治

---

1 《十六大以来重要文献选编》(上)，中央文献出版社 2007 年版，第 497 页。
2 《十六大以来重要文献选编》(下)，中央文献出版社 2007 年版，第 438 页。
3 《十六大以来重要文献选编》(上)，中央文献出版社 2007 年版，第 549 页。

国的方针角度，在死刑审核程序上作了一定的校正——最高法院收回了死刑复核权，从而最大化地减少冤假错案的发生，真正体现了刑事政策的人权保障意识。2006年12月28日，最高人民法院发布《关于统一行使死刑案件核准权有关问题的决定》，明确废止过去依法发布的关于授权高级人民法院和解放军军事法院核准部分死刑案件的所有通知，死刑核准权从2007年1月1日起收归最高人民法院统一行使。[1]这体现了中国司法机关在审判中的慎重，顺应了现代司法文明，也体现了司法对于人权的保障。

（五）依法行政，保护公民、法人和其他组织的合法权益

行政权力是运用最为广泛的一种国家权力，直接关系到人民群众的切身利益。能否真正做到依法行政，直接关系到依法治国的进程，关系到公民权利的实现。2004年3月22日，国务院印发了《全面推进依法行政实施纲要》，系统规划了未来十年我国全面推进依法行政，建设法治政府的目标、任务和措施。这是指导各级政府当前和今后一个时期全面加强政府法制建设的纲领性文件，也是我国社会主义民主与法制建设的一件大事。《纲要》规定，“全面推进依法行政，必须以邓小平理论和‘三个代表’重要思想为指导，坚持党的领导，坚持执政为民，忠实履行宪法和法律赋予的职责，保护公民、法人和其他组织的合法权益”。[2]全面推进依法行政的目标是：“政企分开、政事分开……法律、法规、规章得到全面、正确实施，法制统一，政令畅通，公民、法人和其他组织合法的权利和利益得到切实保护”，[3]“依法行政必须坚持党的领导、人民当家作主和依法治国三者的有机统一；必须把维护最广大人民的根本利益作为政府工作的出发点。”[4]另外，《纲要》还要求，行政决策、制度建设要充分听取人民群众意愿，反映最广大人民的根本利益，并规定了具体的保障措施；要进一步理顺行政执法体制，加快行政程序建设，完善行政执法监督制度和机制，提高行政机关工作人员依法行政的观念和能力，以确保行政机关行使权力做到情为民所系、权为民所用、利为民所谋。这些规定对于保障人民当家作主的权利，尊重和保障人权，建设社会主义政治文明，具有重大意义。

---

1 《人民日报》2006年12月29日第4版。

2 《十六大以来重要文献选编》（中），中央文献出版社2007年版，第4页。

3 同上书，第5页。

4 同上。

（六）保障人民群众依法直接行使权利

中共十六大提出："健全基层自治组织和民主管理制度，完善公开办事制度，保证人民群众依法直接行使民主权利，管理基层公共事务和公益事业，对干部实行民主监督。"[1] 保障人民群众依法直接行使权利，是社会主义民主政治建设的一项重要内容，也是中共十六大以来，新一代中央领导集体以人为本执政理念的重要体现。

胡锦涛对维护基层群众的民主权利有过多次论述。2004 年 10 月 2 日，胡锦涛在同北京市基层干部座谈时对广大基层干部发表关于"要重视、关心和爱护广大基层干部的讲话"，并对广大基层干部提出五点希望，其中强调希望大家切实维护基层群众的民主权利，"要大力推动基层各项民主制度的贯彻落实，坚持和完善基层政权、基层群众性自治组织、企事业单位的民主管理制度，坚持和完善政务公开、厂务公开、村务公开等公开办事制度，保证基层群众依法行使选举权、知情权、参与权、监督权等民主权利"。[2]

2006 年 2 月 14 日，中央举办省部级主要领导干部建设社会主义新农村专题研讨班，胡锦涛发表讲话，强调要重视农业、农村、农民问题，建设社会主义新农村，不断开创"三农"工作新局面，全面把握建设社会主义新农村的主要任务，"加强民主法制建设、保障农民民主权利。建设社会主义新农村，必须继续扩大农村基层民主，确保广大农民群众依法行使当家作主的权利，充分调动和发挥广大农民群众的积极性、主动性、创造性"。[3]

为贯彻落实中共十六大精神，把保障人民群众依法直接行使权利落到实处，中共中央、国务院发布了一系列文件，对加强农村基层民主建设提出了明确的要求。2004 年 6 月 22 日，中共中央办公厅、国务院办公厅在全国下发了《关于健全完善村务公开和民主管理制度的意见》，《意见》紧密结合农村改革发展的新形势新任务指出："进一步健全村务公开制度，保障农民群众的知情权；进一步规范民主决策机制，保障农民群众的决策权；进一步完善民主管理制度，保障农民群众的参与权；进一步强化村务管理的监督制约机制，保障农民群众的监督权"[4]，而且进一步部署了保障这些权利实现的具体政策要求。这对于适应农村发展的新形势，保障人民群众民主权利的实现，进一步推进农村社

---

1 《十六大以来重要文献选编》（中），中央文献出版社 2007 年版，第 121 页。
2 同上书，第 361—362 页。
3 《十六大以来重要文献选编》（下），中央文献出版社 2007 年版，第 284 页。
4 《十六大以来重要文献选编》（中），中央文献出版社 2007 年版，第 121—130 页。

会主义物质文明、政治文明、精神文明协调发展具有重大意义。

2004年12月31日，中共中央、国务院发布《关于进一步加强农村工作提高农业综合生产能力若干政策的意见》，《意见》再次强调要“扩大农村基层民主，完善村务公开、政务公开和民主管理，建立健全村党组织领导的充满活力的村民自治机制，切实维护农民的民主权利”。[1]

2005年12月31日，中共中央、国务院发布了《关于推进社会主义新农村建设的若干意见》，对推进社会主义新农村建设作出重大部署。《意见》第十二条规定要“保障务工农民的合法权益”[2]，第二十八条也明确规定：“切实维护农民的民主权利。健全村党组织领导的充满活力的村民自治机制，进一步完善村务公开和民主议事制度，让农民群众真正享有知情权、参与权、管理权、监督权。”[3]并且《意见》提出了具体改善农民权利的方针政策，是新时期国家全面落实和保障农民公民权利的行动纲领。

（七）尊重和保障人权是加强中国共产党执政能力建设的任务之一

2004年9月19日，中国共产党十六届四中全会通过了《中共中央关于加强党的执政能力建设的决定》，《决定》首次从加强党的执政能力的角度提出，要“尊重和保障人权，保证人民依法享有广泛的权利和自由”，[4]并把它作为加强党的执政能力建设的重要任务之一提到全党面前。这不仅为正确认识中国共产党执政与尊重和保障人权的关系提供了新的视角，也为新的历史条件下拓展、加强党的执政能力建设的新视野，升华党的执政能力建设的新境界，提出了新的课题。《决定》还指出，应“坚持把最广大人民的根本利益作为制定政策、开展工作的出发点和落脚点，正确反映和兼顾不同方面群众的利益。高度重视和维护人民群众最现实、最关心、最直接的利益，坚决纠正各种损害群众利益的行为”。[5]这表明，提高构建社会主义和谐社会能力的根本目的，就在于通过改革和协调现实社会不合理的利益结构，从而形成全体人民各尽其能、各得其所而又和谐相处的、公正合理的人民当家作主的人权利益体系。

---

1 《十六大以来重要文献选编》（中），中央文献出版社2007年版，第531页。
2 《十六大以来重要文献选编》（下），中央文献出版社2007年版，第145页。
3 同上书，第153页。
4 《十六大以来重要文献选编》（中），中央文献出版社2007年版，第280页。
5 同上书，第286—287页。

（八）尊重和保障人权被纳入社会发展规划

2005年10月11日，中国共产党第十六届中央委员会第五次全体会议通过了《中共中央关于制定“十一五”规划的建议》，《建议》提出要加强社会主义民主政治建设，“尊重和保障人权，促进人权事业发展。”[1]

2006年3月16日，“尊重和保障人权，促进人权事业的全面发展”被载入全国人大通过的《国民经济和社会发展第十一个五年规划纲要》。这是我国第一次将人权建设纳入社会发展规划之中。人权不仅要发展，而且要以科学发展观为指导，和谐地发展。这既是对西方人权自我中心主义和抽象、片面发展观的否定，也是对我国人权建设的基本定位，是马克思主义人权理论和制度建设的又一新的里程碑。

2009年4月13日，国务院新闻办公室发布了《国家人权行动计划（2009—2010年）》。这是中国政府制定的第一个以人权为主题的国家规划，是一份落实“国家尊重和保障人权”的宪法原则、推进中国人权事业发展的行动纲领性质的文件。该《行动计划》是中国政府促进和保障人权的阶段性政策文件，明确了未来两年中国政府在促进和保护人权方面的工作目标和具体措施，并将这些目标措施落实到政治、经济、文化和社会建设的各个领域，落实到立法、执法、司法、执政和行政的各个环节，这对于提升全社会尊重和保护人权的意识，全面推进人权事业发展，推动现代化事业科学发展，促进社会和谐，都具有重要的现实意义。可以说，制定《国家人权行动计划（2009—2010年）》是中国人权发展史上的一个重要事件，标志着中国人权事业已成为国家建设和社会发展的一个重要主题，开始走上有计划全面推进的新阶段。它记录了中国政府促进和保障人权的前进轨迹、坚定决心和努力方向，必将有力地推动各级政府、各行各业和全社会树立尊重和保障人权的价值观念，有力地推动人权事业的发展。

四、中共十八大以来更加突出坚持人民主体地位的人权理念

中共十八大以来，中国共产党始终坚持以人为本、执政为民，始终保持党同人民群众的血肉联系，坚持为人民服务是党的根本宗旨，使我国人权保障在继承改革开放以来已形成的人权理论基础上，对人权的理论和实践又有了进一步的创新和发展。这主要体

1 《十六大以来重要文献选编》（中），中央文献出版社2007年版，第1082页。

现为，在理论层面对人权的认识和理解做出了新的阐释，在实践层面突出了人民主体地位，注重改善民生和完善人权的司法保障制度。

（一）走自己的人权发展道路，在更高水平上保障中国人民的人权

1. 衡量人权的标准是没有最好，只有更好

2012 年 2 月 14 日，习近平在访问美国时，就如何衡量一国的人权状况问题发表了看法。他说："改革开放 30 多年来，中国人权事业取得了有目共睹的巨大成就，但在人权问题上没有最好，只有更好。中国人口多，区域差异大，发展不平衡，在进一步改善民生和人权状况方面，还面临不少的挑战，中国政府将继续从本国国情出发，坚持以人为本，始终把人民愿望和要求放在心上，采取切实有效的政策措施，大力促进社会公平、正义与和谐，推动中国人权事业不断取得新的进展。"[1]

2015 年 10 月 21 日在访问英国与英国首相会谈时，在人权问题上，习近平表示，中国高度重视人权保障工作，要把人权的普遍性原则和中国的实际相结合，走出一条适合中国国情的道路。"人权保障全世界来讲，没有最好，只有更好，任何国家都要改进。在人权方面，最大发言权还是所在国的大多数人民。"[2]

2. 在更高水平上保障中国人民的人权

2015 年 9 月 16 日，习近平在致"2015 · 北京人权论坛"的贺信中，对中国的人权保障理念进行了阐述。他认为历经苦难的中国人民对人权的价值有深刻的理解："近代以后，中国人民历经苦难，深知人的价值、基本人权、人格尊严对社会发展进步的重大意义，倍加珍惜来之不易的和平发展环境，将坚定不移走和平发展道路、坚定不移推进中国人权事业和世界人权事业。"中国共产党和中国政府始终尊重和保障人权。他指出："长期以来，中国坚持把人权的普遍性原则同中国实际相结合，不断推动经济社会发展，增进人民福祉，促进社会公平正义，加强人权法治保障，努力促进经济、社会、文化权利和公民、政治权利全面协调发展，显著提高了人民生存权、发展权的保障水平，走出了一条适合中国

1　习近平：《人权问题上没有最好只有更好》，http://news.ifeng.com/mainland/special/xijinpingfangmei/content-3/d，2017 年 8 月 30 日访问。

2　《习近平谈人权：发言权在本国多数人民》，http://news.ifeng.com/a/20151022/45960913_0.shtml，2017 年 8 月 30 日访问。

国情的人权发展道路。”实现人民充分享有人权是人类社会的共同奋斗目标。习近平强调：“人权保障没有最好，只有更好。国际社会应该积极推进世界人权事业，尤其是要关注广大发展中国家民众的生存权和发展权。中国人民正在为实现中华民族伟大复兴的中国梦而奋斗，这将在更高水平上保障中国人民的人权，促进人的全面发展。”[1]

（二）坚持人民主体地位

中共十八大以来，中国共产党把人民的主体地位放在了更加突出的位置，强调“中国特色社会主义是亿万人民自己的事业，要发挥人民主人翁精神，坚持依法治国这个党领导人民治理国家的基本方略，最广泛地动员和组织人民依法管理国家事务和社会事务、管理经济和文化业、积极投身社会主义现代化建设，更好保障人民权益，更好保证人民当家作主”，[2] 并把坚持人民主体地位，作为全面建成小康社会、全面深化改革、全面依法治国、全面从严治党必须坚持的基本原则。

1. 坚持人民主体地位，是实现全面建成小康社会奋斗目标必须遵循的基本原则

人民是推动发展的根本力量，实现好、维护好、发展好最广大人民根本利益是发展的根本目的。因而推动经济社会持续健康发展，必须坚持以人民为中心的发展思想，把增进人民福祉、促进人的全面发展作为发展的出发点和落脚点，发展人民民主，维护社会公平正义，保障人民平等参与、平等发展权利，充分调动人民积极性、主动性、创造性。[3]

在全面建成小康社会的基本要求中，人民的主体地位体现为，人民民主不断扩大，民主制度更加完善和健全，民主形式更加丰富，人民积极性、主动性、创造性进一步发挥；依法治国基本方略全面落实，法治政府基本建成，司法公信力明显提高；人权得到切实保障，产权得到有效保护。

2. 坚持人民主体地位，是全面深化改革的基本要求

全面深化改革的主题之一，就是紧紧围绕坚持党的领导、人民当家作主、依法治国

---

1 《习近平致“2015·北京人权论坛”的贺信》，《人民日报》2015 年 9 月 17 日。

2 胡锦涛：《坚定不移沿着中国特色社会主义道路前进，为全面建成小康社会而奋斗》，《十八大报告辅导读本》，人民出版社 2012 年版，第 12 页。

3 同上。

有机统一深化政治体制改革，加快推进社会主义民主政治制度化、规范化、程序化，建设社会主义法治国家，发展更加广泛、更加充分、更加健全的人民民主。[1]

3. 坚持人民主体地位，是全面依法治国必须坚持的原则

中共十八届四中全会通过的决定指出："人民是依法治国的主体和力量源泉，人民代表大会制度是保证人民当家作主的根本政治制度。必须坚持法治建设为了人民、依靠人民、造福人民、保护人民，以保障人民根本权益为出发点和落脚点，保证人民依法享有广泛的权利和自由、承担应尽的义务，维护社会公平正义，促进共同富裕。必须保证人民在党的领导下，依照法律规定，通过各种途径和形式管理国家事务，管理经济文化事业，管理社会事务。必须使人民认识到法律既是保障自身权利的有力武器，也是必须遵守的行为规范，增强全社会学法尊法守法用法意识，使法律为人民所掌握、所遵守、所运用。"[2]

习近平对在全面推进依法治国过程中，必须坚持人民主体地位的内涵进行了阐释。他说："坚持人民主体地位，必须坚持法治为了人民、依靠人民、造福人民、保护人民。要保证人民在党的领导下，依照法律规定，通过各种途径和形式管理国家事务，管理经济和文化事业，管理社会事务。要把体现人民利益、反映人民愿望、维护人民权益、增进人民福祉落实到依法治国全过程，使法律及其实施充分体现人民意志。"[3]

4. 坚持人民主体地位，是全面从严治党的必然要求

中共十八届六中全会对全面从严治党，必须坚持人民主体地位的意义、基本要求进行了论述，提出"我们党来自人民，失去人民拥护和支持，党就会失去根基。必须把坚持全心全意为人民服务的根本宗旨、保持党同人民群众的血肉联系作为加强和规范党内政治生活的根本要求。全党必须贯彻党的群众路线，为群众办实事、解难事，当好人民公仆。坚持问政于民、问需于民、问计于民，决不允许在群众面前自以为是、盛气凌人，决不允许当官做老爷、漠视群众疾苦，更不允许欺压群众、损害和侵占群众利益。必须坚决反对形式主义、官僚主义、享乐主义和奢靡之风。各级领导干部必须深入实

---

1 参见《中共中央关于全面深化改革若干重大问题的决定》,《党的十八届三中全会〈决定〉学习辅导百问》，党建读物出版社、学习出版社 2013 年版，第 2—3 页。

2 同上书，第 4—5 页。

3 习近平:《加快建设社会主义法治国家》(2014 年 10 月 23 日),《求是》2015 年第 1 期。

际、深入基层、深入群众，多到条件艰苦、情况复杂、矛盾突出的地方解决问题，千方百计为群众排忧解难”。[1]

（三）坚持共享理念，注重改善民生

保障和改善民生，是促进社会公平正义的重要内容，也是全面深化社会体制改革的主要目标。改善民生，提高人民物质文化生活水平和质量，是保障人权的重要内容，也是实现生存权和发展权的具体体现。

1. 改善民生是全面建成小康社会新的目标要求

中共十八大以来，把保障和改善民生，作为加强社会建设的重点。提高人民物质文化生活水平，是改革开放和社会主义现代化建设的根本目的。因此，要多谋民生之利，多解民生之忧，解决好人民最关心最直接最现实的利益问题，在学有所教、劳有所得、病有所医、老有所养、住有所居上持续取得新进展，努力让人民过上更好的生活。

全面建成小康社会新的目标要求之一，就是人民生活水平和质量普遍提高，就业比较充分，就业、教育、文化、社保、医疗、住房等公共服务体系更加健全，基本公共服务均等化水平稳步提高；教育现代化取得重要进展，劳动年龄人口受教育年限明显增加；收入差距缩小，中等收入人口比重上升；我国现行标准下农村贫困人口实现脱贫，贫困县全部摘帽，解决区域性整体贫困等。

2. 坚持共享发展，着力增进人民福祉

实现全面建成小康社会的上述目标，必须坚持共享发展理念。共享是中国特色社会主义的本质要求。必须坚持发展为了人民、发展依靠人民、发展成果由人民共享，作出更有效的制度安排，使全体人民在共建共享发展中有更多获得感，增强发展动力，增进人民团结，朝着共同富裕方向稳步前进。

坚持共享发展，就是按照人人参与、人人尽力、人人享有的要求，坚守底线、突出重点、完善制度、引导预期，注重机会公平，保障基本民生，实现全体人民共同迈入全

---

1 《中国共产党第十八届中央委员会第六次全体会议公报》（2016 年 10 月 27 日中国共产党第十八届中央委员会第六次全体会议通过），人民出版社 2016 年版，第 9—10 页。

面小康社会。如加强义务教育、就业服务、社会保障、基本医疗和公共卫生、公共文化、环境保护等基本公共服务；加强对特定人群特殊困难的帮扶，实施脱贫攻坚工程，建立健全农村留守儿童和妇女、老人关爱服务体系；提高教育质量，促进教育公平；促进就业创业；缩小收入差距，坚持居民收入增长和经济增长同步；建立更加公平更可持续的社会保障制度，完善社会保险体系；深化医药卫生体制改革，建立覆盖城乡的基本医疗卫生制度和现代医院管理制度；建设以居家为基础、社区为依托、机构为补充的多层次养老服务体系，推动医疗卫生和养老服务相结合。

坚持共享发展，保障和改善民生，提高人民物质文化生活水平和质量，是新发展理念的重要内容，也为我国人权保障，促进社会和谐稳定提供了坚实的物质基础。

（四）完善人权司法保障制度

中共十八大以来，建设法治中国，深化司法体制改革，成为全面深化改革的重要组成部分并有序推进，取得了显著成绩。司法体制改革的核心内容之一，就是完善人权司法保障制度。完善人权司法保障制度，是国家尊重和保障人权在司法领域的体现。鉴于司法在定分止争，化解社会矛盾，促进社会公正，在人权保障中所具有的不可替代的作用，中共十八届三中、四中全会在设计司法体制改革方案时，对如何完善人权司法保障制度，提出了一系列改革措施。

1. 健全错案防止、纠正、责任追究机制，体现人权保障理念

强化诉讼过程中当事人和其他诉讼参与人的知情权、陈述权、辩护辩论权、申请权、申诉权的制度保障；健全落实罪刑法定、疑罪从无等法律原则的法律制度；完善对限制人身自由司法措施和侦查手段的司法监督，严禁刑讯逼供、体罚虐待，严格实行非法证据排除规则，加强对刑讯逼供和非法取证的源头预防，健全冤假错案有效防范、及时纠正机制。进一步严格控制和慎用死刑，逐步减少适用死刑罪名。废止劳动教养制度，进一步规范强制措施。完善对违法犯罪行为的惩治和矫正法律，健全社区矫正制度，适当减少监禁刑的适用。

2. 切实解决执行难，规范查封、扣押、冻结、处理涉案财物的司法程序

为解决执行难问题，制定强制执行法，加快建立失信被执行人信用监督、威慑和惩

戒法律制度；依法保障胜诉当事人及时实现权益。为依法保护公共财产和公民私人所有的合法财产，进一步规范查封、扣押、冻结、处理涉案财物的司法程序。

3. 健全国家司法救助制度，完善法律援助制度

完善律师执业权利保障机制和违法违规执业惩戒制度，发挥律师在依法维护公民和法人合法权益方面的重要作用。落实终审和诉讼终结制度，实行诉访分离，保障当事人依法行使申诉权利。对不服司法机关生效裁判、决定的申诉，逐步实行律师代理制度。对聘不起律师的申诉人，纳入到法律援助范围。

另外，要通过深化司法体制改革，建立公正、高效、权威的司法体制；要尊重司法规律，确保审判机关、检察机关依法独立、公正地行使审判权、检察权，促进司法公正；完善对权利的司法保障、对权力的司法监督，减少权力对司法的干预。

五、当代中国人权入宪及其意义

（一）中国人权入宪的曲折历程

中国共产党在领导中国人民争取民主的革命斗争中，一直把保障人权作为根据地施政纲领的主要内容之一。在中共三大的决议中，曾提到要根据中共二大的决定建立人权组织，开展活动。早在1931年11月，革命根据地颁布的《中华苏维埃共和国宪法大纲》更明确规定了人民的权利与义务。在抗日战争时期，解放区的人权保障有了进一步发展，准确地将“人权”一词写入真正的法律规范中的是1941年11月颁布的《陕甘宁边区施政纲领》。《施政纲领》规定：“保证一切抗日人民（地主、资本家、农民、工人等）的人权、政权、财权及言论、出版、集会、结社、信仰、居住、迁徙之自由权，除司法系统及公共机关依法执行其职务外，任何机关、部队、团体，不得对任何人加以逮捕审问或处罚，而人民则有用无论何种方式，控告任何公务人员非法行为之权利。”与此同时，各革命根据地也相继颁布专门的保障人权的法规。这些制定于20世纪40年代的人权保障条款虽然简单，但是对于人权所要保障的核心内容却有着明确的规定。如《陕甘宁边区保障人权财权条例》中有如下规定：“边区一切抗日人民，不分民族、阶级、党派、性别、职业与宗教，都有言论、出版、集会、结社、居住、迁徙及思想、信仰之自由，并享有平等之民主权利。”“保障边区一切抗日人民的私有财产权及依法之使用及收益自由权（包括土地、房屋、债权及一切资财）。”

但是，在中华人民共和国成立以后的相当长时期内，我们不仅在宪法和法律上不使用“人权”概念，而且在思想理论上将人权问题视为禁区。特别是“文化大革命”时期，受极“左”思潮的影响，“人权”被当成资产阶级的东西加以批判，在实践中也导致了对公民基本权利的漠视和侵犯。虽然在20世纪40年代“人权”已经入法，但是在1949年中华人民共和国成立后，“人权”则更多地被当作一种“贬义词”加以排斥。从国际环境来说，这是第二次世界大战后“冷战”意识形态对立的反映。在新中国第一部宪法，即1954年宪法制定之时，冷战两大阵营的对立达到极为严重的地步，国内对于包括“人权”在内的西方思想基本持否定态度。在这种思维模式的指导下，“人权”概念被“公民的基本权利和义务”所取代，成为1954年宪法中的一章。尽管制宪者对国家、社会、个人三者之间的关系缺乏深刻的认识，但还是对个人的宪法地位有着明确的确定。其中有关公民的基本权利和义务的规定共有18条，覆盖了政治、人身、经济、文化等人权的核心内容。1954年宪法真正实施的时间很短，只有3年左右。但是这部宪法存在的时间却长达21年，直至1975年新宪法的产生。随后不久又在1978年制定了另一部宪法。

1975年和1978年两部宪法存在时间非常短，其中涉及“人权”的表述同样为“公民的基本权利和义务”。1975年宪法涉及公民基本权利的内容只有2条，在结构上也较为混乱，不但将公民义务规定于公民权利之前，并且政治权利和自由、人身权、经济文化社会权利等方面相互混杂。1978年宪法试图调整国家、社会、个人权利的相互关系，对权利义务的规定恢复到16条。1978年宪法运行两年后，中共中央于1980年8月提出《关于修改宪法和成立宪法修改委员会的建议》，1981年公布了修改宪法草案。当时人们对草案讨论非常积极，讨论从1982年4月一直持续到8月，全国参与讨论的人数达到数亿。基于对公民权利重要性的新认识，1982年宪法在结构上做出了重大调整，“公民基本权利和义务”的章节被放在了“国家机构”之前，地位仅次于“序言”和“总纲”，条款则增加到24条。这表明当时对国家、社会、个人关系的认识有了很大的提高。宪法不但要起到重建法治的作用，同时也要起到维护个人尊严的作用。

1982年宪法，虽然没有直接使用“人权”一词，但基本人权原则和人权的某些具体内容，直接反映在宪法所确认和规定的“公民的基本权利与义务”之中，并从法律上、制度上和物质上予以保障。1982 年宪法对人权的保护具有以下特点：一是人权主体非常广泛。不仅保障我国公民的基本权利，也保护华侨、归侨和侨眷的正当权利；不仅保护个人的权利，也保护群体的权利。二是权利内容十分广泛。既包括平等权、自由权，也包括政治参与、经济社会文化、生存和发展、控告和申诉等救济权利。三是人权保障措施非常明确。不仅规定了公民的各项基本权利，而且还规定了实现这些权利的物质保障。四是权利和义务相统一。公民在行使宪法和法律所规定的权利时，必须履行宪法和法律所规定的相应的义务，“不得损害国家的、社会的、集体的利益和其他公民的合法的自由和权利”（宪法第五十一条）。

尽管 1954 年通过的第一部宪法，首次制定了促进和保护公民基本权利的社会政治制度，从而开创了中国人权发展的新纪元，1982 年宪法又对人权事业的进步作出了巨大的贡献，但是中国对人权的认识仍然需要走一段艰难的历程。在很长一段时间里，人权受到否定，民主法制出现失误，甚至造成了“文化大革命”这场人权灾难。

中共十一届三中全会以后，中国共产党不断打破思想禁区，在人权问题上取得了重大理论建树。1985 年 6 月 6 日，针对国际敌对势力对中国的攻击，邓小平指出：“什么是人权？西方世界的所谓‘人权’和我们讲的人权，本质上是两回事，观点不同。”[1] 在这里，邓小平从我们与西方人权观区别的角度，间接地提出了社会主义中国可以讲人权以及怎样讲人权的问题。1989 年，江泽民明确提出，要从思想上解决“如何用马克思主义观点来看待‘民主、自由、人权’问题”，“要说明我们的民主是最广泛的人民民主，说明社会主义中国尊重人权”[2]。自此，中国不再讳言人权问题，并认为自由、民主、人权不是资本主义国家的专利。社会主义国家也应是自由的、民主的、享有充分人权的，要理直气壮地宣传我国关于人权、民主、自由的观点和维护人权、实行民主的真实情况，把人权、民主、自由的旗帜掌握在我们手中。

1991 年 11 月，我国国务院新闻办公室发表了《中国的人权状况》白皮书，这是我国官方向世界公布的第一份关于人权的文件，它不仅向全世界表明了中国在人权问题上的态度，指出“享有充分的人权，是长期以来人类追求的理想”，指出充分实现人权也

1 《邓小平文选》第 3 卷，人民出版社 1993 年版，第 125 页。

2 1989 年 7 月 20 日江泽民在全国宣传部长会议上的讲话，《人民日报》1989 年 7 月 21 日。

是中国社会主义的崇高目标。这些在对外关系上产生了良好的影响，有助于树立中国在国际上的新形象。在国内，《中国的人权状况》的发表，对我国的人权理论研究及人权实践也产生了巨大的推动作用。理论上，它进一步卸下了学者在研究人权问题上的思想包袱，使人权理论研究成为各个学科，特别是法学理论和公法研究的一个新的"理论增长点"。实践上，它不仅使领导人的人权意识得以提高并重视人权实践的发展，同时在人权的制度建设上产生了很大的促进作用。因此，有学者称此文件为"中国人权发展史上的一个重要里程碑"[1]。

1997年我国政府又签署了《经济、社会及文化权利国际公约》，并把"尊重和保障人权"第一次写进中共十五大报告。江泽民在中共十五大报告第六部分"政治体制改革和民主法制建设"中明确指出："共产党执政就是领导和支持人民掌握管理国家的权力，实行民主选举、民主决策、民主管理和民主监督，保证人民依法享有广泛的权利和自由，尊重和保障人权。"[2]在这里，"人权"概念首次被写入党的全国代表大会的正式文件上，将"尊重和保障人权"作为共产党执政的基本目标纳入党的行动纲领之中，同时"尊重和保障人权"作为政治体制改革和民主法制建设的一个重要主题也被纳入中国改革开放和现代化建设的跨世纪发展战略之中。1998年我国又签署了《公民权利和政治权利国际公约》。2001年3月，全国人大常委会正式批准生效《经济、社会及文化权利国际公约》。2002年11月，"尊重和保障人权"作为社会主义政治文明的一个重要目标，再次写入中共的十六大报告，确立为新世纪新阶段党和国家发展的重要目标，重申在"政治建设和政治体制改革中"要"健全民主制度，丰富民主形式，扩大公民有序的政治参与，保证人民依法实行民主选举、民主决策、民主管理、民主监督，享有广泛的权利和自由，尊重和保障人权"。2004年3月14日，我国终于明确地把"尊重和保障人权"写入了宪法，使之成为国家意志，获得至高无上的宪法地位。中共十七大报告进一步提出："尊重和保障人权，依法保证全体社会成员平等参与、平等发展的权利"，"保障人民的知情权、参与权、表达权、监督权。"[3]

---

1 董云虎：《中国人权发展史上的一个重要里程碑》，《人权》2002年第1期。

2 《江泽民文选》第2卷，人民出版社2006年版，第29页。

3 胡锦涛：《高举中国特色社会主义伟大旗帜，为夺取全面建设小康社会新胜利而奋斗》，《十七大报告辅导读本》，人民出版社2007年版，第28、30页。

（二）人权入宪的宪法意义

人权入宪是我国人权事业发展的里程碑，具有重大的政治、社会和法律意义，具体而言可以有以下几点：

1．确立了人权原则，完善了宪法内容

“人权”入宪意味着国家的宪法目标开始向国家尊重和保障人权的方向转变。宪法制度，是指通过制定具有最高权威的宪法确立民主制度、保障人民权利的政治。宪法制度通常包括三个原则：一是法治原则，二是民主原则，三是人权原则。尊重和保障人权是宪法的根本目的和最高原则，是宪法得以存在和发展的前提、基础和归宿，是衡量是否真正实行宪法的根本标准。中华人民共和国成立以来，国家虽然为促进和发展公民的各项权利在制度、政策和物质保障等各方面作了长期不懈的努力，但是，先后颁布实施的《共同纲领》和几部《宪法》都没有明确使用“人权”这一概念，而只使用“公民的基本权利”这一概念，这使我国的人权法律保障和宪法制度建设显得不够完整。国家对该国具有普遍性的人权的内容及人权的保障通过宪法的形式固定下来，不仅对于该国宪法建设意义非凡，还同时代表着国家宪法的主要目标已经正式转变到尊重和保障人权的方面上来。而这次修宪引入“人权”概念，用“国家尊重和保障人权”的原则来概括、提升和统摄宪法关于“公民基本权利”的规定，突出了人权原则，并使人权、民主、法治三项原则名副其实地结合起来，从而完善了宪法制度的内涵。

2．突出人权价值和理念，为宪法关于公民权利的规定注入了新的意义

从概念所体现的政治理念、价值来看，“公民权利”不如“人权”那样普遍、鲜明和有影响力。这次修宪修正了对“人权”概念的片面认识，在将“人权”概念写入现行宪法的同时，把“国家尊重和保障人权”作为宪法关于公民权利原则性规定的条款之一，既赋予“人权”概念以明确的内涵，又从原则上提升和丰富了公民权利概念的实质含义，实现了两者的统一。

3．完善了公民权利保障的原则、体系

我国《宪法》第三十三条是第二章“公民基本权利和义务”的第一条，是贯穿第二章各条款的原则性规定。此次修宪将人权作为一项原则增加在该条作为第三款，使现

行宪法关于公民基本权利的总体规定更加完整。经修改后的第三十三条共四款，第一、二、四款分别规定了公民权利的主体、平等原则、权利和义务相统一原则。而增加的第三款则是关于现行宪法第二章各条款性质和宗旨的规定，申明该章关于公民各项基本权利的规定体现的是“国家尊重和保障人权”的宗旨与原则，强调保障公民权利的实质就是尊重和保障人权。“人权”作为一项原则写入现行宪法，不仅使第三十三条关于公民权利的原则规定更加完整，对第二章关于“公民基本权利和义务”的规定起到画龙点睛的作用，而且对整部宪法有关人权的内容起到统率作用，对宪法的基本精神和未来发展将产生导向性影响。

4.“人权”入宪昭示着人权条款对国家权力的控制和约束

现代宪法国家的宪法制度建设必须通过国家权力的控制来实现。因此，代表国家权力的国家立法权、司法权、行政权等权力在运行的过程中就必须受到宪法制度的约束。从制度构建的角度上来说，人权概念及原则进入宪法后，就可以通过宪法的实施和运行，保障人权条款的实施，从而约束国家的立法、司法以及行政等权力，最终达到发展和保障人权的目的。全国人大及其常委会在立法过程中将会进一步突出人权主题，突出尊重和保障人权的基本精神，建立健全以宪法为基础的行之有效的人权法律保障体系，使公民各项人权的保障做到有法可依；与此同时，全国人大及其常委会也将切实担负起监督宪法实施的职责，坚决纠正违宪行为，充分保障宪法规定的公民各项自由和权利不受侵犯，确保侵犯人权的违宪行为依法得到追究。各级党政机关、审判机关和检察机关也将各司其职，在执行公务的过程中模范遵守、坚决贯彻宪法规定的尊重和保障人权原则，依法执政行政，公正执法司法，正确履行人民赋予的职权，依法打击各种侵权犯罪，不断发展各项社会事业，切实维护人民群众的利益。

5.“人权”入宪为宪法的实施、解释以及监督等提供价值尺度

宪法建设要通过宪法的运行来实现。宪法的运行包括宪法的实施、宪法的解释、宪法的修改以及宪法监督等全部过程。人权概念和人权原则进入宪法体现了国家对宪法的价值取向，意味着国家通过制度的力量来推行尊重及保障人权的价值观，并且在宪法的运行过程中进一步加入了人权的价值指引。

人权事业的进步不仅表现在法律上，更根本的是在社会中的落实，人权保障的实质性进展是人权法律化制度化的根基。

实现充分的人权是我国革命、建设和改革的重要目标。从中华人民共和国成立起，我国的人权事业已经走过了六十多年的发展历程。六十多年在人类历史长河中只是短暂的一瞬，但是，中国人民在六十多年中实现了人权发展的伟大的历史性飞跃。尽管在维护和促进人权过程中曾遇到一些曲折，我们的人权事业发展还存在一些不足，但是一个不容争辩的基本事实是，自 1949 年中华人民共和国成立时起，经过六十多年的不懈努力，一个积贫积弱、备受屈辱的旧中国已经成为一个独立自主，不断走向富强文明的新中国。13 亿中国人民主宰了自己的命运，告别了饥寒交迫、愚昧无知的状态，走上了丰衣足食，富裕小康的美好生活。特别是改革开放近四十年来，中国共产党和中国政府坚持以经济建设为中心，推动社会全面发展，将人权的普遍性同中国的具体国情相结合，在促进和保护人权方面做出了不懈努力，实现了历史性跨越，取得了历史性进展。这具体表现为我国确立了尊重和保障人权在党和政府治国理念中的重要地位；人民的生存权和发展权得到前所未有的保障；公民权利和政治权利得到切实保障；经济、社会、文化权利不断改善；我国人权保障实现了法律化、制度化，建立了较为完备的人权保护法律体系，诸如生命权的法律保障，人身自由、人格尊严的法律保障，平等权的法律保障，政治权利的法律保障，宗教信仰自由的法律保障，劳动者权益的法律保障，经济、社会、文化和其他权利的法律保障，并参加核心国际人权公约认真履行所承担的相关义务等。

第十七章　提高公民法律意识，夯实依法治国的基础

依法治国，加强社会主义法治建设，一个重要的任务是要不断提高广大公民的法律意识和法治观念。所谓法律意识，是指依法办事、依法律己、依法行使权利和履行义务的意识。法治国家的建立，法律的实现一方面要靠法律的严格执行，另一方面要靠法律被自觉地遵守。人们能否做到这些，能否自觉地运用、遵守和维护法律，都有赖于人们的法律意识。提高全民的法律意识，必须加强法制宣传教育，这是社会主义法治建设的一项基础性工作。对此，以邓小平、江泽民为核心的第二代、第三代中国共产党领导集体、以胡锦涛为总书记的中央领导集体，中共十八大以来以习近平为核心的党中央，都有许多论述，并在指导实践的过程中，形成了具有世界影响的中国特色法治宣传教育模式，有效地推动了公民法律意识和法治观念的提高。

一、提高公民法律意识和法治观念，是依法治国的基础和条件

仅仅有法律制度的存在，并不能说明一个社会已实现了法治。从人类历史的发展来看，在有法律制度的情况下，既可能实行法治，也可能实行人治，甚至是专制独裁。实行法治，并不是一般地制定和完善法律制度就够了，还有赖于全民法律意识的提高和确立对法律的信仰及宪法、法律至上的思想观念，这是实现法治的思想前提。

法治建设不发达，不仅表现为法律法规欠缺，法律机构不健全，同时还表现在全体公民的心理状态方面。在一个社会成员缺乏法律意识的环境中，如果仅限于制定法律法规，建立执法机构，而不使社会成员特别是处于领导地位的社会成员，从法律观念的蒙

昧状态中摆脱出来，就无法实现真正的法治。因此，提高人们的法律意识，确立对法律的信仰及宪法、法律至上的法治观念，是实行法治的一个不可缺少的重要内容。

邓小平在总结历史和现实的基础上，认为在中国必须加强法制教育。邓小平曾经说过："旧中国留给我们的，封建专制传统比较多，民主法制传统很少。解放以后，我们也没有自觉地、系统地建立保障人民民主权利的各项制度，法制很不完备，也很不受重视。"[1] 长期以来习惯于按政策办事，按领导人的意见办事。

中国是一个历经两千多年封建专制统治的国家。自秦始皇统一中国后，其间虽然经过了历代王朝的更替，但都未影响这个制度在不断吸收经验中发展和延续。在封建集权专制的体制下，人们迷信权威、畏惧权力、重义务轻权利、缺乏民主和法治的传统。崇尚人治，是封建专制统治的最大特点。汉武帝以后，儒家学说跃居社会的统治地位，成了历代封建王朝的指导思想。儒家主张圣君贤臣的人治。孔子说过："其人存则其政举，其人亡则其政息……故为政在人。"[2] 我国民主革命的先行者孙中山先生曾对中国古代的人治思想进行过批判，他说："吾国昔为君主专制国家，因人而治，所谓一正君而天下定。数千年来，只求正君之道，不思长治之方"，国家只能长期处于混乱[3]。即使在今天，这种影响仍然严重存在，而且在"文化大革命"中集中地表现出来。正是这种根深蒂固的传统，构成了其社会思想基础。历史上，封建传统观念曾长久地阻碍了我国法律制度向现代化的转变；现实中，它又使我国走向法治社会步履维艰，使人治思想难以遏止和彻底根除。

针对我国历史上缺少法治传统，人们法律意识、法治观念比较淡薄的状况，邓小平对加强法制教育非常重视。早在 1980 年，他就明确指出："在党政机关、军队、企业、学校和全体人民中，都必须加强纪律教育和法制教育。"[4] "对全军指战员都要进行必要的法制教育。"[5]

以江泽民为核心的第三代中央领导集体，继承了邓小平法治思想，对加强法治教育，提高公民法治意识在建设社会主义法治国家中的重要意义，有一系列的论述。

---

1 《邓小平文选》第 2 卷，人民出版社 1994 年第 2 版，第 332 页。

2 《礼记 · 中庸》。

3 孙中山：《元旦布告》，《孙中山全集》第 4 卷，中华书局 1985 年版，第 285 页。

4 《邓小平文选》第 2 卷，人民出版社 1994 年第 2 版，第 360 页。

5 同上书，第 372 页。

江泽民说："要把民主法制实践和民主法制教育结合起来，不断增强广大干部群众的民主意识和法治观念。"[1]他认为不断提高广大干群的法律意识和法治观念，是建设社会主义法治国家的一项重要任务。他说："加强社会主义法制建设，坚持依法治国，一项重要任务是不断提高广大干部群众的法律意识和法制观念。思想是行动的先导。干部依法决策、依法行政是依法治国的重要环节。公民自觉守法、依法维护国家利益和自身权益是依法治国的重要基础。广大干部群众法律水平的高低，直接影响着依法治国的进程。"[2]"实践经验还证明，如果人们的法律意识和法制观念淡薄，思想政治素质低，再好的法律和制度也会因为得不到遵守而不起作用，甚至会形同虚设。"[3]因此，他强调要加强社会主义法治建设，既要加强立法工作，不断健全和完善法制，同时"又要加强普法教育，不断提高干部群众遵守法律、依法办事的素质和自觉性。二者缺一不可，任何时候都不可偏废"。[4]

在中共十五大报告中，江泽民在关于民主法治建设的论述中，进一步强调要"增强全民的法律意识，着重提高领导干部的法治观念和依法办事能力。"[5]关于法治教育在整个法治建设中的重要地位和作用，江泽民指出："搞好法制教育，增强全体公民的法律意识和法制观念，是社会主义法制建设的基础工程，也是社会主义精神文明建设的重要内容"；[6]"抓好这项工作，对继续推进我国的社会主义法制建设，促进改革开放和经济发展，深入开展反腐倡廉，维护社会稳定大有好处。"[7]

鉴于前述分析的我国历史和现实的情况，决定了依法治国、建设社会主义法治国家，在当代中国将是一个长久的历史过程，不可能一蹴而就；决定了中国开展法治教育，提高公民法治意识的任务，将是长期的、艰巨的，也不可能一蹴而就。对此，江泽民有过论述。他在谈到法治教育问题时，认识到在我国开展法治教育的艰巨性和长期性。他说："一种观念的树立，一种意识的培养，需要一个相当长的过程，要充分认识法制宣传

1 《江泽民文选》第1卷，人民出版社2006年版，第236页。
2 同上书，第512页。
3 同上书，第512—513页。
4 同上书，第513页。
5 《江泽民文选》第2卷，人民出版社2006年版，第31页。
6 中共中央文献研究室编：《江泽民论有中国特色社会主义（专题摘编）》，中央文献出版社2002年版，第334页。
7 同上。

教育的长期性、艰巨性，并逐步使之制度化、规范化。”[1]

自中共十六大以来，加强法治宣传教育，传播法律知识，提高公民的法治意识，已成为全面建设小康社会和构建和谐社会共同追求的目标，并不断被反复强调。

2004 年 9 月 15 日，在首都各界纪念全国人民代表大会成立 50 周年大会上的讲话中，胡锦涛指出：“必须坚持依法治国的基本方略，不断推进建设社会主义法治国家的进程。……要认真开展四五普法活动，加强法制宣传教育，形成法律面前人人平等、人人自觉守法用法的社会氛围。”[2]

2004 年 3 月，国务院发布《全面推进依法行政实施纲要》，其在总结几十年法治建设经验基础之上，指明了今后十年政府全面推进依法行政的指导思想和具体目标、基本原则和要求、主要任务和措施，并作出了系统规划和安排，明确了经济调节、市场监管、社会管理、公共服务的政府职能，正式确立了建立法治行政、打造法治政府的总目标。实现这一目标，一个重要方面就是提高全社会的法律观念和意识。因而《纲要》要求，“积极营造全社会尊法守法、依法维权的良好环境。要采取各种形式，加强普法和法制宣传，增强全社会尊重法律、遵守法律的观念和意识，积极引导公民、法人和其他组织依法维护自身权益，逐步形成与建设法治政府相适应的良好社会氛围。”[3]

中共十七大在十六大确立的全面建设小康社会目标的基础上对我国发展提出新的更高要求，其中在民主政治方面的新要求之一就是“依法治国基本方略深入落实，全社会法制观念进一步增强，法治政府建设取得新成效”。[4]

深入开展法治宣传教育，是全面落实依法治国基本方略的基本要求。中共十七大在阐述全面落实依法治国基本方略，加快建设社会主义法治国家的途径时，一个重要方面就是“深入开展法制宣传教育，弘扬法治精神，形成自觉学法守法用法的社会氛围”。[5]

---

1 《江泽民文选》第 1 卷，人民出版社 2006 年版，第 513 页。

2 胡锦涛：《在首都各界纪念全国人民代表大会成立 50 周年大会上的讲话》，《人民日报》2004 年 9 月 16 日。

3 《全面推进依法行政实施纲要》（2004 年 3 月 22 日），《时政文献辑览》（2004 年 3 月—2006 年 3 月）（上），人民出版社 2006 年版，第 121 页。

4 胡锦涛：《高举中国特色社会主义伟大旗帜，为夺取全面建设小康社会新胜利而奋斗》，《十七大报告辅导读本》，人民出版社 2007 年版，第 19 页。

5 同上书，第 30 页。

中共十八大以来，以习近平为核心的党中央，把增强全民法治观念作为全面推进依法治国的重要内容，提出了新的要求。习近平对全社会法治观念在全面推进依法治国中的作用进行了论述。他说："全面推进依法治国需要全社会共同参与，需要全社会法治观念增强，必须在全社会弘扬社会主义法治精神，建设社会主义法治文化。要在全社会树立法律权威，使人民认识到法律既是保障自身权利的有力武器，也是必须遵守的行为规范，培育社会成员办事依法、遇事找法、解决问题靠法的良好环境，自觉抵制违法行为，自觉维护法治权威。"[1]习近平反复强调要通过法治宣传教育，确立全社会的规则意识和法治意识要"要引导全体人民遵守法律，有问题依靠法律来解决，决不能让那种大闹大解决、小闹小解决、不闹不解决现象蔓延开来，否则还有什么法治可言呢？"[2]"要深入开展法治宣传教育，弘扬社会主义法治精神，引导群众遇事找法、解决问题靠法，逐步改变社会上那种遇事不是找法而是找人的现象。"[3]

基于此，中共十八届四中全会通过的《中共中央关于全面推进依法治国若干重大问题的决定》，对增强全民法治观念提出了明确目标，即"必须弘扬社会主义法治精神，建设社会主义法治文化，增强全社会厉行法治的积极性和主动性，形成守法光荣、违法可耻的社会氛围，使全体人民都成为社会主义法治的忠实崇尚者和自觉遵守者、坚定捍卫者"。[4]对如何实现上述目标，决定提出了要推动树立法治意识，"坚持把全民普法和守法作为依法治国的长期基础性工作，深入开展法治宣传教育，引导全民自觉守法、遇事找法、解决问题靠法"。[5]并提出了全民普法和深入开展法治宣传教育等一系列举措，如加强领导干部和青少年普法教育，实行国家机关"谁执法谁普法"的普法责任制，建立法官、检察官、行政执法人员、律师等以案释法制度，加强普法讲师团、普法志愿者队伍建设；把法治教育纳入精神文明创建内容，开展群众性法治文化活动，健全媒体公益普

---

1 习近平：《加快建设社会主义法治国家》（2014年10月23日），《求是》2015年第1期。

2 习近平：《在十八届中央政治局第四次集体学习时的讲话》（2013年2月23日），《习近平关于全面依法治国的论述摘编》，中央文献出版社2015年版，第88页。

3 习近平：《严格执法，公正司法》（2014年1月7日），《十八大以来重要文献选编》（上），中央文献出版社2014年版，第722页。

4 《中共中央关于全面推进依法治国若干重大问题的决定》，《党的十八届四中全会〈决定〉学习辅导百问》，学习出版社、党建读物出版社2014年版，第19页。

5 同上。

法制度，加强新媒体新技术在普法中的运用，提高普法实效。[1]

二、提高公民法律意识和法治观念，根本问题是教育人

（一）提高公民法律意识和法治观念

自中共十一届三中全会以后，鉴于十年对“文化大革命”的教训的反思，中国共产党提出把坚持发展民主和法制作为坚定不移的方针，加强法制宣传教育，在公民中普及法律知识，作为法治建设的重要内容受到高度重视。1979 年，第五届全国人大第二次会议制定并公布了包括刑法、刑事诉讼法等在内的七个重要法律。[2] 同年 9 月 9 日，中共中央专门下发了《关于坚决保证刑法、刑事诉讼法切实实施》的指示。1979 年下半年开始到 1982 年，全国司法行政机关集中力量宣传了《刑法》和《刑事诉讼法》。1980 年，最高人民法院特别法庭对林彪、江青两个反革命集团案（简称“两案”）10 名主犯公开审判。配合“两案”审判，全国许多地区把审判“两案”的宣传与《刑法》和《刑事诉讼法》的宣传结合起来进行。

改革开放后，中国共产党历次全国代表大会都非常重视在全体公民中开展法制宣传教育，注重全体公民法律意识的提高。1982 年召开的中共十二大提出：“要在全体人民中间反复进行法制的宣传教育，从小学起各级学校都要设置有关法制教育的课程，努力使每个公民都知法守法。特别要教育和监督广大党员带头遵守宪法和法律。”[3]1987 年中共十三大报告强调要“提高公民的法律意识”。[4]1992 年中共十四大报告提出：“要把民主法制实践和民主法制教育结合起来，不断增强广大干部群众的民主意识和法制观念。”[5]1997 年中共十五大报告提出：“深入开展普法教育，增强全民的法律意识，着重提高领导干部的法制观念和依法办事能力。法制建设同精神文明建设必须紧密结合，同步推进。”2002 年中共十六大报告进一步丰富了法制宣传教育的内涵，提出“加强法制宣

---

1 《中共中央关于全面推进依法治国若干重大问题的决定》，《党的十八届四中全会〈决定〉学习辅导百问》，学习出版社、党建读物出版社 2014 年版，第 20 页。

2 这七部法律是：《地方各级人民代表大会和地方各级人民政府组织法》《全国人民代表大会和地方各级人民代表大会选举法》《刑法》《刑事诉讼法》《人民法院组织法》《人民检察院组织法》《中外合资经营企业法》。

3 《中国共产党第十二次全国代表大会文件汇编》，人民出版社 1982 年版，第 39 页。

4 同上书，第 48 页。

5 《江泽民文选》第 1 卷，人民出版社 2006 年版，第 236 页。

传教育，提高全民法律素质，尤其要增强公职人员的法制观念和依法办事能力。党员和干部特别是领导干部要成为遵守宪法和法律的模范。”[1]2007年中共十七大报告提出全面落实依法治国基本方略，加快建设社会主义法治国家，必须“深入开展法制宣传教育，弘扬法治精神，形成自觉学法守法用法的社会氛围”。[2]2012年中共十八大报告在论述全面推进依法治国的进程时指出：“深入开展法制宣传教育，弘扬社会主义法治精神，树立社会主义法治理念，增强全社会学法尊法守法用法意识。”[3]由上可以看出，在全社会开展法制宣传教育，提高全民法治意识，自改革开放以来是一以贯之的，并对我国的普法宣传教育的实践提供了指导。

1982年新宪法颁布后，在全国范围内又开展了宣传新宪法的活动。[4]在新的历史条件下，加强法制宣传教育，普及法律常识成为与推行民主法制建设相配套的基础工程。1984年6月5日至7日，司法部在辽宁省本溪市召开了全国法制宣传工作现场会，正式提出向全体公民基本普及法律常识的任务，要求法制宣传要从单个法律的宣传转到向全体公民的普及法律常识上来。从1984年6月起，在经过一段时间的准备后，从1985年到1990年，用五年左右的时间，在全国工人、农民、知识分子、干部、军人、学生中基本普及法律常识，使每个公民都知法、守法，养成依法办事的习惯。这次法制宣传工作现场会，是我国法制宣传工作从宣传单个法律走向全体公民普及法律常识的转折点，具有重要的意义。

1985年11月22日，第六届全国人民代表大会常务委员会第十三次会议通过的《关于在公民中基本普及法律常识的决议》，决定用五年时间在公民中基本普及法律常识，并指出：“大力加强法制宣传教育，在公民中普及法律常识，对于加强社会主义法制，保障国家长治久安，促进社会主义物质文明和精神文明建设，实现我国在新时期的奋斗目

---

1 《江泽民文选》第3卷，人民出版社2006年版，第555页。

2 胡锦涛：《高举中国特色社会主义伟大旗帜，为夺取全面建设小康社会新胜利而奋斗》，《十七大报告辅导读本》，人民出版社2007年版，第30页。

3 胡锦涛：《坚定不移沿着中国特色社会主义道路前进，为全面建成小康社会而奋斗》，《十八大报告辅导读本》，人民出版社2012年版，第25页。

4 1982年12月10日，司法部发出了《关于宣传新宪法的通知》，要求各级司法机关有计划地组织法制报告员到各单位宣传新宪法。1983年12月8日，司法部发出《关于深入宣传宪法的通知》，要求各级司法行政机关在新宪法颁布一周年的时候，把宪法宣传继续深入持久地开展下去。

标和总任务，具有重大的意义。”[1] 从此拉开了向全体公民普及法律教育走向经常化、制度化、系统化的序幕。从 1986 年开始实施“一五”普法规划至今，我国已实施了七个五年普法规划。

提高广大公民的法律意识，特别是守法意识，除加强法制宣传教育外，打击各种犯罪活动也是一种教育途径。邓小平还强调要通过严厉打击各种犯罪活动来加强法制宣传教育。他指出，严厉打击犯罪，“不但对绝大多数犯罪分子是一种教育，对全党、全国人民也是一种教育”[2]。江泽民也强调，“对学生中发生的不良行为，要加强思想教育；对违法行为，一定要严肃依法处理，千万不能姑息养奸”。[3] 通过法制宣传教育，使人们掌握必要的法律常识，懂得什么是合法，什么是违法，什么是犯罪，以及应该怎样做，不应该怎样做，可以怎样做，从而提高法律意识，增强法治观念。

（二）提高公民的法律意识，根本问题是教育人

1. 提高全民的法律意识，要注重提高人们的素质

为提高全民的法律意识，邓小平注重提高社会整体的文化素质。要使人们学法、知法和守法，增强法制观念，必须重视加强文化教育，提高文化水平。1986 年，他在《在全体人民中树立法制观念》的讲话中指出：“法制观念与人们的文化素质有关。现在这么多青年人犯罪，无法无天，没有顾忌，一个原因是文化素质太低。所以，加强法制重要的是要进行教育，根本问题是教育人。”[4] 江泽民也指出：“无论立法、执法、司法和守法，都是通过人来做的。因此，人们的思想道德文化素质如何，对于法制建设的成效是至关重要的。如果人们的思想道德文化素质差，再好的法律法规制定出来了，也会因为得不到正确的执行和遵守而变成发挥不了作用的一纸空文。”[5] 自觉遵守法律是社会文明的表现。加强文化教育，提高社会整体的文化素质，必将为人们法律意识的提高、促进社会主义精神文明建设奠定良好的基础。

强调要通过法制宣传教育，确立全社会的规则意识和法治意识，要“要引导全体人

---

1 《人大常委会作出决定：用五年时间在公民中基本普及法律常识》，《人民日报》1985 年 11 月 23 日。
2 《邓小平文选》第 2 卷，人民出版社 1994 年第 2 版，第 254 页。
3 《江泽民文选》第 2 卷，人民出版社 2006 年版，第 590 页。
4 《邓小平文选》第 3 卷，人民出版社 1993 年版，第 163 页。
5 《江泽民文选》第 1 卷，人民出版社 2006 年版，第 643 页。

民遵守法律，有问题依靠法律来解决，决不能让那种大闹大解决、小闹小解决、不闹不解决现象蔓延开来，否则还有什么法治可言呢？”[1]“要深入开展法制宣传教育，弘扬社会主义法治精神，引导群众遇事找法、解决问题靠法，逐步改变社会上那种遇事不是找法而是找人的现象。”[2]

2. 开展普法宣传，要突出重点对象

普及法律知识的对象是全体公民。通过开展法制宣传教育，传播法律知识，弘扬法治精神，提高全体公民法律素质。与此同时，要突出重点，区别不同对象提出法制宣传教育的要求，增强法制宣传教育的针对性。要在继续做好全体公民法制宣传教育的基础上，重点抓好领导干部、[3]青少年和广大农村等的法制教育工作。

（1）重视加强对青少年的法制教育

青少年时期是人的一生中全面发展的重要时期，是形成正确的世界观、人生观和价值观的重要阶段，加强对青少年的法制教育，使青少年从小懂得应该遵循的基本行为准则，养成学法守法的行为习惯，对建设社会主义法治国家具有重要意义。邓小平要求提高每个公民的法制观念，法制教育要从小抓起。他说：“法制教育要从娃娃开始，小学、中学都要进行这个教育，社会上也要进行这个教育。”[4]

江泽民也十分重视在青少年中进行法制教育。1994 年 1 月 24 日，他在全国宣传思想工作会议上的讲话中说：“培养有理想、有道德、有文化、有纪律的新人，是建设社会主义精神文明的根本目标。要围绕这个目标，在人民群众特别是青少年中加强……普及法律基本知识教育。”[5]江泽民认为：“在青少年中加强法制教育，是实施依法治国的带有长远性、根本性的工作。”[6]2000 年 2 月 1 日，在《正确引导青少年健康成长》的讲话中，江泽民对如何正确引导青少年健康成长有较为系统的阐述。他说：“教育是一个系统工程，要不断提高教育质量和教育水平，不仅要加强对学生的文化知识教育，

---

1 习近平：《在十八届中央政治局第四次集体学习时的讲话》（2013 年 2 月 23 日），《习近平关于全面依法治国的论述摘编》，中央文献出版社 2015 年版，第 88 页。

2 习近平：《严格执法，公正司法》（2014 年 1 月 7 日），《十八大以来重要文献选编》（上），中央文献出版社 2014 年版，第 722 页。

3 关于加强领导干部法制教育，提高领导干部法律意识，将在下面单独论述。

4 《邓小平文选》第 3 卷，人民出版社 1993 年版，第 163 页。

5 《十四大以来重要文献选编》（上），人民出版社 1996 年版，第 571 页。

6 江泽民：《依法治国建设社会主义法治国家》，《人民日报》1997 年 12 月 26 日。

而且要切实加强对学生的思想政治教育、品德教育、纪律教育、法制教育。”[1] 针对一些学校和地方，对学生的思想品德教育、纪律法制教育抓得比较松，有些学生在社会上接受了不良影响，有的甚至走上了违法犯罪道路的状况，江泽民强调，“对学生的教育工作特别是思想品德教育、纪律法制教育，校内校外，课内课外，都要抓紧，一点放松不得”。[2] “要经常地在学生中开展纪律法制教育，增强他们的纪律法制观念，使他们懂得遵纪守法的道理。”[3]

关于加强对青少年的法治教育，习近平指出：“坚持法治教育从娃娃抓起，把法治教育纳入国民教育体系和精神文明创建内容，由易到难、循序渐进不断增强青少年的规则意识。”[4] 中共十八届四中全会决定也提出：“把法治教育纳入国民教育体系，从青少年抓起，在中小学设立法治知识课程。”[5]

根据上述思想，对青少年的法制宣传教育一直被列为全民普法教育的重点。在“一五”普法中，青少年和各级干部是普法的重点对象，全国多数大、中、小学不同程度地开设了法制课，大约有 1.5 亿大、中、小学在校学生接受了法制教育。[6]

在“二五”普法阶段，青少年法制教育有了新的进展。经过教育行政部门和司法行政部门的努力探索，在校学生的法制教育工作已经基本上走上规范化的轨道。大学开设了必修的法学基础课，中小学则按照不同年级学生的特点，在思想政治课中安排了必要的法律知识内容，对学生进行循序渐进的法制教育。社会青少年特别是待业青年的法制教育通过建立培训基地，举办各种类型的法律培训班等形式，也取得了一定的成效。[7]

在“三五”普法教育中，要求对青少年的法制宣传教育常抓不懈。2000 年 3 月，司法部、教育部、中央综治办、共青团中央等部门联合下发了《关于进一步加强青少年学

---

1 《江泽民文选》第 2 卷，人民出版社 2006 年版，第 588 页。

2 同上。

3 同上书，第 590 页。

4 习近平：《加快建设社会主义法治国家》（2014 年 10 月 23 日），《求是》2015 年第 1 期。

5 《中共中央关于全面推进依法治国若干重大问题的决定》，《党的十八届四中全会〈决定〉学习辅导百问》，学习出版社、党建读物出版社 2014 年版，第 20 页。

6 蔡诚：《关于第一个五年普法规划实施情况和 1991 年普法工作意见的汇报》，转引自朱景文主编：《中国法律发展报告——数据库和指标体系》，中国人民大学出版社 2007 年版，第 579 页。

7 肖扬：《关于第二个五年法制宣传教育规划实施情况和“三五”普法工作安排意见的报告》（1996 年 5 月 7 日在第八届全国人民代表大会常务委员会第十九次会议上），《中国人大》1996 年第 11 期。

生法制宣传教育工作的通知》，要求加大工作力度，健全青少年学生法制教育网络，开展依法治校，进一步加强青少年学生法制宣传教育工作。“三五”普法期间，全国大、中、小学都开设了法制教育课程，青少年普法宣传形式多样，内容丰富。[1]在“四五”普法中，青少年群体仍然是普法的重点对象之一。

在“五五”普法规划中，对青少年的法制宣传教育进行了全面和具体的部署。“五五”普法规划提出：“加强青少年法制宣传教育，着力培养法制观念。要努力培养青少年的爱国意识、守法意识和权利义务意识。根据不同年龄阶段学生的生理、心理特点和接受能力，有针对性地开展法制教育。要注重中小学生的法律启蒙和法律常识教育，培养自我保护意识，提高分辨是非的能力，养成守法习惯；加强大中专学生法律基础理论教育，牢固树立崇尚法律、遵守法律的意识，增强法制观念。要建立和完善学校、社会、家庭相结合的法制教育网络，充分利用各种教育阵地，增强青少年法制教育的引导性、互动性和趣味性。要加强预防青少年违法犯罪教育，加强对重点青少年群体的教育、管理和服务，实施‘为了明天’工程，通过教育和法制相结合，预防和减少未成年人违法犯罪。”[2]

“六五”普法规划对深入开展青少年法制宣传教育，结合新的形势，对教育内容、途径和手段等进行了部署。根据青少年的特点和接受能力，结合公民意识教育，有针对性地开展法制宣传教育，引导青少年树立社会主义法治理念和法治意识，养成遵纪守法的行为习惯，培养社会主义合格公民。各级各类学校要根据学生特点进一步明确法制教育的地位和目标，完善法制教育的内容和体系，创新法制教育的方法和途径，发挥课堂教学的主渠道作用，努力实现学校法制教育的系统化科学化。整合各种社会法制教育资源，建立多种形式的青少年法制教育基地，重视运用互联网等传播手段丰富青少年法制宣传教育的途径和形式，健全学校、家庭、社会“三位一体”的青少年法制教育格局。加强高等学校普法教育，加大中国特色社会主义法学理论教育力度，积极推进高校法学理论教育教材建设和师资队伍建设，引导高校学生牢固树立社会主义法治理念。加强青少年权益保护、预防和减少青少年违法犯罪等有关法律法规宣传教育，加强对有不良行为青少年、

1 参见胡振毅：《为了孩子——全国青少年法制教育情况综述》，《人民日报》2007年7月5日第10版。

2 《中央宣传部、司法部关于在公民中开展法制宣传教育的第五个五年规划》，《人民日报》2006年4月28日。

社会闲散青少年等特殊青少年群体的法制宣传教育。[1]

“七五”普法规划强调法治宣传教育的对象是一切有接受教育能力的公民，青少年是重点对象之一。普法教育坚持从青少年抓起。切实把法治教育纳入国民教育体系，制定和实施青少年法治教育大纲，在中小学设立法治知识课程，确保在校学生都能得到基本法治知识教育。完善中小学法治课教材体系，编写法治教育教材、读本，地方可将其纳入地方课程义务教育免费教科书范围，在小学普及宪法基本常识，在中、高考中增加法治知识内容，使青少年从小树立宪法意识和国家意识。将法治教育纳入“中小学幼儿园教师国家级培训计划”。充分利用第二课堂和社会实践活动开展青少年法治教育，在开学第一课、毕业仪式中有机融入法治教育内容。加强对高等院校学生的法治教育，增强其法治观念和参与法治实践的能力。强化学校、家庭、社会“三位一体”的青少年法治教育格局，加强青少年法治教育实践基地建设和网络建设。[2]

（2）加强农村法制教育，提高农村干部和群众的法律素质和依法办事的能力

我国是一个农业大国，农村人口占我国总人口的绝大多数。整个农村和农民法律意识与法制观念的状况如何，对我国法治社会建设的进程有着直接的影响。因此，以开展村民自治，加强农村基层民主建设为核心的农村普法教育，充分发挥法制宣传教育在农村建设中的作用，引导广大农民依法参与村民自治活动和其他社会管理，了解和掌握维护自身合法权益、解决矛盾纠纷的法律途径和法律常识，越来越受到党和政府的重视。

1999 年 6 月 11 日，中共中央在人民大会堂举办 1999 年第一次法制讲座，题目是《依法保障和促进农村改革、发展和稳定》，讲座结束后，江泽民发表了《大力加强农村法制建设》的讲话。

自中共十五大以来几次全国代表大会的报告中，都把农村基层民主建设作为基层民主建设的一个重要方面。中共十五大报告指出：“扩大基层民主，保证人民群众直接行使民主权利，依法管理自己的事情，创造自己的幸福生活，是社会主义民主最广泛的实践。城乡基层政权机关和基层群众性自治组织，都要健全民主选举制度，实行政务和财

1 参见《中央宣传部、司法部关于在公民中开展法制宣传教育的第六个五年规划（2011—2015 年）》，《人民日报》2011 年 7 月 28 日。

2 《中央宣传部、司法部关于在公民中开展法治宣传教育的第七个五年规划（2016—2020 年）》，《人民日报》2016 年 4 月 18 日。

务公开，让群众参与讨论和决定基层公共事务和公益事业。”[1]

中共十六大报告强调，扩大基层民主，其中一个重要方面，就是“完善村民自治，健全村党组织领导的充满活力的村民自治机制”。[2]

中共十七大报告进一步提出，发展基层民主，保障人民享有更多更切实的民主权利，“人民依法直接行使民主权利，管理基层公共事务和公益事业，实行自我管理、自我服务、自我教育、自我监督，对干部实行民主监督，是人民当家作主最有效、最广泛的途径”，“要健全基层党组织领导的充满活力的基层群众自治机制，扩大基层群众自治范围，完善民主管理制度，把城乡社区建设成为管理有序、服务完善、文明祥和的社会生活共同体”。[3]

中共十八大报告指出，完善基层民主制度，“在城乡社区治理、基层公共事务和公益事业中实行群众自我管理、自我服务、自我教育、自我监督，是人民依法直接行使民主权利的重要方式”。[4]

根据中共十八大精神，十八届三中全会在对全面深化改革的部署中指出：“开展形式多样的基层民主协商，推进基层协商制度化，建立健全居民、村民监督机制，促进群众在城乡社区治理、基层公共事务和公益事业中依法自我管理、自我服务、自我教育、自我监督。”[5] 发展包括健全村民监督机制在内的基层民主，是全面深化改革，加强社会主义民主政治建设的重要内容。

但完善农村基层民主制度建设，搞好村民自治，保证广大农民依法直接行使民主权利，提高行使权利和履行义务的自觉性，都是以广大农民的法律意识和法制观念提高为前提的。因此，在农村的普法宣传，正日益受到高度关注，成为法制教育的一个重要领域。

2006 年 2 月 14 日，在省部级主要领导干部建设社会主义新农村专题研讨班上，胡

---

1 《江泽民文选》第 2 卷，人民出版社 2006 年版，第 30 页。

2 《江泽民文选》第 3 卷，人民出版社 2006 年版，第 554 页。

3 胡锦涛：《高举中国特色社会主义伟大旗帜，为夺取全面建设小康社会新胜利而奋斗》，《十七大报告辅导读本》，人民出版社 2007 年版，第 30 页。

4 胡锦涛：《坚定不移沿着中国特色社会主义道路前进，为全面建成小康社会而奋斗》，《十八大报告辅导读本》，人民出版社 2012 年版，第 24 页。

5 《中共中央关于全面深化改革若干重大问题的决定》，《党的十八届三中全会〈决定〉学习辅导百问》，党建读物出版社、学习出版社 2013 年版，第 20 页。

锦涛强调，建设社会主义新农村，要扩大农村基层民主，搞好村民自治，健全村务公开制度，开展普法教育，确保广大农民群众依法行使当家作主的权利。[1]2003 年 1 月 7 日，温家宝在《认真贯彻十六大精神为推进农村小康建设而奋斗》一文中指出："要加强农村的民主法制建设。……要加强农村法制宣传教育，提高农村干部群众的法律素质和依法办事的能力。继续加强农村社会治安综合治理，依法严厉打击各种违法犯罪活动，维护农村社会稳定，为农民群众创造安居乐业的环境。"[2]2005 年 12 月 31 日，在中共中央、国务院发布的《关于推进社会主义新农村建设的若干意见》中，要求加强农村民主政治建设，其中一个重要方面就是，"加强农村法制建设，深入开展农村普法教育，增强农民的法制观念，提高农民依法行使权利和履行义务的自觉性"。[3]

2006 年 12 月 31 日，在《中共中央国务院关于积极发展现代农业扎实推进社会主义新农村建设的若干意见》中，提出加强和改进农村社会管理，其中一项重要内容就是"在农村广泛开展法制宣传教育，增强群众的法律意识，引导农民以理性合法的方式表达利益诉求，依法行使权利、履行义务"。[4]

从 1986 年开始，在各级党委、人大和政府的重视与支持下，各级党委宣传部门、司法行政部门与社会各方面密切配合，在幅员辽阔的全国农村开展了普及法律常识工作。它大体经历了两个阶段：从 1984 年 6 月本溪法制宣传现场会到 1985 年底是准备阶段，各地普遍建立了普法领导组织和办事机构，进行了广泛的宣传舆论的动员工作；1986 年以后是实施阶段，各地通过各种形式，根据本地实际展开了普法工作。广大农民通过学习宪法及其他法律，初步树立了公民的权利和义务观念，对搞好基层民主政权建设也有一定的作用。

在 20 世纪 80 年代中期开展的全国普法宣传活动中，对农村和农民的法制教育也逐步受到重视。在"三五"普法规划中，提出了加强对农民和流动人口的普法教育。"四五"普法提出加强对农村村镇干部及流动人口的法制宣传教育。

在"五五"普法规划中，首次将农民纳入普法重点对象。随着普法工作的不断深

---

1 《时政文献辑览》(2004 年 3 月—2006 年 3 月)(下)，人民出版社 2006 年版，第 1223 页。

2 温家宝:《认真贯彻十六大精神为推进农村小康建设而奋斗》,《求是》2003 年第 3 期。

3 《时政文献辑览》(2004 年 3 月—2006 年 3 月)(下)，人民出版社 2006 年版，第 1221 页。

4 《中共中央国务院关于积极发展现代农业扎实推进社会主义新农村建设的若干意见》,《国务院公报》2007 年第 8 期，第 11 页。

化，我国农村基层民主法制建设取得了阶段性成果，农民的法律意识有了较大提高，农民学法用法的积极性不断增强。基于此，“五五”普法规划提出：“加强农民法制宣传教育，着力提高农民法律素质。要着力培养和增强农民参与村民自治活动和其他社会管理的能力，使农民了解和掌握解决矛盾纠纷、维护合法权益的法律途径。加强法制宣传教育与法律服务的结合，创新农村基层法制宣传教育的途径和形式；开展对农村‘两委’干部法制教育轮训活动，培养农村基层兼职法制干部。要采取多种形式，突出加强进城务工人员的法制宣传教育，明确用工单位法制宣传教育的责任，在进城务工人员管理活动中加强法制宣传教育和法律服务。”[1]

“六五”普法规划继续将“扎实开展农民法制宣传教育”作为法制宣传的重要内容，要求“宣传与农民生产生活相关的法律法规，引导农民依法参与村民自治和其他社会管理活动，提高他们参与民主选举、民主决策、民主管理、民主监督的能力。加强农村‘两委’干部法制培训，提高他们运用法律手段管理基层事务、防范和处理矛盾纠纷的能力。开展农村‘法律明白人’教育培训，发挥他们在开展法制宣传、法律咨询和化解矛盾中的作用。加强农民工法制宣传教育，突出遵纪守法、依法表达利益诉求等内容的宣传，在农民工集中居住地、工作场所及主要活动场所开展经常性宣传教育，注重法制宣传教育与法律服务相结合，提高农民工的法治观念。”[2]

经过长期持之以恒的普法宣传教育，到“六五”普法结束时，我国的法治宣传教育工作取得显著成效，以宪法为核心的中国特色社会主义法律体系得到深入宣传，法治宣传教育主题活动广泛开展，全社会法治观念明显增强，法治宣传教育在建设社会主义法治国家中发挥了重要作用。在此基础上，中共十八大以后，随着全面依法治国的推进，从2016年开始的普法教育规划与前几个普法规划相比，在普法对象上发生了变化，法治宣传教育的对象是一切有接受教育能力的公民，重点是领导干部和青少年。但仍强调加强对农民工的普法教育，提出“加强对农民工等群体的法治宣传教育，帮助、引导他们依法维权，自觉运用法律手段解决矛盾纠纷”。[3]

---

1 《中央宣传部、司法部关于在公民中开展法制宣传教育的第五个五年规划（2006—2010年）》，《人民日报》2006年4月28日。

2 《中央宣传部、司法部关于在公民中开展法制宣传教育的第六个五年规划（2011—2015年）》，《人民日报》2011年7月28日。

3 《中央宣传部、司法部关于在公民中开展法治宣传教育的第七个五年规划（2016—2020年）》，《人民日报》2016年4月18日。

（三）加强对领导干部的普法教育，提高领导干部的法律意识

领导干部的法律意识在实现依法治国、严格依法办事中，具有重要作用。提高全民的法律意识，首先要加强对领导干部的普法教育，使他们具备丰富的法律知识，提高他们的法律意识，从而使他们掌握依法管理的本领。因此，加强对领导干部的普法教育，一直是法治宣传的重点。

1. 领导干部要自觉学法、用法，学会使用法律武器

在《邓小平文选》中，加强干部队伍建设，提高干部素质是一个重要内容。提高干部队伍素质，很重要的一个方面就是提高领导干部的法律意识，增强他们的法治观念，学会和善于运用法律手段。这一思想，从建国初期到改革开放后新的历史时期，在邓小平那里是一贯的。

自中共十一届三中全会后实行改革开放政策，邓小平特别强调，干部要学会使用法律武器来管理国家事务。1980 年，他在《贯彻调整方针，保证安定团结》一文中就指出："全党同志和全体干部要按照宪法、法律、法令办事，学会使用法律武器。"[1]领导干部要做到这一点，必须懂得法，具有法治观念。1980 年 4 月，在会见意大利共产党中央代表团，谈到干部问题时，邓小平进一步指出："搞现代化没有专业知识不行。不光是经济知识，其他行业的知识也要懂，法律知识也是专业知识。"[2]

在新的历史时期，江泽民指出："各级领导干部务必加强对法律和法学知识的学习，努力掌握和提高运用法律手段管理经济和社会事务的本领。"[3]在中共十八大以后，面对改革开放进入攻坚阶段，习近平强调："各级领导机关和领导干部要提高运用法治思维和法治方式的能力，努力以法治凝聚改革共识、规范发展行为、促进矛盾化解、保障社会和谐。"[4]他指出："每个领导干部都要深刻认识到，维护宪法法律权威就是维护党和人民共同意志的权威，捍卫宪法法律尊严就是捍卫党和人民共同意志的尊严，保证宪法法律实施就是保证党和人民共同意志的实现。每个领导干部都要牢固树立宪法法律至上、法律面前人人平等、权由法定、权依法使等基本法治观念，彻底摒弃人

1 《邓小平文选》第 2 卷，人民出版社 1994 年第 2 版，第 371 页。

2 《邓小平年谱（1975—1997）》（上），中央文献出版社 2007 年版，第 622 页。

3 江泽民：《在中央领导同志法制讲座上的讲话》，《人民日报》1995 年 2 月 9 日。

4 习近平：《在十八届中央政治局第四次集体学习时的讲话》（2013 年 2 月 23 日），《习近平关于全面依法治国的论述摘编》，中央文献出版社 2015 年版，第 110 页。

治思想和长官意识，决不搞以言代法、以权压法。对各种危害法治、破坏法治、践踏法治的行为，领导干部要挺身而出、坚决斗争。”[1]前已述及，在中共十四大报告、十五大报告和十六大报告中，都把增强领导干部的法治观念，提高依法办事能力，作为深入开展普法教育活动的核心内容。中共十八届四中全会也论述了领导干部学法守法的意义及对领导干部普法的途径，提出“坚持把领导干部带头学法、模范守法作为树立法治意识的关键，完善国家工作人员学法用法制度，把宪法法律列入党委（党组）中心组学习内容，列为党校、行政学院、干部学院、社会主义学院必修课”。[2]因此，提高全民的法律意识，首先要加强对领导干部的法制教育，使他们具备丰富的法律知识，提高他们的法律意识，从而使他们掌握依法管理的本领。

2. 领导干部要带头严格守法

邓小平不仅要求领导干部学会使用法律武器，而且还要求他们带头严格遵守法律。他在谈到加强干部队伍建设时指出：“我们的干部队伍一定要坚持社会主义道路，要有马列主义的基本观点，要遵守党的纪律和国家的法律。”[3]邓小平还指出了领导干部带头遵纪守法的重要意义。他说：“为了促进社会风气的进步，首先必须搞好党风，特别是要求党的各级领导同志以身作则。党是整个社会的表率，党的各级领导同志又是全党的表率……如果党的领导干部自己不严格要求自己，不遵守党纪国法……怎么能指望他们改造社会风气呢！”[4]

共产党员严格遵守国家法律是邓小平所一贯要求的。针对经济改革中出现的“你有政策，我有对策”，各种违反法纪和政策较多的现象，他强调：“共产党员一定要严格遵守党的纪律。无论是不是党员，都要遵守国家的法律，对于共产党员来说，党的纪律里就包括这一条。”[5]干部特别是领导干部积极带头学法、守法，对促进群众学法、守法，对整个法制教育都有着极为重要的意义。

---

1 习近平：《在省部级主要领导干部学习贯彻党的十八届四中全会精神全面推进依法治国专题研讨班上的讲话》（2015年2月2日），《习近平关于全面依法治国的论述摘编》，中央文献出版社2015年版，第121页。

2 《中共中央关于全面推进依法治国若干重大问题的决定》，《党的十八届四中全会〈决定〉学习辅导百问》，学习出版社、党建读物出版社2014年版，第19—20页。

3 《邓小平文选》第2卷，人民出版社1994年第2版，第261页。

4 同上书，第177—178页。

5 《邓小平文选》第3卷，人民出版社1993年版，第112页。

江泽民还强调领导干部要带头学法，“进一步健全社会主义法制，加强对群众、特别是各级领导干部的法制教育，做到有法可依、有法必依、执法必严、违法必究，切实保障人民群众依法管理国家事务、经济文化事业、社会事务的权利和其他民主权利，保证各项事业在社会主义法制轨道上健康发展”。[1] 他说：“我历来主张，抓普法，既要重视增强广大群众的法律知识，更要重视提高广大干部特别是领导干部的法制观念和依法办事能力。”[2] “广大干部特别是各级领导干部要带头学习法律知识，这既是我们干部做好工作、提高领导能力和管理水平的需要，也是带领广大人民群众学法、用法和自觉遵守法律的需要。”[3]

习近平对各级领导干部要带头依法办事、严格守法及其重要性，也有一系列的论述。他曾指出：“各级领导干部要带头依法办事，带头遵守法律，对宪法和法律保持敬畏之心，牢固确立法律红线不能触碰、法律底线不能逾越的观念，不要去行使依法不该由自己行使的权力，也不要去干预依法自己不能干预的事情，更不能以言代法、以权压法、徇私枉法，做到法律面前不为私心所扰、不为人情所困、不为关系所累、不为利益所惑。不懂这个规矩，就不是合格的干部。如果领导干部都不遵守法律，怎么叫群众遵守法律？上行下效嘛！各级组织部门要把能不能依法办事、遵守法律作为考察识别干部的重要条件。”[4] 他进一步强调：“各级领导干部要对法律怀有敬畏之心，带头依法办事，带头遵守法律，不断提高运用法治思维和法治方式深化改革、推动发展、化解矛盾、维护稳定能力。如果在抓法治建设上喊口号、练虚功、摆花架，只是叶公好龙，并不真抓实干，短时间内可能看不出什么大的危害，一旦问题到了积重难返的地步，后果就是灾难性的。”[5]

3. 领导干部增强法治观念，是坚持依法执政的要求

中共十六大报告提出，中国共产党要坚持依法执政，各级党委和领导干部必须增强法制观念，善于把坚持党的领导、人民当家作主和依法治国统一起来，不断提高依法执

1 《江泽民文选》第1卷，人民出版社2006年版，第158页。

2 江泽民：《加强农业基础地位维护社会稳定》，《人民日报》1998年3月14日。

3 江泽民：《各级领导干部要努力学习法律知识》，《人民日报》，1996年10月10日。

4 习近平：《在十八届中央政治局第四次集体学习时的讲话》（2013年2月23日），《习近平关于全面依法治国的论述摘编》，中央文献出版社2015年版，第110—111页。

5 习近平：《加快建设社会主义法治国家》（2014年10月23日），《求是》2015年第1期。

政的能力。[1]这对于加强和改善党的领导，改革和完善党的领导方式和执政方式，提高党的执政能力和执政水平，具有极其重要的意义。党的各级组织和全体党员都要模范地遵守宪法，严格按照宪法办事，自觉地在宪法和法律范围内活动，团结带领广大人民群众不断创造改革开放和社会主义现代化建设的新业绩。[2]

4. 领导干部带头学习法律的意义

江泽民指出："领导干部学习法律知识具有两重意义，既是适应领导工作和管理工作的需要，也是带领广大人民群众学法、用法和自觉遵守法律的需要。"领导干部担负着领导和组织人民群众进行现代化建设的使命，肩负着管理经济和社会事务的重大责任，因而，"广大干部特别是领导干部，一定要带头学好法律知识"。[3]习近平对领导干部尊法学法用法守法在法治建设中的重要意义进行了深刻的论述。"事实证明，领导干部对法治建设既可以起到关键推动作用，也可能起到致命破坏作用。如果我们的领导干部不能尊法学法守法用法，不要说全面推进依法治国，不要说实现'两个一百年'奋斗目标、实现中华民族伟大复兴的中国梦，就连我们党的领导、我国社会主义制度都可能受到严重冲击和损害。"[4]他还对领导干部树立尊法意识的意义进行了阐释："高级干部做尊法学法守法用法的模范，是实现全面推进依法治国目标和任务的关键所在。之前，我们通常提的是学法尊法守法用法，在准备这次讲话时，我反复考虑，觉得应该把尊法放在第一位，因为领导干部增强法治意识、提高法治素养，首先要解决好尊法问题。只有内心尊崇法治，才能行为遵守法律。只有铭刻在人们心中的法治，才是真正牢不可破的法治。"[5]

干部特别是领导干部积极带头学法、守法，对促进群众学法、守法，对整个法制教育都有着极为重要的意义。领导干部手握权力，只有提高了他们的法律意识，才能使之依法行政；同时，领导干部的责任和影响比普通群众大，增强他们的法制观念，提高其依法办事的能力，使人民群众真正感受到法律面前人人平等，对于提高人民群众的法律意识也是一种积极的影响。

---

1 《江泽民文选》第3卷，人民出版社2006年版，第570页。

2 参见胡锦涛：《在首都各界纪念中华人民共和国宪法公布施行二十周年大会上的讲话》，《人民日报》2002年12月5日。

3 江泽民：《各级领导干部要努力学习法律知识》，《人民日报》1996年10月10日。

4 习近平：《在省部级主要领导干部学习贯彻党的十八届四中全会精神全面推进依法治国专题研讨班上的讲话》（2015年2月2日），《习近平关于全面依法治国的论述摘编》，中央文献出版社2015年版，第120页。

5 同上书，第121页。

三、提高公民的宪法意识和公民意识

（一）加强宪法宣传教育，提高宪法意识

依法治国，首先是依宪法治国。这是由宪法本身的性质和其在国家法律体系中的地位决定的。建立法治国家，仅有宪法是不够的。如果宪法制定后，或是未受重视，或是未得到执行，甚或可以随时修改它，这样宪法就会形同虚设，也就更谈不上是具有最高地位的法律了。

宪法是国家根本大法，是治国安邦的总章程，是中国共产党团结带领全国各族人民建设中国特色社会主义的法制保证。宪法集中反映了我国各族人民长期奋斗的成果，规定了国家根本制度和根本任务、公民的基本权利和义务，以及国家生活中最重要的原则，具有最大的权威和最高的法律效力，在中国特色社会主义法律体系中居核心地位。

江泽民在中共十五大报告中指出："维护宪法和法律的尊严，坚持法律面前人人平等，任何人、任何组织都没有超越法律的特权。"[1] 中共十六大以来，对宪法在治国中的作用非常重视，强调要广泛宣传宪法，深入学习宪法，牢固树立忠于宪法、遵守宪法、维护宪法的意识，切实保证宪法的有效实施。2002 年 12 月 4 日，胡锦涛在首都各界纪念中华人民共和国宪法公布施行二十周年大会上的讲话中指出："全面贯彻实施宪法，必须加强宪法宣传教育，提高全体人民特别是各级领导干部和国家机关工作人员的宪法意识和法制观念。必须在全社会进一步树立宪法意识，维护宪法的权威，使宪法在全社会得到一体遵行。要在全社会广泛宣传宪法，让宪法家喻户晓、深入人心，使广大人民群众认识到宪法不仅是全体公民必须遵循的行为规范，而且也是保障公民权利的法律武器。各级各类学校尤其是各级党校和干校都要开展宪法教育。要把宪法教育作为党员干部教育的重要内容，使各级领导干部和国家机关工作人员掌握宪法的基本知识，树立忠于宪法、遵守宪法和维护宪法的自觉意识。"[2]

中共十七大报告："各级党组织和全体党员要自觉在宪法和法律范围内活动，带头维

1 《江泽民文选》第 2 卷，人民出版社 2006 年版，第 30 页。

2 胡锦涛：《在首都各界纪念中华人民共和国宪法公布施行二十周年大会上的讲话》，《人民日报》2002 年 12 月 5 日。

护宪法和法律的权威。”[1] 中共十八大报告强调，“任何组织或者个人都不得有超越宪法和法律的特权”。[2]

中共十八大以来，对加强宪法宣传、宪法教育，提高宪法意识，进行了全民系统论述。他说：“我们要在全社会加强宪法宣传教育，提高全体人民特别是各级领导干部和国家机关工作人员的宪法意识和法制观念”，“我们要把宪法教育作为党员干部教育的重要内容，使各级领导干部和国家机关工作人员掌握宪法的基本知识，树立忠于宪法、遵守宪法、维护宪法的自觉意识。”[3] 对维护宪法权威的重要意义，习近平指出：“每个领导干部都要深刻认识到，维护宪法法律权威就是维护党和人民共同意志的权威，捍卫宪法法律尊严就是捍卫党和人民共同意志的尊严，保证宪法法律实施就是保证党和人民共同意志的实现。”[4] 习近平还说：“要以设立国家宪法日为契机，深入开展宪法宣传教育，大力弘扬宪法精神，切实增强宪法意识，推动全面贯彻实施宪法，更好发挥宪法在全面建成小康社会、全面深化改革、全面推进依法治国中的重大作用。”[5]

宪法是保证党和国家兴旺发达、长治久安的根本法，具有最高权威。如何维护宪法权威，中共十八届三中全会通过的《中共中央关于全面深化改革若干重大问题的决定》，提出了一系列改革措施，如“要进一步健全宪法实施监督机制和程序，把全面贯彻实施宪法提高到一个新水平。建立健全全社会忠于、遵守、维护、运用宪法法律的制度。坚持法律面前人人平等，任何组织或者个人都不得有超越宪法法律的特权，一切违反宪法法律的行为都必须予以追究”。[6] 对上述改革举措，中共十八届四中全会设计了具体的实施方案，如完善全国人大及其常委会宪法监督制度，健全宪法解释程序机制。加强备案审查制度和能力建设，把所有规范性文件纳入备案审查范围，依法撤销和纠正违宪违法的规范性文件，禁止地方制发带有立法性质的文件。将每年十二月四日定为国家宪法日。

---

1 胡锦涛：《高举中国特色社会主义伟大旗帜，为夺取全面建设小康社会新胜利而奋斗》，《十七大报告辅导读本》，人民出版社 2007 年版，第 30 页。

2 胡锦涛：《坚定不移沿着中国特色社会主义道路前进，为全面建成小康社会而奋斗》，《十八大报告辅导读本》，人民出版社 2012 年版，第 25 页。

3 习近平：《在首都各界纪念中华人民共和国宪法公布施行三十周年大会上的讲话》，《人民日报》2012 年 12 月 5 日。

4 习近平：《在省部级主要领导干部学习贯彻党的十八届四中全会精神全面推进依法治国专题研讨班上的讲话》（2015 年 2 月 2 日），《习近平关于全面依法治国的论述摘编》，中央文献出版社 2015 年版，第 121 页。

5 习近平：《在首个国家宪法日到来之际作出的指示》（2014 年 12 月），《人民日报》2014 年 12 月 4 日。

6 《中共中央关于全面深化改革若干重大问题的决定》，《党的十八届三中全会〈决定〉学习辅导百问》，党建读物出版社、学习出版社 2013 年版，第 20—21 页。

建立宪法宣誓制度，凡经人大及其常委会选举或者决定任命的国家工作人员正式就职时公开向宪法宣誓等。[1]

宪法是国家的根本大法，是党和人民意志的集中体现，是治国安邦的总章程。自1982年宪法颁布实施以来，在历次普法宣传教育规划中，宪法一直是宣传教育的重点。深入学习宣传宪法，是法制宣传教育的基础性、根本性和重点工作。要进一步学习宣传宪法，努力提高全体人民特别是各级领导干部和公务员的宪法意识，在全社会进一步形成学习贯彻宪法的热潮，使宪法家喻户晓、深入人心。

（二）加强公民意识教育

公民意识和公民文化的培育日益受到国家的高度重视，胡锦涛在中共十七大报告中论述发展社会主义民主政治问题时强调，扩大人民民主，保证人民当家作主，要“加强公民意识教育，树立社会主义民主法治、自由平等、公平正义理念”。[2]法治社会的建立，离不开公民社会的培育、公民文化的弘扬和公民意识的塑造。而在此过程中，塑造与法治社会相匹配的公民意识则是关键。

1. 公民文化

建设法治社会，需要一个坚实的社会基础，这个基础就是由全体负责任的公民所组成的社会，即公民社会。建设社会主义法治国家，从传统社会向现代社会转型，其中一个重要的转变就是实现从臣民社会向公民社会的转变。与这一社会转型相对应，政治文化也必然发生相应的转型——从臣民文化转向公民文化。

随着我国民主法治建设的深入发展，公民文化的地位与作用日益显现。在今后相当长的一段时间内，如何建设和培育当代中国的公民文化，中国公民文化的特色是什么，是中国民主法治建设应思考的重要内容之一。公民文化强调的是“共同性”与“公共性”，以及自主自律、社会责任等“公益观念”。

公民文化的培养建设不是仅靠教育来完成的，它需要通过在培育公民社会的实践中

---

1 《中共中央关于全面推进依法治国若干重大问题的决定》，《党的十八届四中全会〈决定〉学习辅导百问》，学习出版社、党建读物出版社2014年版，第7页。

2 胡锦涛：《高举中国特色社会主义伟大旗帜，为夺取全面建设小康社会新胜利而奋斗》，《十七大报告辅导读本》，人民出版社2007年版，第29页。

不断孕育和成长。在作为市场经济和法治社会产物的公民社会的培育过程中，作为公民文化的创造者和传承者，公民必须不断树立公民意识，发扬公民精神，并以此来指导自己的行为，从而建立公民文化得以产生和发展的社会基础。因此，在我国现阶段，构建公民文化的着眼点和着力点就是树立公民意识和培养公民精神。

2. 公民意识

建立在公民文化基础上的公民意识，是公民社会得以形成的思想前提，是中国法治进程的内驱力。[1]换言之，社会主义法治国家的建立，仰赖于普遍、先进的公民意识。就是说，优良的公民意识，是我国法治动态发展、更加文明进步和恒久有序的重要保证。

综合目前已有的研究成果对公民意识内涵的揭示来看，一般认为，公民意识是一种现代意识，泛指公民多方面的意识修养和素质养成，它是在现代法律体制下形成的具有普遍性的民众意识，是现代社会的成员对作为公民角色及其价值理想的自觉反映，是公民对于自己应享受的权利和应履行的义务的自觉意识，蕴含着“公民的主体意识、公民的权利意识、公民的社会责任意识”三个方面的内容。

关于公民意识的内涵，有的表述认为公民意识的核心内涵是公民的身份意识，即意识到自己的公民角色。其具体内涵则包括权利意识即参与意识和监督意识，以及义务意识即责任意识和法律意识；其延伸内涵包括平等意识、独立人格、公共精神、自主理性等。

有的认为现代公民应具备以下基本意识或素质：权利意识、责任意识、民主意识、法制意识、科学理性精神、道德意识、生态意识或可持续发展意识、全球意识、终身学习意识和健康的心理素质。其中最核心最基本的是公民的权利和对国家和社会的责任意识，以及科学理性的精神。总之，公民意识的内涵非常丰富，其表现是多角度和多层次的。

四、法治教育的目标

邓小平在强调加强法治教育的同时，对法治教育的目标也作了简洁明了的概括，这就是：“要讲法制，真正使人人懂得法律，使越来越多的人不仅不犯法，而且能积极维护

1 参见马长山：《公民意识：中国法治进程的内驱力》，《法学研究》1996年第6期。

法律。”[1] 其具体内容包括三个层次：其一，通过法制教育，提高人们的法律意识，这是法律实现的前提和基础。其二，通过法制教育，提高公民遵纪守法的自觉性，减少直至消灭经济犯罪。其三，普及法律知识的目的不仅是要让每个公民知法守法，更重要的是通过法制教育，使公民学会运用法律维护自己的合法权益，学会运用法律行使监督权，参与管理国家事务，当好主人。

2005 年 12 月，胡锦涛指出：“要大力加强法制教育，使广大公务人员特别是领导干部提高法律素养，做到依法决策、依法行政、依法管理，不断提高工作效率和为人民服务的水平。”[2] 提高公民法律意识，是构建社会主义和谐社会的要求。2005 年 2 月 19 日，胡锦涛在省部级主要领导干部提高构建社会主义和谐社会能力专题研讨班上的讲话中指出，为了促进社会主义和谐社会建设，要重点做好的一项重要工作，就是“要加强法制宣传教育，传播法律知识，弘扬法治精神，增强全社会的法律意识，形成法律面前人人平等、人人自觉守法用法的社会氛围”。[3] 坚持民主法治是构建和谐社会必须遵循的原则，而树立社会主义法治理念，增强全社会法律意识，则是这一原则的重要内容。[4]

习近平指出通过深入开展法治宣传教育，引导全体人民遵守法律，群众遇事找法、解决问题靠法，逐步改变社会上那种遇事不是找法而是找人的现象，“在全社会弘扬社会主义法治精神，传播法律知识，培养法律意识，在全社会形成宪法至上、守法光荣的良好氛围。要坚持法制教育与法治实践相结合，广泛开展依法治理活动，提高社会管理法治化水平。”[5]

做好法治宣传教育工作，提高公民的法律意识，维护社会秩序。构建社会主义和谐社会，要求把法律真正交给人民群众，努力在全社会形成崇尚法治的风尚。通过宣传教育，既要增强人们的维权意识，又要增强人们履行义务的意识。通过法治宣传教育，使人们认识到，什么是自己的合法权益，如何依法维权，做到“有序维权”，依法合理表

---

1 《邓小平文选》第 2 卷，人民出版社 1994 年第 2 版，第 254 页。

2 胡锦涛：《积极推进行政管理体制改革》，《理论参考》2006 年第 6 期，第 4 页。

3 胡锦涛：《在省部级主要领导干部提高构建社会主义和谐社会能力专题研讨班上的讲话》，《人民日报》2005 年 2 月 19 日。

4 参见《中共中央关于构建社会主义和谐社会若干重大问题的决定——2006 年 10 月 11 日中国共产党第十六届中央委员会第六次全体会议通过》，《人民日报》2006 年 10 月 19 日。

5 习近平：《在十八届中央政治局第四次集体学习时的讲话》（2013 年 2 月 23 日），《习近平关于全面依法治国的论述摘编》，中央文献出版社 2015 年版，第 121 页。

达诉求；通过法制宣传教育，引导人们自觉履行人民法院的生效判决，形成尊重司法的习惯，消除“法不责众”的意识，树立司法权威。通过司法个案的示范作用，提高人们的法律意识和诚信意识。

五、法治宣传教育要经常化和制度化

根据邓小平关于在全民中加强法制教育的思想，自20世纪80年代中期开始，连续开展了五个五年普及法律常识教育活动，从此普法活动形成了制度化。20世纪90年代初期以后，随着建立社会主义市场经济体制改革目标的确立，法治在建立市场经济体制中的功能和作用越来越受到重视，江泽民在强调要重视加强法制教育的同时，也指出法制宣传教育要制度化和规范化。1995年1月20日，在中共中央举办的第二次法制讲座上，江泽民说：“为了适应社会主义市场经济发展和社会全面进步的要求……提高领导干部的法律素质已成为一项紧迫要求。各级领导干部一定要增强学法律知识的自觉性，并且要形成制度，除了每年集中听一两次法制课外，还要充分发挥各级党校、干校在传授法律知识中的作用。”[1]1996年2月8日，在中共中央举办的第三次法制讲座上，他再一次强调：“一种观念的树立，一种意识的培养，需要一个相当长的过程，要充分认识法制宣传教育的长期性、艰巨性，并逐步使之制度化、规范化。”[2]

多年来，中国政府积极推动在全体公民中树立法治观念，坚持不懈地开展法制宣传教育，弘扬法治精神，加强公民意识教育，努力使全社会形成学法守法用法的良好风尚。

从1985年起，中共中央、国务院五次转发了中宣部、司法部关于在公民中开展普法教育的五年规划，全国人民代表大会常务委员会先后通过了七个在全民中普及法律知识的决定，并已连续实施了六个五年的普法规划。“一五”（1986—1990年）普法期间，有7亿多公民学习了相关的初级法律知识；“二五”（1991—1995年）普法期间，有96个行业制定了普法规划，组织学习专业法律法规200多部；“三五”（1996—2000年）普法期间，30个省、自治区、直辖市结合普法活动开展了依法治理工作，95%的地级市、87%的县（区、市）、75%的基层单位开展依法治理工作；“四五”（2001—2005年）普

1 《人民日报》1995年1月21日。
2 《江泽民文选》第1卷，人民出版社2006年版，第513页。

法期间，有8.5亿公民接受了各种形式的法治教育。目前，“七五”普法正在有序开展。[1]这些普法活动的开展，已被实践证明是提高国民法律意识的重要途径。

为加强对普法工作的组织领导，从中央到地方成立了以党委和政府各个部门为主体，工会、共青团、妇联等群众团体参与的普法组织机构。当代中国普法活动实行党委领导、政府（主要是司法行政部门）实施、人大监督、全社会参与的运行机制，是经过充分动员、调动全社会积极参与的一项社会系统工程，具有全民性、社会性的特点。[2]

在全民普法的同时，中央领导层也非常重视自身对法律知识的学习。1986年7月3日，中共中央书记处为中央领导干部在中南海怀仁堂举办了法律知识讲座的第一讲。中央领导人听法律知识讲座，在国内外引起极大反响。不仅国内从中央到地方的新闻媒体进行了报道，国外和港澳地区的新闻界对此也十分关注。1986年8月28日和1987年6月11日，由中共中央书记处为中央领导干部举办的法律知识讲座在中南海怀仁堂又分别举行了第二讲和第三讲，内容分别为《谈谈中国法制历史经验的借鉴问题》和《外交与国际法》。

自20世纪90年代中期以来，为了加强法律知识的学习，中央定期举办法律知识讲座，并把学习法律知识的活动经常化和制度化。从1994年12月9日第一次讲座开始到2000年9月22日，江泽民共主持了十一次法制讲座，内容从国内法到国际法，涉及社会主义法治建设的各个领域。自中共中央为中央领导举办法制讲座以来，各地纷纷为领导举办法制讲座，积极地推动了全民的普法教育和全国的学法热潮。

中国共产党第十六次全国代表大会召开以来，中共中央政治局先后组织了20多次有关法治的集体学习，2007年11月27日，中共十七大产生的新一届中央政治局第一次集体学习的内容就是法制内容，题目是《完善中国特色社会主义法律体系和全面落实依法治国基本方略》，对推动全社会特别是国家公务人员学习法律知识、树立法治观念，起到了良好的示范作用。全国人民代表大会常务委员会、国务院常务会议、全国政协常务委员会组成人员举行了一系列法治学习，各级党组织和国家机关集体学习法律知识已形成制度。

1 参见2008年2月中华人民共和国国务院新闻办公室：《中国的法治建设》，外文出版社2008年版，第40页。

2 参见张中秋：《传统中国法律意识传播体系及与当代普法之比较》，司法部2006年度国家法治与法学理论研究重点课题研究报告，第54页。

当代中国普法活动规模巨大，形式多样，内容广泛，持续时间长久，堪称中外法制史上的一项创举。通过普法活动，宪法和国家基本法律知识得到普及，新颁布的法律、法规得到及时宣传；各级领导干部学法用法自觉性不断增强，依法决策、依法管理和依法行政能力逐步提高；普法、依法治理工作逐步走上制度化、规范化、法制化轨道。更重要的是，普法提高了广大公民的法制观念，增强了公民的权利意识，并反作用于经济和改革的发展，推动着依法治国，建设社会主义法治国家的进程。[1]

1 参见专题片：《创举——中国普法之路》解说词。

第十八章　“一国两制”与国家结构理论的创新

香港、澳门地区是中英、中葡间的历史遗留问题，台湾地区自中华人民共和国成立后，就与大陆处于分离状态。恢复对香港、澳门行使主权，实现台湾与祖国大陆的统一，是包括港澳同胞和台湾同胞在内的全中国人民的共同愿望。为实现祖国的和平统一大业，中共十一届三中全会以后，邓小平坚持实事求是的思想路线，集中全党智慧，逐步形成了用“一国两制”方式解决国家统一问题的一整套战略构想，成为中国特色社会主义理论的重要内容。“一国两制”构想的法律意义在于：它不仅丰富了我国的宪法和法理学理论，而且随着我国在香港、澳门恢复行使主权，目前，在我国统一主权范围内，出现了几种文化背景不同的法律制度并存的这一世界法制史上的奇观。以江泽民为核心的第三代中央领导集体，以胡锦涛为总书记的中央领导集体，以习近平为核心的党中央，坚定不移地贯彻“一国两制”方针，并结合新的实践，特别是在解决台湾问题上，提出了一系列新思想、新论断和新主张，丰富和发展了“一国两制”的理论和实践。

一、“一国两制”构想的提出及基本含义

（一）“一国两制”构想的提出

1980 年 1 月，邓小平代表党和国家提出了 20 世纪 80 年代要做的三件大事：第一件事，是在国际事务中反对霸权主义，维护世界和平。第二件事，是台湾回归祖国，实现

祖国统一。第三件事，要加紧经济建设，就是加紧四个现代化建设。[1]这样，实现祖国统一问题，被提上了党和国家的重要议事日程。如何实现国家的统一，采取什么方式解决香港、澳门和台湾问题，邓小平找到了答案。他说："实现国家统一是民族的愿望，一百年不统一，一千年也要统一的。怎么解决这个问题，我看只有实行'一个国家，两种制度'。"[2]可见，"一国两制"是邓小平根据国内外形势的发展情况，从中国实际出发，为实现祖国和平统一而确定的一项重要方针。

邓小平指出："'一个国家，两种制度'的构想不是今天形成的，而是几年以前，主要是在我们党的十一届三中全会以后形成的。这个构想是从中国解决台湾问题和香港问题出发的。"[3]"一国两制"方针，首先是从解决台湾问题开始考虑的。邓小平在1984年12月会见英国首相撒切尔夫人时，对"一国两制"构想提出的背景作了介绍。他说："'一国两制'构想的提出还不是从香港问题开始的，是从台湾问题开始的。"[4]1979年1月，邓小平访问美国，在向美国参众两院解释中国政府的对台政策时公开宣布："我们不再用'解放台湾'这个提法了。只要台湾回归祖国，我们将尊重那里的现实和现行制度。"[5]这是我国领导人最早公开表示要用"一国两制"的办法解决台湾问题。1981年9月30日，全国人大常委会委员长叶剑英向新华社记者发表谈话，阐明了台湾回归祖国实现和平统一的九条方针，指出："国家实现统一后，台湾可作为特别行政区，享有高度的自治权，并可保留军队。中央政府不干预台湾地方事务。""台湾现行社会、经济制度不变，生活方式不变，同外国的经济、文化关系不变。私人财产、房屋、土地、企业所有权、合法继承权和外国投资不受侵犯。"[6]对这个谈话内容，邓小平于1982年1月指出："这实际上就是'一个国家，两种制度'，在国家实现统一的大前提下，国家主体实行社会主义制度，台湾实行资本主义制度。"[7]这是邓小平第一次把解决台湾问题的构想用"一个国家，两种制度"的提法予以高度概括。

1983年6月，邓小平在会见美国新泽西州西东大学教授杨力宇时，对"一国两制"

---

1 参见《邓小平文选》第2卷，人民出版社1994年第2版，第239—240页。
2 《邓小平文选》第3卷，人民出版社1993年版，第59页。
3 同上书，第67页。
4 同上书，第102页。
5 转引自任万兴：《香港特别行政区基本法概说》，中国方正出版社1997年版，第12页。
6 《人民日报》1981年10月1日。
7 转引自：《台湾问题与中国的统一》，《人民日报》1993年9月1日。

构想作了进一步阐述。他说:“祖国统一后,台湾特别行政区可以有自己的独立性,可以实行同大陆不同的制度。司法独立,终审权不须到北京。台湾还可以有自己的军队,只是不能构成对大陆的威胁。大陆不派人驻台,不仅军队不去,行政人员也不去。台湾的党、政、军等系统,都由台湾自己来管。中央政府还要给台湾留出名额。”[1]

在提出解决台湾问题的设想过程中,香港、澳门主权回归祖国的问题也逐步被提上了日程。历史进入20世纪80年代,我国对外关系和国际形势都发生了很大变化,解决香港问题的条件已经成熟。为此,在尊重历史和现实条件的基础上,我国政府确定了“收回主权,保持繁荣”的八字方针,即一定要在1997年收回香港,恢复行使主权,在恢复行使主权的前提下,保持香港的繁荣和稳定。为实现这一方针,原先针对台湾问题提出的和平统一祖国的基本方针政策便首先用在了香港问题上。1982年9月,邓小平在会见英国首相撒切尔夫人时表示,中国准备用“一个国家,两种制度”的办法来解决香港问题。他说,中国收回香港后,“在中国的管辖之下,实行适合于香港的政策。香港现行的政治、经济制度,甚至大部分法律都可以保留,当然,有些要加以改革。香港仍将实行资本主义,现行的许多适合的制度要保持”。[2]1984年10月,邓小平在会见缅甸总统吴山友时又指出:“我们解决香港问题,允许香港保留资本主义制度,五十年不变。”[3]1982年12月通过的我国现行宪法及时地把“一国两制”这一基本国策规定下来。宪法第三十一条规定:“国家在必要时得设立特别行政区。在特别行政区内实行的制度按照具体情况由全国人民代表大会以法律规定。”宪法的这一规定,既在法律上确定了中共十一届三中全会以后所形成的和平统一祖国的基本政策,同时也为日后制定对香港、澳门及台湾地区的具体方针政策提供了宪法依据。

根据邓小平“一国两制”的构想,中英两国达成了解决香港问题的协议,制定了体现“一国两制”精神的香港特别行政区基本法。1997年7月1日,中英两国政府在香港举行了香港政权交接仪式,宣告中国对香港恢复行使主权。至此,“一国两制”从一个构想发展成为一项基于宪法的国家基本制度,并在实践中获得了成功。本着“一国两制”构想的基本原则精神,澳门问题亦获妥善解决,并于1999年12月20日顺利地完成

---

1 《邓小平文选》第3卷,人民出版社1993年版,第30页。

2 同上书,第13页。

3 同上书,第97页。

了政权交接。“一国两制”构想从最初的酝酿提出，到发展成为一项基本国策并付诸实践，在这个过程中，邓小平做出了重大贡献，充分体现了他高瞻远瞩、纵览全球的宽阔胸襟和实事求是的思想特色。“一国两制”构想的最重要的思想基础是实事求是。正如邓小平所说：“如果‘一国两制’的构想是一个对国际上有意义的想法的话，那要归功于马克思主义的辩证唯物主义和历史唯物主义，用毛泽东主席的话来讲就是实事求是。”[1]

（二）“一国两制”的内涵及其意义

邓小平根据中国实际情况提出“一国两制”的构想后，对其基本内涵作了全面的阐述。1984 年 6 月，他在分别会见香港工商界访京团和香港知名人士钟士元等的谈话中，全面明确地阐述了“一国两制”。他说：“我们的政策是实行‘一个国家，两种制度’，具体说，就是在中华人民共和国内，十亿人口的大陆实行社会主义制度，香港、台湾实行资本主义制度。”[2] 在我国实行“一国两制”后的香港、澳门和台湾地区，要遵守国家的宪法，接受中央的领导，不能自主外事活动，但作为特别行政区，在立法、司法、行政等方面都有很大的独立性。邓小平明确指出：“我国政府在一九九七年恢复行使对香港的主权后，香港现行的社会、经济制度不变，法律基本不变，生活方式不变，香港自由港的地位和国际贸易、金融中心的地位也不变，香港可以继续同其他国家和地区保持和发展经济关系。我们还多次讲过，北京除了派军队以外，不向香港特区政府派出干部，这也是不会改变的。我们派军队是为了维护国家的安全，而不是去干预香港的内部事务。”[3] 对于台湾，政策还可以更宽。1984 年 10 月，邓小平在中顾委第三次会议上指出：“所谓更宽，就是除了解决香港问题的这些政策可以用于台湾以外，还允许台湾保留自己的军队。”[4] 此前，1983 年 6 月，他在会见美国新泽西州西东大学教授杨力宇时说，祖国统一后，台湾特别行政区“司法独立，终审权不须到北京”。[5] 邓小平对实行“一国两制”应处理好的两个关系还作了深刻的阐释。1987 年 4 月，邓小平在会见香港特别行政区基本法起草委员会委员时说：“‘一国两制’也要讲两个方面。一方面，社会主义国家是

---

1 《邓小平文选》第 3 卷，人民出版社 1993 年版，第 101 页。
2 同上书，第 58 页。
3 同上。
4 同上书，第 86 页。
5 同上书，第 30 页。

允许一些特殊地区搞资本主义，不是搞一段时间，而是搞几十年、成百年。另一方面，也要确定整个国家的主体是社会主义。否则怎么能说是‘两制’呢？那就变成‘一制’了。”[1] 总之，实行“一国两制”，没有改变我国目前的单一制国家结构形式。它是在统一的国家主权范围内两种不同的社会制度并存。

中国为什么要以实行“一国两制”来统一祖国？邓小平阐明了三点理由：“这首先是个民族问题，民族的感情问题。凡是中华民族子孙，都希望中国能统一，分裂状况是违背民族意志的。其次，只要台湾不同大陆统一，台湾作为中国领土的地位是没有保障的，不知道哪一天又被别人拿去了。第三点理由是，我们采取‘一国两制’的方式解决统一问题，大陆搞社会主义，台湾搞它的资本主义。这对台湾的社会制度和生活方式不会改变，台湾人民没有损失。”[2]

邓小平在阐述“一国两制”内涵的同时，对“一国两制”构想的意义也作了全面充分的论述。“一国两制”构想，是邓小平运用马克思主义基本原理解决中国的具体实际问题的典范，是他对马克思主义国家学说的丰富和发展。“一国两制”构想的提出，为建设中国特色的社会主义增加了新的内容，是社会主义实践史上的一大创举。邓小平曾深刻地指出：“我们搞的是有中国特色的社会主义，所以才制定‘一国两制’的政策，才可以允许两种制度存在。”[3] 他进一步指出：“我们的社会主义制度是有中国特色的社会主义制度，这个特色，很重要的一个内容就是对香港、澳门、台湾问题的处理，就是‘一国两制’。这是个新事物。这个新事物不是美国提出来的，不是日本提出来的，不是欧洲提出来的，也不是苏联提出来的，而是中国提出来的，这就叫作中国特色。”[4] 邓小平的这些论述，充分表达了中国共产党人在探索建设社会主义的过程中，在理论与实践上的创造精神和敢于打破陈规的勇气。

“一国两制”构想，是中国的一个伟大创举，是中国为国际社会解决类似问题提供的一个新思路新方案，不仅为实现祖国和平统一找到了最佳方式，同时还为和平解决国际争端找到了一条现实而有效的途径。1984 年 7 月，在中英香港问题的会谈基本达成一致

1 《邓小平文选》第 3 卷，人民出版社 1993 年版，第 219 页。
2 同上书，第 170 页。
3 同上书，第 217 页。
4 同上书，第 218 页。

后，邓小平说："我很有信心，'一个国家，两种制度'是能够行得通的。这件事情会在国际上引起很好的反应，而且为世界各国提供国家间解决历史遗留问题的一个范例。我们提出'一个国家，两种制度'的构想，也考虑到解决国际争端应该采取什么办法。因为世界上这里那里有很多疙瘩，很难解开。我认为有些国际争端用这种办法解决是可能的。我们就是要找出一个能为各方所接受的方式，使问题得到解决。过去，好多争端爆发了，引起武力冲突。假如能够采取合情合理的办法，就可以消除爆发点，稳定国际局势。"[1] 1984年10月，他又说："'一国两制'，是从我们自己的实际提出来的，但是这个思路可以延伸到某些国际问题的处理上。"[2] 此前，1984年2月，他在会见美国客人时就说："世界上的许多争端用类似这样的办法解决，我认为是可取的。"[3] 按照这一构想的精神，不同社会制度，不同意识形态的国家，对历史遗留的国际争端，都可以通过协商得到妥善解决。因此，"一国两制"构想受到国际社会的广泛赞誉。

二、"一国两制"与香港、澳门基本法

香港与澳门特别行政区基本法，既是我国的基本法律，又分别是两个特别行政区内的宪法性法律，是香港与澳门特别行政区的"小宪法"。制定基本法的目的，一方面是为了落实国家对港、澳的基本方针政策，并保证其贯彻实施；另一方面，就是要以基本法律的形式，规定在香港和澳门特别行政区实行的制度和政策，包括经济制度、社会文化方面的制度，有关保障居民基本权利和自由的制度，行政管理、立法和司法方面的制度，以及有关的政策。制定基本法，就是使"一国两制"构想具体化、法律化。

香港、澳门特别行政区基本法，是在邓小平的直接指导和关怀下制定的。在基本法的起草过程中，他多次会见基本法起草委员会委员，并针对基本法的起草发表了一系列具有指导性的意见。他首先明确指出了制定基本法的重要性。1987年4月，他在会见香港特别行政区基本法起草委员会委员时指出："我们的'一国两制'能不能够真正成功，要体现在香港特别行政区基本法里面。这个基本法还要为澳门、台湾作出一个范例。所

1 《邓小平文选》第3卷，人民出版社1993年版，第68页。

2 同上书，第87页。

3 同上书，第49页。

以，这个基本法很重要。世界历史上还没有这样一个法，这是一个新的事物。”[1] 由于基本法是“一国两制”方针的具体化、法律化，因而，基本法的制定，直接关系到“一国两制”方针的成败。

对于基本法的内容，制定基本法应遵循的原则，邓小平也提出了许多重要的观点。他说：“基本法不宜太细。香港的制度也不能完全西化，不能照搬西方的一套。香港现在就不是实行英国的制度、美国的制度，这样也过了一个半世纪了。现在如果完全照搬，比如搞三权分立，搞英美的议会制度，并以此来判断是否民主，恐怕不适宜。”[2] 针对“一国两制”这个新事物，邓小平强调，制定体现“一国两制”构想的基本法，一定要从实际出发，使基本法的内容切实可行。他说：“总的来说，‘一国两制’是个新事物，有很多我们预料不到的事情。基本法是个重要的文件，要非常认真地从实际出发来制定。我希望这是一个很好的法律，真正体现‘一国两制’的构想，使它能够行得通，能够成功。”[3] 这既是邓小平对制定基本法的要求，也是他对基本法寄予的希望。

香港特别行政区基本法起草工作，经过基本法起草委员会五年的辛勤劳动，于 1990 年 2 月胜利完成。邓小平在对基本法文件的形成表示祝贺的同时，也给予了高度的评价，认为它是具有历史意义和国际意义的文件。他对出席香港特别行政区基本法起草委员会第九次全体会议的委员们说：“你们经过将近五年的辛勤劳动，写出了一部具有历史意义和国际意义的法律。说它具有历史意义，不只对过去、现在，而且包括将来；说国际意义，不只对第三世界，而且对全人类都具有长远意义。这是一个具有创造性的杰作。”[4]

在邓小平直接指导和关怀下，按照“一国两制”方针起草的香港和澳门特别行政区基本法，真正体现、贯彻、落实了“一国两制”的方针。这两部基本法的颁布，使“一国两制”的构想变为现实，也使国家解决香港、澳门问题的方针、政策上升为中华人民共和国的基本法律。随着香港、澳门的顺利回归，港、澳基本法已在香港、澳门正式实施。它们对维护国家的统一和领土完整，对保持香港、澳门的长期繁荣、稳定和发展，

---

1 《邓小平文选》第 3 卷，人民出版社 1993 年版，第 215 页。

2 同上书，第 220 页。

3 同上书，第 221—222 页。

4 同上书，第 352 页。

起到有力的保障作用。

三、"一国两制"与我国法律制度的多元化

中国政府分别对香港、澳门恢复行使主权以后，根据邓小平"一国两制"的构想，为保持香港、澳门的繁荣与稳定，回归后的香港、澳门原有资本主义制度保持不变，其中包括原有的法律基本不变。那么，香港、澳门在回归前，实行的是何种法律制度呢？

香港与澳门在回归之前，都是以宗主国的法律为基本法源。回归前的香港，其法律制度可以说是英国法律的延伸，构成了英国法的一个组成部分。它主要由四个部分构成：（1）以《英皇制诰》和《皇室训令》为代表的宪法性法律。（2）英国国会立法。（3）英国普通法和衡平法。（4）香港立法机构制定的法律、附属立法和认可的习惯法。以英国法为代表的普通法原则，在近一个半世纪中，始终支撑及引导着香港法律的发展。因此，从法律原则上讲，香港法律基本上是英国的，因而具有英国普通法所具有的基本特点，如以判例法为主要表现形式，注重程序的"诉讼中心主义"，重视经验和实际应用等。[1]

澳门法律整体上是属于大陆法法律体系，即以制定法、法典法为其基本法律渊源。澳门作为被葡萄牙人长期管治的地区，其法律来源包括葡萄牙法律、宗主国为澳门制定的法律、澳葡政府制定的本地区法律三大部分。其法律表现形式为：（1）法律，即由立法机关制定的、宪法性的或具有普遍拘束力的一般性行为规范。长期以来，澳门是以葡萄牙延伸到澳门的几个主要法典为基本法律渊源。（2）法令，是澳门总督根据《澳门组织章程》赋予的立法权，在本身立法权限内或在立法授权范围内制定并发布的规范性文件，是立法会制定的法律之外，澳门最为重要的法律渊源。（3）立法性命令，是总督在自己立法权限内以命令形式制定和颁布的立法性文件，它本身通常并不构成法律，而只是给予有关的规范和制度文件以法律效力，故只是广义上的法律渊源。（4）规章，是政府各部门在其权限内就有关事宜所制定的专门性规范，它是低于法律和法令的法律形式。（5）司法判例。根据葡萄牙法律，司法判例亦可作为法律渊源。在葡萄牙，最高法院已制定了许多判例，这些判例有些也延伸到澳门

1　参见由嵘主编：《外国法制史》，北京大学出版社 1992 年版，第 485 页。

适用。

中国政府在分别恢复对香港、澳门行使主权后，香港和澳门的法律与内地间的法律都应是一国主权之下，适用同一部宪法的法律制度。但根据邓小平“一国两制”的构想，中国政府根据基本法的规定，在回归后的香港、澳门地区实施“一国两制”、港人治港、澳人治澳、高度自治的方针，保持香港、澳门原有的社会、经济制度不变，生活方式不变，法律基本不变。因而，香港、澳门原有法律的来源、构成及自身的特点，就决定了香港、澳门法律制度，尤其是香港法律制度与内地法律制度之间必然存在着很大的差异，并且依照基本法，这些差异将会长期存在。通过上述对港、澳法律制度的介绍，我们可以看出，香港、澳门法律制度与内地法律制度的差异主要表现为法律的性质截然不同，法律产生的依据不同，分属不同的法系，法律渊源不同，司法制度不同等。这些差异的存在，一方面在一国主权范围内出现了性质不同、法律文化传统不同的法律制度多元化的局面；另一方面在法律的适用中，也将出现内地和香港、澳门不同的法域。

香港、澳门回归后所形成的“一国两制”下的法律制度多元化，在世界法制史上是没有前例的，是邓小平法制理论的一大创造。

四、“一国两制”下多元法律制度并存的优越性

中国内地与香港、澳门在法律性质、立法制度及依据、法律渊源、司法制度、法律文化传统等方面存在着差异。因此，几种不同的法律在适用中，就出现了内地和港、澳几个不同的法域。这种格局必将造成在案件的管辖上，在案件的调查取证和文书送达上，在案犯的移交上，在法律的适用上，在判决的相互承认和执行上，都将有许多问题要解决，而且几种法律之间，还将产生一些法律冲突。这些问题都需要在以后的实践中及时研究，妥善解决。但同时也应看到，内地和港、澳几种不同的法律制度并存，无疑也丰富了中国法律体系的内涵，从理论和实践上，都具有重要的现实意义和深远的历史意义。

（一）几种法律制度并存，有利于香港、澳门地区的繁荣与稳定

香港、澳门回归祖国后，确立原有法律基本不变这一原则，通过剔除香港、澳门原有法律中反映和保护殖民主义统治的部分，既维护了国家主权，又基本上保留了原有法律，避免了出现法律真空。

以香港为例，香港法律是一种多层次多种法律并用的比较完备的法律制度。在香港，制定法与判例法相结合，并且具有比较健全的法律运行机制，这一切对香港经济的发展起着保证和促进作用。

香港法律虽然来源于英国，并带有明显的殖民地性质，但经过一百多年的沿用、发展和演变，已经适应了香港社会的需要。香港经济繁荣与发展的原因是多方面的，除了优越的地理位置、特殊的机遇、有效的自由港经济政策、内地的支持、港人的努力等之外，香港法律的保证和促进作用也是不可或缺的重要原因。

香港政府长期实行全面开放的自由港经济政策，经济活动全在市场机制下进行，政府一般不干预市场运作，其主要任务是提供和维护一套有利于市场经济活动的法律制度。这些法律制度对香港的市场经济秩序起到了规范和保障作用。另外，香港的自由港政策，使香港形成了国际化的自由市场。自由化、国际化的结果，必然导致激烈的竞争。香港的经济能够不断创造奇迹，与香港的法律制度为其创造了一个鼓励自由竞争、促进自由竞争的社会环境是分不开的。

由上观之，在我国对香港恢复行使主权以及随之而来的它的殖民地性质消除后，继续沿用香港的法律制度，能够长期保持香港的繁荣与稳定，这是符合包括香港同胞在内的全国人民利益的。

（二）多种法律制度并存，有利于内地和香港、澳门间的法律比较、借鉴和学习

现代市场经济是最具效力和活力的经济运行方式，已为世界各国所认同。我国也基本建立起社会主义市场经济体制。建立社会主义市场经济体制，必须要有法律的规范、引导、制约和保障；我国实行改革开放政策，走出国门，积极参与国际竞争，就必须遵守国际公认的法律规范和国际惯例，也需要有健全的法制。

建立社会主义市场经济体制在我国是亘古未有的全新事业，一无传统，二无经验。建立社会主义市场经济法律制度，对我们来说同样也是一个新课题。我们一方面要从中国的实际出发，及时总结改革开放以来所积累的经验；另一方面要大胆地借鉴和吸收市场经济发达国家和地区成功的立法经验，其中包括香港和澳门地区的立法经验，以便少走弯路。市场经济的法律在许多方面是相通的。凡是现代法律中已有的，反映现代化市

场经济共同规律的法律概念、法律原则和法律制度，都可以大胆地吸收和借鉴。

仍以香港为例。香港是实行普通法的地区。普通法是现今世界最具影响力的几种法制之一。香港又是市场经济成功和发达的地区，它秉承了普通法的优点，并在其基础上制定了其他有利于经济运作的法律。香港的法律对香港经济的繁荣和发展起到了促进作用。但直接促进香港经济发展的还是那些直接调整各种经济关系的法律。特别是有关工商方面的法律，比较全面和系统，基本上做到了每种经济活动和经济关系都有相应的法律加以调整。这些法律维持了香港“公平竞争”的经济环境。另外，和内地不同，香港的法律特别细，特别具体，同一个问题往往有不同的法律从不同的角度予以规范，这使香港的法律更加严谨，更具可操作性。

因此，在建立和完善社会主义市场经济体制的过程中，学习和借鉴香港的法律制度，对于内地建立和完善社会主义市场经济法律体系，确立公正自由的社会主义市场经济秩序，无疑具有促进作用。

（三）多种法律制度并存，对我国依法治国、建设社会主义法治国家具有促进作用

中共十五大报告，第一次把依法治国、建设社会主义法治国家，作为党领导人民治理国家的基本方略郑重地提了出来。依法治国，建设社会主义法治国家，是一场深刻的革命，是前无古人的伟大创举，也是一个复杂艰巨的系统工程。实现这一宏伟目标，无论是观念更新还是制度模式改革，都有一系列的艰巨工作需要去做。

香港是一个重视法治的社会。香港的管治，一般来说，以法治为基础，保障社会秩序，规范行为的准则，界定权利责任，调节经济活动，监督官员廉政，管理公共交通，维护安全卫生等，无不依法循规治理，构成一套较完备的法制[1]。香港的法律相当健全。从表面上看，香港法律层次较多，有成文法，有判例法，但实质上其内部有严密的逻辑结构，各个法律有主有从，层层相扣，互相补充，形成严密的体系，规范着整个社会生活，任何人在采取任何一种行动之前，都可清楚地预先知道这种行动在法律上的后果。另外，香港法律制定的程序具有广泛的民主性，法律内容细致、具体，可操作性强。

1　参见李昌道：《香港法制漫谈》，中华书局（香港）有限公司 1992 年版。

为保证法律的公正实施，香港坚定不移地贯彻了司法独立的原则，主要表现为：第一，地方法院以上的法官一经任命，不得随意罢免，且待遇优厚，社会地位崇高；第二，英式法治传统要求法官独立、公正，客观地解释、应用和执行法律，尽量排除政策性的影响；第三，行政机关官员不能随意干涉法官对案件的处理。

在香港，为防止政府滥用权力，法律在赋予和界定政府机关享有各种权力的同时，对这些权力的行使也进行了规范和限制。换言之，政府做每一件事，都需要有明确的法律依据，以此限制政府的权力。与此相对应，对公民来说，为保障公民法定权利的行使，香港法律充分体现了法无明文禁止不违法的原则。香港法律规定公民享有的自由是广泛的，如人身自由、信仰自由、结社自由、言论自由、出版自由、旅游自由，以及择业自由、充分发展个人才能自由等。

香港社会重视法治。因为在这地小人多、关系错综复杂的社会里，只有法治才能维持安定。香港法治实施的结果，是使香港居民和公务员养成了尊重和遵守法律的观念。如香港各个部门的工作人员进行工作时，对于自己的行为是否有法律依据是小心翼翼的，如有任何法律疑点，一定要先咨询律政司署的法律顾问。

香港不同于内地的法律制度的存在，为两地法律间的相互学习、借鉴，促进法律上的交流合作，对推动我国社会主义法治建设，具有积极的意义。

（四）“一国两制”构想的宪法意义

调整国家整体和组成部分、中央和地方之间关系的国家结构形式，是宪法的基本内容。我国的国家结构形式采取的是单一制。邓小平所提出的“一国两制”构想的法律意义，就在于丰富了国家结构形式的内容，突破了在一个国家内部只能允许一种社会制度及其相应的政权组织形式长期存在的认识，也突破了我国传统单一制国家结构形式理论的内涵。

我国运用邓小平提出的“一国两制”的构想解决香港、澳门问题，获得了圆满成功，并根据宪法第三十一条规定，设立了香港和澳门两个特别行政区。特别行政区的建立构成了我国单一制的一大特色。这种特色主要表现为：根据“一国两制”的原则，中华人民共和国的主体部分坚持实行社会主义制度，在特别行政区内，则保持原有的资本主义社会经济制度和生活方式，不实行社会主义的制度和政策；特别行政区实行高度自治，国家授予特别行政区高度的自治权，中央不干预属于自治范围内的事务。这些自治权包括行政管理权、立法权、独立的司法权和终审权。但特别行政区的这种高度自治权又不同于联邦制国家中联邦政府与联邦成员之间的关系。由于我国是单一制国家，因此，特别行政区的高度自治与我国宪法规定的民族区域自治在性质上是相同的，都属于地方自治。其不同之处在于，特别行政区的高度自治比民族自治地方的自治权要高，在某些方面甚至比联邦制国家中各联邦成员单位的权限要高，如货币发行权、财政独立、税收独立、司法终审权等。

“一国两制”方针的提出并获得实现，特别行政区的设立，使得中华人民共和国的这种国家结构形式，不仅在马克思主义经典著作中不曾有过论述，而且在世界历史上也无先例。这可以说是马克思主义国家学说在中国具体情况下的具体运用，也是对马克思主义国家学说的重大发展。

五、“一国两制”方针在新时代的继承和创新

“一国两制”方针是邓小平理论的重要组成部分，以江泽民为核心的第三代中央领导集体、以胡锦涛为总书记的中央领导集体、以习近平为核心的党中央，在祖国和平统一大业的问题上，坚定不移地贯彻邓小平提出的“一国两制”方针，并结合新的实践不断探索，大大推进了祖国统一的进程，实现了具有历史意义的港澳回归，并针对台湾局势和两岸关系的重大变化，创造性地提出了早日解决台湾问题的一系列新思想、新论断和新主张，把“一国两制”理论发展到一个新阶段，为祖国完全统一提供了行动纲领。

（一）保持“一国两制”方针的连续性和稳定性

在对香港和澳门恢复行使主权后，以江泽民为核心的第三代中央领导集体，以胡锦涛为总书记的中央领导集体、以习近平为核心的党中央，重申坚定不移地实行“一国两制”方针，保持香港、澳门长期繁荣稳定。中共十六大报告指出，我们将坚定不移地实行“一国两制”方针，“严格按照香港基本法和澳门基本法办事，全力支持香港和澳门两个特别行政区行政长官和政府的工作，广泛团结港澳各界人士，共同维护和促进香港和澳门的繁荣”。[1] 中共十七大报告指出，“我们将坚定不移地贯彻‘一国两制’、‘港人治

---

1 《江泽民文选》第 1 卷，人民出版社 2006 年版，第 564 页。

港’、‘澳人治澳’、高度自治的方针，严格按照特别行政区基本法办事；全力支持特别行政区政府依法施政，着力发展经济、改善民生、推进民主；鼓励香港、澳门各界人士在爱国爱港、爱国爱澳旗帜下和衷共济，促进社会和睦；加强内地与香港、澳门交流合作，实现优势互补、共同发展；积极支持香港、澳门开展对外交往，坚决反对外部势力干预香港、澳门事务”。[1]

中共十八大报告进一步丰富了中央政府严格贯彻“一国两制”方针的政策和实践内容：“中央政府将严格依照基本法办事，完善与基本法实施相关的制度和机制，坚定支持特别行政区行政长官和政府依法施政，带领香港、澳门各界人士集中精力发展经济、切实有效改善民生、循序渐进推进民主、包容共济促进和谐，深化内地与香港、澳门经贸关系，推进各领域交流合作，促进香港同胞、澳门同胞在爱国爱港、爱国爱澳旗帜下的大团结，防范和遏制外部势力干预港澳事务。”[2]

在解决台湾问题上，在遵循“和平统一、一国两制”方针的前提下，针对台湾局势和海峡两岸关系发展的重大变化，具体回答了台湾未实现统一前的过渡期“怎么办”的问题，使“一国两制”更具有操作性和新意。

1989 年，江泽民在会见美国总统特使、总统国家安全事务助理斯考克罗夫特时谈话指出：“在台湾问题上，我们的方针很明确，即邓小平同志提出的‘和平统一、一国两制’构想。”[3]1992 年在党的十四大报告中指出：“我们将坚定不移地按照‘和平统一、一国两制’的方针，积极促进祖国统一。”[4]在八届全国人大一次会议上他强调：“‘和平统一、一国两制’，是我们实现祖国统一大业的坚定方针。我们坚决反对任何形式的‘两个中国’、‘一中一台’或‘一国两府’，坚决反对任何制造‘台湾独立’的企图和行动，坚决维护国家主权和领土完整。”[5]1995 年，江泽民发表了《为促进祖国统一大业的完成而继续奋斗》的讲话，提出了著名的发展两岸关系、推进祖国和平统一进程的八项主张，其中第一项主张就是坚持“一个中国”原则，是实现和平统一的基础和前提。中国的领

---

1 胡锦涛：《高举中国特色社会主义伟大旗帜，为夺取全面建设小康社会新胜利而奋斗》，《十七大报告辅导读本》，人民出版社 2007 年版，第 42—43 页。

2 胡锦涛：《坚定不移沿着中国特色社会主义道路前进，为全面建成小康社会而奋斗》，《十八大报告辅导读本》，人民出版社 2012 年版，第 39 页。

3 《江泽民文选》第 1 卷，人民出版社 2006 年版，第 85 页。

4 同上书，第 252 页。

5 同上书，第 301 页。

土和主权不容分割，坚决反对“分裂分治”、“阶段性两个中国”。讲话明确提出：“努力实现和平统一，中国人不打中国人。我们不承诺放弃使用武力，决不是针对台湾同胞，而是针对外国势力干涉中国统一和搞‘台湾独立’的图谋的。”[1]他在中共十五大报告和以后的多种场合中也都重申了这一点。保证了这种思想的连续性、一贯性和稳定性，也表明了我国人民和平解决台湾的真诚意图，迎击“台独”分裂逆流的挑战，捍卫国家主权和领土完整的坚强意志。

胡锦涛同志对推动两岸关系发展，在新形势下做好对台工作，提出了一些新思想。2005年4月26日，中国国民党主席连战率国民党大陆访问团开始大陆之行，这是国民党主席首次访问大陆，标志着国共两党关系进入了新阶段。在与连战举行的国共两党历史性会谈中，就发展两岸关系提出了四点主张：第一，建立政治上的互信，相互尊重，求同存异；第二，加强经济上的合作和交流，互利互惠，共同发展；第三，开展平等协商，加强沟通，扩大共识；第四，鼓励民众加强交往，增进了解，融合亲情。[2]2005年5月12日，胡锦涛会见亲民党主席宋楚瑜率大陆访问团，在和宋楚瑜的正式会谈中，就改善和发展当前两岸关系再提出四点看法：第一，坚持体现一个中国原则的“九二共识”，确立两岸关系和平稳定发展的政治基础；第二，推进两岸“三通”，开创两岸经济交流合作的新局面；第三，早日恢复两岸平等对话和谈判，求同存异，扩大共识；第四，增进相互理解，密切两岸同胞的感情。[3]2005年7月，新党主席郁慕明又率领新党纪念抗日战争胜利60周年大陆访问团踏足大陆，7月12日，胡锦涛在与访问团会见时，就当前两岸关系又提出四点看法：第一，共同促进中华民族的伟大复兴；第二，坚持一个中国原则；第三，坚持反对和遏制“台独”；第四，切实照顾和维护台湾同胞的切身利益。[4]这三次提出的四点，都反映了党的新一代领导人对台湾问题的坚定立场和对台湾人民真正的关切。

在解决台湾问题时，还提出了大力发展两岸经济交流与合作，以利于两岸经济共同繁荣，造福整个中华民族；寄希望于台湾当局，更寄希望于台湾人民等方针和原则，表

---

1 《江泽民文选》第1卷，人民出版社2006年版，第422页。

2 《中国共产党总书记胡锦涛与中国国民党主席连战会谈新闻公报》，《人民日报》2005年4月30日。

3 《中国共产党总书记胡锦涛与亲民党主席会谈公报》，《人民日报》2005年5月13日。

4 《胡锦涛会见新党大陆访问团》，《人民日报》2005年7月13日。

达了中国共产党人对祖国统一的愿望和对台湾最大的宽容，在台湾问题上具体化了邓小平的“一国两制”思想，为解决两岸关系提供了具体的切实可行的方案。

中共十八大报告在坚持“和平统一、一国两制”方针，坚持发展两岸关系、推进祖国和平统一进程的八项主张的同时，进一步明确了推进祖国统一的主张和方针政策。一是始终坚持一个中国原则。“两岸双方应恪守反对‘台独’、坚持‘九二共识’共同立场，增进维护一个中国框架的共同认知，在此基础上求同存异。对台湾任何政党，只要不主张‘台独’、认同一个中国，我们都愿意同他们交往、对话、合作。”[1] 二是持续推进两岸交流合作。深化经济合作，扩大文化交流，促进平等协商，加强制度建设。同时，坚决反对“台独”分裂图谋。

（二）在一个中国的前提下，什么问题都可以谈，拓展了“一国两制”的实现空间

邓小平对解决台湾问题的设想是“祖国统一后，台湾特别行政区可以有自己的独立性，可以实行同大陆不同的制度。司法独立，终审权不须到北京。台湾还可以有自己的军队，只是不能构成对大陆的威胁。大陆不派人驻台，不仅军队不去，行政人员也不去。台湾的党、政、军等系统，都由台湾自己来管。中央政府还要给台湾留出名额”，“和平统一不是大陆把台湾吃掉，当然也不能是台湾把大陆吃掉”。[2] 这为“一国两制”在台湾实施提出了指导原则。

江泽民在此原则基础上提出了更为确切的设想，他指出：“在一个中国的前提下，什么问题都可以谈，包括就两岸正式谈判的方式问题同台湾方面进行讨论，找到双方都认为合适的方法。”[3] “实现统一后，海峡两岸两种制度长期共存、共同发展，谁也不吃掉谁。台湾现行的社会制度、生活方式、同外国的经济文化关系都不会改变。诸如私人财产、房屋、土地、企业所有权、合法继承权、华侨和外国人投资等，一律受法律保护。”[4] “台湾同胞的生活方式不变，高度自治。他们的切身利益将得到充分保障，永享太平。”[5] 这些方针

---

1 胡锦涛：《坚定不移沿着中国特色社会主义道路前进，为全面建成小康社会而奋斗》，《十八大报告辅导读本》，人民出版社 2012 年版，第 40 页。

2 《邓小平文选》第 3 卷，人民出版社 1993 年版，第 30—31 页。

3 《江泽民文选》第 1 卷，人民出版社 2006 年版，第 252 页。

4 《江泽民文选》第 2 卷，人民出版社 2006 年版，第 152 页。

5 《江泽民文选》第 3 卷，人民出版社 2006 年版，第 565 页。

政策，为两岸和平统一创造了更大的空间。在操作模式上，江泽民创造性地提出了分步骤进行两岸谈判、逐步实现和平统一的构想，第一步先进行“在一个中国的原则下，正式结束两岸敌对状态”的谈判，并达成协议。在此基础上，共同承担义务，维护中国的主权和领土完整。并对今后的两岸发展关系进行了规划，提出欢迎台湾各党派、各界人士同我们交换有关两岸关系与和平统一的意见，愿意推动双方领导人以适当的身份互访。

胡锦涛在中共十七大报告中也提出：“台湾任何政党，只要承认两岸同属一个中国，我们都愿意同他们交流对话、协商谈判，什么问题都可以谈。”[1] 这里不再说“国共谈判”和“第三次国共合作”，明显是依据台湾内部形势变化所作出的政策调整，台湾各党派、任何政党虽然没有指明包括民进党，但是两岸各党派又显然包括了它，这也是过去所没有的，这表明我们愿意努力为通过对话与谈判解决分歧、改善两岸关系、共谋和平统一创造条件。这是既立足于为台湾人民着想，同时充分尊重台湾当局的意愿，又分步骤地渐进做法。中共十八大报告继续延续了中共十七大提出的对台政策。

（三）准确把握“一国”和“两制”的关系

全面准确理解“一国两制”的内涵，准确把握“一国”和“两制”的关系，是保持香港、澳门繁荣稳定的基础，也是贯彻“一国两制”实践中的理论发展。

香港作为直辖于中央政府的一个特别行政区，从1997年7月1日回归之日起，重新纳入国家治理体系。中央政府依照宪法和香港特别行政区基本法对香港实行管治，与之相应的特别行政区制度和体制得以确立。香港回归二十年来，“一国两制”在香港的实践取得了举世公认的成功，但在实践中也遇到一些新情况新问题，诸如香港维护国家主权、安全、发展利益的制度还需完善，对国家历史、民族文化的教育宣传有待加强，社会在一些重大政治法律问题上还缺乏共识等，即在对“一国”和“两制”的关系的认识上出现了一些偏差。

如何认识“一国”和“两制”的关系问题，胡锦涛在2007年庆祝香港回归祖国十周年大会上的讲话中就曾指出，无论遇到什么情况，都要全面准确贯彻执行“一国两制”方针。“‘一国两制’是完整的概念。‘一国’是‘两制’的前提，没有‘一国’就没有

1　胡锦涛：《高举中国特色社会主义伟大旗帜，为夺取全面建设小康社会新胜利而奋斗》，《十七大报告辅导读本》，人民出版社2007年版，第43页。

'两制'。'一国'和'两制'不能相互割裂，更不能相互对立。'一国'就是要维护中央依法享有的权力，维护国家主权、统一、安全。'两制'就是要保障香港特别行政区依法享有的高度自治权，支持行政长官和特别行政区政府依法施政。只有把以上两个方面都落到实处，'一国两制'的优越性才能充分发挥出来，给香港同胞带来实实在在的福祉。"[1] 中共十八大报告对此进行了重申："全面准确贯彻'一国两制'、'港人治港'、'澳人治澳'、高度自治的方针，必须把坚持一国原则和尊重两制差异、维护中央权力和保障特别行政区高度自治权、发挥祖国内地坚强后盾作用和提高港澳自身竞争力有机结合起来，任何时候都不能偏废。"[2]

习近平总书记在庆祝香港回归祖国20周年大会暨香港特别行政区第五届政府就职典礼上的讲话中，对"一国"和"两制"的关系，进一步给予了有针对性的清晰而明确的阐释。他说："'一国两制'的提出首先是为了实现和维护国家统一。在中英谈判时期，我们旗帜鲜明提出主权问题不容讨论。香港回归后，我们更要坚定维护国家主权、安全、发展利益。在具体实践中，必须牢固树立'一国'意识，坚守'一国'原则，正确处理特别行政区和中央的关系。任何危害国家主权安全、挑战中央权力和香港特别行政区基本法权威、利用香港对内地进行渗透破坏的活动，都是对底线的触碰，都是绝不能允许的。与此同时，在'一国'的基础之上，'两制'的关系应该也完全可以做到和谐相处、相互促进。要把坚持'一国'原则和尊重'两制'差异、维护中央权力和保障香港特别行政区高度自治权、发挥祖国内地坚强后盾作用和提高香港自身竞争力有机结合起来，任何时候都不能偏废。只有这样，'一国两制'这艘航船才能劈波斩浪、行稳致远。"[3] 习近平关于"一国"和"两制"的关系的解读，不仅纠正了对"一国两制"在认识上存在的偏差，而且在实践中为处理"一国"和"两制"的关系，确立了基本原则，指明了方向。

（四）依法保障"一国两制"的实践和推进祖国统一

中共十八届四中全会指出，"全面准确贯彻'一国两制'、'港人治港'、'澳人治

1　胡锦涛：《在庆祝香港回归祖国十周年大会暨香港特别行政区第三届政府就职典礼上的讲话》(2007年7月1日)，《人民日报》2007年7月2日。

2　胡锦涛：《坚定不移沿着中国特色社会主义道路前进，为全面建成小康社会而奋斗》，《十八大报告辅导读本》，人民出版社2012年版，第39页。

3　习近平：《在庆祝香港回归祖国20周年大会暨香港特别行政区第五届政府就职典礼上的讲话》(2017年7月1日)，《人民日报》2017年7月2日。

澳’、高度自治的方针，严格依照宪法和基本法办事，完善与基本法实施相关的制度和机制，依法行使中央权力，依法保障高度自治，支持特别行政区行政长官和政府依法施政，保障内地与香港、澳门经贸关系发展和各领域交流合作，防范和反对外部势力干预港澳事务，保持香港、澳门长期繁荣稳定”。“依法保护港澳同胞、台湾同胞权益。”[1]依法保障“一国两制”实践，保持香港、澳门长期繁荣稳定，推进祖国统一，依法保护港澳同胞利益，主要体现在以下方面。

1. 始终依照宪法和基本法办事

宪法和基本法是香港特别行政区和澳门特别行政区的宪制基础，在香港和澳门地区法律体系中居于最高地位，因而也是香港和澳门地区的最高行为准则。依法保障“一国两制”实践，首先要依照宪法和基本法办事。

对宪法和基本法在香港和澳门地区的法律地位，宪法和基本法的关系，宪法和基本法的实施等，习近平进行了系统论述。他说：“中华人民共和国宪法和香港特别行政区基本法共同构成香港特别行政区的宪制基础。宪法是国家根本大法，是全国各族人民共同意志的体现，是特别行政区制度的法律渊源。基本法是根据宪法制定的基本法律，规定了在香港特别行政区实行的制度和政策，是‘一国两制’方针的法律化、制度化，为‘一国两制’在香港特别行政区的实践提供了法律保障。在落实宪法和基本法确定的宪制秩序时，要把中央依法行使权力和特别行政区履行主体责任有机结合起来；要完善与基本法实施相关的制度和机制；要加强香港社会特别是公职人员和青少年的宪法和基本法宣传教育。这些都是‘一国两制’实践的必然要求，也是全面推进依法治国和维护香港法治的应有之义。”[2]

2. 特别行政区要实行依法治理

法治是保障香港、澳门长期繁荣稳定的重要基石。如何实行对特别行政区依法治理，对此，习近平在庆祝澳门回归祖国十五周年大会暨澳门特别行政区第四届政府就职典礼上的讲话中，进行了详细和具体的说明：“人类社会发展的事实证明，依法治理是最

1 《中共中央关于全面推进依法治国若干重大问题的决定》，《党的十八届四中全会〈决定〉学习辅导百问》，学习出版社、党建读物出版社 2014 年版，第 28—29 页。

2 习近平：《在庆祝香港回归祖国 20 周年大会暨香港特别行政区第五届政府就职典礼上的讲话》（2017 年 7 月 1 日），《人民日报》2017 年 7 月 2 日。

可靠、最稳定的治理。要善于运用法治思维和法治方式进行治理，要强化法治意识，特别是要完善与澳门特别行政区基本法实施相配套的制度和法律体系，夯实依法治澳的制度基础。要努力打造勤政、廉洁、高效、公正的法治政府，做到依法决策、依法施政，使特别行政区发展始终沿着法治轨道展开。要加强公职人员队伍建设和管理，提高依法履职能力，要在全社会弘扬法治精神，共同维护法治秩序，培养造就一大批熟悉澳门特别行政区基本法、具备深厚专业素养的法治人才，为依法治澳提供坚强人才保障。"[1]

特别行政区要实行依法治理，首先，要完善与基本法实施相关的制度和机制，依法行使中央权力。确保中央依法直接在特别行政区行使外交权、防务权，依法行使基本法的制定权、修改权、解释权、任命行政长官和主要官员的权力、对特别行政区行政长官和立法会产生办法修改的决定权等中央权力。其次，依法保障香港、澳门特别行政区高度自治，依法充分行使行政管理权、立法权、独立的司法权和终审权。再次，支持特别行政区行政长官和政府依法施政，依法履行基本法授予的领导特别行政区政府、负责执行基本法以及其他各项职权。

（五）制定《反分裂国家法》

1.《反分裂国家法》的制定

为了促进祖国和平统一，维护台湾海峡地区和平稳定，维护国家主权和领土完整，维护中华民族的根本利益，全国人大通过立法的形式来遏制台独势力是适时的必要的，不仅可以有效遏阻瓦解台独势力，更为"国家统一、反对分裂"提供了强有力的法律依据。这种情况下，全国人大启动了《反分裂国家法》立法程序。2005 年 3 月 14 日，第十届全国人大第三次会议通过了《反分裂国家法》。它对台湾问题的性质和台湾的问题的定位作了明确的界定，指出台湾问题是中国的内部事务，不受任何外国势力的干涉，强调"大陆和台湾同属于一个中国"，绝不允许任何人以任何方式任何名义把台湾从中国分裂出去，这是这部法律的核心内容。以法治"独"，标志着祖国反"台独"进入了一个新的历史时期，对推动和稳定两岸关系具有重大的指导意义。同时也是落实依法治

1　习近平:《在庆祝澳门回归祖国十五周年大会暨澳门特别行政区第四届政府就职典礼上的讲话》(2014 年 12 月 20 日),《人民日报》2014 年 12 月 21 日。

国的重要一环。

2.《反分裂国家法》的重大意义

《反分裂国家法》贯彻“和平统一、一国两制”的基本方针和八项主张，开宗明义地指出是针对“台独势力”而制定的，是给“台独”势力划出的底线。

《反分裂国家法》是专门法、特别法，是一部促进两岸关系发展、推进祖国和平统一、维护国家主权和领土完整、反对和遏制“台独”分裂势力分裂国家、维护台海地区和平稳定的重要法律，是用法律的形式体现了中国政府和平统一祖国，捍卫领土和主权完整的决心，较之以前的呼吁、宣传阶段，又前进了关键性的一大步，标志着中国政府争取以和平方式解决台湾问题的方针政策法律化，体现了我们党以最大诚意、尽最大努力争取和平统一的前景的一贯立场。简言之，《反分裂国家法》不是战争法，而是一部反分裂的法，是和平统一祖国的法。

中国启动《反分裂国家法》，意义深远，是中华人民共和国宪法的进一步完善，在法律上表达了中国政府和中国人民为了维护国家主权和领土完整，绝不允许“台独”分裂势力以任何名义、任何方式把台湾从中国分裂出去的共同意志和坚定的决心。《反分裂国家法》的颁布和实施，对于促进两岸关系发展、增进两岸同胞的福祉、稳定台海局势、推进两岸和平统一、反对和遏制“台独”分裂势力及其活动、维护国家主权和领土完整，发挥了重大作用，产生了深远影响。

第十九章 繁荣法学研究，为法治建设提供理论指导

探索中国特色社会主义法治道路，建构适合中国国情的法治模式的过程，实质上是构建中国先进法律文化的过程。先进法律文化的构建，离不开法学研究的繁荣和在法学理论指导下的制度创新。一个时代的进步，总是以实践基础上的思想变革、理论创新为先导。历史经验表明，每一次重大的理论创新，都会极大地推动社会实践，引领时代变革。人类法治文明发展的历史，尤其是近代以来西方法治社会建立的过程也充分表明，没有成熟的法学理论体系的引领和支撑，就不可能有成熟的法治实践。建设社会主义法治国家也同样如此。建设社会主义法治国家，既需要实践的推动，重视具体法治建设，但更离不开成熟法学理论体系的引领和支撑，离不开法学研究的繁荣与发展。

1949 年中华人民共和国成立后，中国的法制和法学是在彻底废除国民党旧法统的基础上建立起来的。但自 20 世纪 50 年代后期开始，中国的法制和法学曾出现了倒退和严重挫折。1978 年中共十一届三中全会以后，鉴于历史的教训，特别是十年“文化大革命”肆意践踏法治的教训，国人痛定思痛，重新认识到法治在治国中的重要作用，法治建设和法学研究也从此走向了兴旺和昌盛之路。应当说，经过三十多年的恢复、重建、积累和创新，我国法学研究虽还存在一些缺陷或者不足，但总体上呈现出欣欣向荣的局面。

根据中共十一届三中全会以来法治建设的实践，我们可以得出这样的结论：理论来源于实践，正确的理论指导新的实践。法学研究对于法治建设实践有着极大的推动作用，是促进法治建设的重要动力，法学研究的繁荣必将带动法治建设的进步和发

展，为法治建设实践提供理论引导。

一、中共十一届三中全会以后促进法学研究繁荣的思想解放运动

（一）中共十一届三中全会与法学研究的恢复和发展

十年“文化大革命”结束，特别是1978年12月中共十一届三中全会以后，如同我国法治社会的建设重新启动一样，法学研究也迎来了自己的春天。

江泽民在纪念党的十一届三中全会召开20周年大会上的讲话中对十一届三中全会进行了高度评价，他说：“十一届三中全会，是新中国成立以来我党历史上具有深远意义的伟大转折。党在思想、政治、组织等领域的全面拨乱反正，是从这次全会开始的。伟大的社会主义改革开放，是由这次全会揭开序幕的，建设有中国特色社会主义的新道路，是以这次全会为起点开辟的。当代中国的马克思主义——邓小平理论，是在这次全会前后开始逐步形成和发展起来的。十一届三中全会是一个光辉的标志，它表明中国从此进入了社会主义事业发展的新时期。”[1]

中共十一届三中全会已成为当代中国历史的一个重要分期和转折点，被称为社会主义时期的“遵义会议”。它是中国共产党重新探索建设中国特色社会主义的新起点，也是中国共产党领导的第二次革命的伟大开端。它不仅是新中国成立以来党和国家历史上具有深远意义的伟大转折，也是我国社会主义民主和法治建设历程中的历史性转折。这次会议重新确定的解放思想、实事求是的思想路线，不仅推动实现了全党工作重点的历史性转变，开辟了我国改革开放和社会主义现代化建设的历史新时期；也为我国实施依法治国，建设社会主义法治国家指明了方向。依法治国的方针与实践，是从中共十一届三中全会实现了在指导思想上的拨乱反正之后，才逐步开始的。中共十一届三中全会以来改革开放的发展历程，也是我国民主与法制重建和发展以及探索建设法治国家的历程。因而，从一定意义上说，没有中共十一届三中全会，就没有中共十五大依法治国方略的提出，更不可能有建立社会主义法治国家宏伟目标的确立。

中共十一届三中全会对民主和法制问题进行了认真的讨论，提出在全党工作重点转

---

1 江泽民：《在纪念党的十一届三中全会召开20周年大会上的讲话》，《光明日报》1998年12月19日。

移的同时，要加强民主建设，强调民主和集中的辩证关系，“为了保障人民民主，必须加强社会主义法制，使民主制度化、法律化，使这种制度和法律具有稳定性、连续性和极大的权威，做到有法可依，有法必依，执法必严，违法必究。从现在起，应当把立法工作摆到全国人民代表大会及其常务委员会的重要议程上来。检察机关和司法机关要保持应有的独立性；要忠实于法律和制度，忠实于人民利益，忠实于事实真相；要保证人民在自己的法律面前人人平等，不允许任何人有超越于法律之上的特权”。[1]

这一系列问题的提出，不仅为我国建设社会主义法治国家指明了方向，而且也极大地推动了我国法学研究的全面恢复和蓬勃发展。在此以后到 1992 年初邓小平视察南方谈话发表之前的十多年中，法学研究从其自身学科体系的构建到对一些重要理论问题，如法的概念和本质、法的继承性和法理学的一些重要概念与范畴，以及我国民主和法制建设过程中涉及的一些现实问题等，都进行了广泛深入的探讨。伴随着我国法制现代化进程的推进，法学研究范围被不断拓宽，研究内容也不断深化，出现了许多具有学术价值和实践意义的研究成果。

但由于过去长期受“左”的影响，姓“社”姓“资”的政治标准和本本主义仍束缚着人们的思想，对一些重大的有现实意义而又比较敏感的理论与实际问题视若“禁区”，不敢涉足，不敢创新，不敢大胆地说本本上没有说过的话，也不敢大胆地吸取和借鉴外来的有益经验，法学研究仍然带有政治图解式的、脱离实际的教条主义痕迹。这在一定程度上影响了法学研究的繁荣发展。

（二）邓小平南方谈话突破了中国法治建设的一些理论禁区

法学研究真正走向成熟与繁荣，应是从 1992 年后开始的。如果说 1978 年关于真理标准问题的大讨论，掀起了当代中国第一次思想解放的浪潮，那么 1992 年初邓小平视察南方的重要谈话，即成为当代中国思想解放的又一个里程碑。

1992 年初，针对当时阻碍改革开放的“左”的思潮重新抬头，邓小平视察了南方并发表了重要谈话，科学地总结了中共十一届三中全会以来党的基本实践和基本经验，从理论上深刻回答了长期困扰和束缚人们思想的许多重大的认识问题，提出了对整个社会

---

1 《中国共产党第十一届中央委员会第三次全体会议公报》，《三中全会以来重要文献选编》（上），人民出版社 1982 年版，第 11 页。

主义现代化建设具有现实和长远指导意义的重要思想，其核心是冲破姓“资”姓“社”的“左”的束缚，为推动我国改革开放和社会主义现代化建设进入新阶段做出了重大贡献。邓小平南方谈话，是“把改革开放和现代化建设推进到新阶段的又一个解放思想、实事求是的宣言书”[1]，也为法学界分辨与澄清一些模糊认识提供了思想理论武器，使法学界进一步解放了思想，促进了我国法学的繁荣和法治建设的发展。

以邓小平南方谈话为指导，法学界在以下方面形成了共识。在法学研究中，要打破姓“资”姓“社”的束缚，以“三个有利于”作为评价法学研究成败得失的标准。法律现象是千差万别的，不能只用姓“社”还是姓“资”来概括一切，要摆脱“非此即彼”的形而上学思想方法。在法学理论方面，也不都是非“社”即“资”，还有真理与谬论、唯物与唯心以及不同学术观点之分，不可一概而论，要大胆地吸收与借鉴人类社会创造的一切文明成果。要认识有些即使是姓“资”，但对我们有用的东西，也可以“拿来”，或改造过来为我所用。要正确看待“左”与右的问题，在法学领域，右的东西的影响还有，但“左”的东西的影响更深更广。同时，不要把法学领域里的一切问题都同“左”与右挂钩，都看成是“左”右之争，要划清学术行为与政治行为、学术争鸣与政治上大是大非的界限。要正确看待本本与实践问题，法学工作者要改变由本本到本本、从概念到概念的研究方法，走理论与实践相结合的道路，探讨实践中提出的大量亟待解决的理论与实践问题[2]。

这些认识，使法学界打破了一切人为设置的思想藩篱。思想更加解放，研究中敢于大胆探索、大胆吸收、大胆创新。这一时期的法学研究和中国的民主法制建设都出现了前所未有的繁荣局面。一些过去不敢涉足的研究禁区被突破；一大批翻译、介绍和研究西方法学经典的颇有分量的著述纷纷问世，法学著译出版空前繁荣；与社会主义市场经济体制相适应的以宪法为核心的法律框架体系初步形成，社会主义法治建设取得了前所未有的成就；依法治国、建设法治国家，由法学家的学术讨论到被写入中共十五大报告并载入宪法，成为治国的方略被付诸实施。实现这一历史性跨越，法学界作出了重要贡献，即法学理论研究为我国建立与市场经济相适应的法制框架体系和法治社会提供了更

1 《江泽民文选》第2卷，人民出版社2006年版，第10页。

2 参见《法学界必须进一步解放思想》，《中国法学》1992年第3期。

加坚强有力的理论指导。

二、重视法学理论研究，推动法学学科体系的建设

（一）邓小平对法学研究和部门法学的理论贡献

1. 邓小平对马克思主义法学理论的贡献

邓小平作为中国共产党的第二代领导核心，立足于中国所面临的国际和国内形势，总结国际共产主义运动的经验教训，从建设中国特色社会主义的实践出发，对社会主义法治建设，作出了一系列的论述和阐释，从理论与实践的结合上回答了人们普遍关心、但又容易出现偏差的重大认识问题，丰富和发展了马克思主义法学理论和毛泽东法学思想，对马克思主义法学理论做出了新的贡献。邓小平对马克思主义法学理论的贡献是多方面的，从不同的角度可以作不同的概括，不少学者对此进行了探讨。笔者认为，邓小平对马克思主义法学理论的新贡献主要表现在以下方面。

（1）确立了依法治国的战略指导思想，解决了人治与法治的关系问题

实行人治还是实行法治，在我国争论了几千年。从国际共产主义运动史来看，这个问题也是马克思主义经典作家和革命导师力图解决但始终未能解决好的问题。邓小平在总结国内外历史经验的基础上，对人治的危害性进行了深刻的分析。厉行法治，反对人治，是邓小平法制思想的核心。邓小平这方面的论述主要有以下三方面的内容。

第一，摒弃政治运动，遵循法制原则。第二，完善法律制度建设，使民主制度化、法律化。第三，废除干部领导职务终身制，身体力行带头退休。

以上论述，是邓小平全部法制思想的精髓，也是我们党和国家实行依法治国方针的理论依据。在社会主义制度下，把法律制度对治国安邦的历史作用提到这样的高度，在国际共产主义运动和我们党的历史上还从来没有过，这是对马克思主义法学理论的创造性发展。

（2）把民主和法制紧密结合起来，强调社会主义民主要制度化、法律化

民主与法制的关系问题，是马克思列宁主义法学理论的一个重要内容。马克思主义创始人对民主问题有很多论述，也曾谈到民主离不开法制的保障。列宁对民主问题也有较为充分的论述，认为社会主义应该是“高度的民主”。但纵观马克思、恩格斯和列宁

关于民主与法制问题的论述，他们一方面对通过法律确认并保障民主的实现论述得不够充分，另一方面也未把民主和法制紧密结合起来。

毛泽东在领导中国革命和建设的过程中，也提出了丰富的民主思想。但毛泽东在其民主实践中，崇尚人的思想革命化、群众运动和阶级斗争，而不重视法制建设的作用[1]。这成为他后来发动“文化大革命”的一个重要理论根据。

邓小平吸取了历史上的教训，特别是“文化大革命”的严重教训，结合当代社会主义建设的实践，提出为了保障人民民主，必须加强社会主义法制，使民主制度化、法律化，民主和法制是统一不可分割的整体。把民主和法制紧密结合起来，确立社会主义民主建设与法制建设的关系，不仅是邓小平法制思想的一个重要特点，也是他对马克思主义法学理论的一个重大贡献。

（3）重视法制在调节经济关系、维护正常经济秩序中的作用，强调搞社会主义现代化建设必须“一手抓建设，一手抓法制”

总结我国社会主义经济建设和法治建设的经验，邓小平指出：“搞四个现代化一定要有两手，只有一手是不行的。所谓两手，即一手抓建设，一手抓法制。”[2]这是邓小平对社会主义条件下我国法治的作用和重要性的精辟论述，也是对马克思主义法学理论的又一重要贡献。

（4）在强调党对立法工作领导的同时，提出了党必须在宪法和法律范围内活动的思想

我国历史和现实的情况都说明，党必须坚持对政法工作的领导，这是肯定无疑的。但党如何实现对政法工作的领导，党要不要领导人民制定完备的法律，执政党及其领导人要不要严格依法办事、在宪法和法律范围内活动，这是我国过去长期在理论上和实践上没有真正解决好的问题。

吸取国际共产主义运动和我国惨痛的历史教训，粉碎“四人帮”以后，对如何防止“文化大革命”那样无法无天的历史悲剧重演，邓小平进行了理论上的认真思考和实践上的积极探索，提出领导干部要严格守法，执政党在宪法和法律范围内活动，应成为社会

1　参见陈甦、张星炜：《从毛泽东到邓小平：民主思想的继承和发展》，《探索》1993 年第 5 期。
2　《邓小平文选》第 3 卷，人民出版社 1993 年版，第 154 页。

主义法治的一条根本原则。他首先从“解决制度问题”入手，强调要改革和完善党和国家的领导制度，认为这是最根本的问题。就法治建设来说，他一方面提出要集中精力制定完备的法律；另一方面提出要遵循有法必依、违法必究、执法必严、法律面前人人平等的原则，反对一切特权。他要求全党和全体干部牢固树立法制观念，要按照宪法、法律办事，学会使用法律武器。这是现在和今后发展社会主义民主、健全社会主义法制的过程中要求我们必须尽快学会处理的新课题。

根据邓小平的上述思想，中共十二大通过的新党章作出了一条新的规定：“党必须在宪法和法律的范围内活动。”1982年宪法也明确规定：包括共产党在内的各政党“必须以宪法为根本的活动准则，并负有维护宪法尊严、保证宪法实施的职责”。用根本大法的形式确定执政党必须在宪法和法律范围内活动，这在我国制宪史上是一个创举，也解决了社会主义国家长期未解决的坚持党的领导与法治建设的关系问题。

（5）“一国两制”体制下的“一国法律多元”，是马克思列宁主义法学理论在新时代的伟大创举

从法学的角度来看，“一国两制”不仅涉及国际法学的一些问题，而且又有国内法的问题。它不仅是政治学、宪法学研究的重要问题，也是当代马克思主义法理学的重要问题。

“一国两制”中的“两种制度”，既包含社会经济制度、政治制度、科技文化制度，同时也包含法律制度。这就是说，在宪法规定允许实行资本主义制度的地区内，可以相应地实行资本主义法律制度。一国之内两种不同社会制度并存，必然导致一国之内的法律多元化，突破了“一国一法”的模式。一国之内的法律多元化既决定于又服务于“一国两制”，为“一国两制”的顺利实现提供法律保障，并使之制度化、规范化、固定化[1]。因“一国两制”而出现的一国之内的法律多元化，是中外法制史上从未有过的。

“一个国家，两种制度”不仅在马克思主义经典著作中不曾有过论述，而且在世界历史上也无先例。它不仅为实现祖国和平统一找到了最佳方式，同时也为和平解决国际争端和历史遗留问题提供了范例。这是邓小平运用马克思主义基本原理解决中国实际问题的光辉典范，是对马克思主义国家学说的重大发展，也是对马克思主义法制理论的一个独创。

---

1 参见《走向二十一世纪的中国法学》，重庆人民出版社1993年版，第620页。

2. 邓小平对部门法学的理论贡献

从邓小平关于社会主义法制建设的论述中，我们可以看出，邓小平法制思想除了对社会主义法制建设的基本理论作了全面的阐释外，也涉及了许多部门法学的内容，在强调加强立法工作的过程中，还对完善宪法及其他一些部门法的制定和法学研究给予了关注，对部门法的建设具有重要指导意义，为部门法学的理论建设做出了重要贡献。

（1）邓小平对法理学的理论贡献

邓小平非常重视法学的基础理论研究工作。他指出："哲学、社会科学同自然科学一样，决不能忽视基础理论的研究，这些研究是理论工作的任何巨大前进所不可缺少的。"[1] 他还说："我并不认为政治方面已经没有问题需要研究，政治学、法学、社会学以及世界政治的研究，我们过去多年忽视了，现在也需要赶快补课。"[2] 为了使理论研究能有一个宽松的社会环境，他强调："思想理论问题的研究和讨论，一定要坚决执行百花齐放、百家争鸣的方针，一定要坚决执行不抓辫子、不戴帽子、不打棍子的'三不主义'的方针，一定要坚决执行解放思想、破除迷信、一切从实际出发的方针。"[3] 邓小平的这些观点，为法学研究的繁荣与发展提供了理论指导。我国法学界在 1979 年至 1982 年开展的那场法治与人治问题的学术争鸣，就是这一理论指导的结果。这对于我国法学研究具有长期重要的指导意义。

（2）邓小平对宪法学的理论贡献

宪法是国家的根本大法，是国家法治建设的基础。邓小平亲自指导了宪法的修改工作。在《党和国家领导制度的改革》一文中，邓小平指出："中央将向五届人大三次会议提出修改宪法的建议。要使我们的宪法更加完备、周密、准确，能够切实保证人民真正享有管理国家各级组织和各项企业事业的权力，享有充分的公民权利，要使各少数民族聚居的地方真正实行民族区域自治，要改善人民代表大会制度，等等。关于不允许权力过分集中的原则，也将在宪法上表现出来。"[4] 此外，宪法修改中的许多重大问题，也都是在他亲自主持下研究确定的，其中主要有：关于修改宪法要以 1954 年宪法为基础；关

1 《邓小平文选》第 2 卷，人民出版社 1994 年版，第 179 页。
2 同上书，第 180—181 页。
3 同上书，第 183 页。
4 同上书，第 339 页。

于要把四项基本原则写进宪法；关于不搞两院制；关于设立国家主席、中央军委，把公民权利和义务一章放在国家机构这章之前；关于人大的监督同政协的监督的区别；关于取消宪法中“四大”即大鸣、大放、大字报、大辩论的规定，等等。[1]这可以从邓小平在1982年宪法修改过程中发表的一些谈话和意见中得到印证。

1981年3月，邓小平听取对《关于新中国成立以来党的若干历史问题的决议》的修改意见，在谈到宪法修改问题时说，还是要恢复设立国家主席的职位。中国是个大国，设国家主席，对国家有利。[2]1982年2月，在中央政治局会议上讨论《中华人民共和国宪法修改草案（讨论稿）》时，他主张设立国家主席，并认为国家主席的职位，如果需要就设立，不能从对某一个人的考虑来确立我们国家的体制[3]。在关于地方权力机关和行政机关的建设方面，他同意在宪法中增加“县和县以上的地方各级人民代表大会设立常务委员会”，“将地方各级革命委员会改为地方各级人民政府”的修宪建议[4]。关于民族区域自治问题，他提出，要把我国实行的民族区域自治制度用法律形式规定下来，要从法律上解决这个问题，要有民族区域自治法[5]。1981年12月26日，在谈宪法修改问题时，对正确处理全国人民代表大会和全国人大常委会同最高人民法院的关系、国务院各部设立和部长任免移到全国人大常委会决定而不在人民代表大会通过、人民代表大会换届年限等问题发表了重要意见，其中强调，宪法序言里要提马列主义、毛泽东思想，条文里可以不提[6]。还指出，新的宪法要给人面貌一新的感觉。同意把“权利与义务”放在“国家机构”前面的意见。宪法要设立保护保守国家机密的内容[7]，等等。邓小平的上述意见，对我国制定一部科学和完善的宪法以及民主法制建设具有重要的指导意义，而且对我国政治体制的建构具有深远的影响。

（3）邓小平对行政法学的理论贡献

邓小平的行政法制思想是邓小平法制思想的重要内容。他在分析官僚主义产生的原

1　参见王汉斌：《学习小平同志社会主义民主法制理论，促进社会主义民主法制建设》，《法制日报》1994年11月1日。

2　参见《邓小平年谱（1975—1997）》（下），中央文献出版社2007年版，第722页。

3　同上书，第801页。

4　参见《邓小平年谱（1975—1997）》（上），中央文献出版社2007年版，第516页。

5　参见《邓小平年谱（1975—1997）》（下），中央文献出版社2007年版，第762页。

6　同上书，第793页。

7　同上书，第799—800页。

因时指出，官僚主义的病根之一，就是缺少严格的从上而下的行政法规和个人负责制，从而强调了制定行政法规的必要性和重要性。邓小平针对我国国家管理体制中存在的一些弊端，对如何通过积极推动政治体制改革转变我国的国家管理体制，推进政府依法行政，克服官僚主义，提高政府工作效率，有一系列的理论观点。这些理论观点对于我国的行政法制建设具有重要的理论意义和实践意义。

（4）邓小平对经济法学的理论贡献

在邓小平有关社会主义法制建设的论述中，有一些直接谈到经济法方面的内容，但不是很多，然而不能据此得出邓小平法制思想中没有多少经济法内容的结论。我们全面考察和梳理邓小平理论和邓小平法制思想，可以发现邓小平在有关社会主义经济建设和经济体制改革的论述中，涉及经济法学的内容还是非常丰富的，如强调"一手抓建设，一手抓法制"，重视法律在维护正常经济秩序中的功能。重视完善的经济法律体系的构建，如在产品质量立法方面，为了保证产品质量，卡住那些弄虚作假的行为，邓小平指出：质量问题那么严重，老出事故怎么行？不建立岗位责任制，出了事故找负责的也找不到。有些质量事故要追究责任，严重的要判刑。出了质量大事故，要给刑事处分[1]。"要提高质量，就必须改革。要立些法，要有一套质量检验标准，而且要有强有力的机构来严格执行。"[2]邓小平在为经济建设创造良好的法制环境，为社会主义市场经济法律体系的构建和完善提供了指导思想等方面，也有一些论述。邓小平关于经济法制建设的一系列论述，不仅促进了中国经济法制的建设，而且对经济法学的理论发展作出了重要贡献。

（5）邓小平对刑法学的理论贡献

在邓小平法制思想中，刑事法律思想占有相当大的比重。在《邓小平文选》中，专门论述刑事法律问题的文章虽然只有《坚决打击经济犯罪》和《严厉打击刑事犯罪活动》两篇，但其刑事法律思想在《邓小平文选》第1、2、3卷中均有体现，尤其集中于第2、3卷。[3]在本书相关章节中，曾从不同的角度对邓小平的刑事法律思想进行了阐释。邓小平对刑法学的理论贡献主要集中在以下内容，如加强刑事法律制度建设，坚持刑法面前

1　参见《邓小平年谱（1975—1997）》（上），中央文献出版社2007年版，第233—234页。

2　《邓小平文选》第3卷，人民出版社1993年版，第132页。

3　参见胡云腾、赖早兴：《论邓小平刑事法律思想》，《人民司法》2004年第11期。

人人平等，关于“集体犯罪（单位犯罪）”概念的提出，关于依法打击经济犯罪活动的思想，依法严厉打击各种犯罪活动的思想，邓小平的死刑观等。

（6）邓小平对国际法学的理论贡献

邓小平对国际法的研究也很重视。在进行社会主义现代化建设的过程中，随着不断扩大对外开放，我国与外国的政治、经济和文化交往日益增多，许多关系需要国际法来调整。因此，他强调“还要大力加强对国际法的研究”[1]。邓小平在20世纪后半期，尤其是在20世纪80年代以后，针对国际形势提出的一些有现实意义的观点，促进了国际争端的和平解决以及国际关系的发展，同时也丰富了国际法的研究内容。[2]邓小平对国际法学的贡献主要集中在以下几方面：以和平共处五项原则为准则建立国际政治经济新秩序，提出了以和平方式解决国际争端的途径和办法，国家的主权和国家的安全要始终放在第一位，完善国际经济立法，加强与国际之间的经济合作与交流。

（二）中共十三届四中全会以来对法学研究的促进和推动

中共十三届四中全会以来，以江泽民为核心的第三代中央领导集体和以胡锦涛为总书记的党中央，对法学研究在推进依法治国中的作用也非常重视。

1997年1月21日，在中国法学会第四次会员代表大会上，江泽民发表讲话并谈到了法学研究问题。在这次会议上，江泽民阐述了“法令行则国治，法令弛则国乱”的历史规律，剖析了“民主法制化与法制民主化”的辩证关系，并提出“法学研究、法制工作也要适应新形势的要求，适应改革开放和发展社会主义市场经济的要求应该有新发展”。他指出，广大法学工作者、法律工作者，是致力于民主与法制建设的一支重要力量。希望大家在邓小平建设有中国特色社会主义理论的指导下，继续研究和回答实践中需要解决的重大问题，更好地为促进国家的改革、发展和稳定服务。[3]在中国法学会第四次会员代表大会上，江泽民还提出，要重视犯罪心理学研究，提出预防和减少犯罪的对策。[4]1999年，在中国法学会庆祝建会50周年之际，当时的中央领导集体成员发来贺信、贺词和题词。江泽民的题词为“繁荣法学研究，推进依法治国”。李鹏的题词为“加强

1 《邓小平文选》第2卷，人民出版社1994年第2版，第147页。

2 参见黄世席：《邓小平国际法思想研究》，《河北法学》2005年第11期。

3 转引自《静海深流——访中国法学会原会长任建新》，《中国法学会》2009年第5期。

4 同上。

法学理论研究，完善有中国特色的社会主义法律体系”。李瑞环的题词为“加强理论研究，推进法制建设”。[1] 上述讲话和题词，表明了第三代中央领导集体对法学研究的关心，对繁荣法学研究起到了重要的推动作用。

中共十六大以来，以胡锦涛为总书记的党中央对法学研究也很重视。胡锦涛曾指出，要牢牢把握政法领域意识形态斗争的主动权，坚持用中国特色社会主义理论体系指导政法工作和法学理论建设，加强马克思主义法学队伍建设，坚决抵制敌对势力对我国社会主义司法制度的攻击，坚决抵制西方错误政治观点、法学观点的影响。[2] 胡锦涛的讲话指出了中国法学研究应坚持的政治方向。按照这个要求，法学研究要坚持从我国的国情出发，辩证地、历史地研究法律现象，坚持马克思主义法律观，弘扬社会主义先进法律文化，自觉抵制西化的、封建主义的等各种非马克思主义法律观的影响，划清社会主义法治与资本主义法治的界限，努力创建中国特色社会主义法学理论体系。

中共十八大以来，以习近平为核心的党中央，也非常重视法学研究工作，肯定了法学研究的成绩，提出了法学研究的要求，指明了法学研究的方向。2016 年 5 月 17 日，在哲学社会科学工作座谈会上的讲话中，习近平总结了改革开放以来我国哲学社会科学理论创新的成果和贡献，就包括建设“中国特色社会主义法治体系”，提出要加快完善包括法学在内的“对哲学社会科学具有支撑作用的学科”。[3]

2017 年 5 月 3 日，习近平在中国政法大学考察时，对法学研究在法治实践中的意义、法学研究的内容和方向提出了要求。他强调，没有正确的法治理论引领，就不可能有正确的法治实践。高校作为法治人才培养的第一阵地，要充分利用学科齐全、人才密集的优势，加强法治及其相关领域基础性问题的研究，对复杂现实进行深入分析、作出科学总结，提炼规律性认识，为完善中国特色社会主义法治体系、建设社会主义法治国家提供理论支撑。[4]

---

1 转引自《静海深流——访中国法学会原会长任建新》，《中国法学会》2009 年第 5 期。

2 《社会主义法治理念读本》，中国长安出版社 2009 年版，第 184 页。

3 习近平：《在哲学社会科学工作座谈会上的讲话》（2016 年 5 月 17 日），人民出版社 2016 年版，第 21—22 页。

4 《立德树人德法兼修抓好法治人才培养　励志勤学刻苦磨炼促进青年成长进步》，《人民日报》2017 年 5 月 4 日。

三、改革开放以来法学研究的恢复与繁荣及其推动下的法治建设成就

（一）改革开放四十年以来法学研究的恢复与繁荣

1976年10月打倒“四人帮”，宣告长达十年之久、给国家和民族带来深重灾难的“文化大革命”结束。中国人民开始用清醒的头脑思考国家民族的未来。一场极为深刻的社会变革的时机开始到来。1978年5月11日，《光明日报》发表特约评论员文章《实践是检验真理的唯一标准》，标志着一场深刻的、意义深远的思想解放运动的开始。这场思想解放运动为新时期法制建设的蓬勃发展奠定了重要的思想基础。四个月后，《人民日报》发表特约评论员文章《民主与法治》指出：“当前，我们十分需要这样的社会主义的《刑法》和《民法》，以便司法部门量刑有准，执法有据。同时，我们也十分需要社会主义的诉讼法，使人民有冤能伸，有理能辩，有权根据法律的规定，进行诉讼，以保卫自己的合法权利。”当时刚刚复出的邓小平深刻总结了新中国成立以来民主与法制建设的历史经验，也深刻总结了发生十年“文革”灾难的教训，他把眼光放在制度建设上。他说：“我们过去发生的各种错误，固然与某些领导人的思想、作风有关，但是组织制度、工作制度方面的问题更重要，这些方面的制度好可以使坏人无法任意横行，制度不好可以使好人无法充分做好事，甚至会走向反面。即使像毛泽东同志这样伟大的人物，也受到一些不好的制度的严重影响，以至对党对国家对他个人都造成了很大的不幸。”[1]

1978年12月13日，邓小平在中共十一届三中全会前召开的中央工作会议上，作了题为《解放思想，实事求是，团结一致向前看》的重要讲话。这个讲话，中共十五大报告曾给予了很高的评价：“1978年邓小平《解放思想，实事求是，团结一致向前看》这篇讲话，是在‘文化大革命’结束以后，中国面临向何处去的重大历史关头，冲破‘两个凡是’的禁锢，开辟新时期新道路、开创建设有中国特色社会主义新理论的宣言书”。这篇讲话，实际上成为几天后召开的中共十一届三中全会的主题报告。

邓小平在这篇讲话中，进一步强调了社会主义法治问题。他指出：“为了保障人民民主，必须加强法制。必须使民主制度化、法律化，使这种制度和法律不因领导人的

1 《邓小平文选》第2卷，人民出版社1994年第2版，第333页。

改变而改变，不因领导人的看法和注意力的改变而改变。现在的问题是法律很不完备，很多法律还没有制定出来。往往把领导人说的话当作‘法’，不赞成领导人说的话就叫‘违法’，领导人的话改变了，‘法’也就跟着改变。所以，应该集中力量制定刑法、民法、诉讼法和其他各种必要的法律，例如工厂法、人民公社法、森林法、草原法、环境保护法、劳动法、外国人投资法等等，经过一定的民主程序讨论通过，并且加强检察机关和司法机关，做到有法可依，有法必依，执法必严，违法必究。"[1]在随后召开的中共十一届三中全会上，根据邓小平的民主法制思想，提出了"加强社会主义民主，健全社会主义法制"的战略任务，确立了"有法可依，有法必依，执法必严，违法必究"[2]的法制建设方针。从此，中国的法治建设进入了新的发展时期。

改革开放近四十年来，根据中共十一届三中全会确立的基本方针，在国家政治、经济、文化等各个领域进行全方位的改革，取得了举世瞩目的伟大成就。在这三十多年中，作为国家建设的一个重要组成部分——中国的法治建设经历了从恢复到发展，从借鉴到创新的过程，一个生机勃勃，不断走向繁荣的局面已展现在我们面前。回顾中共十一届三中全会以来中国法治建设的历程，可以说，这段时期是中国法治建设发展最快、成就最辉煌的时期。

1978 年中共十一届三中全会以来，法学研究乘思想解放的东风，清理、反思，逐渐打破法学禁区，全方位开展立法和法学研究，形成了久违了的学术争鸣的局面。这种学术争鸣对于法学理论的进步产生了极大的推动作用，为新时期社会主义法治建设提供了强大的理论支持。正如学者所言："30 年来的法治发展几乎在每一步都遇到了思想观念上的禁锢与突破的反复较量，每一个成就也都与相应的法治意识和理念的树立有关。"[3]

众所周知，新中国成立以后，从 20 世纪 50 年代开始，我国从苏联移植了其法学理论的构建模式。法学和政治学界限不清，学科体系模糊。按照苏联的理论，法学理论一般被冠以"国家与法的理论"或者"马列主义关于国家与法权理论"等意识形态、阶级属性极强的名称。受这种理论的影响，当时我国法学工作者在对法学的研究与教学过程中，过分突出了法的阶级性和专政性。法律的斗争工具作用被放大到无以复加的地步，

1 《邓小平文选》第 2 卷，人民出版社 1994 年第 2 版，第 146—147 页。

2 参见《第十一届三中全会公报》(全文) 1978 年 12 月 22 日。

3 参见蔡定剑、王晨光主编:《中国走向法治 30 年》，社会科学出版社 2008 年第 1 版，第 21 页。

对于不同社会形态的法律所具有的共性成分，比如：法的社会性、规则性等却极度忽视，法律完全成为体现统治阶级意志的专政工具。20 世纪 70 年代后期，这种状况已经完全不能适应社会发展需要，所以我国的法学研究的恢复阶段是从法学理论和法治建设的基本理论、基本问题着手进行研究。

1999 年 8 月，中国法学会法理学研究会在上海召开了以“跨世纪法理学回顾与展望”为主题的学术年会。会议对改革开放 20 年中国法理学的发展进行了总结，有的学者认为法理学研究实现了“十大转变”；[1] 有学者认为，20 年中国法理学研究在方方面面的具体问题上都进行了较为深入的研究，其中具有重大理论和实践意义的问题主要有：关于法的概念和本质、关于人治与法治、关于党的政策与国家法律的关系、关于法律面前人人平等、法与市场经济、法与精神文明、关于司法制度改革等七个问题，此外，还在一系列问题上打破了理论禁区并取得了可喜的成果，如法的阶级性与共同性问题，权力监督与制约问题，违宪审查问题，西方法制的借鉴、学习与移植问题，法律价值问题，以及立法、司法和执法中的一些实际问题等。此外，我国法理学还对其他许多理论与实践问题进行了探讨，如法律系统论、法的实现、法与民主、法与平等、法与人权、法制与改革、法律文化、法的精神、法律解释、立法与立法体系、法制现代化、邓小平法制理论等，并取得了一批有学术价值的研究成果。[2] 虽然从学科角度看，法理学只是法学的一个分支，但是在对重大的基本法律理论问题的研究和探讨上，透过法理学的基本理论以及基本问题却完全可以窥视整个法学研究的宏观方面，同时法理学的上述研究成果也为各部门法学提供了基本的原则、立场和方法。

进入 21 世纪后，法学研究在依旧重视基本理论研究的同时，逐渐趋向研究法学方法论问题。虽然梁慧星教授的《民法解释学》可以看作是法学方法论的初步尝试，但是

1　从政治哲学之法理学向法律科学之法理学转变；从研究方法的单一性向研究方法的复合性转变；从法的意志论向法的规律论转变；从法的批判性向法的批判性与法的继承性、法律移植相统一转变；从重政策轻法律向法律政策并重甚至治国主要依靠法律转变；从法的专政功能向法制与民主、法律与人权结合转变；从注重法的适用向法的适用与法的监督制约并重转变；从注释法学向实然法研究与应然法研究并重转变；从法与经济的一般关系论向市场经济与法制内在关联论转变；从工具性法制价值分析向依法治国的法治论转变。参见李龙、汪习根：《风雨百年的中国法理学》，载庄金锋、崔惠平主编：《跨世纪法理学回顾与展望》，上海社会科学出版社 2000 年版，第 25—39 页，转引自刘旺洪：《现代化范式与中国法理学的“理想图景”》，《北方法学》2009 年第 1 期，第 116 页。

2　参见蒋传光：《中国法理学 50 年的成就和贡献》，《淮北煤师院学报》（哲学社会科学版）2000 年第 1 期，第 43—44 页。

法学方法论的集中研讨并引发关注进而成为新时期法学研究的热点，则是在2000年之后。[1] 法学方法作为法律人思考、分析和处理法律问题的工具、技术、方法，已经成为现代法学研究的重要领域。改革开放四十年来，无论是法理学学者，还是部门法学者都相当关注法学方法论研究。在20世纪80年代和90年代，法学方法论的研究主要是以法律解释和法律推理研究为主，并且受英美法的影响较大。21世纪初期以来，随着以拉伦茨的《法学方法论》（商务印书馆2003年版）为代表的一批德国和台湾地区的法学（法律）方法论著作传播到大陆，法学方法论研究逐渐进入系统化的研究阶段。学者们围绕法学方法论的名称、功能、体系，法律思维的规律、特点，法律推理、法律解释、法律论证、法律发现、价值衡量、漏洞补充等方法，进行了较深入、系统的研究。法学方法论研究的兴起和发展，不仅为法理学研究开辟了一个新的知识场域，而且给法理学研究注入了新的学术元素。[2] 法理学研究的方法论转向实则是法理学研究本身的反思所引发的，导源于对法理学研究现状的不满。一些学者通过研究指出："20世纪初期以至整个上半叶的法理学，主要是在介绍、移植欧美诸国的法律思想特别是宪法学说，其目的主要在于为实现富国强兵提供形而上的'道'。20世纪下半叶则转向了全面推行苏联特色的法学理论，目的在于为新的政治秩序服务。一言以蔽之，移植性的法理学、政治化的法理学，构成了百年法学理论的主流。"而对这些问题的研究都只是在探究"法外之理"，对法理学本应该作为研究重心的"法内之理"缺乏关注的力度和深度，进而导致了法理学存在"研究对象上的迷失"，只剩下了"宏大叙事"。在这样的背景下，法理学则需要实现从"法外之理"向"法内之理"的转变，实现从"宏大叙事"向"微观论证"的转变。具体说来，就是要实现法理学由绝对的阶级意志论向价值的多元化转变，由立法中心主义向司法中心主义的转变，由本体论向方法论转变，这就开启了中国法理学的方法论时代。[3]

自中共十一届三中全会以来，我国法学研究从逐步恢复到今天的繁荣，研究成果可谓汗牛充栋。不仅仅法理学的研究获得极大发展，其他各部门法学理论研究也都迅速前

1　石茂生、张伟：《改革开放三十年与中国法理学的发展》，《河南省政法管理干部学院学报》2008年第6期，第77页。

2　黄文艺：《中国法理学30年发展与反思》，《法制与社会发展》2009年第1期，第10—11页。

3　石茂生、张伟：《改革开放三十年与中国法理学的发展》，《河南省政法管理干部学院学报》2008年第6期，第77—78页。

进，取得了大量的理论成果。并且随着理论研究的不断深入，法理学与各部门法学之间的交叉渗透愈发密切。

（二）改革开放以来法学研究推动下的中国法治建设成就

在法学理论研究繁荣状况的推动下，我国从 1979 年开始法制建设，取得了巨大的成就，极大地促进了法制建设实践的发展，表现在法制建设的各方面。

在立法领域，中共十五大、十六大都明确提出要“加强立法工作，提高立法质量，到 2010 年形成有中国特色社会主义的法律体系”。2008 年 3 月 8 日，全国人大常委会委员长吴邦国在十一届全国人大一次会议上指出：“到目前为止，我国现行有效的法律共 229 件，涵盖宪法及宪法相关法、民商法、行政法、经济法、社会法、刑法、诉讼及非诉讼程序法等七个法律部门；现行有效的行政法规近 600 件，地方性法规 7 000 多件。以宪法为核心，以法律为主干，包括行政法规、地方性法规等规范性文件在内的，由七个法律部门、三个层次法律规范构成的中国特色社会主义法律体系已经基本形成。”[1] 这样经过短短 30 年的时间，我国就从“无法可依”到法律体系基本形成。我国立法体制、立法观念和立法程序更加科学化，改革开放四十年来，在立法日臻完善的同时，全国人民代表大会及其常务委员会、国务院各部门、各地方人民政府等享有国家立法权或者享有制定法规权的部门，不断提高立法技术，坚持民主立法、科学立法。对关系国计民生的重大法律召开立法听证会，广泛听取人民群众意见，具有了丰富的立法经验，立法水平和立法质量不断提高。[2]

在司法领域，公正司法，和谐司法，不断满足人民群众日益增长的司法需求，各司法机关各司其职、互相配合、互相制约，依法行使法律赋予的职权，加大执法力度，使社会生活的各方面逐步进入了法制轨道。“文化大革命”结束之后，伴随着 1982 年新宪法颁布实施、三大诉讼法的陆续出台与不断完善、人民法院组织法和人民检察院组织法的修改完善，我国的社会主义司法制度得以恢复和重建。但是，随着改革的深化、开放的扩大、社会的发展，人民群众越来越习惯于从法律和权利的角度提出利益主张，当事人越来越要求通过法律程序解决矛盾和纠纷，把公平正义的最后诉求寄托在司法机关。

---

1 《中华人民共和国第十一届全国人民代表大会第一次会议文件汇编》，人民出版社 2008 年版，第 161 页。

2 郭伟伟：《改革开放三十年的法制建设》，《当代世界与社会主义》2008 年第 5 期，第 20 页。

面对人民群众日益增长的司法需求与司法机关的司法能力相对不足的矛盾，中共中央及时提出进行司法改革，用改革来解决这一矛盾。[1]根据中共十五大和十六大的精神，推出了两个五年改革纲要，2006年5月，中共中央做出了《关于进一步加强人民法院、人民检察院工作的决定》，对司法改革、司法建设、司法工作、司法理念所涉及的一系列重大问题和突出问题作出了明确的规定，有力地促进了司法工作的发展。过去十年，我国司法改革及其成就主要体现在以下五个方面：[2]

第一，以保证公正司法、实现社会公平正义为终极目标，加强对司法权的监督制约，一些影响司法公正的突出问题得到有效解决。不断完善审判公开、检务公开、警务公开、狱（所）务公开等司法公开制度，公众的参与权、知情权、诉讼权有了更好的保障；对诉讼活动的检察监督机制，特别是对司法工作人员渎职行为的监督机制进一步健全。

第二，完善刑事司法制度，在尊重和保障人权方面取得新进展。死刑案件办理程序进一步完善。未成年人司法制度进一步完善，适合未成年人特点的侦查、批捕、起诉和审判方式逐步建立。超期羁押人数明显下降，刑罚执行的法律监督更加规范。监狱体制改革试点稳步推进，教育改造质量进一步提高，依法维护了在押罪犯的合法权益，罪犯脱逃率和狱内发案率大幅度下降。社区矫正试点和人民监督员制度试点取得良好效果，全国25个省、自治区、直辖市积极推进社区矫正试点工作，社区服刑人员重新犯罪率低于1%。

第三，完善民事诉讼制度，改革和完善民事审判与执行机制，当事人告状难、申诉难、执行难的问题得以缓解，司法效率进一步提高。目前，运用简易程序审理民商事案件达到案件总数的71.26%，全国绝大多数人民法庭实现了直接立案，多元化矛盾调解机制进一步健全，通过开辟网上立案、远程立案，建设“数字法庭”“科技法庭”，司法工作效率进一步提高，当事人的“讼累”有所消解。

第四，加大司法救助和法律援助力度，困难群体的诉讼权利得到更好保障。新颁布的《诉讼费用交纳办法》平均降低诉讼费用60%。近年来，国家对法律援助经费的投

1 张文显：《改革开放新时期的中国法治建设》，《社会科学战线》2008年第9期，第9—10页。

2 参见熊秋红：《优化司法职权配置是司法改革的关键》，《人民法院报》2008年3月20日；中华人民共和国国务院新闻办公室：《中国的法治建设》，《人民日报》2008年2月29日。

入逐年加大，中央财政和部分省级财政对贫困地区法律援助的转移支付制度已经建立。2006 年，全国各地共办理各类法律援助案件 318 514 件，为 3 193 801 人（次）提供了法律咨询服务，同比分别增长 25.6%、19.9%，全国设立法律援助机构 3 171 个，参与法律援助人员 12 155 人。

第五，实施《法官法》《检察官法》，建立统一司法考试制度，改革法官、检察官准入和晋升制度，司法队伍综合素质显著提高。司法行政工作与审判、检察业务相分离的管理制度进一步完善，制定完善了公开招考、竞争上岗、干部交流等制度，法官、检察官职业化建设全面推进。与此同时，司法经费保障机制进一步完善，国家和地方财政对司法的投入有所增加，为司法部门公正、高效、权威地履行职能提供了更多的物质保障。

在法学教育领域，邓小平在 1980 年 1 月 16 日举行的中央干部会议上就曾指出："干部构成不合理，缺乏专业知识、专业能力的干部太多，具有专业知识、专业能力的干部太少。比如现在我们能担任司法工作的干部，包括法官、律师、审判官、检察官、专业警察，起码缺一百万。可以当律师的、当法官的，学过法律、懂得法律，而且执法公正、品德合格的专业干部很少。"江泽民也多次强调法学教育和人才培养的重要性。所以，加速培养法律人才是拨乱反正后的一项紧迫的工作。自 20 世纪 70 年代末以来，在党和政府的高度重视和直接关怀下，我国法学教育的规模以空前未有的速度扩大。截至 2008 年 8 月，开设法学教育本科的高校已达 634 所，在校学生接近 30 万。法学教育的层次日趋齐全，结构亦日臻完善，目前，我国已经基本建立了由普通高等法学教育、成人法学教育、法律职业教育构成的多渠道、多形式、多层次的法学教育体系。与 30 年前相比，当前我国法学教育的规模、质量、水平、效益都发生了根本性的变化。[1]

中共十一届三中全会以来，中国的法治建设所取得的成就除了上述几个代表性的方面，还应包括：厘清了执政党与宪法和法律的关系，依法执政的观念逐步确立。1982 年宪法明确规定："全国各族人民、一切国家机关和武装力量，各政党和各社会团体、各企业事业组织，都必须以宪法为根本的活动准则，且负有维护宪法尊严、保证宪法实施的职责。"此外，中国共产党和党员干部都必须在宪法和法律的框架范围内活动这一原则还

1 曾宪义：《新中国法治 50 年略论》，《中国人民大学学报》1999 年第 6 期，第 40 页。

写入了修改后的党章，这样就逐步理顺了执政党和宪法与法律的关系，宪法和法律的权威逐步确立，党依法执政的理念逐步形成；积极推进依法行政，各级政府依法行政意识和依法行政能力不断增强；法律服务工作发展迅速，律师、公证事业不断壮大；[1]社会主义法制事业健康发展，“依法治国首先要依宪治国，依法执政首先要依宪执政”。依宪治国、依宪执政，坚持党的领导、人民民主、依法治国的有机统一，实现民主法制化、法制民主化，就是社会主义法制。[2]

四、改革开放四十年来法学研究的重要成果及其对法治建设的促进

中国的法制建设实践不可能离开理论的正确指导，中共十一届三中全会以后，尤其是确立了建设社会主义市场经济的战略后，我国的法学研究及其理论成果无论在质上还是在量上，都有了突破性的进展，从而在丰富多彩的法制实践中，为社会主义法律体系的完善发挥了重要的作用。中共十一届三中全会实行改革开放政策以来的法学研究，对中国法治实践和人们思想认识中需要解决的一些重大理论问题进行了探讨，促进了人们思想观念的转变和法治社会的建设。具体说来，这些成果主要有：

（一）更新了人们的法观念，促进了人们对法在社会中的功能与作用的认识

1. 更新了人们的法观念，提高了人们的法律意识。中国历经两千多年封建专制的统治，从历史角度分析，中国传统法律文化中有值得肯定的方面，也存在相当的消极因素，如：维护君权，缺乏民主；否定个人权利，肯定等级特权；提倡平均，忽视平等；重视道德教化，忽视法律调整；视法律为专制工具，提倡严刑峻法等。这些消极因素对我国公民的法观念及对法的认识产生了深刻影响，主要有：强调人治，忽视法治，如替民作主，权大于法，仰仗“青天”，以言代法即为其表现形式；“防民、治民”的法制观念，法律约民不约官；法就是刑，在人们的观念中，法律的主要职能就是镇压，就是刑罚；个人权利意识的淡薄仍然没有从根本上得到改变，轻视诉讼。这些都成为我国公民法律

1 郭伟伟：《改革开放三十年的法制建设》，《当代世界与社会主义》2008年第5期。

2 张文显：《改革开放新时期的中国法治建设》，《社会科学战线》2008年第9期，第6页。

意识现代化的重要障碍。

改革开放以来，通过对法的本体理论以及社会实践中重大法学理论问题，如：法的概念、本质，法制、法治、人治、德治，法律面前人人平等，法与民主、法与人权、法与权利，法律意识，司法公正与司法改革，法律与政策，法律监督，法与市场经济体制等一系列基本问题的研究，使人们对法是什么有了较为确切的了解，对法的功能与作用有了较为深刻的认识。全社会的法治观念、依法办事观念、权利观念有了很大提高，人们依法保护自己合法权益的意识显著增强。人们法观念的更新与法律意识的提高，现在看来，尽管与建立现代法治社会的要求还有差距，但其对立法、法律适用和法律的遵守等方面所起的作用是无可置疑的。同时，这也为实施依法治国方略，建立法治国家奠定了思想基础。

2. 促进了人们对法的功能与作用，特别是在建立市场经济体制中法的重要性的认识。通过对关于法的本质、特征，法的制定、解释、实施，法律关系、法律责任、法律制裁，法与经济、国家、政治、政策、道德、宗教的关系等问题的研究，从某种意义上说，都是为了准确地揭示并有效地发挥法的作用。同时，法学理论和法律实践中的很多争论也往往都是围绕法的功能和作用而展开的。实践也已证明，许多社会矛盾和社会问题只有靠法治才能得到有效解决。这是由于法律不仅仅具有规范化、制度化的效能，更重要的是，它通过规范各相关主体间的权利与义务关系，能够从根本上回答和落实在社会主义社会的一定发展阶段，如何合理、有效和安全地解决各种社会矛盾。正是这些理论的研究和法在实践中作用的显现，使人们对法的功能与作用有了全面的认识，并对法治有了渴盼与呼唤。

中共十四大以后，我国确立了建立社会主义市场经济体制的改革目标。市场经济主体结构的多元性，市场经济的竞争性、公平性和契约性等特征，决定了市场经济体制的建立和完善必须要有完备的法制来规范、引导、约束和保障。基于此，法学界对法在市场经济中的重要性从多角度、多层次进行了论证，并于 1993 年提出了“市场经济（从某种意义上说）就是法制（法治）经济”的命题。尽管对这一命题的科学性，法学界一些学者提出了不同的看法，但可以肯定的是，市场经济离不开法治的观念已深入人心。没有健全的社会主义市场经济法制体制的建立，也就不可能有繁荣、健康的社会主义市场经济，现已成为人们的共识。

（二）法学理论上的探讨与发展、创新及对法治建设的促进

法学研究除上述成就外，在其发展历程中，随着研究内容的不断扩大、更新和深化，也涉及方方面面的一些具体理论问题。其中，具有重大理论和实践意义的问题有：

1. 关于法的概念和本质问题[1]

前已述及，早在新中国成立初期我国已全盘接受了苏联法学理论，其中奉维辛斯基的法的概念和本质论为圭臬。维辛斯基认为："法律是国家权力机关制定或认可的、反映这么一些内容的一种规范体系：统治阶级意志通过法律秩序、习惯和社会生活规则的形式得以建立，并且由国家强制力保障实施，用以确认、保护和发展对于统治阶级有利的社会关系和社会秩序。"[2] 维辛斯基把马克思主义关于法和法律的有关论述加以教条化和碎片化，使其与斯大林的国家理论相契合，最终形成了把法律的阶级性奉为法律的唯一本质特征，同时认为法律是阶级专政的工具，完全抹杀了法律的社会性特征。早在20世纪五六十年代，我国法学界就已经有声音对上述观点提出质疑，认为在我们进入社会主义社会后，按照维辛斯基的法律观，社会主义和资本主义的法是无法在本质上加以区别的，也就是说这种法律观不能深刻反映社会主义法的本质和特征。部分学者对此问题展开了一些讨论和探索，但是由于众所周知的原因以及1957年开始的反右斗争，这场学术争鸣也就无疾而终了。

1978年中共十一届三中全会以后，我国法学界的一部分学者在解放思想的指引下，试图冲破禁区以科学的态度来探讨一些重大的法学理论问题，其中首先展开的就是关于法的本质问题的论争。此后的十年，是法的概念和本质问题讨论的活跃期。在此期间，"争论的问题主要涉及：法是不是阶级社会所特有的现象，怎样理解法的阶级性，法是否具有社会性，如何理解法的社会性，怎样看待法的阶级性与社会性之间的关系，社会主义法是不是统治阶级意志的反映"。[3]

关于法的本质的大讨论，不仅在法学界人士中引起关注，也引起中央领导人的关注

1 蒋传光教授认为："法的概念的表述建立在对法的本质揭示基础上，因而对两者的认识是结合在一起的。"参见蒋传光：《中国法理学50年的成就和贡献》，《淮北煤师院学报》（哲学社会科学版）2000年第1期，第43页。

2 参见舒扬主编：《中国法学30年》，中山大学出版社2009年版，第22页。

3 吉林大学理论法学研究中心：《中国法理学三十年》，载姜明安主编：《中国法学三十年（1978—2008）》，中国人民大学出版社2008年版，第12页。

并就此作出批示。可见这场讨论的影响之大，意义之深远。[1]

由于对法的起源与消亡问题及对本质属性、阶级性、社会性及共同性等概念的不同主张和理解，形成了对法本质的种种不同意见。学者们的论争大体上可归为一点，那就是对法的阶级性和社会性的看法：是承认法的阶级性，还是承认法的社会性，还是认为是阶级性和社会性的统一。围绕着这一核心问题，学者们展开了争鸣。其中具有代表性的观点有如下几种：（1）法的本质属性是阶级性的观点符合马克思主义对法的认识。部分学者认为，“上述观点既符合马克思主义所揭示的关于法的本质原理，又符合人类社会历史发展的实际情况；既能清楚明确阐发这一社会历史现象的产生、发展、消亡的规律，又能在我国现阶段的社会政治、经济以及阶级、阶层或利益集团等实际情况中找到事实根据”。[2]（2）法的本质是社会性。该观点认为，法不是阶级社会所特有的现象，法的产生与阶级无关。法虽然有强制性、规范性，但这并不是法的普遍基本的属性。过分夸大法的阶级性，在很大程度上抹杀了法的科学性，为司法实践中的执法不严、破坏法制提供了理论根据。严重破坏了法律面前人人平等的原则，为一部分人搞特权，凌驾于法律之上提供了借口。[3]（3）法的本质是阶级性和社会性的统一。所谓法的社会性，是相对于法的阶级性而言的，而在谈法的阶级性时，是相对于法的社会性而言的。从认识论的观点看，社会性和阶级性是不可分割的统一体。法的社会性和法的阶级性是人们为了认识法的本质而使用的一对范畴，两者互相依存，互相贯通，二者的统一才构成法的本质，单独主张任何一方面都是不完整的。[4]

这次论争使得法学界对于法的本质问题有了愈加明确和科学的认识，虽然至今仍未形成统一的看法，但“经过十几年的讨论，对法的概念和本质的认识有了突破，并取得了较为一致的看法，即法的本质属性不再是单纯的阶级性，法的本质应包括两个方面，从主观方面看，法是国家意志和统治阶级意志的体现；从客观方面看，法的内容是一定社会物质生活条件所决定的。法是规范性、国家强制性、阶级意志性和物质制约性的统一。……法的本质应是多层面的，就功能层面而言，法的本质归根到底在于解放、保护

1　参见中国社会科学院法学研究所编：《中国法治 30 年》，社会科学文献出版社 2008 年版，第 21—22 页。
2　参见沈国明、王立明主编：《二十世纪中国社会科学法学卷》，上海人民出版社 2005 年版，第 328 页。
3　同上。
4　同上书，第 329 页。

和发展生产力。对法的本质的认识随着实践的发展还将不断被深化，这也说明人们对法的概念与本质的认识逐步走向全面，并顺应了时代发展的要求”。

在法的概念和本质的论争过程中，也涉及一些更为具体的法律范畴的问题，比如法的起源和发展、法的作用与效力、法的继承与移植等。在廓清了法的本质并非仅仅是阶级性的基础上，包括法的本质及相关问题的论证为法制建设实践奠定了坚实的基础，尤其反映在立法层面。我们不但制定了适合本国国情的一些彰显“社会性”的法律，比如：劳动法、交通法规等，而且还在维护市场公平交易的层面通过借鉴发达国家的立法经验制定了诸如证券法、公司法等技术规制性强的法律。1997 年修订的刑法中，一度在分则中占有重要位置，并且在实际刑事司法实践中得到广泛应用的“反革命罪”，最终为“危害国家安全罪”所替代。罪名的更迭显示了刑事法律理论研究的重要性，使得“反革命罪”这一特定历史时期的意识形态化的罪名，因着社会发展而被常态化的“危害公共安全罪”所替代的合理性。这一修改完全符合刑事法律的规律性和科学性。这次刑法修改还废除了不符合市场经济建设的“投机倒把罪”，在一定程度上促进了市场交易的繁荣。2009 年 8 月 24 日全国人大常委会第十次全体会议，听取关于《全国人民代表大会常务委员会关于修改部分法律的决定（草案）》审议结果的报告。根据草案的规定，对《中华人民共和国计量法》《中华人民共和国野生动物保护法》《中华人民共和国铁路法》《中华人民共和国烟草专卖法》四部法律中有关“投机倒把”“投机倒把罪”的规定予以删去并作了修改。这意味着“投机倒把”这一带有计划经济色彩的名词将成为历史名词，不再出现在我国现有的法律当中。这样在我国刑法和附属刑法中，所谓的“投机倒把罪”最终成为历史。这些具体的立法实践事实上明确了法的本质不仅仅只是反映了阶级性。

更为重要的是，我国全国人大及其常委会的立法程序中，已经形成了这样一个惯例，即在制定法律之前，应考察相关国家的立法经验，形成开门立法的状况。这些情况说明经过多年的争鸣，学术界关于法的概念和本质的探讨及其成果已经深刻影响了我国的法制建设，也正是基于这一原因，我国才有了今天的立法成果。所以说“中国为了在市场经济和民主政治基础上建立和谐社会，法律所起的作用主要不是专政和阶级斗争的工具，而是实现公平正义、定分止争、保障人权和维护社会和谐发展的法制保障”。[1]

1　参见蔡定剑、王晨光主编：《中国走向法治 30 年》，社会科学出版社 2008 年版，第 22 页。

2. 关于法律面前人人平等的问题

欧洲资产阶级在反封建的斗争中首次提出“法律面前人人平等”的口号。但这一法律思想在中国的命运亦显坎坷，1954年《中华人民共和国宪法》的颁布，该法第85条明确规定“中华人民共和国公民在法律上一律平等”。这一时期的“法律面前人人平等”强调公民在遵守和适用法律上的平等性，是守法和司法上的平等。然而由于20世纪50年代后期开始的法律虚无主义的影响，“法律面前人人平等”成了“资产阶级口号”，1975年的宪法甚至取消了公民在法律面前一律平等的原则。至此，法律面前人人平等在我国曾一度被作为资产阶级法制原则成为禁区而且被否定。

从中共十一届三中全会至20世纪90年代初这一阶段，“法律面前人人平等”的思想不仅在党和国家的法律文件中重新得以确立，而且在理论界展开了大讨论。这次讨论的核心内容是关于“法律面前人人平等”是立法原则还是司法原则，以及其所包含的内容。

中共十一届三中全会公报中指出：“要保证人民在自己的法律面前人人平等，不允许任何人有超越法律之上的特权。”以此为契机，在20世纪70年代末到80年代初，我国法学界对“法律面前人人平等”问题展开了广泛而深刻的大讨论，提出了种种不同的看法。[1] 1979年1月16日《解放日报》发表李海庆《人民在自己的法律面前人人平等》一文，文中作者提出：“保证人民在自己的法律面前人人平等，是一条保障人民的权利和利益的神圣不可侵犯的原则。”该文及其论点受到法学界的重视，很快引发了一场关于“法律面前人人平等”的大讨论。一些学者认为：“法律面前人人平等，作为社会主义法制的重要原则，不仅体现在司法上，同时也体现在立法上”，并且“公民在法律面前人人平等，是全面地体现在社会主义法制的各个方面，不能将立法平等与司法平等割裂”。而另一些学者则认为：“法律面前人人平等，仅体现在司法上，而不体现在立法上。它是不平等前提下的平等。”[2] 1981年，中国社会科学院法学研究所还专门搜集了部分论文，结集出版了《论法律面前人人平等》。这些讨论虽然在今天看来未免过于简单朴素，但对于刚刚走出“文革”阴影的法学研究来说，还是具有理论启蒙的价值，同时开拓了人们的思想。

---

1 参见沈国明、王立明主编：《二十世纪中国社会科学法学卷》，上海人民出版社2005年版，第337页。

2 参见中国社会科学院法学研究所编：《中国法治30年》，社会科学文献出版社2008年版，第21页。

在这次大讨论中，学者们还对“法律面前人人平等”的四种提法在内容上是否一致产生了分歧。这四种提法是：“法律面前人人平等”“公民在法律上一律平等”“公民在适用法律上一律平等”“人民在自己的法律面前人人平等”。从这次讨论的结果来看，学者们对这四种不同提法最终还是达成了基本一致的观点。也就是说，“法律面前人人平等”已被普遍认为是法理上约定俗成的通用提法，是指法律既在情况下的人人平等，不包含立法平等的意思。而“公民在法律上一律平等”则是宪法的规定，指在享有平等权利、承担平等义务的主体时，用“公民”一词更加准确清楚。对于“公民在适用法律上一律平等”的提法，多数学者认为它实质上是宪法规定的“公民在法律上一律平等”原则的具体化，两者完全一致。但是，对于“人民在自己的法律面前人人平等”一说，则认为是一种号召，号召人民自觉地遵守自己制定的法律，严格执行自己制定的法律。通过这次讨论，无论是理论界还是司法界，对“人民”和“公民”的概念，对法的平等性和阶级性的关系等一系列基本问题有了一个深入且一致的理解，为我国的法制建设奠定了坚实的理论基础。[1]

进入20世纪90年代后，学术界和实务界对“法律面前人人平等”的理解达到了基本的统一。“法律面前人人平等”的思想深入人心。法学理论界一般认为，为宪法所确认的“公民在法律面前人人平等”这一规定的含义主要体现在法律内容（公民权利义务）上的平等、法律适用上的平等、公民遵守法律上的平等三个方面，即三个层次：一是任何公民，不分民族、种族、性别、职业、家庭出身、宗教信仰、教育程度、财产状况、居住期限，都一律平等地享有宪法和法律规定的权利，也都平等地履行宪法和法律规定的义务；二是任何人的合法权利都一律平等地受到保护，对违法行为一律依法予以追究，绝不允许任何违法犯罪分子逍遥法外；三是在法律面前不允许任何公民享有法律以外的特权，任何人不得强制任何公民承担法律以外的义务，不得使公民受到法律以外的处罚。[2]

经过对“法律面前人人平等”原则的讨论，不仅极大地促进了公民法律意识的加强，更为法制建设提供了新的理论指导，这也体现在立法、司法和执法上。今天的立法更加关注普通公民的意见和建议，比如事关公民切身利益的物权法的制定，其间虽历经太

---

1 参见沈国明、王立明主编：《二十世纪中国社会科学法学卷》，上海人民出版社2005年版，第338—340页。

2 同上书，第340页。

多曲折，直到全国人大经过多达八次审议才得以通过，但是通过这一过程却也更加体现了“法律面前人人平等”的原则早已突破了以往的窠臼而真正进入到实质平等的进程中。司法上这一原则的体现则更多地显示了社会主义制度下党和国家的各级官员与普通民众乃至中国共产党自身都必须在宪法和法律下进行各项活动，任何人和任何组织都不得违反法律恣意行事。十多年来，司法机关依照法律处罚了大批违法犯罪的各级官员，其中包括数名高官，这都体现了“法律面前人人平等”的原则。执法上对此原则的遵守则主要体现在行政机关必须依法行政，若有违法乱纪现象，公民可以通过行政诉讼的法律程序依法维护自己的权益。

3. 关于权利与义务问题

如果说关于“法律面前人人平等”和“法的本质”的问题讨论还属于法学研究中的思想启蒙层面的话，那么关于到底是“权利本位”还是“义务本位”的讨论则为法学理论更新的重要标志，“它更注重法学研究的本质性问题，更少一些意识形态的因素，而多了一些法理层面的内容”。[1] 中国社会历来强调社会和群体利益，强调个人对社会的责任和义务。“君君、臣臣、父父、子子”的纲常伦理是维系中国传统社会的基本理念。而现代法治和市场经济则要求把保护公民的权利放在法治的首要位置。[2]

自从出现权利和义务这对矛盾以来，权利和义务何者为法的本位的争论就一直没有停止过。中国关于这个问题的争论在20世纪80年代末90年代初达到白热化的程度，其中有三次法学会议都是以权利和义务问题为主题展开讨论的。第一次是1988年6月在长春召开的法学基本范畴研讨会，在这次会议上，关于权利和义务的问题成了该次会议的热点和主题。当时长春会议与会者都认为，把权利和义务作为法学研究的主线，这标志着法学认识论的发展和深化，具有开拓性的意义。[3] 长春会议“总结了国内外学者在法学基本范畴研究方面的成果，展开了热烈、认真、充实的对话和争鸣，基本形成了一个共识：权利和义务是法的核心和实质，是法学的基本范畴。这一理论成果，不仅很快为法理学界所接受，更在部门法学界引起了共鸣，将其视为解决其自身学科问题的‘一

---

1 参见中国社会科学院法学研究所编：《中国法治30年》，社会科学文献出版社2008年版，第22页。

2 参见蔡定剑、王晨光主编：《中国走向法治30年》，社会科学出版社2008年版，第22页。

3 参见沈国明、王立明主编：《二十世纪中国社会科学法学卷》，上海人民出版社2005年版，第343页。

把钥匙’。同时，对于权利与义务问题的研究牵动了一系列有关于法的本体论范畴问题的讨论，比如关于法律规范、法律关系、法律责任、权利意识以及人权等问题，实现了法的本体论研究大繁荣”。[1]

第二次是1990年5月在合肥召开的中国法学会法学基础理论研究会第四次年会，在这次会议上，关于法的本位问题是会议的主题。当时与会者的观点大致可归结为三种：（1）权利本位说；（2）义务本位说；（3）无本位说。[2]

第三次是1990年10月在大连召开的民主、法制、权利、义务研讨会，关于权利和义务及其关系的问题再次成为该次会议讨论的热点。[3]

自长春会议后，就此话题国内主要法学杂志刊出了一系列的论文，其中涉及的主要问题可以归纳为：权利的概念、权利观念与权利意识、传统权利观的变革、权利和义务的社会价值，等等。其中关于权利和义务的社会价值问题，学者提出了以下各种观点：权利和义务是社会化生产稳定发展的保障；是商品经济的外壳，商品经济的价值和使用价值在市场上的实现都必须化为参与双方的平等权利和义务；是民主制度的内涵，民主与法制的共同体现就是人们享有权利和履行义务；两者是法制的基本构成，权利和义务是法律规范的基本内容，民主与法制观念的核心就是权利义务观念。之后，随之而来的论争问题是：在权利和义务这对范畴中，何者居主导地位？自从合肥会议和大连会议后，对何者为法本位的问题可清晰地分为三种观点：一些学者提出“权利本位说”，指出“现代法学应是权利之学”；另一些学者认为法应以“义务为本位”；还有学者指出权利和义务是统一的“无本位说”。三派观点展开了热烈的争论，从而掀起了围绕法本位问题的激烈的学术讨论热潮。本位的讨论历时多年，它激发了法律研究工作者对权利和义务这对范畴的兴趣，各种观点虽是从不同角度论证权利和义务的关系，但通过讨论，法学者们达成了一种共识，即：权利和义务这对范畴是法的核心范畴，以权利和义务重构法学体系是中国法学理论变革的途径和方向。这场争论也反映出中国当时学术争鸣的生气和活跃的氛围。

---

1 吉林大学理论法学研究中心：《中国法理学三十年》，载姜明安主编：《中国法学三十年（1978—2008）》，中国人民大学出版社2008年版，第15页。

2 参见沈国明、王立明主编：《二十世纪中国社会科学法学卷》，上海人民出版社2005年版，第343页。

3 同上。

权利和义务关系的讨论并没有形成统一的结论，但是谁也不能否认这场争论“吹响了权利意识觉醒的号角。……它所带来的权利意识的普及以及个体主体地位的提升则对中国法治发展起到了重要的推动作用”[1]。无论是立法还是司法上，权利至上的观念和制度都已经有了长足发展。最为直接的例证就是2004年的宪法修正案把保障人权写入宪法，进一步明确了对权利观念的维护和保障，从法律上保障了“以人为本”的立国方针。同时在一些部门法上也有明显体现，例如为了强化对私人财产的保护，经过艰苦卓绝的努力，2007年3月15日全国人民代表大会最终通过了《物权法》，这为私人财产权利的保护第一次竖立起坚固的法律屏障。自物权法颁布施行后，我国公民私人财产权利的确得到较以往更强有力的保护，这应该是权利观念的影响结果。

再比如，1996年刑事诉讼法的修改中，一定程度上对无罪推定原则加以吸收，使得在打击犯罪保护人民安全的前提下，亦使犯罪嫌疑人及刑事被告人的合法权益得到切实有效的维护；围绕死刑存废问题近年来学者和司法实践工作者展开了积极的讨论，各种观点众说纷纭，但不论是主张废除死刑还是保留死刑的认识无不基于人权保障为价值依归。基于我国国情和现实，虽然最终仍保留了死刑这一刑种，然而从保障人权、贯彻依法治国的方针角度，在死刑审核程序上作了一定的校正——最高法院收回了死刑复核权，以便最大化地减少冤假错案的发生，真正体现了刑事政策的人权保障意识。1997年的刑法修改也同样关注人的权利，比如对18周岁以下的未成年人不适用死刑等，无不体现了部门法对权利的尊重与保障，即使是对社会和他人实施重大危害行为的人，其合法权利亦在保护中；所有这一切都深刻反映了权利观念的重要地位，其在法制建设实践中的重大进步是和权利与义务的论争成果所密不可分的。

4. 关于人治与法治问题

从“人治”和“法治”的争论到“依法治国，建设社会主义法治国家”理论的形成是改革开放四十年来法学研究和法律理论的重大成果，这个成果昭示着有两千多年封建历史的中国从此开始走上“法治国家”的道路。“法治”与“人治”的论争在中国已经持续了一百多年。从梁启超反对儒家的“人治”思想开始，经过沈家本，到孙中山、陈独秀、李大钊、胡适、罗隆基等人，均提出了自己的法治观。但是他们侧重的是中国政体

1　参见蔡定剑、王晨光主编：《中国走向法治30年》，社会科学出版社2008年版，第22页。

政权的模式建设，对“法治”概念及其内涵的辨析则缺乏必要的认识。

依法治国的理论论证是随着我国的改革开放和现代化建设的发展而逐步展开。发端于20世纪70年代末的“人治与法治”大讨论拉开了依法治国理论逐渐形成的序幕。20世纪90年代初又进行了社会主义市场经济与法治的讨论，以及随后的依法治国方略确立过程的讨论，在充分吸取了这些讨论的观点及理论之后，中共第三代领导集体最终选择了“依法治国，建设社会主义法治国家”的基本方略。这其中，关于法治理论的重大进步对基本方略的最终确定发挥了深远的影响。

“文革”结束后，为了避免类似“无法无天”的“人治”现象再次扰乱中国的发展，1978年12月13日邓小平同志在中共中央工作会议闭幕会上的讲话《解放思想，实事求是，团结一致向前看》中，进一步强调了社会主义法制问题。他指出：“为了保障人民民主，必须加强法制。必须使民主制度化、法律化，使这种制度和法律不因领导人的改变而改变，不因领导人的看法和注意力的改变而改变。”[1]1978年中国共产党十一届三中全会根据邓小平建设社会主义法制思想提出了“加强社会主义民主，健全社会主义法制”的战略任务，确立了“有法可依，有法必依，执法必严，违法必究”的法制建设方针。从根本上冲破了长期“左”倾错误的严重束缚，确立了正确路线，从此揭开了从“人治”向“法治”过渡的序幕。1979年1月26日的《人民日报》上，王礼明发表了《人治和法治》一文，提出了主张法治的观点，从而在随后的80年代初法学理论界对此论题进行了深入而广泛的讨论。此间，发表了大量的文章，形成了百家争鸣的良好氛围，积极推动了人治观念向法治观念的革新。

20世纪70年代末80年代初主要是围绕“以法治国”这个主题而开展的关于人治与法治的讨论。在这场讨论中，对于法治与人治的关系，主要有四种观点：（1）“要人治，不要法治”；（2）“要法治，不要人治”；（3）“既要法治也要人治，两者应该结合”；（4）“抛弃法治与人治的提法”。对人治与法治问题讨论的结果是：几乎无人坚持人治，坚持法治成为理论界的主流，但在具体的层面上，即是否应倡导法治反对人治、是否应把法治与人治相结合、是否应提出“依法治国”的概念问题上，存在甚至是较为严重的分歧。形成了三个主要的派别，即认为人治与法治根本对立、不能相容的“法治论”；

---

1 参见《邓小平文选》第2卷，人民出版社1994年第2版，第146页。

认为法治和人治存在互补基础的"结合论"；认为法治和人治都无法适应社会进步的"取消论"。可见当时关于人治与法治问题的讨论是自由的，并且认为"讨论集中清算了中国历史上长期存在的人治观，为'法治国家'治国理念的出台奠定了理论基础；并对为什么需要法治而非人治、法治与人治的关系、法治与社会主义制度的关系、法治与执政党的关系、法治的基本理念、法治的运行和保障机制等问题进行了系统深入的讨论"。[1]然而，无论是持上述三种观点的哪一个学者，都有一个共识，那就是："法律至上"的说法是错误的，法治虽然要求为法律树立极大的权威，但法律不是万能的，所以，他们都不承认"法律至上"的说法。他们认为：在处理中国共产党和法治的关系上，法治是在中国共产党领导下的法治，中国共产党的政策上升为国家的法律，故而依法办事也就是维护中国共产党的领导。经过这次论争，"法治"思想开始在中国人的心中扎下根。但是，到了20世纪90年代，特别是中共十四大确立的建立社会主义市场经济体制的方略出台以后，使得中国的法学界围绕"依法治国""法治""人治""法制"等问题的基本命题和概念展开讨论，并且逐步明确了上述几个概念的基本含义和它们之间的区别。

通过激烈的论争，人们对于"法治"与"人治"的认识也日趋一致。但是，理论的接受不是一帆风顺的。经过长期的讨论，法治观念虽然已在法学界以及一些有识之士中被认可，然而在中国这样一个比较特殊的政治生态环境中，党的文件并没有迅速加以认可，甚至在20世纪90年代中期依然存在"法治"观点的"姓资姓社"的怀疑，而且有观点认为"法治"的提出有悖于共产党的领导。不过，在法学界一些学者的积极推动下，法治观念已被越来越多的人所接受。这些有益的讨论最终在中共十五大报告中，第一次被以党的文件的形式所接受。1999年的宪法修正案又把"依法治国，建设社会主义法治国家"写入宪法。从"人治"和"法治"的争论到"依法治国，建设社会主义法治国家"理论的形成是改革开放四十年来法学研究和法律理论的重大成果。

"依法治国，建设社会主义法治国家"的基本方略写入宪法已经整整十年的时间了，在这期间随着"依法治国"观念的不断深入，已深深地影响了中国的法治建设进程。对立法而言，不仅使得众多的社会关系从过去的其他调整方式进入到制定法的规制中，更重要的是立法本身也有了制约和规范的法律——《立法法》。这部法律的出台使得各层

1 参见蔡定剑、王晨光主编：《中国走向法治30年》，社会科学出版社2008年版，第7页。

级的法律法规的出台都有了法律标准，从而更加严格地依法办事，包括立法本身。在司法层面，我们从过去的一味关注实体法律的适用，转而向注重实体法与程序法并重的局面，在司法过程中强调司法机关独立行使司法权力，不受任何组织和个人的干涉，这为司法权威的树立以及司法为民的建立奠定了坚实的制度基础。行政机关强调“依法行政”，努力建设法治政府，自觉控制权力运行，主动接受法律制约和监督。

5.《物权法（草案）》的论争

物权法是保护公民私有财产的基本法律。我国社会经济状况经过四十年的改革开放已经发生了很大的变化。形成了以公有制为主体、多种所有制经济共同发展的基本经济制度。公有制经济与非公有制经济在法律地位上平等，并获得平等的法律保护是实行社会主义市场经济体制的基本要求。这就必然要求通过完善法律制度来保护私有财产，无论是国家财产、集体财产还是公民合法取得的财产都应当得到法律的一体保护。我国提出了全面建设小康社会的目标。这一社会目标的实现，要靠广大人民群众积极性、主动性和创造性的进一步发挥。激发广大人民群众的积极性、主动性和创造性的一个必要条件就是，他们积累的财产能够受到切实的保护。

物权法打破了我国立法史的纪录，是立法史上审议次数最多的一部法律，是12部公开向社会征求意见的法律之一。2005年7月18日，《物权法（草案）》向社会公布广泛征求意见，共收到11 543封来信，召开了一百多场座谈会和专家论证会，广泛听取各个方面的意见、建议。其中北京大学法学院教授巩献田的一封公开信最具影响。2005年8月12日，巩献田教授发表了一封题为《一部违背宪法和背离社会主义基本原则的〈物权法（草案）〉》的公开信。公开信说《物权法（草案）》照搬西方法律，社会主义的东西基本没有。没有写社会主义公共财产神圣不可侵犯，反而强调国家、集体和个人财产的平等保护。在贫富差距越来越大的情况下讲平等，就是要把乞丐的要饭棍和少数人的汽车、机器平等保护，要把普通居民的住房、危旧房和那些高级别墅一样保护，这样形成的不是劳动的平等，而是资本的平等，这与资本主义社会有什么区别？公开信最后发出紧急呼吁：（1）为保持我国的社会稳定和实现建立社会主义和谐社会的战略部署，请首先讨论宪法根本原则问题、社会主义方向和道路问题，公共（国家、集体）物权和公民个人物权的关系问题。如果不这样的话，请推迟审议《物权法（草案）》。（2）立即停止出售或转让国有财产，国有财产是万万不能随意出售和进入市场的！（3）赶快制定已经列入国家立法规划多年，而迟迟不出台的《国有资产法》，制定《干部财产申报法》，应该首先研究制定《国有财产流失追究特别法》。接着，他又连续发表和公开了《就教于〈物权法（草案）〉的某些起草者》《关于〈物权法（草案）〉讨论答友人》等一系列文章和讲演，从而掀起了一场声势浩大的围绕《物权法（草案）》的大论争。[1]

论争开始后，两派连续发表了一系列文章，各自以鲜明的态度阐释自己的观点。赞成巩献田教授意见的文章主要有：李成瑞的《一个核心六大问题——〈物权法（草案）〉修改中争论的历史背景和主要内容》，左大培的《必须限制从占有到所有权的推定》《对于〈物权法（草案）〉的修改意见》，杨晓青的《驳私法保护私利益，公法保护公利益》《对〈物权法（草案）〉的意见》等。2006 年 9 月 19 日，巩献田、李成瑞、杨晓青等 14 人联名向全国人大常委会委员长、副委员长、常委们发出了一份《关于〈物权法（草案）〉修改的建议》，指出了《物权法（草案）》存在的三个重大问题：一是《草案》没有表述与宪法的关系；二是《草案》中“物”的概念没有界定，并且也没有公有物与私有物、生产资料与生活资料的重要分类；三是《草案》在内容表述及用词上不仅一般公民看不懂，甚至连一般非法学专业的学者也看不懂，这势必影响法律的实施。最后请求全国人大常委会委员长、副委员长、常委们要认真考虑他们的建议，以捍卫宪法和社会主义制度。

批评者的意见一发表，立即迎来了《物权法（草案）》捍卫者们的强烈反响。他们连续发表了大量的文章，并且组织召开了多次公开的研讨会，努力驳斥所谓的《物权法（草案）》违宪性的言论，并且解释《物权法（草案）》的合宪性和符合国情性。其中主要的具有代表性的文章是：王利明教授的《试论物权法的平等保护原则》和梁慧星教授的《谁在曲解宪法、违反宪法？》等。梁慧星和王利明等民法学专家辩解：第一，对合法财产一体承认、平等保护是物权法准则。第二，《物权法》是民事法律，不是宪法。没有写明国家财产神圣不可侵犯的理由：（1）宪法已规定，物权法没有必要重复；（2）如果重复该规定，易引起误解。第三，贫富分化是社会本身问题，不是物权法问题。实际上产生分歧的主要原因是没能正确把握物权法制定的指导思想，物权法的指导

---

1 苗延波：《中国改革开放四十年法学重大论争之回顾及启示（二）》，《大庆师范学院学报》2009 年第 2 期。

思想主要是：以邓小平理论和“三个代表”重要思想为指导，全面贯彻落实科学发展观，坚持正确的政治方向，从我国的国情和实际出发，全面准确地体现社会主义基本经济制度；依据宪法和法律规定，对国家、集体和私人的物权给予平等保护；加大对国有财产的保护力度，防止国有财产流失；全面准确地体现现阶段党在农村的基本政策，维护农民利益；针对现实生活中迫切需要规范的问题，统筹协调各种利益关系，促进社会和谐。这些文章从正面回答了反对派对《物权法（草案）》的攻击。

但由于信件内容涉及敏感问题，在有关领导干预下立法进程暂时中止。吴邦国委员长为此发表了题为《〈物权法（草案）〉有三个问题仍要深入研究》的文章，全国人大常委会法制工作委员会主任胡康生也发表了《〈物权法（草案）〉修改要坚持三原则》一文。

2005 年 12 月 7 日在广州举行了“中国物权法疑难问题研讨会”，这次会议起草了一封致全国人大的签名信，主要内容是针对巩献田等人的批评进行反驳。这是《物权法（草案）》的支持者第一次以集体方式对批评声音进行的回应。此后，为了促使《物权法》尽快出台，2007 年 1 月 16 日，中国法学会民法学研究会、中国人民大学法学院、中国人民大学民商事法律科学研究中心和《法学杂志》等单位联合举办“物权法与建构社会主义市场经济体制理论研讨会”，到会的专家学者就制定物权法的重要意义、《物权法（草案）》的合宪性、国有财产的保护与平等保护原则、《物权法（草案）》需要改进和完善的建议等重大和关键性问题，进行了热烈而又充分的讨论。

这次论争是新中国成立以来在立法过程中发生的最大、最激烈的一次论争，既体现了理论上的论争，更反映了中国公民对关系自己切身利益的法律制度的关心程度在不断地提高，这是对中国三十年来法治建设所取得成就的一次检验，在中国立法史上必将写下凝重的一页。《物权法（草案）》的论争，最重要的不仅仅是立法的争论过程和结果，而是批评者和支持者们对立法理由和立法宗旨基于不同视角的论辩。这样的论辩恰恰反映了改革开放以来中国法学理论研究的深入和进步，以及由此对法治建设的作用等。

6. 对法学其他基本理论问题的研究

改革开放四十年来法学研究的繁荣绝不限于对上述几个问题的探讨与争鸣，这期间法学界还对诸如民主与法制、党的政策与国家法律关系、法律体系与法学体系、法学方法论、改革与法制、法律与科技、法学基本范畴、法律全球化、法制现代化、法与市场经济、关于司法制度改革问题、依法执政、从法理学层面对科学发展观与和谐社会等重大理论问题进行了全方位、多角度的研究，同时各部门法学研究以及理论的进步也得到极大的提升，比如：民法典起草思路及其体系结构的论争、《物权法（草案）》的论争、废除死刑的论争等，这些研究不仅繁荣和丰富了法学的一般基本理论体系，同时也极大地推动了各部门法学研究的深入及其理论的提升，不但有力推动了法学学科建设的进步，更重要的是直接为我国的法治建设事业，为社会主义市场经济法治秩序的建立，对深化我国司法制度的改革，为深入贯彻以人为本、全面协调可持续的科学发展观，为构建社会主义和谐社会，提供了强大的知识资源、法理支持和法治保障，有力地促进了我国法治建设的进程。

参考文献

一、著作类

1.《邓小平文选》第 1、2 卷，北京，人民出版社，1994。

2.《邓小平文选》第 3 卷，北京，人民出版社，1993。

3.《毛泽东选集》第 1—4 卷，北京，人民出版社，1991。

4.《毛泽东选集》第 5 卷，北京，人民出版社，1977。

5.《毛泽东文集》第 2、6、7 卷，北京，人民出版社，1999。

6.《毛泽东早期文稿》，长沙，湖南出版社，1990。

7.《毛泽东著作选读》（下册），北京，人民出版社，1986。

8.《毛泽东年谱》（1893—1949）中卷，北京，人民出版社、中央文献出版社，1993。

9. 毛泽东：《论新阶段》，《中共中央文件选集》第 11 册，北京，中共中央党校出版社，1991。

10.《刘少奇选集》上卷，北京，人民出版社，1981。

11.《马克思恩格斯全集》第 17、25、40 卷，北京，人民出版社，1963。

12.《马克思恩格斯选集》第 1、3 卷，北京，人民出版社，1995。

13.《列宁选集》第 1、4 卷，北京，人民出版社，1995。

14.《列宁全集》第 4 卷，北京，人民出版社，1985。

15.《列宁全集》第 23 卷，北京，人民出版社，1985。

16.《列宁全集》第 32 卷，北京，人民出版社，1985。

17.《列宁全集》第 34 卷，北京，人民出版社，1985。

18.《孙中山全集》第 4 卷，北京，中华书局，1985。

19. 江泽民：《在学习〈邓小平文选〉第 3 卷报告会上的讲话》，北京，人民出版社，1993。

20. 江泽民：《在庆祝中国共产党成立八十周年大会上的讲话》，北京，人民出版社，2001。

21.《江泽民文选》第 1、2、3 卷，北京，人民出版社，2006。
22. 江泽民:《论“三个代表”》，北京，人民出版社，2001。
23. 中共中央文献研究室:《江泽民论有中国特色社会主义（专题摘编）》，北京，中央文献出版社，2002。
24. 胡锦涛:《在纪念红军长征胜利 70 周年大会上的讲话》，北京，人民出版社，2006。
25.《习近平谈治国理政》，北京，外文出版社，2014。
26.《习近平关于全面依法治国论述摘编》，北京，中央文献出版社，2015。
27. 习近平:《在哲学社会科学工作座谈会上的讲话》，北京，人民出版社，2016。
28.《习近平总书记系列重要讲话读本》，北京，学习出版社、党建读物出版社，2016。
29.《董必武政治法律文集》，北京，法律出版社，1986。
30.《董必武法学文集》，北京，法律出版社，2001。
31.《谢觉哉文集》，北京，人民出版社，1989。
32. 彭真:《论新时期的社会主义民主与法制建设》，北京，中央文献出版社，1989。
33.《中国共产党第八次全国代表大会文献》，北京，人民出版社，1957。
34.《时政文献辑览》（2004 年 3 月—2006 年 3 月）（上、下），北京，人民出版社，2006。
35.《时政文献辑览》（2007 年 3 月—2008 年 3 月），北京，人民出版社，2008。
36.《社会主义法治理念读本》，北京，中国长安出版社，2009。
37.《〈社会主义法治理念读本〉辅导百问》，北京，人民日报出版社，2009。
38. 全国人大常委办公厅研究室编著:《人民代表大会制度建设四十年》，北京，中国民主法制出版社，1991。
39. 中共中央文献研究室档案室编:《〈邓小平文选〉专题摘录》，北京，中共党校出版社，1995。
40. 中共中央宣传部宣传局编:《学习建设有中国特色社会主义理论》，北京，中共党史出版社，1993。
41. 中共中央宣传部编:《邓小平同志建设有中国特色社会主义理论学习纲要》，北京，学习出版社，1995。
42. 中共中央文献研究室编:《邓小平年谱（1975—1997）》（上、下），北京，中央文献出版社，2007。

43. 中宣部、司法部编:《邓小平论民主法制建设》，北京，法律出版社，1994。
44.《敬爱的邓小平同志永远活在我们心中》，北京，人民出版社，1997。
45.《中国共产党第十二次全国代表大会文件汇编》，北京，人民出版社，1982。
46.《中国共产党第十三次全国代表大会文件汇编》，北京，人民出版社，1987。
47.《中国共产党第十四次全国代表大会文件汇编》，北京，人民出版社，1992。
48.《十五大报告辅导读本》，北京，人民出版社，1997。
49.《十六大报告辅导读本》，北京，人民出版社，2002。
50.《十七大报告辅导读本》，北京，人民出版社，2007。
51.《十八大报告辅导读本》，北京，人民出版社，2012。
52.《党的十八届三中全会〈决定〉学习辅导百问》，北京，党建读物出版社、学习出版社，2013。
53.《党的十八届四中全会〈决定〉学习辅导百问》，北京，学习出版社、党建读物出版社，2014。
54.《三中全会以来重要文献选编》(上、下)，北京，人民出版社，1982。
55.《十二大以来重要文献选编》(上)，北京，人民出版社，1982。
56.《十六大以来重要文献选编》(上、中、下)，北京，中央文献出版社，2008。
57.《中共中央文件选集》第14册，北京，中共中央党校出版社，1992。
58. 中华人民共和国国务院新闻办公室编:《中国的法制建设》，北京，外文出版社，2008。
59. 中华人民共和国司法部、全国普法办公室编:《中共中央法制讲座汇编》，北京，法律出版社，1998。
60.《中央宣传部、司法部关于在公民中开展法制宣传教育的第六个五年规划(2011—2015年)》，《人民日报》2011年7月28日。
61.《中央宣传部、司法部关于在公民中开展法治宣传教育的第七个五年规划(2016—2020年)》，《人民日报》2016年4月18日。
62.《中共中央关于制定国民经济和社会发展第十三个五年规划的建议》(2015年10月29日中国共产党第十八届中央委员会第五次全体会议通过)，北京，人民出版社，2015。
63.《中国共产党第十八届中央委员会第六次全体会议公报》(2016年10月27日中国

共产党第十八届中央委员会第六次全体会议通过），北京，人民出版社，2016。

64. 高放:《马克思主义与社会主义》，哈尔滨，黑龙江教育出版社，1994。

65. 公丕祥:《法制现代化的理论逻辑》，北京，中国政法大学出版社，1999。

66. 安启念:《马克思主义哲学中国化研究》，北京，人民大学出版社，2006。

67. 范燕宁:《新时期中国发展——兼与当代国外发展观的比较研究》，北京，首都师范大学出版社，1999。

68. 丁俊萍、熊启珍:《中国化的马克思主义概论》，武汉，武汉大学出版社，2003。

69. 许全兴:《毛泽东与孔夫子——马克思主义中国化个案研究》，北京，人民出版社，2003。

70. 吴冷西:《十年论战》（上），北京，中央文献出版社，1999。

71. 田广清:《中国化的马克思主义与儒家思想》，载崔龙水、马振铎:《马克思主义与儒学》，北京，当代中国出版社，1996。

72. 葛荣晋:《马克思主义与中国传统文化相结合的理论思考》，载崔龙水、马振铎:《马克思主义与儒学》，北京，当代中国出版社，1996。

73. 李仲达:《毛泽东法律思想和实践》，西安，陕西人民教育出版社，1989。

74. 徐显明:《和谐社会构建与法治国家建设》，北京，中国政法大学出版社，2006。

75. 全国人大常委会办公厅研究室编:《我国当前法律实施的问题和对策》，北京，中国民主法制建设出版社，1997。

76. 李龙:《人本法律观研究》，北京，中国社会科学出版社，2006。

77. 夏勇:《中国民权哲学》，北京，生活·读书·新知三联书店，2004。

78. 吴忠民:《社会公正论》，济南，山东人民出版社，2004。

79. 王邦佐:《中国政党制度的社会生态分析》，上海，上海人民出版社，2000。

80. 全国人大常委会办公厅研究室编:《人民代表大会制度建设四十年》，北京，中国民主法制出版社，1991。

81. 蔡定剑:《历史与变革》，北京，中国政法大学出版社，1999。

82. 梁启超:《先秦政治思想史》，杭州，浙江人民出版社，1998。

83. 杨少俊等:《邓小平建设有中国特色社会主义理论新探》，北京，解放军出版社，1994。

84. 朱峻峰主编:《邓小平民主与法制理论读本》，北京，中共中央党校出版社，1998。

85. 王贵秀、石泰峰、侯少文:《政治体制改革和民主法制建设》，北京，经济科学出版社，1998。

86. 金钊:《邓小平理论总论》，西安，西安出版社，1998。

87. 徐鸿武主编:《邓小平理论的伟大创新》，北京，国家行政学院出版社，1999。

88. 宋一秀:《邓小平理论科学体系》，北京，北京大学出版社，1998。

89. 任建新主编:《社会主义法制建设基本知识》，北京，法律出版社，1996。

90. 黎国智主编:《马克思主义法学论著导读》，北京，中国政法大学出版社，1993。

91. 俞敏声主编:《中国法制化的历史进程》，合肥，安徽人民出版社，1997。

92. 常健:《当代中国权力规范的转型》，天津，天津人民出版社，2000。

93. 胡谨:《国际共产运动史新编》(下册)，济南，山东大学出版社，1990。

94. 冯卓然、房宁等:《邓小平人权理论学习读本》，北京，京华出版社，2001。

95. 全国干部培训教材编审指导委员会编:《人权知识干部读本》，北京，人民出版社、党建读物出版社，2006。

96. 中华人民共和国国务院新闻办公室编:《西藏的主权归属与人权状况》白皮书(一九九二年九月)。

97. 龚祥瑞:《西方国家司法制度》，北京，北京大学出版社，1993。

98. 熊先觉、刘运宏:《中国司法制度学》，北京，法律出版社，2007。

99. 张晋藩:《中国司法制度史》，北京，人民法院出版社，2004。

100. 张中秋:《传统中国法律意识传播体系及与当代普法之比较》，司法部2006年度国家法治与法学理论研究重点课题研究报告，2009年9月。

101. 任万兴:《香港特别行政区基本法概说》，北京，中国方正出版社，1997。

102.《台湾问题与中国的统一》，《人民日报》1993年9月1日。

103. 由嵘主编:《外国法制史》，北京，北京大学出版社，1992。

104. 李昌道:《香港法制漫谈》，香港，中华书局(香港)有限公司，1992。

105. 巢峰、李君如主编:《毛泽东思想研究大系・总论卷》，上海，上海人民出版社，1993。

106. 尹高潮编著:《毛泽东的老师们》，呼和浩特，内蒙古人民出版社，1996。

107.《伟人毛泽东》(下)，北京，红旗出版社，1996。

108. 徐显明:《人民立宪思想探原》，济南，山东大学出版社，1999。

109.《走向二十一世纪的中国法学》，重庆，重庆人民出版社，1993。
110. 刘海年、李步云、李林主编:《依法治国建设社会主义法治国家》，北京，中国法制出版社，1996。
111. 张文显主编:《法理学》，北京，高等教育出版社、北京大学出版社，2007。
112. 李龙主编:《依法治国——邓小平法制思想研究》，南昌，江西人民出版社，1998。
113. 马洪主编:《什么是社会主义市场经济》，北京，中国发展出版社，1993。
114. 俞吾今:《邓小平：在历史的天平上》，上海，上海人民出版社，1994。
115. 薄一波:《若干重大决策与事件的回顾》，北京，中共中央党校出版社，1993。
116. 中共中央文献研究室编:《三中全会以来重大决策的形成和发展》，北京，中央文献出版社，1998。
117. 杨奇主编:《香港概论》(下卷)，香港，三联书店(香港)有限公司，1993。
118. 杨静辉、李祥琴:《港澳基本法比较研究》，北京，北京大学出版社，1997。
119. [美]斯诺:《西行漫记》，郑州，河南人民出版社，1992。
120. [美]斯图尔特・施拉姆:《毛泽东的思想》，田松年等译，北京，中国人民大学出版社，2005。
121. [德]黑格尔:《法哲学原理》，范扬、张企泰译，北京，商务印书馆，1961。
122. [美]诺内特、塞尔兹尼克:《转变中的法律与社会》，张志铭译，北京，中国政法大学出版社，1994。
123. [英]托马斯・潘恩:《潘恩选集》，马清槐等译，北京，商务印书馆，1981。
124. [美]约翰・罗尔斯:《正义论》，何怀宏等译，北京，中国社会科学出版社，1988。
125. [美]昂格尔:《现代社会中的法律》，吴玉章、周汉华译，南京，译林出版社，2002。
126. [英]罗杰・科特威尔:《法律社会学》，潘大松等译，北京，华夏出版社，1989。
127. [美]罗斯:《社会控制》，秦志勇等译，北京，华夏出版社，1989。
128. [美]庞德:《通过法律的社会控制——法律的任务》，沈宗灵等译，北京，商务印书馆，1984。
129. [美]博登海默:《法理学——法哲学及其方法》，邓正来等译，北京，华夏出版社，1987。

130.［美］弗里德曼:《法律制度》，李琼英等译，北京，中国政法大学出版社，1994。

二、论文类

1. 江泽民:《在纪念党的十一届三中全会召开20周年大会上的讲话》,《光明日报》1998年12月19日。
2. 江泽民:《在会见中国法学会第四次会员代表大会代表时的讲话》,《人民日报》1997年1月22日。
3. 江泽民:《在美中协会第六团体举行的午餐会上的演讲》,《人民日报》1997年11月1日。
4. 胡锦涛:《在邓小平同志诞辰100周年纪念大会上的讲话》,《人民日报》2004年8月23日。
5. 胡锦涛:《在"三个代表"重要思想理论研讨会上的讲话》,《人民日报》2003年7月2日。
6. 胡锦涛:《在省部级主要领导干部提高构建社会主义和谐社会能力专题研讨班上的讲话》,《光明日报》2005年6月27日。
7. 胡锦涛:《在纪念红军长征胜利70周年大会上的讲话》,《新华网》2006年10月22日。
8. 胡锦涛:《在十一届全国人大一次会议上的讲话》,《人民日报》2008年3月18日。
9. 胡锦涛:《在庆祝中国共产党成立85周年暨总结保持共产党员先进性教育活动大会上的讲话》,《人民日报》2006年7月1日。
10.《胡锦涛会见出席第22届世界法律大会代表》,《人民日报》2005年9月5日。
11. 胡锦涛:《在首都各界纪念中华人民共和国宪法公布施行20周年大会上的讲话》,《人民日报》2002年12月5日。
12. 胡锦涛:《在首都各界纪念全国人民代表大会成立50周年大会上的讲话》,《人民日报》2004年9月16日。
13. 习近平:《在首都各界纪念中华人民共和国宪法公布施行三十周年大会上的讲话》,《人民日报》2012年12月5日。
14. 习近平:《在庆祝澳门回归祖国十五周年大会暨澳门特别行政区第四届政府就职典礼上的讲话》,《人民日报》2014年12月21日。

15. 习近平：《加快建设社会主义法治国家》，《求是》2015（1）。

16. 习近平：《在庆祝香港回归祖国20周年大会暨香港特别行政区第五届政府就职典礼上的讲话》，《人民日报》2017年7月2日。

17. 吴邦国：《以“三个代表”重要思想为指导努力开创人大工作新局面——在第十届全国人民代表大会常务委员会第一次会议上的讲话》，《全国人民代表大会常务委员会公报》2003（2）。

18. 谢觉哉：《民主和法制——谢觉哉同志日记稿抄》，《人民日报》1978年11月27日。

19. 叶剑英：《接见新华社记者谈法制建设》，《人民日报》1979年2月15日。

20. 彭真：《关于社会主义法制的几个问题——在中央党校的讲话》，《红旗杂志》1979（11）。

21. 吴邦国：《在第十届全国人民代表大会常务委员会第一次会议上的讲话》，《全国人民代表大会常务委员会公报》2003（2）。

22. 温家宝：《认真贯彻十六大精神为推进农村小康建设而奋斗》，《求是》2003（3）。

23. 尉健行：《中国共产党反腐倡廉理论与实践的重大发展》，《中国监察》2001（13）。

24. 罗干：《深入开展社会主义法治理念教育切实加强政法队伍思想政治建设》，《求是》2006（12）。

25. 罗干：《政法机关在构建和谐社会中担负重大历史使命和政治责任——2006年11月27日在全国政法工作会议上的讲话》，《求是》2007（3）。

26.《中共中央关于加强党的执政能力建设的决定》，《人民日报》2004年9月27日。

27.《中共中央关于构建社会主义和谐社会若干重大问题的决定》，《人民日报》2006年10月19日。

28. 汪青松：《从马克思主义中国化到中国化马克思主义的跃迁》，《科学社会主义》2005（2）。

29. 鲁振祥：《论党对马克思主义中国化的重要贡献——兼述历史上“马克思主义中国化”概念的使用》，《党的文献》2005（3）。

30. 高放：《马克思主义确有三个组成部分》，《中共银川市委党校学报》2005（1）。

31. 刘伟：《解读“马克思主义中国化”》，《渭南师范学院学报》2007（3）。

32. 陈金龙：《论思想的社会化》，《华南理工大学学报（社会科学版）》2004（2）。

33. 陈国庆、胡军良:《马克思主义中国化: 内涵要旨、基本理据与实现路径》,《西北大学学报》2008(5)。

34. 郑谦:《延伸与准备——1949年至1978年马克思主义中国化的曲折进程与原因》,《中共党史研究》2007(4)。

35. 汪信砚:《新世纪马克思主义中国化研究述评》,《马克思主义研究》2008(3)。

36. 徐崇温:《科学发展观: 提出的背景和根据》,《广东社会科学》2008(5)。

37. 李慎明:《以人为本的科学内涵和精神实质——学习胡锦涛同志所作党的十七大报告的体会》,《毛泽东邓小平理论研究》2007(11)。

38. 石泰峰:《落实科学发展观　树立法治理念》,《文汇报》2006年12月4日。

39. 谭世贵:《重视科学立法　推进依法治国》,《法学论坛》2005(2)。

40. 冯惠:《六届六中全会与马克思主义中国化》,《毛泽东邓小平理论研究》1999(2)。

41. 汪信砚:《视野、论域、方法——马克思主义哲学中国化研究中的三个方法论问题》,《哲学研究》2003(12)。

42. 许全兴:《全面准确地理解马克思主义中国化的内涵》,《毛泽东邓小平理论研究》2006(4)。

43. 郭建宁:《马克思主义中国化的文化解读》,《北京行政学院学报》2007(1)。

44. 张瑞堂:《对马克思主义中国化的文化反思》,《广西社会科学》2003(8)。

45. 张允熠:《毛泽东与儒学》,《人文杂志》1999(2)。

46. 马小红:《珍惜中国法传统》,《北方法学》2007(1)。

47. 曾宪义、马小红:《中国传统法的结构与基本概念辨正——兼论古代礼与法的关系》,《中国社会科学》2003(5)。

48. 徐显明:《司法改革二十题》,《法学》1999(9)。

49. 江平:《完善市场经济法制的思考》,《中国法学》1993(1)。

50. 钱颖一:《市场与法治》,《经济社会体制比较》2000(4)。

51.《法学界必须进一步解放思想》,《中国法学》1992(3)。

52. 王汉斌:《学习小平同志社会主义民主法制理论,促进社会主义民主法制建设》,《法制日报》1994年11月1日。

53. 张文显:《再论建构有中国特色的社会主义法学》,《中国法学》1997(3)。

54. 张文显:《法治宣言法学文献——十七大报告的法学解读》,《法制与社会发展》2007(6)。

55. 张文显:《邓小平民主法制思想之精髓》,《法制与社会发展》2004(5)。

56. 薛木铎:《关于加强监督及监督法制建设的若干问题》,《中国法学》1996(3)。

57. 张国祥:《发展基层民主,保证人民群众直接行使民主权利》,《学习·研究·参考》1998(1)。

58. 卢云、黎国智:《学习毛泽东同志的宪政思想》,《法学杂志》1983(6)。

59. 郭道晖:《毛泽东邓小平治国方略与法制思想比较研究》,《法学研究》2000(2)。

60. 肖文汉:《论完善人民代表大会制度》,《政法论坛》1990(3)。

61. 张思卿:《学习邓小平民主法制思想,建设社会主义法治国家》,《新华文摘》1998(5)。

62. 王家福等:《论依法治国》,《依法治国建设社会主义法治国家》,中国法制出版社,1996。

63. 李步云:《实行依法治国,建设社会主义法治国家》,《依法治国建设社会主义法治国家》,中国法制出版社,1996。

64. 刘海年:《依法治国:中国社会主义法制建设新的里程碑》,《依法治国建设社会主义法治国家》,中国法制出版社,1996。

65. 陈世荣:《简论邓小平的法治思想》,《依法治国建设社会主义法治国家》,中国法制出版社,1996。

66. 李龙:《论邓小平民主与法制思想的基本特征》,《中国法学》1995(3)。

67. 甘源:《论邓小平民主与法制思想的理论框架》,《江西日报》1996年1月30日。

68. 余烈:《以邓小平民主法制思想为指针,建设高度民主、完备法制的社会主义国家》,《中国法学》1996(1)。

69. 胡云腾、赖早兴:《论邓小平刑事法律思想》,《人民司法》2004(11)。

70. 钱叶六:《论邓小平刑事法律思想对刑法的指导意义》,《江淮论坛》2005(3)。

71. 朱双庆:《论邓小平对国际法学的贡献》,《合肥工业大学学报》(社会科学版)2004(1)。

72. 黄世席:《邓小平国际法思想研究》,《河北法学》2005(11)。

73. 杨耕:《论邓小平理论的主题和风格》,《新华文摘》1999(11)。

74. 萧深:《法与市场》,《读书》1993(10)。
75. 张正德:《论邓小平建立法治社会的思想》,《中国法学》1995(5)。
76. 陈甦、张星炜:《从毛泽东到邓小平:民主思想的继承和发展》,《探索》1993(5)。
77. 黎国智:《学习邓小平民主法制思想,创新和发展我国法学理论》,《现代法学》1995(1)。
78. 孙国华:《法制与法治不应混同》,《中国法学》1993(3)。
79. 张浩:《简论法制与法治》,《中国法学》1993(3)。
80. 张正德:《论评邓小平建立法治社会的思想》,《中国法学》1995(5)。
81. 付子堂:《马克思主义法律思想中国化的第三次创新》,《法学家》2006(5)。
82. 付子堂:《中国共产党几代领导集体对马克思主义法律和法治思想中国化的丰富和发展》,新华网。
83. 卓泽渊:《论法治的整体性》,《现代法学》2003(2)。
84. 张学亮:《中国法治现状与公民法律文化构建》,《理论导刊》2003(6)。
85. 张树义:《我国行政诉讼制度刍议》,《政治学研究》1987(4)。
86. 莫于川:《中国行政法治发展进程的回顾与前瞻》,《河南省政法管理干部学院学报》2004(3)。
87. 郭济:《建设法治政府:中国近十年来依法行政回顾和展望》,《中国行政管理》2006(1)。
88. 应松年、杨伟东:《奠定迈向法治政府基石的三十年——我国依法行政回顾与展望》,《法制日报》2008年7月6日。
89. 公丕祥:《中国特色社会主义司法改革道路概览》,《法律科学》2008(5)。
90. 赵钢、王杏飞:《民事司法改革的几个前沿问题——以〈人民法院第二个五年改革纲要(2004—2008)〉为分析对象》,《法学评论》2006(6)。
91. 万毅:《转折与展望:评中央成立司法改革领导小组》,《法学》2003(8)。
92. 刘岚:《深化司法改革　推动法院工作发展》,《人民法院报》2009年3月26日。
93. 马长山:《公民意识:中国法治进程的内驱力》,《法学研究》1996(6)。
94. 蒋传光:《邓小平同志民主法制思想初探》,《淮北煤师院学报》1994(2)。
95. 蒋传光:《由人治社会走向法治社会的伟大历史转折——纪念十一届三中全会召开二十周年》,《淮北煤师院学报》1999(1)。

96. 王启富、蒋传光:《邓小平对马克思主义法制理论的新贡献》,《政法论坛》1995（4）。

97. 蒋传光:《“一国两制”下的“一国两法”——纪念香港回归一周年》,《淮北煤师院学报》1998（4）。

98. 蒋传光:《对我国社会控制模式选择的法社会学思考》,《政法论坛》1997(5）。

99. 蒋传光:《对我国法治社会建立的几点认识》,《淮北煤师院学报》1996（2）。

100. 蒋传光:《马克思主义法学中国化研究的几个问题》,《学习与探索》2013（5）;

101. 蒋传光:《依宪治国、依宪执政:全面推进依法治国的基石》,《上海师范大学学报》2015（3）。

102. 蒋传光:《十八大以来依法治国理论的创新和发展》,《学习与探索》2016（6）。

103. 蒋传光:《邓小平法制思想与中国法治建设的里程碑》,《环球法律评论》2017（1）。

后 记

这本《马克思主义法学理论在当代中国的新发展》是我承担的国家社会科学基金项目的研究成果。2007 年，我主持承担了“马克思主义法学理论在当代中国的新发展”的国家社会科学基金项目（项目编号：07BFX 002），本书就是在该项目研究成果的基础上修改而成的。该成果初稿完成于 2009 年，但自 2012 年中共十八大以来，尤其是中共十八届三中、四中全会分别通过的《关于全面深化改革若干重大问题的决定》《关于全面推进依法治国若干重大问题的决定》和习近平关于全面推进依法治国的论述，面对改革进入攻坚期和深水区的新形势新任务，强调了法治在国家治理中的重要性，提出了关于依法治国的一系列新概念和新观点，明确了全面推进依法治国的一系列理论问题，构建了中国特色社会主义法治理论的框架基础，使依法治国理论有了进一步的创新和发展。在这次修订中，对这部分内容进行了增补。

本书在内容体系上，探讨了马克思主义法学理论中国化命题的共识问题、相关名称和概念的内涵、理论成果，以及研究马克思主义法学理论中国化及其理论成果的意义等。在此基础上，考察了自中华人民共和国成立以来，马克思主义法学理论中国化的理论成果——中国特色社会主义法学理论的发展阶段，每个阶段法学理论产生的过程和成果；阐述了马克思主义法学理论中国化的路径、中国特色社会主义法学理论与中国法治建设的里程碑等。

概括总结中国特色社会主义法学理论的内容体系，是本书的重点内容。中共十一届三中全会以来，在探索建设社会主义法治国家的过程中，形成了较为系统的中国特色社会主义法学理论，为依法治国，建设社会主义法治国家提供了理论指导，也为丰富和发展马克思主义法学理论作出了贡献。

本书的主要特点是，从不同方面对中国特色社会主义法学理论进行概括和归纳；从理论体系上，从战略指导思想上，从精神实质的把握上，对中国特色社会主义法学理论进行全面系统的阐述；从理论与实践的结合上，对当代中国在建设社会主义法治国家的过程中，如何处理学习、借鉴国外先进的法治经验与立足中国国情的关系；如何充分利用本土资源，从中国传统法律文化中汲取营养；在依法治国、建设社会主义法治国家中需要解决的理论和实践问题，以中国特色社会主义法学理论为指导，进行了论证；在研究中注意从理论体系上去把握中国特色社会主义法学理论，尽量避免孤立地、语录式地堆砌去研究中国特色社会主义法学理论。

本书研究的内容，有助于读者全面、系统地把握中国特色社会主义法学理论的框架体系和基本观点，以及马克思主义法学理论的贡献及其历史地位。

本书的不足之处，一是由于掌握的资料及理论水平和能力所限，对中共十一届三中全会以来，在探索中国特色社会主义法治道路过程中所形成的理论成果，梳理、概括和总结得不够全面、到位，有些概括和总结也不一定准确，理论提炼还需进一步提高。二是对中共十八大以来，在全面推进依法治国，建设社会主义法治国家方面的理论和实践创新成果，虽然进行了梳理和提炼，但由于资料收集整理方面的欠缺，再加上时间仓促，概括总结得还很不够。上述缺憾只能留待以后再版时进一步修改和完善，也敬请读者批评指正并提出宝贵意见。

本项目在研究过程中，江苏师范大学的张波教授、安徽工业大学的王逸飞博士、洛阳理工学院的卜晓颍博士为导论、第三、第四和第六章的写作提供了资料帮助，浙江农林大学的孙洪坤教授为第十章的写作提供了帮助，在此一并表示感谢。感谢国家社科规划办公室对本项目的支持和资助。感谢译林出版社的王笑红编审对本书出版给予的关心和支持，感谢冯静编辑对本书编辑出版过程中所付出的辛勤劳动，其认真负责的工作态度令人感佩。本项目和本书在写作和修改过程中，参考了不少专家学者的研究成果，在此也深表感谢。

蒋传光

2017 年 9 月 1 日于上海